中国少数民族设计全集

The Design Collection of Chinese Ethnic Minorities

藏族

中国少数民族设计全集编纂委员会 编

图书在版编目（CIP）数据

中国少数民族设计全集.藏族／中国少数民族设计全集编纂委员会编；过伟敏等著. —太原：山西人民出版社，2019.10
ISBN 978-7-203-11099-6

Ⅰ.①中… Ⅱ.①中… ②过… Ⅲ.①藏族－民族文化－研究－中国 Ⅳ.① K28

中国版本图书馆CIP数据核字（2019）第201209号

中国少数民族设计全集.藏族

编　　者：	中国少数民族设计全集编纂委员会
著　　者：	过伟敏　史　明　王安霞　刘　佳
	杜守帅　罗　晶　王　晔　周　林
责任编辑：	赵晓丽
复　　审：	武　静
终　　审：	阎卫斌
装帧设计：	谢　成

出 版 者：	山西人民出版社　人民美术出版社
地　　址：	太原市建设南路21号
邮　　编：	030012
发行营销：	0351－4922220　4955996　4956039　4922127（传真）
天猫官网：	https://sxrmcbs.tmall.com　电话：0351－4922159
E－mail：	sxskcb@163.com　发行部
	sxskcb@126.com　总编室
网　　址：	www.sxskcb.com
经 销 者：	山西出版传媒集团·山西人民出版社
承 印 者：	山西出版传媒集团·山西新华印业有限公司
开　　本：	889mm×1194mm　　1/16
印　　张：	50.5
字　　数：	700千字
印　　数：	1—1 000册
版　　次：	2019年10月　第1版
印　　次：	2019年10月　第1次印刷
书　　号：	ISBN 978-7-203-11099-6
定　　价：	580.00元

如有印装质量问题请与本社联系调换

中国少数民族设计全集编纂委员会

总 主 编（按年龄排序）
张夫也　王立端　戴晋明　廖　军　王　琥　李豫闽　过伟敏　顾　平
王　强　李　岗

执行主编　王　琥

编务统筹　张明山

中国少数民族设计全集编辑工作委员会

主　　任　刘伟冬

编　　委（排名不分先后）
王　琥　王　峰　王　强　王立端　王浩滢　白　波　过伟敏　许　星
许边疆　李　岗　李　丽　李豫闽　成光虎　肖　飞　余　强　汪传跃
罗　力　杨明朗　陈　述　陈见东　邱　珂　胡万明　顾　平　郑　静
郭立忠　姬　莹　张夫也　张泽国　张明山　张秋平　张耀引　梁盛平
樊　进　谢　玮　熊　伟　熊　微　熊建新　蔡克中　葛　芳　鞠　斐
魏　洁　廖　军　戴晋明

中国少数民族设计全集出版工作委员会

主　　任　胡彦威　周　伟

执行主任　姚　军　欧京海

编务统筹　阎卫斌　周小龙

编　　辑（排名不分先后）
王新斐　史美珍　冯　昭　冯灵芝　吉　昊　吕绘元　刘小玲　任秀芳
孙　琳　孙宇欣　李广洁　李建业　李　靖　员荣亮　张小芳　张志杰
张书剑　何赵云　陈俞江　吴春华　武　静　周小龙　柳承旭　郝文霞
赵　玉　赵晓丽　席　青　秦继华　高　雷　郭向南　阎卫斌　崔人杰
傅晓红　蔡咏卉　翟丽娟　樊　中　薛正存　魏　红　魏美荣

整体设计　谢　成

中国少数民族设计全集·藏族

本册著者　　过伟敏　　史　明　　王安霞　　刘　佳　　杜守帅
　　　　　　　罗　晶　　王　晔　　周　林

参与撰写　　黄　颖　　龚　滢　　须　博　　张春霞　　张纪强
　　　　　　　毛　睿　　刘　艺　　赵珵珵　　周雅馨　　潘馨兰
　　　　　　　俞志成　　肖　劼　　刘春羽　　曹莉莉　　管宁彤
　　　　　　　褚宏枫　　马　燕　　宋莉娜　　陶　琨　　巩　聪
　　　　　　　吕　捷　　吴向佳　　付　佳　　宋春苑　　杨　亚
　　　　　　　李绮雯　　王瑛琦　　蔡思穗　　杨伟昊　　牛彧男
　　　　　　　周　航　　刘政通　　张　皓　　黄　碧　　王云川
　　　　　　　马　君　　华秋紫　　张婧雅　　包时灵　　杨安琪
　　　　　　　李亚平　　苏　玮　　郝　佳　　翟翼畅　　严玮辰
　　　　　　　习敏慎　　刘宝艳　　徐晓娴　　袁　丹　　张博闻

求同存异　和合共荣

刘伟冬

中华民族，是一个由56个民族组成的大家庭。在漫长的文明发展史中，汉族和各少数民族都为中华文明的繁荣发展贡献了自己的聪明才智。纵观中华文明史，其实就是一部各族群之间"求同存异，和合共荣"的文化演进史。

从根子上讲，4000年前的"中国"，仅指北方中原地区，居住在这里的相传是上古时期黄帝部落和炎帝部落的后裔，故而自称"炎黄子孙"。其时的"中国"，不过是黄河中下游（西起陇山，东至泰山）区域。在千年发展与民族融合之后，尤其是晋末"衣冠南渡"，南迁的中原汉族与南方百越民族彻底融合，来自北方的鲜卑等民族融入汉族，使汉族前所未有地壮大发展，逐渐形成后来疆域辽阔、人口众多、物产繁盛、文化昌明的中华民族的主体族群。特别值得强调的是，自从作为一个民族整体之后，中华民族就从未中断过自己的民族发展史——这在世界历史上是硕果仅存、独一无二的。

中华民族具备兼容并蓄、虚心好学的民族天性。仅以设计学范畴的事例讲：在数千年文明发展历史中，中华民族在不断向外输出优秀的文明成果（如烧造之陶瓷砖瓦、营造之榫卯斗拱、织造之丝绸刺绣、锻造之"失蜡"分模等），影响全人类的日

常生活与生产方式的同时，也不断地吸纳域外各民族的优秀文明成果，如汉魏之印度佛教和西域音乐、隋唐之西亚服饰和家具、宋元之东洋印染和漆艺、明清之西洋机器与建筑……在中华民族内部，这样的文化交流更是从未停止过，而且是风生水起、枝繁叶茂，愈发流畅、深入，中华民族各族群之间"求同存异，和合共荣"的文化大演进，共同创造了中华民族极为灿烂辉煌的造物文明历史。仍以设计学范畴为例：原本是匈奴人发明的单足绳圈，被晋代的汉族人设计成铁质双镫；最早是鲜卑人原创的毡毯卷边，被晋代的汉族人改造成"高桥马鞍"，这宗中国式马具设计案例，被誉为"13世纪中国传入欧洲的最重要文化成果"（李约瑟语）。再如，西域（今新疆地区）是全世界最早的皮靴生产地，哈尼族为主的红河地区出现了全世界最早的梯田。再如，全世界最早的"干栏式建筑"和全世界最早的稻米人工育种、栽培，均起源于长江中下游的百越地区；全世界最早的竹藤编结器物起源于闽越地区……由中华民族共同创造、发明，后来又影响了全人类文明进程的优秀造物设计案例很多，不胜枚举。几千年中华民族的文明史，就是各种文化多元融合、共同发展的最好例证。不了解中华民族内部各族群的文明交流史，就无法真正理解中国文化史，也不能理解为什么中华民族总是能在逆境中成长强大。甚至可以说，能否完整地理解中华民族的文化史，是检验每一个当代中国知识分子（特别是文史哲专业的学者）文化立场的"试金石"。

随着改革开放的逐渐深入，各民族地区的经济与社会状态已发生了天翻地覆的变化。令人遗憾和担心的是，由于各地区政策执行力度不平衡，保护措施不得力，少数民族的文化特性正在逐步衰退，有些地区的少数民族文化特征甚至已经消失殆尽，仅仅

存在于徒具形式，充满口号、标语的民族文化村旅游景点中。有学者预言，再不加快整理抢救工作，中国的少数民族可能在物质形态和文化内涵的特征上，若干年后将不复存在。

从少数民族地区反映古代中国社会某些面貌的文化遗存看，这些少数民族之所以一直与汉族地区差距巨大，存在多方面的原因，其中历代汉族统治者对少数民族的歧视政策是主要原因。此外这些地区本身就处于偏僻荒地，不是沙漠就是山区，自然条件远不及汉族聚集地区，社会发展水平滞后。20世纪50年代，有相当比例的少数民族在当时仍处于原始农耕社会或奴隶制社会，不要说通电、通水、通汽车，不少人一辈子连铁器长什么样都没见过。部分少数民族聚集地的各种自然条件也较差，缺肥少水，基本生活来源，一靠老天爷恩赐的"望天收"农作物；二靠家庭手工作坊制作些竹藤编结物和土织、土陶等土特产来换取粮食；三靠养猪、兔、羊和鸡、鸭、鹅等家禽来换取日用品，如灯油、农具、衣物和油盐酱醋等；四靠为土司、头人和大户们出卖劳力（社会底层奴隶身份），年老即被抛弃。中华人民共和国成立后，党和政府在这些地区实行社会主义改造，打倒以土司、巫师和头人为首的剥削阶级，将土地和生产资料一律收归集体所有，解放了全体少数民族民众，使他们历史上第一次有了自由劳作和生活的权利。

中华人民共和国成立之初，党和政府就高度关注民族事务问题，为如何保护、关心各少数民族制定了一系列方针、政策，也为当代中国社会处理民族问题、保护民族文化树立了光辉典范。中央人民政府政务院于20世纪50年代初发布了《关于民族事务的几项决定》，为新中国民族政策奠定了最初的思想基础，其主要内容是：一、各大行政区军政委员会（人民政府）须指导各有关

省、市、行署人民政府认真推行民族区域自治及民族民主联合政府的政策和制度，并随时向政务院报告推行经验，请示者须事前向政务院请示。二、各大行政区军政委员会（人民政府）须指导各有关省、市、行署人民政府认真并有计划地实行政务院在1950年颁发的《培养少数民族干部试行方案》，并将该项工作进行情况定期加以检查，每半年向政务院报告一次。中央民族学院及西北、西南、中南各军政委员会和新疆省人民政府的民族学院，必须依计划实行，并向政务院报告。三、政务院于1951年下半年适当时间将同时召开有关少数民族的卫生、教育及贸易三个专业会议，责成政务院文教委员会、中财委指导中央卫生部、教育部、贸易部开始筹备，并责成中央民族事务委员会协助进行。有关部门如农业部、文化部也须派人参加。四、责成中央人民政府各委、部、会、院、署、行注意建立有关民族事务的业务。五、在政务院文教委员会内设民族语言文字研究指导委员会，指导和组织少数民族语言文字的研究工作，帮助尚无文字的民族创立文字，帮助文字不完备的民族逐渐充实其文字。六、扩大中央民族事务委员会委员名额，责成中央民族事务委员会提出补充名单的建议，并于1951年下半年召开中央民族事务委员会扩大会议，检查与总结关于推行民族区域自治及民族民主联合政府的经验。

20世纪50年代，中央人民政府和政务院，曾多次组织"中央慰问团""土改工作队"和"普查工作队"等，花费大量人力和物力，深入各少数民族地区，进行了大量较为翔实的社会历史调查。50年代这轮由政府统筹、由中央民委组织行政领导和人类学、社会学专家学者以及民族同志组成工作队与考察队的少数民族大考察活动，1953年正式启动，1956年结束（个别地区延期至1958年才结束）。直接成果之一，就是为1956年国务院公布的55

个少数民族的正式定名和划分,提供了可靠的依据。

从当时考察的资料看,各少数民族的社会发展水平参差不齐,不少民族呈现类似汉族曾经历过的各种历史发展状况,为我们今天考察、了解并研究过去的历史以及各学术分支问题,提供了绝好的活体范本。比如以"设计发生学"研究为例,以山寨（村落）为主的初级社会组织形态,原始手工业在农耕环境中的地位,原始造物的手工技艺与设备、工具等,都是我们极感兴趣的研究对象。

在西北、西南和东北各少数民族聚集地区,有些古时流传下来的本民族手工造物技术,迄今仍保存良好。其吸收了汉族和其他兄弟民族的技术长处之后演变出来的各时段手工造物技术,则印证了各民族互相融合、取长补短的史实。更有些原始手工艺,特别具有艺术和历史研究价值。以维吾尔族人为例,本世纪初,笔者在新疆喀什城艾格孜艾日克老街看到几样手工艺绝活:其一是整条街的维吾尔族乐器店,除了热瓦普、曼陀林和冬不拉等少数维吾尔族知名乐器外,全是些笔者叫不上名来却似曾相识的弹拨乐器和拉弦乐器,于是从心里认可了"西域古乐成就了中国传统民乐"这句话所言不谬。其二是亲眼所见一个拖着鼻涕的不到10岁的维吾尔族小男孩,拿着电砂轮在铜壶上信手飞快地刻着精美细腻的图案,一不要底稿,二没有图纸,真是佩服得五体投地,也相信了"汉族人长于热铸,西域人长于冷锻"这个说法。其三是在喀什近郊著名的大巴扎"金器一条街"上看见近百家金店生意红火,家家门前毡毯上都围坐着一群金店伙计和顾客,正在热烈讨论、共同设计着花样繁多的未来金饰嫁妆,感受到了"中国传统样式的金银首饰工艺,最富有创意的设计和最先进的工艺制作,原来在维吾尔族人手里"这句大实话。还有,笔者

求同存异 和合共荣

在云南景洪县城集市上，曾亲眼见过景颇族老乡用古老的"焖烧法"烧出的红彤彤的土陶——跟笔者一知半解的仰韶彩陶的烧制工艺几乎一模一样。还有，笔者在大西北甘陕宁各省亲眼所见的回族、保安族、裕固族和东乡族老乡巧手做出的那些花样繁多、样式复杂的面塑造型，真是个个精妙绝伦。这方面的事例实在太多了。

50年代的少数民族地区社会大普查，以及半个多世纪以来社会各界对其丰富而珍贵的考察、研究，意义深远，价值极为重大。这些地区客观上保存的较为完整的、与数千年前中国原始社会最初形态近似的许多社会特征，为我们研究社会的最初形态形成和当时的经济、文化、政治的基本状况以及"设计发生学"的相关课题，提供了珍贵的类型学"活化石"范本，价值非凡。改革开放以来，这些少数民族地区也获得了前所未有的巨大发展，人民生活日新月异；但与此同时，少数民族地区的民族性在不可避免地愈发衰减、退化，甚至消失。如果我们再不采取保护措施，若干年后，各少数民族的许多宝贵民族文化遗产将无法挽救地彻底消亡，这部分同属于全人类精神财富和中华民族集体智慧的宝藏，我们将再也看不到了。

在"设计发生学"问题上，我们一向秉持文化多元论的观点，认为人类文明是全世界人民共同创造的，各国家、地区、民族均做出过大小不一、形态各异的贡献；同理，中华民族的灿烂文明是中国的各族人民共同创造的，每个民族都对中华传统文化做出过贡献，也都应当得到尊敬和肯定。中国的各少数民族在中华文明漫长的演化过程中，都曾经以自己独特而充满智慧的文明成果，补充、完善甚至改良着中华文明。比如，古代西域的龟兹古国各民族创造或引自西亚的弹拨乐器和拉弦乐器以及音律、曲

式，彻底改造了中国古代音乐，新创作出代表中国古乐精髓的江南丝竹；南疆的维吾尔族和北疆的哈萨克、塔塔尔、塔吉克等族首创了制革术，并引进古波斯革皮书籍装帧术和制靴术、制毡术、毛衣编结术；海南岛的黎族率先种植棉花并纺织棉布，传入内地后棉织业逐渐形成中国古代手工行业的"天下第一营生"……保护少数民族的民族文化特性，就是保护我们的历史遗产，就是传承我们的文明。我们应进一步发扬文化兼容的优良传统，把振兴中华的百年民族复兴梦，逐步落实为将大中华建设成为中国各民族共同拥有的美好家园。

由上千名来自全国各高等艺术院校的教授、研究生组成的55支团队参与编撰的《中国少数民族设计全集》（55卷），正是有识之士基于对各少数民族的民族文化特性正在快速衰减、消亡的严重现实问题的深切忧虑而进行的抢救、发掘、整理中国少数民族文化遗产的重要文化工程。经过两年精心筹划，六年努力写作，在国家出版基金管理部门的支持下，在山西人民出版社和人民美术出版社的策划和组织下，目前《中国少数民族设计全集》的书稿编撰工作已基本完成，即将付梓。在长达八年的漫长过程中，全国兄弟院校各团队涌现出的各种可歌可泣的事迹经常感动着笔者，并不时鞭策着全体作者克服千难万险，一路向前。有的分卷作者身患绝症仍不眠不休地忘我工作，有的分卷作者遭遇各种意外仍坚持工作。特别是，很多民族同志公而忘私、不计较个人得失，有人不惜将自己赚钱的企业关张歇业，全身心地投入各自所负责分卷的繁重编撰工作中；有人义无反顾地将自己珍藏多年的本民族实物、资料和研究成果无偿提供给相关分卷作者。大家万众一心，克服各种复杂得难以想象的困难，以确保这部凝聚了众人八年心血的巨著，能按计划如期完成。借此机会，笔者谨

求同存异　和合共荣

　　代表本丛书编委会全体成员，向领导、编辑和作者们表示衷心的感谢！

　　作为一项文化创举，笔者深信《中国少数民族设计全集》必将在未来岁月的长期检验中，愈发显现其非凡的、独特的文化价值。

2017年夏季于南京

前言

本卷为藏族卷，共收录与解析了198个案例。这些案例涵盖了藏族传统生活的衣、食、住、行、用五大方面，分为藏族传统建筑、藏族传统服饰、藏族传统餐饮、藏族传统生活用具、藏族传统生产工具、藏族传统手工艺和藏族传统民俗和宗教等七大部分。

藏族传统建筑部分，选取了布达拉宫、罗布林卡、大昭寺、桑耶寺、托林寺、科迦寺、朗色林庄园、帕拉庄园、秀巴古碉、藏南碉房、日喀则萨迦县民居、山南琼结县民居、林芝鲁朗乡民居、昌都嘎玛乡民居、阿里普兰县民居、窑洞式阿里土窑、窑房组合式阿里土窑、康巴藏式民居石屋、牛毛帐篷、休闲白帐等建筑物及建筑细部共30个案例。这些案例均具有一定代表性。在功能类型上涉及宫殿建筑、园林建筑、寺院建筑、庄园建筑、防御建筑、民居建筑等6种不同的建筑类型。在建筑形制上，表现为平顶建筑、坡顶建筑、窑洞（生土建筑）和帐篷（移动建筑）等4种形式。从结合自然条件的建筑形式的整体分布来看，藏族传统居住建筑呈现出如下面貌：藏南河谷平原如拉萨、日喀则和山南等地为半干旱农区，气候干燥少雨且冬季寒冷，因此多采用墙体厚重、对排水要求不高的平顶碉房；藏东林芝鲁朗乡等林区，气候湿润多雨且森林资源丰富，因此多采用排水性能良好的木板瓦坡顶房；藏西阿里普兰等农区地处干旱地带，气候干燥少雨且缺乏木材和石材，但土质较好，因此多采用窑洞、窑房组合式房屋等生土穴居式建筑；藏北羌塘草原牧民长期过着逐水草而居的游牧生活，因此牛毛帐篷、休闲白帐这类方便拆装与搬迁的可移动式建筑是其主要的居住形式。宫殿、佛寺

等规模宏大、等级较高的建筑，如布达拉宫、大昭寺、罗布林卡等则多将藏式平顶房与汉式歇山金顶组合起来运用，体现出藏汉建筑文化之间的交融。从建筑布局上看，尽管藏族传统建筑因不同的功能类型以及受不同地形的影响，而呈现出个体差异，但是这些建筑多体现出藏传佛教对其布局与功能的不同程度的影响。如藏族普通民居中通常会辟出一间条件好的房间作为经堂等供奉神佛的场所，贵族庄园建筑中还会设置一定数量的室外祭台作为祭神之所，有的寺院建筑更严格按照佛教宇宙观来布置建筑的平面。以建于公元767年的桑耶寺为例，其平面格局比拟佛教思维中关于宇宙的图说和曼陀罗结构进行设计，开创了中国以曼陀罗结构为特征的一种新的佛教建筑形式。从建筑用材上看，藏族传统建筑以土（夯土与砖）石为主流。如建于公元7世纪松赞干布时期的布达拉宫城堡主体即采用红砖、土坯等砌筑，桑耶寺、朗色林庄园等建筑采用夯土筑成，罗布林卡、大昭寺、秀巴古碉等建筑的墙体多采用花岗岩石、毛石等垒筑。此外，藏族传统建筑下大上小的收分式墙体造型是藏族传统建筑风格的一个重要标识。

　　藏族传统服饰部分，选取了包括工布女帽、金宝顶帽、那曲狐皮女帽、狐狸帽、杰谐舞男式帽、珍珠冠、青海玉树藏式女帽、女子帮典、甘南巴扎、青海黄南藏族自治州男式藏袍、青海果洛女士藏袍、林芝女式古绣、阿里普兰女式羔皮袍、牧区男式盛装、牧区女式盛装、松巴鞋、金质嵌珠宝嘎乌、珊瑚巴珠、女式银质腰带、女式珍珠胸饰、珊瑚妇女背饰、青海同德红珊瑚背饰、老钱包、嵌宝石银质胁饰、十字腰链、绿松石银手镯、银质首饰（戒指、手镯、耳环）、氆氇包在内，不同材质的男女帽，男女服与袍、鞋与包以及配饰共30个案例。这些案例以服装为主体，辅与各类配饰来解读藏族传统服饰的基本面貌。从所在地区的分布来看，以拉萨地

区为中心向周边辐射，其中包括了那曲、阿里、青海等地区。从服饰使用的场合来看，既有藏族人在日常生活中的穿戴，又有在传统藏族节庆中的盛装。可以看到的是，藏族人平日的穿戴风格简约而朴素，常常穿戴狐狸帽、杰谐帽，佩戴十字腰饰或银质腰带、嵌宝石银质胁饰及珊瑚妇女背饰等，妇女常常佩戴胸饰及戒指、绿松石银手镯等首饰；当传统节庆日来临时，他们都以盛装迎宾待客，并佩戴嵌珊瑚火镰、老钱包等配饰。另外，根据不同的时节，藏族人穿戴不同的服装及配饰，比如在西部高寒地区，服饰既有御寒、保暖的功能性作用，同时也是身份和财富的重要象征，其中包括那曲女帽、青海玉树藏式女帽、青海同德红珊瑚配饰、牧区盛装等。从服饰的选材与工艺来看，藏族传统服饰大多选材精良，充分接受大自然赐予的恩惠，织物选材都是从原生态植物中提取纺织纤维，加工并制作成服饰纺线，从植物中提取织物染料，根据设计所需，使用具有特色的纺织技艺，并缝制当地独有的兽皮、兽骨等，一针一线间，运用藏族人独有的智慧，搭配出神秘的藏式色彩。传统服饰的装饰纹样主要以自然花草、几何纹样、宗教信仰符号为主，配饰多用象征着吉祥如意的绿松石和红珊瑚。另外，深受游牧文化影响，藏族传统服饰整体上具有与生俱来的奔放和豪迈的气质。

　　藏族传统餐饮部分，包括了藏族传统食材、饮食用具、炊具等内容，选取了糌粑、足玛、油炸果子、特、鲁朗石锅鸡、风干肉、茶砖发酵工艺、酥油桶、糌粑盒、木碗、铜质勺具、红铜蒸笼、银茶座茶盖、银质多穆壶、镶铜木鞘餐刀、角质酒壶等16个案例。这些案例是藏族人日常餐饮与祭祀、供奉所用的食材和饮食用具。食材的烹饪加工方式以煮、炸为主，辅以拌、蒸等手法，或者生吃食品。由于西藏地区海拔高，菜不容易炒熟，因此炒菜较少。食材的原料以本地的青稞、牛羊肉、酥油和奶渣为主。其中糌粑、油炸

前言

果子和特以青稞为主要原料，辅以酥油搅拌制作而成；鲁朗石锅鸡是藏族的一种特色炖菜，是将鸡放入云母石锅中加入多种药材熬制而成；风干肉以牛羊肉为主，将牛羊肉割下风干而成。在饮食用具中，酥油桶用来制作酥油，糌粑盒用来盛放糌粑，而木碗既是吃糌粑的餐具，又是饮用酥油茶、奶茶的茶具，同时还是饮用青稞酒的酒具。银质和铜质品因具有光泽明亮、抗腐蚀且导热性强的特点，不仅功能实用，还可作为装饰物件使用。铜质勺具和红铜蒸笼都是日常饮食常用的炊具，精美的还附有各种纹饰；银茶座茶盖是藏族饮茶时所使用的金属茶具配套设备；多穆壶主要流传于蒙、藏民间，大多用于盛奶及青稞酒，其多为铜质或银质；镶铜木鞘餐刀配有餐刀和象牙餐筷，统一置于刀鞘中，成为藏族人腰带上的重要装饰物。此外，利用牛角的中空特点制成的角质酒壶质地坚硬，在制作时需将牛角掏空制成酒壶形状，形态自然流畅。

藏族传统生活用具部分，包括了藏族传统日用杂具、藏族传统文娱用具与藏族传统乐器三方面内容，共25个案例。

其一，藏族传统日用杂具部分，选取了藏刀、火镰、贝熏、酥油灯、铜质油灯、角质鼻烟壶、角梳、五宝金属磨具、错金法轮纹金锁、藏柜、牛绒策子、马鞍马镫、马鞍包、皮质褡裢等14个案例。这些案例涉及藏族人日常生活所使用的传统刀具、灯具、磨具、家具、出行用具等生活用具。藏族传统日用杂具常用材质有金属、木质、角质、皮质等。藏刀是常见的捕猎工具；火镰曾被作为取火的用具长期使用，还可作为装饰品使用。贝熏为焚香用具，酥油灯是用于供奉佛像与祈祷的用品，它们都具有重要的宗教作用。以野生牦牛角为原料制成的角质鼻烟壶、角梳色泽温润柔和，手感圆润细滑。用牛皮制成的马鞍包、皮质褡裢结实耐用。铜质油灯、藏柜、牛绒策子等物品均为日常生活起居之用具。

其二，藏族传统文娱用具部分，选取了竹笔及笔盒笔筒、墨水瓶、书写板、藏戏面具以及歌舞道具共5个案例。其中竹笔及笔盒笔筒、墨水瓶及书写板为藏族的传统书写用具。竹笔虽为汉传之物，但经过在藏区的发展，其长度、形态，包括切口方向符合藏文书写的字体及大小要求；笔筒与笔盒皆为盛笔用具，便于书写者随身携带。墨水瓶是藏族文人必备之物，材质从木竹到金属多种多样，并附有雕刻。书写板则为藏族特殊的代纸书写工具，主要用于教习及临时书信的书写，因其具有可擦拭性，可反复使用，在一定程度上解决了旧时少纸的问题。藏戏面具、藏族歌舞道具为藏族人的娱乐用具。藏戏面具隶属于民间面具，种类丰富；歌舞道具同样种类丰富，运用广泛。因此，关于藏族歌舞道具部分，主要选取了藏族比较有代表意义的热巴舞、较为正统宫廷化的囊玛表演以及民间的劳动歌舞，并对上述三者的重点道具、道具与歌舞的互动关系进行了阐释。

其三，藏族传统乐器选取了扎木聂、碰铃、手鼓、鹰笛、雄林、串铃等6个案例。藏族传统乐器种类繁多。其中，扎木聂属于弹拨乐器，碰铃、手鼓、串铃属于打击乐器，鹰笛、雄林属于吹管乐器。这些乐器既可以单独演奏，也可几种共同演奏。

藏族传统生产工具部分，选取了抛绳、火枪、木桶、扬叉、杵臼、马头秤、打麦工具、木独轮车、塔夏、牛羊毛纺线车、藏药工艺器具、曼唐器械、牦牛车、牛皮船等14个案例。这些案例中除传统生产工具外，还包含传统医疗工具。在放牧、捕猎活动中，抛绳主要用于驱赶牛羊，是藏族人放牧的必备工具；火枪是常见的捕猎工具；在农业生产方面，木桶、扬叉、杵臼均是常用工具。藏民使用打麦工具的背篓收集收割后的谷物，下部的木棍将麦子脱粒，待作物在日晒下脱粒再用扬叉不停翻扬，以分离出干净的麦粒。进行

贸易时，使用简易衡器马头秤计量称重。当狭窄崎岖的山路不适合畜力车通行时，灵活便捷的人力木独轮车即成为主要的运载工具。牦牛车、牛皮船等传统交通工具在藏区许多地方仍发挥着重要的作用。踏板立织机——塔夏以及牛羊毛纺线车都是藏族人常用的纺织工具。另外，制作藏药的工艺器具及曼唐外科手术器械，是藏医的重要组成。

藏族传统手工艺部分，包括藏族传统雕刻、绘画与图案等几部分，共32个案例。

藏族传统雕刻部分，选取了拉卜楞寺酥油花、木刻浮雕、木刻圆雕、铜雕造像、银雕造像、石雕造像、石刻浮雕、金器錾刻、骨雕、砖雕、家具雕刻、建筑雕刻等12个案例。选择这些案例的主要依据为传统雕刻运用的不同媒质和多样技艺以及多种环境载体。从雕刻材料上看，藏族传统雕刻材料丰富，有木材、砖石材、金银器、骨角等，还有极具地域特色的酥油；从技艺手法上看，有浮雕、圆雕、镂雕、透雕以及錾刻等等；从雕刻内容上看，多与宗教文化相关；从雕刻载体看，常以家具及建筑为主。其中，甘南拉卜楞寺酥油花，以藏区特产酥油为原材料，调制各种矿物颜料制成，常以神话故事为选题，作品规模宏大、色彩绚丽、栩栩如生。因酥油花遇高温容易融化，在冬季才能制作，故形成浓郁的地域特色。

其二，藏族传统绘画与图案部分，选取了彩绘唐卡、缂丝唐卡、贴花唐卡、珍珠唐卡、刺绣唐卡、曼唐、度量唐卡、坛城画、孜各利画、壁画、萨拉南夏棋盘画、头神画、刺绣图案、色织图案、八瑞相图案、十相自在图案、民居建筑彩绘图案等17个案例。其中，唐卡是一种用彩缎装裱可悬挂的卷轴画，是藏族传统绘画中重要的表现形式和艺术门类，它将宗教和哲学内容具体化、形象化、艺术化，有"藏民族百科全书"之称。唐卡按照创作方式有彩绘唐卡、缂丝唐卡、贴花唐卡、珍珠唐卡、刺绣唐卡、雕版唐卡等多种类型。再如藏族传统八瑞相图案，由宝伞、金鱼、宝瓶、莲花、白海螺、吉祥结、胜利幢和金轮等8种宝物组成，寓意深刻，广泛运用于藏族宗教礼仪和日常生活中，是藏族文化艺术中的代表性图案。

另外，藏纸制造工艺、德格印经院藏式雕版及印刷工艺等三例主要从其制作工艺、使用工具及制作流程，剖析了藏族的古法制造术和手工艺，及其所蕴涵的宗教文化。

藏族传统民俗和宗教部分，包括藏族传统宗教及祭祀法器、藏族传统礼俗行序、用具与藏族传统宗教造像三部分，共51个案例。

其一，藏族传统宗教及祭祀法器部分，共收录与解析了案例26个。从案例的年代分布来看，自13世纪始，至20世纪的700年间设计制作的藏族传统宗教祭祀法器均有涉及。从案例的分类来看，主要包括称赞类、劝导类、持验类、供养类、护魔类和礼敬类的传统宗教祭祀法器。

称赞类法器主要用于各种宗教庆典和仪式中，包括甲铃、统嘎、冈林、铜钹、大玛如、铜钦、大鼓、柄鼓、多吉尺布等。这些乐器演奏时强弱变化丰富，强音震撼人心，弱音延绵不断，如铜钦；有的音色清脆，余音悠长，如多吉尺布；有的音色低沉响亮，雄壮有力，如大鼓；有的坚硬刺耳，听后令人肃然起敬，如冈林。有的音域象征佛的和平慈善，有的代表佛的雷霆之怒；有的既是伴奏乐器，又是舞蹈道具。统嘎被视为藏族人洁白无瑕的心灵象征，故常常会摆放在珍贵的供品中。劝导类法器有转经筒和尼玛石等，其上刻有藏传佛教的六字真言，是藏传佛教信众用以祈祷和对佛进行赞颂的法器。持验类法器有法轮、莲花生大士金刚橛、镀金金刚杵和铁钩等，是藏传佛教教徒在修持作法时使用的器物。其中

法轮是象征好运的八瑞相之一，代表着藏传佛教的教义是以智慧、伦理和禅定为依据的，佛陀即是通过转法轮传教于世。金刚杵与金刚橛原均为古印度兵器，其中金刚橛是由莲花生大士传入西藏用以修持密法，初为宁玛派教徒修持，后被吸纳入藏传佛教的各个派别，于藏传佛教而言有着重要的宗教意义与历史意义。供养类法器有铜噶当塔、鎏金聚莲塔、珊瑚曼陀罗及银质香炉等。该类法器表示对佛、法、僧三宝进行心、物双方面的供奉。塔在藏语中为"却丹"，因11世纪印度高僧阿底峡的传教而被藏传佛教噶当派教徒供奉，后萨迦派、格鲁派均接受并供奉这种形式的佛塔。聚莲塔是后世信众为纪念佛祖释迦牟尼一生中的八件大事而建的"八大圣地如来塔"中的一尊，是为纪念佛陀在蓝毗尼降生并在此地向四个方向各走了七步，莲花由此盛开的场景。故13—14世纪的铜噶当塔与大明永乐款的鎏金聚莲塔正是藏传佛教演变与发展历史的见证。珊瑚曼陀罗案例即是坛城供的一种，其盛载着全宇宙的财富，是表示供奉的最高礼仪，也是供养类法器最重要的供物之一。香炉、焚香或盛满香料的海螺在藏传佛教中象征着味觉，是五妙欲之一，也是供养时不可或缺的供养类法器之一。护魔类法器如嘎乌，亦称"护身佛盒"，用以盛放圣物或其他私人物品，具有私人佛龛的功能，故藏族信众皆在胸口或腰间佩戴，在藏区较为多见。礼敬类法器主要用以表示对佛的礼赞，如袈裟、项珠、哈达等。铁棒喇嘛为藏传佛教中的僧职称谓，是为了维持僧人的清规戒律而设的职位，故其所着袈裟规格较高，色彩明艳且装饰丰富，整体不失僧院管理者之威严，是礼敬类法器僧人袈裟的代表。擦擦（模制的泥佛或泥塔）因其祭祀使用的广泛性而兼具以上几种类型法器之用。此外，金奔巴瓶是金瓶掣签制度的主要器具；羌姆面具属于宗教面具，用以塑造神祇形象，常出现在寺庙的祭祀性仪式表演中；夹经板是夹护散页

经书并将其固定成册的佛教用品，它们都是藏族传统宗教中重要的组成部分。

其二，藏族传统礼俗行序与用具部分，选取了堆龙德庆县婚礼、阿里普兰县婚礼、藏历新年、展佛节、拉萨藏戏节、望果节、藏北赛马会、传昭法会与燃灯节等9个案例。这些案例既包含属于民俗层面的婚俗礼仪与节日庆典，又包含偏重于宗教层面的祭祀活动。藏族民俗节庆多与高原农牧生产、时令节气变化密切相关，而宗教祭祀活动又处处体现藏传佛教的宗教文化与信仰思想。纵观民俗节庆与宗教祭祀活动，两者存在一定程度的互通性，具有相互影响的特征。首先，在仪式内容方面，从婚俗礼仪、望果节、藏北赛马会、展佛节、传昭法会及燃灯节等活动中可以看到，在活动开端或是重要节点之时，多以僧侣诵经作法或吹奏法号的形式以示驱邪迎祥。其次，包括藏历新年在内的上述重要活动中，皆设有煨桑仪式，通过焚烧松柏产生烟雾来祭拜天地诸神和达到驱邪净化的作用。另外，与农牧生产相关的望果节、藏北赛马会，甚至属于宗教节日的传昭法会中，主要活动结束、仪式完成后，多设有余兴活动，如长短跑、骑马、射击、抱石头等比赛环节。这些仪式内容的设置彰显了宗教祭祀、民俗节庆二者的共生性。同时，两者之间还表现出祭礼用具及思想的一致性。例如，拉萨市堆龙德庆县婚礼中，藏传佛教八吉祥图案、雍仲符号的运用以及迎亲队旗幡者需手举音译为"斯巴霍"的轮回唐卡等方面，皆映射出藏传佛教思想在民俗文化中所占的比重。燃灯节是为了纪念宗喀巴祖师所设的宗教活动，酥油灯为该节日主要的祭礼用具，僧俗信众借此表达对祖师的敬仰和对佛法的颂扬。除此之外，藏戏节为藏族传统节庆中地位较高的节日之一，最初源于宗教仪式，以驱鬼酬神为主，15世纪后逐渐脱离宗教的范畴，演变为地域性、艺术性、娱乐性较强的活

动。尽管如此,在拉萨藏戏节演出的序章部分中,仍保留了以净场和驱鬼迎神为内容的仪式。由此可见,藏族传统礼俗的形成与发展主要根植于宗教思想,藏传佛教的思想是藏族礼俗文化的重要组成部分。

其三,藏族传统宗教造像部分,选取了藏族传统宗教中的僧侣造型、信众造型,喇嘛教诸神造像中的释迦牟尼、阿弥陀佛、药师佛、大日如来、不动如来、观世音菩萨、莲花生、宗喀巴、密集金刚、大黑天、四大天王、度母、供养天女、空行母等16个案例。藏族传统宗教造像是藏传佛教的宗教文化和宗教信仰的物化。比如僧侣和信众是藏族传统宗教文化的继承者和传播群体,其造型是形象、服饰与法器的设计集成。喇嘛教诸神造像,从诸位神佛菩萨中选取了具代表性的14个造像,从造像的形态、比例、动势、法器等方面来反映藏族传统宗教造像的严谨性及其视觉语言。

本书的编撰成员主要来自江南大学设计学院建筑艺术遗产保护与再生研究团队的师生。主要参编人员为:过伟敏、史明、王安霞、刘佳、杜守帅、罗晶、王晔、周林、黄颖、龚滢、须博、张纪强、毛睿、刘艺、赵珵珵、周雅馨、潘馨兰、俞志成、肖劼、刘春羽、曹莉莉、管宁彤、褚宏枫、马燕、宋莉娜、陶琨、巩聪、吕捷、吴向佳、付佳、宋春苑、杨亚、李绮雯、王瑛琦、蔡思穗、杨伟昊、牛彧男、周航、刘政通、张皓、黄碧、王云川、马君、华秋紫、张婧雅、包时灵、杨安琪、李亚平、苏玮、郝佳、翟翼畅、严玮辰、习敏慎、刘宝艳、徐晓娴、袁丹、张博闻。

感谢许边疆、洛松尼玛、曹鸣、周敏宁为本卷提供了部分案例的实景图片。FOTOE网、微图网向本卷转让了部分案例图片的使用权。在此对为本卷提供案例图片的个人与转让案例图片使用权的上述网站,再次表示由衷的谢意。

　　同时要感谢本卷所有案例图文的参考文献的作者为本卷的编撰奠定了重要的前期基础。

　　感谢《中国少数民族设计全集》总主编王琥教授对本卷编撰全过程的悉心指导和全力支持，以及不断的鞭策与鼓励。感谢《中国少数民族设计全集》出版方——山西人民出版社、人民美术出版社的领导们，给予我们研究团队参与编撰本卷的机会。能够参与编撰《中国少数民族设计全集·藏族》，对于我们来说，是一个全新的学习过程，是一个进一步全面与系统地了解藏族人及其生活和文化形态的过程。从2013年6月开始着手编撰，本卷编撰团队所有参编人员一直高度重视，认真对待。尽管编撰团队始终抱着对学术研究敬畏的态度，查阅了大量文献资料，同时编撰团队成员亦曾先后四次赴藏区进行实地考察与调研，但因学识与水平有限，再加上编写体例的要求，各案例解析书写的篇幅有限。故在本卷中，无论是案例选择的典型性方面，还是具体案例解析的全面性方面，肯定存在着许多不妥之处，难免有挂一漏万、以偏概全的现象。真诚地希望广大读者批评指正。

编者

初拟于2014年深秋

修订于2019年秋

目录

第一章 藏族传统建筑

布达拉宫 002
罗布林卡 006
大昭寺 010
大昭寺屋顶 014
大昭寺斗拱 019
大昭寺墙体 023
大昭寺柱式 028
大昭寺门窗 033
大昭寺院落 037
大昭寺建筑装饰 041
藏族桑耶寺 046
藏族托林寺 049
藏族科迦寺 053
藏族朗色林庄园 058
藏族帕拉庄园 063
藏族秀巴古碉 068
藏南碉房 072
藏南碉房屋顶 076
藏南碉房门窗 080
藏南碉房墙体 084
日喀则萨迦县藏族民居 088
山南琼结县藏族民居 092
林芝鲁朗乡藏族民居 096
昌都嘎玛乡藏族民居 100
阿里普兰县藏族民居 104
窑洞式阿里土窑 108

　　窑房组合式阿里土窑　112
　　康巴藏式民居石屋　116
　　藏族牛毛帐篷　120
　　藏族休闲白帐　124

第二章　藏族传统服饰

　　藏族工布女帽　130
　　藏族金宝顶帽　134
　　那曲藏族狐皮女帽　138
　　藏族狐狸帽　142
　　藏族杰谐舞男式帽　146
　　藏族珍珠冠　149
　　青海玉树藏式女帽　153
　　藏族女子帮典　156
　　甘南藏族巴扎　160
　　青海黄南藏族自治州男式藏袍　164
　　青海果洛女式藏袍　167
　　林芝藏族女式古绣　171
　　阿里普兰藏族女式羔皮袍　175
　　藏族牧区男式盛装　179
　　藏族牧区女式盛装　183
　　藏族松巴鞋　188
　　藏族金质嵌珠宝嘎乌　192
　　藏族珊瑚巴珠　198
　　藏族女式银质腰带　201
　　藏族女式珍珠胸饰　204
　　藏族珊瑚妇女背饰　207

　　青海同德藏族红珊瑚背饰　210
　　藏族老钱包　214
　　藏族嵌宝石银质胁饰　217
　　藏族十字腰链　222
　　藏族绿松石银手镯　225
　　藏族银戒指　229
　　藏族银手镯　233
　　藏族银耳环　236
　　藏族氆氇包　240

第三章　藏族传统餐饮

　　藏族糌粑　244
　　藏族足玛　248
　　藏族油炸果子　252
　　藏族特　255
　　藏族鲁朗石锅鸡　258
　　藏族风干肉　261
　　藏族茶砖发酵工艺　264
　　藏族酥油桶　267
　　藏族糌粑盒　270
　　藏族木碗　273
　　藏族铜质勺具　276
　　藏族红铜蒸笼　279
　　藏族银茶座茶盖　283
　　藏族银质多穆壶　287
　　藏族镶铜木鞘餐刀　290
　　藏族角质酒壶　293

第四章　藏族传统生活用具

藏刀　298

藏族火镰　302

藏族贝熏　306

藏族酥油灯　309

藏族铜质油灯　313

藏族角质鼻烟壶　316

藏族角梳　319

藏族五宝金属磨具　323

藏族错金法轮纹金锁　326

藏柜　330

藏族牛绒策子　334

藏族马鞍、马镫　337

藏族马鞍包　340

藏族皮质褡裢　344

藏族竹笔、笔盒及笔筒　348

藏族墨水瓶　351

藏族书写板　355

藏戏面具　360

藏族歌舞道具　364

藏族扎木聂　368

藏族碰铃　371

藏族手鼓　374

藏族鹰笛　378

藏族雄林　381

　　藏族串铃　384

第五章　藏族传统生产工具

　　藏族抛绳　390
　　藏族火枪　393
　　藏族木桶　397
　　藏族扬叉　402
　　藏族杵臼　405
　　藏族打麦工具　408
　　藏族马头秤　412
　　藏族木独轮车　416
　　藏族牦牛车　419
　　藏族牛皮船　423
　　藏族塔夏　426
　　藏族牛羊毛纺线车　430
　　藏药工艺器具　434
　　藏族曼唐器械　438

第六章　藏族传统手工艺

　　藏族拉卜楞寺酥油花　442
　　藏族木刻浮雕　446
　　藏族木刻圆雕　450
　　藏族铜雕造像　454
　　藏族银雕造像　458
　　藏族石雕造像　462
　　藏族石刻浮雕　465

藏族金器錾刻　469
藏族骨雕　472
藏族砖雕　476
藏族家具雕刻　480
藏族建筑雕刻　484
藏族彩绘唐卡　489
藏族缂丝唐卡　494
藏族贴花唐卡　499
藏族珍珠唐卡　505
藏族刺绣唐卡　510
藏族曼唐　514
藏族度量唐卡　518
藏族坛城画　523
藏族孜各利画　528
藏族壁画　533
藏族萨拉南夏棋盘画　538
藏族头神画　542
藏族刺绣图案　545
藏族色织图案　549
藏族八瑞相图案　554
藏族十相自在图案　559
藏族民居建筑彩绘图案　562
藏纸制造工艺　566
德格印经院藏式雕版工艺　569
德格印经院经书印刷工艺　573

第七章　藏族传统民俗和宗教

藏族甲铃　578

藏族统嘎　583

藏族冈林　587

藏族铜钹　589

藏族大玛如　592

藏族铜钦　597

藏族大鼓　600

藏族柄鼓　603

藏族多吉尺布　607

藏族大转经筒　611

藏族手持转经筒　615

藏族尼玛石　618

藏族法轮　621

藏族莲花生大士金刚橛　625

藏族镀金金刚杵　629

藏族铁钩　632

藏族铜噶当塔　636

藏族鎏金聚莲塔　640

藏族珊瑚曼陀罗　645

藏族银质香炉　650

藏族嘎乌　654

藏族铁棒喇嘛服及铁棒　659

藏族擦擦　663

藏族金奔巴瓶　667

藏族羌姆面具　670

藏族夹经板　674

堆龙德庆县藏族婚礼　678
阿里普兰县藏族婚礼　683
藏历新年　688
藏族展佛节　693
拉萨藏戏节　696
藏族望果节　700
藏北赛马会　704
藏族传昭法会　708
藏族燃灯节　713
藏族僧侣造型　718
藏族信众造型　721
藏族释迦牟尼造像　724
藏族阿弥陀佛造像　728
藏族药师佛造像　731
藏族大日如来造像　734
藏族不动如来造像　738
藏族观世音菩萨造像　741
藏族莲花生造像　745
藏族宗喀巴造像　748
藏族密集金刚造像　752
藏族大黑天造像　756
藏族四大天王造像　760
藏族度母造像　764
藏族供养天女造像　769
藏族空行母造像　772

第一章 藏族传统建筑

布达拉宫

图一　布达拉宫主图

　　布达拉宫是西藏现存最大最完整的古代宫堡式建筑群。最早为公元7世纪松赞干布所建之王宫，后于赤松德赞时期（公元754—797）和吐蕃王朝末期遭受火灾及兵灾，仅存法王洞（曲结哲布）和帕巴殿（帕巴拉康）。现存的布达拉宫是17世纪以来在被毁宫堡遗址基础上重修而成。

　　布达拉宫依山而建，起基于红山南麓，依山势修筑至山顶，海拔高达3700多米。建筑群东西长约360米，南北宽约140米，建筑面积约9万平方米，加上山前城郭和山后龙王潭范围，总占地面积达41万平方米。其主体建筑由若干造型华丽的佛殿、经堂、灵塔殿、经学院、寝宫、僧舍及庭院等组成。从平面布局来看，整个建筑群分为宫前区的城郭、山顶的宫室区以及后山湖区三部分。宫前区的城郭由环绕宫室的东、西、南三面高大城墙、三座宫门及两座角楼围合而成。城郭内附设印经院、马厩、仓库、作坊等服务性建筑和部分居民住房。后山湖区由龙王庙，两个湖泊及散布其中的岛屿、楼阁、凉亭等组成，构成宫室后方的园林区。山顶的宫室区由白宫和红宫组成，高13层，其中墙体施红色的建筑为红宫，是宫堡群的中心部分，宫中布有五、七、八、九、十三等五世达赖喇嘛灵塔殿，数十座佛殿和供养殿；墙体施白色的建筑为白宫，是达赖喇嘛的寝宫和政府办事机构。在建筑造型处理上，布达拉宫巧妙利用地形，将建筑层层叠砌，覆盖整座红山。其墙基深入山体岩层，墙身收分明显，宫墙全部以花岗岩砌筑，最厚处达5米，部分墙体夹层内灌注铁汁，以增强建筑的抗震能力和整体刚性。

布达拉宫是藏式传统石木结构碉楼的杰出代表，整个建筑群就地取材，采用石料、泥土、木材砌筑而成，具有冬暖夏凉的特点。布达拉宫的布局、体量、层高、装饰等均按最高标准建造，是我国古代高层建筑的典型样本。

图片来源
图一、图五 曹鸣 摄影
图二至图四 黄碧 制图

参考文献
宋兆麟,高可,张建新.中国民族民俗文物辞典.太原:山西人民出版社,2004:379.
姜怀英,嘎苏·彭措朗杰.西藏布达拉宫修缮工程报告.北京:文物出版社,1994:15—49.
西藏拉萨古艺建筑美术研究所.西藏藏式建筑总览.成都:四川美术出版社,2007:18—30.

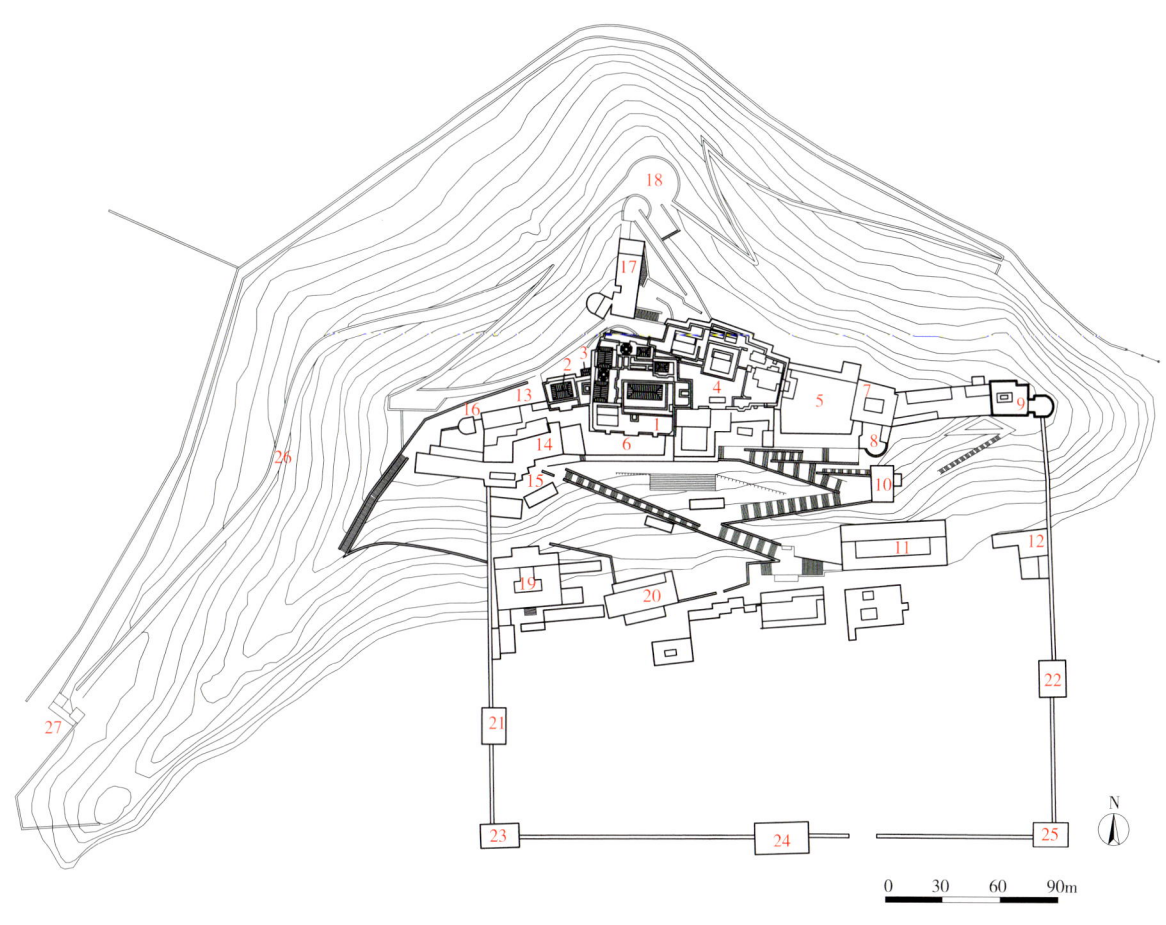

1 红宫 2 十三世灵塔殿 3 丹玛窖 4 白宫 5 东庭院 6 西庭院 7 僧官学校 8 虎穴圆道 9 东大堡 10 玉阶窖 11 原藏军司令部 12 东印经院 13 杰布窖 14 上扎夏 15 下扎夏 16 西图堡 17 亚豁楼 18 后图堡 19 印经楼 20 雪巴列空 21 西宫门 22 东宫门 23 西南角楼 24 南宫门 25 东南角楼 26 后山公路 27 西外门

图二 布达拉宫平面图

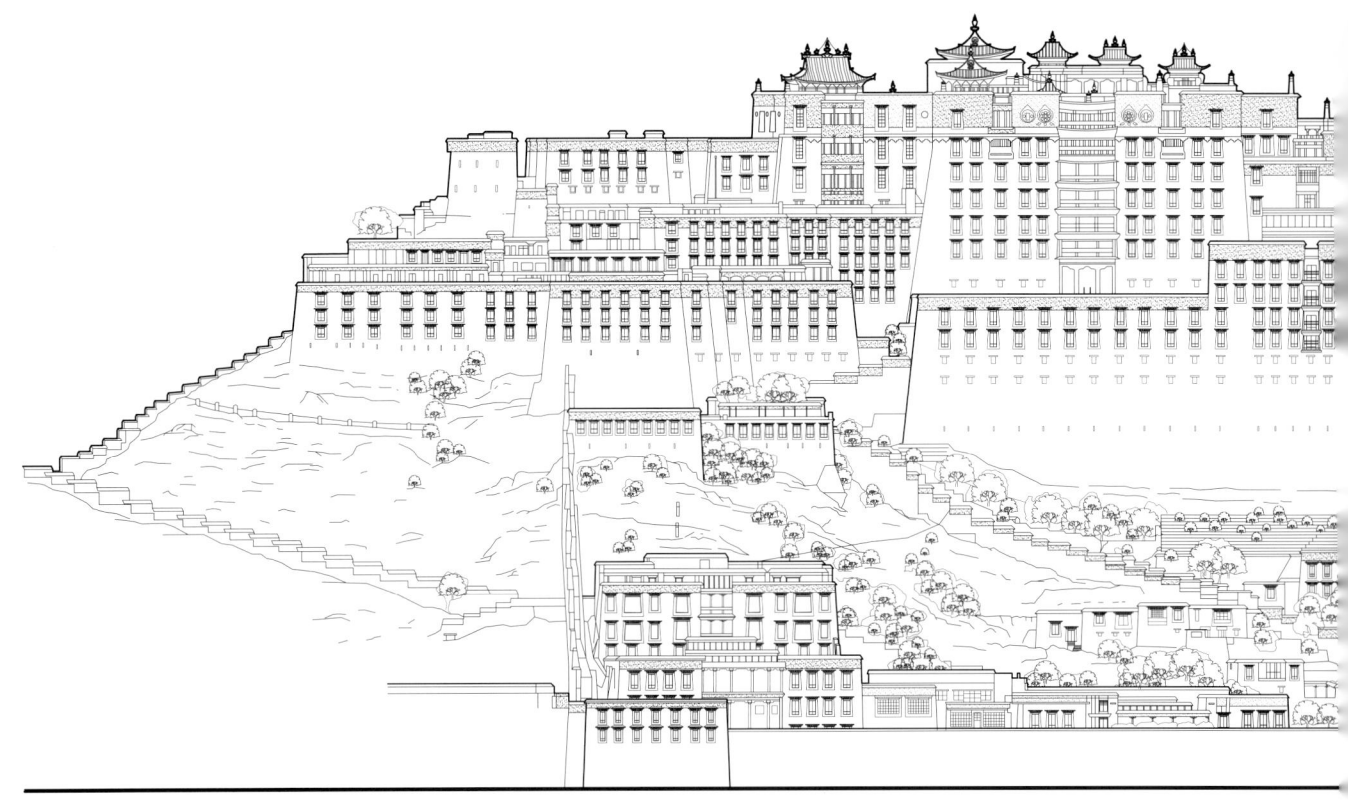

图三　布达拉宫正立面图

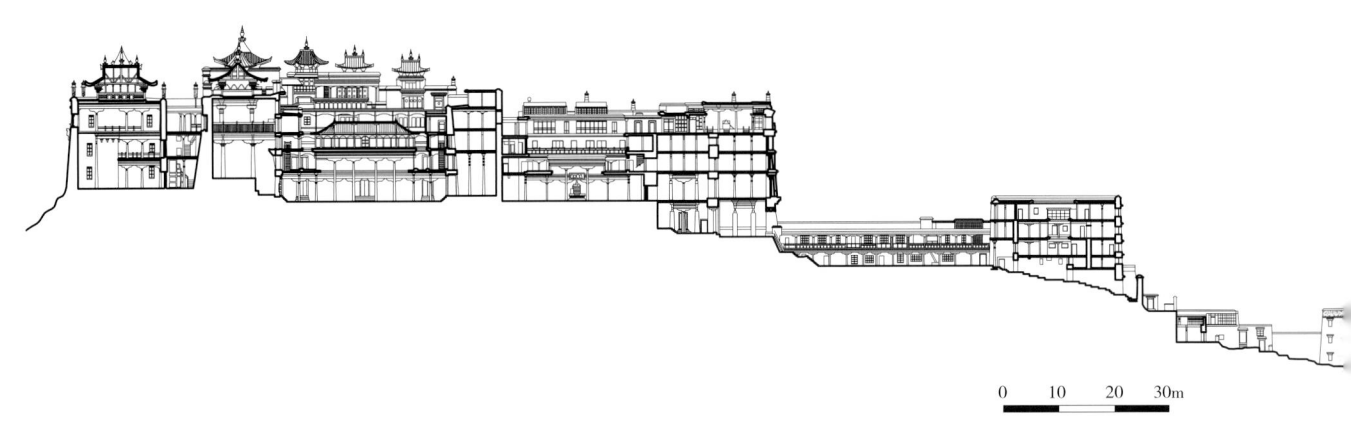

图四　布达拉宫剖面图

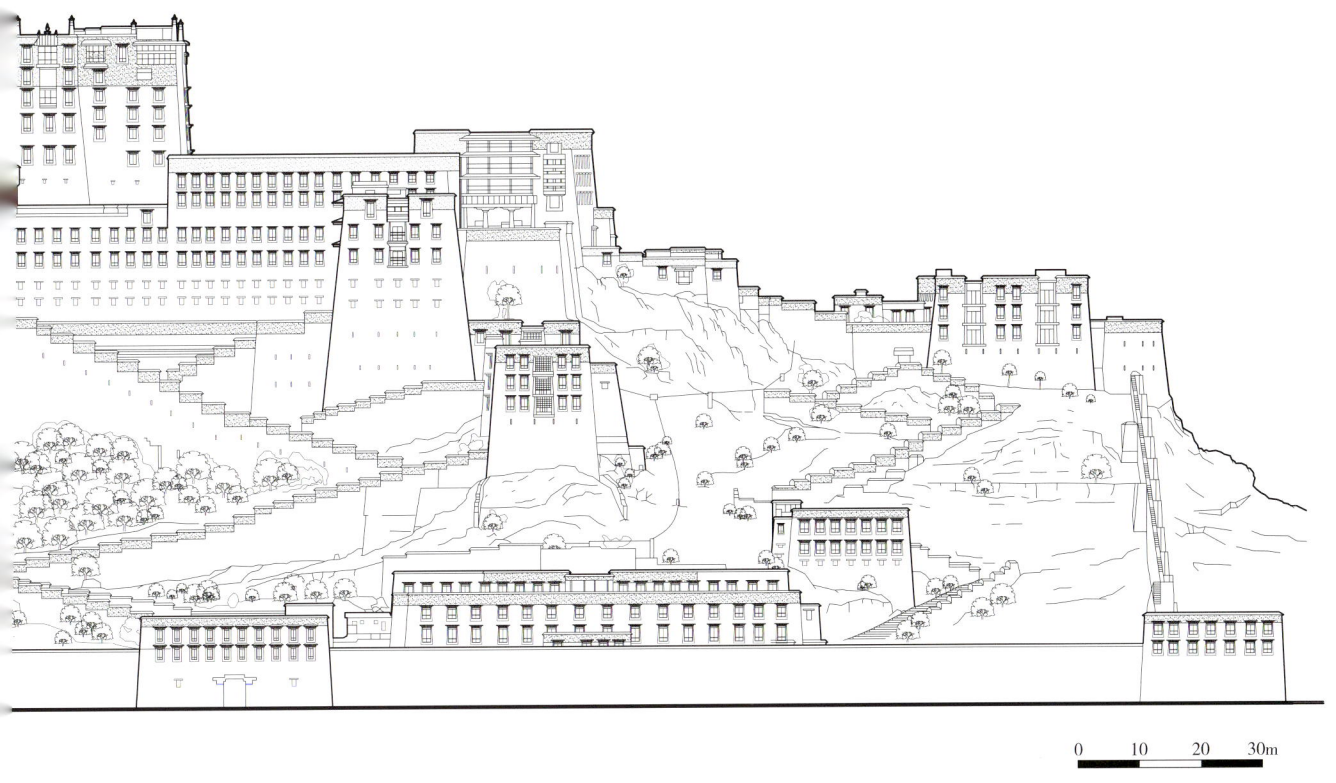

图五　布达拉宫近景

第一章　藏族传统建筑

罗布林卡

图一　罗布林卡主图

　　罗布林卡位于拉萨市布达拉宫西侧，藏语意为"宝贝园林"。罗布林卡始建于1751年，在此之后的200余年间，经过不断扩建，遂成为现今占地约36万平方米的大型园林。

　　罗布林卡全园分为东部和西部两大景区：其中东部景区主要由宫殿区（格桑颇章、措吉颇章、达旦米久颇章等宫殿）、办公区（厦旦拉康、松岗康等噶厦机关）、观戏楼及露天戏台（康松司伦）以及一片占地约1.6万平方米的榆林园等组成，西部景区主要由宫区（金色颇章、格桑德吉颇章、曲敏确杰等三组宫殿建筑）、杏园以及杏园周围的大片草地等组成。园中以七世达赖居住的格桑颇章修建较早，其西北边为措吉颇章景区，占地约2.2万平方米，以中心水池和池上的南、中、北岛为主景，是全园的精粹所在。南岛上柏树郁郁葱葱，中岛和北岛分别设湖心宫和西龙王宫，意在模拟太液池和蓬莱、方丈、瀛洲三神山的意境。在园林风格上，罗布林卡承袭了藏族造园的特点，布局自由、注重绿化、淡于山水、精于建筑，绿地面积占园区总面积的83%，营造了藏族地区树繁草茂的自然氛围，意境趣味盎然。在建筑造型上，其园林建筑以藏式为主，但部分建筑亦融入了汉族等宫殿建筑、园林建筑的特点。如东部措吉颇章景区的湖心宫屋顶即采用了汉式歇山顶，并以黄琉璃瓦覆盖，其建筑细部如栏板、望柱以及门窗隔扇上的雕饰图案亦采用了汉式纹样；湖心宫北面的西龙王宫，也采用了汉藏混合结构，在攒尖屋顶下采用了汉式斗拱。

　　罗布林卡是西藏园林艺术、建筑艺术与宗教艺术相结合的典范，也是西藏地区规模最大、最具特色的集园林、宫殿于一体的建筑形制。集中体现了藏族在造园、建筑、绘画等多方面的成就，也体现了汉藏园林与建筑艺术的交流与融合。

图片来源

图一 宋春苑 制图

图二至图四 黄碧 制图

图五 姜尚民 摄影（微图网）

参考文献

西藏拉萨古艺建筑美术研究所.西藏藏式建筑总览.成都:四川美术出版社,2007.

西藏工业建筑勘探设计院.罗布林卡.北京:中国建筑工业出版社,1985.

1 正门 2 格桑颇章（贤杰宫） 3 乌尧颇章（凉亭宫） 4 恰布萨（沐浴室） 5 恰惹（辩经台） 6 康松司伦（威镇三界阁） 7 戏台
8 鲁康夏（东龙王宫） 9 鲁康奴（西龙王宫） 10 措吉颇章（湖心宫） 11 主曾颇章（持舟殿） 12 内观马宫 13 外观马宫
14 甲觉康（汉物库） 15 达旦米久颇章（永久不变宫） 16 朗马康 17 噶厦 18 泽仓 19 哲恰列空（布达拉宫管理机关）
20 厦旦拉康（祝寿殿） 21 松岗康（祈祷殿） 22 机巧堪布 23 金色颇章（宠幸宫） 24 格桑德奇（贤劫福旋宫） 25 其美曲溪（不灭妙旋宫）
26 乌斯康（玻璃亭、洗头室） 27 辅助用房 28 花房 29 动物笼舍 30 森林区 31 杏园 32 榆林 33 草地 34 观马台 35 牛羊圈

图二 罗布林卡平面图

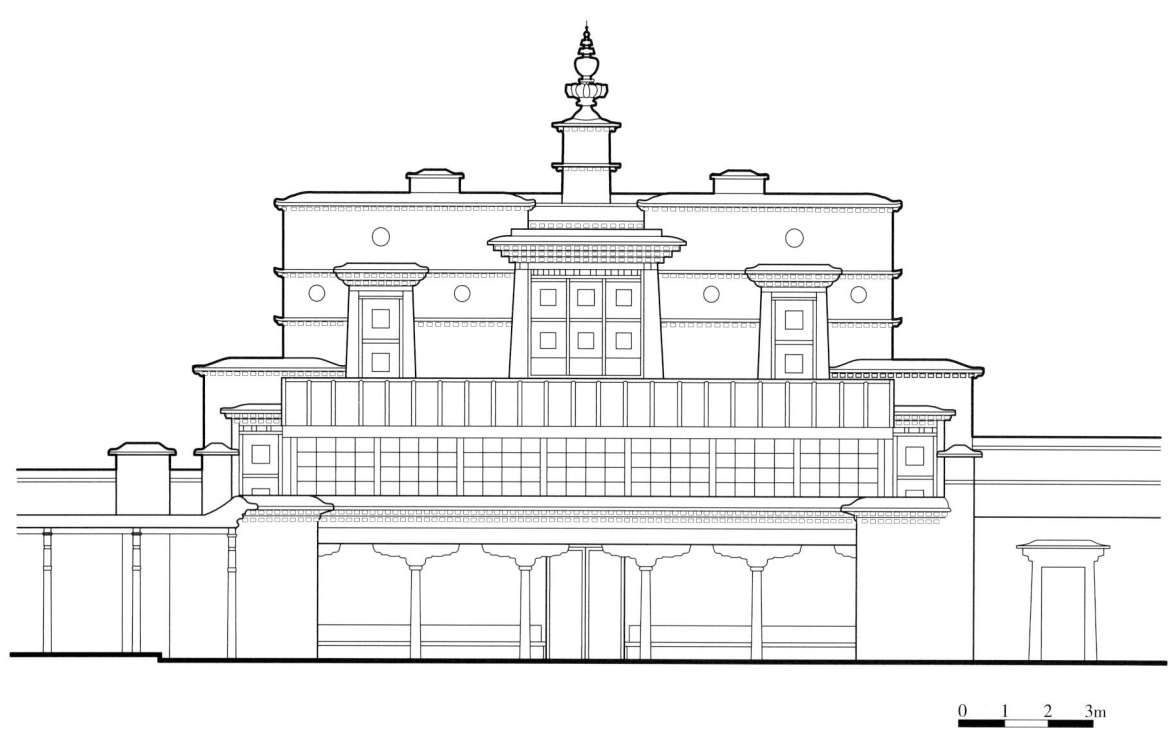

图三　罗布林卡格桑颇章南立面图

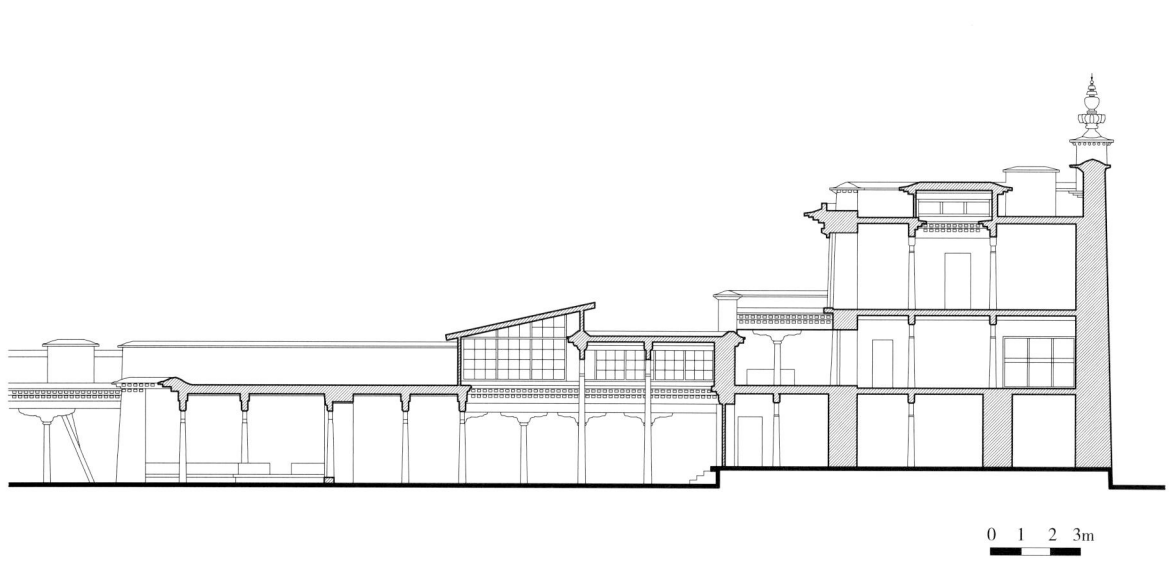

图四　罗布林卡格桑颇章剖面图

图五　罗布林卡措吉颇章景区

大昭寺

图一　大昭寺主图

大昭寺位于拉萨古城的中心，是一座由松赞干布、文成公主以及尺尊公主组织修建的古老佛寺。寺院始建于唐代吐蕃王朝松赞干布时期（公元7世纪中叶），后经元、明、清历代多次修葺和扩建，遂形成如今规模宏大，占地约1.3万平方米的建筑群。

大昭寺坐东面西，建筑布局没有采用规整、严谨的对称格局，而采用了藏式建筑灵活、自由的布局方式。整座寺院由二至四层的楼房组成，分为南北两院。北院以正方形的觉康主殿为中心，四周环以嘛尼噶拉转经廊、千佛廊院、佛堂、政府机关以及各种辅助用房。正门设在北院西面，为一五开间二层建筑。南院由传召机构、灶房、仓库、辩经台等功能性空间组成，主要为传召活动服务。在立面构图处理上，大昭寺主立面为西向，长约115米，高10~14米，在建筑物沿街立面较长而楼层较低的情况下，通过分段、前后错落以及着力处理正门的方法，打破了狭长、单调之感，并使主立面重点突出。在建筑竖向空间处理上，尽管建筑群建于不同时期，但竖向空间构图完整、主次分明。以东西纵向剖面为例，入口处的唐柳、会盟碑、小广场，正门建筑，千佛廊院，觉康主殿以及孜康等建筑之间形成了一组主次分明、虚实得宜的空间序列。在建筑色彩上，大昭寺用色十分丰富。其外墙多采用白色，主体建筑如觉康主殿等则在二层外墙上施以藏族象征高贵的暗红色。白色外墙上部或檐口下方多饰以一圈具有绒面质感的赭红色白码草，其上镶嵌各种鎏金铜饰。建筑门窗周围以黑色梯形边框装饰，窗口上部挑出二重椽或三重椽的短檐，并漆成棕、蓝、绿等色，上绘云纹花卉。屋顶是大昭寺建筑造型的重点。寺院有以藏族鎏金技术制作的歇山式金顶5座，其上装饰各种镏金宝盘、宝瓶、金幡、法轮、卧鹿、飞龙等饰物，而建筑的檐口、廊柱、门窗上口等部位则广泛采用红、黄、黑、白等旗蓬或帐幔等作点缀，具有鲜明的民族色彩。

大昭寺是西藏第一座佛教寺院，它既保存了不同时期藏式建筑的特点，又融合了唐代汉式建筑在歇山式屋顶、斗拱和彩画装修方面的技术，反映了藏族寺庙建筑的多元化特点。

图片来源
图一　刘庚军　摄影（微图网）
图二至图四　罗晶　制图

参考文献
西藏工业建筑勘测设计院.大昭寺.北京:中国建筑工业出版社,1985:112—122.
宗晓萌,汪永平.外来文化影响下的大昭寺多元化建筑风格.华中建筑,2011(7):162—165.

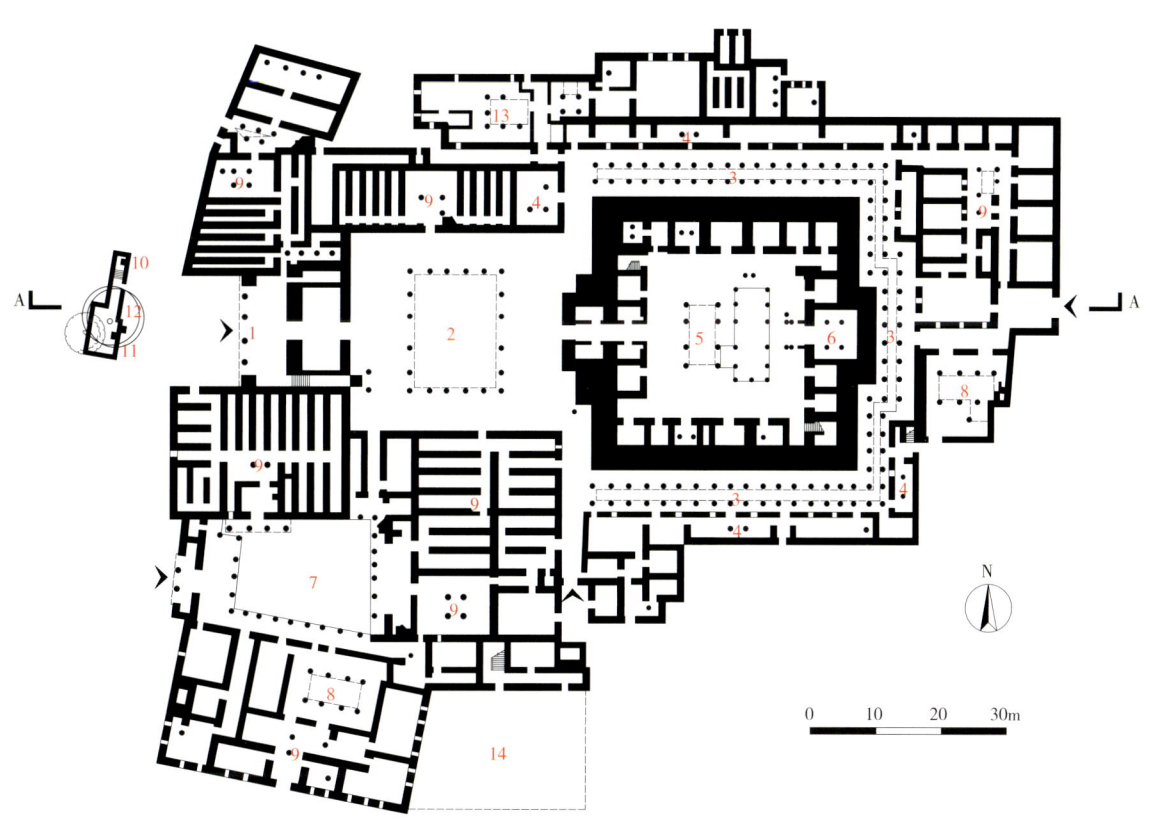

1 正门　2 千佛廊院　3 嘛尼噶拉廊　4 佛堂　5 觉康主殿　6 释迦牟尼佛堂　7 南院
8 灶房　9 仓库　10 唐蕃会盟碑　11 劝人种痘碑　12 公主柳　13 供品制作场　14 辩经场

图二　大昭寺一层平面图

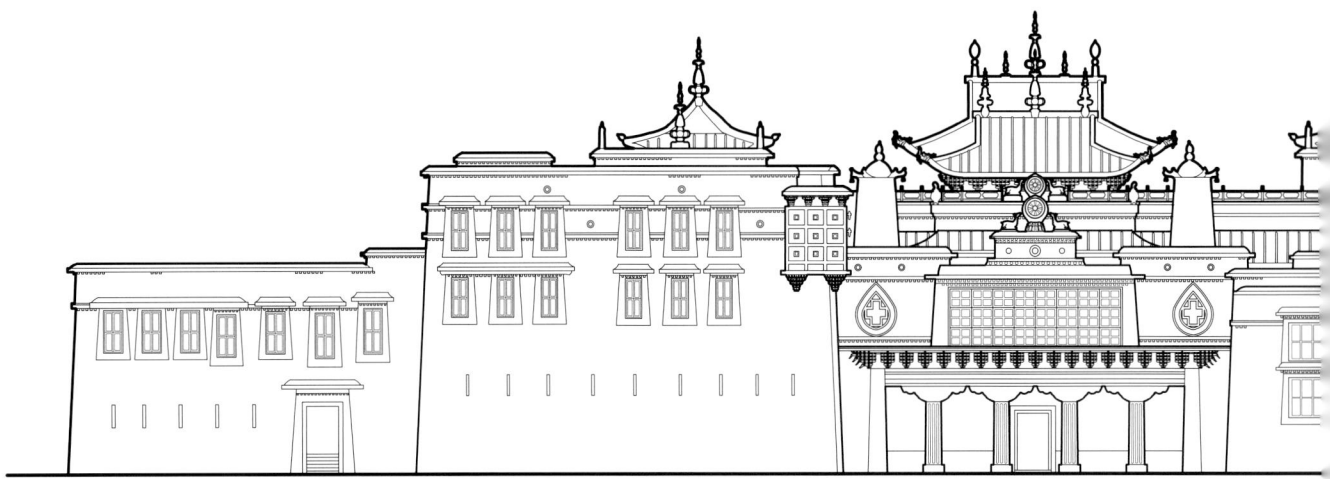

图三　大昭寺西立面图

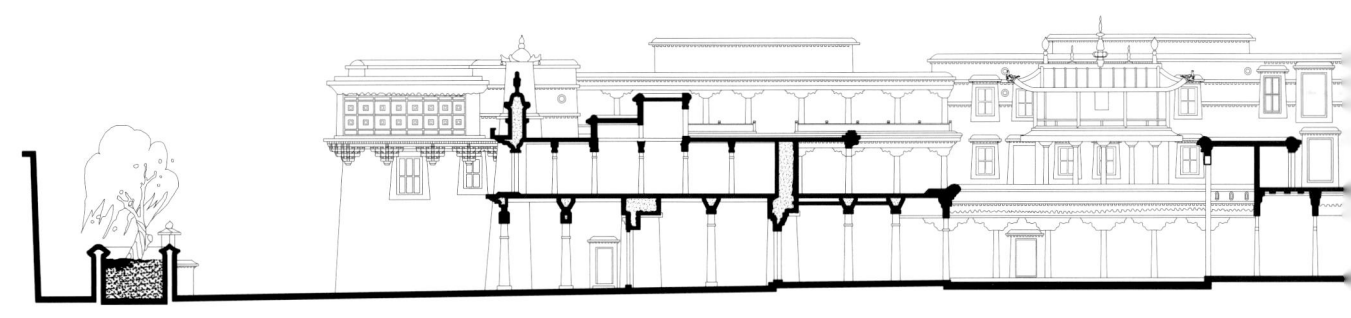

图四　大昭寺A-A剖面图

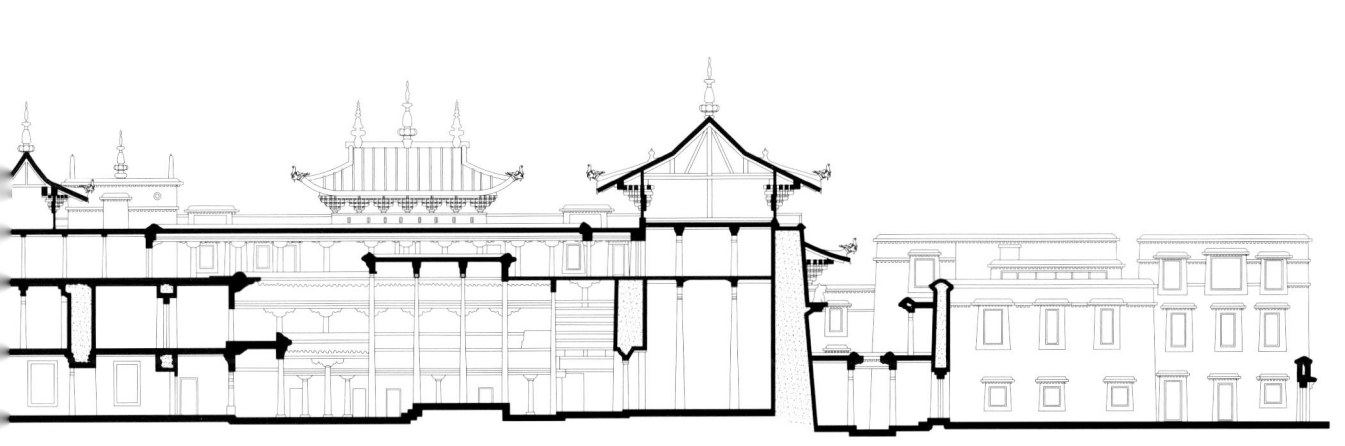

第一章　藏族传统建筑

大昭寺屋顶

图一　大昭寺屋顶主图1·松赞干布金顶

大昭寺屋顶是覆盖建筑顶层的外部围护部件，按其形式可分为歇山金顶和平屋顶两类。大昭寺现有歇山金顶5座，其中释迦牟尼金顶、松赞干布金顶和千手观音金顶是13世纪中叶由萨迦王朝修建，慈尊四亲金顶、康松司轮金顶是17世纪中后期由五世达赖主持修建。

歇山金顶在藏式建筑中是等级尊贵的象征，其形制来自唐代汉式建筑。与汉式建筑不同的是，藏式金顶是在平屋顶基础上进行修筑，金顶的位置与主殿上下对应，建筑材料主要为木材和鎏金铜饰。除释迦牟尼金顶屋架为五檩外，大昭寺其余4座金顶均为三檩。其做法是先在平屋顶屋面上铺一圈与金顶平面相吻合的地栿基座，基座上承斗拱，斗拱上架设梁、童柱、檩条、枋木、脊檩等木构架，再在木构架之上铺方椽、盖望板，最后在望板上铺设具有装饰及防水功能的鎏金铜瓦，金顶即搭建完毕。

除金顶外，大昭寺其余二至四层建筑皆采用平屋顶。其做法是在建筑内部梁架架设完毕后，于梁上密铺一层60~80毫米见方的木椽，木椽上先铺一层直径为60~80毫米的圆木或木板作为望板承重层，其上再铺一层厚约100毫米的卵石和厚约100毫米的黏土，夯实形成垫层，待黏土干燥之后，再铺一层厚80~150毫米以阿嘎土夯筑踩实的防水面层，其上再浸油磨光，平屋顶即基本修筑完成。

大昭寺屋顶的工序多、自重大，保暖及防渗漏的作用显著。歇山金顶是藏汉建筑文化融合的体现，平屋顶是西藏民居建筑中普遍运用的屋顶形式。两种屋顶形式的组合应用，对丰富大昭寺的天际线起着十分重要的作用。

图片来源
图一　Steve Allen　摄影（微图网）
图二　李练雯　摄影
图三至图六　杨亚　制图
图七　王瑛琦　制图

参考文献
西藏工业建筑勘测设计院.大昭寺.北京:中国建筑工业出版社,1985.
陈耀东.中国藏族建筑.北京:中国建筑工业出版社,2007.
徐宗威.西藏传统建筑导则.北京:中国建筑工业出版社,2004.

图二　大昭寺屋顶主图2·平屋顶

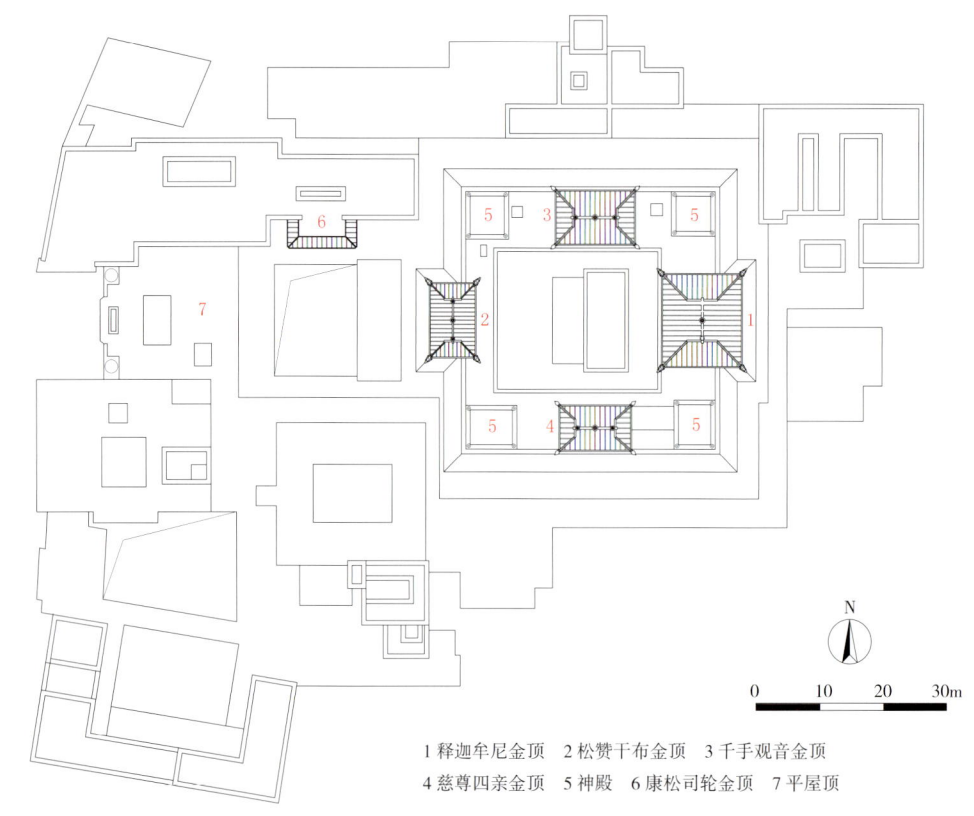

1 释迦牟尼金顶　2 松赞干布金顶　3 千手观音金顶
4 慈尊四亲金顶　5 神殿　6 康松司轮金顶　7 平屋顶

图三　大昭寺屋顶示意图

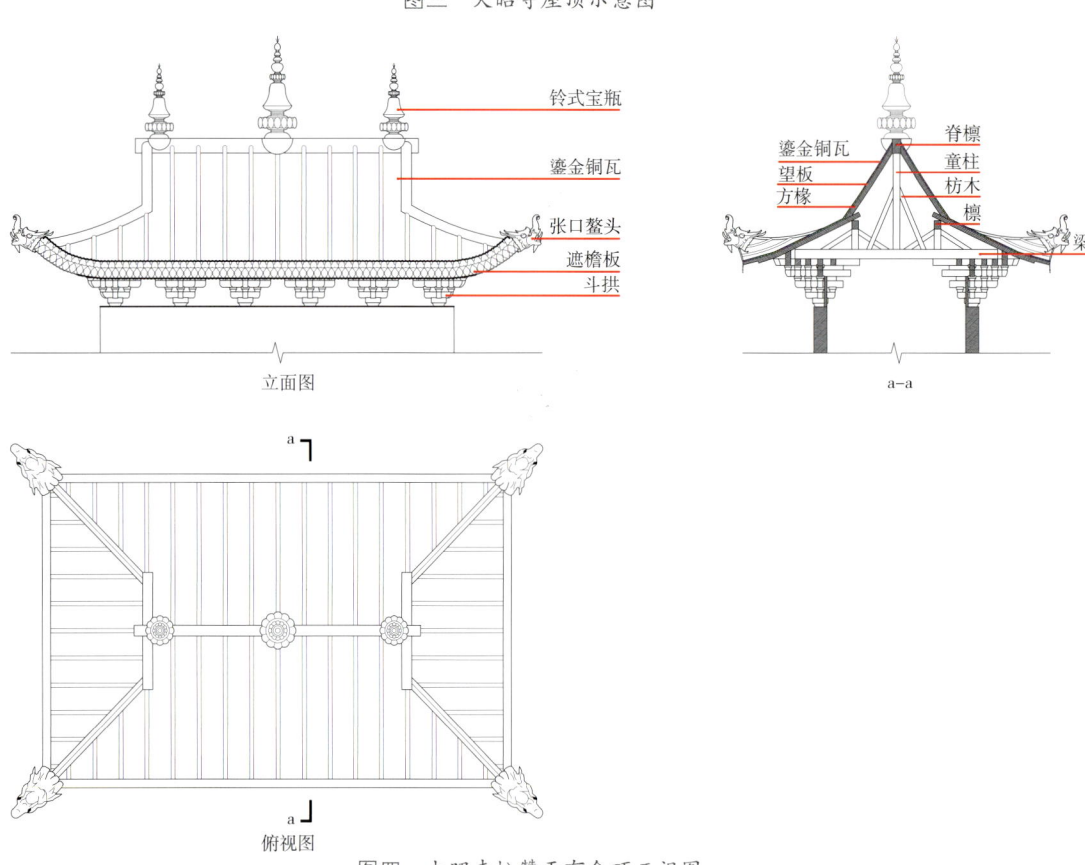

图四　大昭寺松赞干布金顶三视图

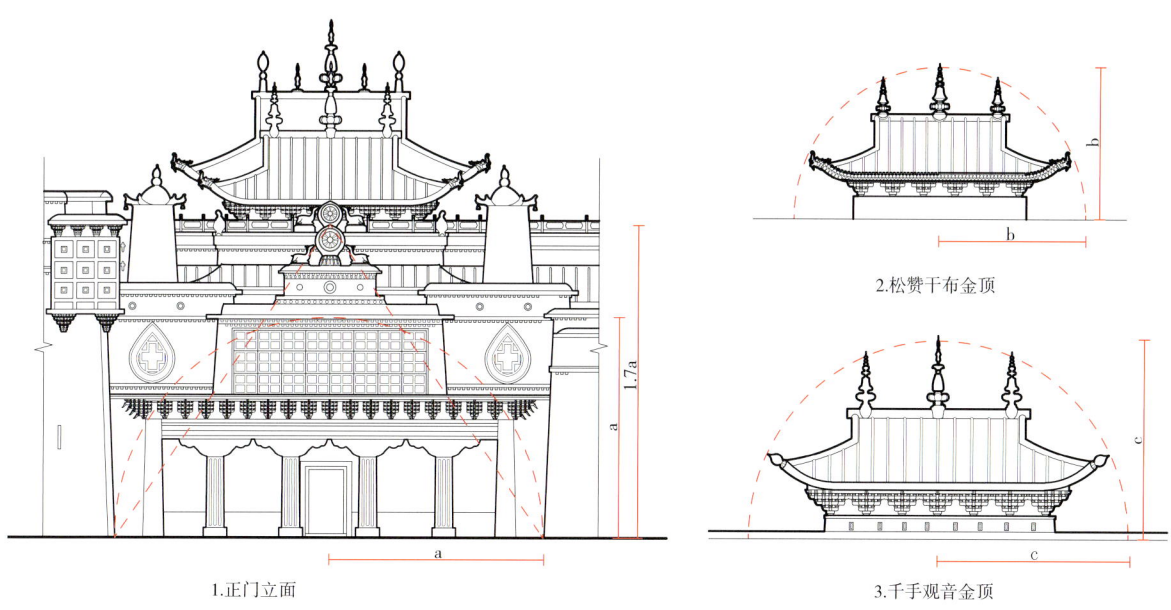

1.正门立面

2.松赞干布金顶

3.千手观音金顶

图五　大昭寺歇山金顶结构示意图

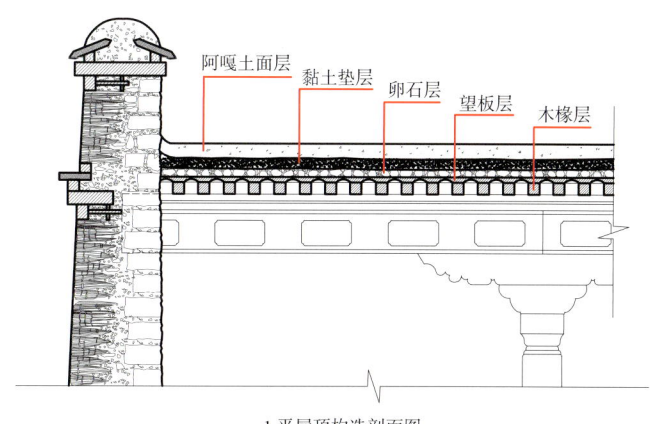

1.平屋顶构造剖面图

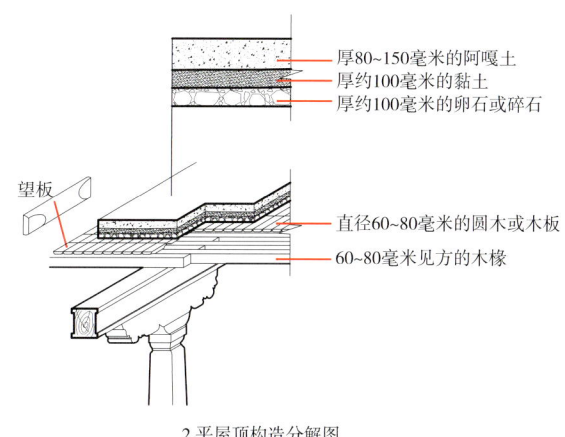

2.平屋顶构造分解图

图六　大昭寺平屋顶构造示意图

1.铺砌望板承重层和垫层

2.夯筑踩实阿嘎土防水层

图七　大昭寺平屋顶修建场景图

大昭寺斗拱

图一　大昭寺斗拱主图

斗拱在大昭寺中常作为承托屋面的支架。大昭寺中的斗拱按其形式可分为两类：金顶斗拱和挑梁式出跳斗拱，又称"挑拱"。大昭寺斗拱在西藏寺院建筑中出现较早，基本是仿明、清斗拱形式建造，但其形制并未严格按照汉式建筑斗拱的材分制和构造法建造，而是更多地追求装饰效果，基本均在原有形制基础上有所简化。

大昭寺斗拱多出现在歇山金顶和腰檐下。按照殿堂等级的差别而采用不同形制的斗拱，如释迦牟尼金顶下采用四昂斗拱，形式最为华丽；松赞干布金顶下采用三翘斗拱，等级次之。但不同斗拱在各自金顶垂直方向上所占的比例有相似之处，其高度都占金顶高度的1/7左右。大昭寺觉康主殿一层外墙四周采用一排一斗三升的挑拱来承托腰檐，上层鎏金檐口则用一排重翘斗拱来承托。另外在大昭寺主入口的北侧建筑上，用于承托雨篷的挑拱出现在其二层南面的窗口及转角处，结合雨篷形成一排挑檐。斗拱的色彩注重藏族本民族色彩的表现，除大量的朱砂红、石黄、藏绿在斗与拱之间交替运用外，还加入了适量的蓝紫与胭脂红来凸显斗拱的前后关系，并在斗上用白色勾边，以增强斗拱的立体感。斗拱装饰纹样烦琐华丽，多以梵文、菩萨心咒、佛像、花卉及云纹等为题材，在斗拱上施以彩绘，斗拱后尾的枋木则一般不加装饰。

大昭寺采用九踩四昂、七踩三翘、五踩重翘等斗拱来匹配不同等级的殿堂建筑。其斗拱形制纤细精巧，承托功能与装饰功能兼具，令大昭寺的立面层次更加丰富，等级更显尊贵。

图片来源

图一　曾志　摄影（Fotoe网）

图二至图六　杨亚　制图

参考文献

西藏工业建筑勘测设计院.大昭寺.北京:中国建筑工业出版社,1985.

陈耀东.中国藏族建筑.北京:中国建筑工业出版社,2007.

徐宗威.西藏传统建筑导则.北京:中国建筑工业出版社,2004.

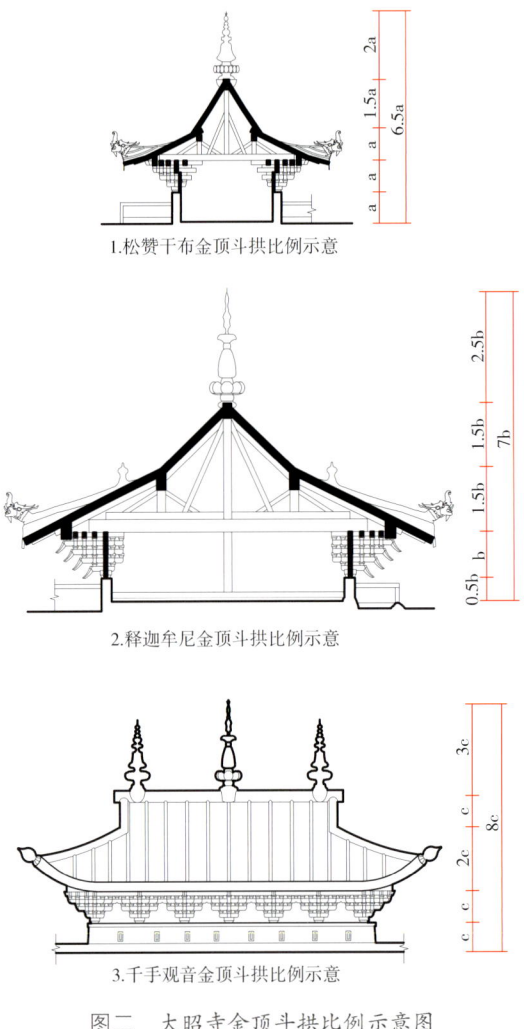

1. 松赞干布金顶斗拱比例示意

2. 释迦牟尼金顶斗拱比例示意

3. 千手观音金顶斗拱比例示意

图二　大昭寺金顶斗拱比例示意图

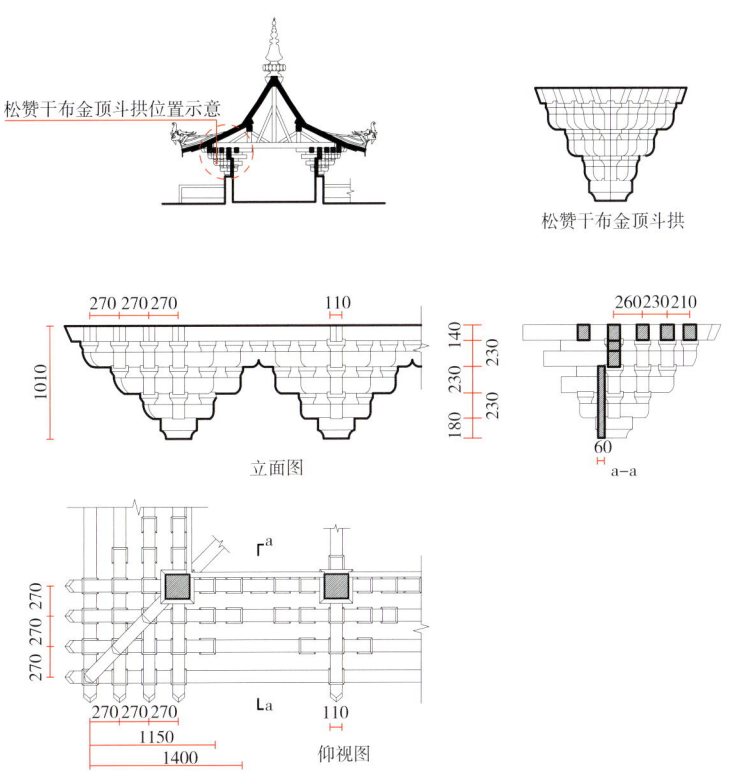

图三　大昭寺松赞干布金顶斗拱尺寸、三视图（单位：mm）

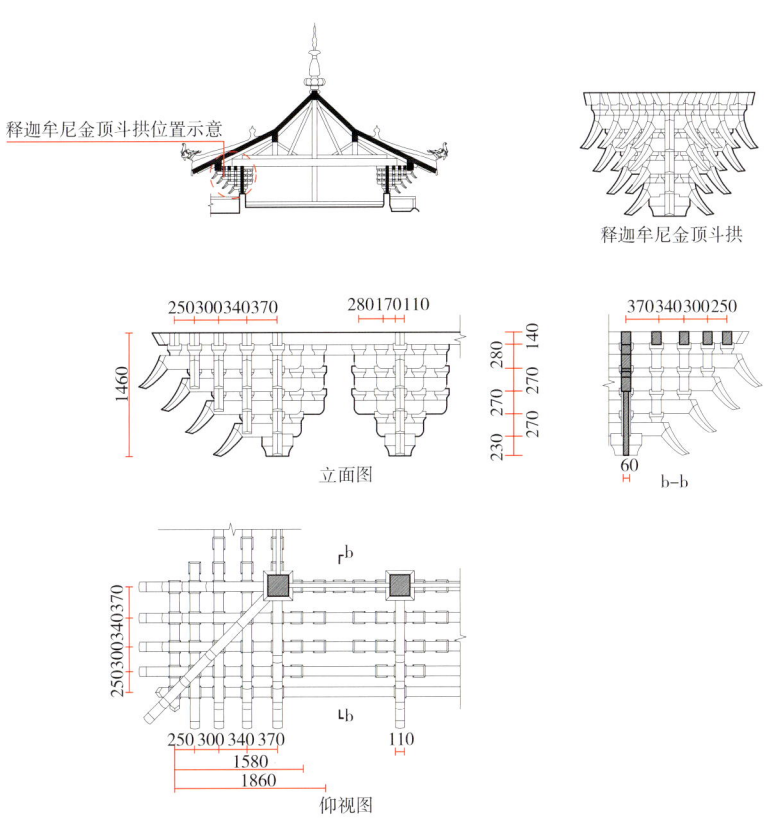

图四　大昭寺释迦牟尼金顶斗拱尺寸、三视图（单位：mm）

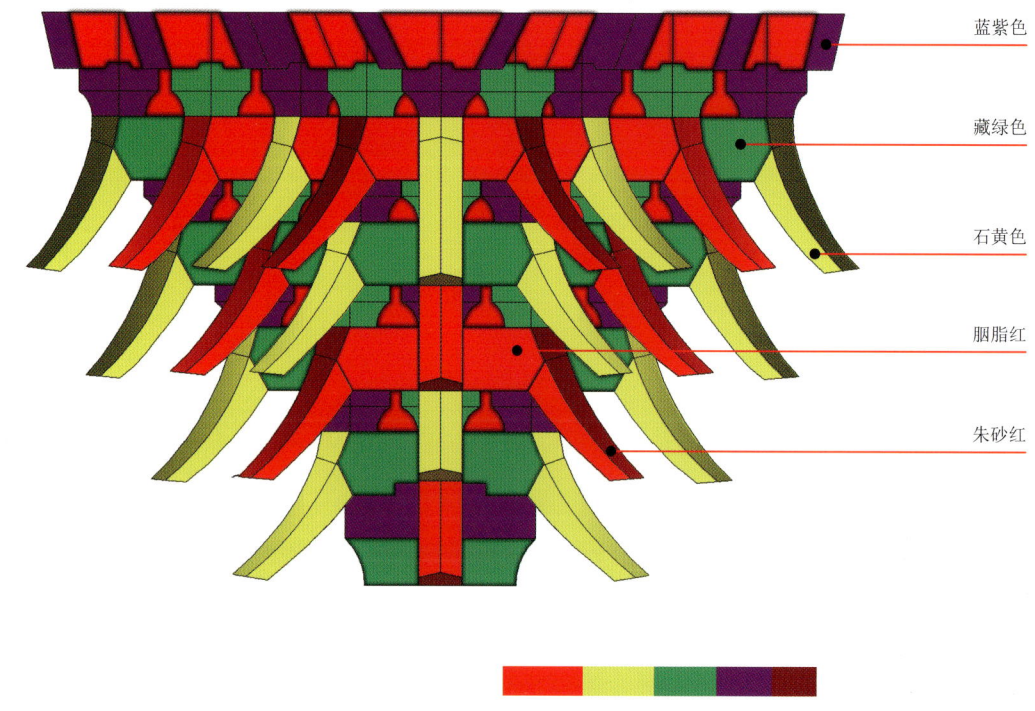

图五　大昭寺释迦牟尼金顶斗拱色彩分析图

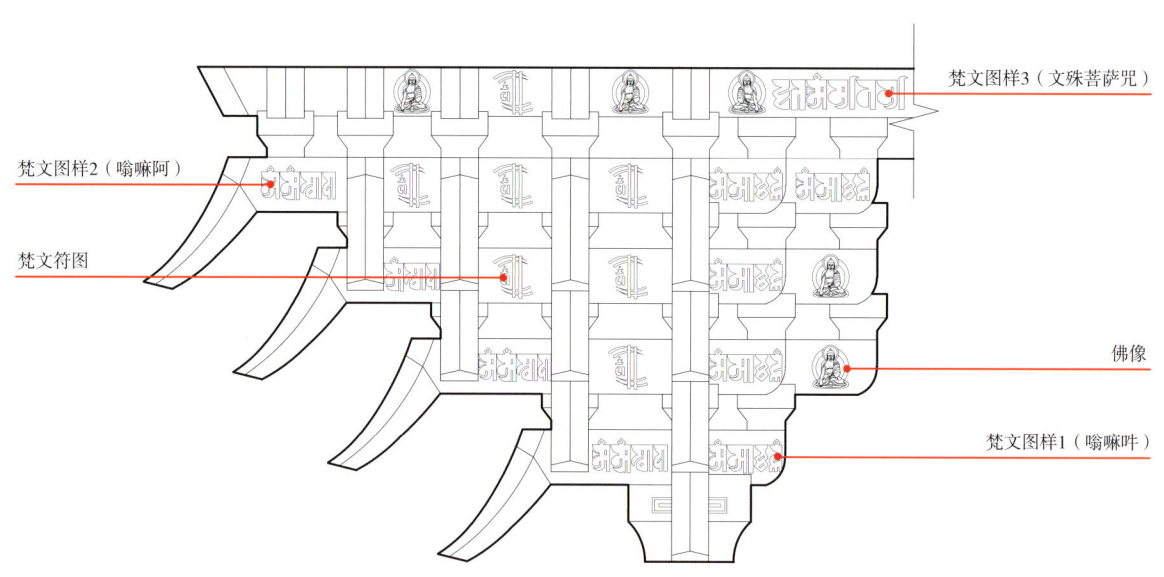

图六　大昭寺释迦牟尼金顶斗拱装饰图样分析图

大昭寺墙体

图一　大昭寺墙体主图·边玛墙

墙体是大昭寺的主要围护和承重构件，其作用是分隔空间及协助梁柱支撑楼板。从形式上，大昭寺墙体大致可分为边玛墙和石墙两类。其中边玛墙是等级较高的寺院，达赖、班禅宫室以及大贵族庄园的重要殿堂建筑中常见的墙体类型。其材料由藏语中名为"边玛"的柽柳树枝捆扎、染色制成，因此藏民称之为"边玛墙"。

边玛墙又叫"边玛檐墙"，主要是在石墙的基础之上进行修筑。其具体做法是将柽柳树枝去皮、晒干，切成250~300毫米长，而后用生牛皮条捆扎成70~80毫米直径的小束，小束之间用木签竖向穿插，连接成大捆。然后将其截断面朝外堆砌垒筑于下部石墙之上。砌筑墙体时，先将捆扎好的柽柳树枝平铺一层，然后用木槌敲打使之平整紧实。树枝与块石之间的空隙以碎石及黏土填实。这样重复砌筑直至顶部。边玛墙内壁仍砌筑块石，外壁柽柳树枝与内壁块石厚度大约各占一半。檐墙基本筑成后，在檐墙上下部分别用"星星木"和橡木进行加固，星星木两端背面各有一根垂直木条插入墙内，木条端有孔，然后用梢钉使之固定在柽柳树枝束上，墙顶铺石板，其上用阿嘎土作为防水层。最后，在柽柳树枝断面涂上一层用红土、牛胶和树胶熬制成的赭红色粉浆，边玛墙即大致完成。为强调装饰效果，边玛墙上通常还饰有八吉祥图、七政宝图、动物等图样的鎏金装饰。石墙为大昭寺建筑的基本墙体，由石材和黏土砌成，一般采取外墙面向内收分，而内壁不收分的做法，外墙收分约1/10。大昭寺墙体颜色主要以白色、赭红色和黑色为主，通常以白色为底色，局部辅以赭红色和黑色。白色主要分布在石墙部分；赭红色为边玛檐墙，呈条状分布在石墙的上部；黑色为墙上的窗套。在藏族传统建筑中，白色象征着吉祥纯洁之意，赭红色象征着权利和等级，黑色具有威严震慑之意。

边玛檐墙是表示建筑等级的墙体装饰，是西藏特有的建筑艺术形式。它是藏族匠师充分利用当地材料，因地制宜的产物，是藏民智慧的结晶。其多彩的装饰特点为寺院建筑营造了一种庄严、神圣的宗教氛围。

图片来源
图一　幽韵　摄影（微图网）
图二　Captain images　摄影（微图网）
图三至图六　王瑛琦　制图

参考文献
陈耀东.中国藏族建筑.北京:中国建筑工业出版社,2007.
徐宗威.西藏传统建筑导则.北京:中国建筑工业出版社,2004.
次多.西藏传统建筑——边玛墙.中国西藏(中文版),2006(5):41—42.

图二　大昭寺墙体主图·石墙

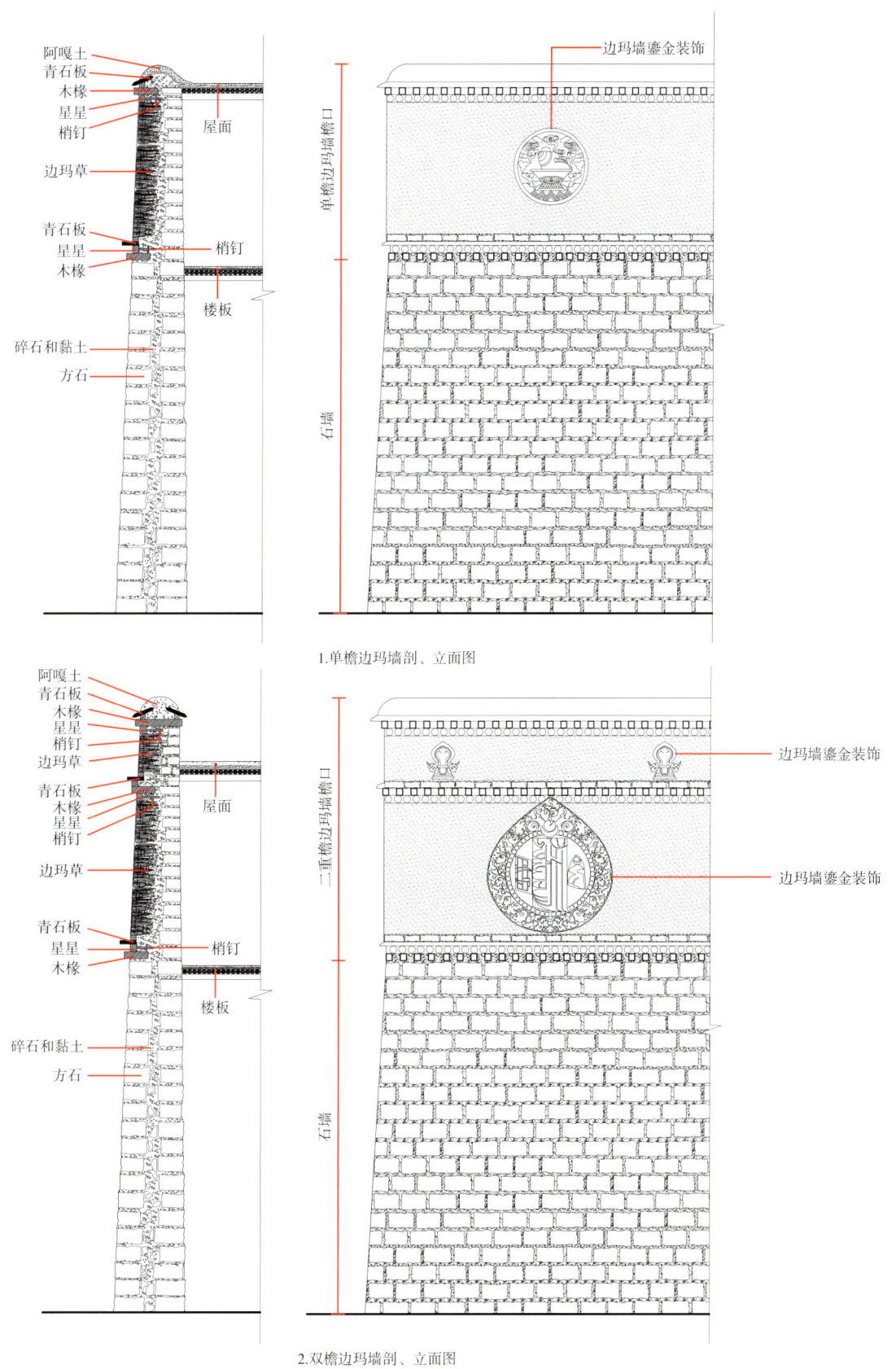

1. 单檐边玛墙剖、立面图

2. 双檐边玛墙剖、立面图

图三 大昭寺边玛墙构造示意图

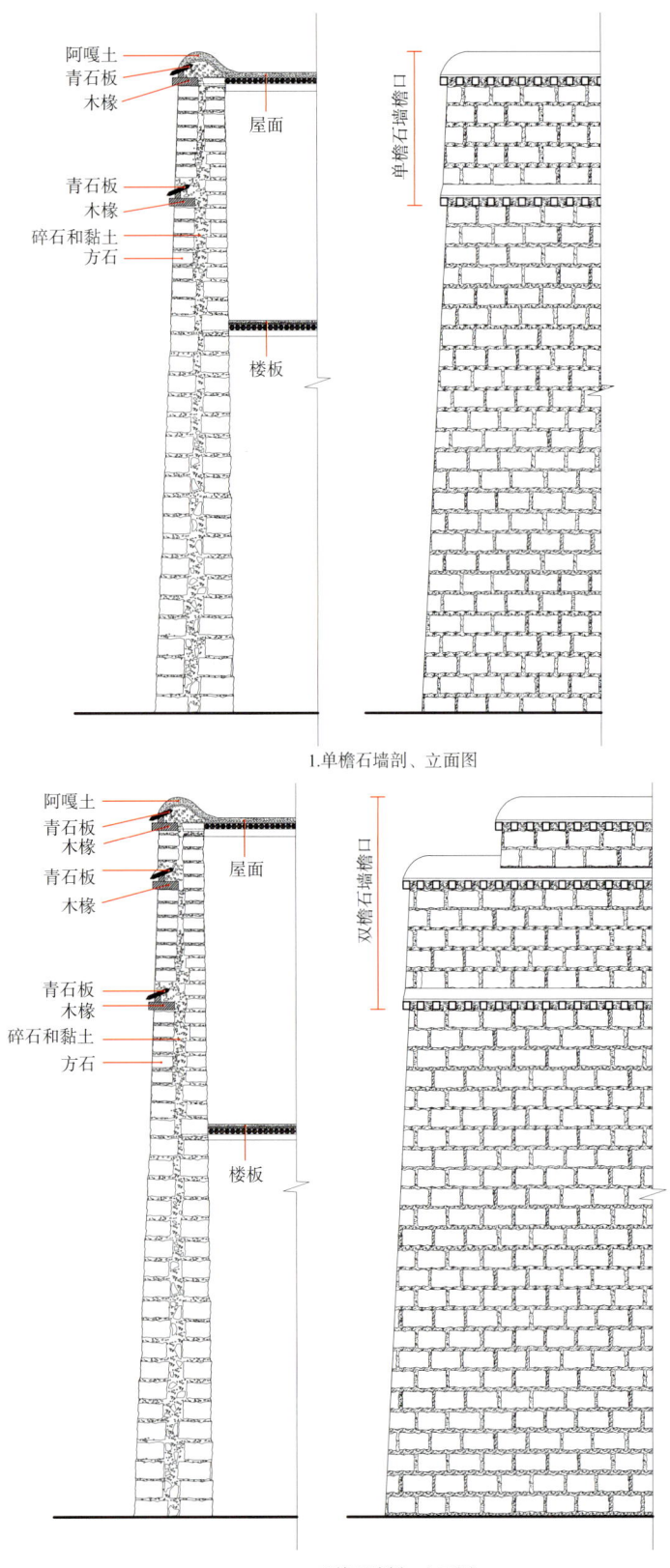

1. 单檐石墙剖、立面图

2. 双檐石墙剖、立面图

图四 大昭寺石墙构造示意图

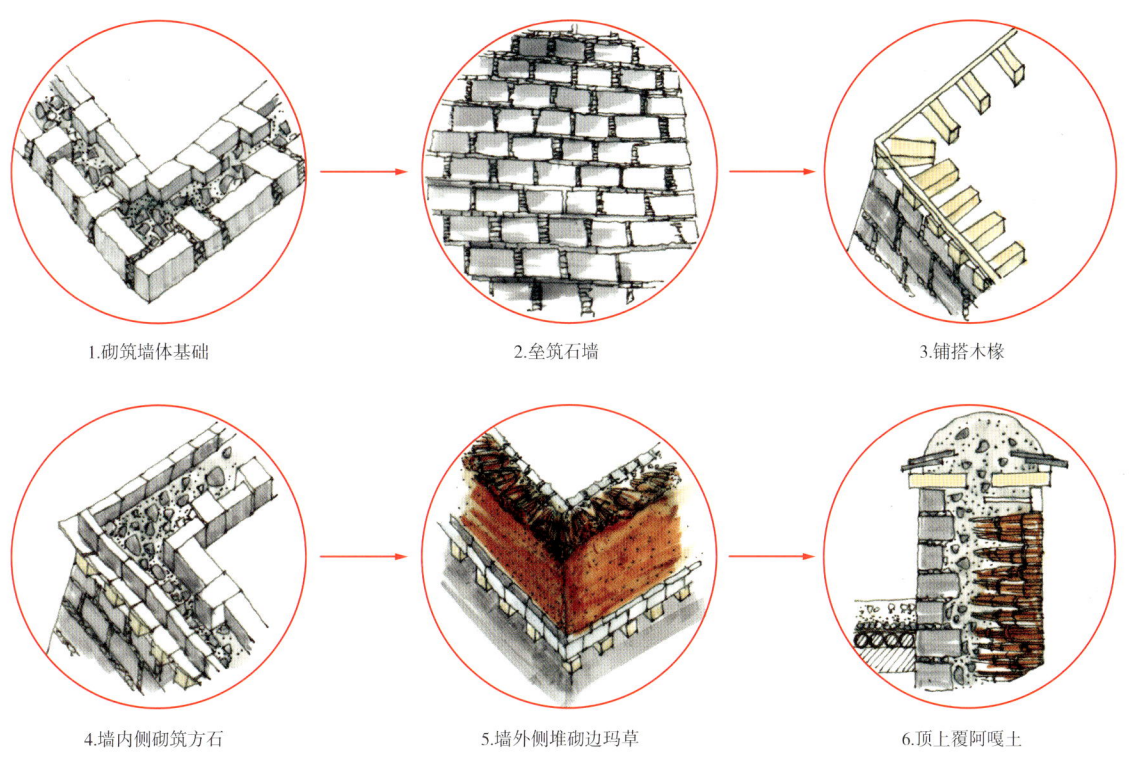

图五　大昭寺墙体制作流程图

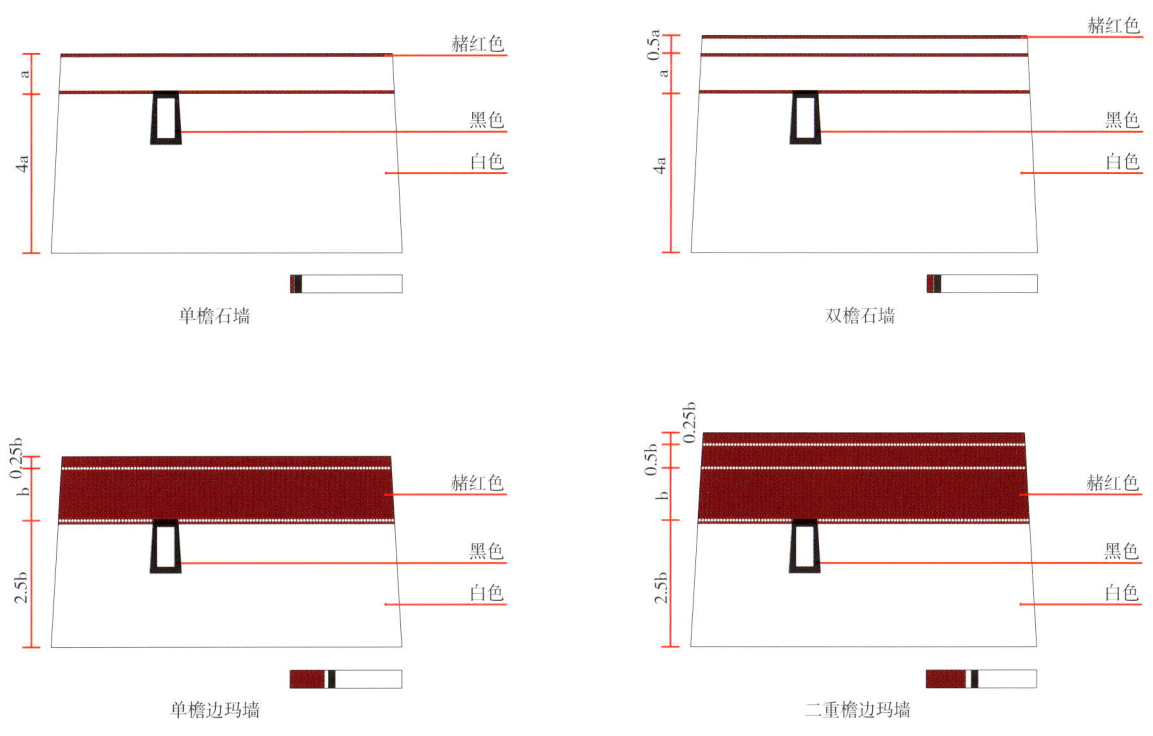

图六　大昭寺墙体色彩分析图

大昭寺柱式

图一　大昭寺柱式主图·千佛廊院方柱

柱子是大昭寺除承重墙体以外的重要承重体系，也是大昭寺室内空间的重要构成要素。大昭寺的柱子主要由柱础、柱身、柱头栌斗及柱身上部的托木、梁等组成。

西藏大部分地区木材比较缺乏，加之山路狭窄，运输困难，因此木料多被截成2~3米左右使用。因此，大昭寺木柱的长度一般为2~3米，柱距在2~3米之间。大昭寺梁柱的组合不用榫卯，仅上下搭接，并在柱头上加栌斗，用两重托木，托木之上置梁，梁上放两块稍宽于梁的木板，板上垂直于梁的方向再施一重或两重的短椽，之上再放置椽子。这种做法在不需增加梁、柱高度的前提下使室内净高有所增加，解决了材料对室内净高的限制。根据不同的使用方式和等级制度，大昭寺的柱式大致有十二楞柱、方柱以及金刚橛形柱三种。大昭寺入口处多设置断面为多边形的十二楞柱，其断面与佛教坛城图案相似，具有一定的宗教寓意。其做法是用木梢、胶水在中心方柱的每面加贴一块比柱面稍窄的木板使断面成多折角形，然后在柱的上、中、下部分别以铜箍加固，使柱身紧固。用小料拼成多楞柱的做法不仅强化了柱身的体量感，同时也具有一定的装饰效果。方柱主要分布在大昭寺千佛廊院，方柱在原木基础上将四面加工成方形，每面再做出稍鼓的曲面，柱身有收分，这种加工方式使方柱显得较为浑厚。金刚橛形柱仅用于大昭寺觉康主殿前廊，柱身分三段。上段自上而下是方形、圆形、八角形、方形依次叠置，中段断面为八角形，下段断面为方形。这种柱式源于印度佛寺，它不同于前两种柱式的柱身从上至下为一整体，而是通过木料的搭接形成柱身，这种做法不仅节约木料，而且增加了柱子的装饰美感。大昭寺柱饰主要分布在柱头、柱身及托木上，题材多为花饰、莲瓣、经叠、佛像、人物及动物装饰等，凸显了殿堂的华丽及其宗教内涵。

大昭寺柱式装饰精美、工艺复杂，但其做法却根据实际情况灵活变通，在满足承重作用的同时起到了装饰、等级标志及宗教寓意的作用。

图片来源
图一　聂鸣　摄影（Fotoe网）
图二至图六　王瑛琦　制图
图七　Bahamutz2n　摄影（微图网）

参考文献
陈耀东.中国藏族建筑.北京:中国建筑工业出版社,2007.
霍巍.神幻之影——拉萨大昭寺吐蕃木雕的艺术风格与源流.西藏大学学报(社会科学版),2010(1):45—47.

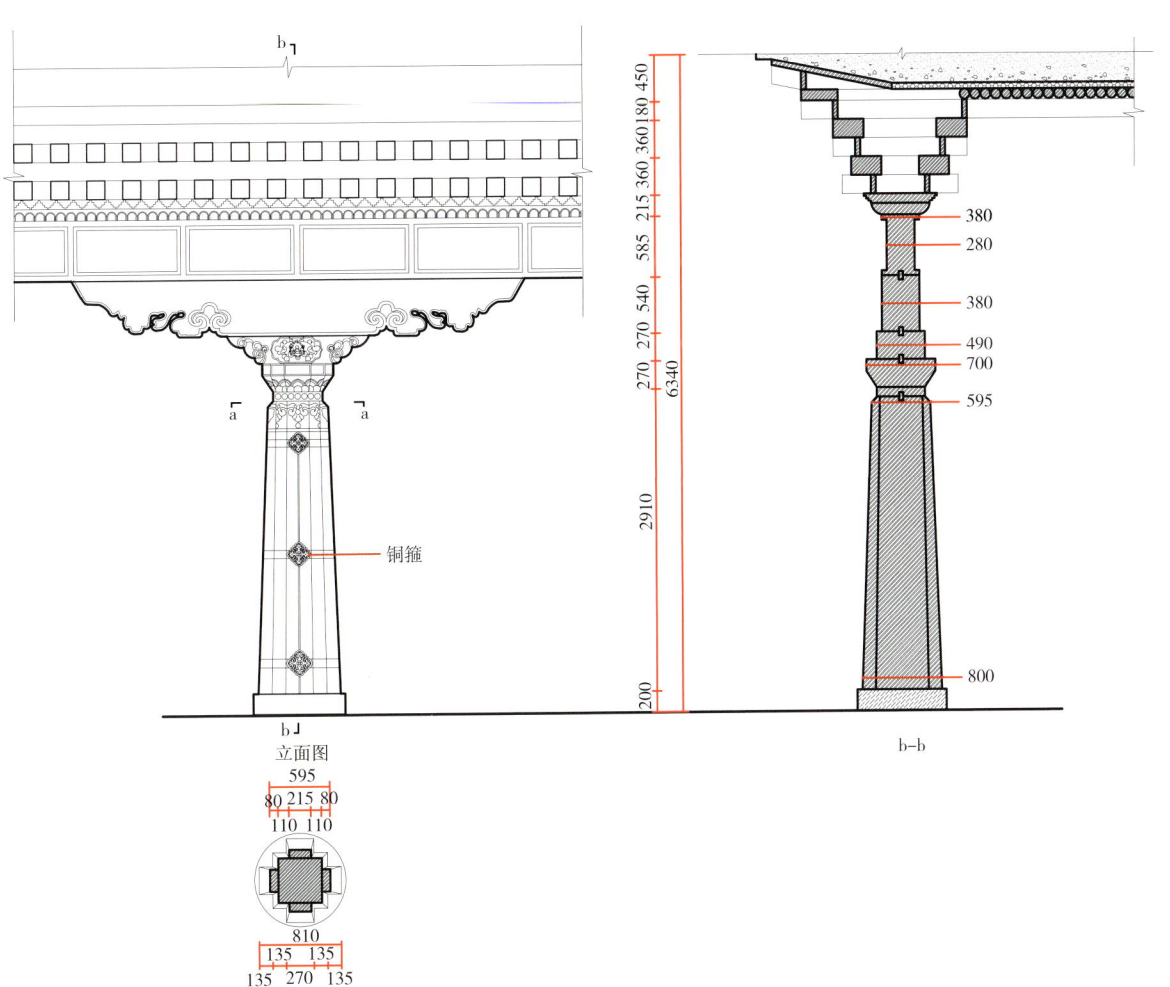

图二　大昭寺主入口十二楞柱三视图（单位：mm）

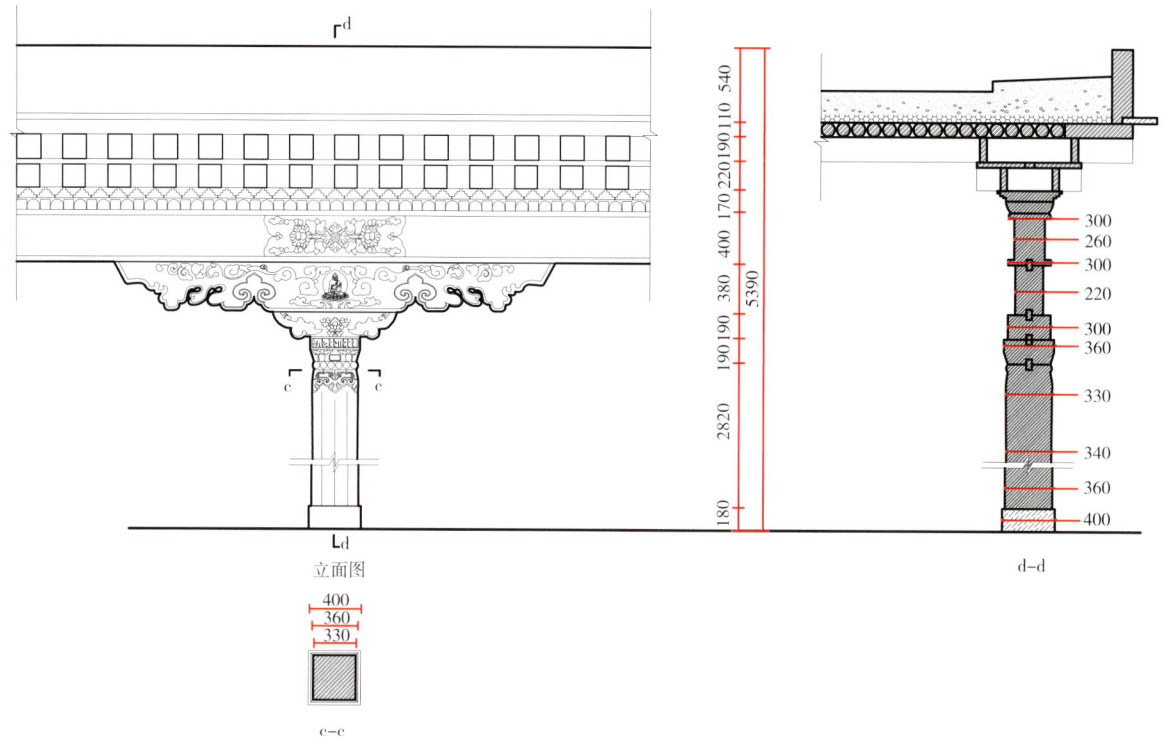

图三 大昭寺千佛廊院方柱三视图（单位：mm）

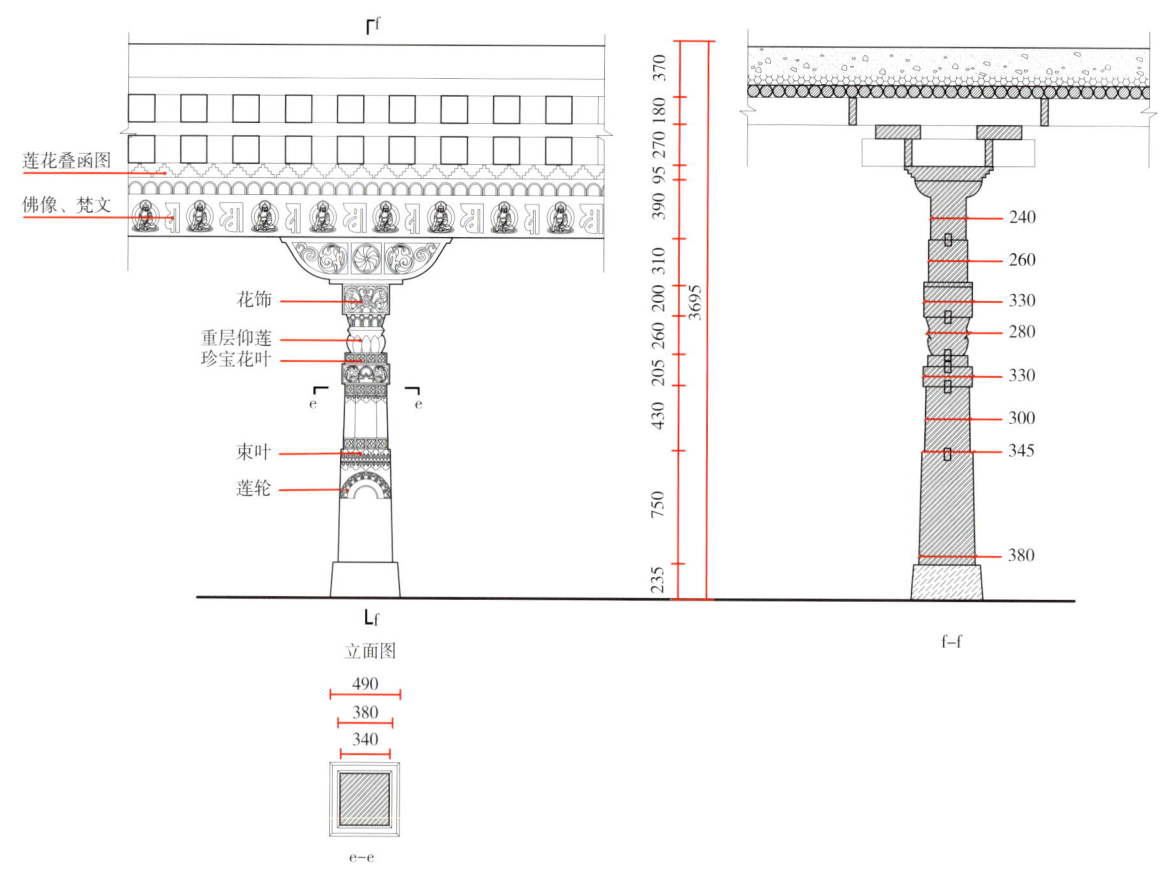

图四 大昭寺觉康主殿金刚橛形柱三视图（单位：mm）

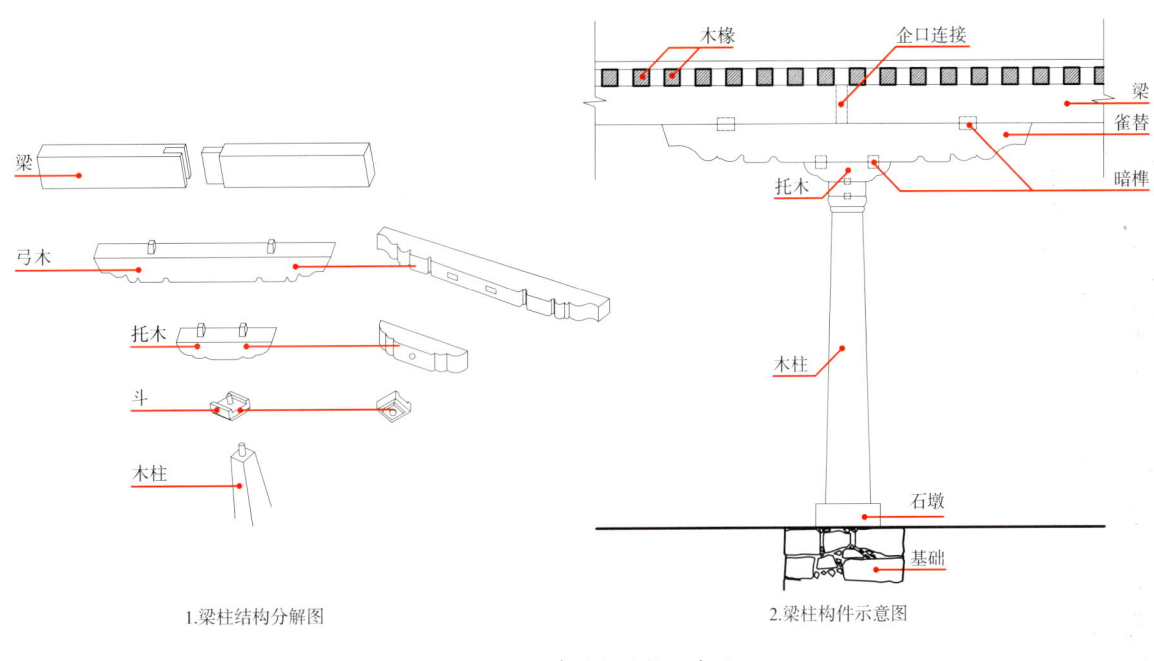

图五　大昭寺梁柱结构示意图

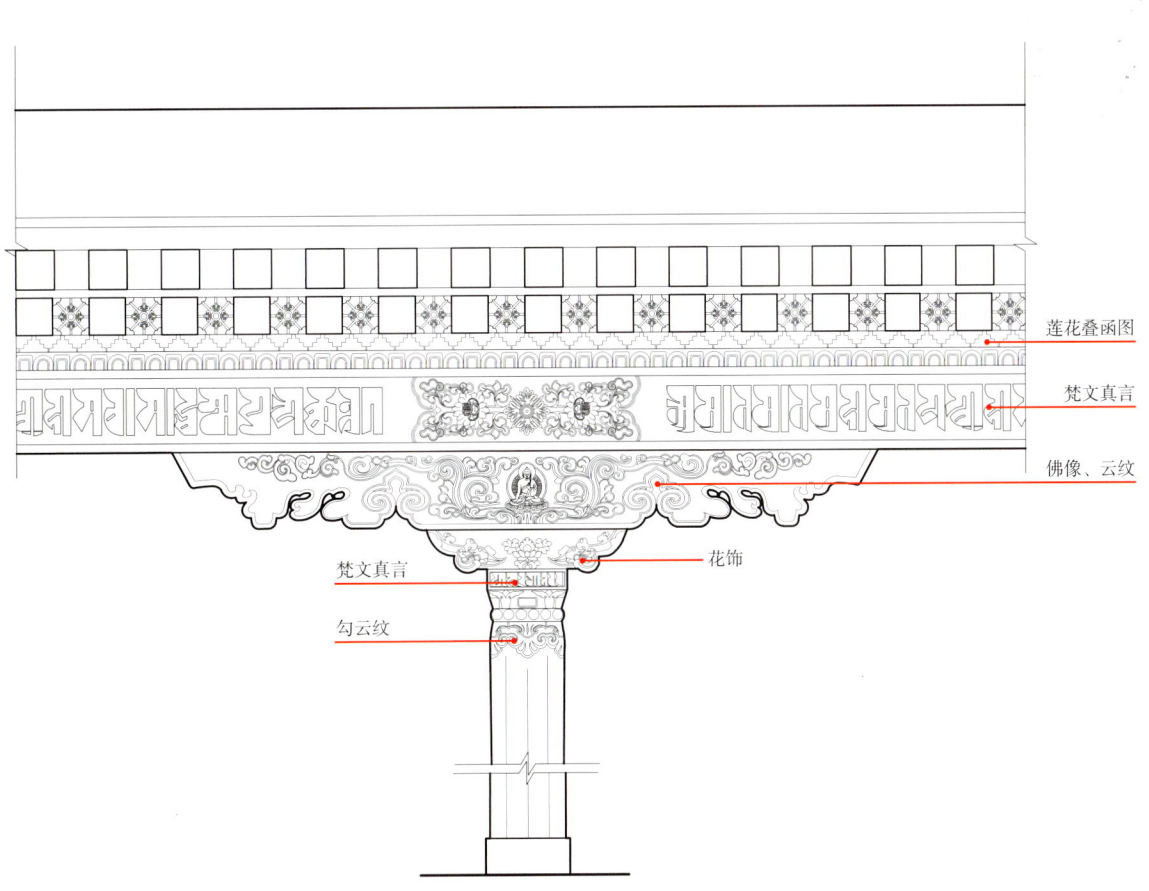

图六　大昭寺梁柱局部装饰纹样分析图

图七　大昭寺千佛廊院方柱细部

大昭寺门窗

图一　大昭寺门窗主图1·佛堂门

　　大昭寺的门按形式分为单扇门、双扇门以及多扇门，窗按形式可分为单扇窗、双扇窗以及多扇窗。

　　大昭寺门的材料以木材为主，局部饰以金属构件，大多经雕刻彩绘，极为华丽。门的高度一般为1.8~2米。以日光殿大门为例，主要由门框、门扇、铺首、门枕及门槛构成。门框有内门框和外门框之分。门框外常绘有门框装饰，由两层组成，内层靠近门框处做彩绘，外层常雕刻具有一定韵律的方格，组成凹凸图案，称为"堆经"。门扇一般由木板拼接而成，为增强木板的横向联系，门扇正面常加雕刻的铁皮，称为"看叶"。在门扇中央设置的门叩、门环称为"铺首"，常被做成兽头、兽面状。门枕为门槛下部方形枕木，平置于门框柱下方，与门扇垂直，起到固定门下轴并使之转动和承受门扇重量的作用。门槛用来遮挡门扇底部，起到区分室内外的作用。窗是大昭寺中用于采光、通风的重要构件。大昭寺的窗不同于西藏民居建筑中的小尺度窗，其二层及二层以上常开1.8米×1.6米左右的大窗，底层因墙体较厚仅开0.6米×0.9米左右的小窗。窗主要由窗扇、窗框、窗套及窗檐等构成。窗扇是窗户采光通风的部分，窗框则用来安装和固定窗扇。窗套呈"U"字形，环绕窗框设置，颜色为黑色，主要起装饰作用。窗上部常覆盖屋顶状的窗檐，起到防雨和遮阳的作用。门窗檐上通常悬挂各种颜色的帘布，用来丰富建筑立面的层次。窗饰主要出现在窗过梁上，以花草纹样为主。

大昭寺门窗的用色、装饰等体现了西藏佛教寺院门窗形制的典型特征。它们在满足围护分隔作用的同时，也凸显了建筑中的等级制度，其装饰的华丽程度远超普通民居建筑，体现了藏民对佛教文化的推崇。

图片来源
图一　幽韵　摄影（微图网）
图二　老房客　摄影（微图网）
图三至图六　王瑛琦　制图

参考文献
徐宗威.西藏传统建筑导则.北京:中国建筑工业出版社,2004.
陈耀东.中国藏族建筑.北京:中国建筑工业出版社,2007.
Knud Larsen,Amund Sinding-Larsen.拉萨历史城市地图集.李鸽,木雅·曲吉建才,译.北京:中国建筑工业出版社,2005.

图二　大昭寺门窗主图2·外立面窗

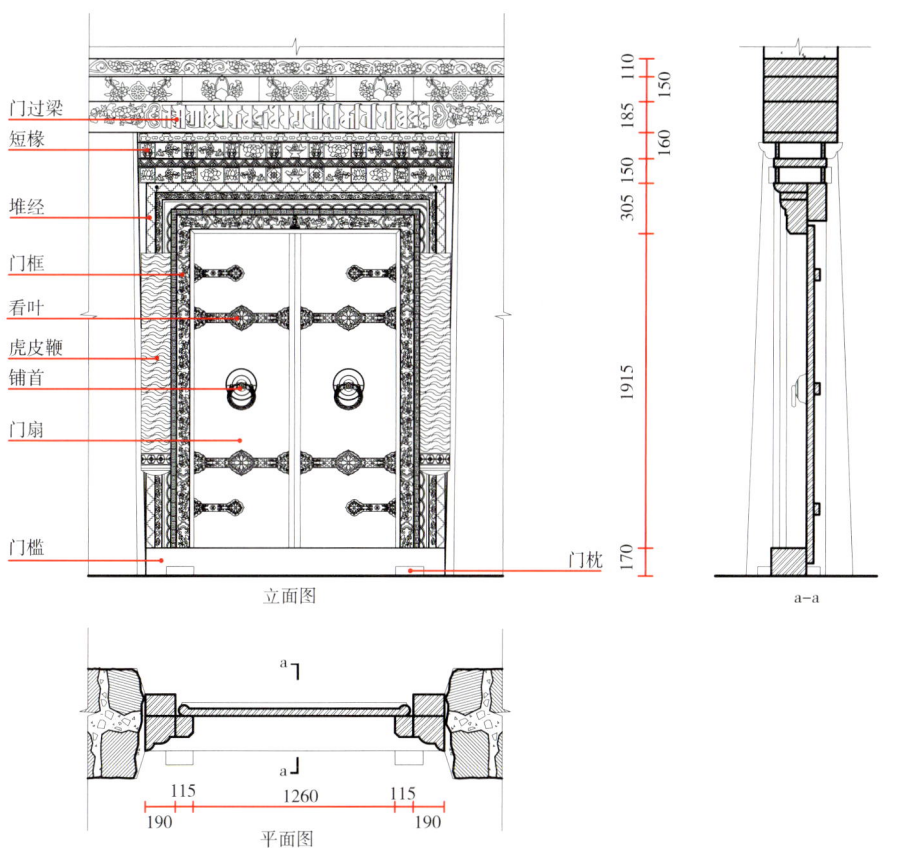

图三　大昭寺日光殿门三视图（单位：mm）

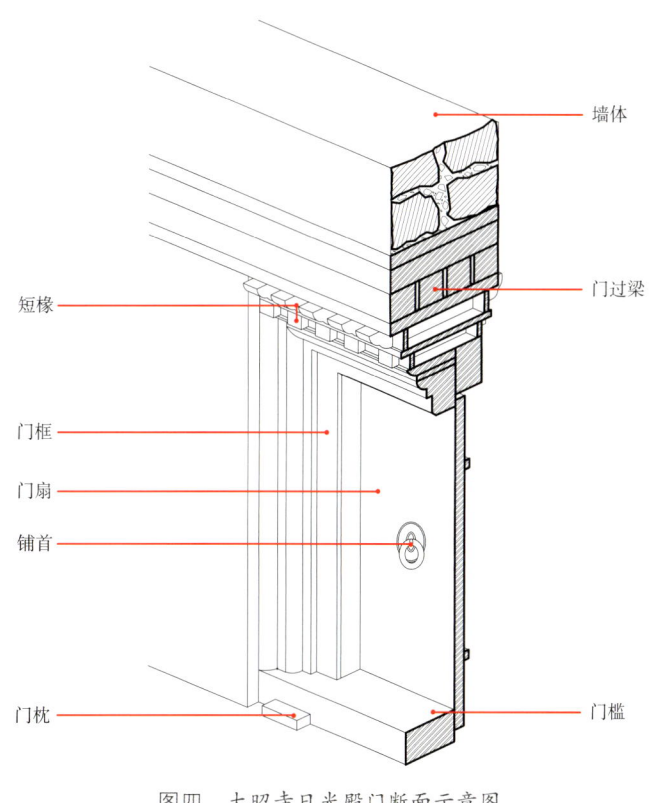

图四　大昭寺日光殿门断面示意图

第一章　藏族传统建筑

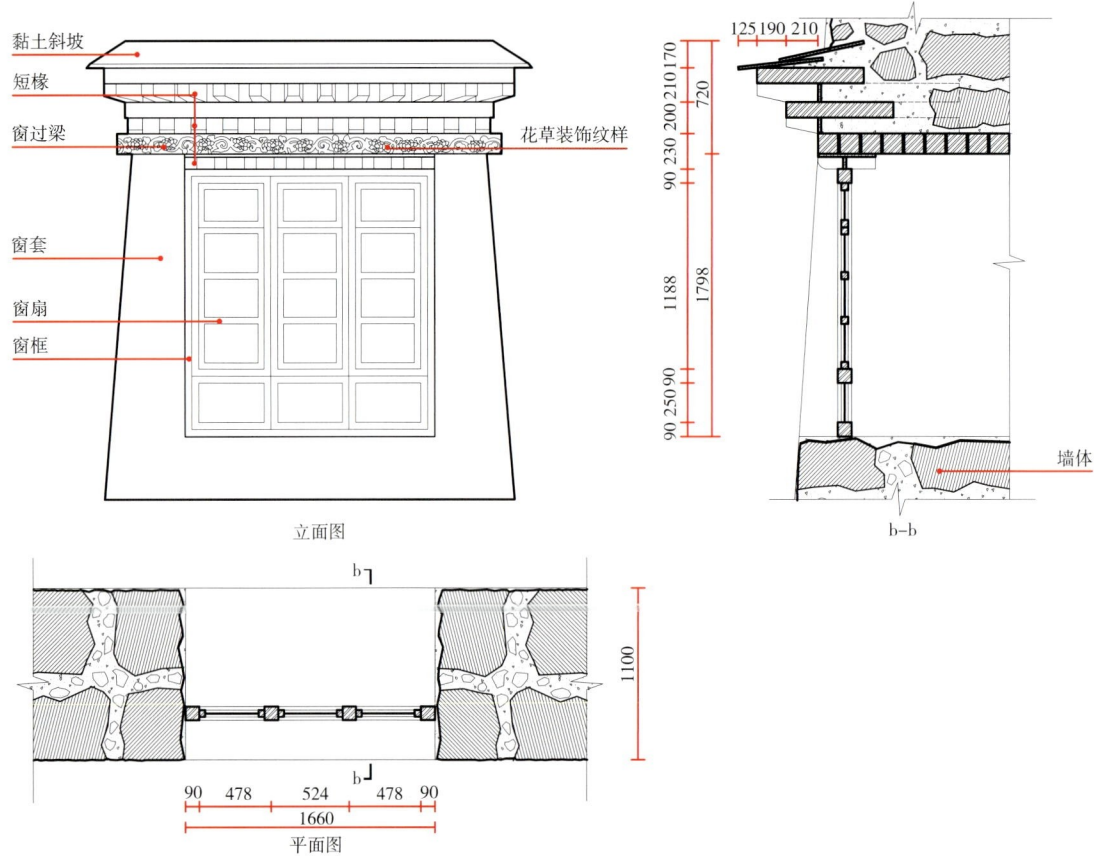

图五 大昭寺多扇窗三视图（单位：mm）

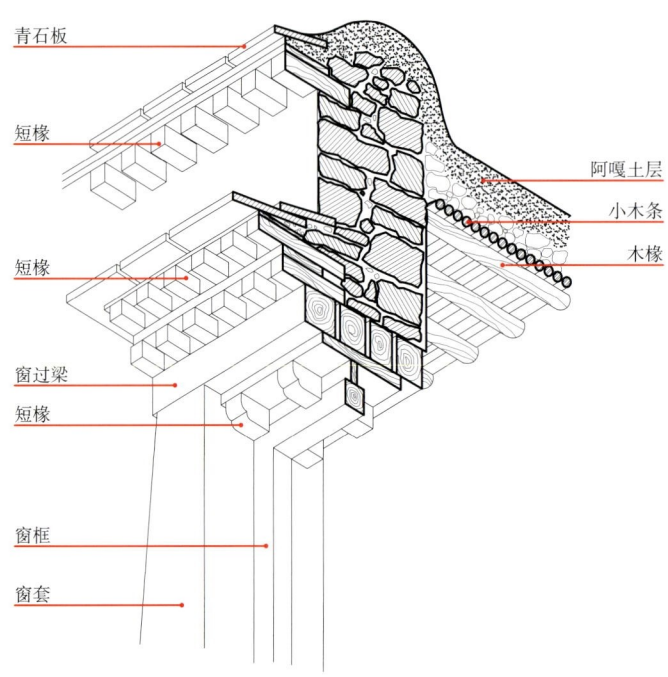

图六 大昭寺多扇窗断面示意图

大昭寺院落

图一　大昭寺院落主图1·千佛廊院

院落是大昭寺建筑群的露天部分，既可以改善室内的通风和采光，又能提供寺院内部的露天活动场所，还令大昭寺室内空间与自然环境保持着最密切的联系。

大昭寺的主要院落有北面的千佛廊院和南院，两个院落之间由南北向的室内通道相连。其中千佛廊院是大昭寺传召集会的主要场所，是建筑群内转经路线的序幕阶段。廊院底层四周环以柱廊，柱廊内墙绘满千佛壁画。廊院西侧为大昭寺主入口门廊，东侧为四层觉康主殿，西、南、北侧分别布置有佛堂、仓库和政府机关等二至四层建筑物。南院是大昭寺传召服务的主要场所，同时为喇嘛提供室外生活空间。南院底层东、西、南侧设有柱廊灰空间，西侧为南院入口门廊，东、南、北侧分别布置有传召机构、灶房、仓库等三层建筑物。在平面构图上，大昭寺院落采用正方形或近似正方形，其中千佛廊院是35.4米×31.4米，约1100平方米的近似正方形，它与主殿一起形成对称庄严的轴线关系，营造出神圣的朝佛氛围。南院是约500平方米的不规则四边形，它与建筑形成轻松灵活的轴线关系，符合喇嘛闲适的生活氛围。在视觉处理上，院落为人们观看主殿建筑留出了极佳的水平和垂直视距。如在千佛廊院底层A点，观看松赞干布金顶最高点的垂直视角为27度，在千佛廊院二层B点，垂直视角为18度，处于人眼的最佳观看视角内。而在三界殿顶层观看觉康主殿全景，由于其西侧千佛廊院空出的视距，又使人们获得54度的最佳水平视角。

大昭寺院落是传召集会、生活服务的室外活动空间，遇到重大事件庭院中会拉起帐幔，形成一个室外灰空间。

图片来源
图一　Bjh5999　摄影（微图网）
图二　聂鸣　摄影（Fotoe网）
图三至图六　杨亚　制图

参考文献
西藏工业建筑勘测设计院.大昭寺.北京:中国建筑工业出版社,1985.
陈耀东.中国藏族建筑.北京:中国建筑工业出版社,2007.
Knud Larsen,Amund Sinding-Larsen.拉萨历史城市地图集.李鸽,木雅·曲吉建才,译.北京:中国建筑工业出版社,2005.

图二　大昭寺院落主图2·南院

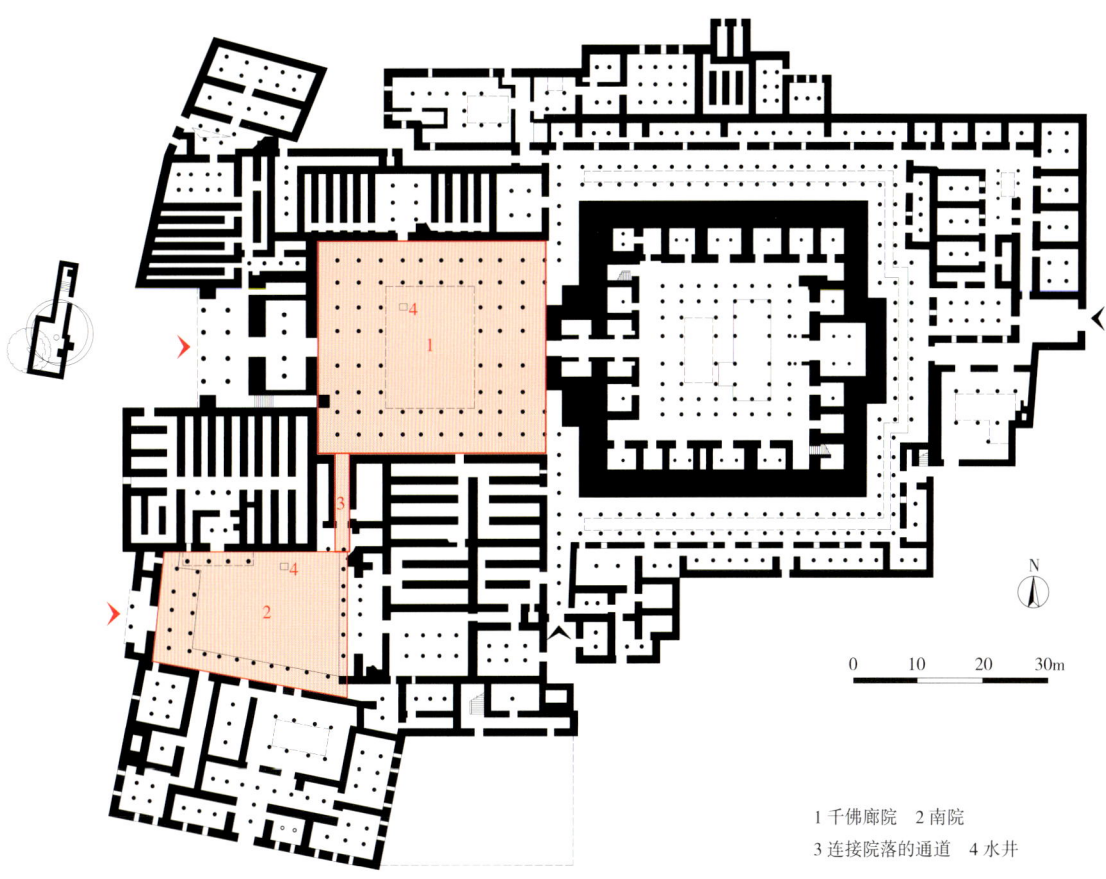

1 千佛廊院　2 南院
3 连接院落的通道　4 水井

图三　大昭寺院落位置示意图

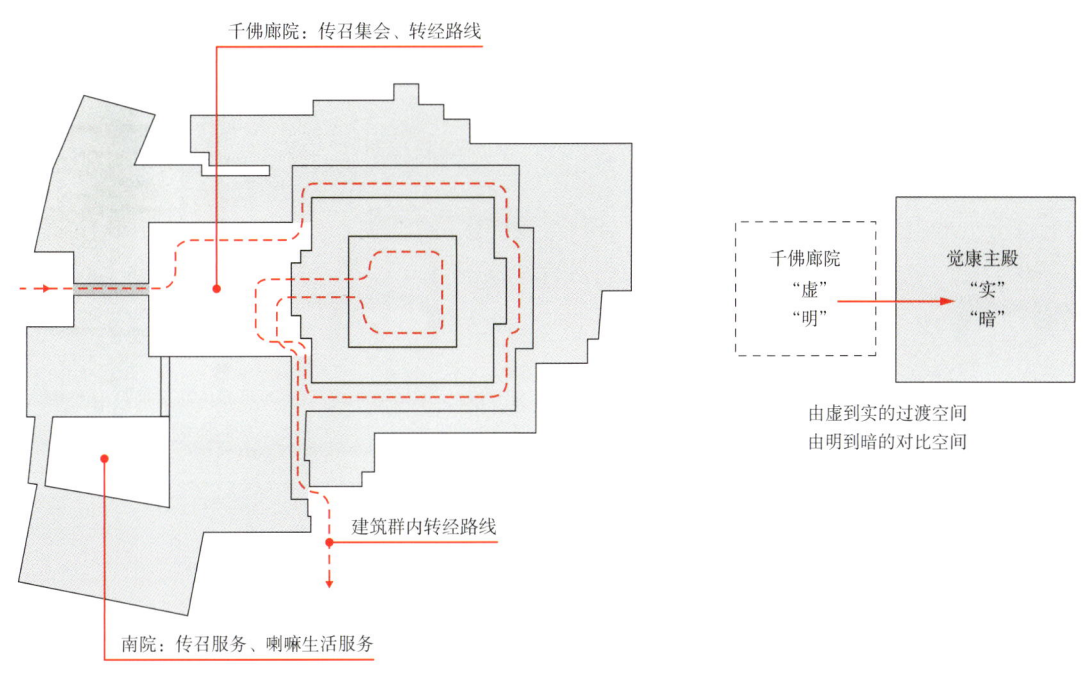

图四　大昭寺院落空间功能分析图

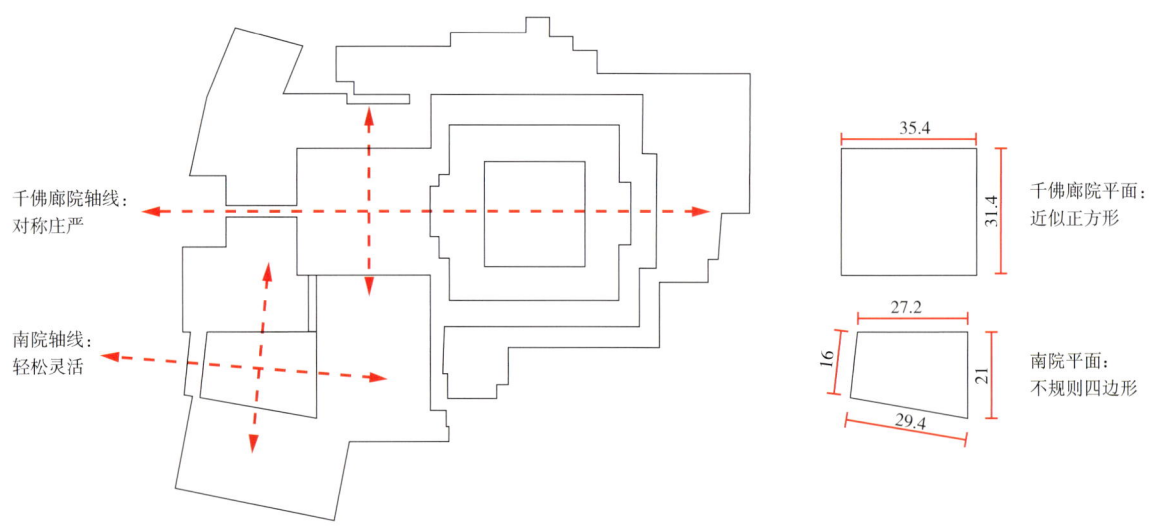

图五　大昭寺院落平面构图分析图（单位：m）

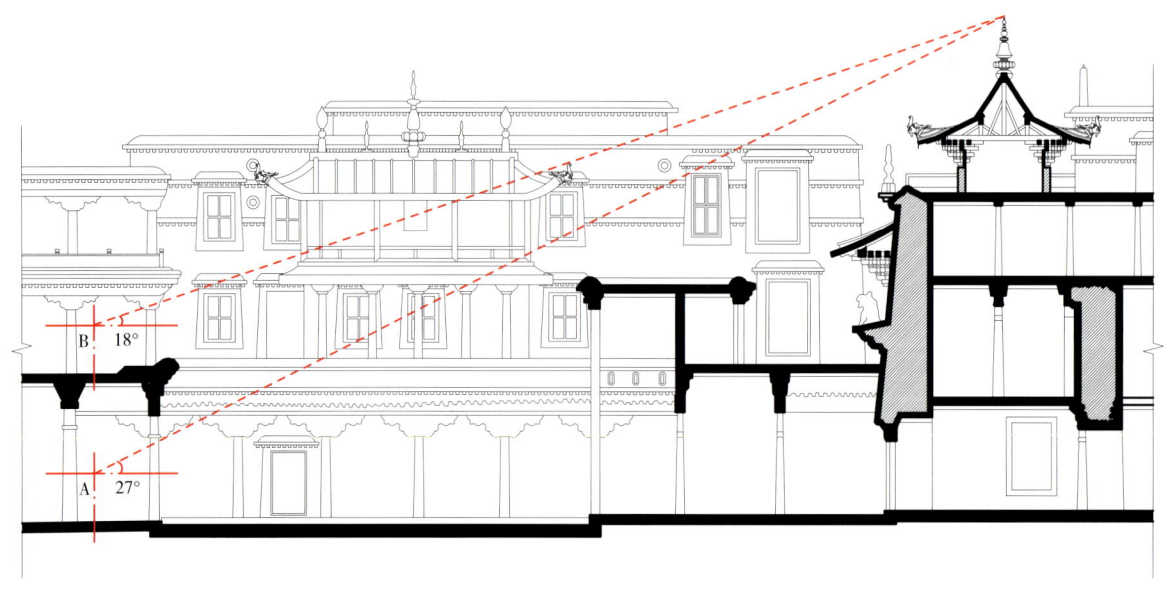

图六　大昭寺千佛廊院视角分析图

大昭寺建筑装饰

图一 大昭寺建筑装饰主图

大昭寺建筑装饰多以雕刻、绘画为主，通过雕刻结构以及构件表面的彩绘予以体现。建筑装饰主要出现在大昭寺的墙体、屋顶、门窗、梁柱及天花板等部位。

大昭寺建筑装饰可分为室外装饰和室内装饰两部分。其中室外装饰多在外墙、屋顶及室外门窗上运用。外墙檐部主要运用赭红色边玛墙及对比强烈的鎏金铜雕予以装饰，结合白色的块石墙与黑色窗套，表现出佛教建筑凝重沉稳的风格特点。歇山金顶上多采用宝瓶、人面兽身像、飞龙及张口鳌头等鎏金铜饰，平屋顶四角或大门上方多用法轮、经幢或经幡等作为装饰，凸显建筑华丽尊贵的同时也具有一定的宗教寓意。门窗帘布等织物装饰，多出现在门窗檐上部，其中大昭寺主入口门框帘上装饰有八吉祥图及寿字符图等纹样，突出入口的识别性和吉祥寓意。门窗帘多用棉布或动物皮毛编织而成，既可挡风保暖，又令大昭寺严肃的立面增添些许活力。室内建筑装饰主要集中在梁柱、檐椽、门窗及天花板等部位，绘画题材主要为奇花异木、云纹、堆经、佛像、梵文真言及八吉祥图等，雕刻题材主要为人物、动物及佛陀等。如觉康主殿内采用144个成排卧狮木雕和人面狮身木雕作为承托檐部的装饰，显然是受印度及尼泊尔建筑装饰的影响。在用色上，大昭寺装饰色彩丰富，注重红、黄、绿、蓝及黑色的组合运用，并用金色勾勒重要的图案和花纹，以凸显大昭寺的庄严华丽。

大昭寺建筑装饰是藏传佛教文化的产物，是藏民族建筑艺术的体现。其室内装饰精美细腻，造型别致；室外装饰既为建筑造型增光添彩，又凸显出大昭寺建筑群的尊贵华丽。大昭寺建筑装饰文化在一定程度上吸纳了汉族、印度及尼泊尔等地区和国家的风格，在西藏佛寺建筑装饰中具有重要地位。

图片来源

图一 Captainimages 摄影（微图网）

图二至图六 杨亚 制图

参考文献

徐宗威.西藏传统建筑导则.北京:中国建筑工业出版社,2004.

Knud Larsen,Amund Sinding-Larsen.拉萨历史城市地图集.李鸽,木雅·曲吉建才,译.北京:中国建筑工业出版社,2005.

西藏工业建筑勘测设计院.大昭寺.北京:中国建筑工业出版社,1985.

张鹰.传统建筑.上海:上海人民出版社,2009.

1.八吉祥图之一：吉祥结

2.七政宝图之一：神珠宝

3.十自在相吉祥符图

4.八吉祥图之一：白海螺

5.八吉祥图之一：伞盖双鱼

图二 大昭寺边玛墙鎏金装饰示意图

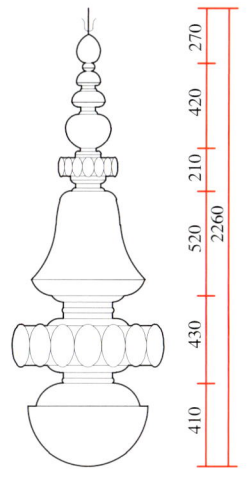

1.正脊脊中铃式宝瓶装饰　　　　　2.正脊脊身命命鸟装饰

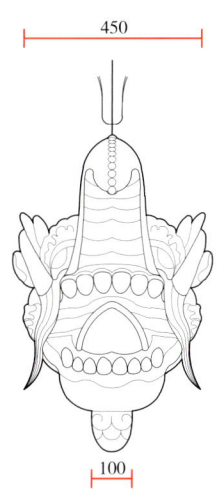

3.檐口翼角张口鳌头装饰

4.檐口铜雕装饰局部一：饰有云纹、梵文真言、连珠纹及八吉祥等纹样　　　　　5.檐口铜雕装饰局部二：饰有卷草、梵文真言、兽头、法铃、莲花及八吉祥等纹样

图三　大昭寺金顶装饰示意图（单位：mm）

1.祥麟法轮装饰 2.胜利幢装饰

图四 大昭寺平屋顶装饰示意图

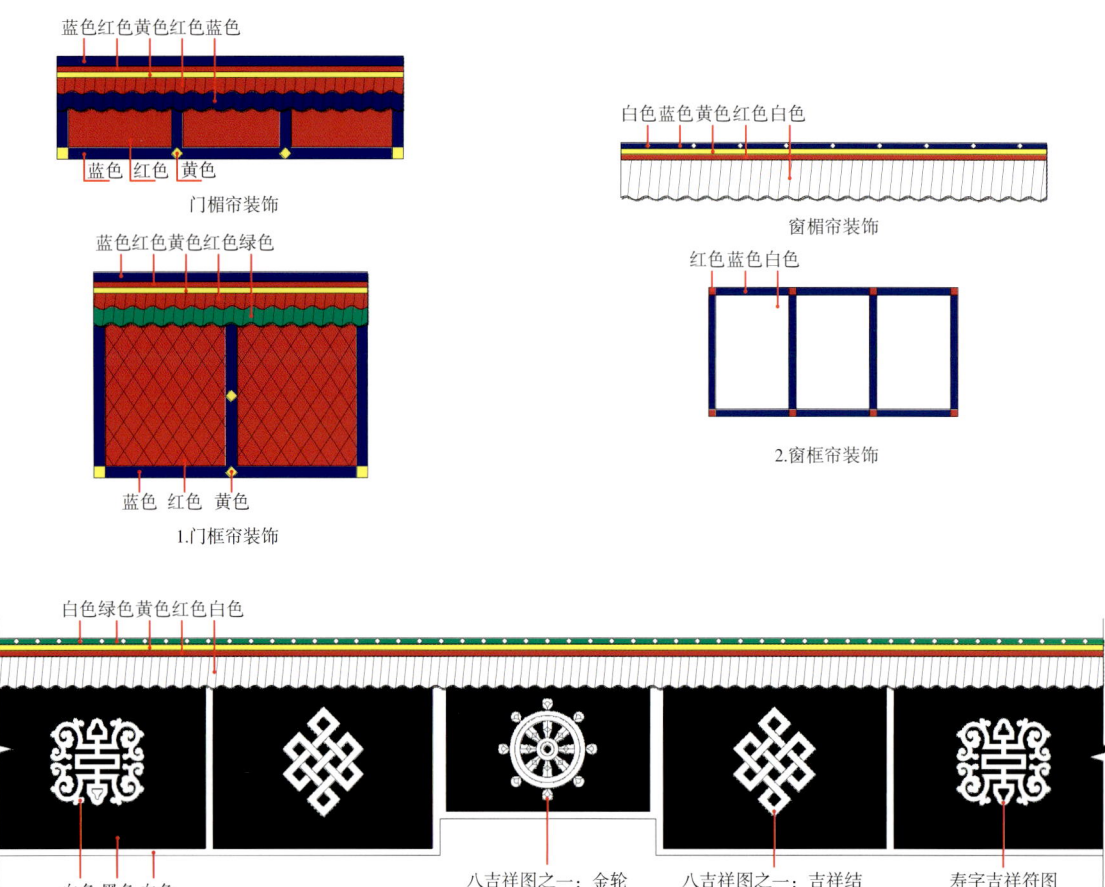

图五 大昭寺帘布装饰示意图

1.人面狮身承檐装饰

2.力士纹雀替装饰

3.动物纹雀替装饰

图六 大昭寺梁下装饰示意图

藏族桑耶寺

图一　藏族桑耶寺主图

桑耶寺位于山南地区扎囊县境内的桑耶镇，是由吐蕃第三十六代赞普赤松德赞于公元767年主持建造的一座寺院建筑，也是西藏第一座佛、法、僧"三宝皆备"的佛教寺院。该寺地址由印度高僧莲花生选定，整个结构布局由印度佛学家寂护以印度欧丹达菩提寺为蓝本设计。整座寺院规模宏大，殿塔林立，总面积约2.5万余平方米。

桑耶寺的平面布局是按照佛教思维中关于世界的图说和曼陀罗结构设计的。寺院中央的乌孜大殿是全寺的主体，象征宇宙中心的须弥山；乌孜大殿东、西、南、北四面分别建有江白林、强巴林、阿雅巴律林、桑结林四殿，象征四大部洲（东胜神洲、南赡部洲、西牛贺洲、北俱芦洲）；江白林等四殿的左右两侧又分别建有两座小殿，象征八小部洲（提诃洲、毗提诃洲、舍谛洲、上仪洲、遮末罗洲、筏罗遮末罗洲、矩拉婆洲、拉婆洲）；乌孜大殿两旁还建有两座小殿——日殿和月殿，象征日、月；乌孜大殿四角还建有白、红、黑、绿四佛塔，象征镇服凶神魔刹的四大天王；四佛塔的周围遍架金刚杵，形成108座小佛塔，象征佛法的坚不可摧。主殿周围还附设一些辅助建筑，如护法神殿、经房、僧舍及仓库等。所有这些建筑的周围，以一道椭圆形围墙封闭，象征铁围山,并在四面各开一座门,以东大门为正门。乌孜大殿是桑耶寺的中心主殿,形制最具特点,其平面采用"回"字形格局,3层,每层高5.5~5.6米,各层分属不同的建筑风格。其中底层采用西藏传统的低层、厚墙、平屋顶的藏式建筑形制,第二层采用木构腰檐、平座、栏杆的汉式建筑形制,第三层采用类似印度菩提迦耶大塔以及中世纪婆罗门庙宇的中央一大塔、四隅四小塔的印度建筑形制。各层的塑像和壁画也按各自的法式进行绘塑。

桑耶寺是我国最早的密宗佛教寺院,在建筑结构和形式上融合了中国藏族、汉族和印度的建筑风格,开创了中国以"曼陀罗"结构为特征的一种新的佛教建筑形式,其创作手法对西藏后弘期的佛教寺院有较大影响。

图片来源

图一、图五 梁溪石桥 摄影(微图网)

图二至图四 罗晶 制图

参考文献

西藏拉萨古艺建筑美术研究所.西藏藏式建筑总览.成都:四川美术出版社,2007.

姜怀英,嘎苏·彭措朗杰.西藏布达拉宫修缮工程报告.北京:北京文物出版社,1994:41—42.

强巴次仁,卓玛,等.桑耶寺——西藏第一座寺庙.中国文化遗产,2009(1):46—53.

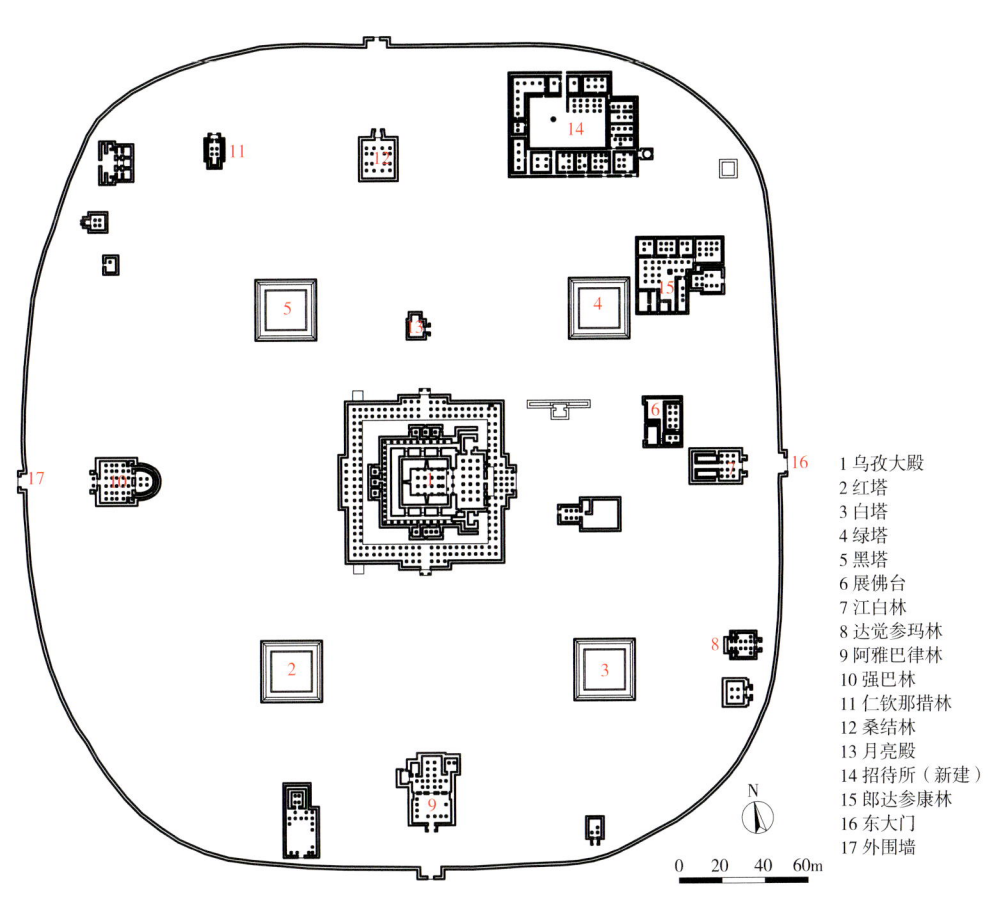

1 乌孜大殿
2 红塔
3 白塔
4 绿塔
5 黑塔
6 展佛台
7 江白林
8 达觉参玛林
9 阿雅巴律林
10 强巴林
11 仁钦那措林
12 桑结林
13 月亮殿
14 招待所(新建)
15 郎达参康林
16 东大门
17 外围墙

图二 藏族桑耶寺总平面图

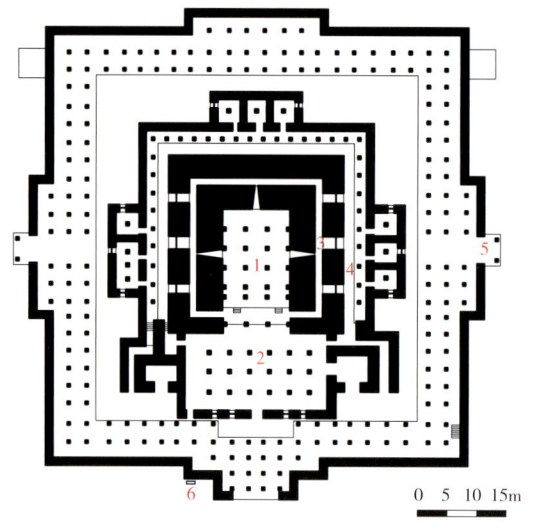

1 佛堂
2 经堂
3 礼拜道
4 内匝礼拜道
5 外匝礼拜道
6 兴佛证盟碑

图三　藏族桑耶寺乌孜大殿一层平面图

图四　藏族桑耶寺乌孜大殿正立面图

图五　藏族桑耶寺乌孜大殿入口

藏族托林寺

图一　藏族托林寺主图

托林寺是吐蕃赞普王室后裔意西沃主持建造的一座藏传佛教寺院，位于西藏阿里地区札达县境内象泉河南岸的札达盆地中央。寺院始建于公元996年，后于公元1036年由其侄孙古格王降曲沃加以扩建，开始成为古格王朝弘扬佛教文化的重要场所。

托林寺坐东面西，其原始布局为东西长、南北短的不规则狭长形，由迦萨殿、白殿、罗汉殿、弥勒佛殿、护法殿、僧众集会殿、色康殿等近10座大小殿堂，若干佛塔、转经房、僧舍、塔墙等组成。原始殿堂现多已毁圮，仅主体建筑迦萨殿、白殿、僧众集会殿及部分僧舍保存较完整。主殿迦萨殿平面格局以桑耶寺为模本，根据密宗佛教的宇宙图示"曼陀罗"设计布置。其平面呈十字折角形，分为内、外两圈建筑。外圈东面三间与内圈五殿相接，南、西、北面殿堂与内圈五殿之间留有一条露天转经道。内圈为中心方殿及东、西、南、北向外凸出的4座佛殿，其中中心方殿大日如来殿象征世界中心的须弥山；外圈为环绕内圈的19座佛殿，其中四个主要方殿象征四大部洲，主要方殿旁围绕的各小殿象征八小部洲；外围殿堂四隅还有4座高13米的红砖佛塔，象征护法四天王。托林寺整体造型较为丰富，虽然主要殿堂多为单层平屋顶建筑，且外立面无窗，但

第一章　藏族传统建筑

049

主殿通过内外圈建筑的高低错落，以及中心金顶及四隅佛塔的设置，打破了单调、重复的立面形象。其建筑结构多为土木混合结构，即由土坯砌筑的土墙及室内梁柱共同承重。托林寺的建筑装饰极具特色，建筑外墙大多遍涂红色或白色，内墙壁及天花板上多绘有精美绝伦、色彩艳丽的各类壁画，题材有曼陀罗、双狮、伽陵频伽、飞天、千佛、佛传故事、各类护法神等。这些壁画采用线条优美、色彩清淡的工笔画法绘制，高雅脱俗。

托林寺是西藏阿里地区首座藏传佛教寺院，亦是藏传佛教后弘期的重要寺院。

图片来源
图一　刘凤群　摄影（Fotoe网）
图二至图五　罗晶　制图
图六　高原　摄影（Fotoe网）

参考文献
彭措郎杰.托林寺.北京:中国大百科全书出版社,2010.
陈耀东.西藏阿里托林寺.文物,1995(10):4—16.
色莉玛.8~11世纪西藏寺院建筑中来自印度佛教之因素.四川文物,2012(5):65—71.

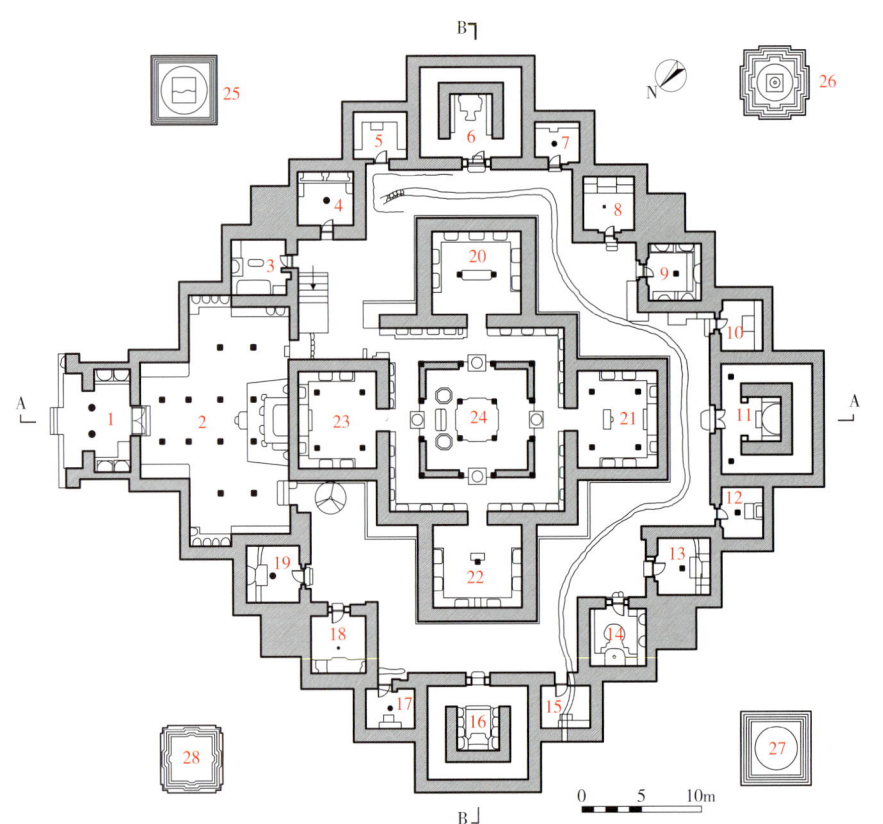

1 天王殿
2 释迦殿
3 护法神殿
4 阿扎惹殿
5 扎西威巴殿
6 药师殿
7 观音殿
8 度母殿
9 五佛殿
10 护法殿
11 强巴佛殿
12 金刚持殿
13 佛母殿
14 修习状强巴殿
15 宗喀巴殿
16 无量寿佛殿
17 甘珠尔殿
18 丹珠尔殿
19 文殊殿
20 中心一殿
21 中心二殿
22 中心三殿
23 中心四殿
24 大日如来殿
25—28 外围塔座

图二　藏族托林寺迦萨殿平面图

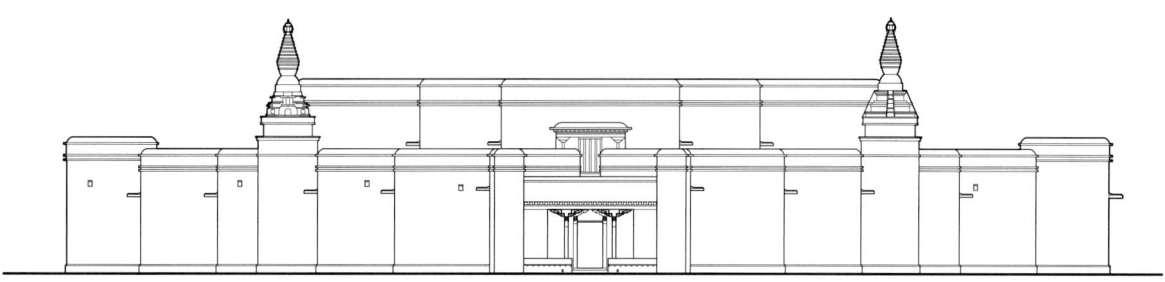

图三 藏族托林寺迦萨殿正立面图（未含金顶）

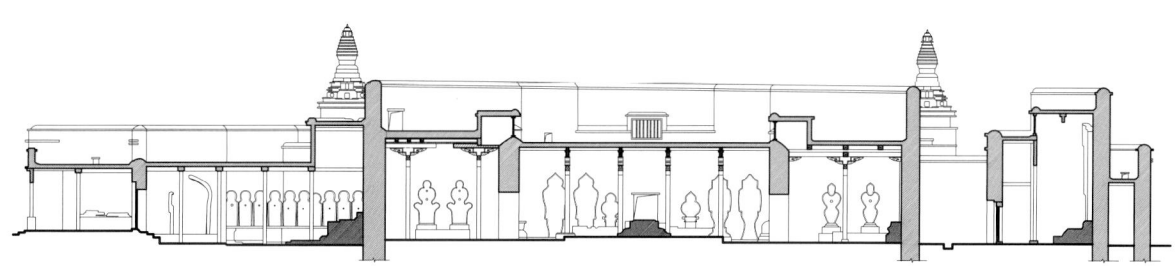

图四 藏族托林寺迦萨殿A-A剖面图（未含金顶）

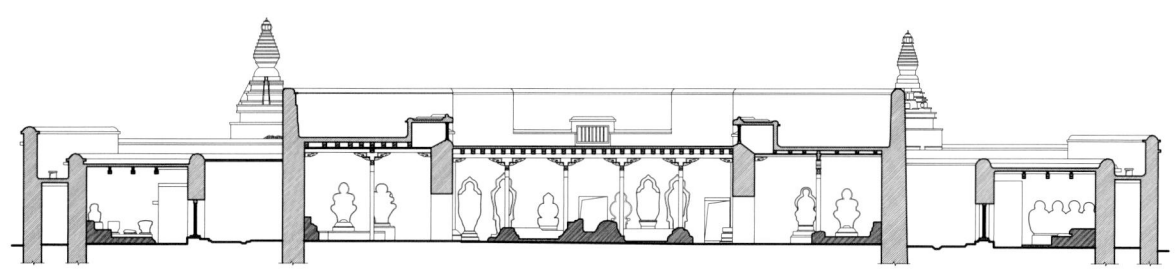

图五 藏族托林寺迦萨殿B-B剖面图（未含金顶）

图六　藏族托林寺佛塔近景

藏族科迦寺

图一　藏族科迦寺主图

科迦寺位于西藏阿里地区普兰县境内的科迦村，毗邻尼泊尔边境，是公元996年由大译师仁钦桑布依照拉喇嘛益西沃的意愿创建的一所藏传佛教寺院。

科迦寺原由觉康大殿、百柱殿、桥居拉康、桑吉拉康、强巴拉康、护法殿、经书殿以及扎西孜拉康等建筑组成，现仅存有两座主要殿堂——觉康大殿和百柱殿。两座殿堂毗邻布置，呈"L"形布局。觉康大殿位于寺院东南方，现为僧众聚集诵经的场所；而百柱殿位于寺院正西方，现仅二层的僧舍、伙房仍在使用。两殿东北方的空地上建有小广场，广场内有水井、幢竿和香炉等，四周的墙壁上还建有墙廊，设置有玛尼筒，可供僧侣进行户外传教和举行民间庆典活动。百柱殿西侧为科迦村与外界联系的主干道，主干道与百柱殿之间的空地上有两个由牛羊角及卵石堆成的玛尼堆，还有4个新建不久、用来放置"擦擦"的擦康（小方塔）。寺院的南面、东面及北面均被科迦村的民居所包围，但在民居与寺院之间仍留有狭窄的转经道，有的转经道需从民居建筑的底层通过，形成较长的暗道。科迦寺的建筑造型具有藏式建筑中常见的平屋顶、土木结构及厚墙等特点。其外墙檐部做法较有特色。以觉康大殿为例，外墙均粉刷红色，墙体顶部采用赭红色边码檐墙造型，边码檐墙上部为阿嘎土砌成的弧形墙帽，墙帽以片石出檐，其下以二层方椽连檐。部分边码檐墙下方还设置一层檐椽，檐椽下方围砌有若干均匀排布的短柱、托木，形成檐口的束腰部分。这种立面装饰手法，在西藏佛教寺院中仅见于科迦寺一例，据资料推断可能是受内地仿木结构砖塔立面中雕砌倚柱、阑额、斗拱做法的影响。

科迦寺是西藏佛教后弘期的一座重要寺院，其形制在继承藏式佛教寺院结构和装饰基础上吸收了汉式建筑的形式，基本上反映了后弘期佛教建筑的特点。

图片来源

图一至图六　罗晶　制图

图七、图八　黎明　摄影（Fotoe网）

参考文献

王辉,彭措朗杰.西藏阿里地区文物抢救保护工程报告.北京:科学出版社,2002.

西藏拉萨古艺建筑美术研究所.西藏藏式建筑总览.成都:四川美术出版社,2007.

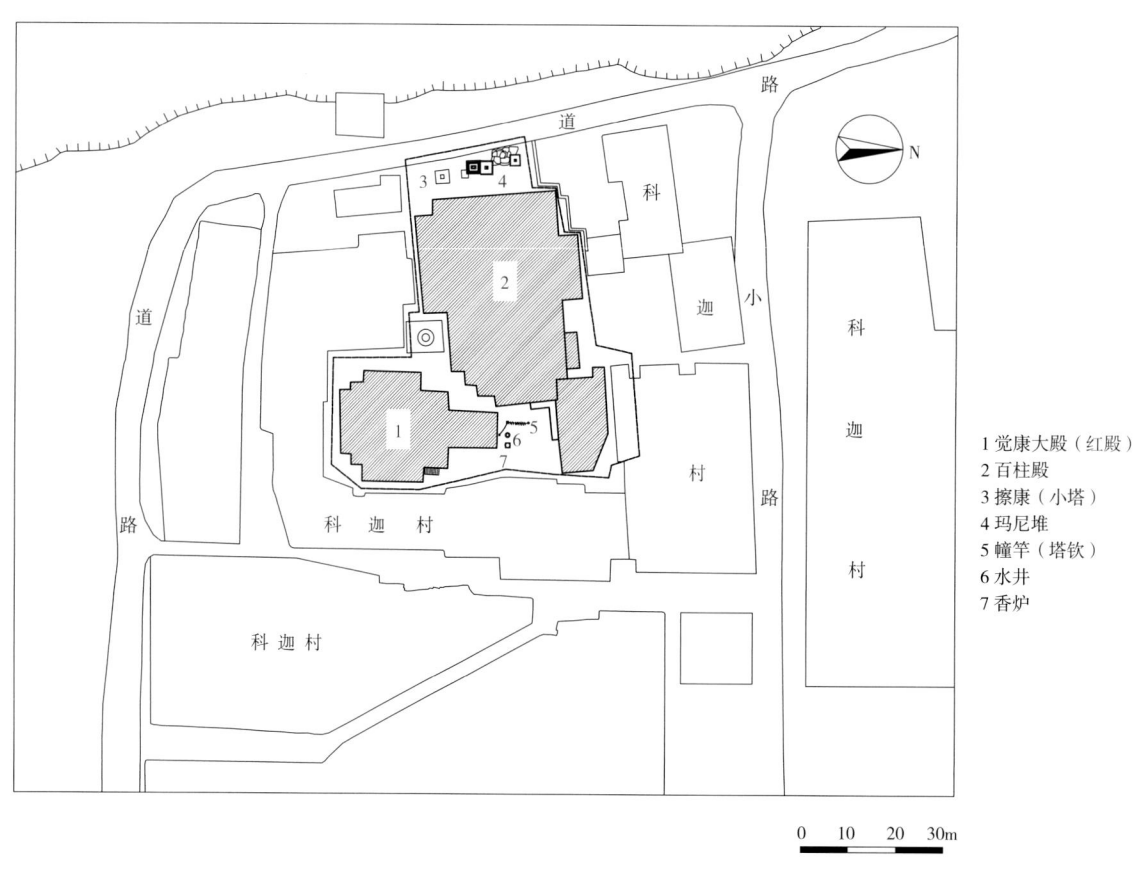

1 觉康大殿（红殿）
2 百柱殿
3 擦康（小塔）
4 玛尼堆
5 幢竿（塔钦）
6 水井
7 香炉

图二　藏族科迦寺总平面图

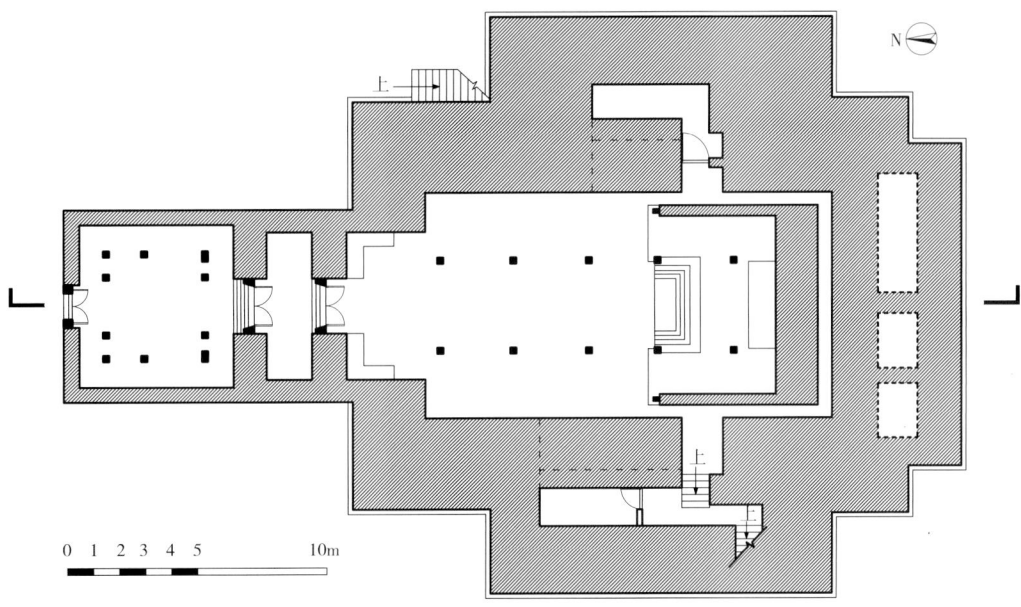

图三 藏族科迦寺觉康大殿底层平面图

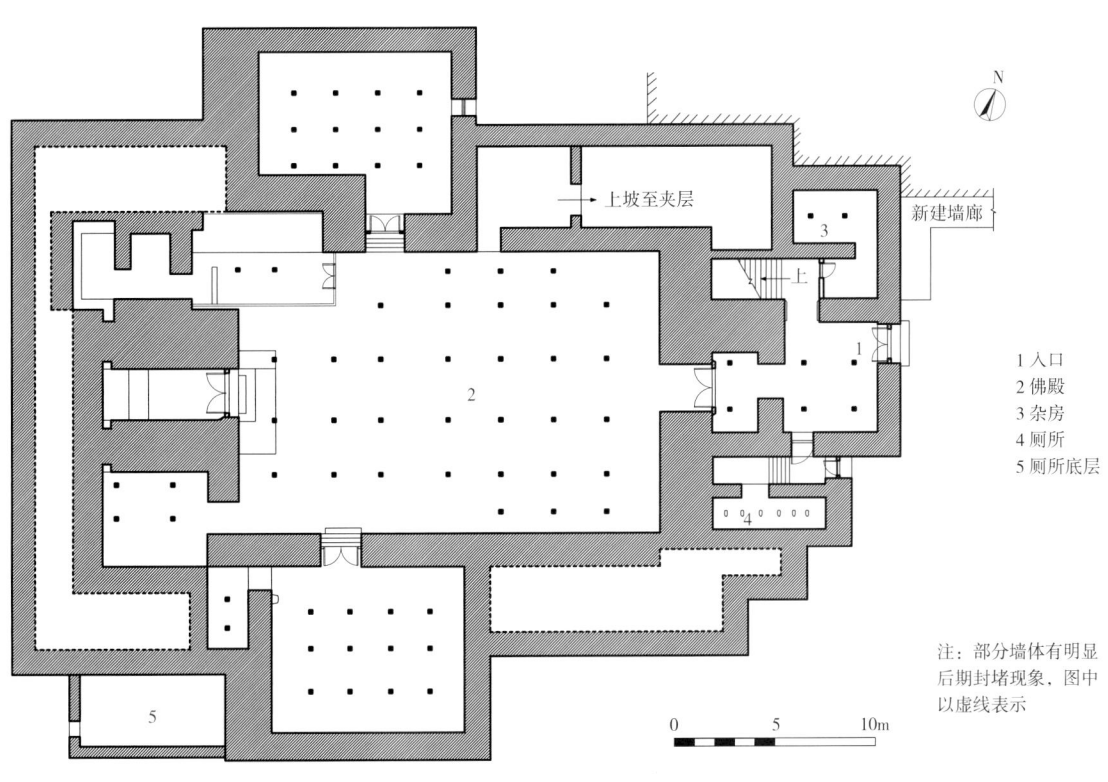

1 入口
2 佛殿
3 杂房
4 厕所
5 厕所底层

注：部分墙体有明显后期封堵现象，图中以虚线表示

图四 藏族科迦寺百柱殿底层平面图

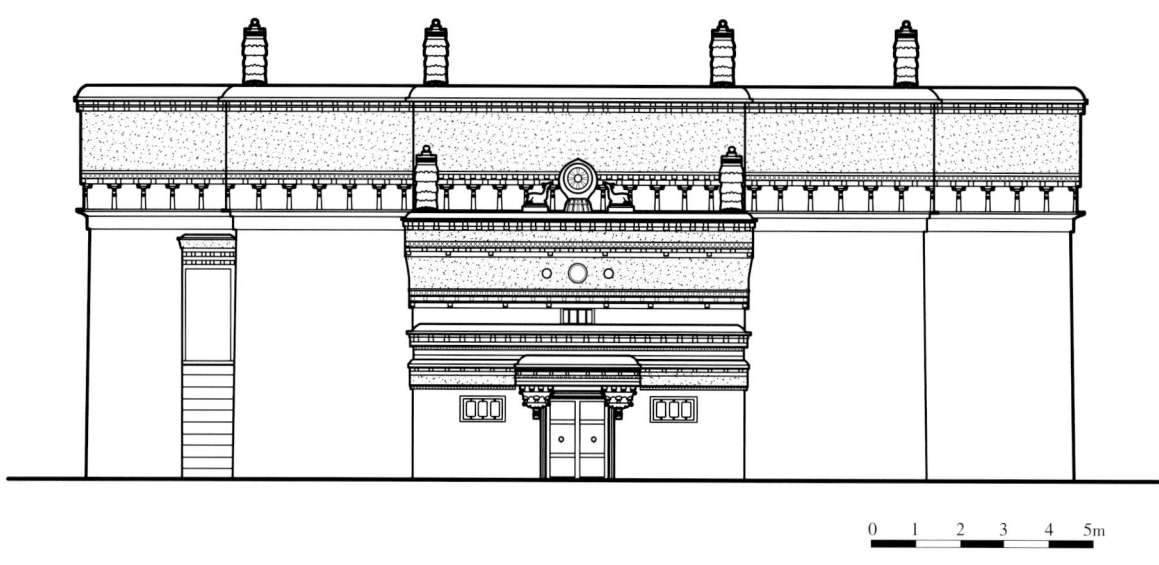

图五　藏族科迦寺觉康大殿北立面图

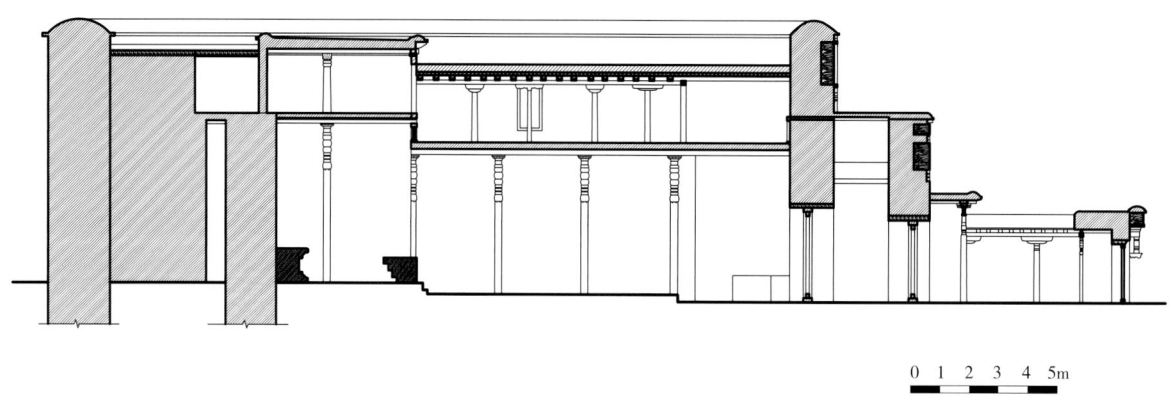

图六　藏族科迦寺觉康大殿剖面图

图七 藏族科迦寺觉康大殿入口

图八 藏族科迦寺院墙大门

藏族朗色林庄园

图一 藏族朗色林庄园主图

藏族庄园建筑是西藏封建农奴制社会形态下的产物，供贵族阶层管理农奴事务人员居住。朗色林庄园是其中的典型代表，朗色林又名"囊色林"，意为"财神之地"。庄园位于山南地区扎囊县，与西藏著名佛寺桑耶寺隔雅鲁藏布江相望。庄园始建于西藏帕竹王朝时期，由朗色林贵族经那曲杰主持建造。

朗色林庄园占地面积约6970平方米，由主楼、辅楼、牲畜棚、双重围墙及花园等组成。主楼位于庄园正中略偏北，坐北朝南，是一座高约22米的7层建筑。其前方是一个宽敞的庭院，庄园入口即在庭院南面偏东位置。庭院四周布置有附属用房，其中东面和南面为一排平房和一座两三层的楼房（已毁），分别为农奴住所和手工作坊。西面是一座二层的廊屋，为牲畜房。庄园四周建有封闭的双重围墙，内墙墙基宽约4.5米，高约10米，围墙下部垒石为基，上部夯土为墙，上下有收分。内墙四角建有角楼，西面还建有望楼。内外围墙之间留有4.5米宽的壕沟，具有明显的防御性。主楼平面呈方形，底层高约5米，建有畜圈。一、二层多为库房，用以存储加工后的粮食、调料、油、茶等食品。三至七层设有经堂、神殿、庄园主卧房及少量仓库等。庄园建筑皆用土、石筑成，其主楼采用土木混合结构，由木梁柱与墙体共同承重，建筑内外皆用夯土墙。但部分外墙如东面凸出外墙为后期加建的石墙，墙体之间分界明显。庄园屋顶采用西藏民居建筑中常用的平屋顶，但在檐下及女儿墙四周采用西藏寺院、达赖、班禅和摄政者住所才能使用的赭红色"边玛檐墙"。这说明朗色林庄园在庄园建筑中等级较高。

朗色林庄园是西藏最古老的多层庄园建筑之一，也是帕竹时期贵族庄园的代表样本，它反映了当时农奴主庄园的典型面貌。朗色林庄园合理的布局、统一的形式以及和谐的比例，显示了建造者从整体到局部的造型能力，也体现了建筑形式与功能、材料和技术的有机结合。

图片来源
图一至图六　宋春苑　制图
图七　蔡思穗　制图

参考文献
西藏拉萨古艺建筑美术研究所.西藏藏式建筑总览.成都:四川美术出版社,2007.
陈耀东.西藏囊色林庄园.文物,1993(6):44—55.

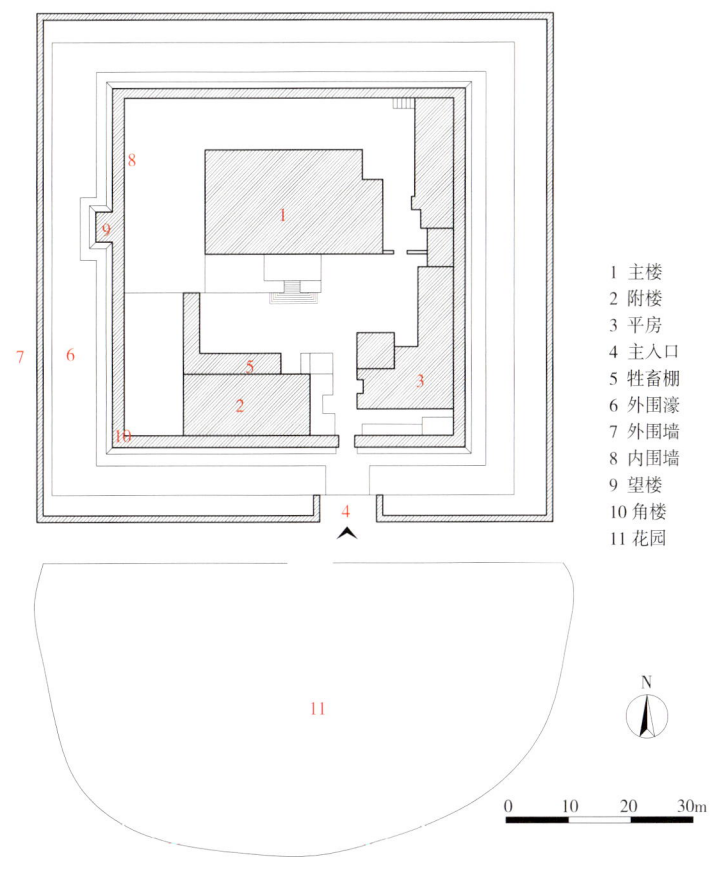

1 主楼
2 附楼
3 平房
4 主入口
5 牲畜棚
6 外围濠
7 外围墙
8 内围墙
9 望楼
10 角楼
11 花园

图二　藏族朗色林庄园总平面图

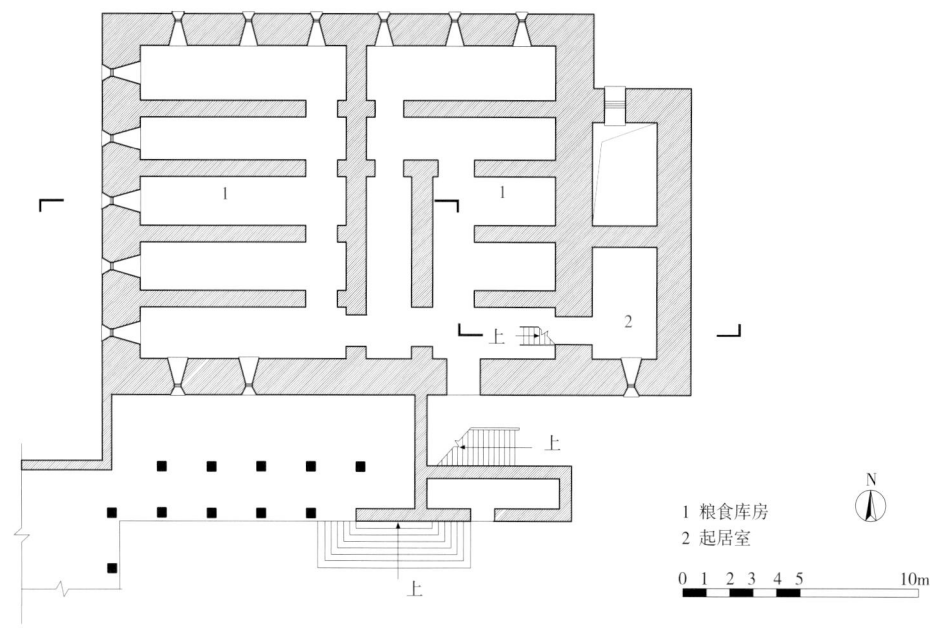

图三　藏族朗色林庄园主楼底层平面图

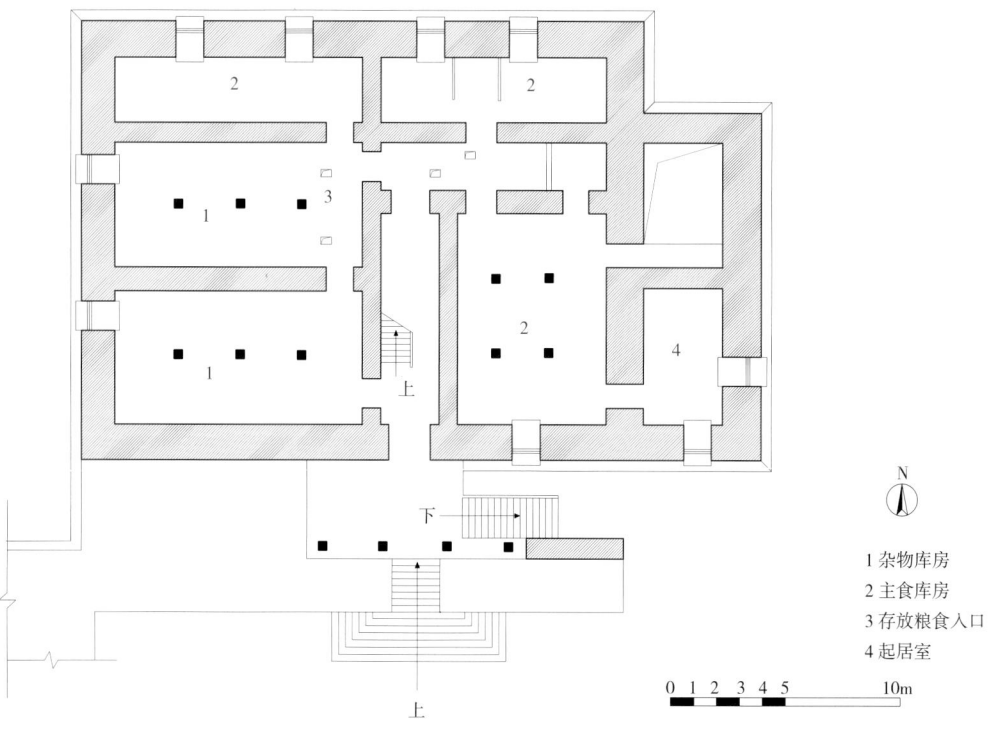

图四　藏族朗色林庄园主楼二层平面图

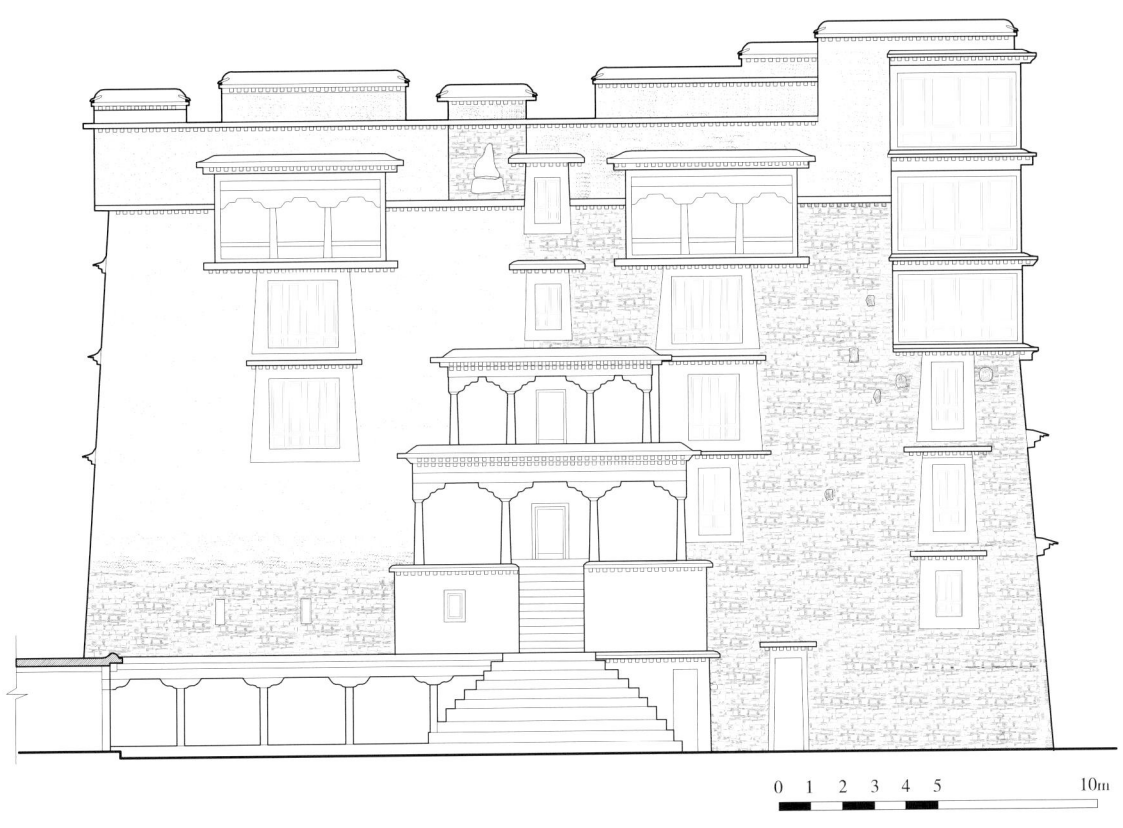

图五 藏族朗色林庄园主楼南立面图

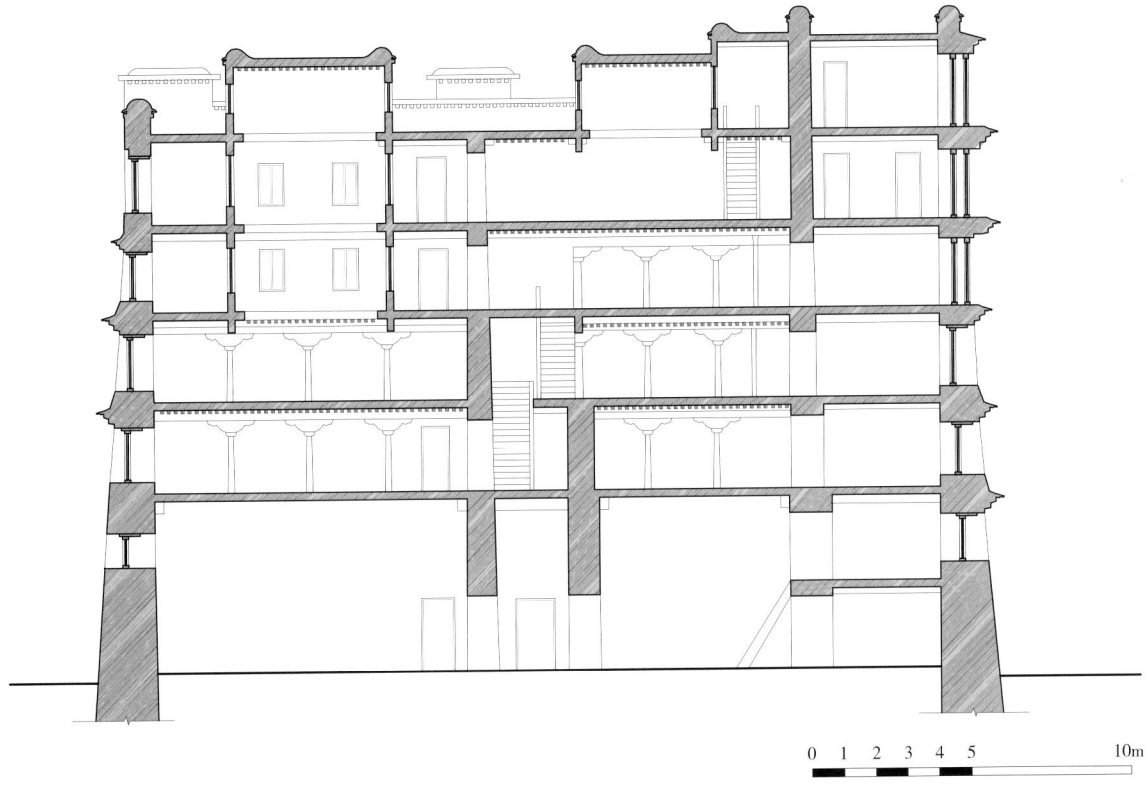

图六 藏族朗色林庄园主楼剖面图

图七 藏族朗色林庄园场景图

藏族帕拉庄园

图一　藏族帕拉庄园主图

帕拉庄园位于西藏日喀则江孜县的班觉伦布村，是西藏大贵族帕觉拉康家族的领主庄园，也是西藏现存最完整的贵族庄园。现存的帕拉庄园是由帕拉家族20世纪30年代的领主扎西旺久，于40年代中期在原帕拉江嘎庄园的遗址上修建，1955年建成完工。

帕拉庄园现存房屋82间，占地面积达47 234平方米。庄园主要由一组院落式的主楼建筑群、主楼北面的林卡（即园林）和南面的朗生院（即农奴住所）等共同构成。其中主楼建筑群是由一幢三层高的平顶建筑以及东西南面环绕此建筑的二层内廊式建筑围合起来的四合院。四合院内院长约23米，宽约9米，以花岗石铺砌地面。主楼建筑群一层为种子库、木料库、油坊、羊毛羊皮库、马厩和农奴牢房等仓储空间，二层为议事厅、管家室、强佳侍从室、珍宝仓库、粮食库、染房、织毯房、酿酒坊、朗生厨房等管理人员起居工作和朗生劳作的场所，三层为经堂、接待室、议事厅、卧室、日光室、侍从室及露台等领主起居生活的空间。主楼建筑群北面为后花园——林卡。林卡内除栽植有各类花卉树木外，还建有为领主提供膳食的厨房和御寒避暑之用的接待室、凉亭等。

主楼建筑群南面是农奴居住的朗生院，由14个房间围合成四合院，150平方米的狭小空间里曾居住着60多名朗生。帕拉庄园的屋顶均为平屋顶，外墙多刷成白色，墙檐下部粉刷一条赭红色的色带。墙面点缀着黑色的梯形窗套以及白、红、蓝、黄等颜色相间的门窗帘等。其南大门形式较有特色。大门体量虽然不大，但门扉两侧建有双层平叠斗拱，斗拱上方采用叠涩手法砌有若干层门框饰，门框饰上方以一块方形匾额题名"帕拉庄园"四个大字。大门两侧还矗立着两个挂满经幡的旗杆，以表达祈求天、地、人、畜和谐吉祥的心愿。

帕拉庄园是西藏封建农奴制的真实见证，其建筑规模宏大、空间等级分明，建筑形态和功能体现了西藏农奴制中的等级关系。

图片来源
图一、图七　牛彧男　制图
图二至图六、图八　杨伟昊　制图

参考文献
郑宇.从帕拉庄园看江孜地区庄园建筑.建筑史,2008(1):144—156.
徐平.帕拉庄园的构造及其作用.中国西藏,1998(5):4—7.

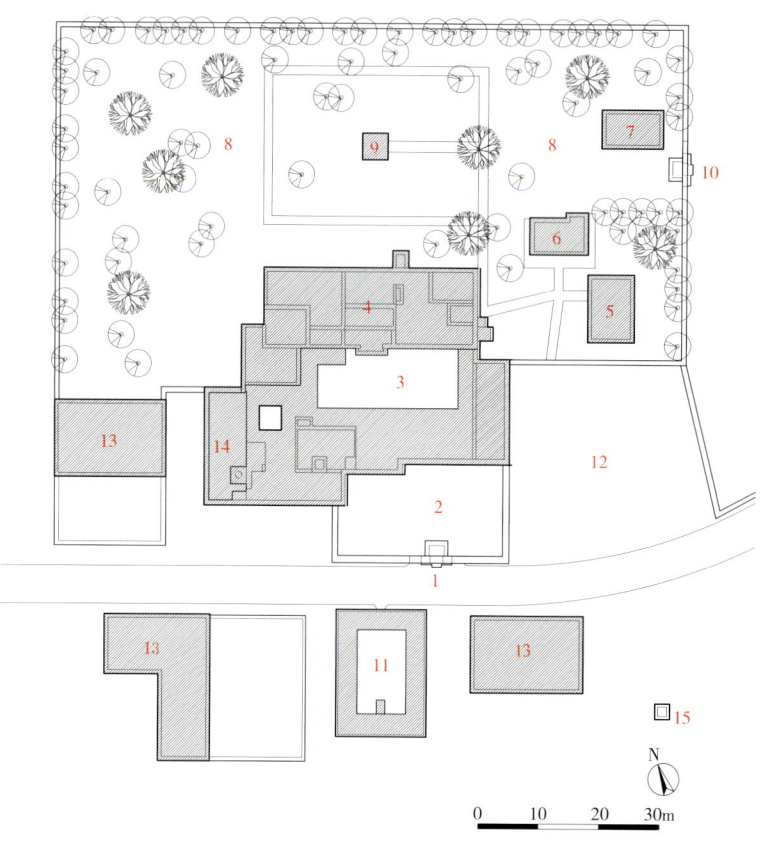

1 庄园南门　2 前院　3 内院　4 主楼　5 加色康　6 古则学　7 门房　8 林卡　9 凉亭
10 庄园东门　11 朗生院　12 停车场　13 新建民宅　14 格拉祭台　15 域拉祭台

图二　藏族帕拉庄园总平面图

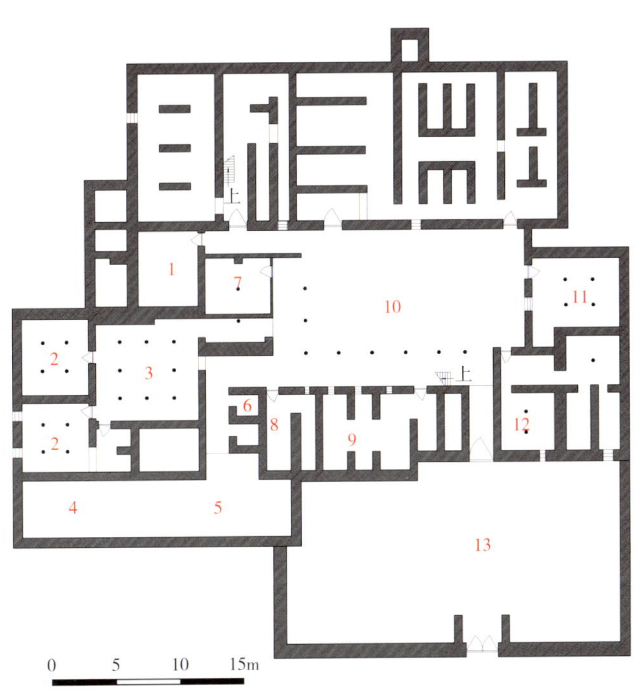

1 种子库 2 粮食仓库 3 马厩 4 农奴牢房 5 柴火房 6 油坊 7 豌豆草库
8 杂房 9 木料库 10 内院 11 油菜食品仓库 12 羊毛羊皮库 13 前院

图三 藏族帕拉庄园主楼建筑群底层平面图

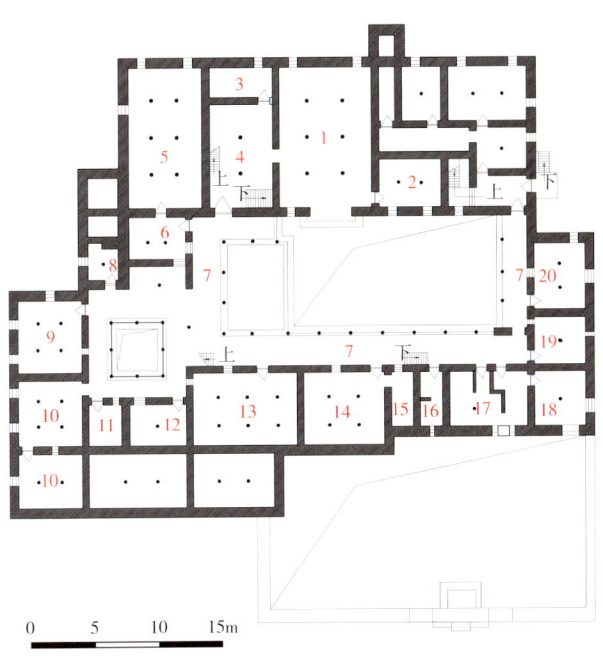

1 议事厅 2 珍宝库房 3 护法神殿 4 过厅 5 大仓库 6 聂巴管家室 7 大走廊 8 朗生厕所
9 干肉库 10 粮食库 11 袋子库 12 染坊 13 朗生厨房 14 织毯坊 15 羊毛仓库 16 厕所
17 强佳侍从室 18 强佳管家室 19 酿酒仓库 20 酿酒坊

图四 藏族帕拉庄园主楼建筑群二层平面图

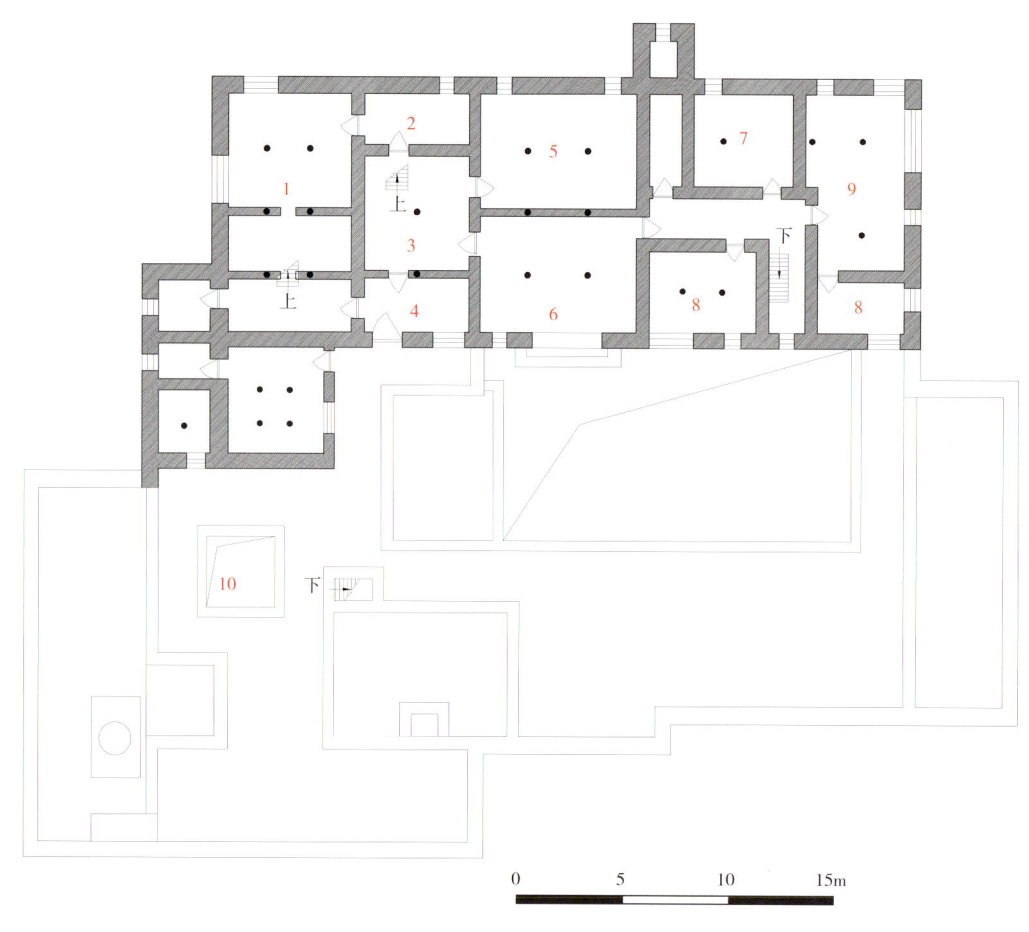

1 经堂　2 小经堂　3 门厅　4 侍从室　5 日光室
6 露台　7 议事厅　8 卧室　9 接待室　10 天井

图五　藏族帕拉庄园主楼建筑群三层平面图

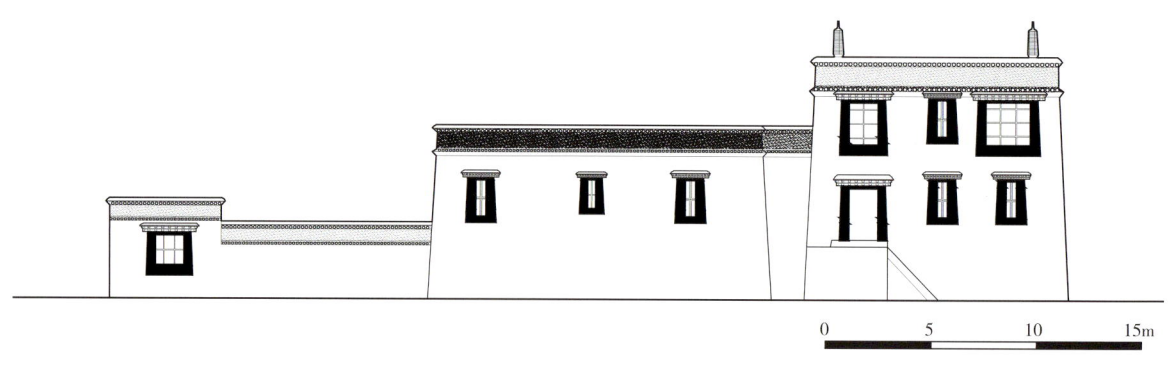

图六　藏族帕拉庄园主楼建筑群东立面图

图七　藏族帕拉庄园内院效果图

图八　藏族帕拉庄园林卡效果图

藏族秀巴古碉

图一　藏族秀巴古碉主图

　　秀巴古碉位于林芝地区工布江达县境内的秀巴村，是一种全封闭的防御性建筑。碉楼建于吐蕃松赞干布时期，据说是松赞干布为便于军队联络、屯兵和防御而修筑的碉楼群。

　　秀巴古碉建于村寨的要道口，原由7座高碉组成，现有5座基本保存完好，其余两座仅剩基座。现存的5座高碉高低各不相同，间距30～50米，毗邻布置，互为犄角，形成一个易守难攻的防御体系。高碉外观为十二面十二棱柱状体，内部呈八角形，整座碉楼以青石片和木板叠压砌筑，高约20米。其墙厚约1.2米，材料取自秀巴当地的青石块和黏土，由青石块上下咬合叠压砌成。细微空隙处用小石块和黏土填充。碉楼上下共有8层，立面从下至上略有收分。碉楼内壁嵌有木板，木板一头伸入墙体内，另一头可供防守一方登顶攻击。碉楼的入口设在一层，为一狭小的方形门洞。二层及二层以上每层设有射箭孔和瞭望孔，孔洞宽约0.4米，高约0.9米，当敌人来犯之时，可向敌军投掷弓箭和石块。碉楼顶层还可燃放狼烟，向远处友军传递讯息，请求支援。

　　防御性高碉在西藏各地均有分布，它是西藏封建割据、战事频发年代的产物。在冷兵器时代，高碉易守难攻、坚不可摧，具有较强的防御性和攻击性。其建筑形式体现了藏民在石砌和夯筑技艺上的非凡才能。

图片来源

图一至图四　杨伟昊　制图
图五　卢传雄　摄影（Fotoe网）
图六　李绮雯　摄影

参考文献

木雅·曲吉建才.西藏民居.北京:中国建筑工业出版社,2009:162—163.
杨永红.西藏建筑的军事防御风格.拉萨:西藏人民出版社,2007:62—67.

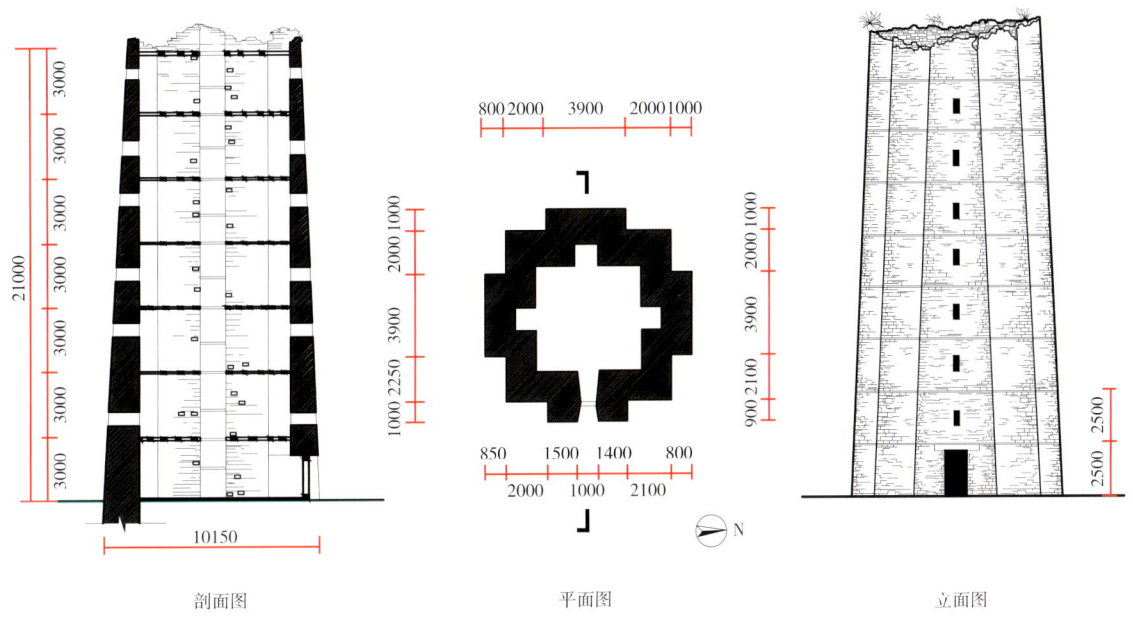

剖面图　　　　　平面图　　　　　立面图

图二　藏族秀巴古碉三视图（单位：mm）

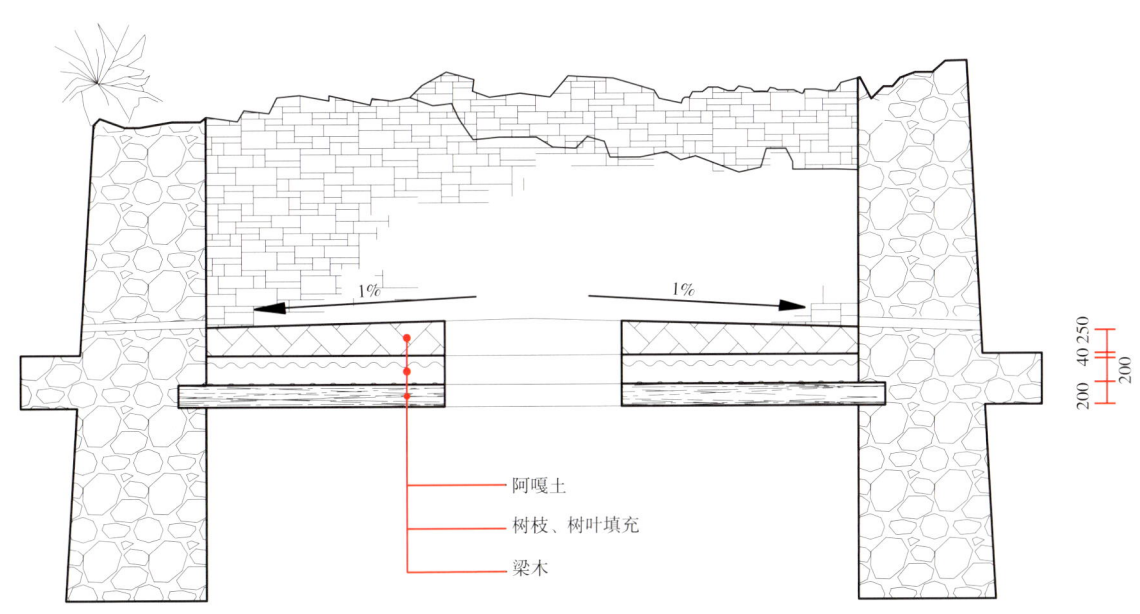

图三　藏族秀巴古碉屋面构造示意图（单位：mm）

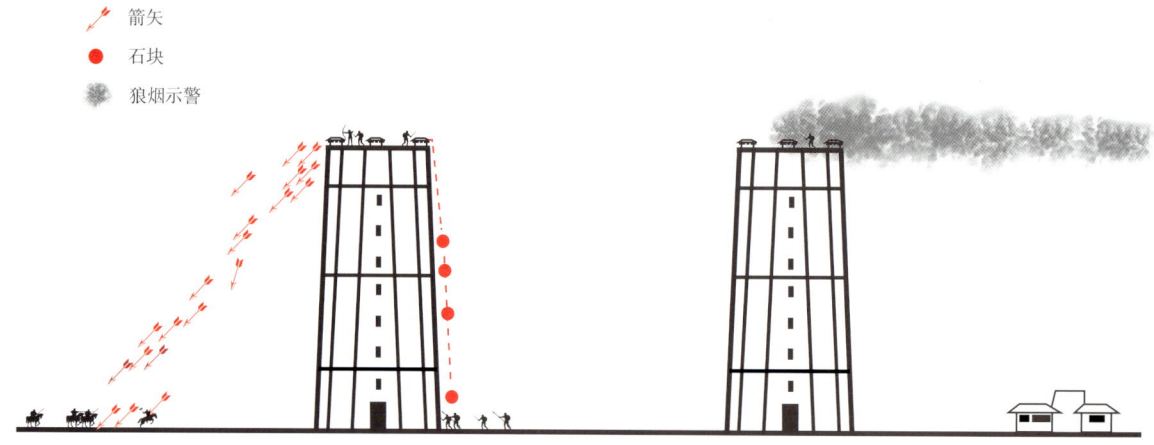

图四　藏族秀巴古碉功能分析图

图五　藏族秀巴古碉单体

图六　藏族秀巴古碉内部

藏南碉房

图一　藏南碉房主图

藏南碉房是西藏南部拉萨河谷、年楚河河谷及雅鲁藏布江中上游等地农区高原民居的统称。这些地区海拔较高，日照充分，气候类型为半干旱地区，冬季寒冷、干燥、少雨及日温差大等气候特征造就该地民居以防寒避风、保暖保温为首要出发点。因其房屋形态较为封闭，墙体厚重，开窗较小，具有防御性高碉的某些特点，因此藏民将其称为"碉房"。

藏南各地的碉房民居虽然根据自然条件及生活方式的不同在建筑细部上存在差异，但基本具有以下共同特征。其一是平面方正。碉房通常由宅屋和院落两部分构成，平面多为方形或矩形，有的局部略有错落。方正的封闭形态布局具有散热面积小、保暖性能好等特点，是最简单但又最能满足防寒要求的平面格局。其二是层高低矮。碉房多为一二层宅院，也有三层的建筑，但四层以上的民居建筑甚少。这种处理方式同样是对建筑防寒保暖要求的一种回应。层高低，建筑裸露的外表面积小，可以减少散热面积。其三是厚重的土石围护结构。碉房民居大多就地取材，建筑结构多为石木或土木结构，即采用土墙或石墙与柱共同承重的混合承重方式。因强调保温性能，墙体较厚，通常为40～70厘米。其四是屋皆平顶。碉房基本采用平屋顶，即用黏土或阿嘎土拍打密实的平顶屋面，建筑少有屋檐。平屋顶不仅便于藏民在屋顶堆放青稞、草料、干牛粪和晒太阳，对建筑的防寒避风亦有所助益。有的地区还在屋顶上加砌女儿墙，于女儿墙四周堆放牛粪和干柴，并在屋顶四角修建柱状墙墩，于其上插挂经幡。这些均为乡土文化的一种反映。

藏南碉房的形制特点是民居形式与气候环境相适应的体现。其平顶土石结构的民居形态和营造理念已成为藏南高原农区民居建筑的总体特征，对现今藏南地区新建筑的设计亦有所影响。

图片来源
图一　刘筱林　摄影（Fotoe网）
图二至图六　杨伟昊　制图

参考文献
李春生.藏族民居.重庆:重庆出版社,2007.
何泉.藏族民居建筑文化研究.西安建筑科技大学博士论文,2009.
筱洲.西藏传统民居略述.西藏研究,1997(1):117—125.

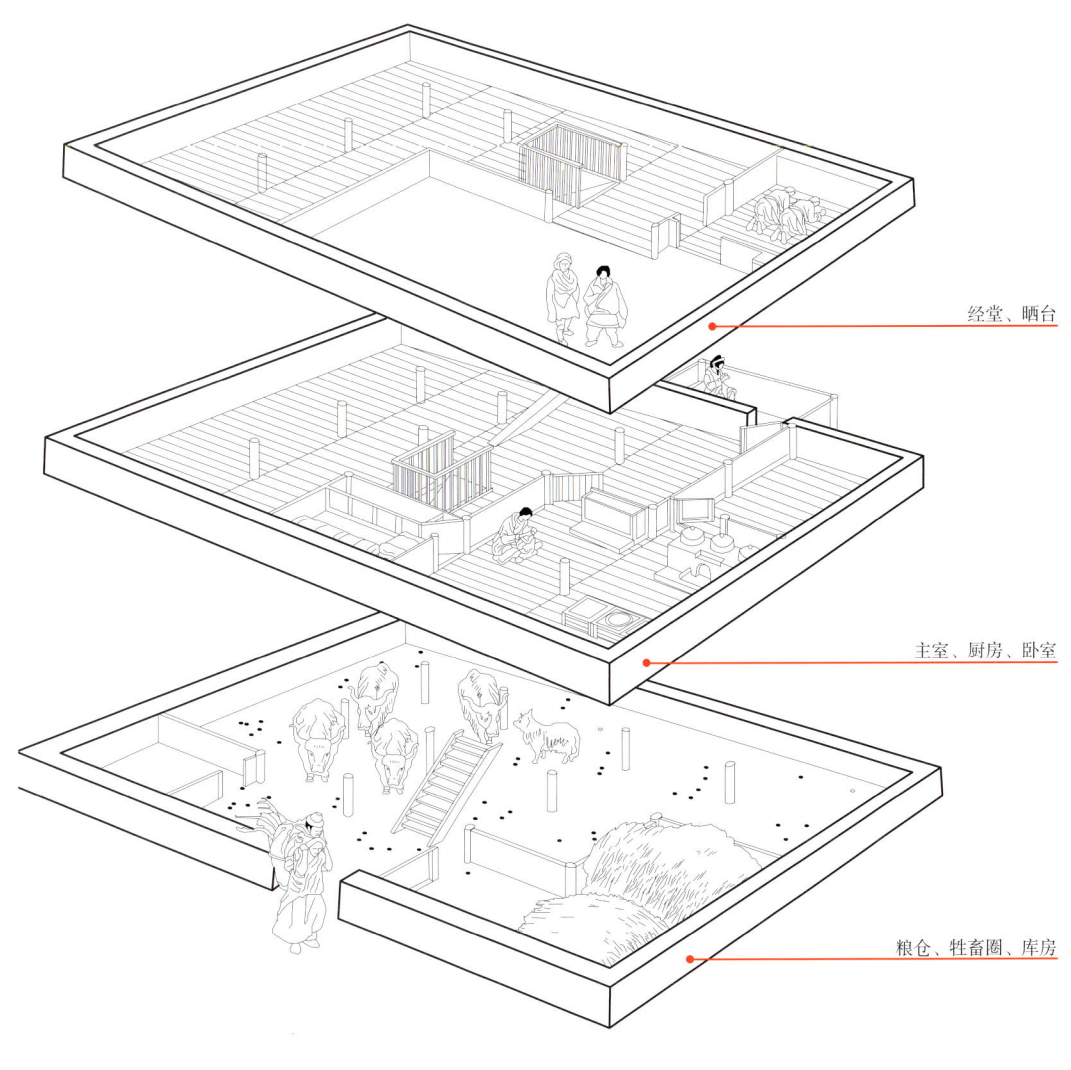

图二　藏南碉房各层功能示意图

（经堂、晒台；主室、厨房、卧室；粮仓、牲畜圈、库房）

图三 藏南碉房搭建场景图

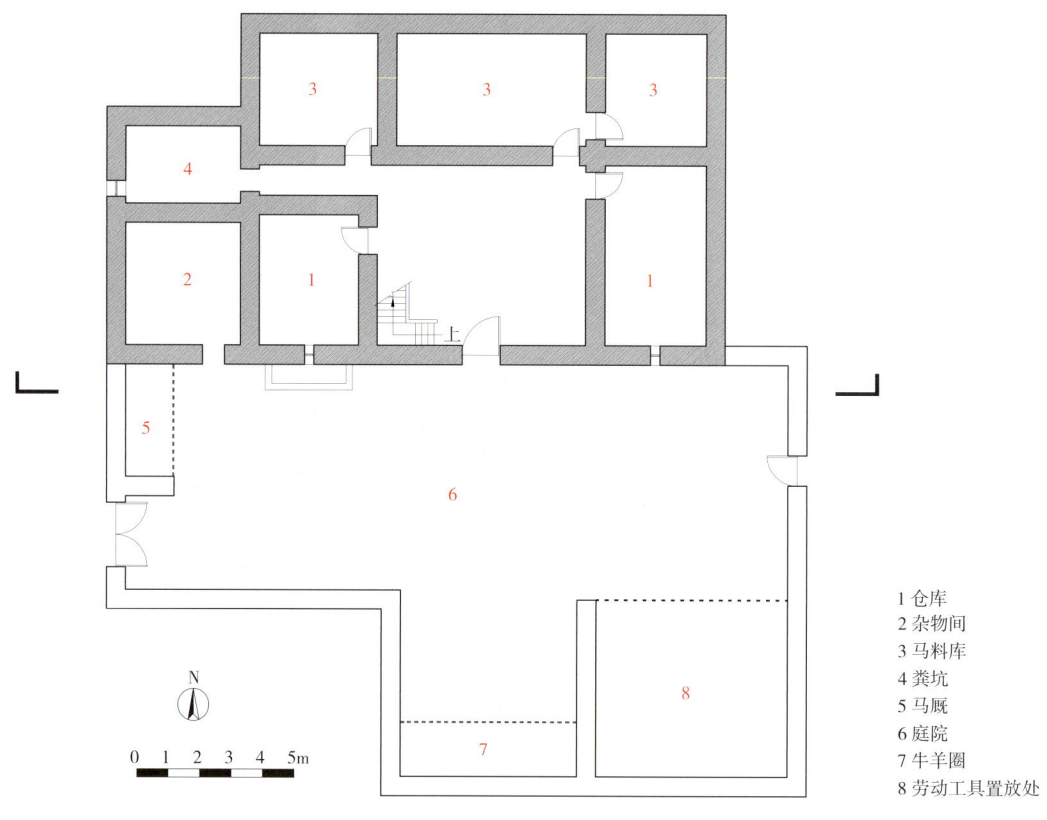

1 仓库
2 杂物间
3 马料库
4 粪坑
5 马厩
6 庭院
7 牛羊圈
8 劳动工具置放处

图四 江孜县碉房民居底层平面图

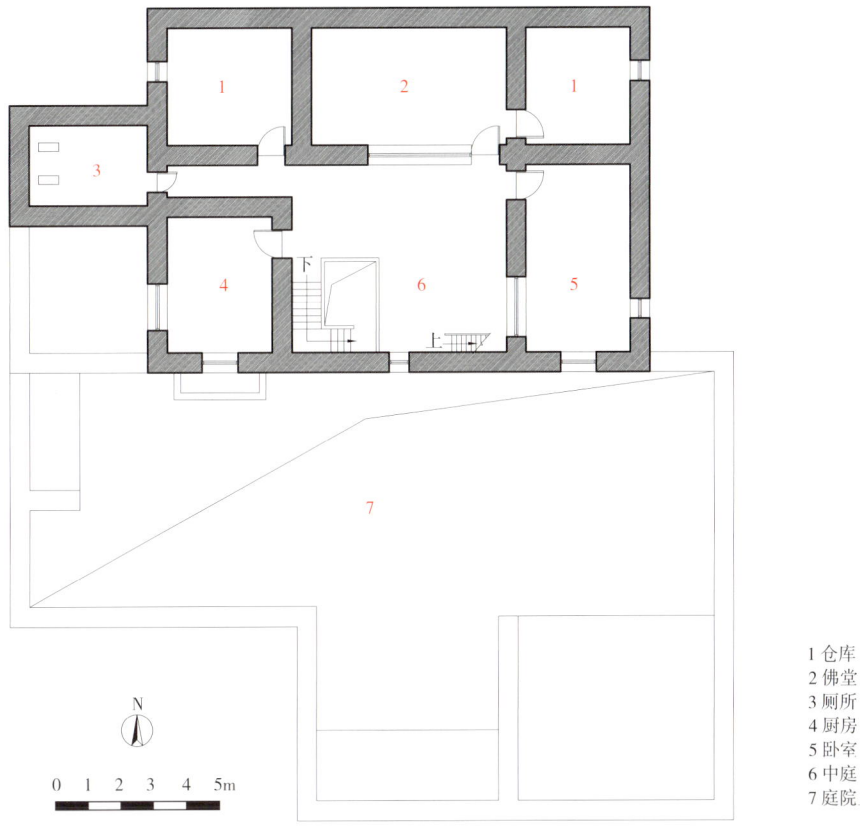

1 仓库
2 佛堂
3 厕所
4 厨房
5 卧室
6 中庭
7 庭院上空

图五　江孜县碉房民居二层平面图

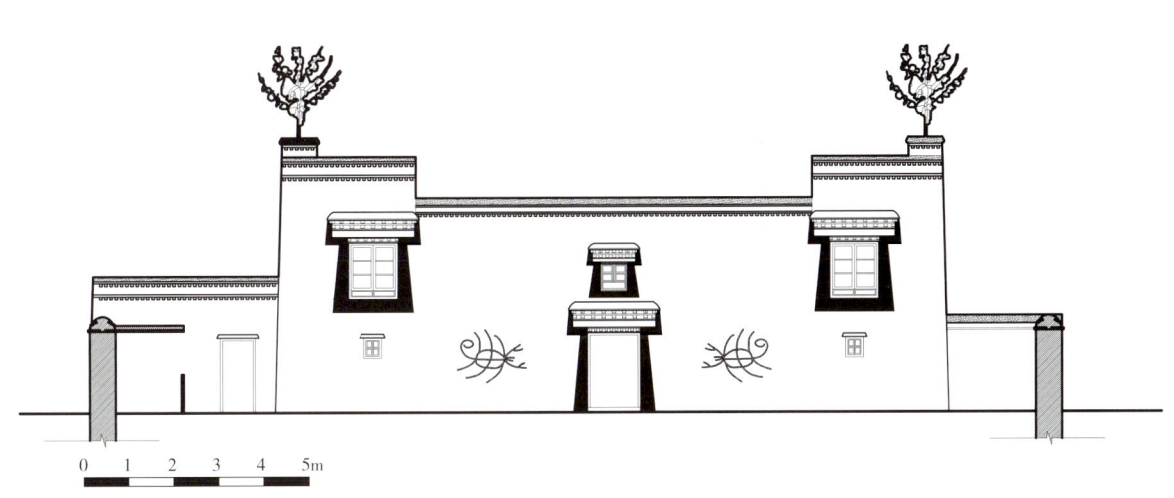

图六　江孜县碉房民居立面图

第一章　藏族传统建筑

075

藏南碉房屋顶

图一　藏南碉房屋顶主图

屋顶是藏南碉房最上层起覆盖和承重作用的外围护构件，主要目的在于围护、防水和保温。由于藏南地区干旱少雨的气候特征，对屋面的排水性能要求不高，因此藏南碉房的屋顶基本采用平屋顶形式。

藏南各地碉房平屋顶的做法基本一致。首先是安置柱、墙体以及梁枋等结构构件，待屋身结构搭建完毕后，于梁枋之上放置一排密集而整齐的木椽。等级较高的贵族碉房，木椽之上再整齐地铺设一层小木条，而普通藏民的碉房则搁置一层树枝或薄木板。

木椽和树枝等即构成屋顶的承重层。承重层铺设完毕后，即开始制作屋面层。屋面层从下至上一般分成3层。第一层为卵石层，多将直径小于100毫米的扁平卵石或青石片均匀铺设在承重层之上，起通风和防止下部木构承重层潮湿腐烂之用。第二层为黄土垫层，一般在卵石层上再铺一层厚100～150毫米的黄土，以固定卵石层并作为最上一层阿嘎土的垫层。最上一层为黄土或阿嘎土面层，即在黄土垫层之上再铺设一层厚100～150毫米的黄土或阿嘎土，经过数次人工拍打，使屋面密实后，平顶屋面的制作工序即基本完成。考虑到屋面需防水，在黄土或阿嘎土面层上还会有意识地找坡和预留排水孔，以便排水。在某些地区，如日喀则、山南等地，碉房屋顶四周还会加砌女儿墙，女儿墙上搁置一排短木，短木上铺设薄木板，再在上面铺一层藏语名为"檐巴"的薄石板压顶，形成一圈小的檐口。石板上再用泥土和小石块修筑成半圆形，以便排水。屋顶四角常砌筑约0.5米高的柱形墙垛，再在其上插挂红、白、蓝、绿、黄5种颜色的经幡，以表达期望与众神沟通心灵、祈求运气的愿望。

藏南碉房的平屋顶构造是藏南地区在应对寒冷干燥，且降雨量少的自然条件和环境气候方面所采取的适应性策略，其具体做法和材料、装饰的运用遵循简洁实用、就地取材的建造原则，反映了建筑的地域特点和人文特色。

图片来源

图一　Lilizhoufox　摄影（微图网）

图二至图六　杨伟昊　制图

参考文献

徐宗威.西藏传统建筑导则.北京:中国建筑工业出版社,2004.

西藏拉萨古艺建筑美术研究所.西藏藏式建筑总览.成都:四川美术出版社,2007.

木雅·曲吉建才.西藏民居.北京:中国建筑工业出版社,2009.

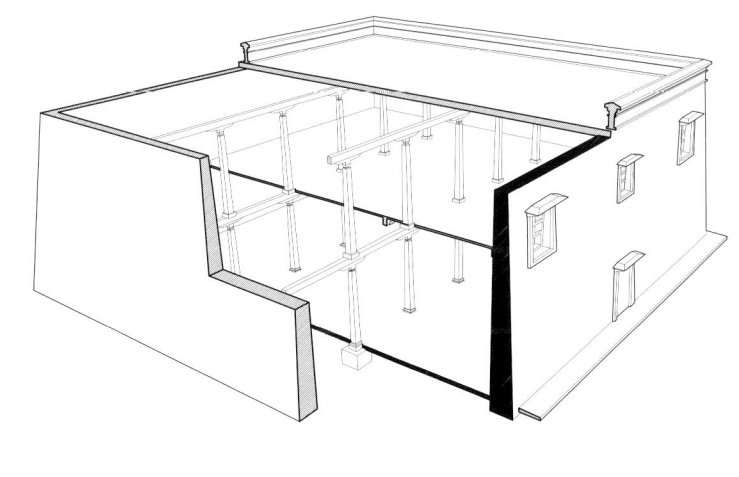

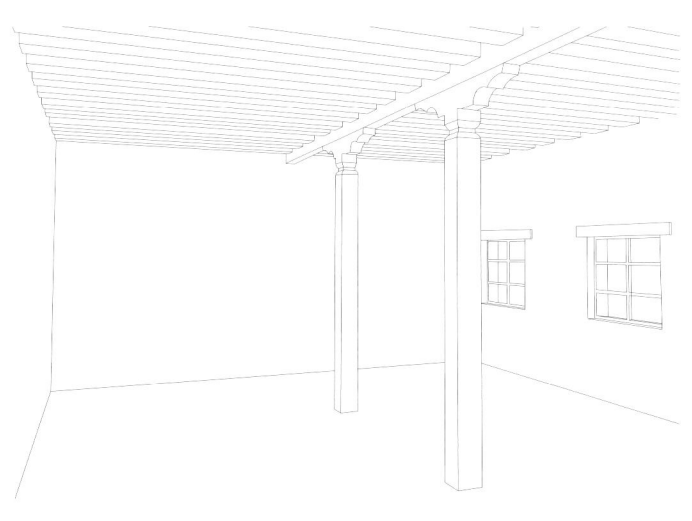

图二　藏南碉房屋顶结构示意图

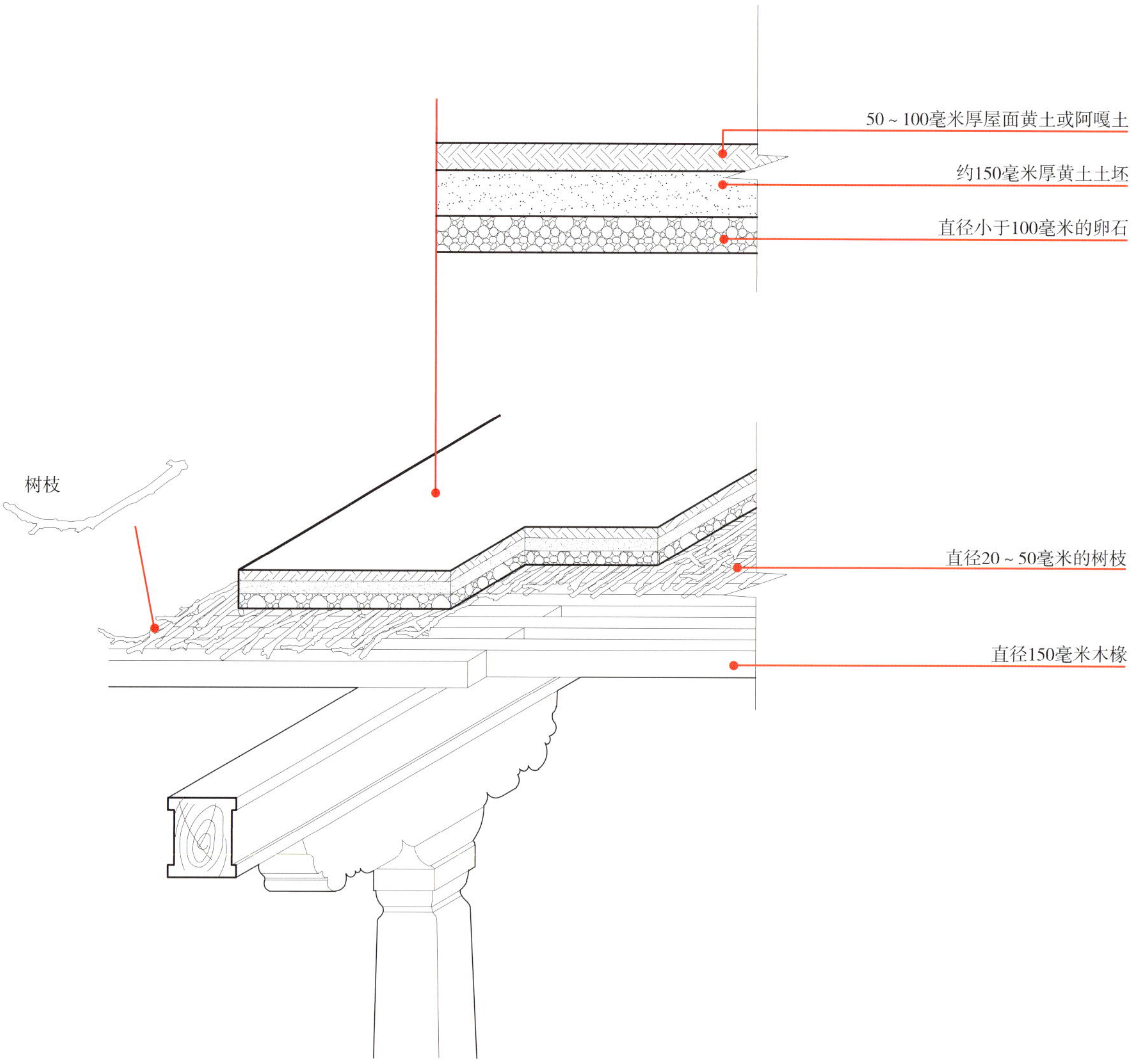

50～100毫米厚屋面黄土或阿嘎土

约150毫米厚黄土土坯

直径小于100毫米的卵石

树枝

直径20～50毫米的树枝

直径150毫米木椽

图三　藏南碉房屋顶构造分解图

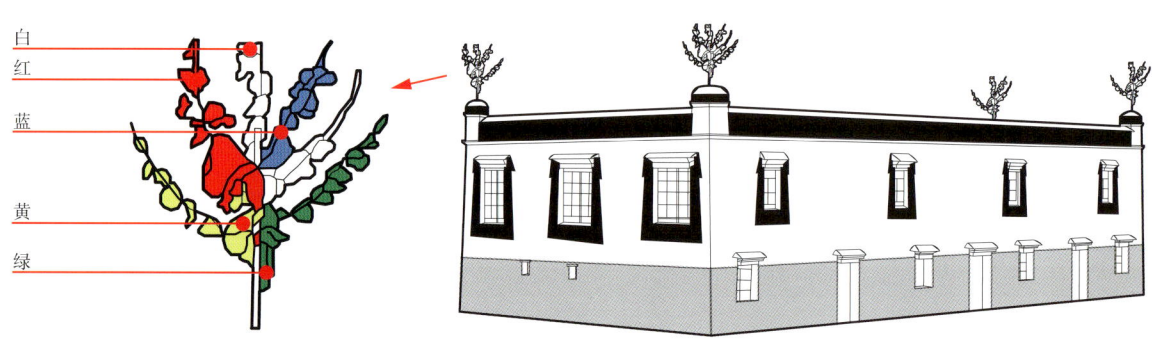

白
红
蓝
黄
绿

图四　藏南碉房屋顶五色经幡示意图

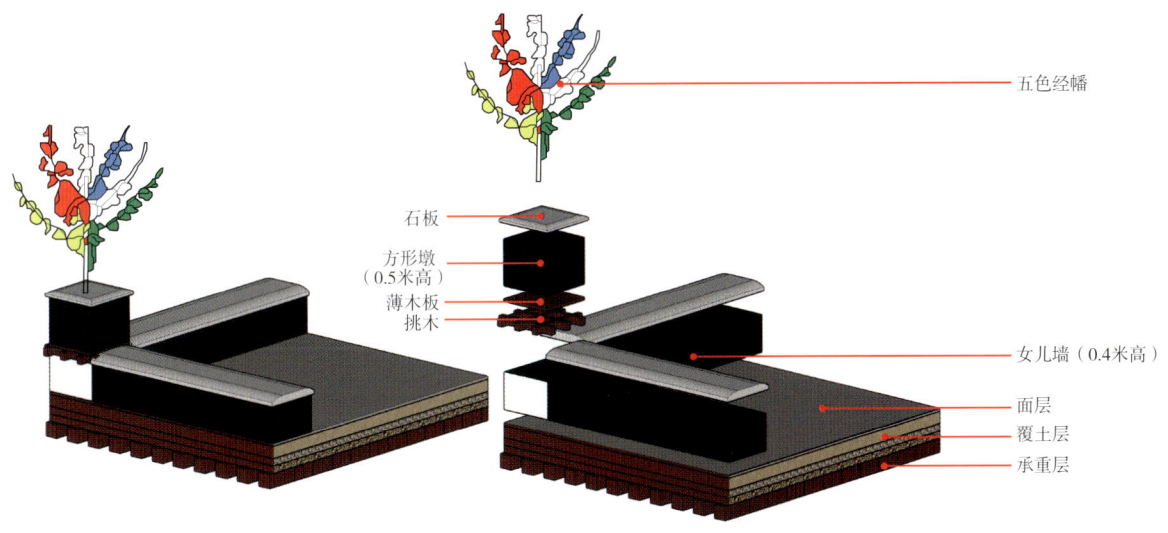

图五　藏南碉房屋顶檐部构造分解图

图六　藏南碉房屋顶功能示意图

藏南碉房门窗

图一　藏南碉房门窗主图 1·门

门窗是藏南碉房围护结构系统的重要组成部分，尺寸普遍较小。作为民居建筑类型，藏南碉房的门窗装饰较宫殿和寺庙显得更为朴素，普通藏民家中门窗饰的华丽程度取决于每家的经济状况和户主的审美修养。

藏南碉房中门的主要特点是：材料以木材为主，门扇的尺寸较小，没有过多装饰。门的主要构件有门楣、门框、门槛、门扇及门套等。其中门楣位于门过梁上方，起到遮风挡雨的作用。门框起到固定支撑的作用，通常上面装饰云彩图样。门槛是门框下贴着地面的横木，一般高0.1～0.3米。门扇以单扇门居多，宽0.6～0.8米。门扇旁通常设有宽60～150毫米的门框装饰，以堆经、莲花等图案为主。门套位于门框两侧，颜色多为黑色，形状通常是"U"字形，上窄下宽。有的地区如日喀则、山南等地常将门套做成带角门套，即将门套上部做成牛角形状。藏南碉房中窗的主要特点与门有着诸多相似之处。其构件主要由窗扇、窗框、窗楣、窗套等组成。窗扇的主要作用是采光和通风，以双扇窗和三扇窗居多。窗框起固定窗扇的作用，一般高50～100毫米。窗楣既能遮风挡雨又能起到美化作用，通常在过梁和短椽处绘制花纹等图案。窗套呈"U"字形，主要形状是牛脸和牛角，颜色亦为黑色，又称"梯形窗套"或"黑窗套"。

藏南碉房的门窗尺寸较小有多方面的原因。其一是藏南高原地带日夜温差大且冬季寒冷，较小的门窗更利于保温。其二是源于古时各地之间征战不断，小尺度的门窗更利于防御敌人。其三是受到以苯教和藏传佛教为主要内容的宗教文化的影响，认为小尺寸的门窗能起到辟邪驱鬼的作用。总体而言，藏南碉房门窗的尺度和形式是因地制宜的产物，也是当地气候特征及宗教文化的反映。

图片来源
图一　邵风雷　摄影（Fotoe网）
图二　Lilizhoufox　摄影（微图网）
图三至图七　牛彧男　制图

参考文献
木雅·曲吉建才.西藏民居.北京:中国建筑工业出版社,2009.
西藏拉萨古艺建筑美术研究所.西藏藏式建筑总览.成都:四川美术出版社,2007.
徐宗威.西藏传统建筑导则.北京:中国建筑工业出版社,2004.

图二　藏南碉房门窗主图2·窗

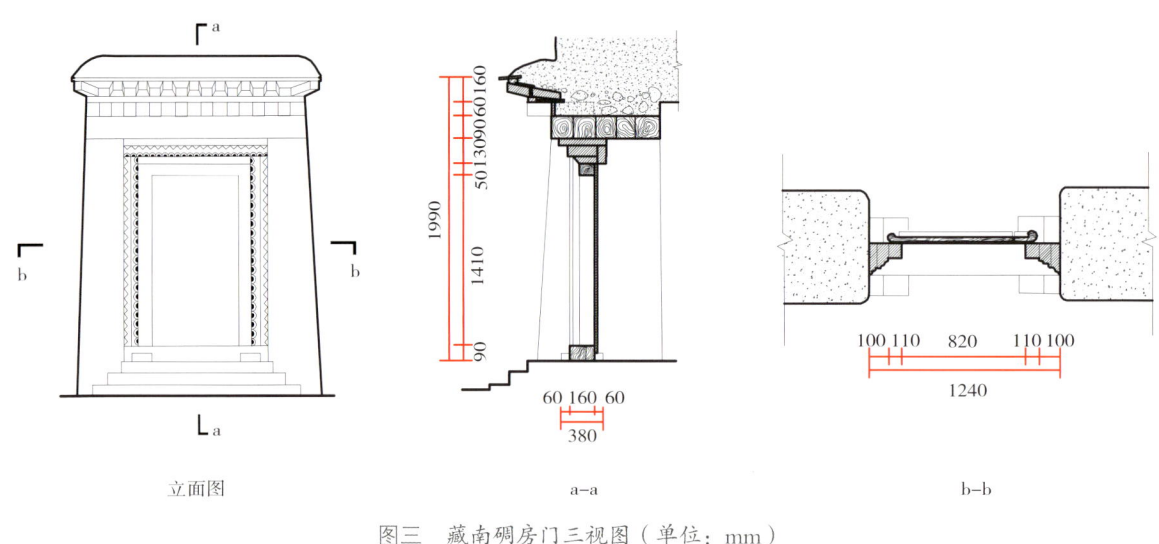

图三 藏南碉房门三视图（单位：mm）

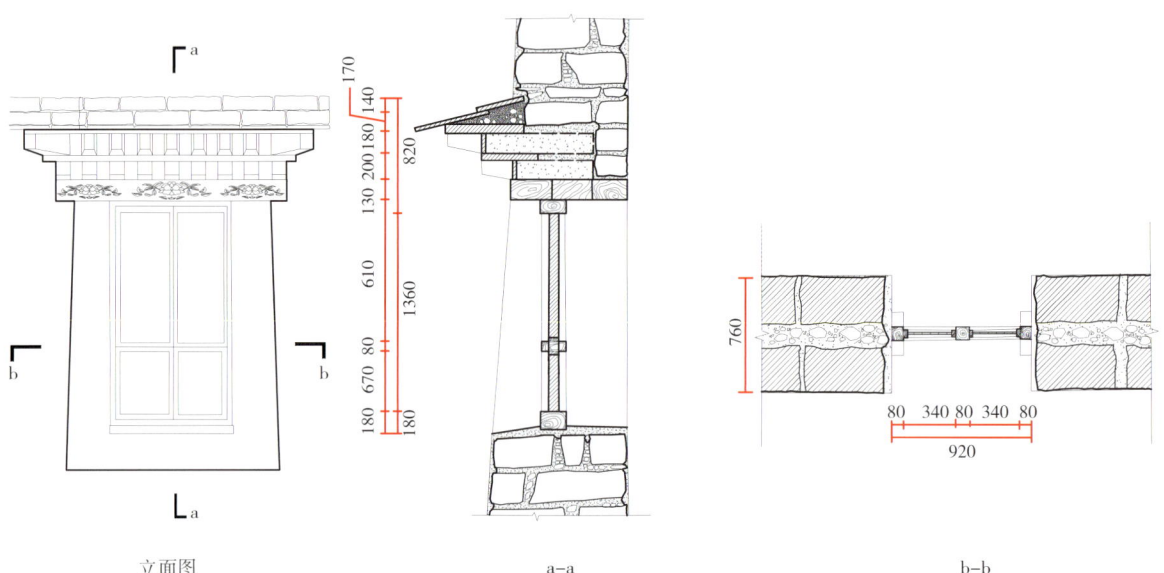

图四 藏南碉房窗三视图（单位：mm）

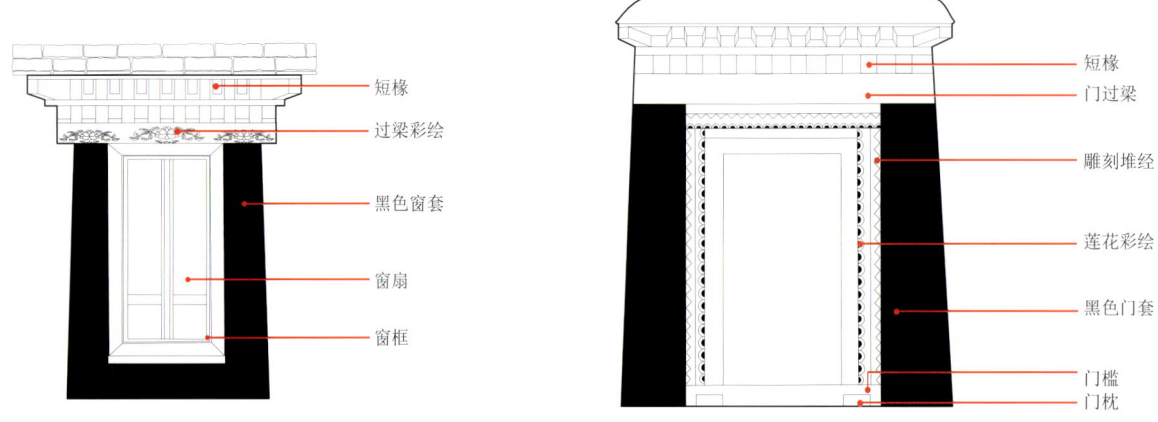

图五 藏南碉房门窗结构名称图

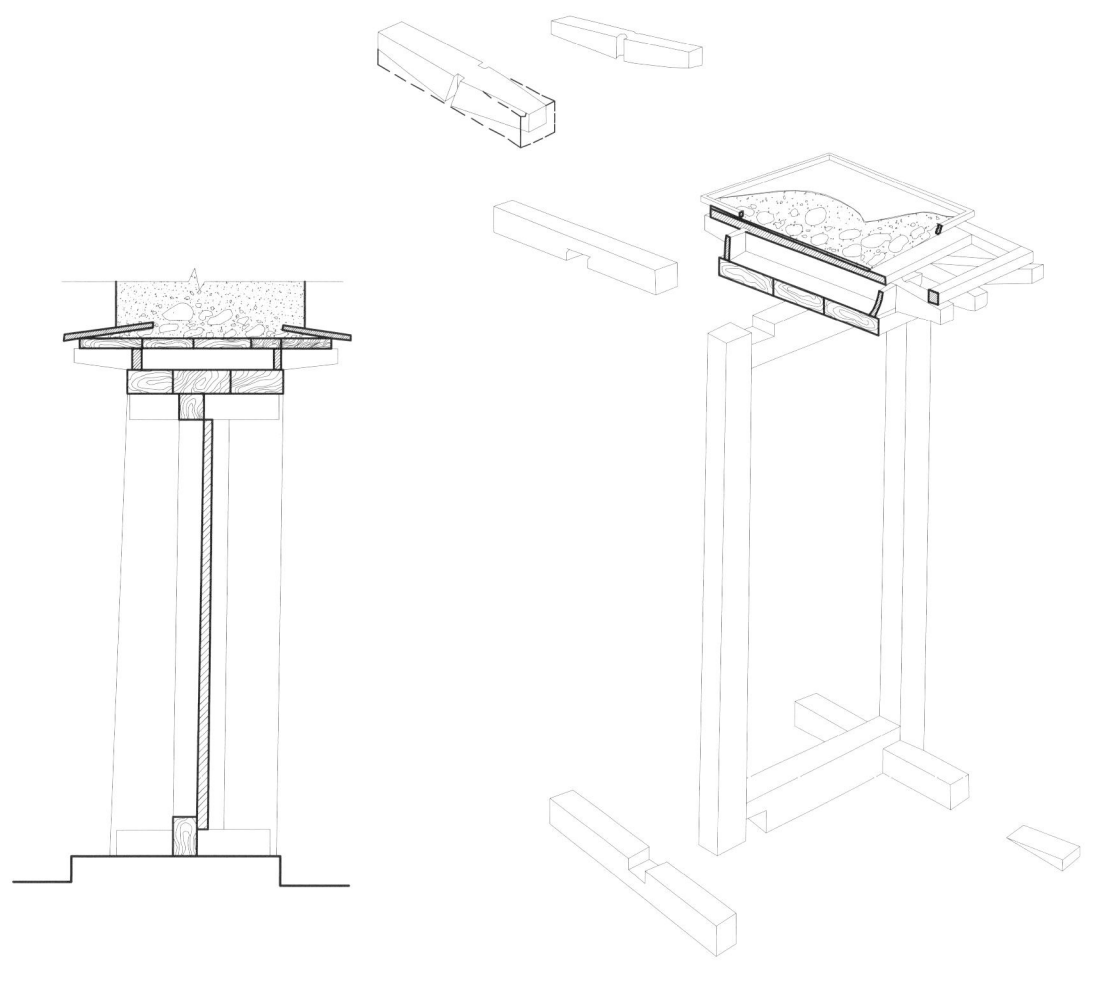

图六 藏南碉房常规门结构分解图

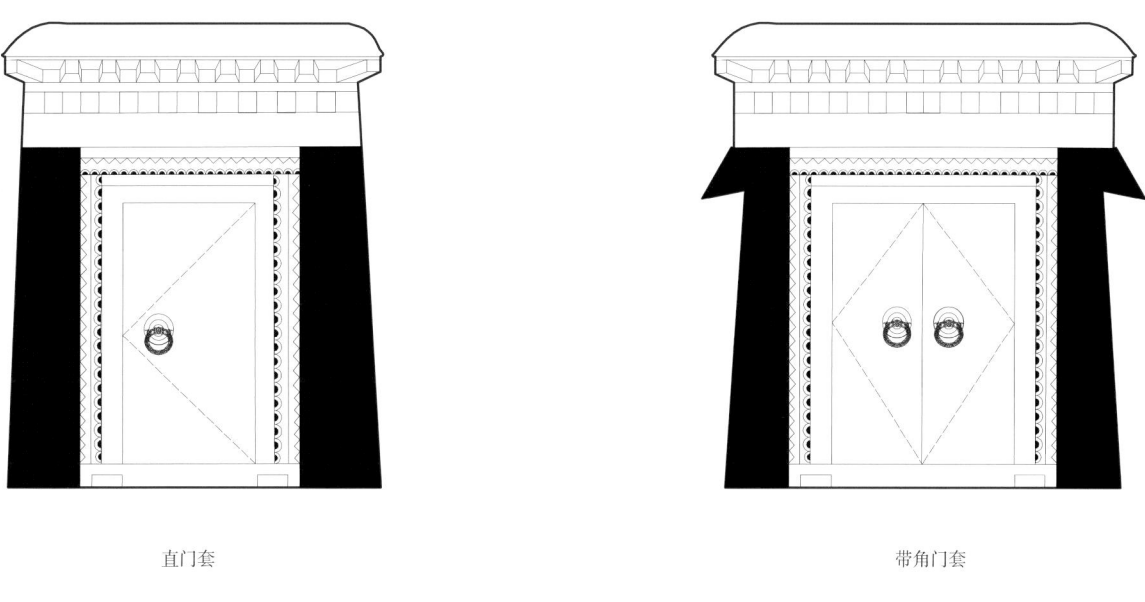

直门套　　　　　　　　　　　　带角门套

图七 藏南碉房常规门套样式图

第一章 藏族传统建筑

藏南碉房墙体

图一　藏南碉房墙体主图1·土墙

　　墙体是藏南碉房的承重及围护部件，主要辅助梁柱承架屋顶和楼板。古时因部落、地区间纷争不断，厚重的墙体在起保温隔热作用的同时也具有防御功能。藏南碉房墙体材料多选择当地的黏土和石材。

　　根据墙体材料的不同，藏南碉房外墙主要有土墙和石墙两种类型。墙体厚度通常为0.66～0.72米，从下至上向内略有收分。土墙又可分为土坯墙和夯土墙两种。土坯墙通常选择黏土作为墙体材料，分段分层夯实成墙。有的会在墙体内填充木纤维、秸梗、草料等加筋材料，以增强墙体的抗震能力。夯土墙是山南、日喀则地区常见的墙体形式，多数碉房均采用箱型夯筑法砌筑。一般先按所需墙体的厚度制作一个木制的可拆卸箱型模具，然后将模具置于墙基之上，再向箱内填充事先调制好的湿黏土，然后工匠手握一个中间较细，一端呈圆柱形，一端呈楔形的木质连体夯筑器，逐层夯筑直至成墙。石墙也是藏南碉房的主要墙体类型。毛石、块石及风化了的岩石（阿嘎土）都是石墙的主要选材。石墙的砌筑工序通常以一层块石或毛石叠压一层碎薄石，再以泥土粘结成墙。石墙内侧通常覆以灰泥层，使墙面光滑且易于涂绘装饰。有的碉房外墙有诸多讲究，如大门两侧常绘以象征吉祥寓意的图案符号，主要有蝎子、雍仲和日月三种。蝎子是西藏特有的符号，象征除魔辟邪之寓意。

藏南碉房墙体坚固密实，土墙和石墙均采用当地特有的自然资源，墙体厚重的特征是对西藏寒冷气候的回应。

图片来源
图一至图七　牛彧男　制图
参考文献
木雅·曲吉建才.西藏民居.北京：中国建筑工业出版社，2009.
西藏拉萨古艺建筑美术研究所.西藏藏式建筑总览.成都：四川美术出版社，2007.
李宁，胡斌.藏南谷地传统建筑材料与营造工艺浅析.室内设计，2013（1）：71—75.

图二　藏南碉房墙体主图2·石墙

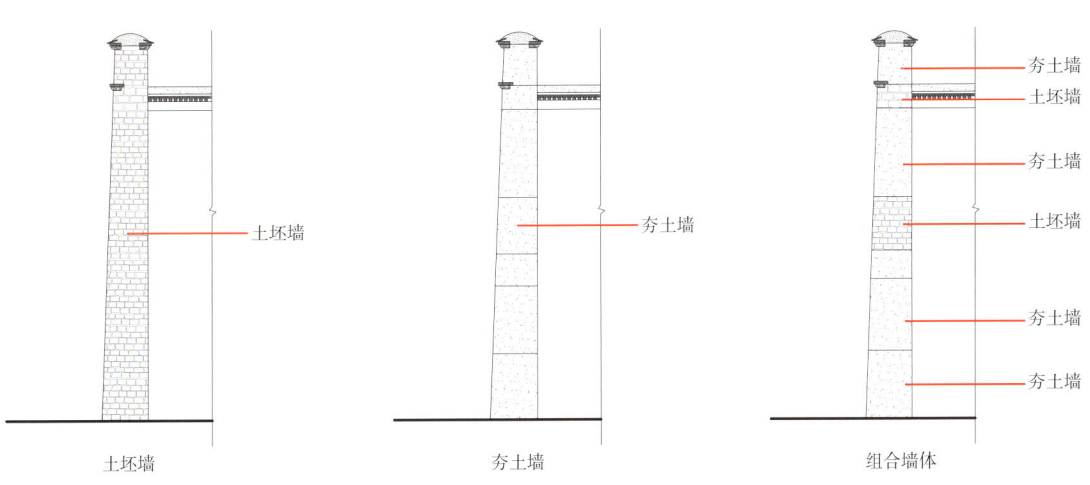

图三　藏南碉房土墙分类

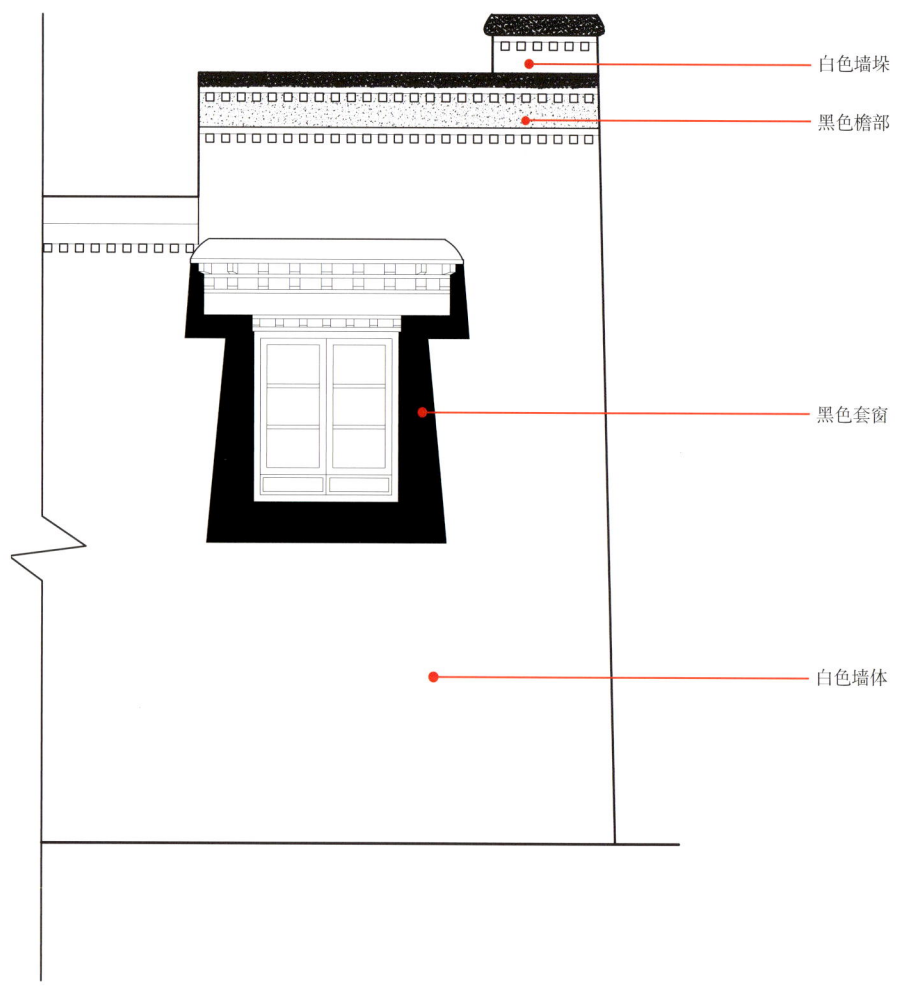

图四　藏南碉房土墙色彩分析图

块石墙　　　　　　　　　　　　　毛石墙

图五　藏南碉房石墙分类

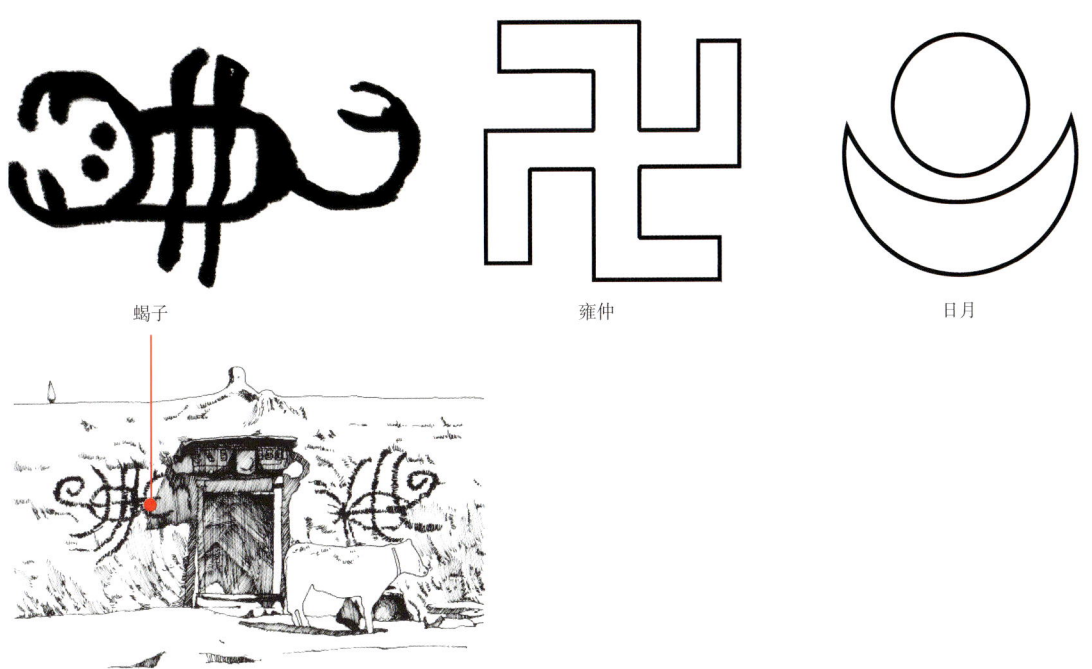

蝎子　　　　　　雍仲　　　　　　日月

图六　藏南碉房墙体常用装饰纹样图

图七　藏南碉房土墙搭建场景图

第一章　藏族传统建筑

日喀则萨迦县藏族民居

图一　日喀则萨迦县藏族民居主图

日喀则地区是目前西藏7个地市中面积最大、人口最多的区域，也是农区民居分布最广的地区。日喀则地区的民居建筑不仅有西藏农区民居屋皆平顶，土木、石木结构等建筑共性，也具有自身的地域特点。萨迦县民居即是其中的一个典型代表。

萨迦县位于日喀则地区中部，该县以农业人口为主，高原地带寒冷、干燥，且降水量少的气候环境造就了该地农区民居有别于牧区民居的典型特色。萨迦民居的高度多为一层或二、三层，其平面大多呈"凹"字或"L"字形布局，以柱网结构布置，建筑前通常有一个大的庭院。为获取充足的阳光，萨迦民居的平面开间与进深基本相等。一层主要用作会客、仓储；二、三层主要设有经房、佛室、厨房、卧室、厕所等房间。萨迦民居多为土木结构，一般外墙基础至地面以上1米左右砌筑石墙，石墙以上再用土坯砌筑。梁、柱、檩是萨迦民居的主要结构构件，用以配合墙体支撑楼面及室内的各种荷载。萨迦民居的立面设计颇具特点。首先是色彩的设计，受当地藏传佛教四大教派之萨迦派的影响，其民居建筑借鉴了萨迦寺的建筑用色，以象征金刚手菩萨的灰蓝，象征观音菩萨的白色以及象征文殊菩萨的酱红色相间来涂抹墙面。一般以灰蓝作为大面积的底色，外墙四周以白色或酱红色框边。其次是屋顶檐口的做法。屋面铺设好后，在其上砌筑0.4～0.5米的女儿墙，女儿墙外侧再铺设一层60×80毫米见方的挑木，挑木上铺设薄木板，然后用石板压顶，形成屋檐。为了方便排水，女儿墙顶部石板上通常还用泥巴以及小石头修成半圆形。屋檐上经常整齐地堆放牛粪和干柴。这种干柴檐口的设计不仅抗风、防盗，而且可以缓冲暴雨对屋顶和女儿墙的冲击。在女儿墙的四角，砌筑高约0.5米的柱状墙垛，用以插立树枝风马旗杆。

萨迦民居是西藏农区民居中的代表样本，其极具特色的建筑形态体现了高原农区的气候特点和萨迦县独特的教派文化。

图片来源

图一　宋春苑　制图

图二至图六　蔡思穗　制图

参考文献

西藏拉萨古艺建筑美术研究所.西藏藏式建筑总览.成都：四川美术出版社,2007.

于思远,袁文清,黄秋童,次仁措姆,白马旦增.萨迦传统民居建筑特点.四川建筑,2013(1):56—58.

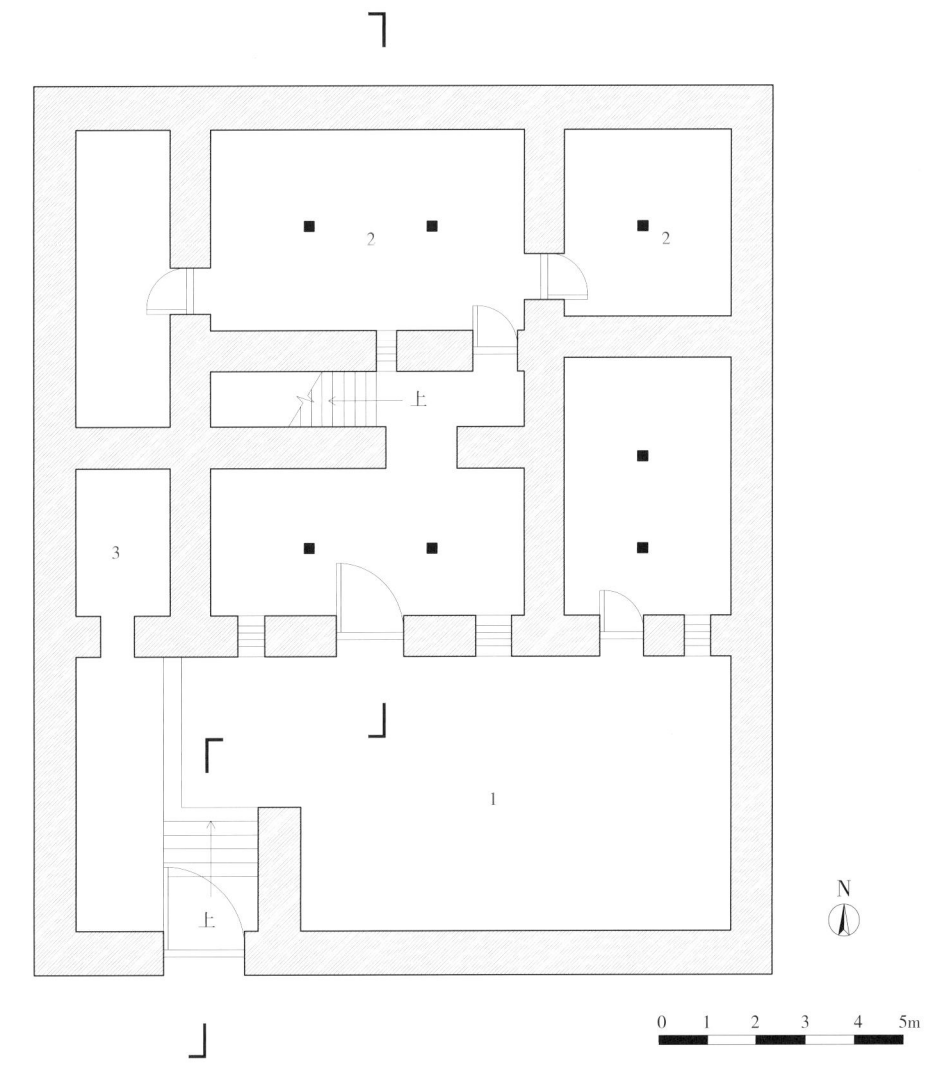

1 庭院
2 储藏间
3 厕所

图二　日喀则萨迦县藏族民居一层平面图

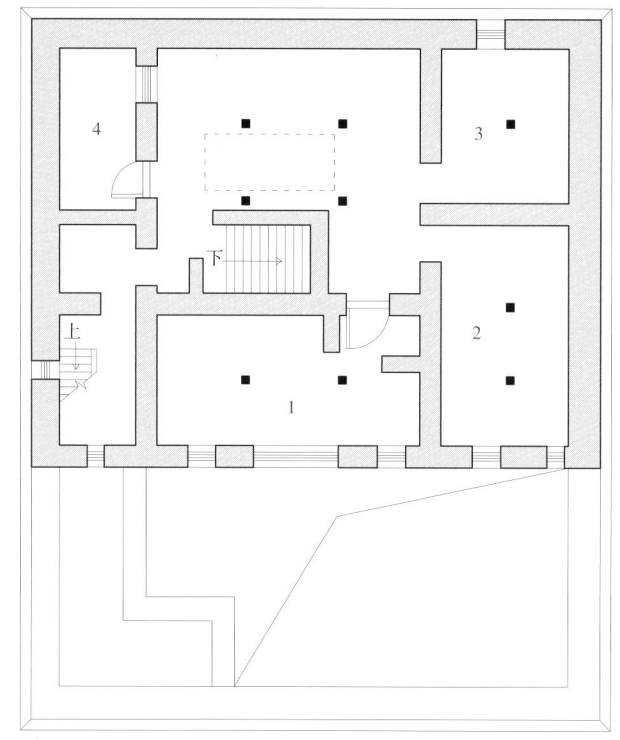

1 经堂
2 厨房
3 储藏间
4 粮食储藏室

图三 日喀则萨迦县藏族民居二层平面图

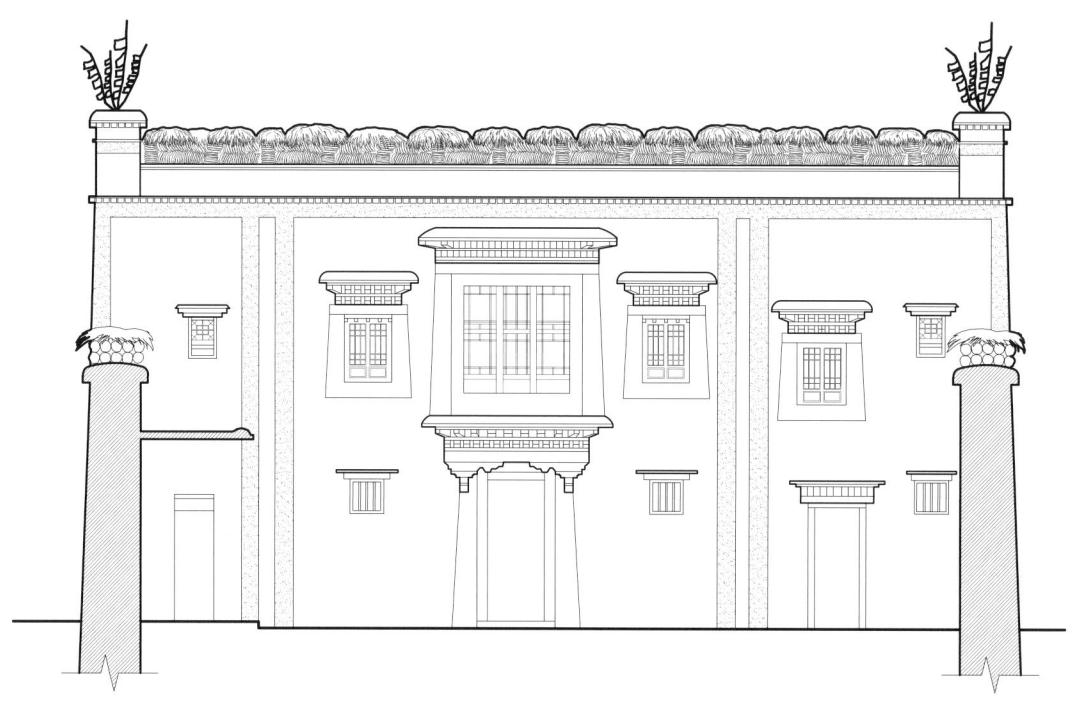

图四 日喀则萨迦县藏族民居立面图

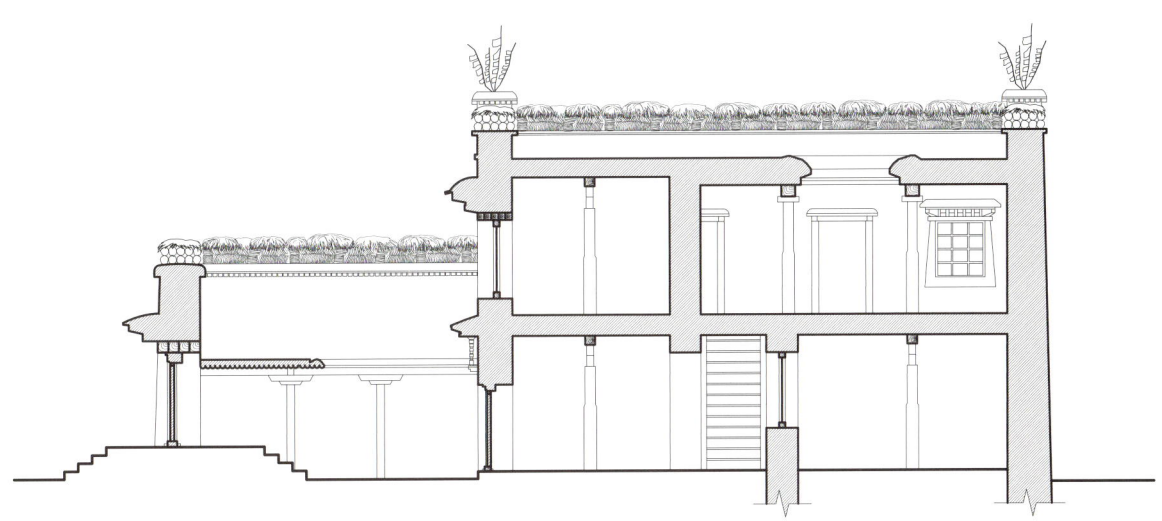

图五 日喀则萨迦县藏族民居剖面图

图六 日喀则萨迦县藏族民居场景图

第一章 藏族传统建筑

091

山南琼结县藏族民居

图一　山南琼结县藏族民居主图

　　山南大部分区域处于冈底斯山脉以南和喜马拉雅山脉以北的藏南平地，这里河川较多，地形平坦，土地肥沃，年降水量少，属温带半干旱性气候，是西藏的主要农业区。该地民居建筑以农区民居为主，琼结县民居即为该地农区民居建筑中的典型代表。

　　琼结县位于山南地区中部，该地民居风格较为朴实简洁。建筑多为二三层，层高通常较低，一般在2.2～2.4米之间。其平面布局较为方正，多采用"回"字形布局。一层主要用于圈养牲畜，多作架空处理。二、三层为主要起居空间，设有会客室、经房、卧室、厨房、厕所等房间。其建筑结构为石木、土木结构，外墙形式大致有石墙、土坯墙和夯土墙三种，也有少量组合墙体，即外墙下部1米左右砌筑石墙，上半部夯筑土墙。琼结县民居屋顶基本为藏族农区建筑中常见的平屋顶，屋顶四角多插风马旗。外墙做法为先在土坯墙上用黏土浆打底，然后用手指抹灰做出半圆形的手指纹墙面，达到具有肌理感的墙面效果。其建筑用色以白色、灰色为主，墙檐0.5～0.8米处多刷成黑色，外墙上装饰的黑色梯形窗套，与白色外墙形成鲜明对比。

山南地区干燥少雨，日温差大等气候条件，促使山南人民因地制宜地创造出注重防寒保暖性能的平屋顶土木、石木结构的民居形式，体现出当地人民顺应自然，善于因借的智慧。

图片来源

图一至图七　蔡思穗　制图

参考文献

木雅·曲吉建才.西藏民居.北京:中国建筑工业出版社,2009.

西藏拉萨古艺建筑美术研究所.西藏藏式建筑总览.成都:四川美术出版社,2007.

陈耀东.中国藏族建筑.北京:中国建筑工业出版社,2007.

李文东.西藏山南地区传统民居结构及装饰特征研究.中南林业科技大学硕士论文,2013:13—23.

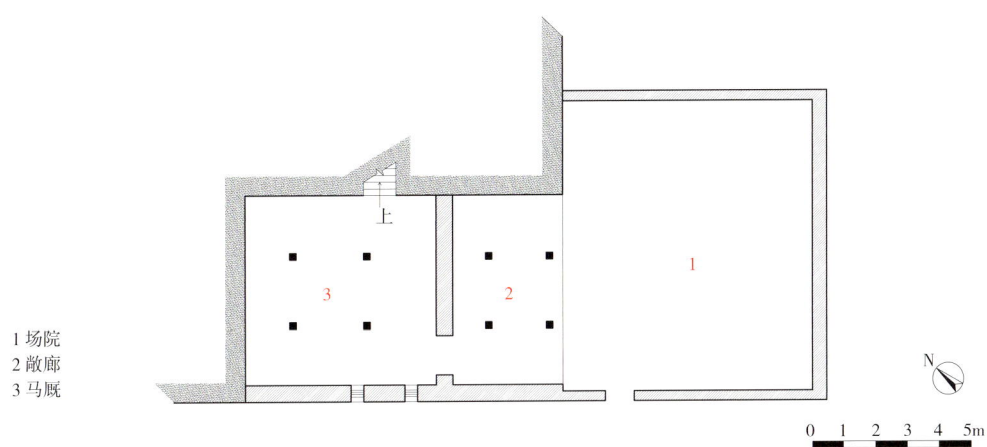

图二　山南琼结县藏族民居一层平面图

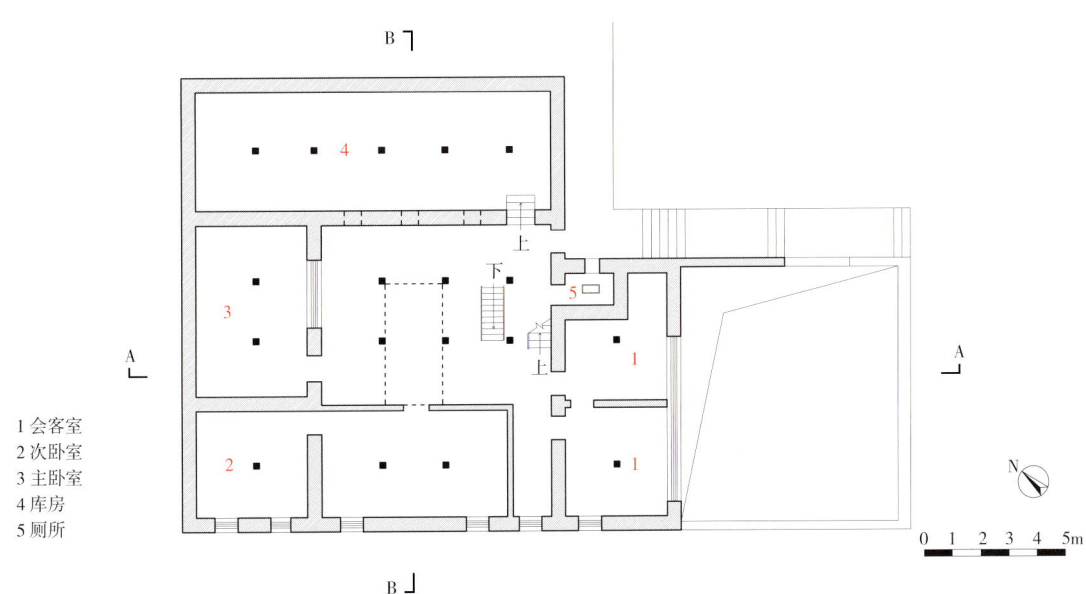

图三　山南琼结县藏族民居二层平面图

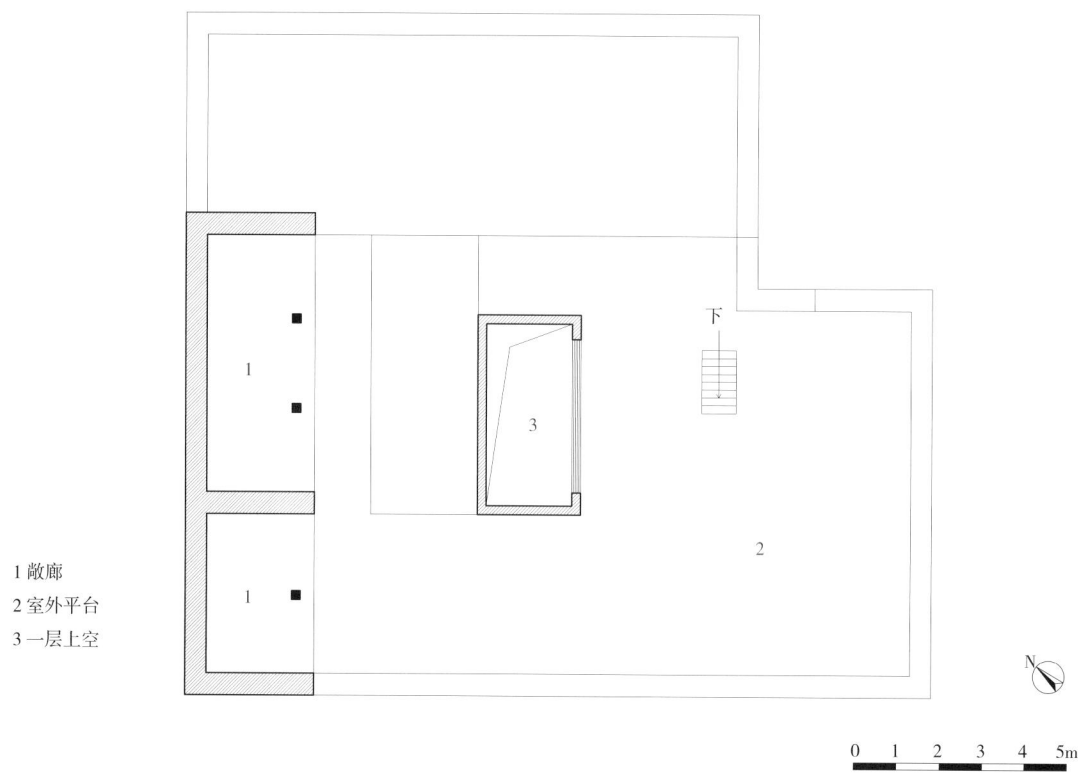

1 敞廊
2 室外平台
3 一层上空

图四　山南琼结县藏族民居三层平面图

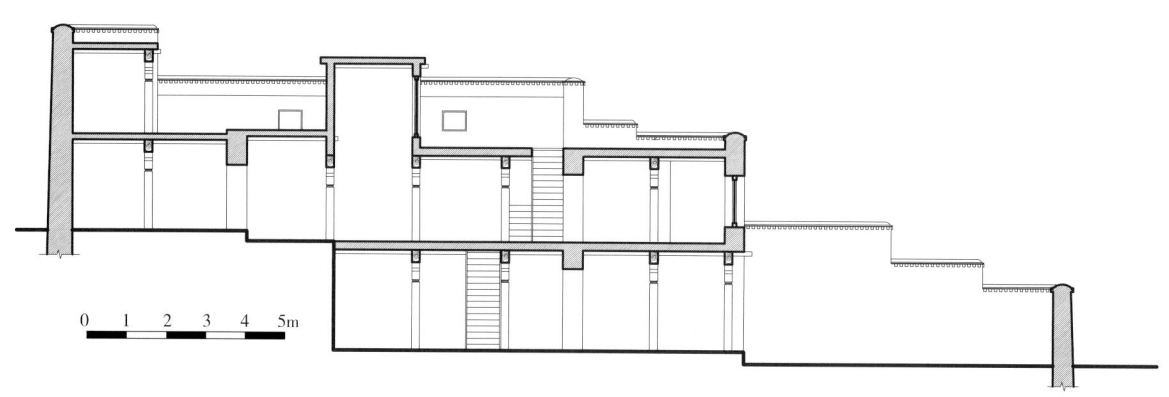

图五　山南琼结县藏族民居A-A剖面图

图六　山南琼结县藏族民居B-B剖面图

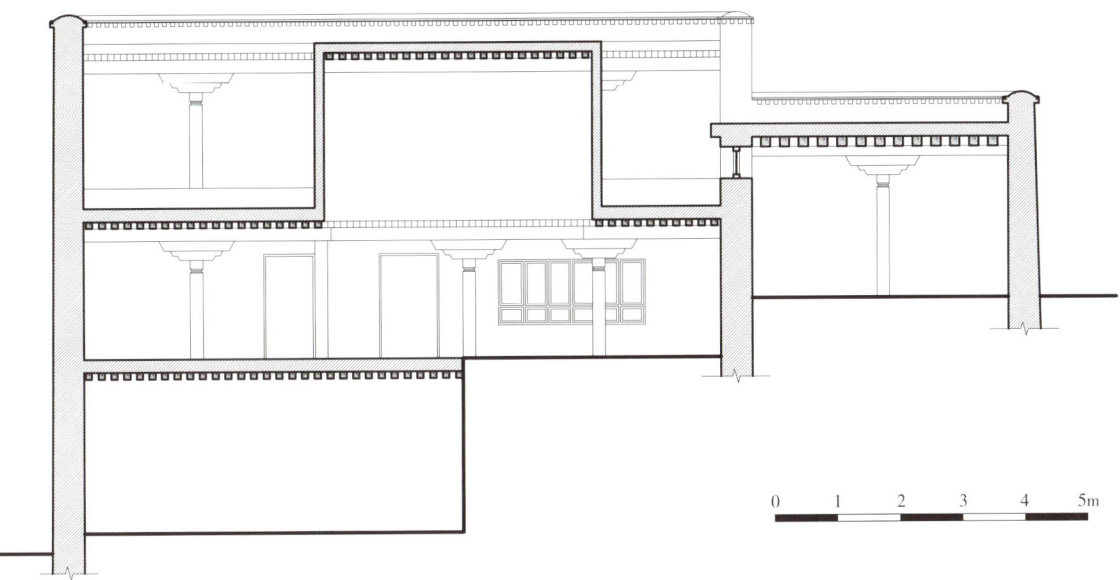

图七　山南琼结县藏族民居场景图

第一章　藏族传统建筑

林芝鲁朗乡藏族民居

图一　林芝鲁朗乡藏族民居主图

林芝地区位于西藏东南部雅鲁藏布江下游，该地湿润多雨，原始森林覆盖率高达46.1%，雨量充沛的气候特点造就了该地区的民居建筑以坡屋顶形式居多，这与西藏其他少雨地区平顶石木、土木结构的民居形态形成鲜明对比。

鲁朗乡位于林芝东部的加拉白垒峰西麓，其民居多依山而建，平面格局方正，层高基本为二层。一层高度较低，部分房间做架空处理，以石墙隔断，用来存储草料、木材及杂物。二层为主要起居用房，以木板墙分隔，布置有卧室、佛堂、厨房、旱厕和储物间等。从建筑结构上看，由于该地森林资源丰富，因此民居建筑以石木结构为主。其外墙多以石块砌筑，墙体上窄下宽略有收分；而内部结构，如梁、柱、地板及隔墙则多用木材。外墙墙面通常刷成白色，并用手抹面形成手指纹般的肌理效果。其山墙及屋顶的处理较有特点。宅屋山墙一般不砌满，而在山墙顶端留出两块阶梯状的空隙，以使空气流通，减少湿气，并可以存放干草和杂物。屋顶采用双坡屋面，以利于排水通风。

屋面采用木屋盖或石板屋盖，即将薄木板整齐地排列在屋面上，然后在每块木板上压一块石块，作为压顶。这也是林芝地区特有的木板瓦屋面。

鲁朗乡民居是林芝地区林区民居的典型代表。其坡屋顶形式及木板瓦屋面的运用反映了林芝民居因地制宜、就地取材的建造原则，也体现了林芝地区湿润多雨的气候特点。

图片来源

图一至图六　宋春苑　制图

图七　卢传雄　摄影（Fotoe网）

参考文献

西藏拉萨古艺建筑美术研究所.西藏藏式建筑总览.成都:四川美术出版社,2007.

木雅·曲吉建才.西藏民居.北京:中国建筑工业出版社,2009.

马珂.西藏地区传统民居中木板瓦屋面的传承与发展.兰州理工大学学报,2011(37).

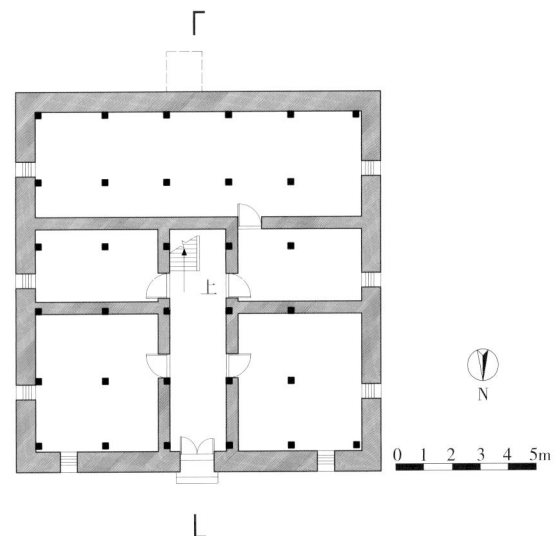

图二　林芝鲁朗乡藏族民居底层平面图

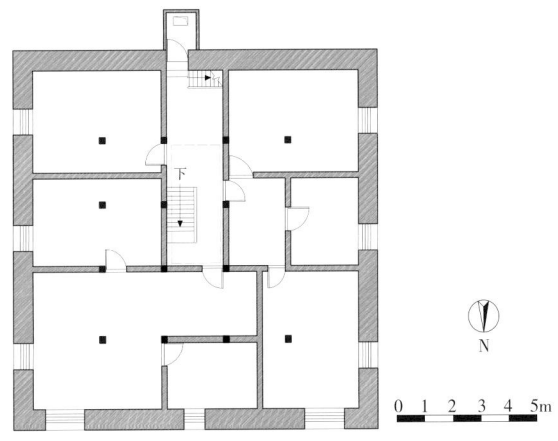

图三　林芝鲁朗乡藏族民居二层平面图

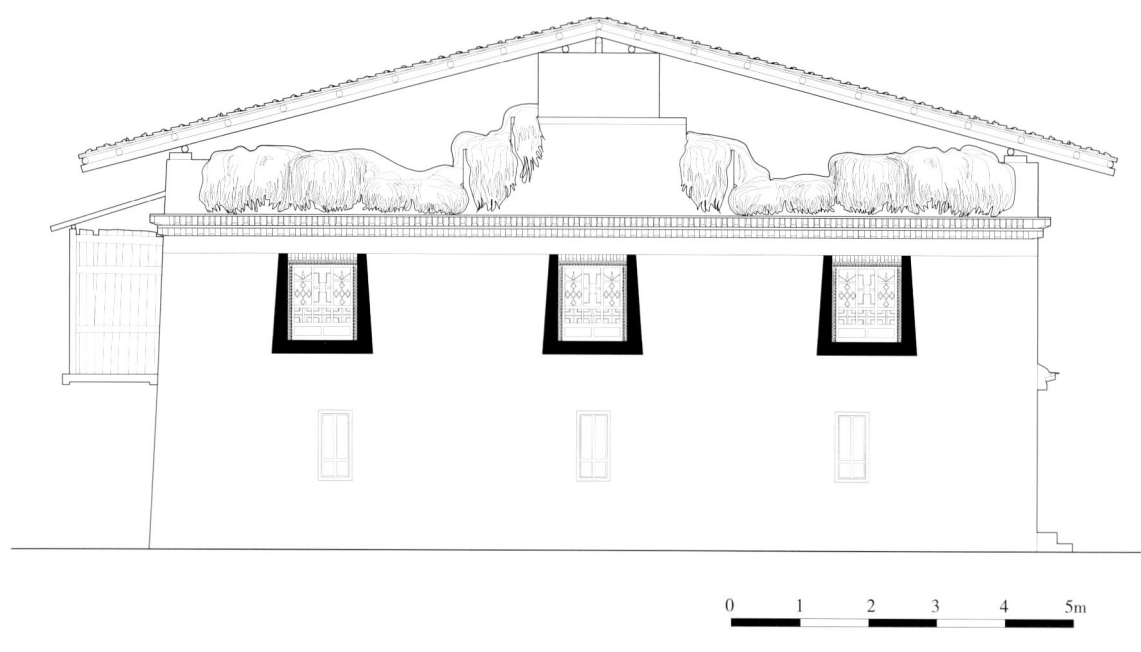

图四 林芝鲁朗乡藏族民居东立面图

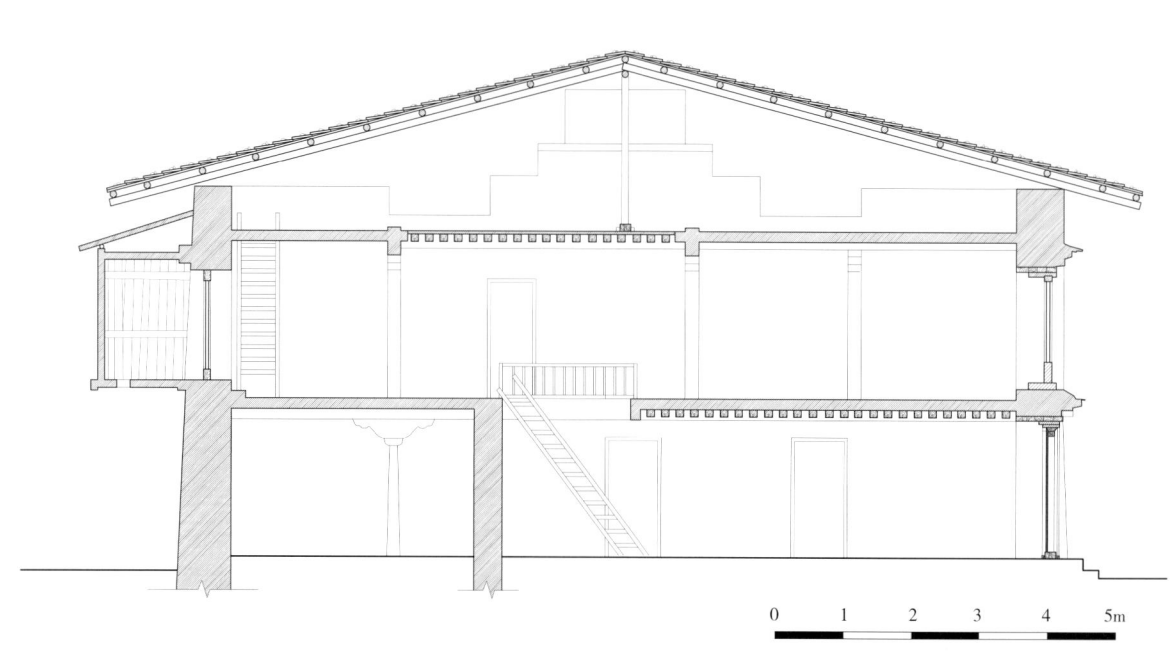

图五 林芝鲁朗乡藏族民居剖面图

图六　林芝鲁朗乡藏族民居屋顶局部

图七　林芝鲁朗乡藏族民居场景图

昌都嘎玛乡藏族民居

图一　昌都嘎玛乡藏族民居主图

昌都地区位于西藏东部，地处金沙江、澜沧江及怒江三江流域的河谷地带。该地地形复杂，属高原温带半干旱季风气候，生产方式以农业和林业为主。嘎玛乡位于昌都地区东北边缘的察雅县，其民居形式是昌都地区典型的梁柱承重式林区民居。

嘎玛乡民居主要分布在河谷附近的台地上，依山势而建，向阳、背山、面水是其建筑选址的基本考虑要素。嘎玛乡民居平面形态多为方形或长方形。层高多为二至三层，也有少量四层建筑。底层多为畜圈及杂物房；二层为起居用房，主要有经堂、厨房、卧室、库房等。由于嘎玛乡是彩绘唐卡的主要生产地之一，有的民居二层还专门设有画房及画廊。嘎玛乡民居在建筑造型上有两个特别之处。其一是顶层晒台廊架的特殊处理。其民居采用平屋顶形式，顶层一般布置为有顶的廊架空间，专供悬挂晾晒青稞、小麦、麦秸等，并设独木梯通往顶层平台。其二是裸露的立柱结构。嘎玛乡民居的建筑结构多为梁柱承重式，这种结构以木柱为骨，密梁平顶，墙体不承重为主要特征。其墙体仅起围护作用，外墙下部1米左右砌筑石墙，石墙之上再夯筑土墙。而其外围立柱多裸露在外，即直接以外墙立柱托起大梁，立柱并不砌筑在墙体内而是紧贴墙体外缘，其上部承托的椽子、梁架端部亦多裸露在外。

嘎玛乡民居是西藏藏东林区民居的典型

代表，其建筑结构、材料及装饰风格不拘一格，体现了昌都地区民居建筑质朴淳厚的乡土气息。

图片来源
图一至图七 蔡思穗 制图

参考文献
木雅·曲吉建才.西藏民居.北京:中国建筑工业出版社,2009.
西藏拉萨古艺建筑美术研究所.西藏藏式建筑总览.成都:四川美术出版社,2007.
土呷.昌都地区建筑发展小史.中国藏学,2003(1):91—102.
汪永平,沈飞,王璇.昌都民居的地域特色与装饰艺术风格——以贡觉县三岩民居和左贡东坝民居为例.中国藏学,2010(3):61—67.
王及宏,张兴国.康巴藏区木框架承重式碉房的类型研究.重庆建筑大学学报,2008(6):17—21.
江道元.西藏卡若文化的居住建筑初探.西藏研究,1982(3):103—126.

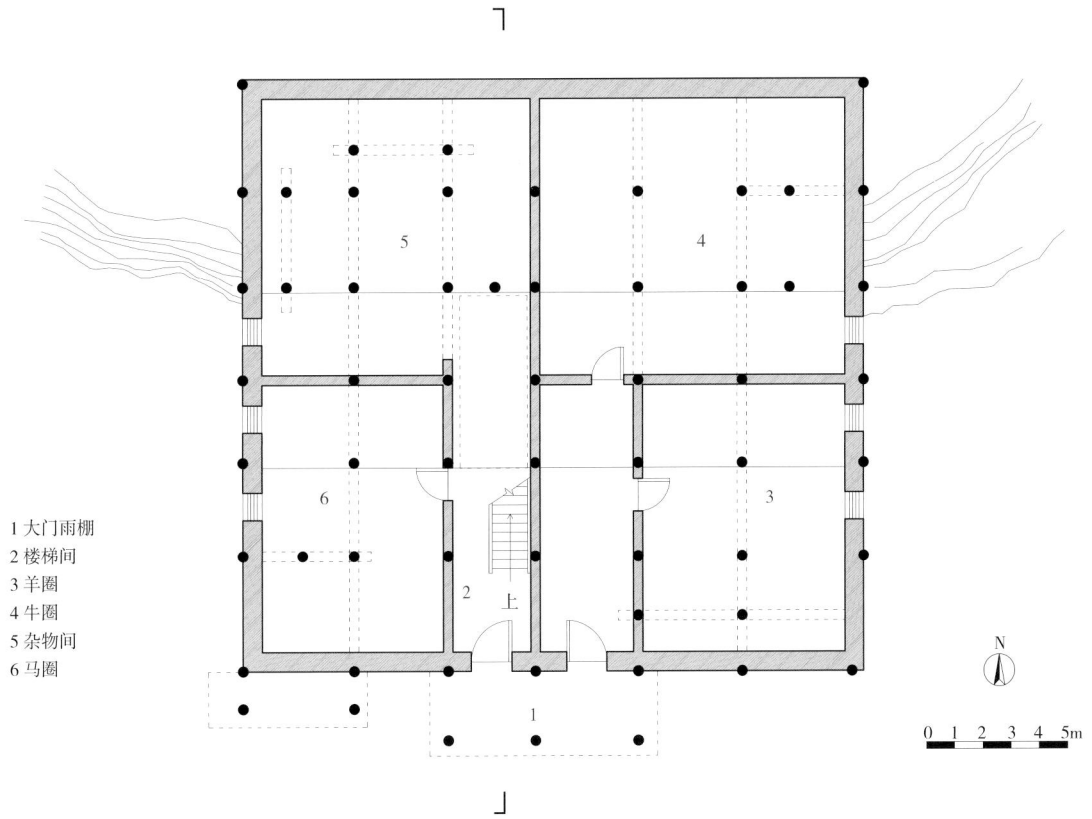

图二 昌都嘎玛乡藏族民居一层平面图

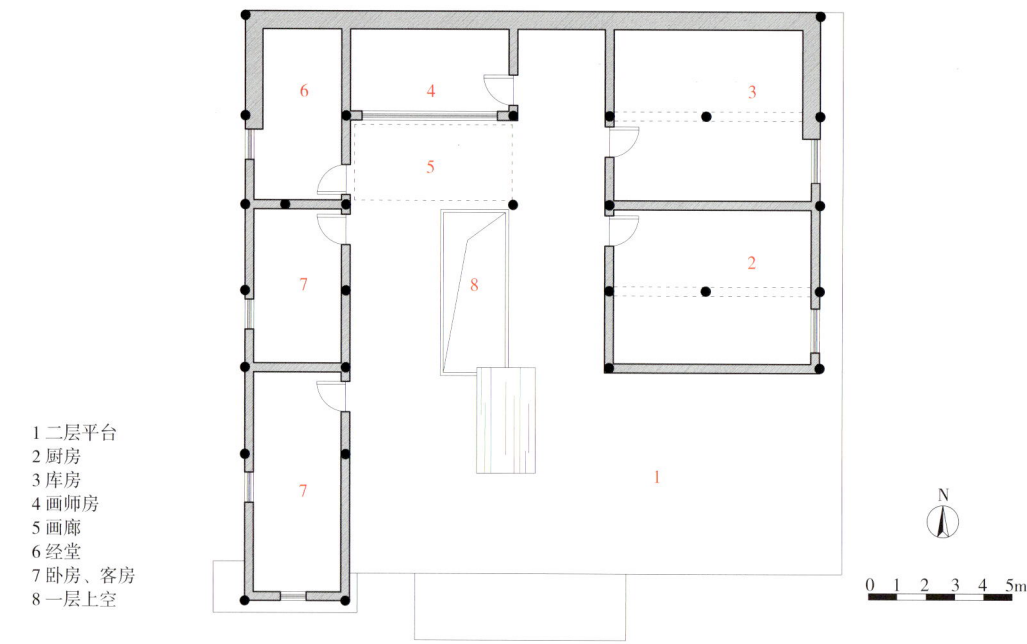

1 二层平台
2 厨房
3 库房
4 画师房
5 画廊
6 经堂
7 卧房、客房
8 一层上空

图三　昌都嘎玛乡藏族民居二层平面图

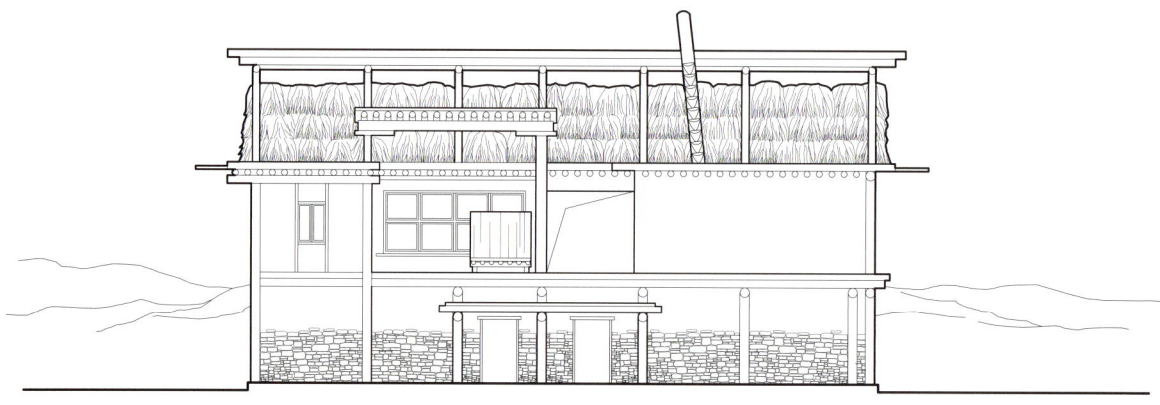

图四　昌都嘎玛乡藏族民居南立面图

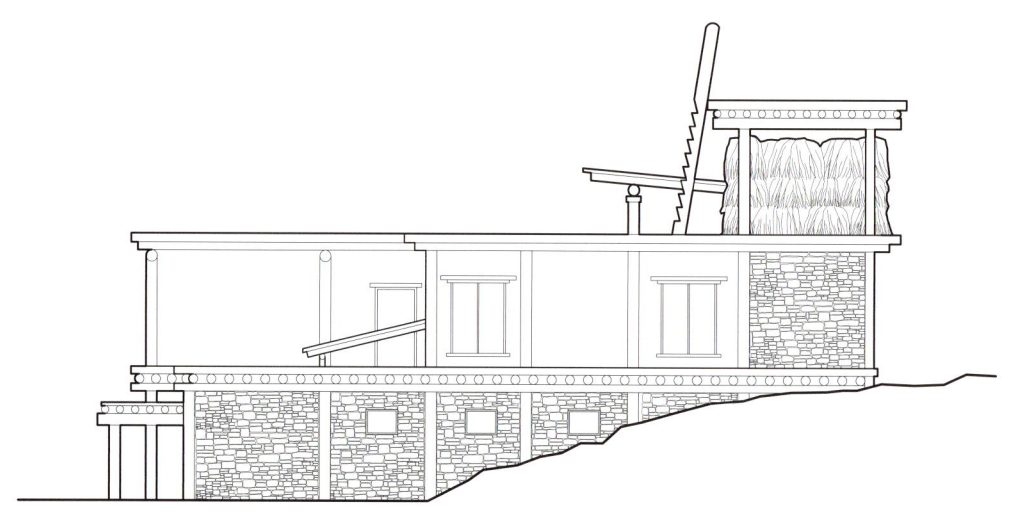

图五　昌都嘎玛乡藏族民居东立面图

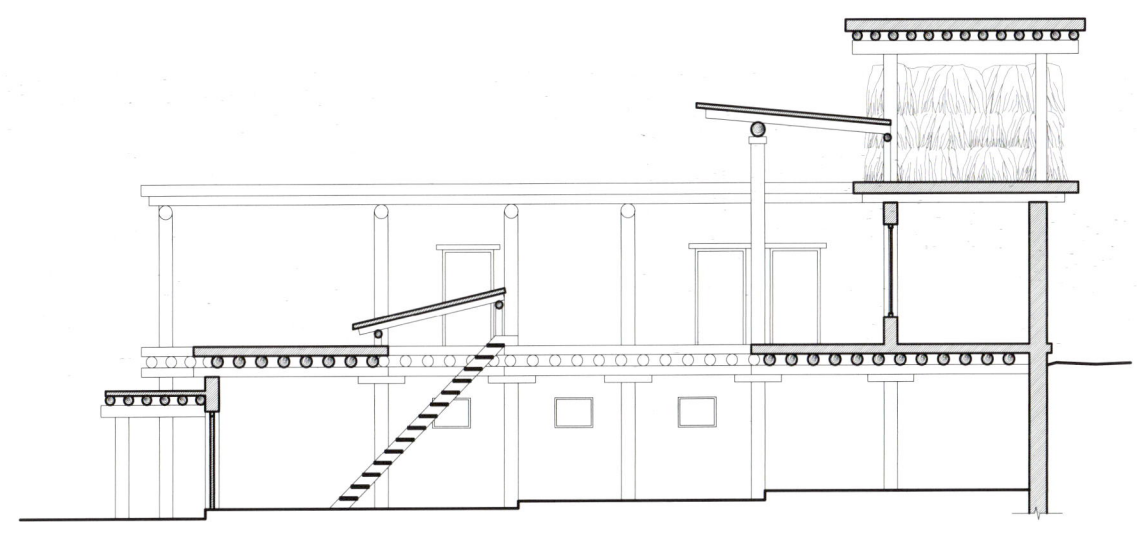

图六　昌都嘎玛乡藏族民居剖面图

图七　昌都嘎玛乡藏族民居场景图

第一章　藏族传统建筑

阿里普兰县藏族民居

图一　阿里普兰县藏族民居主图

阿里地区位于西藏最西部，该地海拔较高，气候寒冷干燥，且地广人稀，因此生产方式以牧业为主，也有为数不多的农区。普兰县民居即为阿里地区农区民居建筑中的典型代表。

普兰县民居大多依河道及地形走势而建，建筑主要由宅屋、庭院及畜圈等组成。建筑布局大多呈矩形，也有少量"L"字形，层高多为两层，其中一层主要为草料库房；二层为起居空间，有厨房、卧室、杂物间及佛堂等。普兰县民居的建筑结构多为石木或土木结构，多采用石料、黏土及木材作为建筑材料，房屋多由夯土墙结合梁柱共同承重。建筑外墙用白浆抹面，以美化墙面及防止雨水冲刷。相较于阿里地区的其他民居建筑，普兰县民居在建筑造型上有两个独特之处。其一是屋顶檐口的特殊设计。其檐口多在平顶屋面上部做0.2～0.3米高的女儿墙，女儿墙底部放置若干短椽，短椽伸出女儿墙约0.6米，其上再铺设若干长木条，与短椽形成"井"字形的承重构架。然后将柴草与灌木枝整齐地堆放在承重构架之上，并在柴草上叠压石块或以绳索捆扎，使其固定不散落，这样就形成了普兰县民居特殊的柴草檐口。其二是独特的牛角套窗设计。为保证建筑的防寒保暖性能，普兰县民居一般开窗都不大，且排列较为随意，高低错落，多在窗框外侧做出牛角套窗的造型，颜色涂成黑色，与白色外墙形成鲜明对比。

普兰县民居是阿里地区特有的农区民居建筑之一，其建筑立面粗犷古朴，建筑材料就地取材，体现了普兰县高原亚寒带干旱气候的特点及其独特的地域风格。

图片来源
图一至图六　宋春苑　制图

参考文献
西藏拉萨古艺建筑美术研究所.西藏藏式建筑总览.成都:四川美术出版社,2007.
陈耀东.中国藏族建筑.北京:中国建筑工业出版社,2007.
徐宗威.西藏传统建筑导则.北京:中国建筑工业出版社,2004.
黄凌江,陈牧.朴素的风土——边境小城普兰探访.华中建筑,2007(6):151—154.

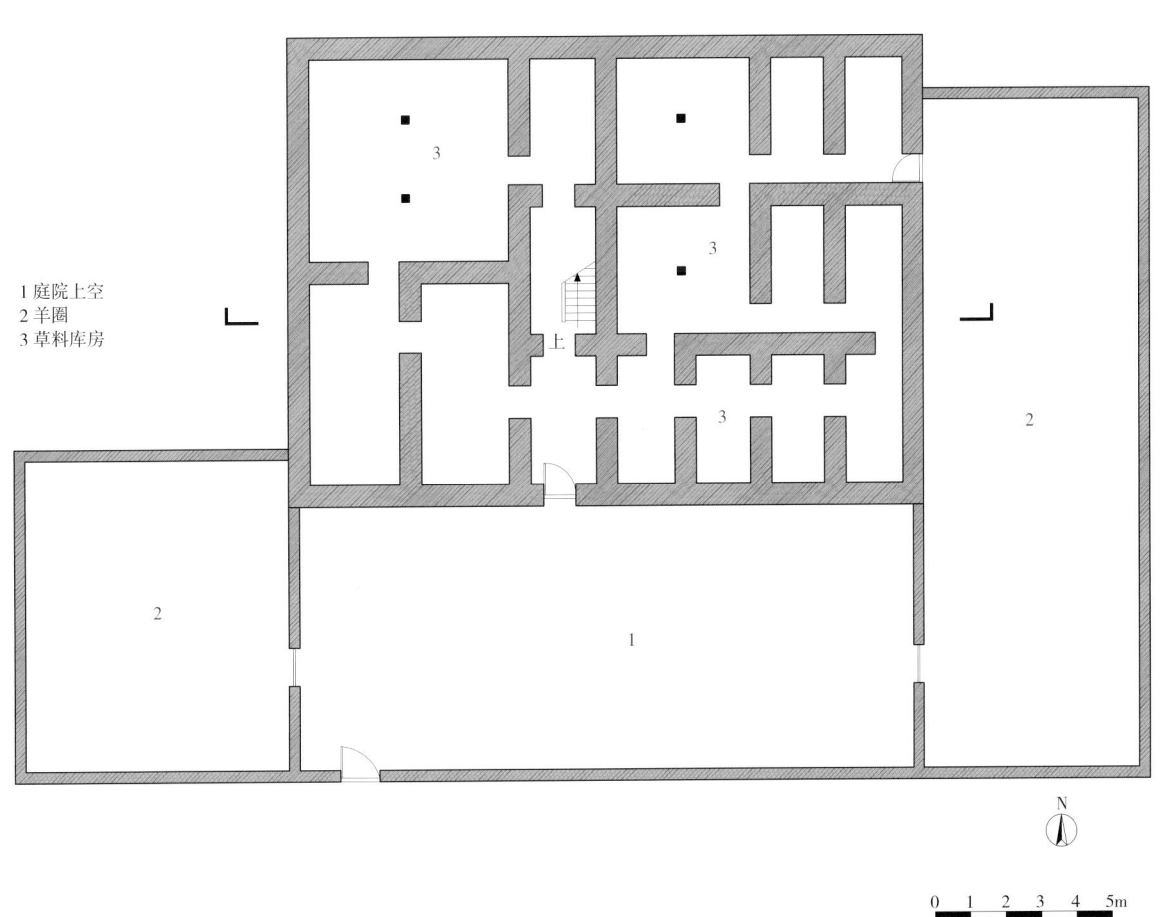

1 庭院上空
2 羊圈
3 草料库房

图二　阿里普兰县藏族民居底层平面图

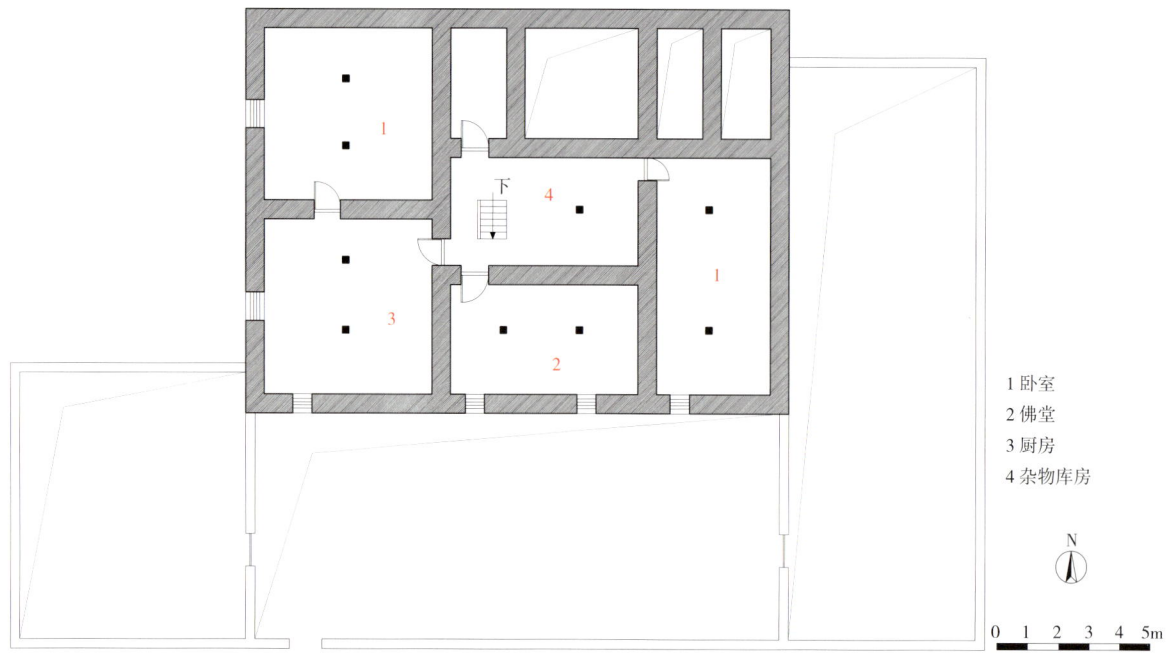

1 卧室
2 佛堂
3 厨房
4 杂物库房

图三 阿里普兰县藏族民居二层平面图

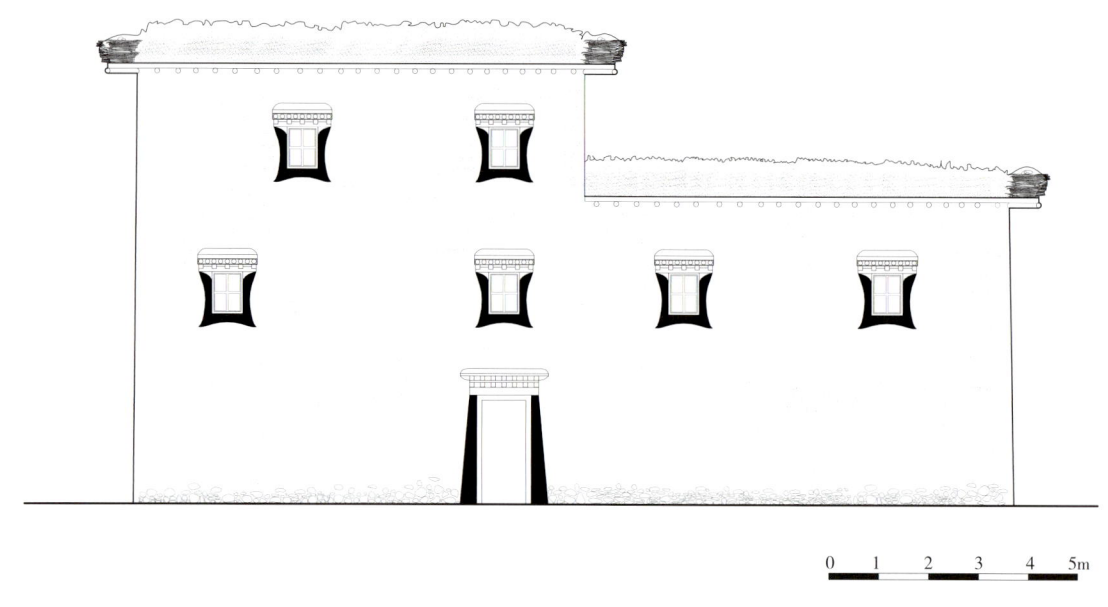

图四 阿里普兰县藏族民居南立面图

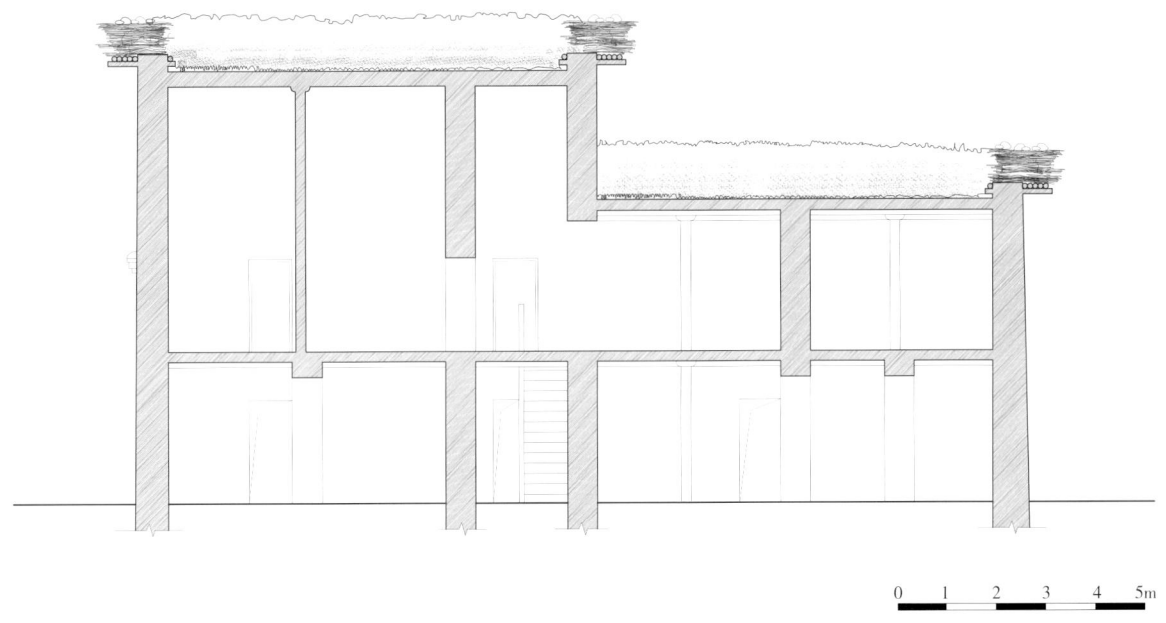

图五　阿里普兰县藏族民居剖面图

图六　阿里普兰县藏族民居场景图

第一章　藏族传统建筑

107

窑洞式阿里土窑

图一　窑洞式阿里土窑主图

　　由于阿里地区自然环境恶劣，年降水量较少，当地缺少木材与石材，但土质较好，因此当地居民多沿山挖掘窑穴居住。阿里土窑是西藏阿里地区一种传统的生土穴居式民居建筑形式，可分为窑洞式及窑房组合式两种类型。

　　窑洞式是藏族祖先对穴房的升华，而窑洞冬暖夏凉的特性也为人们提供了较好的生活空间。窑洞式可以分为单孔、双孔和多孔等类型，平面呈方形、长方形、圆形和半圆形。人们利用镐、锹之类简单的工具依山崖开挖，窑洞的形式根据使用者的需求以及所选山崖的情况而定。窑洞内部通常会被凿成弧形或半球形。窗洞一般外径大内径小，这样的敞口方式在防止风雨的同时还可以获得最大的视野。阿里窑洞式居民虽然建造手法原始粗糙，但是却最大限度地利用了当地的自然资源和地势条件。在最具代表性的古格王朝遗址中可以看到由不同形式——单孔窑洞、双孔窑洞、错层双孔窑洞等——组成的佛堂、议事厅、地牢、民居等。这些洞穴面积一般都不大，洞顶呈拱形，洞室四壁还有一些龛洞或小的侧洞作储藏之用。一般情况下，双孔和多孔的窑洞多作为民居，单孔窑洞因体积较小而常作为贮藏之用。

窑洞式民居的形成得益于阿里地区独特的地质构造以及干旱的气候特点，也是阿里人民智慧的结晶。

图片来源
图一　刘凤群　摄影（Fotoe网）、蔡思穗　制图
图二至图四　蔡思穗　制图
图五　宋春苑　制图
图六　蔡思穗　摄影

参考文献
陈耀东.中国藏族建筑.北京:中国建筑工业出版社,2006.
木雅·曲吉建才.西藏民居.北京:中国建筑工业出版社,2009.
张鹰主.人文西藏——传统建筑.上海:上海人民出版社,2009.
陆元鼎,杨谷生.中国民居建筑(下卷).广州:华南理工大学出版社,2003.

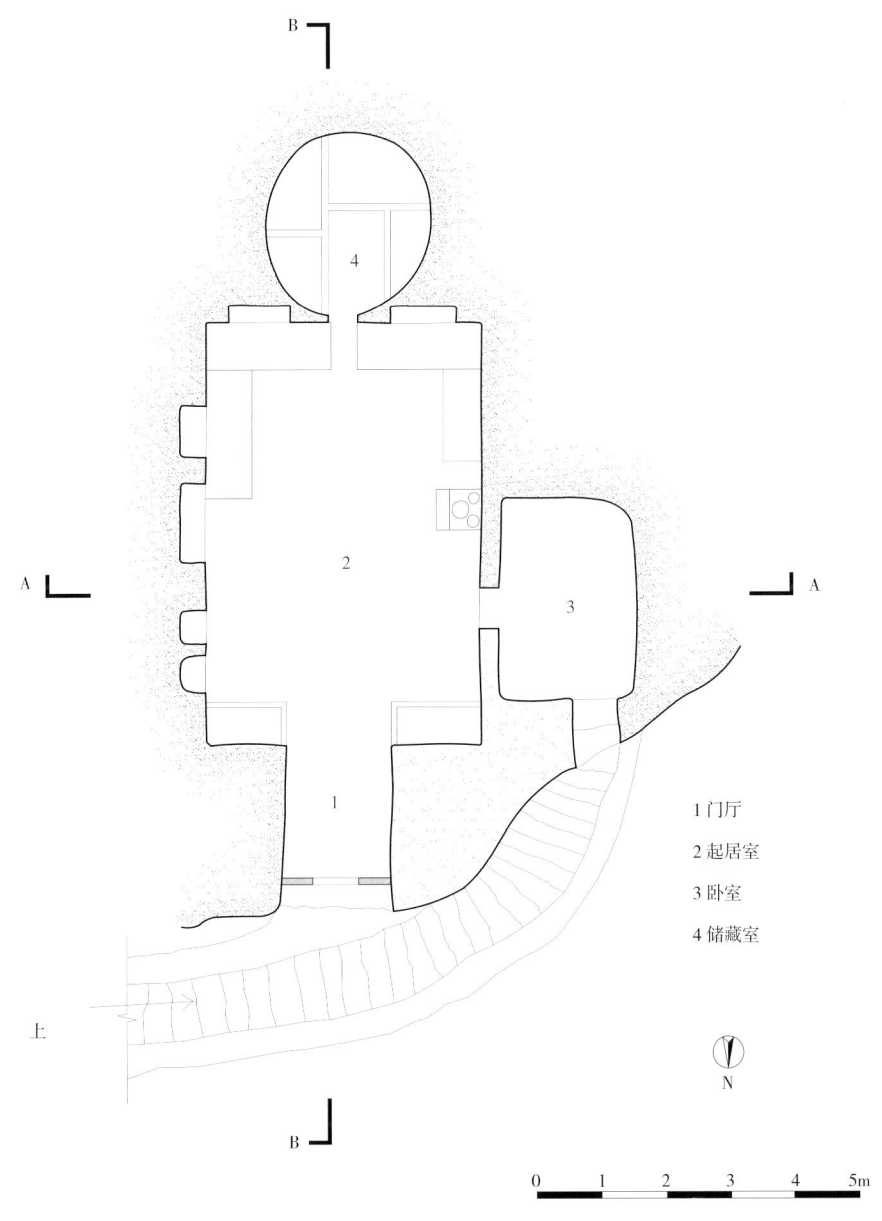

图二　窑洞式阿里土窑平面图

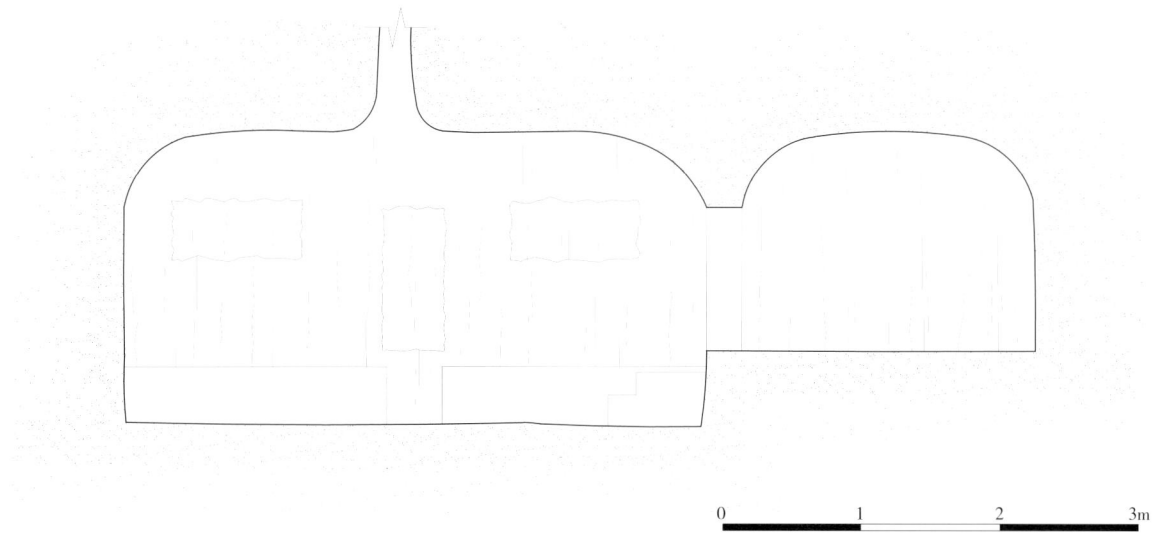

图三　窑洞式阿里土窑A-A剖面图

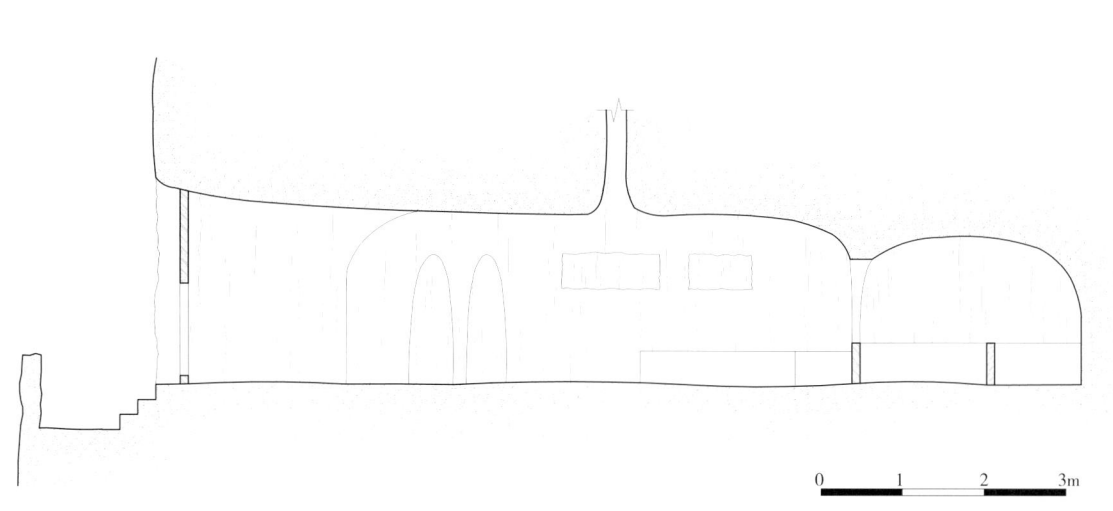

图四　窑洞式阿里土窑B-B剖面图

图五　窑洞式阿里土窑入口

图六　窑洞式阿里土窑室内

窑房组合式阿里土窑

图一　窑房组合式阿里土窑主图

窑房组合式是阿里土窑的另一种建筑形式，一般是在窑洞基础上于山体外围再建造一些房屋，这种形式比窑洞式空间层次更为丰富，生活也更为便利。

由于木材、石材有限加上气候干燥等原因，窑房组合式民居多为夯土墙，下有石勒脚。受木材短缺的限制，梁柱跨度小，结构断面细，使得房屋的开间和层高都受到限制，内部空间十分低矮。房屋多用平屋顶，建筑立面粗犷，多采用土坯原色或白色及灰色，开窗小且位置较为随意。窑房组合式民居多为二至三层，第一层为圈房和草料间，方便圈养牲畜，进门后有一纵墙将入口与畜房隔开。二、三层为主要的生活空间，考虑到窑洞本身冬暖夏凉的特性多作为主要的居室和存储空间。有些也会将位于山崖内的窑洞作为冬居空间，将搭建在窑洞前部的居室作为夏居空间。厕所等辅助用房一般位于搭建出来的房屋的二层平面一角，与居室分开，大多露天而设。房屋屋顶均开有小型气窗，层与层之间的垂直交通通过楼板开洞搭接木梯实现。

窑房组合式民居是窑洞式民居的承续和发展，作为穴居形式与院落居住形式的组合，具有冬暖夏凉、因地制宜、经济实用等特点，反映了人与自然的和谐共处。

图片来源
图一至图五　吕捷　制图
图六　龙家泽　摄影（微图网）

参考文献
陆元鼎,杨谷生.中国民居建筑（下卷）.上海:华南理工大学出版社,2003:966—968.
陈耀东.中国藏族建筑.北京:中国建筑工业出版社,2006:92—96.
木雅·曲吉建才.西藏民居.北京:中国建筑工业出版社,2009:151—161.
张鹰.人文西藏——传统建筑.上海:上海人民出版社,2009:19—28.
徐宗威.西藏传统建筑导则.北京:中国建筑工业出版社,2004:41—42.

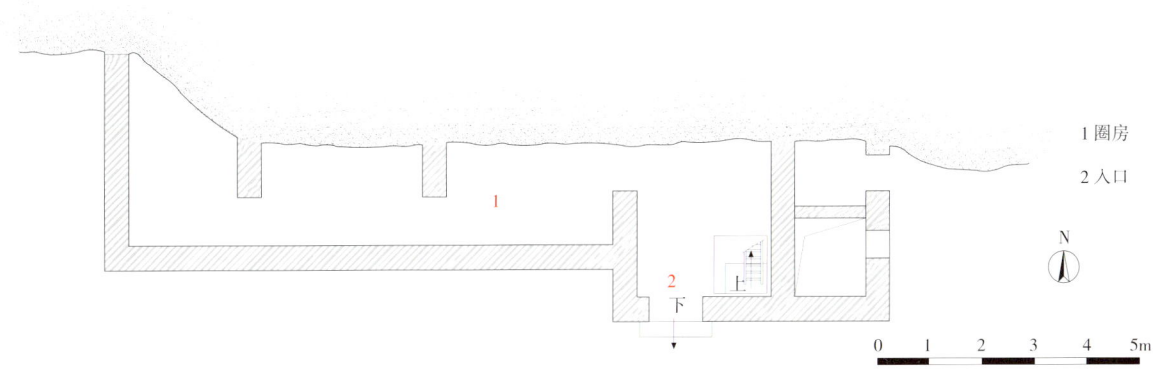

图二　窑房组合式阿里土窑一层平面图

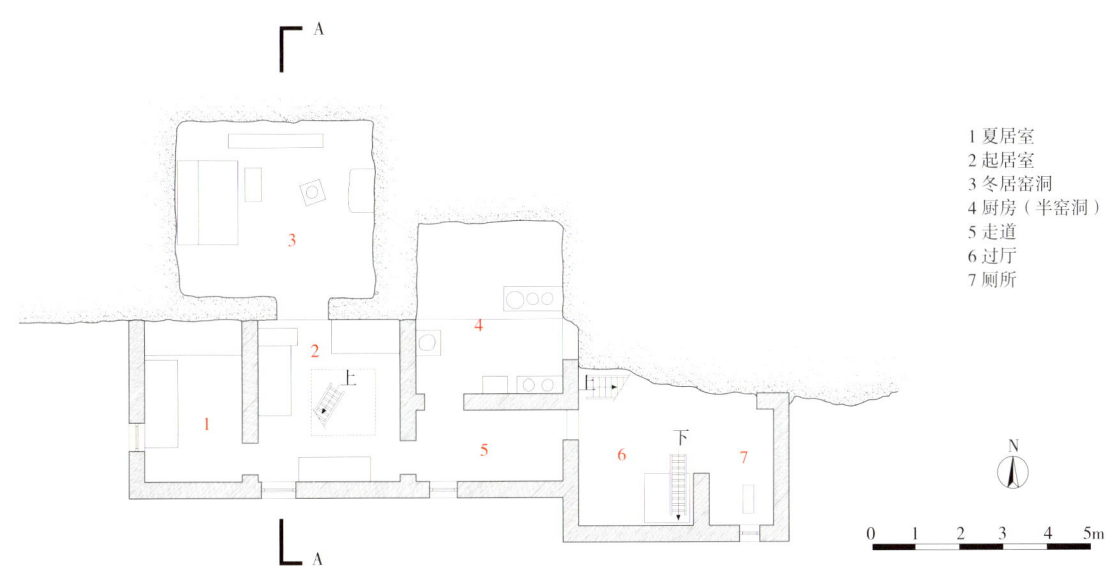

图三　窑房组合式阿里土窑二层平面图

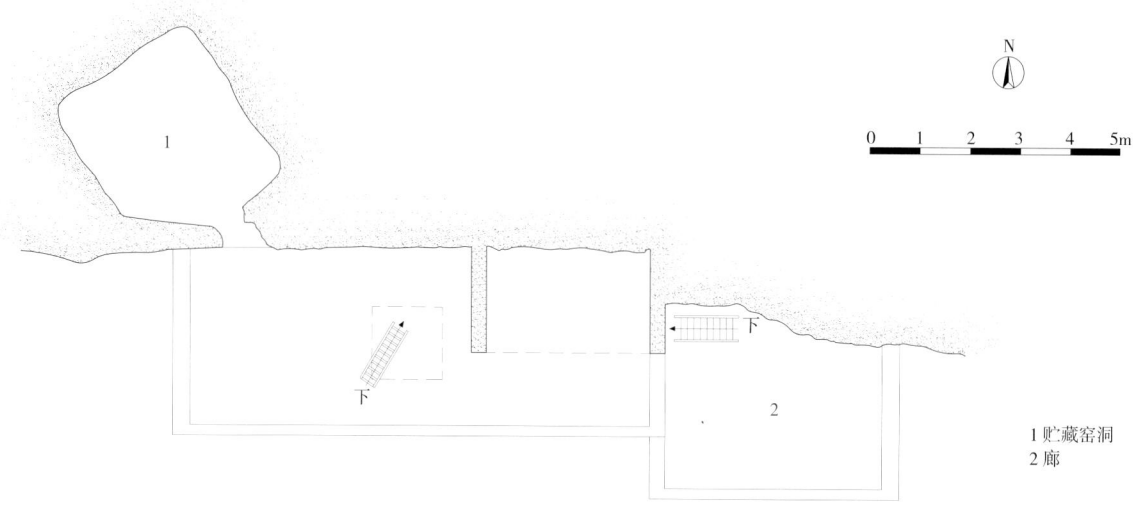

图四 窑房组合式阿里土窑屋顶平面图

1 贮藏窑洞
2 廊

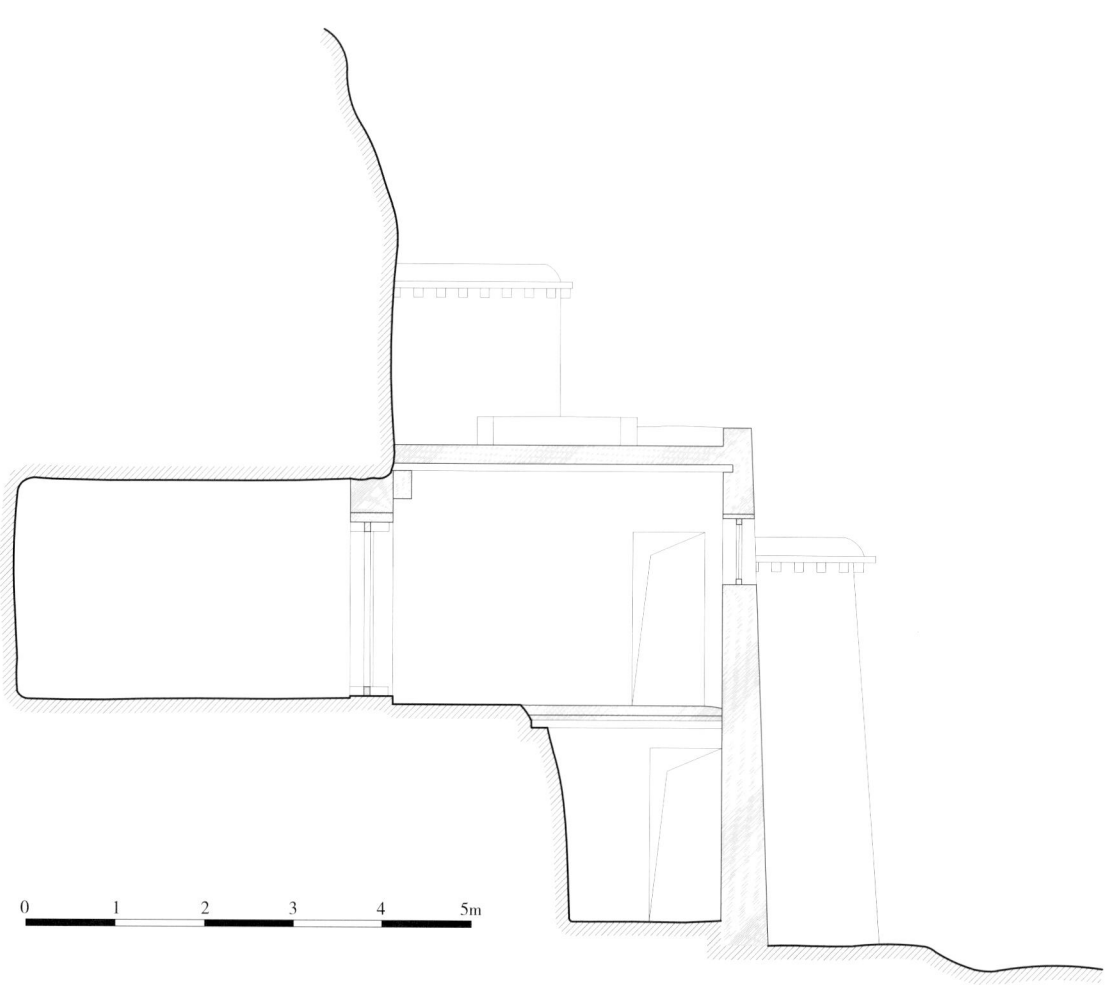

图五 窑房组合式阿里土窑A-A剖面图

图六　窑房组合式阿里土窑场景图

第一章　藏族传统建筑

康巴藏式民居石屋

图一　康巴藏式民居石屋主图

康巴地区位于青藏高原东南缘，属于典型的高山峡谷地区，其东部和南部与汉族交界，同时与纳西族、彝族、傈僳族等民族地区相邻，特殊的地理位置与环境使得康巴地区的文化更为丰富多变。康巴藏式石屋是康巴地区最为常见的民居形式，多分布在山麓坡顶，依山就势，力求获得充分的光照。

康巴藏式民居石屋一般为三到四层的石木结构楼房，建筑主体外墙向内收分，北墙由底直通顶部，建筑平面多呈方形，并结合地形用片石围合出院落空间。底层为牲畜圈、草贮等辅助用房；二层和三层为主要功能用房，设置有卧室、贮藏室等，依照习俗，二层、三层中面积最大的房间作为冬室和夏室，均在房中设置有火塘；四层则作为经堂和晒台，前为晒台，房屋环绕晒台呈"一""L"或"U"字形，在不遮挡阳光的前提下还可以防风。二层或二层以上会用木材搭建挑台、挑廊、挑厕，并辅以树枝围合，不仅满足了日常生活的需求，更丰富了建筑的立面层次。康巴藏式民居石屋主要为墙体承重结构体系，收分的外墙及基础均由黄泥堆砌乱石而成，墙体厚0.5~0.7米，基脚与墙体相连，楼层则为木梁承重，室内不设柱子，由内外墙分担荷载。

康巴藏式民居石屋具有浓郁的民族风

格，建筑形式与地形有机结合，平面布局紧凑合理，木质挑台的设置使得建筑空间组合错落有致，打破了石屋过于敦实厚重之感。

图片来源

图一至图六 吴向佳 制图

参考文献

刘长存.甘孜州东南部藏族民居形态研究.西南交通大学硕士学位论文,2005:41—45.

张妍.四川藏区游牧民族居住形态研究.西南交通大学硕士学位论文,2010:54—76.

贾中.藏式建筑研究.武汉理工大学硕士学位论文,2002:20—23.

潘贺明.川西的藏族民居.住宅科技,1991(9):40—41.

杨嘉铭.康巴文化综述.西华大学学报（哲学社会科学版）,2008(4):9—16.

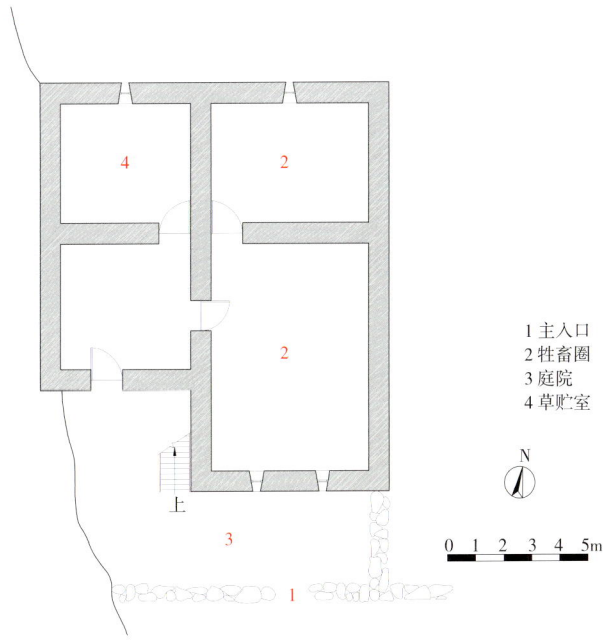

图二 康巴藏式民居石屋一层平面图

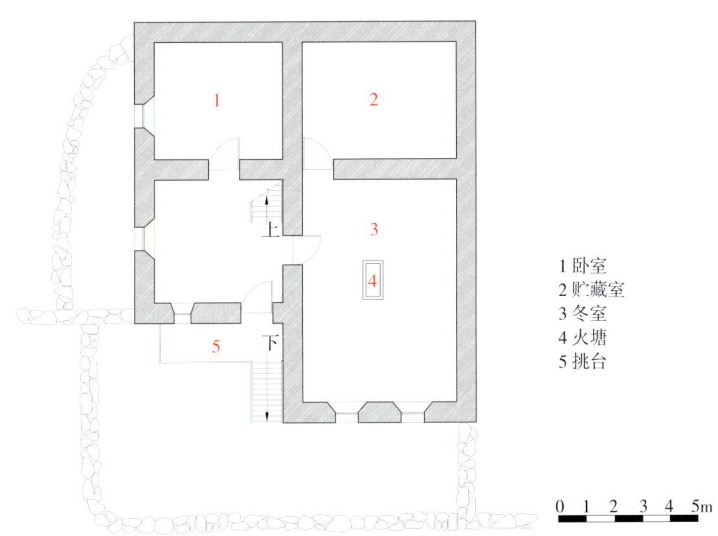

图三 康巴藏式民居石屋二层平面图

图四 康巴藏式民居石屋南立面图

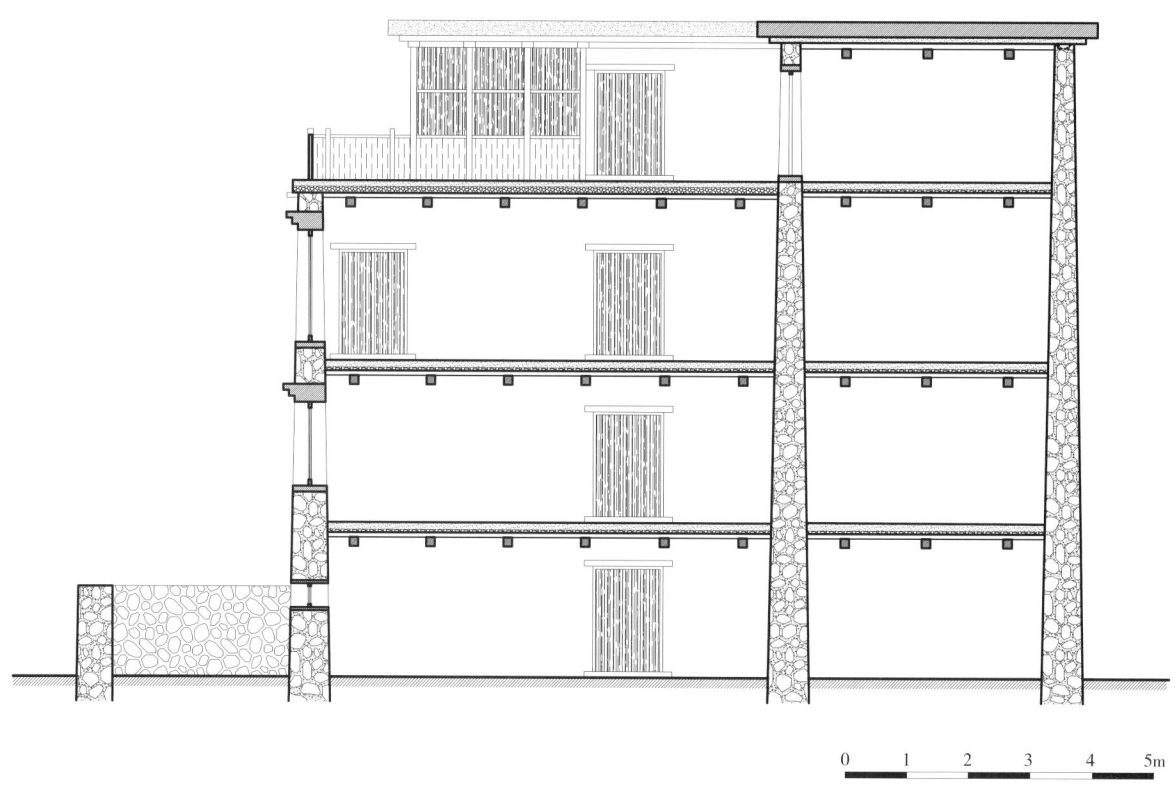

图五 康巴藏式民居石屋剖面图

图六　康巴藏式民居石屋场景图

第一章　藏族传统建筑

藏族牛毛帐篷

图一　藏族牛毛帐篷主图

牛毛帐篷是草原牧区藏民的主要居住形式之一，它与羊毛帐篷、布帐篷统称为"藏式帐篷"，或称"帐房"。牛毛色泽呈黑色且保温效果良好，常于冬季使用，故牛毛帐篷又称"黑帐篷""冬帐"。由于藏区草原牧场较多，逐水草而居的牧民常常居无定所，再加之草原上缺乏建材，因此牧民们大多居住在拆卸与组装便利的帐篷内。其形状多为蚌壳形，通常搭建在离水源较近，向阳避风之处。

牛毛帐篷平面一般为长方形，整体为木架结构，帐篷四周及中央用木柱支撑帐顶，而后用绳子将木柱顶部连接并固定于地面。牛毛是牛毛帐篷的主要材料，其顶棚先用牛毛纺线，多利用传统工艺编织成宽0.3~0.4米、长1~2米的氆氇，而后将氆氇缝制一体。牛毛帐篷依据其尺度大小，一般由20至50片氆氇组成，固定木柱的绳子亦用牛毛捻制而成。帐篷内部的高度一般在1.6~2.2米之间，内部使用面积为20~30平方米。牛毛帐篷内部分为阴帐与阳帐，阴帐位于面朝帐门的右侧，是女人的居住地；阳帐位于面朝帐门的左侧，为男人的居住地。帐篷中间为灶台，供日常烧火做饭，通常有烟囱通向顶部天窗排烟。灶台后为藏民供佛之处，一般用木箱作佛台，佛台上设有神龛。帐篷顶部留有天窗，长约1.5米、宽约0.5米，有排烟、采光、通风等功能，同时可起到遮挡雨雪的作用。帐篷四周底部通常为高0.5米的矮墙，矮墙由牛粪、土块、石块或牛羊骨等对垒而成，墙上堆放存储青稞、酥油的袋子，矮墙与袋子有助于遮风避寒。

牛毛帐篷作为藏族游牧民族特有的居住形式，其造型小巧灵活，方便拆装与搬迁；同时材料经久耐用，集结了牧区藏民的智慧。牛毛帐篷不仅体现了藏族牧民特有的生活方式，而且反映出牧区藏民与自然和谐融合的文化意识。

图片来源

图一 觉果 摄影（Fotoe网）

图二至图六 周航 制图

参考文献

赵新良.诗意栖居——中国传统民居的文化解读.北京：中国建筑工业出版社,2007:289—290.

郑莉,陈昌文,胡冰霜.藏族民居——宗教信仰的物质载体.西藏大学学报（汉文版）,2002(1):5—6.

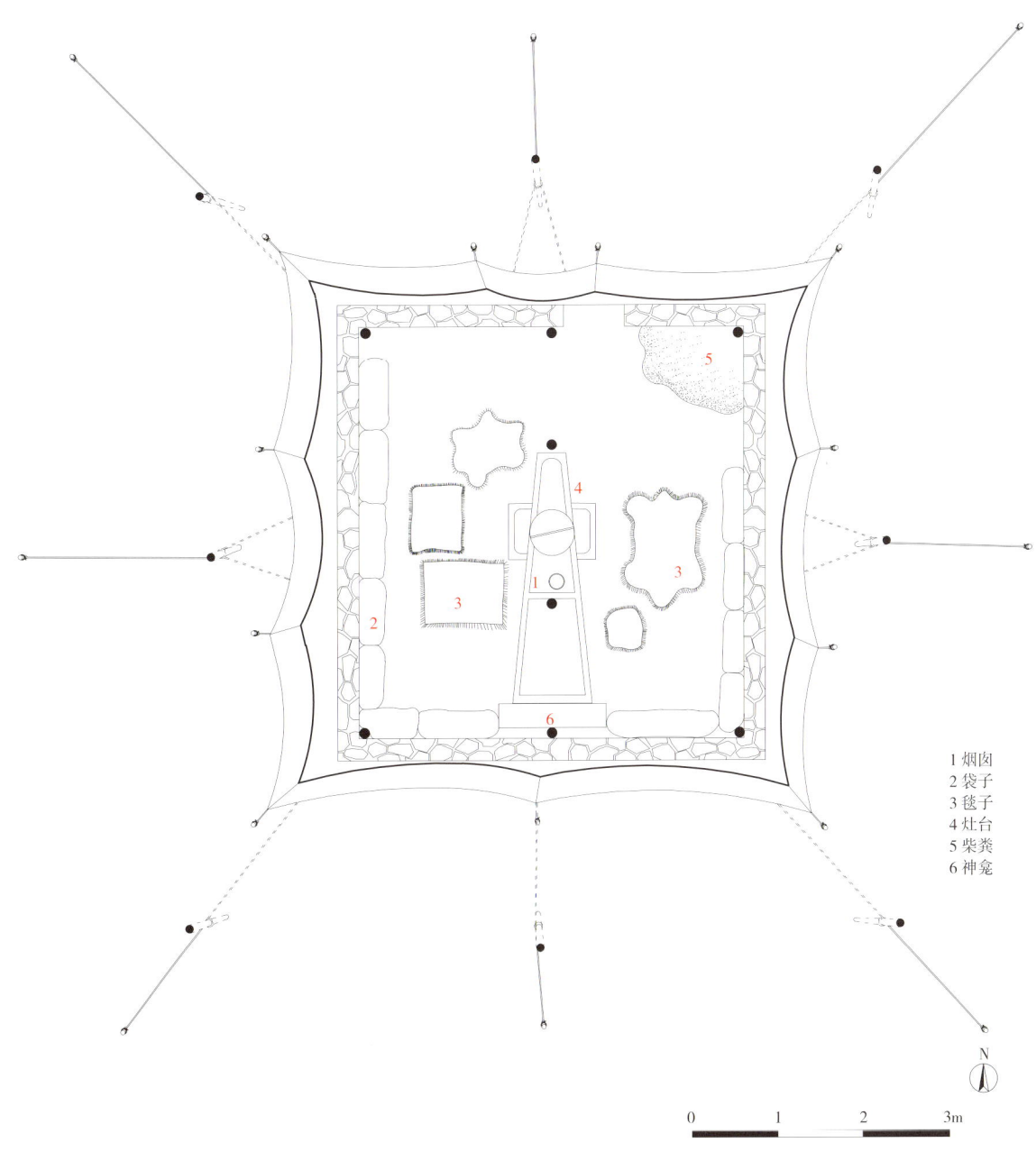

1 烟囱
2 袋子
3 毯子
4 灶台
5 柴粪
6 神龛

图二 藏族牛毛帐篷室内平面图

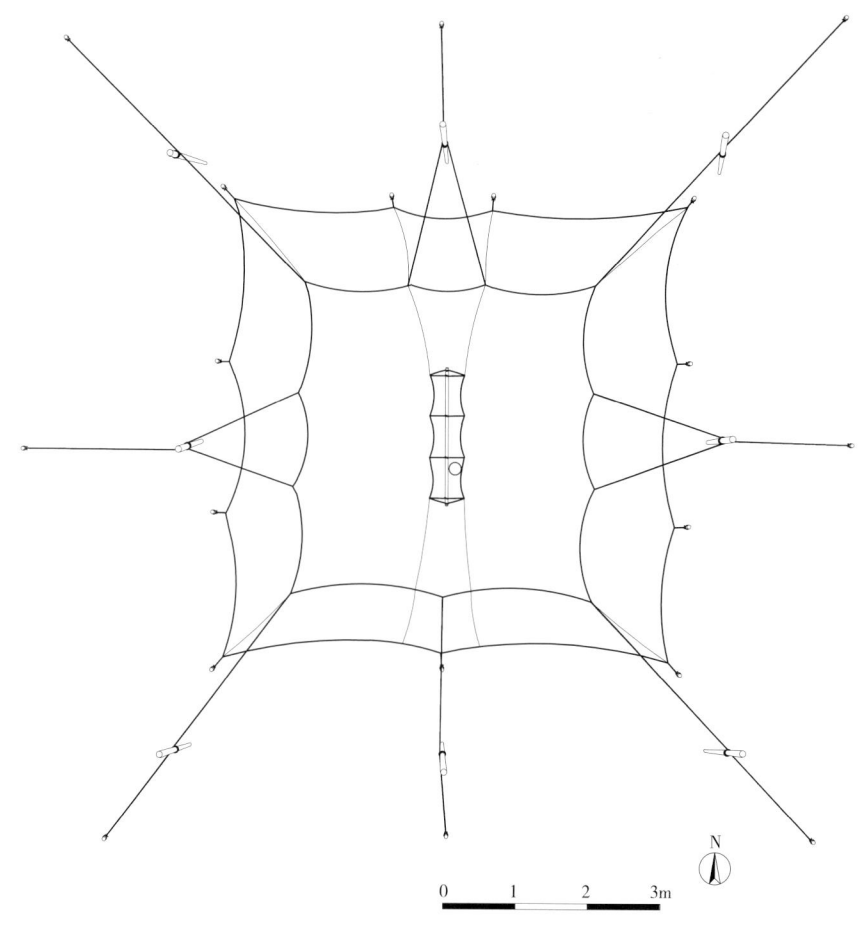

图三 藏族牛毛帐篷顶视图

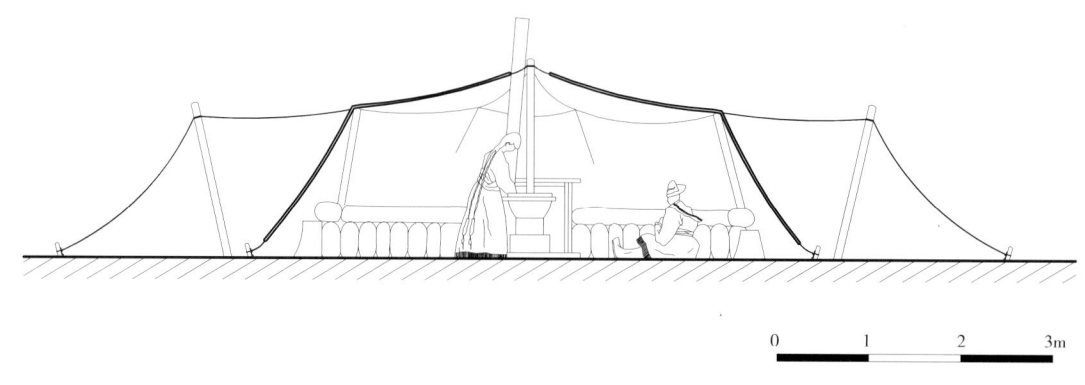

图四 藏族牛毛帐篷剖面图

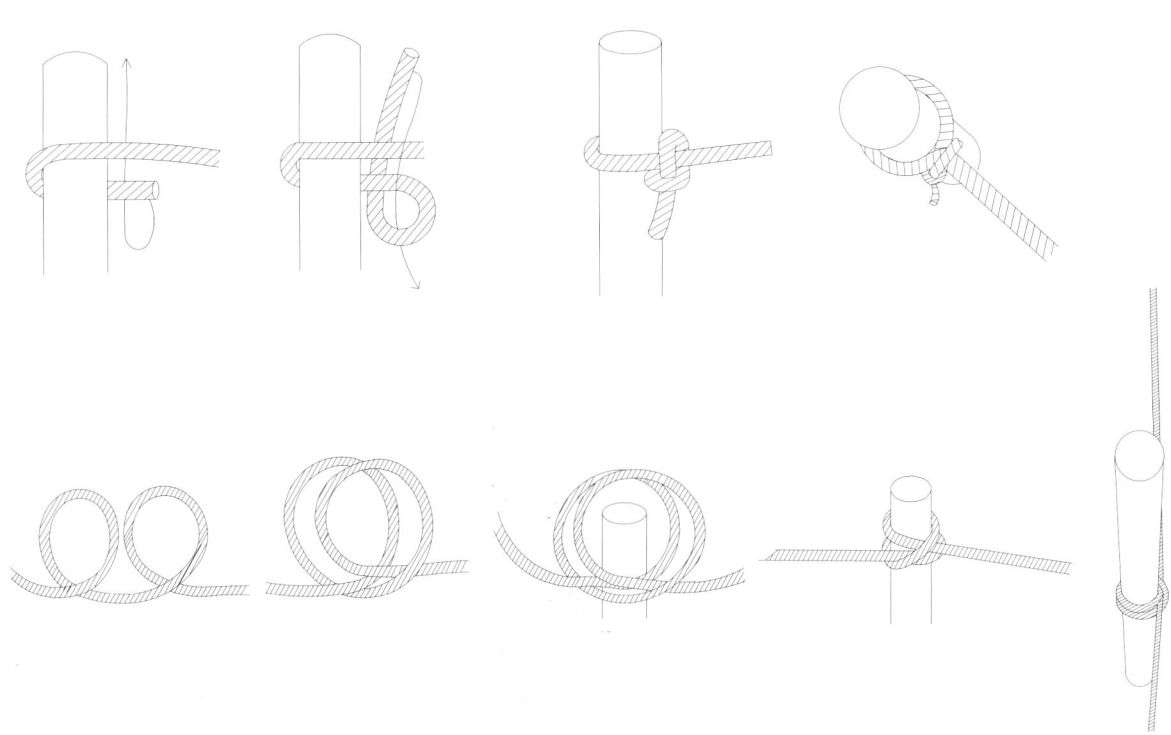

图五　藏族牛毛帐篷绳结方法示意图

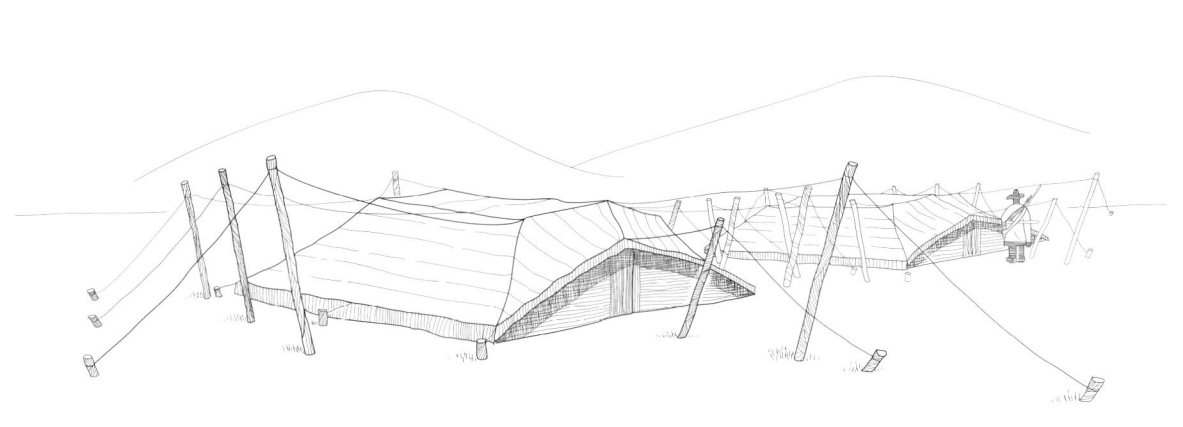

图六　藏族牛毛帐篷场景图

藏族休闲白帐

图一　藏族休闲白帐主图

休闲白帐最早出现于公元6世纪初藏王朗日松赞时期，通常采用棉布、帆布缝制而成，外观轻巧美观，便于携带，且透气性好，因此多用于夏季。贵族消闲游乐或草原上举行盛大赛马会、节日庆典时也多用白帐，藏民又将其称为"夏帐篷"或"布帐篷"。

白帐通常搭建在草地斜坡地段，在四周挖好排水沟，以防雨水渗流。其平面多为正方形、长方形、六边形等形状，形制上可分为单人帐篷（又称"伽亚布"）、无帷帐篷、堆绣帐篷。白帐的构件主要有帐顶、帐身、横杆、撑杆和橛子等。宽幅的大小根据需求而定，小型的帐篷长宽在4~8米之间，可容纳2~3人旅行或临时使用，大型帐篷长宽20~30米，多供贵族和上层喇叭外出游乐以及大型节日庆典聚会时使用。白帐结构与牛毛帐篷相似，先在大块棉布四角缝上绳口，然后在中心竖立篷杆，最后将帐绳固定在白帐四周的木桩上。缝制篷布时，首先用棉布缝制大块布片，再用边宽0.1米左右的蓝布条或黑布条压边，起到紧实和装饰的作用；然后在帐身篷布的中心和四角位置缝制花卉、动物、吉祥结等图案。大型白帐为追求精致还在帐顶饰有吉祥八宝、六道轮回等具有佛教色彩的图案。民间白帐则通常没有过多的装饰。夏季藏民郊游欢聚，每家自带白帐，林卡节等大型节庆盛典也少不了各种白帐，还有牧区为了交流物资举办的集会以及赛马会及藏民家里重大事情的举办都会专门搭建帐篷。

休闲白帐制作流程简易便捷，装饰风格极具藏族色彩，不仅体现了藏北牧民独特的生活习俗和宗教信仰，而且反映了牧民与草原和谐共存的文化意识。

图片来源
图一　罗小韵　摄影（Fotoe网）
图二至图七　牛或男　制图
图八　董建民　摄影（Fotoe网）

参考文献
职慧勇,徐仁瑶,王晓莉.建筑·在大地的怀抱里.北京:中国民族摄影艺术出版社,1999.
徐仁瑶,王晓莉.中国少数民族建筑.北京:五洲传播出版社,2000.

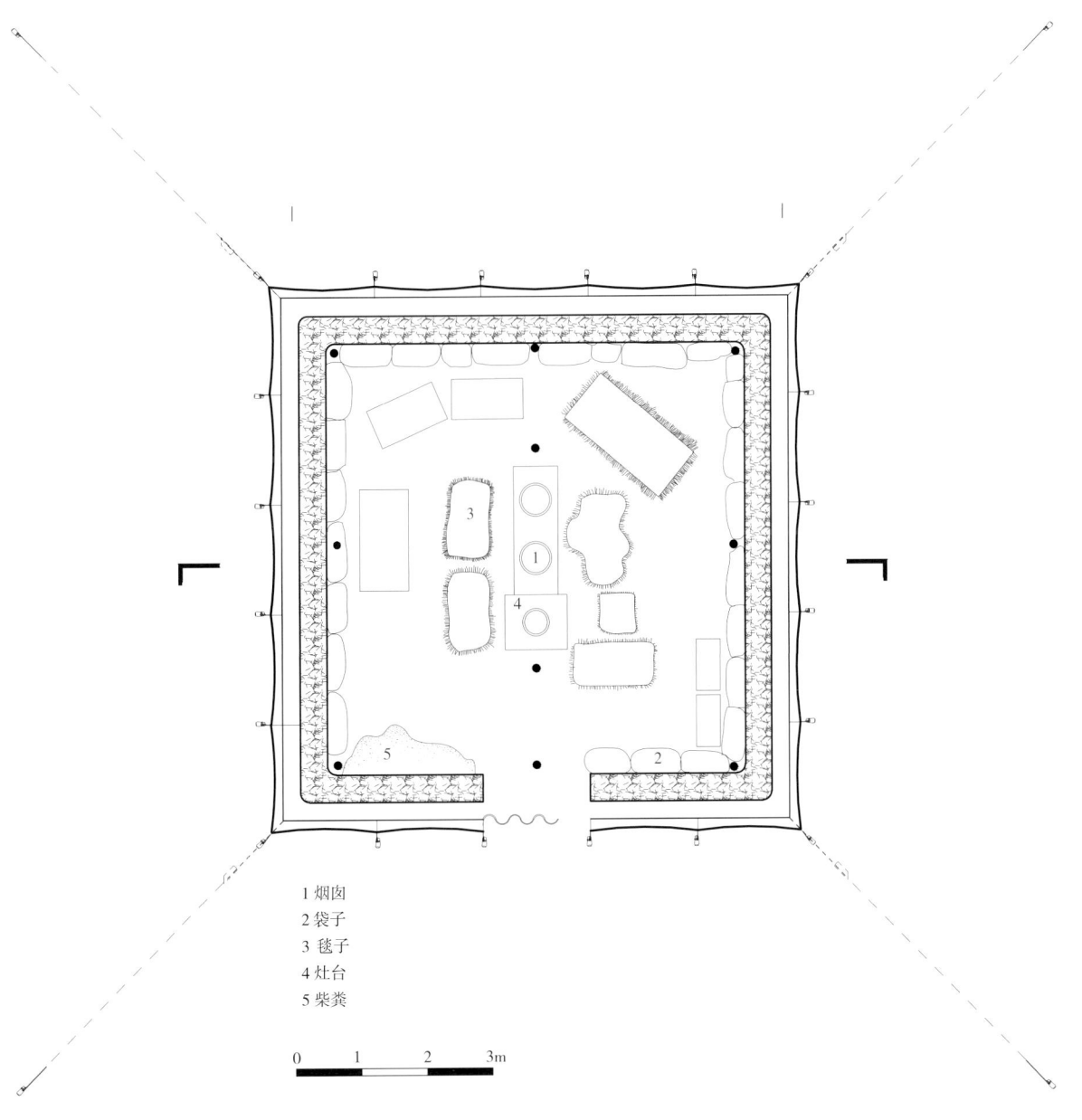

1 烟囱
2 袋子
3 毯子
4 灶台
5 柴粪

图二　藏族休闲白帐室内平面图

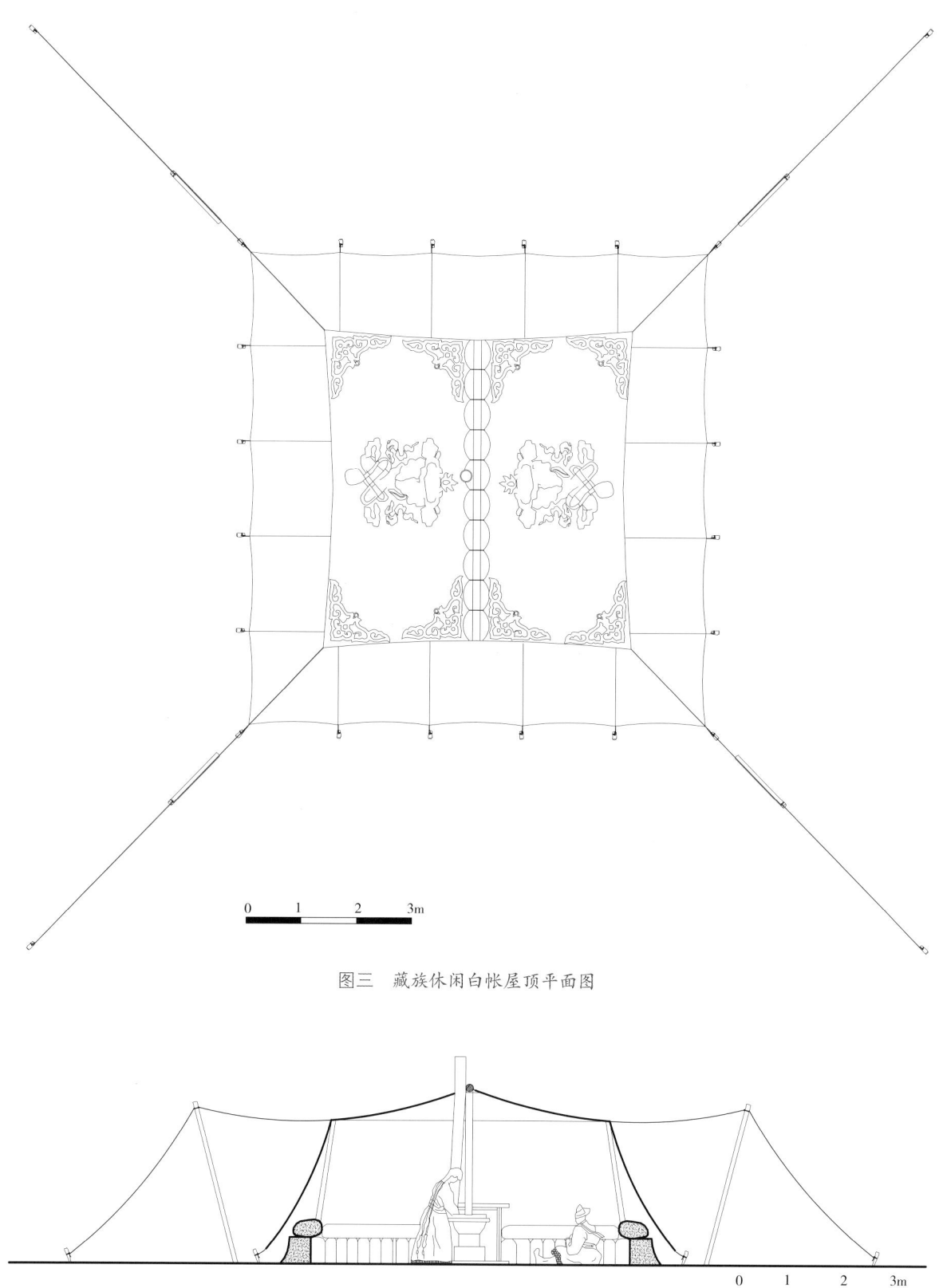

图三 藏族休闲白帐屋顶平面图

图四 藏族休闲白帐剖面图

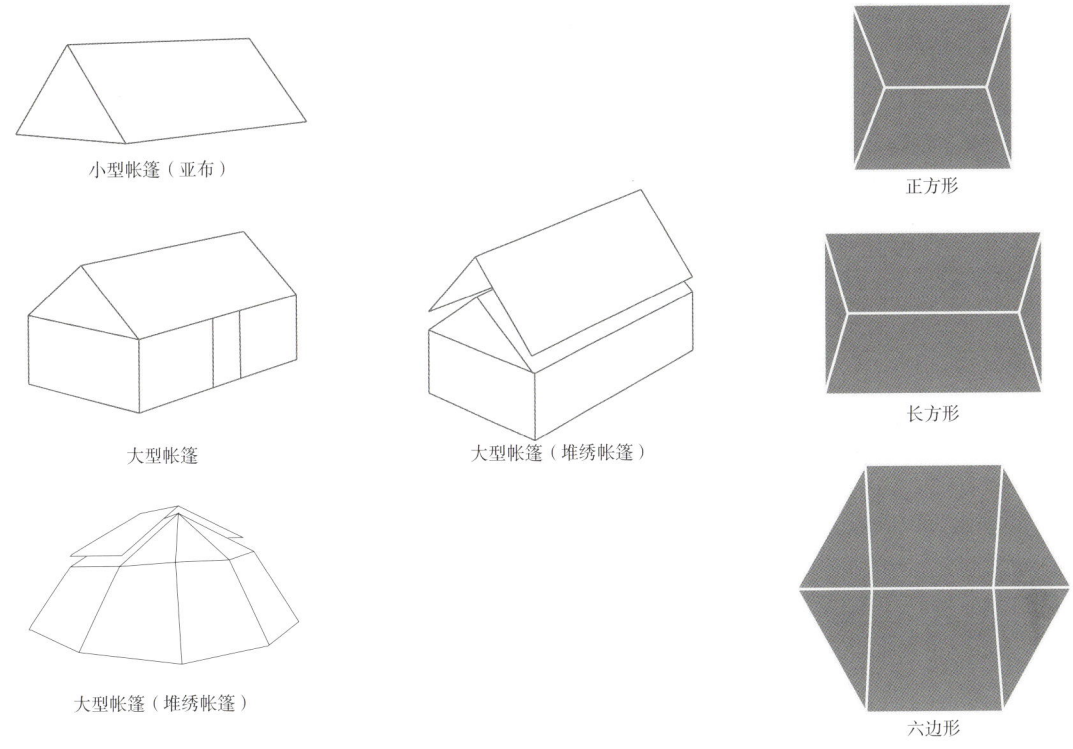

图五　藏族休闲白帐常见的三种平面类型图

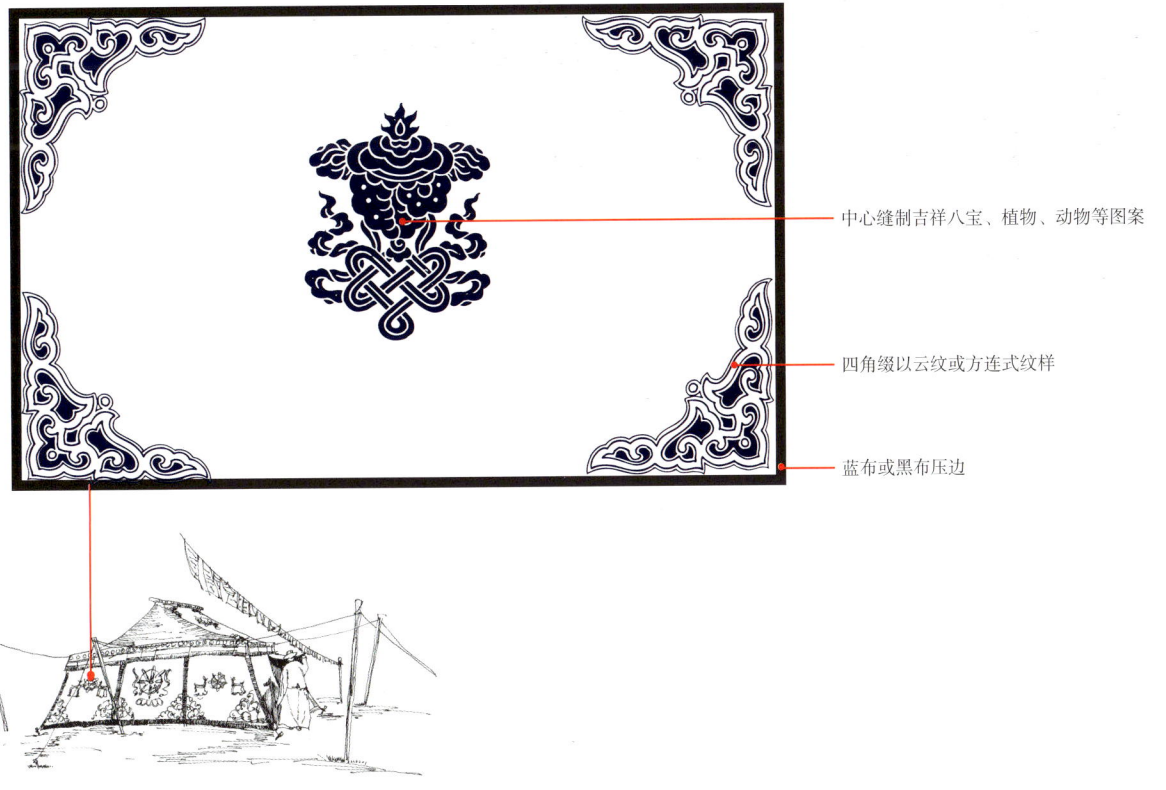

图六　藏族休闲白帐帐身常用纹样分析图

第一章　藏族传统建筑

| 白海螺 | 金法轮 | 宝瓶 |

| 莲花 | 宝鱼 | 吉祥结 |

图七　藏族休闲白帐帐身常用装饰纹样

图八　藏族休闲白帐场景图

第二章 藏族传统服饰

藏族工布女帽

图一　藏族工布女帽主图

工布是西藏的地域名称，主要指西藏东南的工布江达县、林芝县和米林县，这一地区因有山川阻隔较为封闭，所以拥有独特的自然地理条件，形成了具有地域特色的工布文化，其中工布服饰是工布文化较典型的代表之一。

工布帽是工布服饰的特色之一，其制作原材料为当地手工织染的氆氇、绸布与彩缎。本案例为典型的工布女帽，上部呈圆筒形，运用镶嵌、包面、装饰等手工艺技术制作而成。工布女帽一般分为两种：一种为圆筒形，帽边镶有彩缎并用绸缎制作成起伏的三角纹案；另一种较为常见，上部同样为圆筒形，帽檐则呈燕尾形，帽顶、帽身与帽檐均镶有色彩斑斓的彩缎。后一种燕尾帽的戴法因工布地区地域差异而各不相同。以巴河为界，以东的工布地区燕尾朝左或朝右，以西的工布地区则是燕尾朝后。还有另一种界定方法是，燕尾朝后戴表示已婚，朝左或朝右戴表示未婚，而戴没有燕尾的圆筒帽的多是上了年纪的妇女。

工布女帽的造型有着鲜明的地域特征，色彩对比强烈，但因使用金色丝线缓和了对比色的强烈差异，达成统一和谐的艺术效果。其做工精细、针法考究，不仅突出了产品自身的美观和实用，更充分尊重了文化习俗，是设计方法和设计文化有效融合的代表作品。

图片来源
图一　刘佳　摄影
图二至图七　马君　制图

参考文献
魏晓红.工布藏族服饰文化研究.大家,2011(16):186—187.
魏晓红.西藏工布少数民族服饰文化研究.轻纺工业与技术,2011(3):42—44.

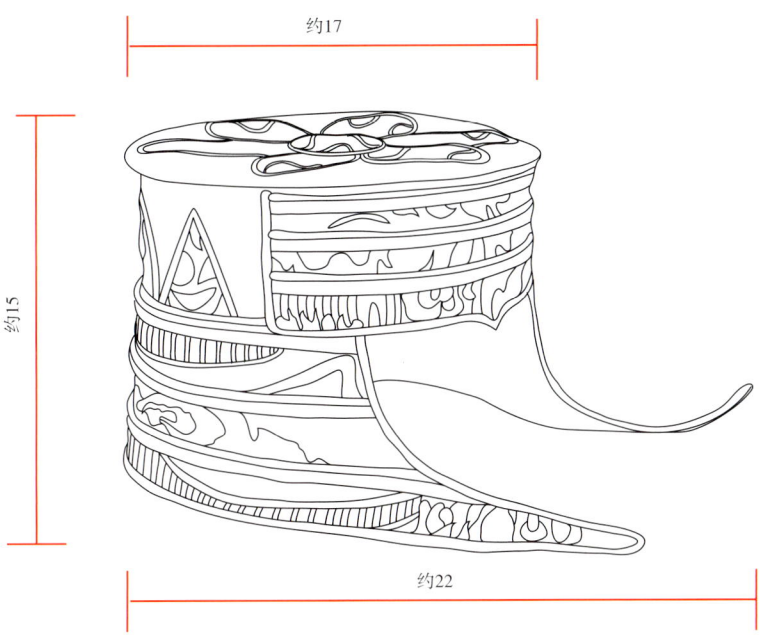

图二　藏族工布女帽尺寸图（单位：cm）

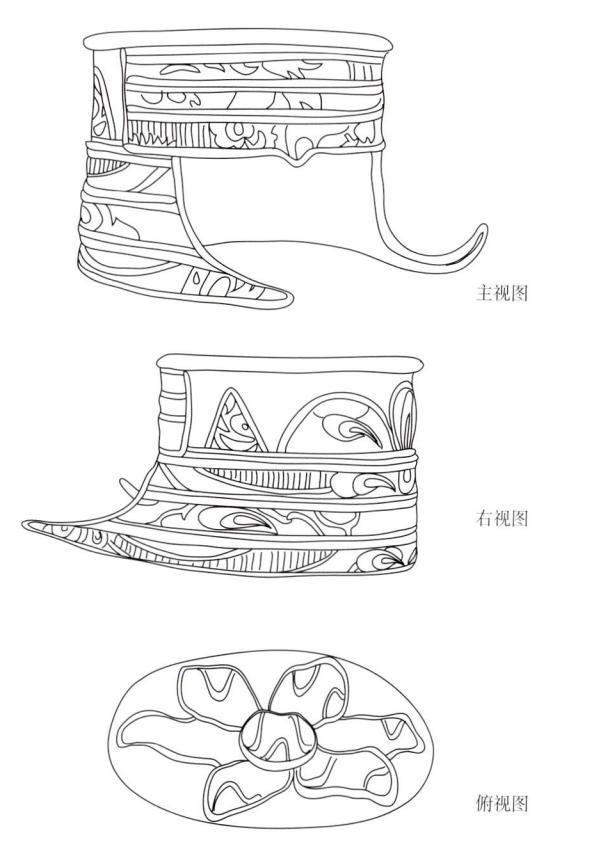

主视图

右视图

俯视图

图三　藏族工布女帽三视图

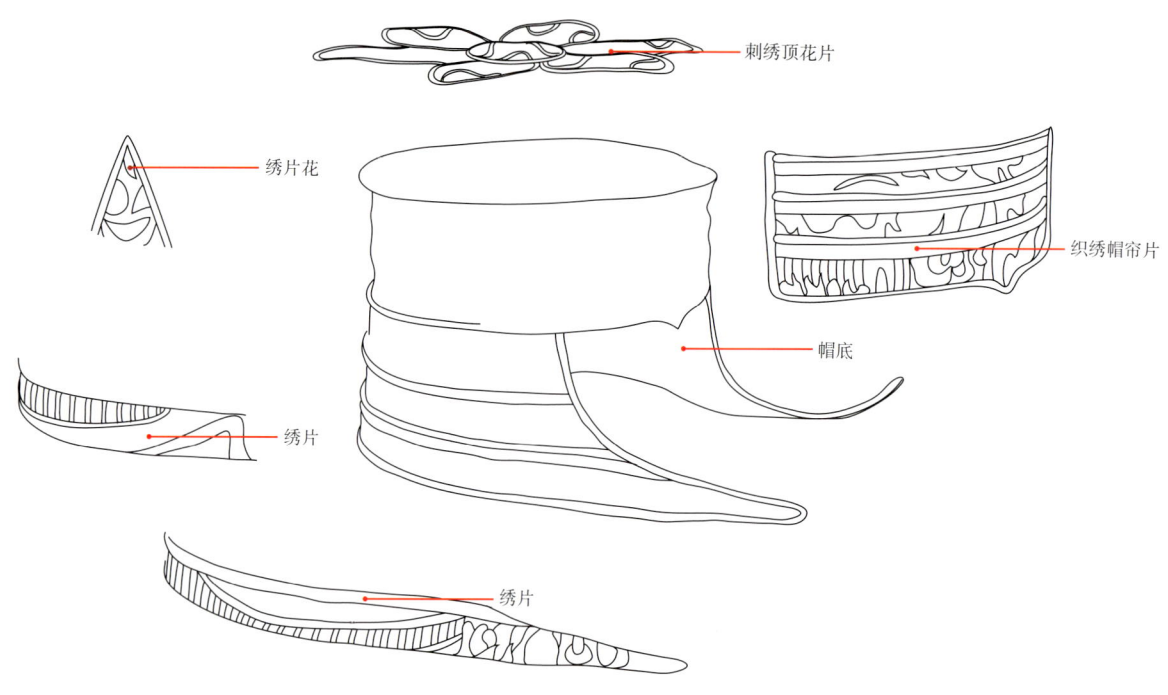

图四 藏族工布女帽结构分解图

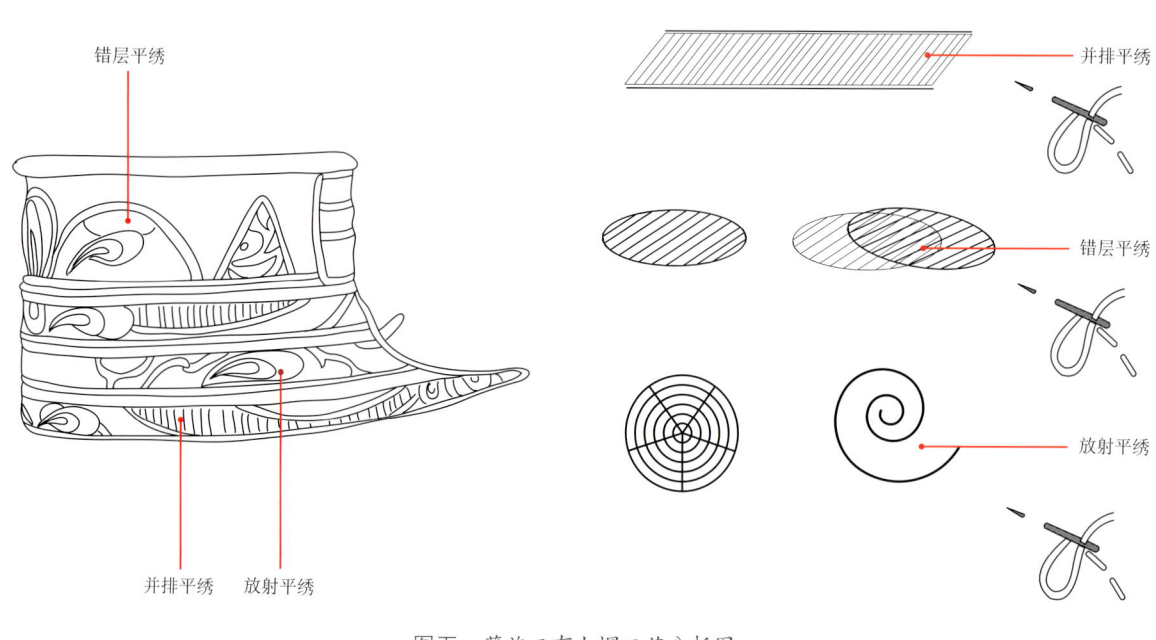

图五 藏族工布女帽工艺分析图

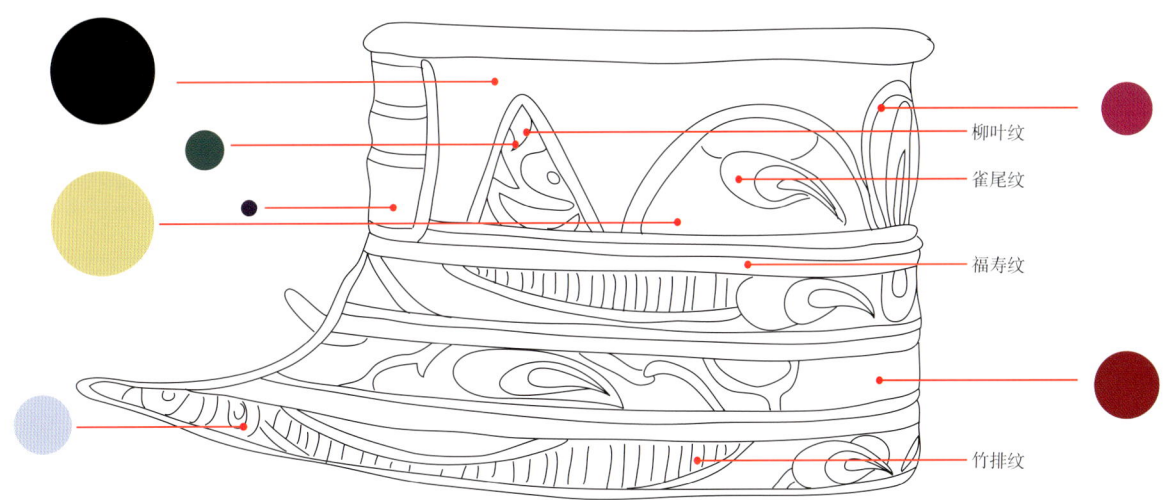

图六 藏族工布女帽局部分析图

图七 藏族工布女帽穿戴效果图

第二章 藏族传统服饰

133

藏族金宝顶帽

 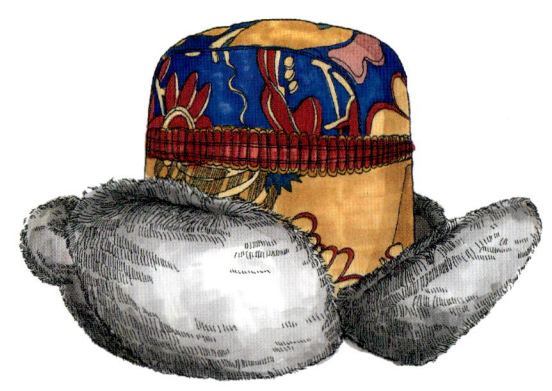

图一 藏族金宝顶帽主图

"甲丝"是金宝顶帽在藏语中的名字，这种帽子因以黄金打造的金丝为原材料，所以是诸多藏帽品种中制作成本较高的帽子之一，价格也相对昂贵一些，位于西藏中部地区的日喀则是佩戴金宝顶帽的主要地域。

金宝顶帽帽筒一般为圆形，筒高约18厘米，用手工制作的氆氇和毛皮做里料，外面镶贴的锦缎颜色较为艳丽，底色以金黄居多，也有的采用多种色彩对比强烈的锦缎拼接，有着良好的视觉效果。锦缎上采用金丝带装饰，一般宽约2厘米。制作金宝顶帽时，先将黑色羊毛置于模具中，制出带有帽檐的毛毡帽壳，之后在帽壳外部镶贴用金丝、银丝织成的彩缎，围成一周，在彩缎的上沿与下沿均绣上两周曲线形的金丝辫装饰。帽顶同样使用金银丝辫装饰，通过盘绣组合成圆花图案。帽檐部分最终剪成三块或四块，呈舌形，内贴野兽的毛皮。本案例所示男、女金宝顶帽形制相似，只图案及颜色略有不同。毛毡制作的帽筒与帽顶均覆绣有各种美丽图案的金丝锦缎，边缘也饰以金丝线。帽翼有四支，前后翼较大，左右翼较小。因采用的是毛皮里料，在寒冷的时候可以将左右两翼放下来遮挡耳朵，既具有审美价值又具有实用价值。

如今随着经济的发展，藏族传统服饰的色彩更加多样化，面料也有印花和织锦等多种选择，纹样及针法也更加丰富，形成多种多样的风格。金宝顶帽具有浓郁的藏族地方特色，其功能与形式完美结合，对于现代帽子的设计具有启示及借鉴价值。

图片来源
图一至图八 马君 制图
参考文献
王雯,徐云浩.论藏族服饰的分类及特点研究.广西轻工业,2011(12):115—116.
南卡太.藏帽.西藏民俗,2000(3):5—8.

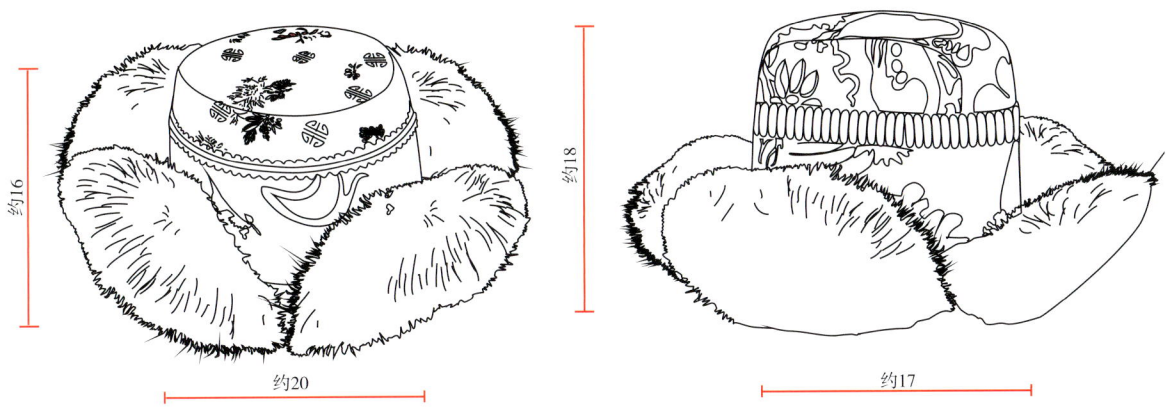

图二 藏族金宝顶帽尺寸图（单位：cm）

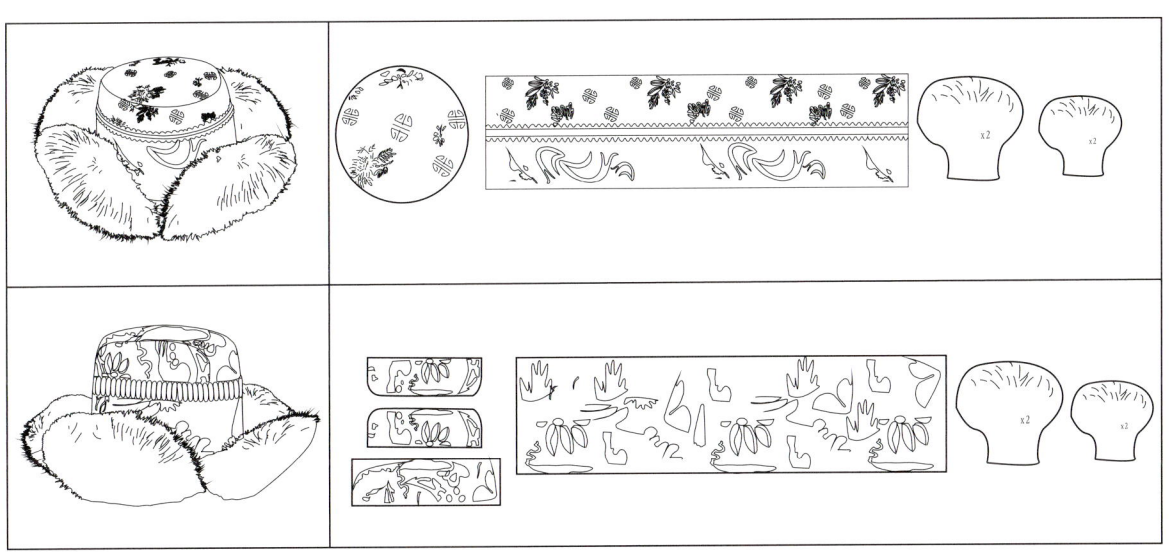

图三 藏族金宝顶帽展开图

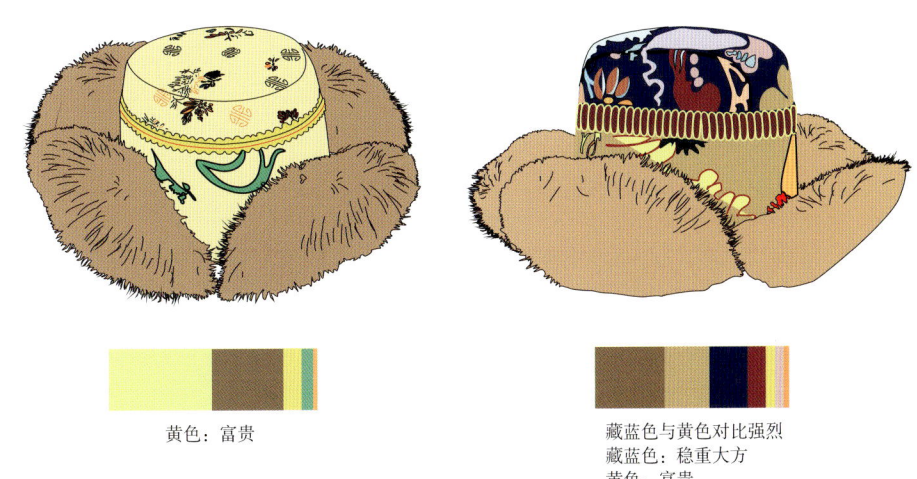

黄色：富贵

藏蓝色与黄色对比强烈
藏蓝色：稳重大方
黄色：富贵

图四 藏族金宝顶帽色彩分析图

第二章 藏族传统服饰

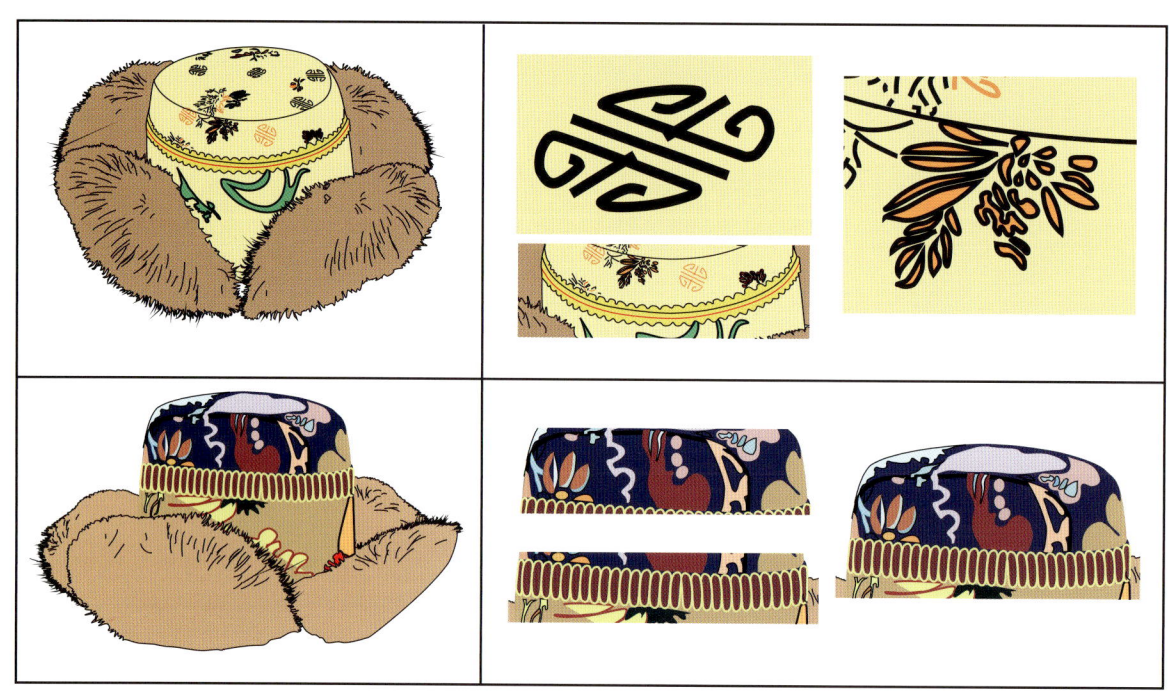

图五　藏族金宝顶帽局部分析图

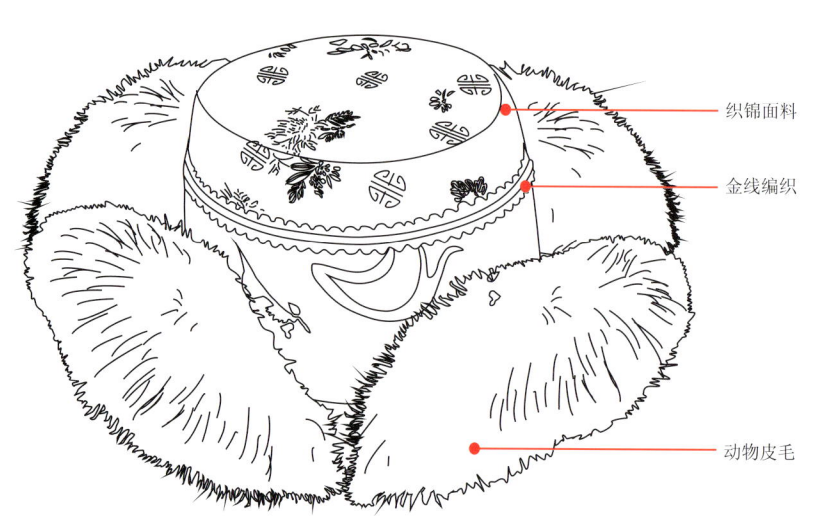

图六　藏族金宝顶男帽材质分析图1

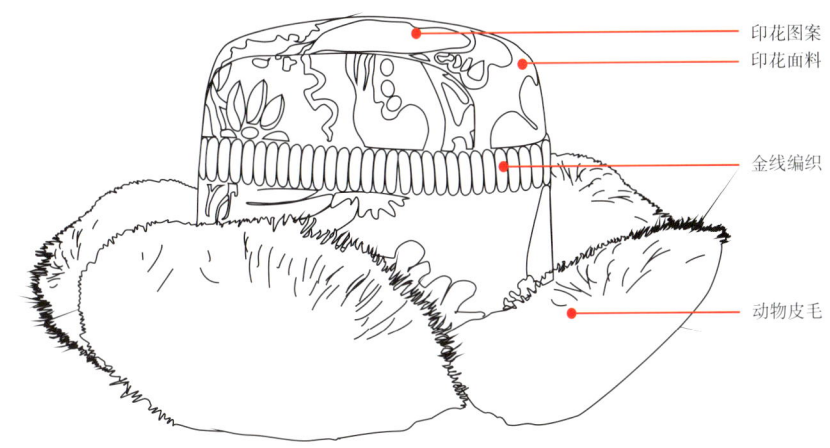

图七　藏族金宝顶女帽材质分析图2

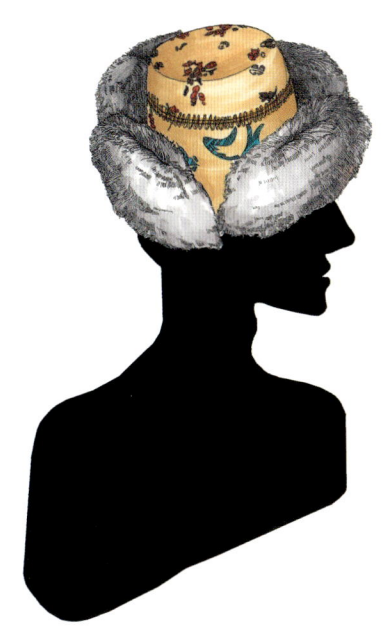
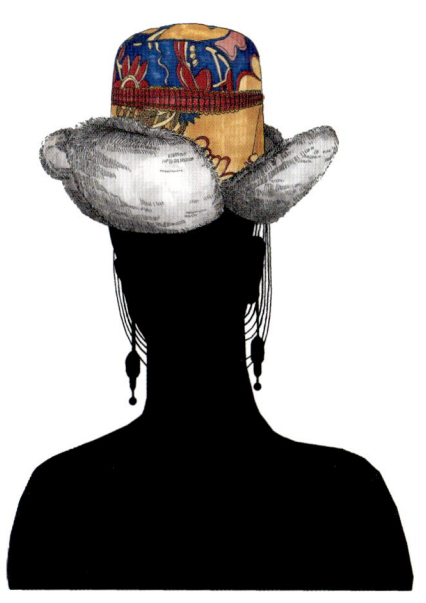

图八　藏族金宝顶帽穿戴效果图

那曲藏族狐皮女帽

图一 那曲藏族狐皮女帽主图

　　那曲地区地处西藏北部，一年之中冰雪期较长，帽子成了当地人不可或缺的必需品。其中以狐皮帽或羔皮帽较为常见。

　　狐皮帽长宽约40厘米×40厘米，两侧长可盖耳，前遮眉后接领，卷起的帽檐部分可以根据需要拉伸到肩颈部位。帽檐是狐皮帽的门面，多镶棕红色且轻软蓬松的藏狐皮，这是一种十分珍贵的皮毛，一张藏狐皮可制两顶狐皮帽，也有整张皮只制一顶的例子。其帽筒分为圆顶筒形和尖顶袋形两种，筒宽约20厘米，高通常为30厘米，由软缎、织锦缎等缎料缝制而成，其中圆顶帽筒顶部多用数片大小不等的圆形绸缎叠压。狐皮帽较适合高原牧区穿戴，气温较高时可将帽檐卷起，如遇寒潮，又可将帽檐耳后的部分向下拉伸，使耳、颈、肩均覆于皮毛之下，起到较好的保暖作用。

　　那曲地区狐皮帽不仅造型美观、使用方

便，还蕴含着藏族人特有的审美观念，是藏族服饰文化的一部分。

图片来源

图一　陶琨、李绮雯　摄影

图二至图六　华秋紫　制图

图七　沙忆　摄影（Fotoe网）

参考文献

安旭.藏族服饰的形成和特点.民族研究,1980(4):57—62.

周加才让.藏族服饰的魅力.百科知识,2006(12):50—51.

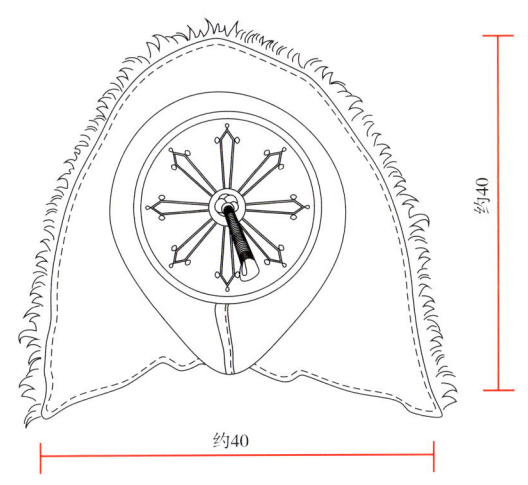
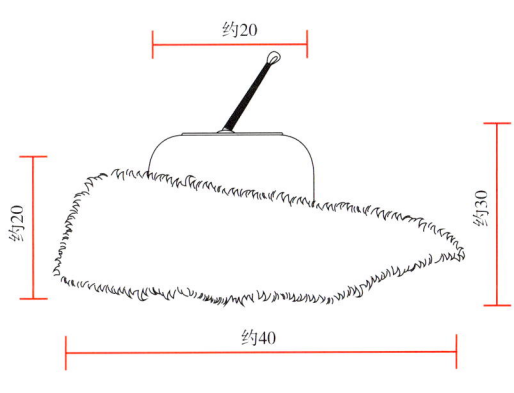

图二　那曲藏族狐皮女帽尺寸图（单位：cm）

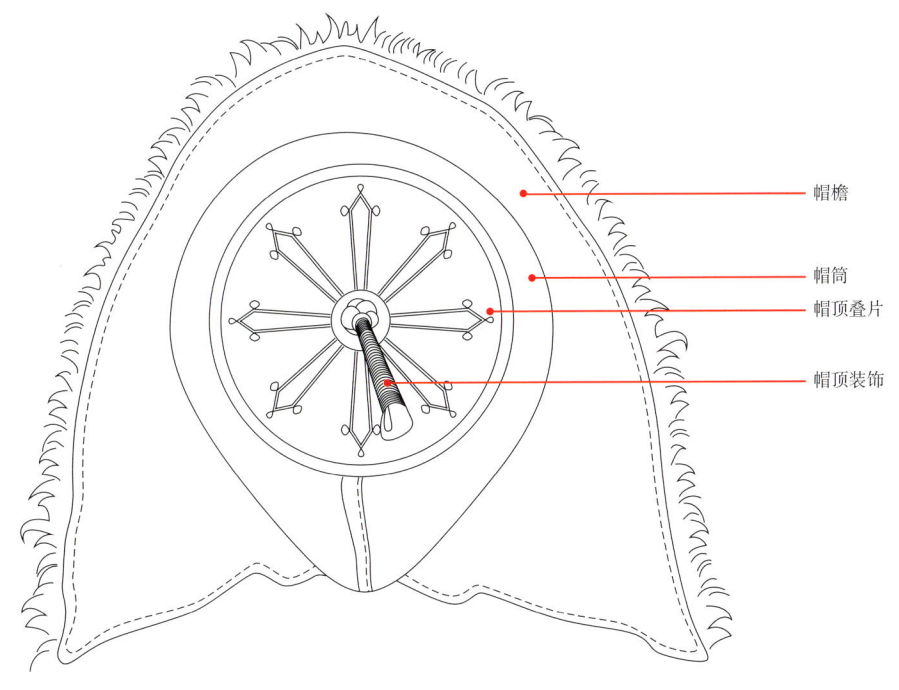

图三　那曲藏族狐皮女帽结构名称图

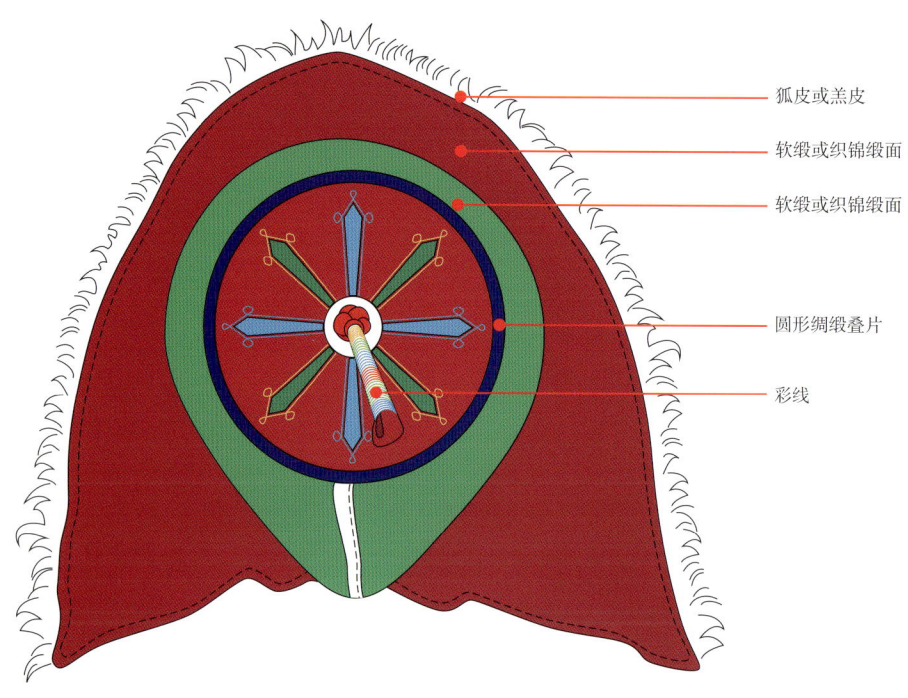

图四 那曲藏族狐皮女帽材质分析图

狐皮或羔皮
软缎或织锦缎面
软缎或织锦缎面
圆形绸缎叠片
彩线

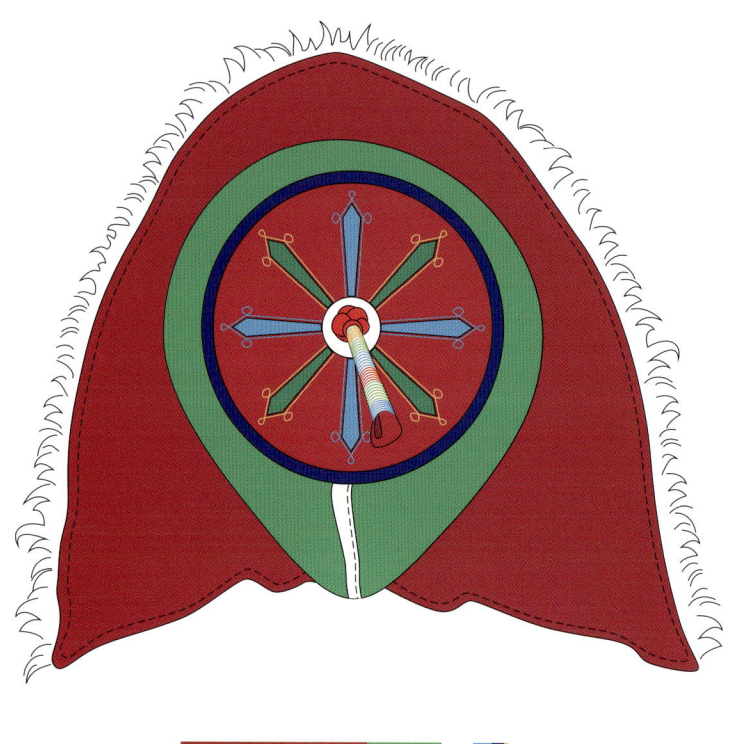

图五 那曲藏族狐皮女帽色彩分析图

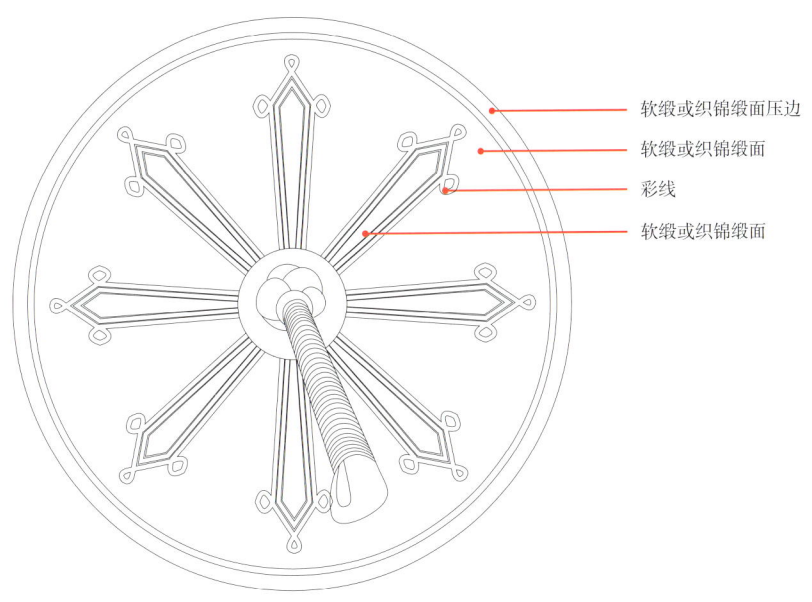

图六　那曲藏族狐皮女帽顶部叠片材质分析图

图七　那曲藏族狐皮女帽穿戴效果图

藏族狐狸帽

图一　藏族狐狸帽主图

狐狸帽在藏语中称为"瓦夏",是用狐狸皮毛缝制而成。在青藏高原的广大牧区,每逢节假日或喜事,藏族男女都头戴狐狸帽,身穿亮绸缎面羊羔皮藏袍,尽显大气与豪迈。

狐狸帽选用珍贵的藏狐皮与织锦缎制作而成,工艺简单,戴起来既暖和又美观,帽檐垂有一条毛质松软、色泽光亮的狐尾,深受藏民喜爱。狐狸帽按缝制方式可以分为两种:一种是以整张狐皮制成,穿戴时头部被包裹得较为严实,御寒效果好;另一种是将整张狐皮一分为二,结合金丝缎面制成两顶挂面皮帽,缝合处系有两根细长飘带,飘带下端裁成箭头形与狐尾同垂于肩。狐狸帽男女皆宜,男帽佩戴时稍低一些,女帽偏高一些。

西藏地区的自然条件和有利资源令狐狸帽应运而生,因其整体造型简洁大方,在现代设计中经过改良和发展后深受藏族年青一代的喜爱。

图片来源
图一至图六　张婧雅　制图

参考文献
华锐·东智.华锐藏区服饰的历史渊源及艺术特色.西北民族学院学报(哲学社会科学版),2001(3):66—72.
郝堂.浅谈藏族服饰与色彩.才智,2010(21):153.
妮玛拉姆,王达军.康巴藏族服饰艺术.中国西部,1996(5):58—63.

图二　藏族狐狸帽尺寸图（单位：cm）

图三　藏族狐狸帽展开图

第二章　藏族传统服饰

143

棕黄色与红色对比强烈
棕黄色：稳重大方
红色：超脱

图四　藏族狐狸帽色彩分析图

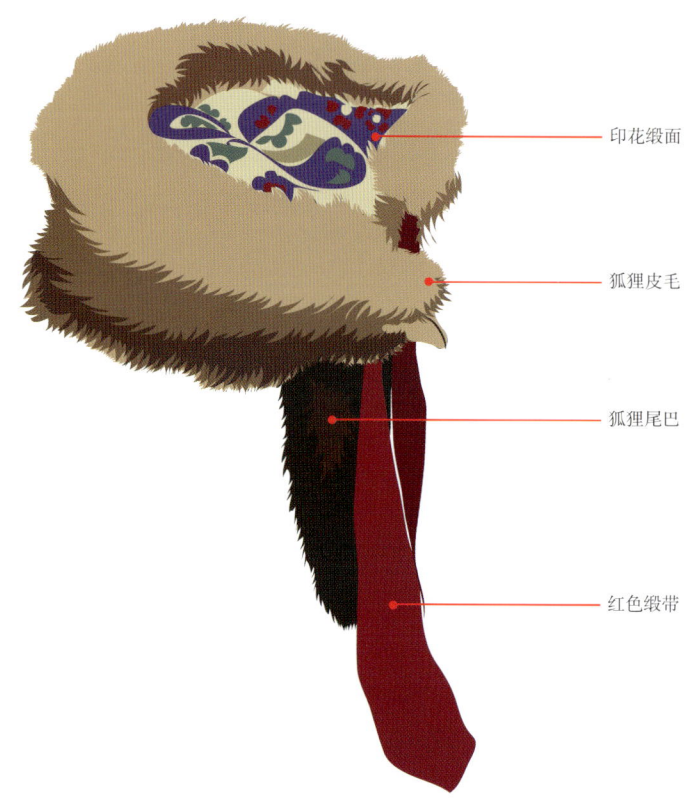

印花缎面

狐狸皮毛

狐狸尾巴

红色缎带

图五　藏族狐狸帽材质分析图

图六　藏族狐狸帽穿戴效果图

藏族杰谐舞男式帽

图一　藏族杰谐舞男式帽主图

由于西藏地区光照较强，气候多变且风沙大，藏民多喜戴帽子。根据身份、性别和地区的不同，所戴帽子样式也不同，主要有毡帽、皮帽、金丝花帽等，杰谐舞男式帽是其中一种。

杰谐舞男式帽现今多为男性演员跳杰谐舞时穿戴，在表演时还需不停摇晃头部，尽显粗犷豪放。该帽主要以毛线为原料，帽顶较为平缓，基本形状继承了古毡帽。制作时先用红色或黄色的毛线通过编织工艺做出帽面，再将余下的毛线通过轮廓编织法做成帽檐，反复数次后，毛线均匀密集地垂下来，长度一般可达5～7厘米，整体十分美观。该类帽子因其造型而具有双重功能，一可阻挡阳光，二可遮挡少量的雨水并且在冬天可以保暖。

采用毛线为主要材料的杰谐舞男式帽具有夸张的造型，垂顺而下的巨大流苏使该帽整体华丽富贵。单一材质的不断重复不仅达到了加强帽子形态整体性的效果，还强调了帽子在服饰中的突出作用。

图片来源
图一　陶琨、李绮雯　摄影
图二至图六　包时灵　制图

参考文献
安旭.西藏藏族服饰.北京:五洲传播出版社,2001:81.

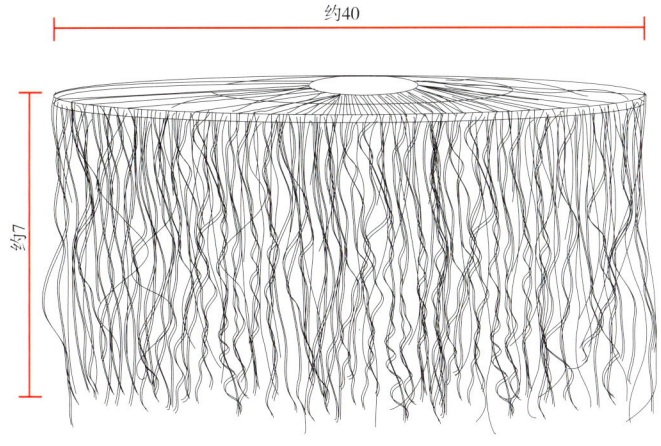

图二　藏族杰谐舞男式帽尺寸图（单位：cm）

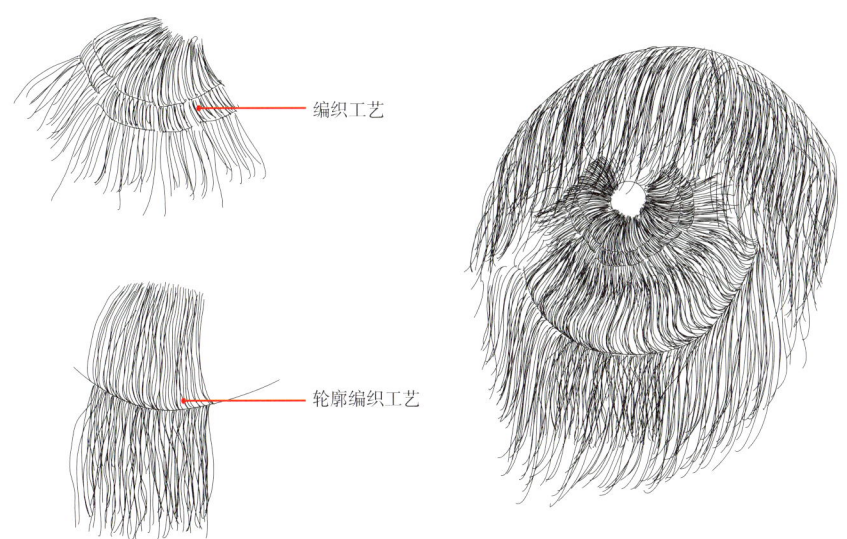

编织工艺

轮廓编织工艺

图三　藏族杰谐舞男式帽工艺分析图

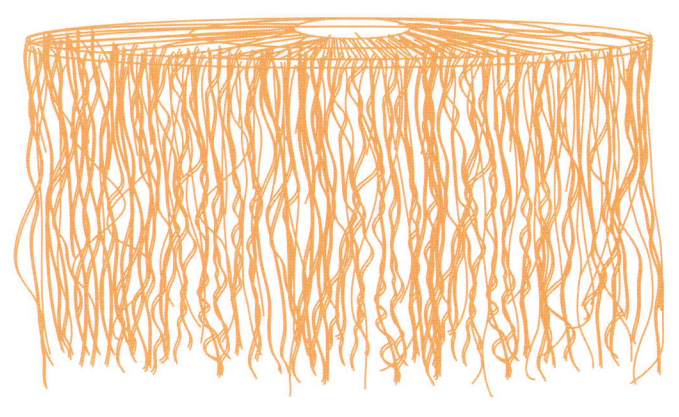

主视图

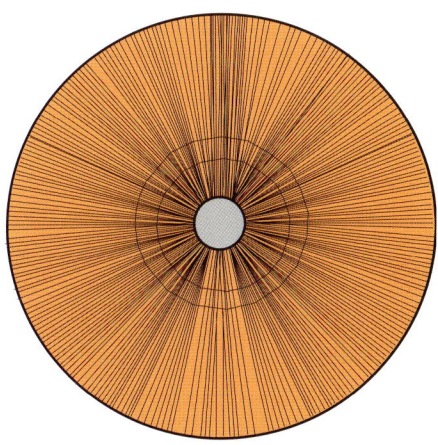

俯视图

图四　藏族杰谐舞男式帽视角图

第二章　藏族传统服饰

147

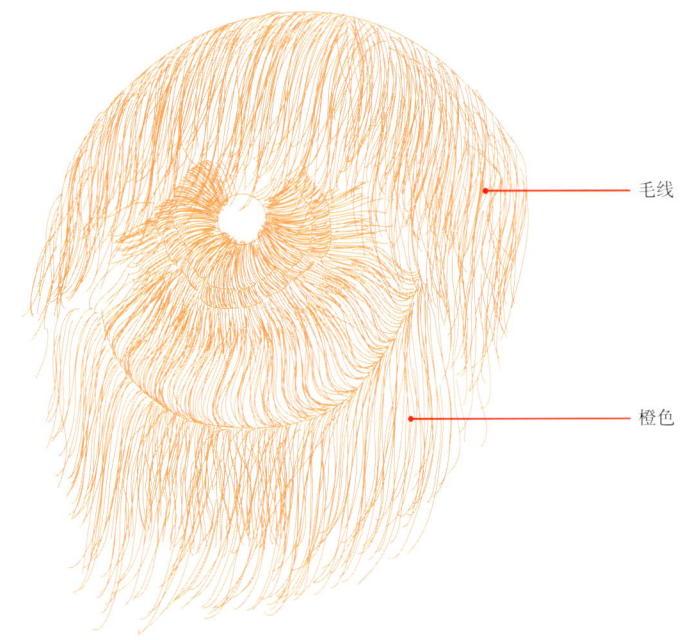

图五　藏族杰谐舞男式帽色彩与材质分析图

图六　藏族杰谐舞男式帽穿戴效果图

藏族珍珠冠

图一 藏族珍珠冠主图

珍珠冠是西藏拉萨地区贵族妇女戴的珍贵头饰，又称为"木第巴珠"。在盛大节日或出席重要庆典活动仪式时，贵族妇女会佩戴珍珠冠以显示身份地位的尊贵。

珍珠冠规格较为统一，整体呈半球形，内由藤条扭成框架并衬以布衬，冠外表面由珍珠层层串制而成，顶层为四层金环并镶嵌有绿松石，配以红珊瑚装饰，做工精致，高贵典雅。该类冠直径通常约25厘米，高约20厘米，冠两边均有绑带便于穿戴时固定，其上也镶嵌有绿松石点缀。珍珠和绿松石是佛教七宝，其中绿松石是吉祥和好运的象征，被誉为"幸运之石"，被藏族人视为神的礼物，故藏族饰品多镶嵌绿松石。

珍珠冠造型饱满、构思精巧、技艺精湛、意义独特，对现代衣饰的设计具有很好的借鉴作用。

图片来源
图一 陶琨、李绮雯 摄影
图二至图六 张婧雅 制图

参考文献
们发延.斑斓多彩的藏族妇女们的头饰.中国民族,1996(9):46—47.
们发延.藏族头饰文化初探.民族艺术研究,1999(4):32—36.
南卡太.藏帽.西藏民俗,2000(3):5—8.
广东省博物馆,西藏博物馆.雪域瑰宝——西藏文物展.广州:岭南美术出版社,2012:118.

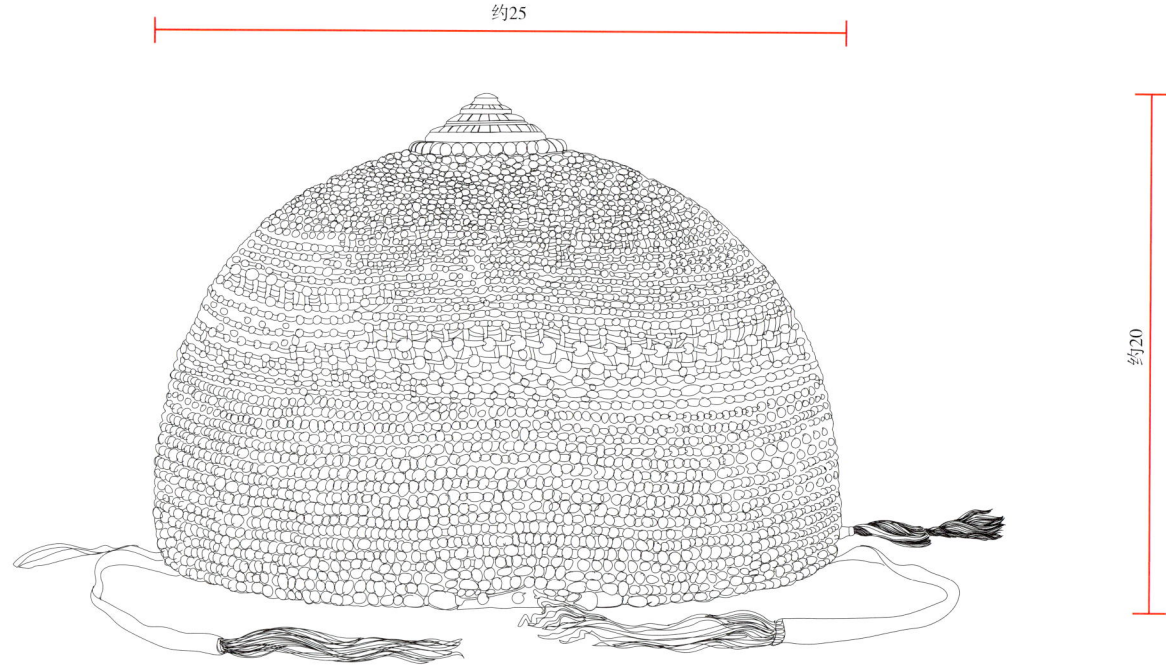

图二 藏族珍珠冠尺寸图（单位：cm）

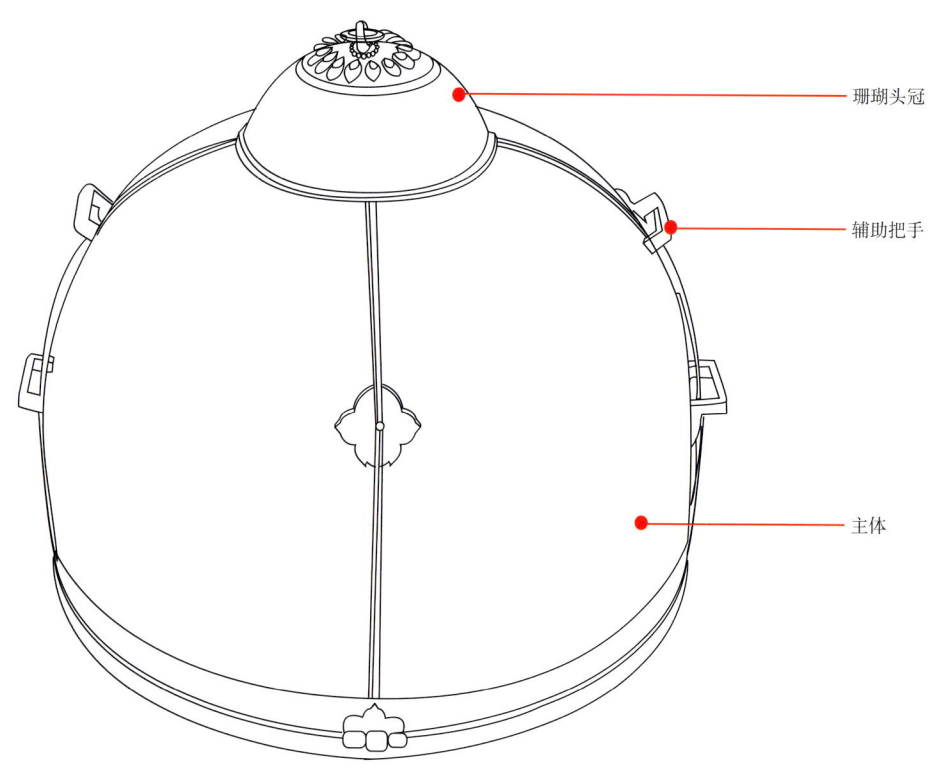

图三 藏族珍珠冠冠盒结构名称图

图四 藏族珍珠冠色彩与冠顶材质分析图

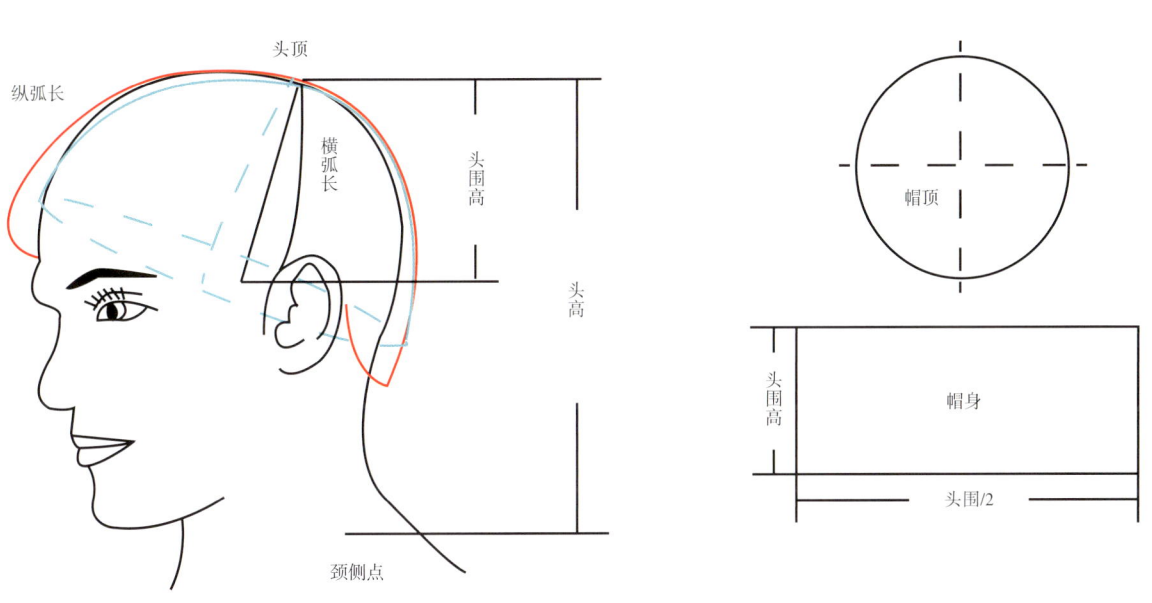

图五 藏族珍珠冠设计分析图

第二章 藏族传统服饰

151

图六 藏族珍珠冠穿戴效果图

青海玉树藏式女帽

图一　青海玉树藏式女帽主图

藏族传统帽饰在藏语里称为"霞帽"，一般分为夏帽和冬帽，按其特性又可分为普通帽、官帽、僧人帽、军人帽和艺人帽五大类。青海玉树地区藏式女帽以冬帽，即羔皮帽较为典型，窄小的帽筒是其特色。

青海玉树藏式女帽多流行于玉树牧区，整体呈盘形，直径约40厘米，高约13厘米。其内衬为连毛羊羔皮，选用当地纯色羊羔皮制作，帽顶由金丝缎面和织锦面拼接而成。位于帽子正中的窄小帽筒用于固定帽子。帽面之上的织锦面料绣有植物花卉纹样，取材于大自然，但其形态较之自然植物更为生动，富有美感，表现出藏民对大自然的赞美和崇敬之情。帽面的整体用色大胆鲜明，藏蓝色、黄色和红色形成强烈对比，极富高原特色。该类羔皮帽保暖性虽不如狐皮帽，但因成本较低且兼有防晒功能，所以也适合在夏季佩戴。

藏帽的形态和材质各异，案例中的这款藏式女帽造型优雅简洁，用料精致且纹样生动优美，同时用色典型，对比度强烈，不仅具备实用功能，更富有造型美感。

图片来源
图一　刘佳　摄影
图二至图六　杨安琪　制图
参考文献
南卡太.藏帽.西藏民俗,2000(3):5—8.

图二 青海玉树藏式女帽尺寸图（单位：cm）

藏蓝色：蓝色为空性无色，却又宛若天空，象征吉祥富足
黄色：黄色代表诸业之增长和兴旺，同时象征着土地。黄色也象征高贵
红色：红色象征怀业。表示超脱、追求精神的愿望

图三 青海玉树藏式女帽色彩分析图

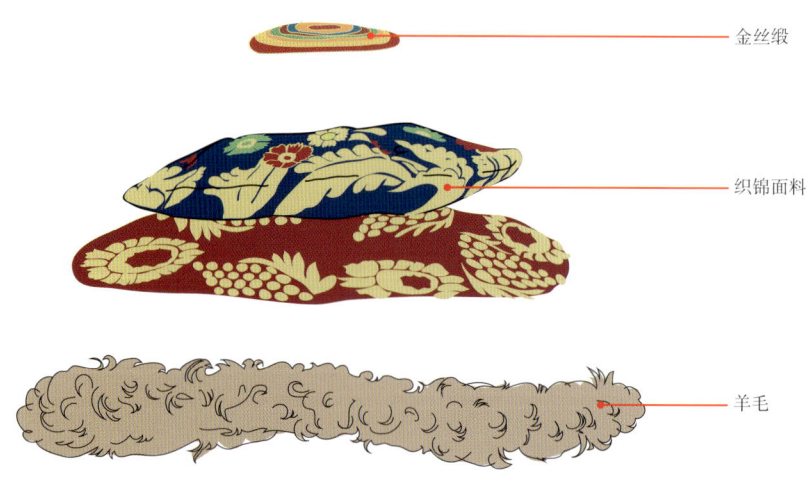

金丝缎

织锦面料

羊毛

图四 青海玉树藏式女帽材质分析图

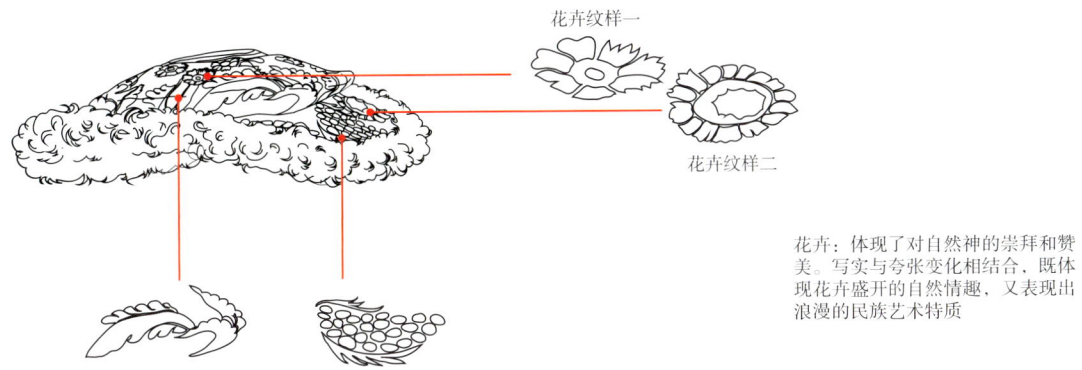

花卉:体现了对自然神的崇拜和赞美。写实与夸张变化相结合,既体现花卉盛开的自然情趣,又表现出浪漫的民族艺术特质

图五 青海玉树藏式女帽纹样分析图

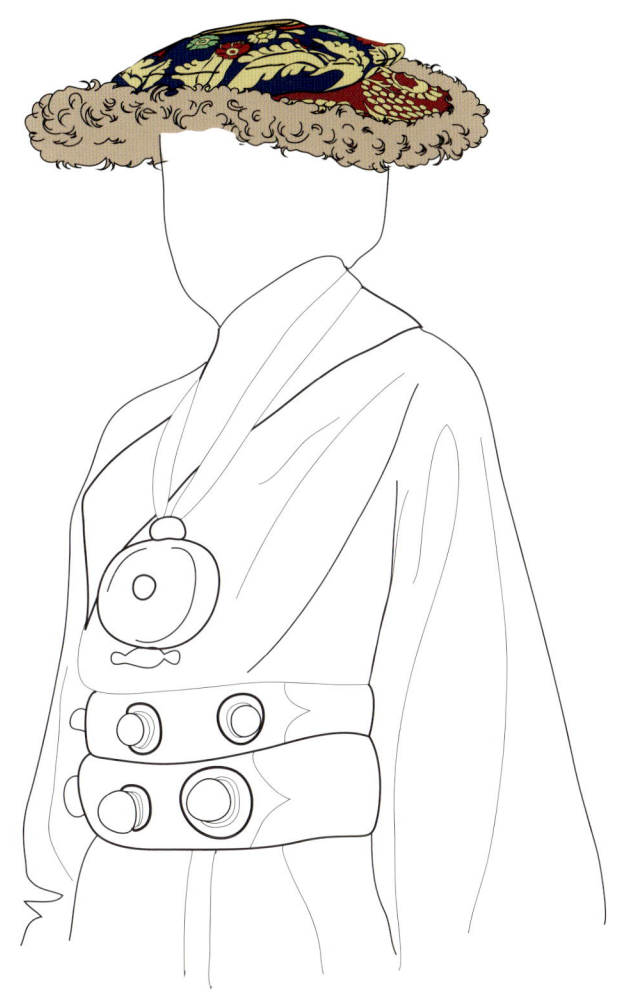

图六 青海玉树藏式女帽穿戴效果图

第二章 藏族传统服饰

155

藏族女子帮典

图一　藏族女子帮典主图

　　帮典是藏族富有地域特色的妇女传统服饰，藏语中亦称作"邦典""邦垫""邦单"等，意为"围裙"，被藏族妇女系在腰间，是藏族服饰的标志之一。手工编织的毛织围裙在西藏各地区均普遍流行，但其形制和纹案因地域的差异而非常明显。过去，帮典多为已婚妇女系戴，如今未婚的姑娘们也开始系戴了。每逢藏族的节日庆典，藏族妇女将其系于腰间，众人环绕在一起，色彩斑斓，明艳动人。

　　本案例为拉萨地区女子帮典实例，用三幅色彩排列如彩虹一般的氆氇拼制而成，制作氆氇的原材料多为羊毛，通过纺线、染色后用织机织成条带状，再将数条织带缝合成较大的长方形，内加里子，最后在其上端的两侧加上绑带。该帮典的纺织技术精湛，色彩丰富且搭配和谐，在使用阔条对比色条带的同时加以较细的同色系条带进行组合，达到一种巧妙的色彩调和。此外，这些条带以组为单位配置，形成了典雅的风格。因帮典穿戴方便、便于清洗和晾晒，得到藏族妇女的喜爱，从而其制作工艺也得以代代相传。

帮典作为重要的配饰是藏族传统服饰中不可或缺的部分，是将美观性和实用性集为一身的服装设计典范。因其拼色技艺的华美已被现代服装设计和产品设计广泛借鉴，在家居产品中常见的挂毯、窗帘等均是提取了帮典的经典配色工艺，深受消费者的喜爱。

图片来源
图一、图五、图六　刘佳　摄影
图二至图四　马君　制图

参考文献
杨清凡,王尧.藏族服饰史.西宁:青海人民出版社,2003:208.
杨源,何星亮.民族服饰与文化遗产研究——中国民族学学会2004年年会论文集.昆明:云南大学出版社,2005:275.

图二　藏族女子帮典尺寸图（单位：cm）

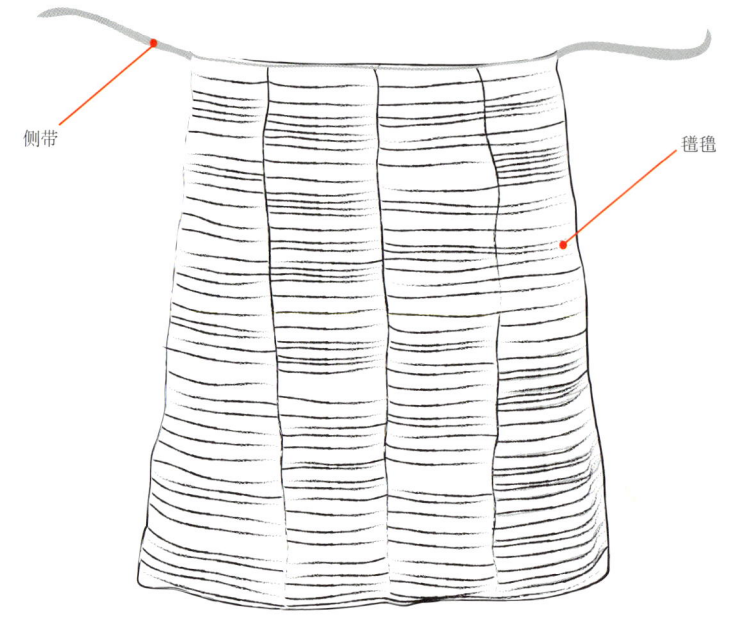

图三 藏族女子帮典材质分析图

羊毛纺线,经过染色,织成条状,拼接而成

图四 藏族女子帮典工艺分析图

第一步 挑选上好羊毛线
第二步 将纺线染成需要的颜色
第三步 分层次加工成条状氆氇
第四步 将条状氆氇拼接成形

图五 藏族女子帮典制作流程图

图六 藏族女子帮典穿戴效果图

第二章 藏族传统服饰

甘南藏族巴扎

图一　甘南藏族巴扎主图

巴扎是西藏妇女常穿的服饰之一，有长袖、短袖，对襟、缺襟与偏襟之分。一般多为无领，衣长较短，至腰部以下，以直筒式的阔襟为典型，用拼接、刺绣等手工技艺制作而成，大部分以深色作为底色。巴扎通常为四开片，前后各两片，在缝制时需保证面料花纹的完整性，后片也可以合并成一整块面料。藏族传统巴扎常选用绒面布料，也有用印有花案的棉布、精美的丝绸等，其上的装饰性图案明丽丰富，或精细繁复，或大气简约，与当地女子色彩缤纷的头饰、配饰相呼应，具有较强的地域特色。

相对其他藏区而言，青海甘南地区的巴扎式样简洁大方，圆领、无袖和对襟是其显著特征。本案例为当代制作拥有传统形制的甘南巴扎，服饰版型简约，为无袖圆领对襟，内有暗扣，腰身呈直筒式，下摆平直。该件巴扎采用黑色为底色的织花缎面面料，纹样精细，以两种基本纹样交叠重复再排列组合，形成四方连续的织花纹案，从而丰富了面料的质感。内部里衬为浅蓝色丝质里料，无夹里，适合夏季穿着。

巴扎整体造型类似于汉族的背子——马甲，从穿着方式和剪裁形式来讲都相当简洁明了，与藏袍搭配，既满足审美需要，又不受宽大衣袖的限制。所采用的四方连续纹样的刺绣技术，更是为现代服装纹样的设计提供了良好借鉴。

图片来源

图一至图五　马君　制图
图六　刘佳　摄影

参考文献

散人.甘南藏族服饰.西藏民俗,1995(1):20—24.
李振翼.绚丽多彩的甘南民族服饰.西藏艺术研究,1994(4):53—54.

图二　甘南藏族巴扎尺寸图（单位：cm）

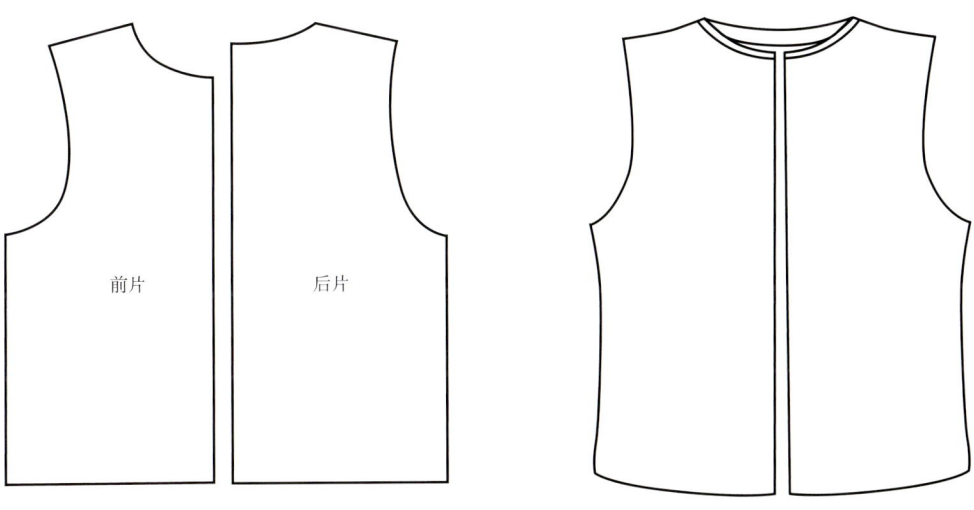

图三　甘南藏族巴扎结构分解图

图四　甘南藏族巴扎纹样分析图

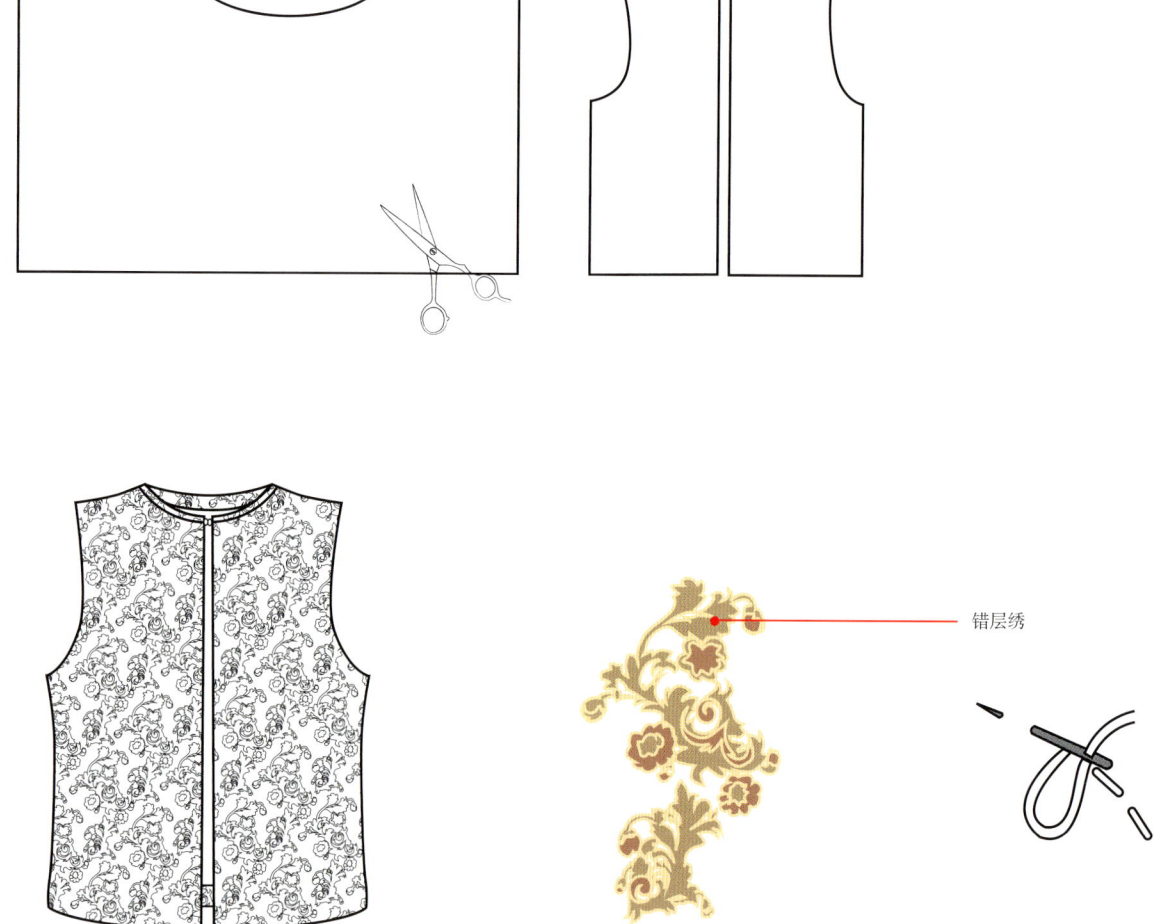

图五　甘南藏族巴扎工艺分析图

图六　甘南藏族巴扎穿着效果图

青海黄南藏族自治州男式藏袍

图一　青海黄南藏族自治州男式藏袍主图

藏袍是藏族人的日常衣着，这种穿衣习俗与西藏的高原气候有着密切的联系。青藏高原昼夜温差很大，天气多变，即使是在夏季，清晨和夜晚也较寒冷。所以西藏农牧地区牧民早晨外出时要穿着保暖的藏袍，到了中午炎热难耐之时，只得穿一只袖子，甚至两只皆不穿，将其系在腰间。日落时分，天气又逐渐变冷，复又将两只袖子都穿上。

藏袍的基本特征为右衽大襟，袖长等同身长，袍长过体，使用腰带固定，其中腰襟宽大，袖子肥长，在衣领、袖口、襟边、下摆等多处以动物细毛皮、手工氆氇或棉布镶边。制作藏袍的面料为整幅，前后并无拼接，藏民很早就形成了包裹人体整个躯干的立体裁剪意识。穿着藏袍时，需把长袍顶于头上后，在腰间系一条蓝色、绿色、红色或者雪青色的腰带，垂下的袍服稍长过膝盖，胸前部分可作为行囊使用，通常内装随身日常用品，如餐饮具木碗、酥油盒等，必要时刚出生的婴儿也可裹入其中。本案例为青海黄南藏族自治州男式藏袍，衣长与袖长均约165厘米，该袍生产于现代，为传统的藏袍样式。

藏袍特点鲜明，其穿着方式以及服饰特征与地理自然环境是分不开的，这种设计的灵活性和因地制宜的思想对当代以及未来的设计理念具有重要的启示。

图片来源
图一至图五　马君　制图
图六　刘佳　摄影

参考文献
散人.甘南藏族服饰.西藏民俗,1995(1):20—24.
李振翼.绚丽多彩的甘南民族服饰.西藏艺术研究,1994(4):53—54.

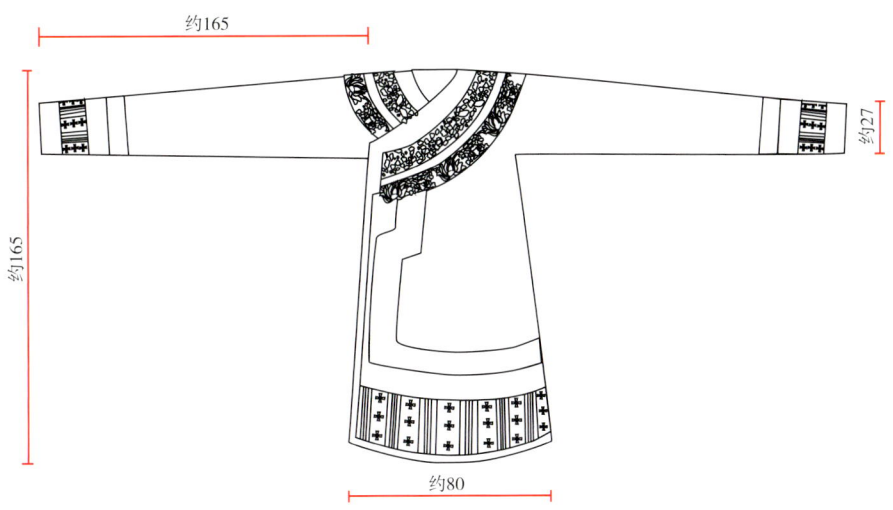

图二　青海黄南藏族自治州男式藏袍尺寸图（单位：cm）

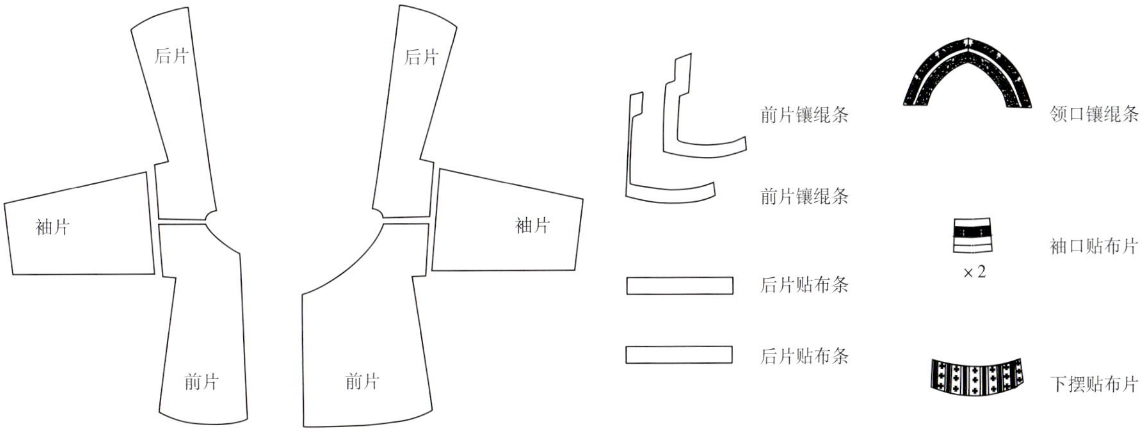

图三　青海黄南藏族自治州男式藏袍结构分解图

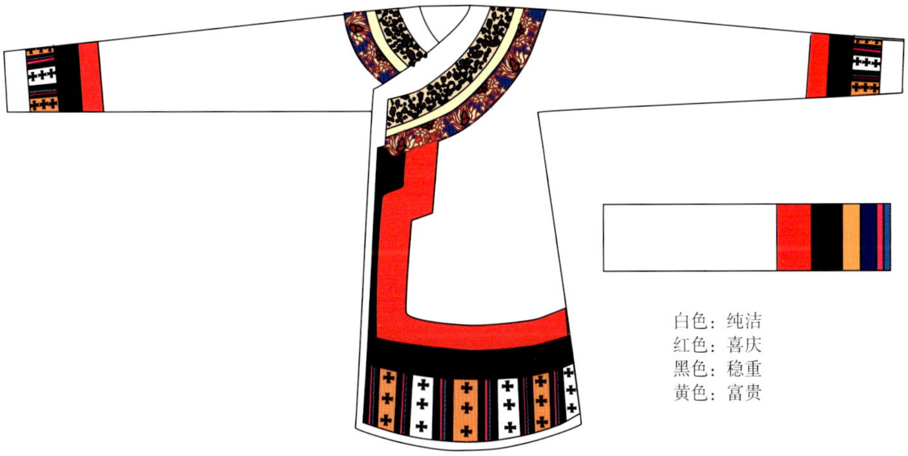

白色：纯洁
红色：喜庆
黑色：稳重
黄色：富贵

图四　青海黄南藏族自治州男式藏袍色彩分析图

第二章　藏族传统服饰

165

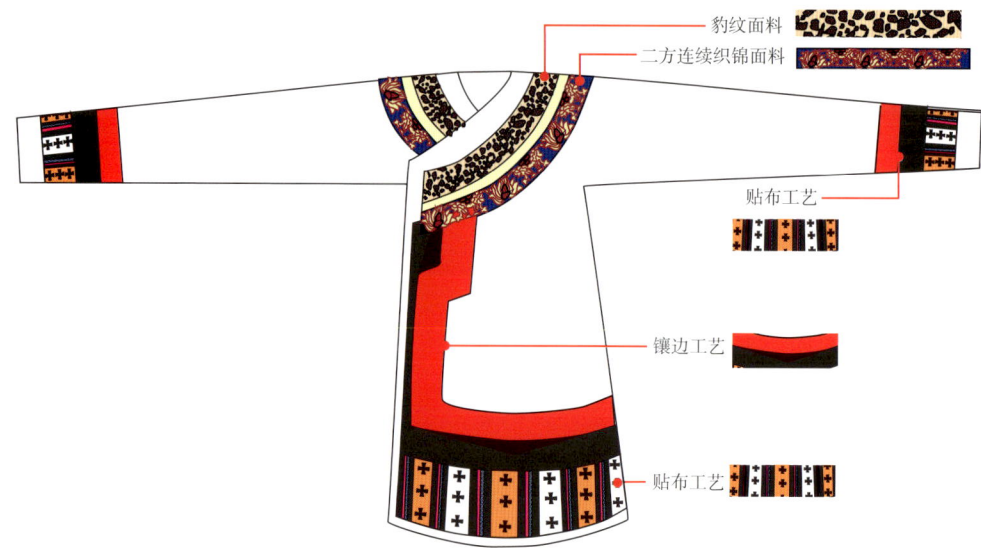

图五　青海黄南藏族自治州男式藏袍工艺分析图

图六　青海黄南藏族自治州男式藏袍穿着效果图

青海果洛女式藏袍

图一　青海果洛女式藏袍主图

藏族服饰在样式、结构搭配等方面都比较讲究，尤其讲究色彩的对比与协调。依据服饰的材质，可分为布袍、夹衫袍、呢料袍、氆氇袍、羊皮袍和羔皮袍等。藏区牧民有时需在外夜宿，常将宽大的袍子作为睡袋使用，只需将腰带解下系于襟底，再提拉袍领至头顶即可。藏袍一衣多用，是藏区人民不可或缺的日常服饰。

本案例是青海果洛地区典型的女式藏袍，衣襟肥大、右衽、长袖、无兜，是一种无须量体裁衣的直筒型服饰。此款藏袍较为注重边饰，在袖口、襟边、襟底均缝有贵重的毛皮和多色丝绸绲边。这类服饰虽无口袋，也不用纽扣，但具有强大的存储功能。穿着藏袍通常要系一根腰带，然后将腰部以上向上拉出类似行囊的空间，可用来盛装日用品或兜放婴儿，为日常生产劳动提供便利。女子穿着藏袍时，束腰后一般将较长的袍子稍稍上提，使袍摆正好可以遮至踝关节。女式藏袍款式多样，尤其是面料和边饰方面各地域皆有各自的特色。其中袖口长出手指30多厘米，袍摆长出脚面十多厘米，用绿、红、黑三色的色带饰边，也有用豹皮饰边的例子。

藏袍多用毛皮、氆氇，各种棉、缎、呢、绒等天然舒适的选材，其穿着方式根据不同需求展现了一件服饰多种穿法的特征，符合地域自然条件和文化的需求。

图片来源
图一至图四　马君　制图
图五　刘佳　摄影

参考文献
王丽珺,刘瑞璞.藏族袍服结构的智慧.服饰导刊,2013(3):78—81.
任丽娜.古朴典雅的藏族服饰.艺术设计研究,1993(1):27—28.

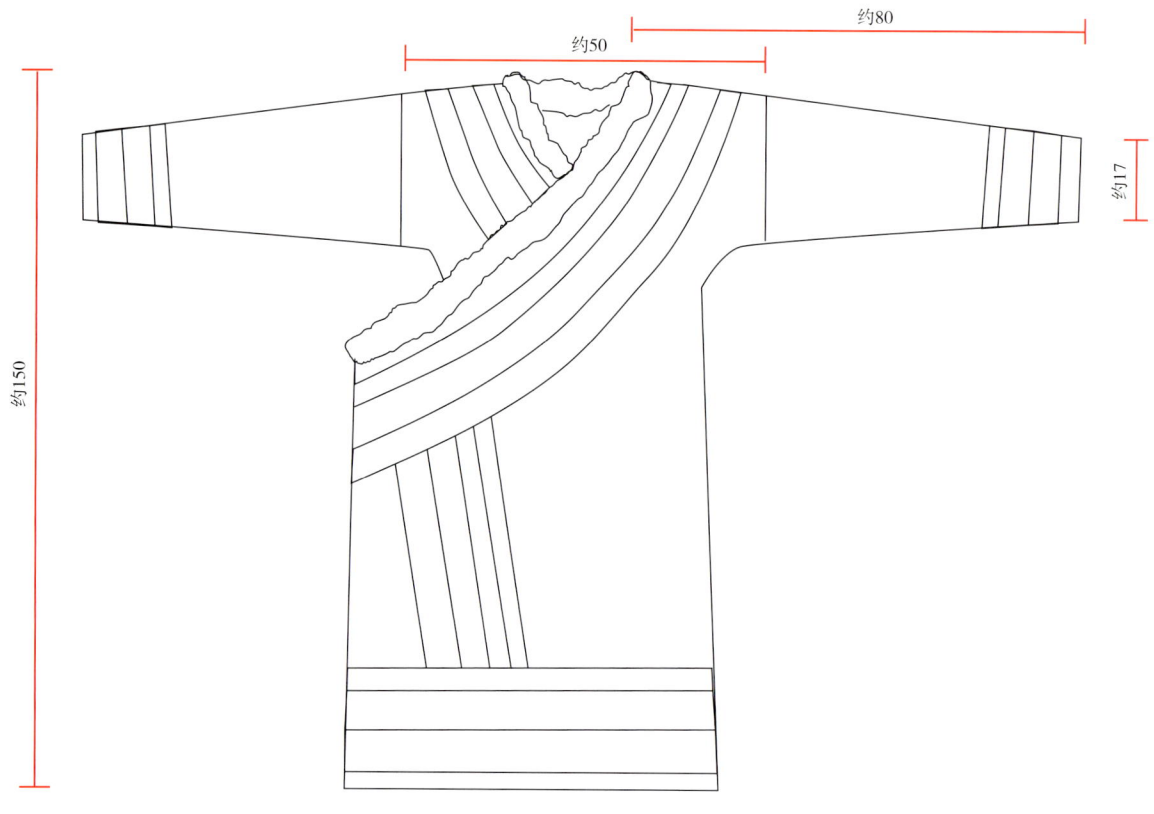

图二　青海果洛女式藏袍尺寸图（单位：cm）

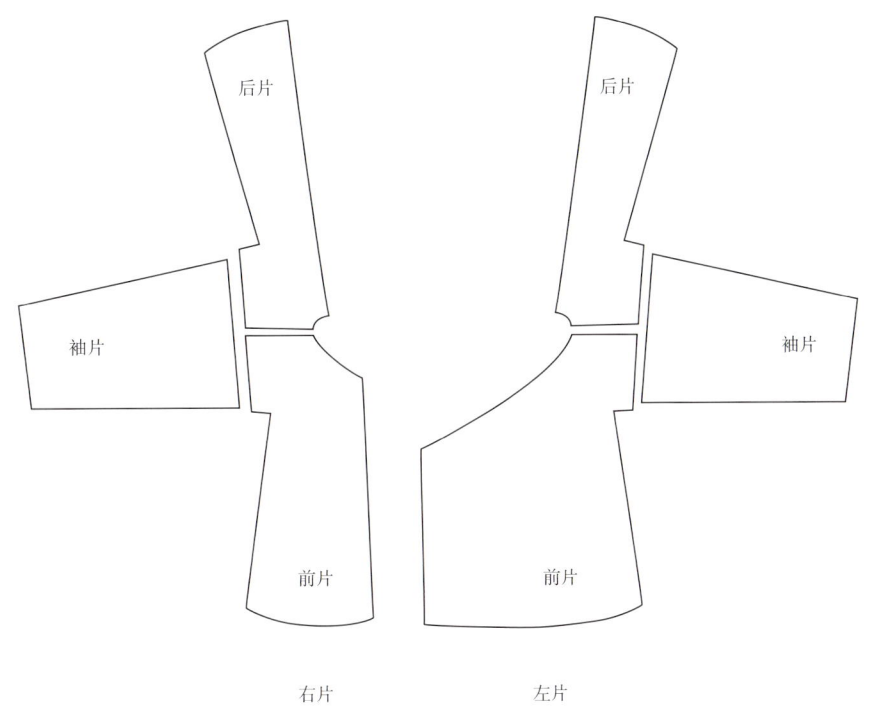

图三　青海果洛女式藏袍结构分解图

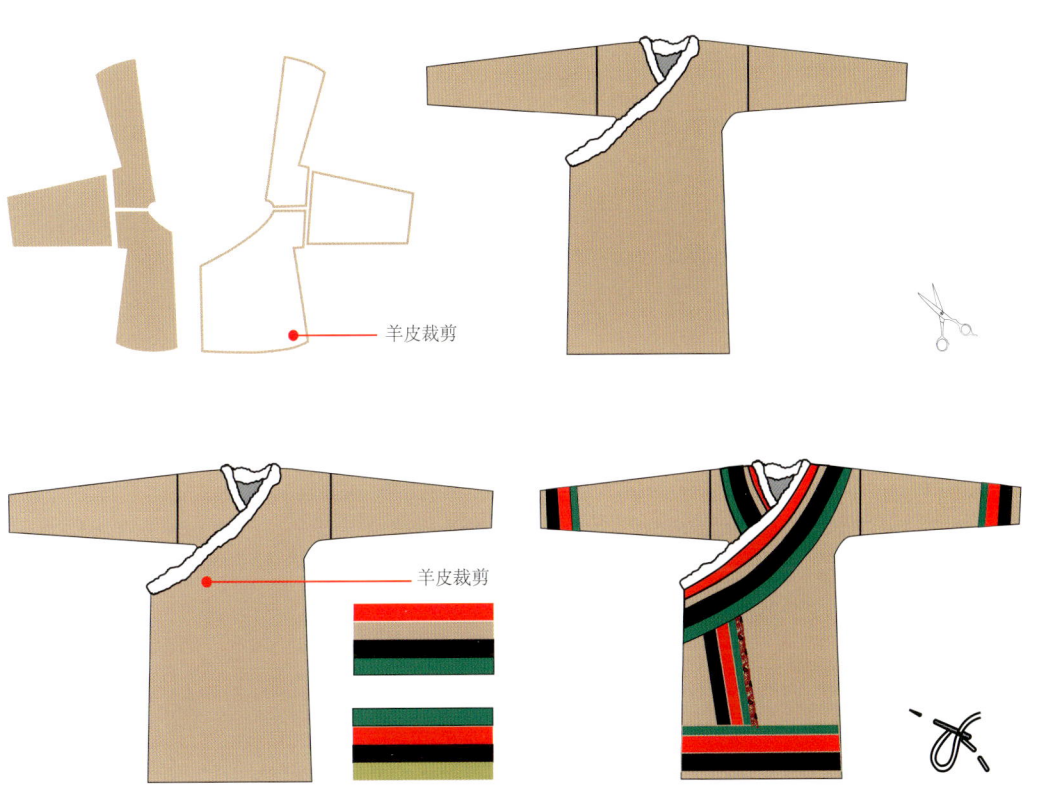

图四　青海果洛女式藏袍工艺分析图

图五　青海果洛女式藏袍穿着效果图

林芝藏族女式古绣

图一　林芝藏族女式古绣主图

西藏林芝地区是一个以藏族为主体的多民族共同生活的地域，生活习俗等方面与其他藏区大同小异，但在服饰方面颇具地域特色，男性和女性皆常穿一种藏语称为"古绣"（也有称"谷秀"）的套头长坎肩。这种服饰多由用羊毛手工捻线制作的氆氇裁剪而成，在历代的发展中逐渐出现了缎面的镶贴和花案的刺绣，越来越华美。这种服饰体现了其源于狩猎生活的传统，是该地域民族文化的重要组成部分之一。

过去林芝地区藏民大都以打猎为生，生活必需品都取自山林。本案例为较典型的林芝地区古绣式样造型，其制作工艺相对简单。早期古绣是由两张动物的皮毛缝在一起在领口处掏出一个洞，再用腰带系于腰间便成了最简单的衣服，不仅穿着方便，还能保暖隔潮。在户外活动时还可以铺在地上，当软垫使用。古绣作为日常服饰和劳作时穿着

第二章　藏族传统服饰

的"工作服",不论男式女式均使用普通面料缝制,所以做工比较简单。夏款古绣多以氆氇缝制,冬款则用毛皮缝制,颜色以深色为主,通常是黑色和紫色。这种用氆氇或毛皮缝制的套头长坎肩,通常搭配色彩明快的圆筒形燕尾工布帽。

古绣在服装造型方面选材考究,面料收腰剪裁,穿戴大方简易,以简洁的形制体现出独具特色的藏族服饰设计,可供藏族人在劳动时穿着,既具有较强的功能性,又反映了当地的地域特色。

图片来源
图一　刘佳　摄影
图二至图六　马君　制图

参考文献
王雯,徐云浩.论藏族服饰的分类及特点研究.广西轻工业,2011(12):115—116.

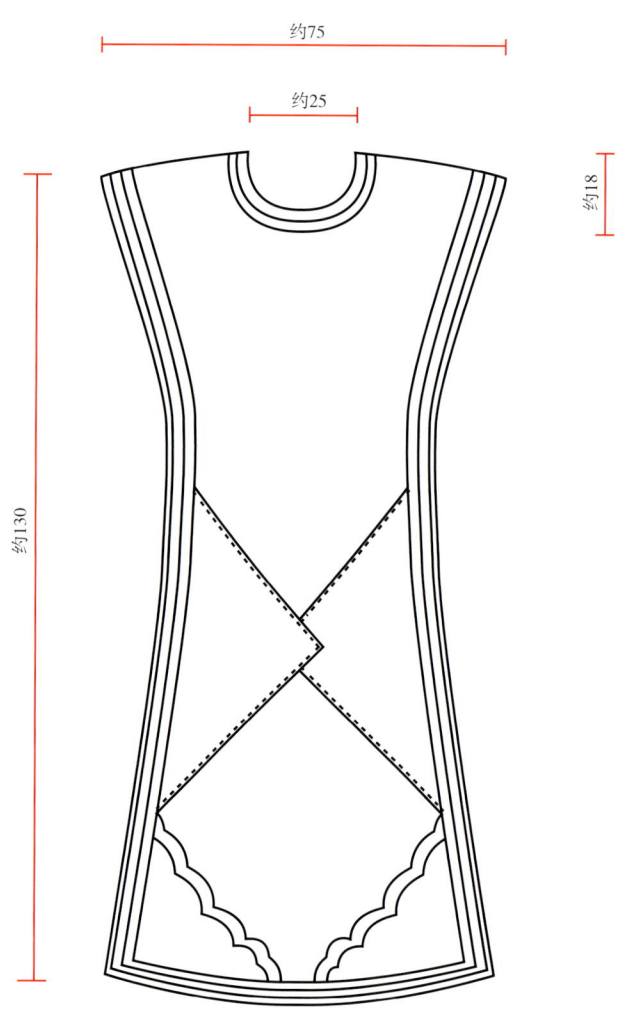

图二　林芝藏族女式古绣尺寸图(单位:cm)

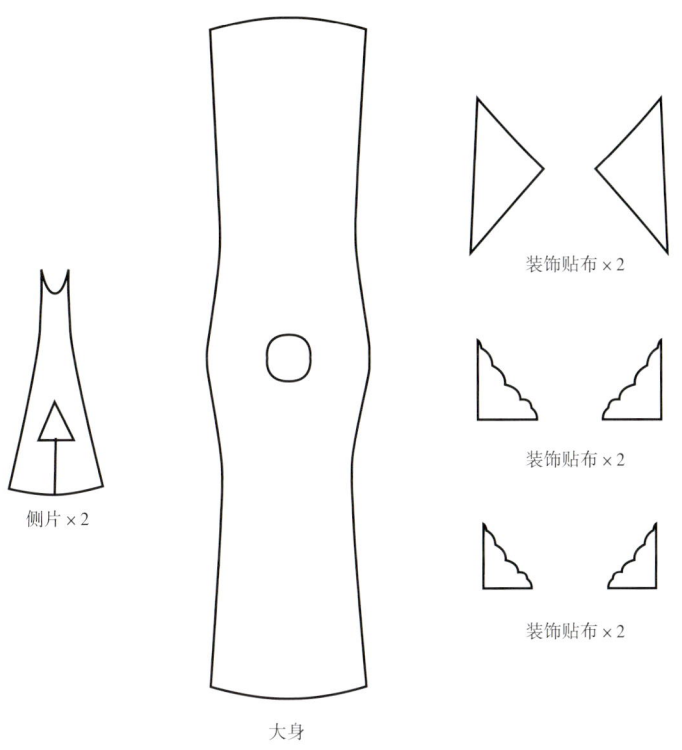

图三　林芝藏族女式古绣结构分解图

图四　林芝藏族女式古绣局部分析图

第二章　藏族传统服饰

氆氇

缀绣

镶边

刺绣图案

图五 林芝藏族女式古绣工艺分析图

图六 林芝藏族女式古绣穿着效果图

阿里普兰藏族女式羔皮袍

图一　阿里普兰藏族女式羔皮袍主图

阿里普兰地区处于西藏自治区的西南部高寒地带，纳木阿比峰与那尼雪峰之间的孔雀河谷地。由于这里地形狭长、相对封闭，地区服饰依然保留了部分吐蕃时期的特征，常见斗篷、毡帽之类的服饰形态。

阿里普兰地区的女式孔雀服又称"飞天服饰"，以其仿照孔雀开屏时绚丽的色彩及搭配使用的奢华配饰著称，穿着者头戴月牙状掩面珠帘冠，单肩披挂相似装饰，颈项处则佩戴红珊瑚串制而成的宽项圈，胸前及腰部垂挂层层叠叠的珊瑚、琥珀、松石等饰物，背部披挂阿里地区盛行的羔皮袍。本案例即为阿里地区普兰县的女式羔皮袍，整件长136.5厘米，宽107厘米。内里为羊羔皮制成，外部使用不同花色的绸缎层叠拼接，上沿及左右边缘镶缝窄边水獭皮，下摆处则以垂状五彩色带做点缀。此羔皮袍的色彩十分丰富，以白、蓝、红、黄、绿为主要颜色，象征着白云、蓝天、雪山、绿草等，是藏族人自然崇拜的一种体现；另外此五色也是原始苯教中五种本源的象征色，五种颜色相交融汇，寓意吉祥与祝福。本例表层皆为锦缎所制，纹样则以龙纹及祥云图案为主，兼有汉族服饰的特征，通常用于婚嫁及歌舞时与名贵繁复的配饰一起使用。

由于阿里普兰地区生活环境、交通情况等原因，女式羔皮袍在颜色、纹样使用上都保留了较为原始的宗教色彩。如今随着生活条件的改善，羔皮袍的颜色与材质也逐渐丰富。

图片来源
图一、图六 刘佳 摄影
图二至图五 李亚平 制图

参考文献
李欣华.解析西藏民族服饰文化的审美特征.天津工业大学博士学位论文,2008.

图二 阿里普兰藏族女式羔皮袍尺寸图（单位：cm）

蓝色代表天空和琥珀，象征神秘和高远
红色代表力量，表示精神超脱
黄色代表光明和希望，寓意丰收富贵
绿色代表草原，寓意生机和活力
金银色代表富贵庄重
白色代表吉利和祥瑞，是善的使者

图三　阿里普兰藏族女式羔皮袍色彩分析图

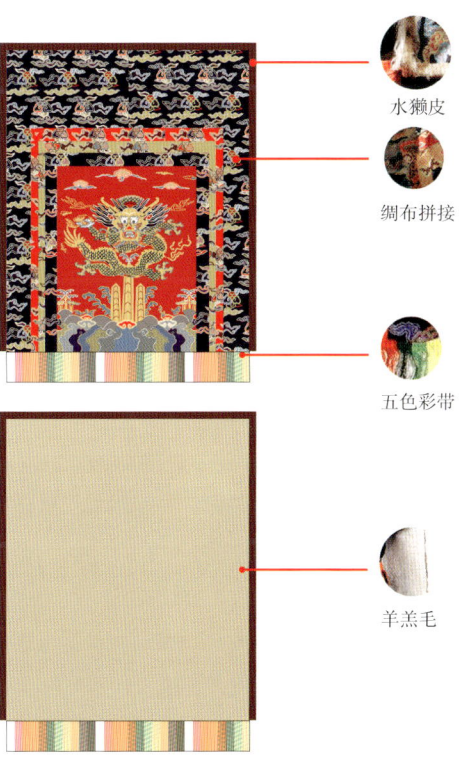

水獭皮

绸布拼接

五色彩带

羊羔毛

图四　阿里普兰藏族女式羔皮袍材质分析图

第二章　藏族传统服饰

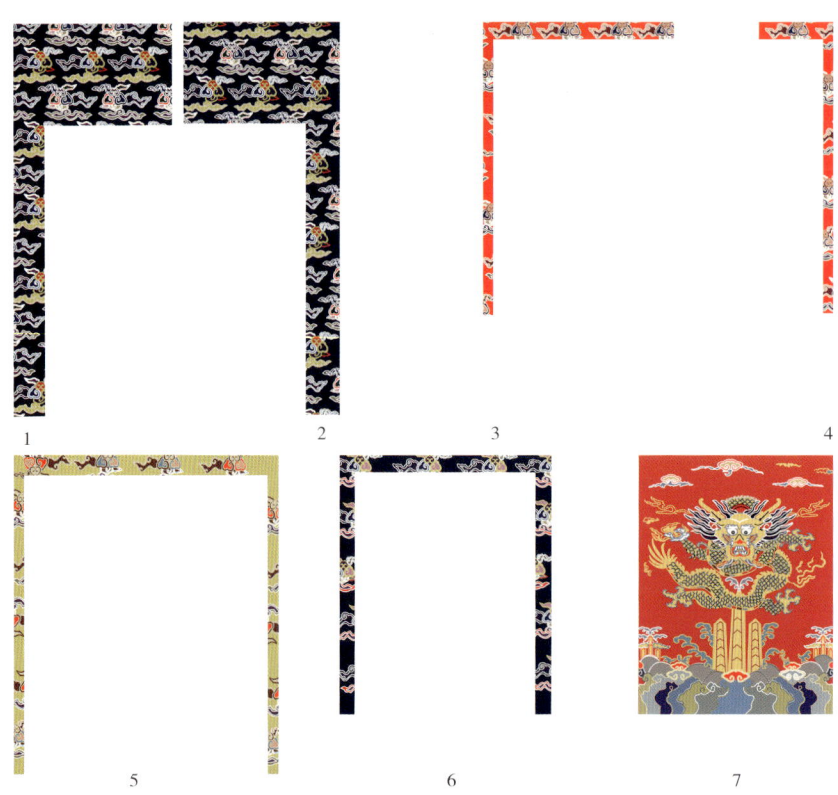

图五　阿里普兰藏族女士羔皮袍平面结构分析图

图六　阿里普兰藏族女式羔皮袍穿着效果图

藏族牧区男式盛装

图一　藏族牧区男式盛装主图

　　在藏族地区，一般有虎豹皮镶边的藏袍被视为盛装。吐蕃王朝时期以被赐予虎豹皮为荣耀的象征。时至今日，虎豹皮镶边的藏袍已逐渐成为男式盛装的标志，也是一种财富的外在象征，是民族图腾积淀的古老信息。

　　藏族牧区男式盛装面料质地一般比较厚重，总体结构特征为交领，右衽大襟，袍体较为肥大宽松，衣长在藏袍中略显短，腰身为直筒，下摆微张，袖子长且宽大，其中在领子、大襟的边缘以及袖口和下摆均饰有大块虎豹皮镶边。该类藏袍的主体结构一般分为前片、后片、袖子、领子。其大襟外部多用整块布幅直线裁剪，但里襟布料布幅并不完整，是用边角料拼凑而成，基本没有章法。此外，牧区男式盛装的藏袍饰边具有一定的象征意义，它们的存在不仅从细节上装饰了藏袍，更表露着主人的身份和财富。

藏族传统牧区男式盛装样式对于现代视觉审美有着不可替代的参考价值，其灵活多变的"十"字形平面结构也对当代服装设计有着一定的启示。

图片来源

图一、图五　刘佳　摄影
图二至图四　苏玮　制图

参考文献

王丽娟.藏族典型服饰结构研究.北京服装学院硕士学位论文,2013:29.

田海英.藏族服装材质研究.美术大观,2010(9):74—75.

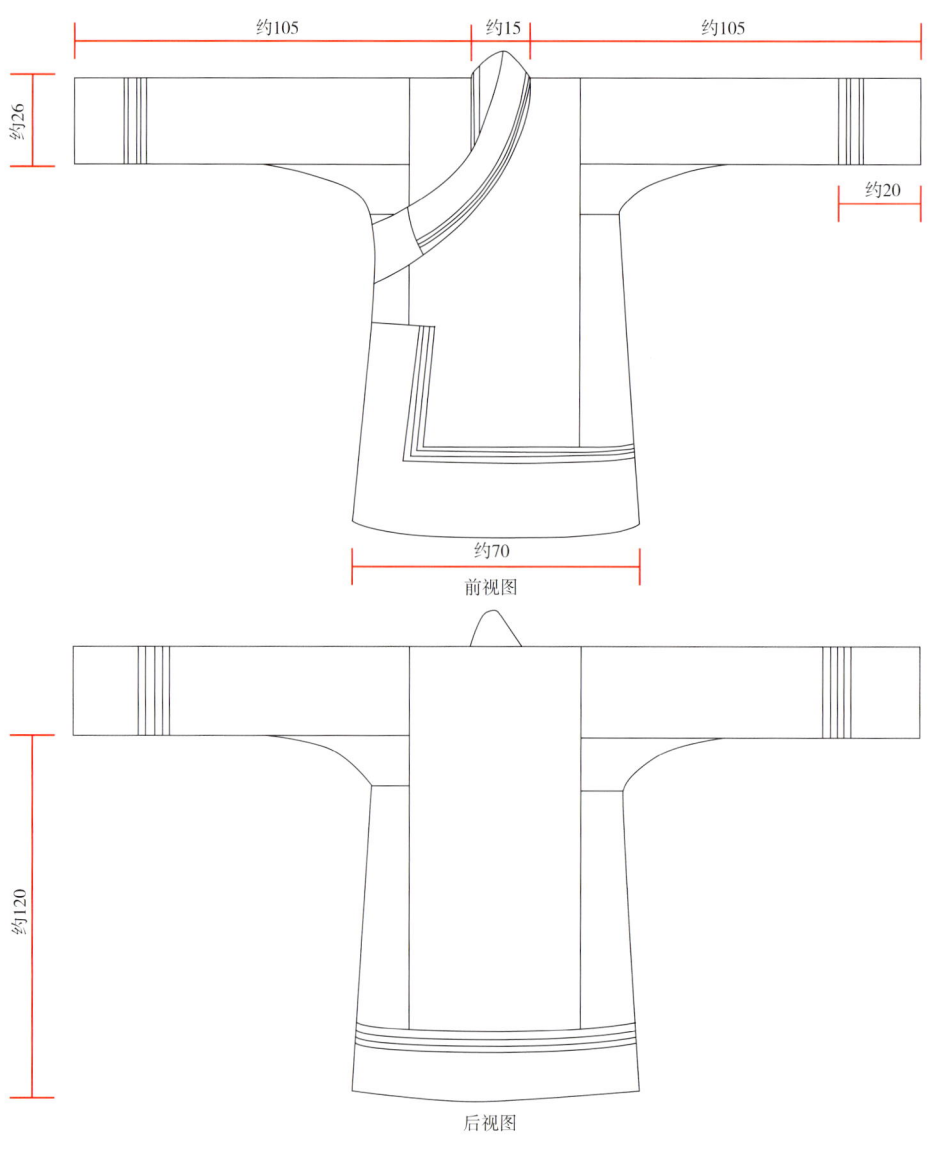

图二　藏族牧区男式盛装尺寸图（单位：cm）

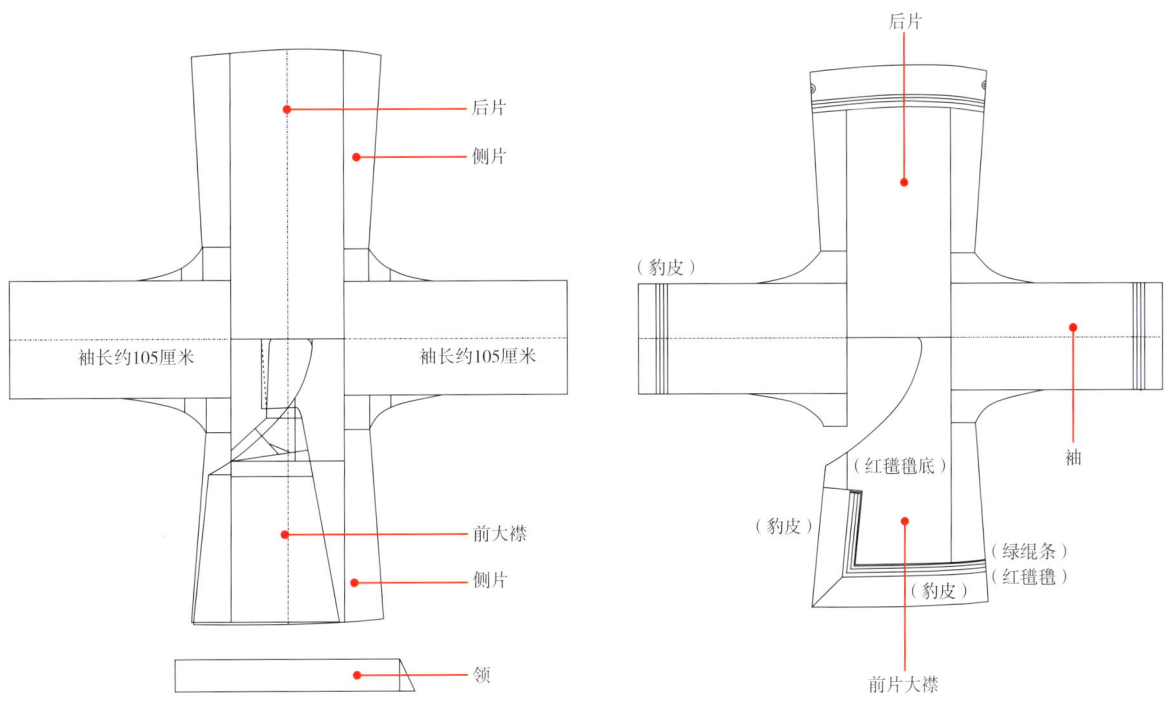

图三 藏族牧区男式盛装结构名称图

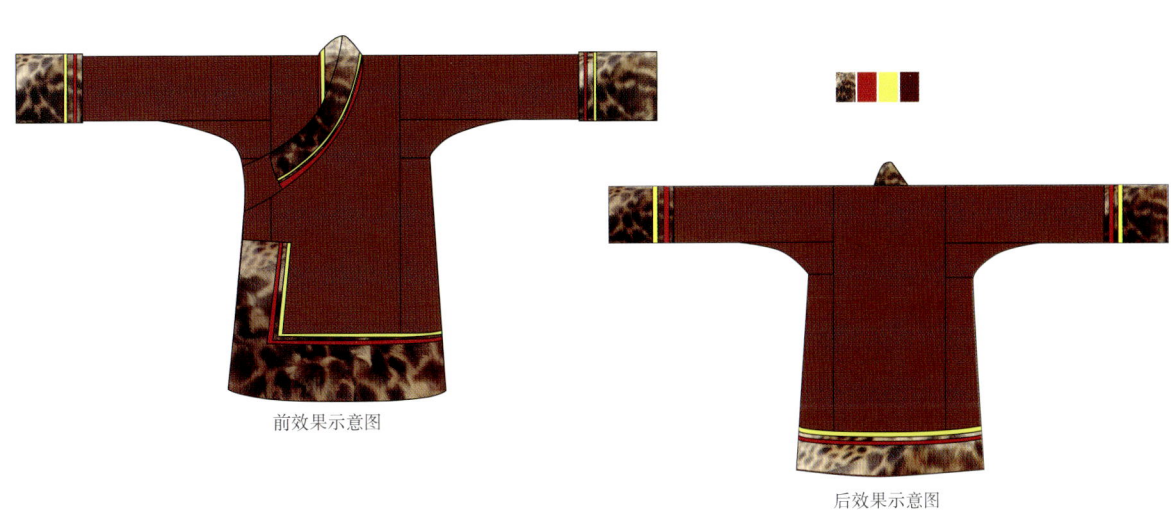

图四 藏族牧区男式盛装色彩分析图

第二章 藏族传统服饰

图五　藏族牧区男式盛装穿着效果图

藏族牧区女式盛装

图一　藏族牧区女式盛装主图

藏族牧区女式盛装较男式复杂，从妇女衣饰上可衡量出一个家庭的财富多寡。

藏族牧民多生活于辽阔无垠的藏北草原，该地区海拔高、风沙大、气候酷寒，故服装首先以御寒为目的，藏北草原盛产的羊皮是制作牧区服装的主要材料。这类羊皮袍由多条宽大的色带饰边，数量大多为5~7条，有黑、红、绿、紫等颜色。同时，妇女会将头发结成多条细辫或两三条大辫，将松耳石、珊瑚、珍珠、玛瑙、琥珀、彩玉以及金银饰品直接穿串固定在发辫中，颈胸悬挂着项链、金银"嘎乌"和皮制小袋，已婚妇女则戴白色螺片，象征爱情的纯真和丈夫的神圣。牧区女式盛装中居于视觉中心的是项链，藏语称为"戈尖"。牧区妇女多佩戴由20~40颗珠子串起的项链，珠子大小不等，串数多少依个人爱好与经济条件而定。

藏族传统牧区女式盛装的结构形态、色彩、纹样和配饰等方面均体现了在现代社会仍适用的美学理念。它作为藏族人在长期生产实践中创造出来的服饰蕴藏了丰富的含义与价值，展现出较高的艺术造诣、民族理想和精神追求。

图片来源
图一至图八　郝佳　制图
图九　刘佳　摄影

参考文献
桑吉才让.藏族服饰的地域特征及审美情趣.青海师专学报（教育科学）,2003(4):13—15.
李采姣.论藏族服饰的艺术特色.宁波大学学报（人文科学版）,2012(6):119—123.
李玉琴.藏族服饰的美学分析.西藏大学学报（社会科学版）,2009(2):46—53.
魏新春.藏族服饰文化的宗教意蕴.西南民族科学学报（哲学社会科学版）,2001(1):44—47+203.

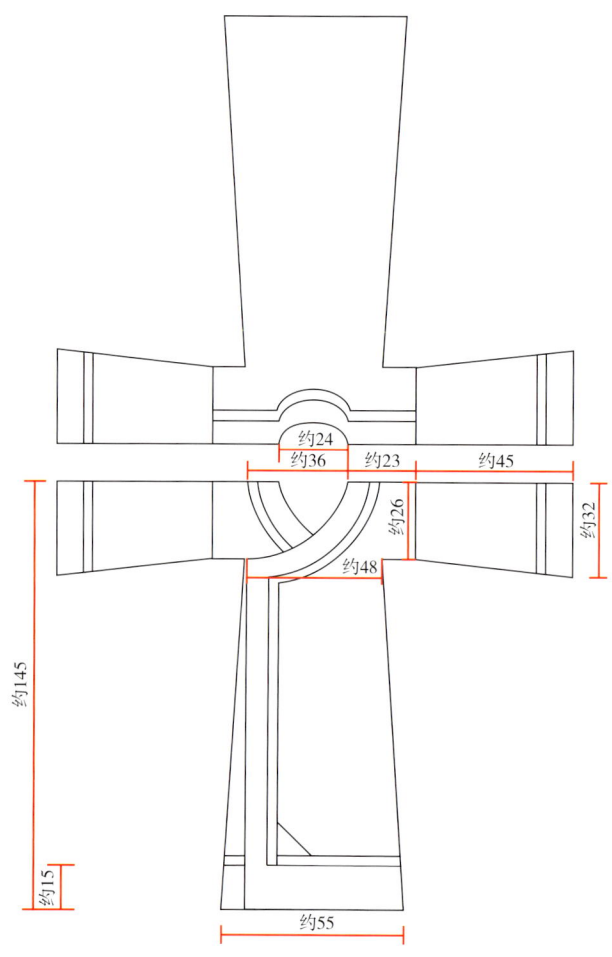

图二 藏族牧区女式盛装尺寸图（单位：cm）

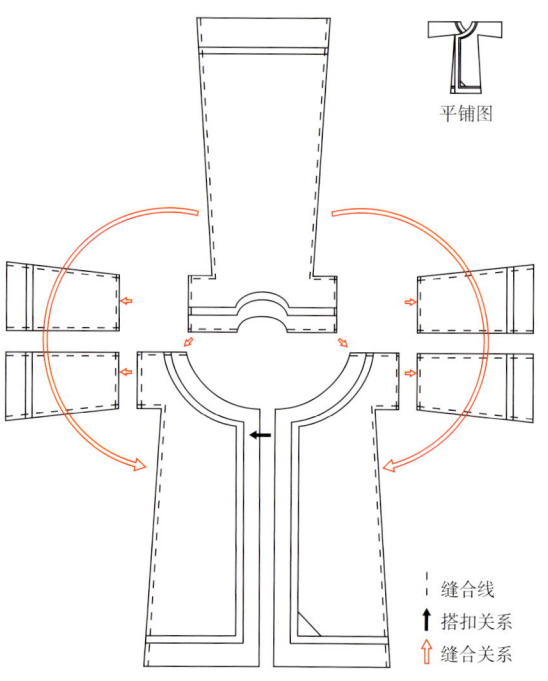

图三 藏族牧区女式盛装结构分解图

图四 藏族牧区女式盛装纹样分析图

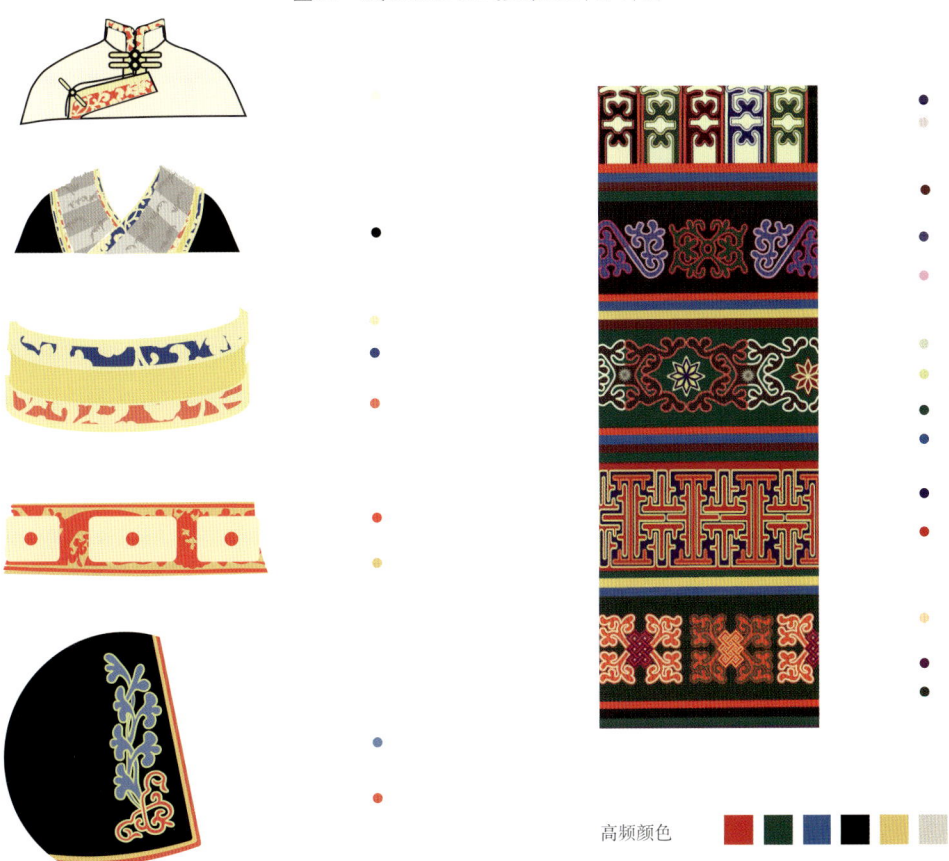

高频颜色

图五 藏族牧区女式盛装色彩分析图

第二章 藏族传统服饰

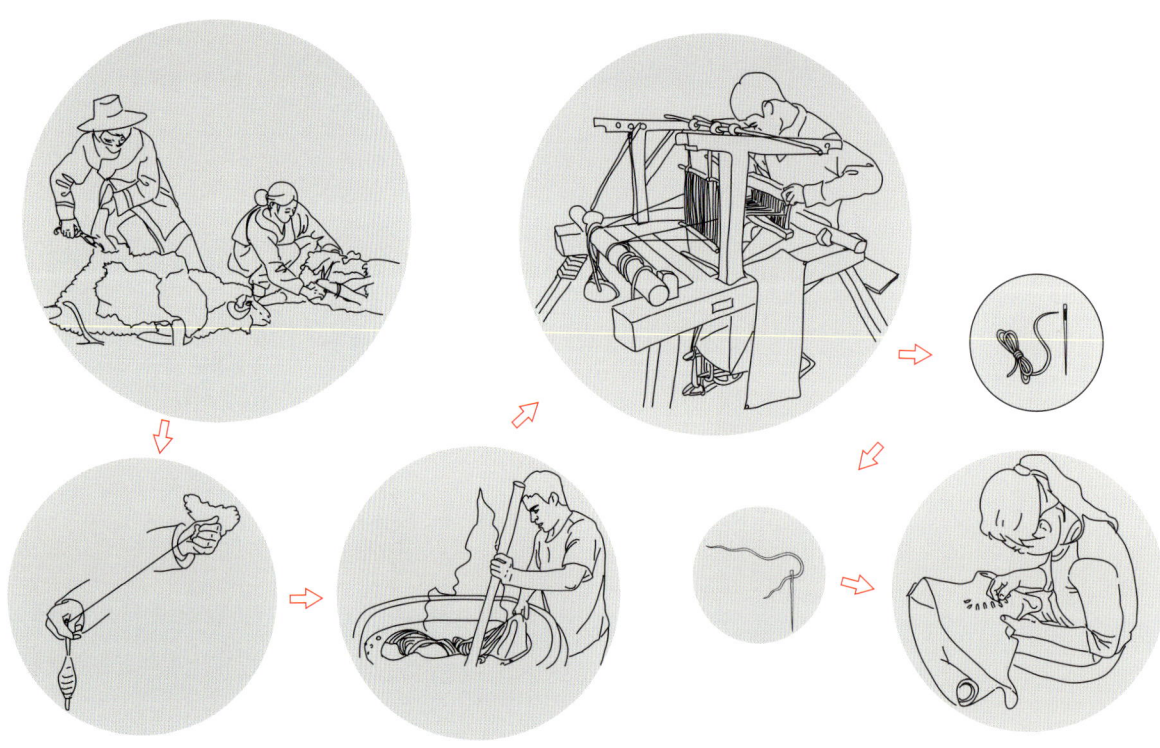

图六 藏族牧区女式盛装制作流程图

图七 藏族牧区女式盛装穿着步骤图

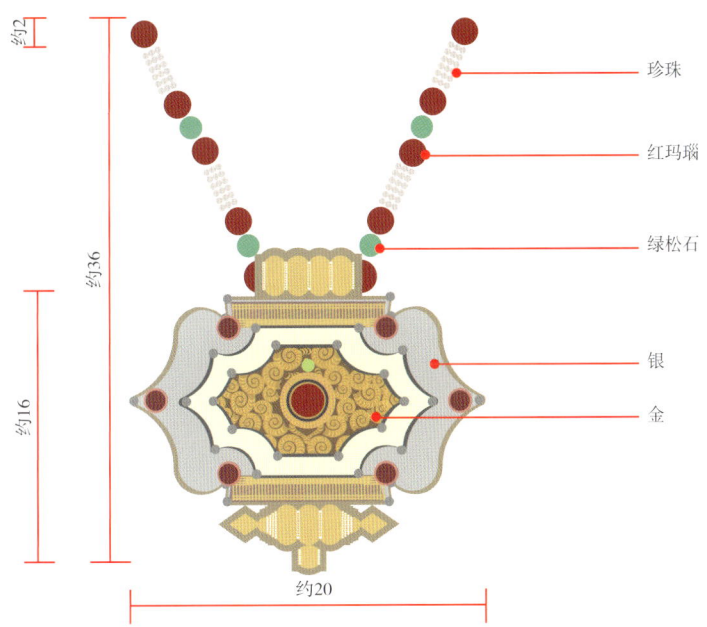

图八　藏族牧区女式盛装主要配饰（项链）（单位：cm）

图九　藏族牧区女式盛装穿着效果图

藏族松巴鞋

图一 藏族松巴鞋主图

因气候原因藏区民众普遍都穿靴子。藏靴可分为"松巴""嘉庆""嘎洛"三大类。其中,松巴鞋在大部分藏区都较流行,其严谨的制作技艺使得该类藏靴不但结实耐穿、御湿保暖,还兼具一定的审美需求,因此深受藏族同胞的欢迎。

案例所示松巴鞋可根据制作材料的质地及工艺的繁简程度分成几个等级,也可以分为男式、女式及童鞋等式样。制鞋的每道工序皆为手工,且由多人分工协作完成,对质量要求较为严格,如尺码需符合标准,缝线必须整齐,针码要均匀等。此外,纳靴底时要求针眼直径小于麻绳直径,且要拉紧麻绳,使其前后端正。每只靴底的针码数量需大于57针。松巴鞋的靴掌通常使用加工后的牛皮来制作,由多层布片叠加来纳制靴底夹层,其边缘包边用棉线裹缝。松巴鞋多为平底,底厚2~3厘米,筒高约33厘米,其后侧靴颈处均有向上的开衩,衩口边侧用彩绸镶裹,同时在靴筒和靴脸部分运用刺绣工艺绣上丝线花和彩线花。松巴鞋的男女款式形制相近,均由黑色、绿色和红色的氆氇相互拼接。较大的区别在于男式的靴底边侧用牛皮包裹,甚至没有任何装饰图案;女式的图案较为繁复,即使是在靴子侧面也需绣上图案花样。年纪较轻者所穿松巴鞋通常色彩丰富、形式活泼,而年长者多穿由纯白色氆氇缝制成的松巴鞋,整体风格简单明快。

藏靴是藏族文化外在表现的形式之一,是符号性的民族特征,其色彩和面料与其他藏族传统服饰相辅相成,藏靴的设计很好地适应了高原的气候条件,其高超而精湛的手工技艺对当代服饰制作有很好的借鉴和启发。

图片来源
  图一 刘佳 摄影
  图二至图六 马君 制图

参考文献
李玉琴.藏族服饰文化研究.北京:人民出版社,2010:27.

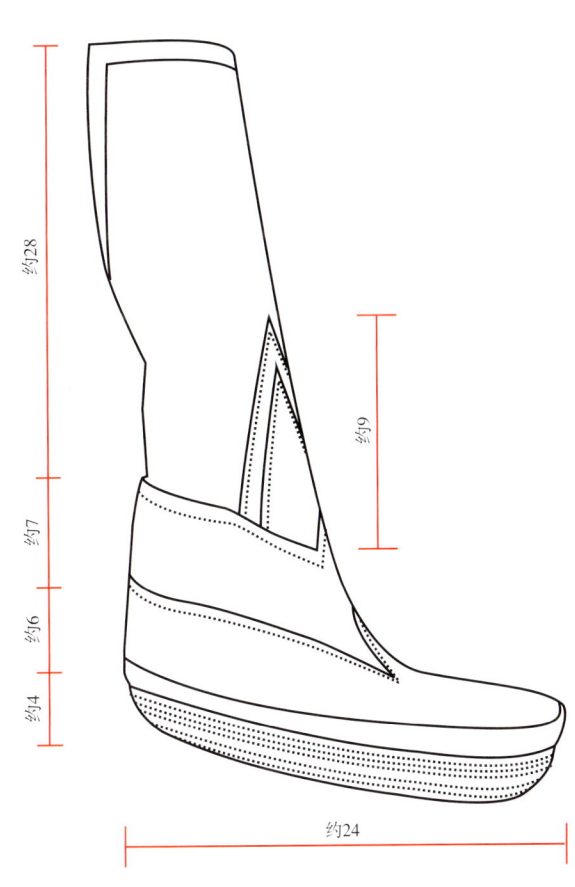

图二 藏族松巴鞋尺寸图(单位:cm)

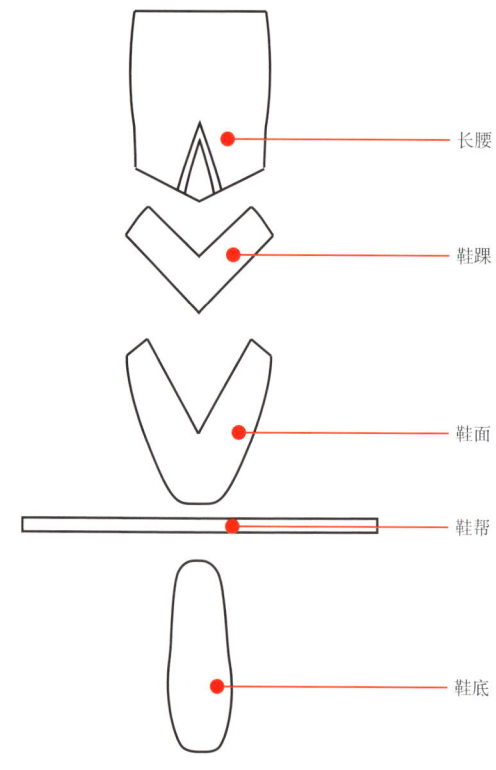

图三 藏族松巴鞋结构分解图

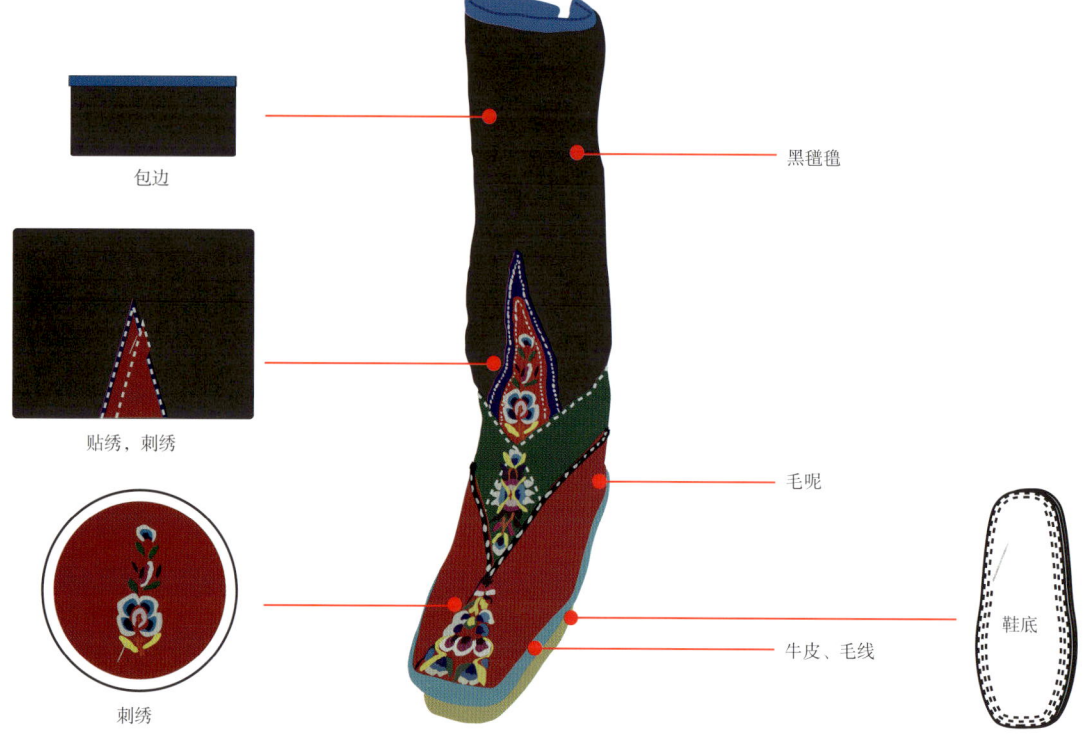

图四 藏族松巴鞋工艺分析图

拼接示意图

图五 藏族松巴鞋色彩分析图

图六 藏族松巴鞋穿着效果图

第二章 藏族传统服饰

藏族金质嵌珠宝嘎乌

图一 藏族金质嵌珠宝嘎乌主图1

藏族妇女喜爱佩戴多种颈项饰物，如用古代海贝化石串成的长链，用珊瑚、玛瑙、绿松石等串成的项链，用蜜蜡、骨制品和其他宝珠串制而成的形制不同的饰品。这些不同种类的饰品正中悬挂由银、铜等金属打造的小盒，藏语中称为"嘎乌"。

最初，嘎乌是由较大型的放置式佛盒渐渐演变而来的，随着现代工艺技术的提高加入了新的镂空元素。嘎乌的外形不一，有方形、圆形、星形、八角形、月亮形多种，通常以银质和铜质表面镀金的居多，雕工精美，纹样取材于宗教图案中的吉祥八宝、瑞兽以及自然植物通过缠枝回旋形成的图案等，最后在其表面镶嵌玛瑙、绿松石等色彩艳丽且富有藏传佛教意义的宝石。嘎乌内部一般盛有圣物，如活佛、喇嘛使用过的神物，小型的佛像和私人的护身符等。案例所示的两件嘎乌属于妇女胸饰，形态和取材方面都比较讲究，其悬挂方式具有双向对称性，不但满足审美需要，同时也均匀分配了肩颈部的受力，与当代配饰设计的区别在于采用了双链固定坠饰而不是单链，令嘎乌得到了充分的展示。

嘎乌如今已成为藏族妇女传统服饰中不可或缺的重要配饰之一，藏族民众相信佩戴它能求福趋吉，其多样化的造型组合及特有的民族文化内涵对现代配饰设计具有很好的启示作用。

图片来源
图一、图二　刘佳　摄影
图三至图十　马君　制图

参考文献
张荣红,薛玫,卢筱,高汉成,孙仲鸣.藏传佛教对藏族首饰表现的影响.宝石和宝石学杂志,2005(3):28—30.
秦永福.藏族首饰.上海:上海工艺美术出版社,1997:33.

图二　藏族金质嵌珠宝嘎乌主图2

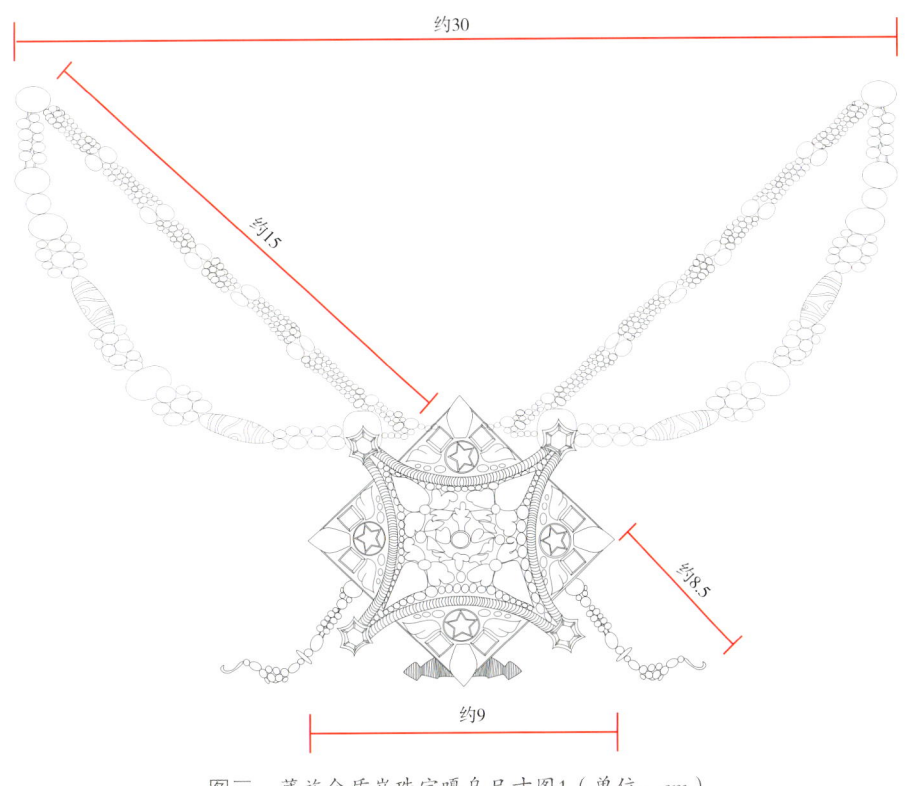

图三　藏族金质嵌珠宝嘎乌尺寸图1（单位：cm）

第二章　藏族传统服饰

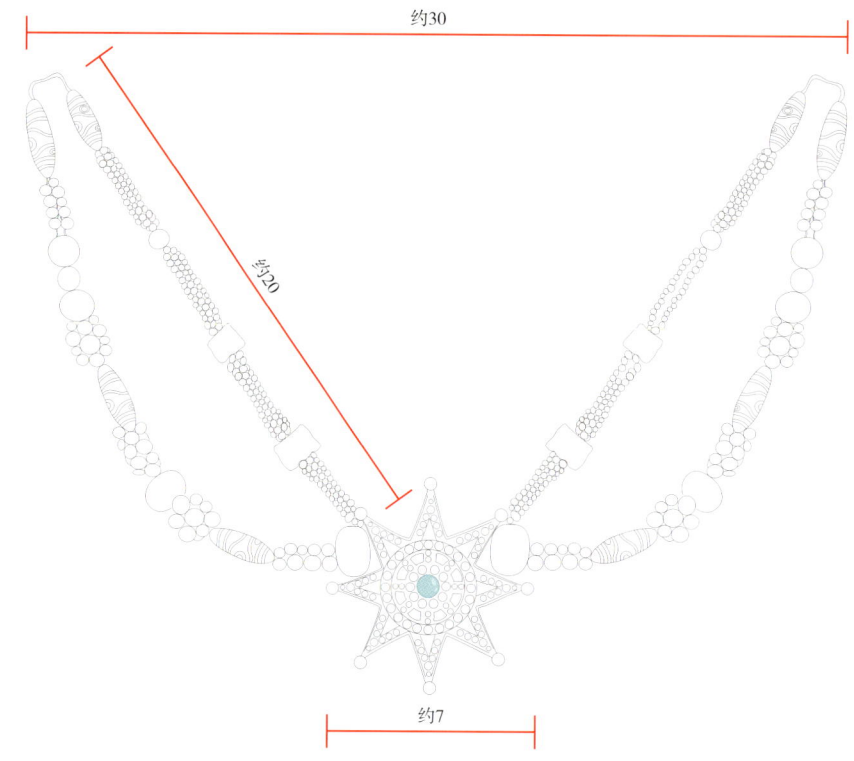

图四 藏族金质嵌珠宝嘎乌尺寸图2（单位：cm）

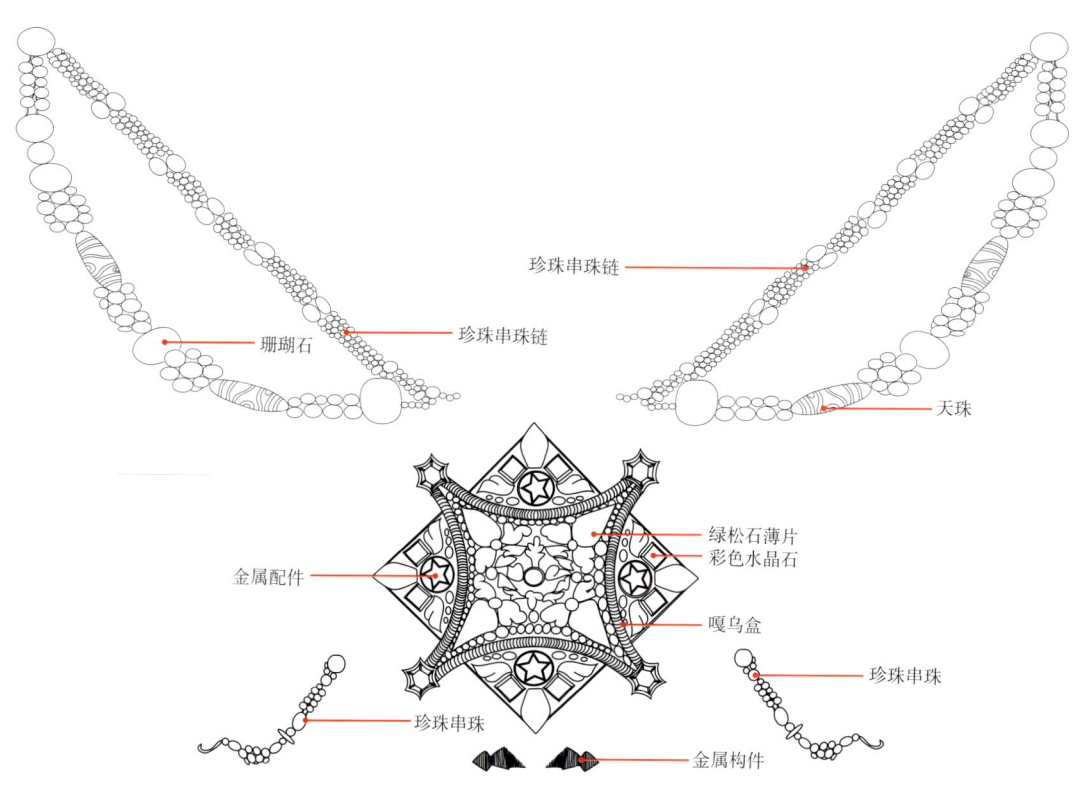

图五 藏族金质嵌珠宝嘎乌结构分解图

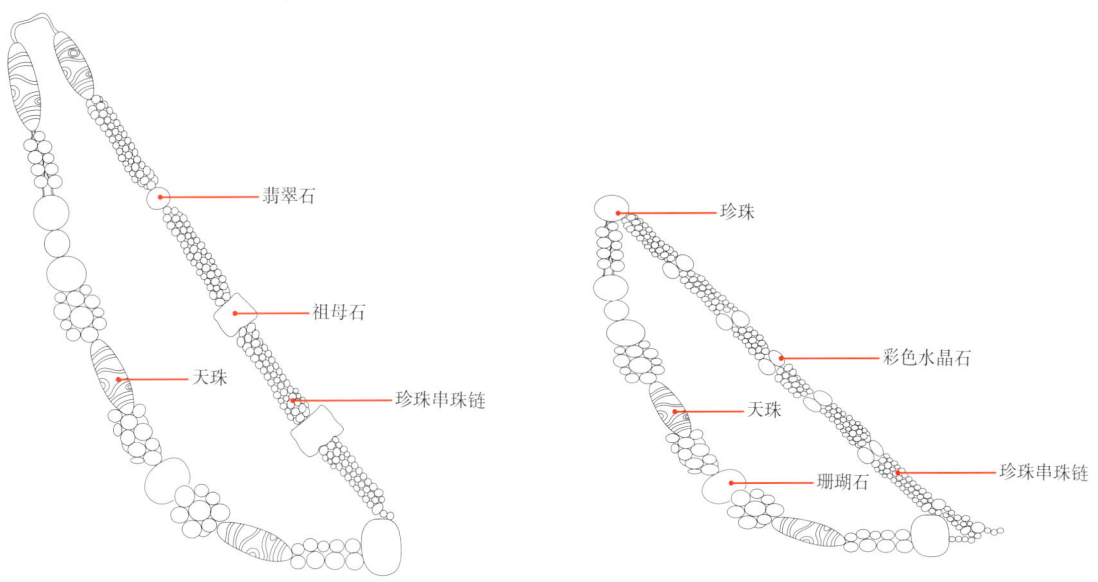

图六 藏族金质嵌珠宝嘎乌局部分析图

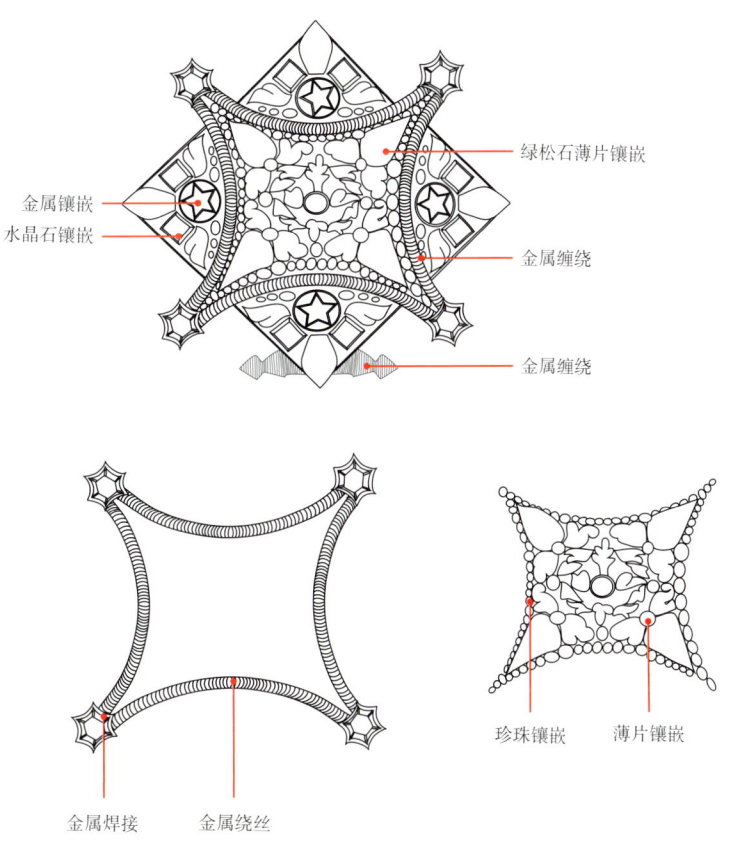

图七 藏族金质嵌珠宝嘎乌工艺分析图

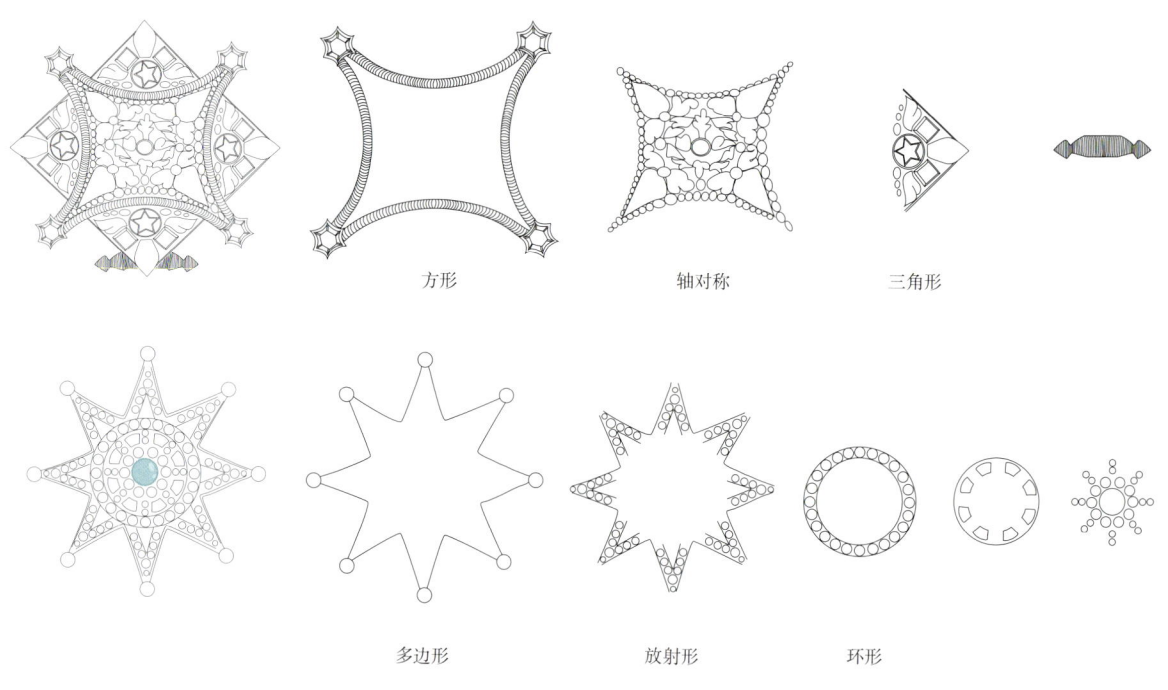

图八 藏族金质嵌珠宝嘎乌纹样组合图

图九 藏族金质嵌珠宝嘎乌色彩对比图

图十　藏族金质嵌珠宝嘎乌佩戴效果图

第二章　藏族传统服饰

藏族珊瑚巴珠

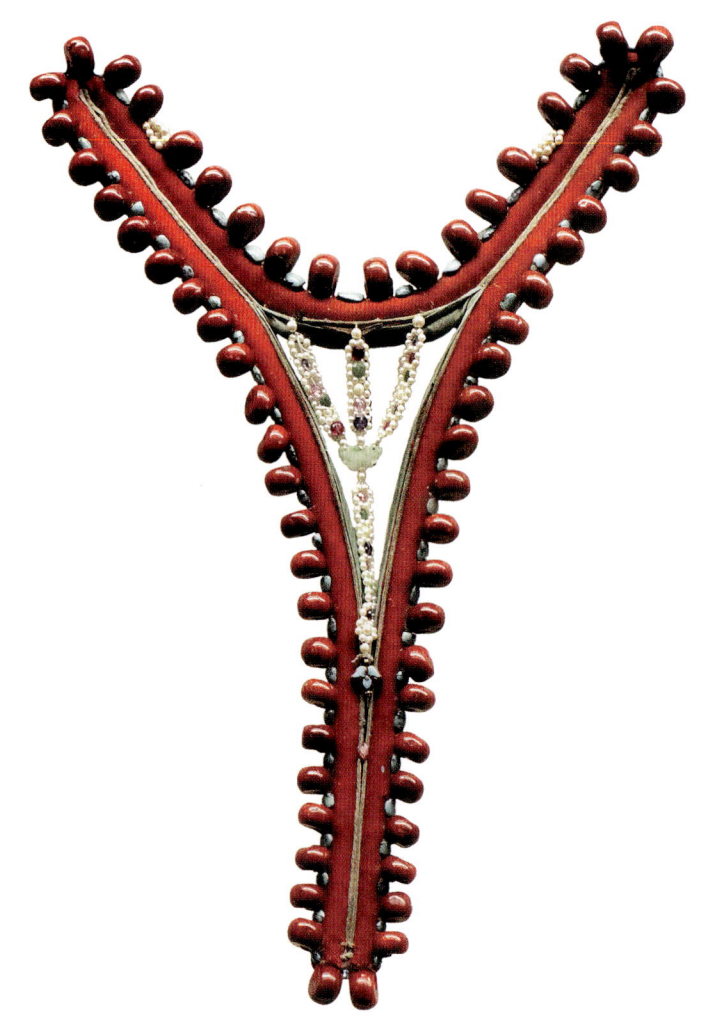

图一　藏族珊瑚巴珠主图

　　巴珠是藏族妇女头饰中较为典型的一种，主要在拉萨、江孜和日喀则地区较为流行。

　　在西藏地区解放以前，戴巴珠有着严格的身份等级限制，世袭贵妇人可戴珍珠巴珠，一般富有人家妇女佩戴珊瑚巴珠，普通人家则只能戴镶有少许珊瑚的巴珠。如今，这些限制早已淡化，巴珠成了一种基本发饰。本案例是一件精美的珊瑚巴珠。珊瑚巴珠的骨架通常内为浆模卷成的三角形或者弓形的支架，外用红色氆氇或呢料、布扎裹，最后在骨架上缀以珍珠、珊瑚、绿松石等具有吉祥意义的饰品。根据其造型的不同，巴珠的款式主要可分为两种。以拉萨为中心的前藏地区多流行骨架为三角形的式样，佩戴时需将头顶的发辫缠于骨架上用以固定，并将其平系于头顶；而以日喀则为中心的后藏地区则流行弓形骨架的式样，佩戴时要将弓形巴珠的弓背朝上，高高地系于头顶，其两枝需前翘，其余头发编成多条发辫挂于弓的两侧。

巴珠的制作材料为纯手工织造的氆氇和富有特色的珍珠、珊瑚、玛瑙等民族缀饰，同时拥有传统的佩戴习俗，是西藏少女成年的象征。几何形态的造型利用发髻的缠绕呈现出多种佩戴形式，华丽明艳，无论是其混搭的选材还是别致的造型，都对现代头饰的设计有良好借鉴意义。

图片来源
图一　刘佳　摄影
图二至图五　马君　制图

参考文献
们发延.藏族头饰文化初探.民族艺术研究,1999(04):32—36.
陆明,欢欢.美丽、贵重的藏族女性头饰.公共艺术,2012(01):22—25.

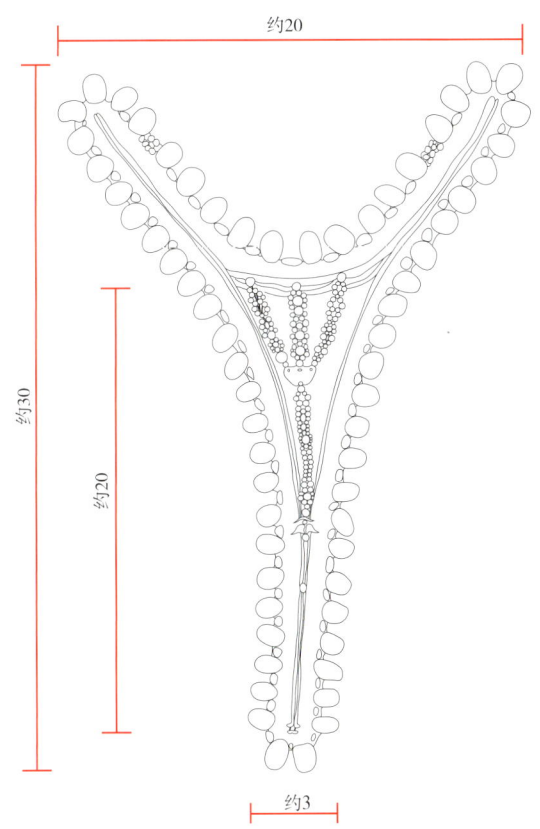

图二　藏族珊瑚巴珠尺寸图（单位：cm）

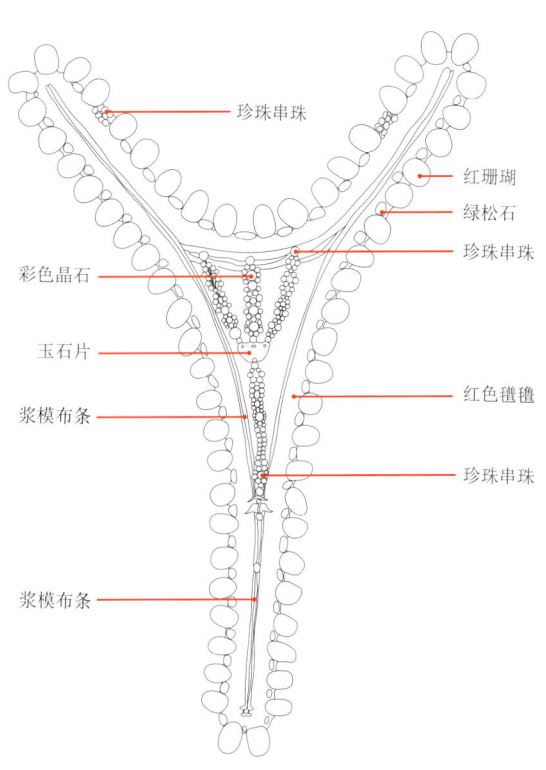

图三　藏族珊瑚巴珠材质分析图

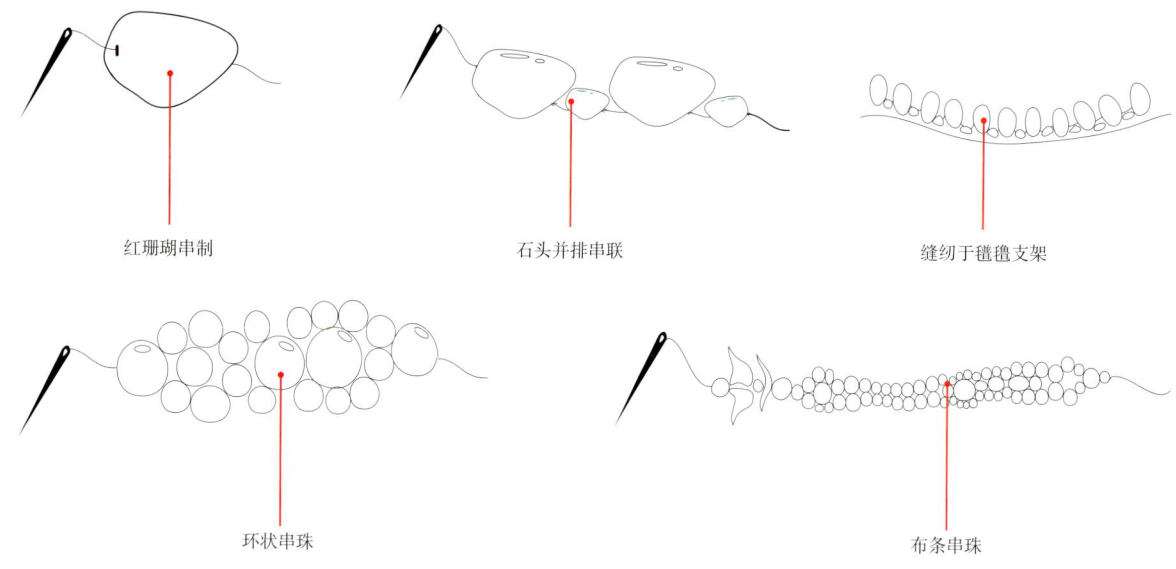

图四　藏族珊瑚巴珠局部工艺分析图

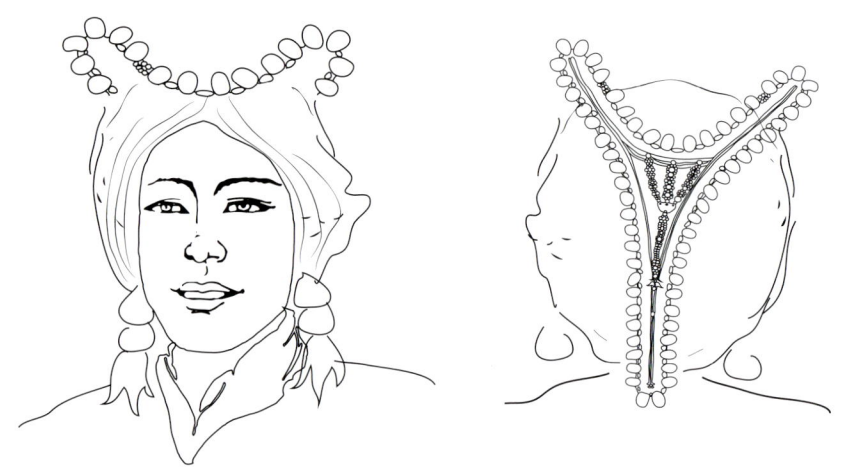

图五　藏族珊瑚巴珠佩戴效果图1

图六　藏族珊瑚巴珠佩戴效果图2

藏族女式银质腰带

图一　藏族女式银质腰带主图

腰带是穿着藏族传统服饰时系于腰部的长带，既有实用功能也具装饰性。由于大部分藏族传统服饰没有衣扣，多用一根宽腰带将宽大的衣饰紧束，因此藏民对腰带和腰饰较为看重。腰饰中较有特点的是女式银质腰带。女式银质腰带不仅是藏族妇女出嫁时的重要陪嫁，也是节日盛装的重要配饰。

本案例采用藏银、牛皮为主要材料，以红牛皮作底，将7片连续的装饰银片以螺帽银扣固定在带状红牛皮上，腰带两端置有金银相间的腰扣。腰带长92厘米，宽5厘米。7片银片是银质腰带装饰的重点。银片采用二方连续对称式带状构图，7片方形银片匀齐排列，尾首相连，左右两边以莲花瓣形作为收边。银片上由外而内饰有若干层凸版浅浮雕纹样，最外一层多为抽象形态的龙纹或莲心图样，最内一层为缠枝团花式印花图样，并以绿松石或蓝色玛瑙石镶嵌在其中。

藏族女式银质腰带在银片基础上辅以具有宗教寓意的纹样来增加腰带的美感，配合镶嵌金银、蓝色玛瑙石及绿松石，纹样洗练、简洁质朴。其装饰银片采用连续、重复组合的方式予以表现，具有较强的韵律感和节奏感。

图片来源
　图一　刘佳　摄影
　图二至图六　包时灵　制图
参考文献
中国藏族服饰编委会.中国藏族服饰.北京:北京出版社,2002:78.

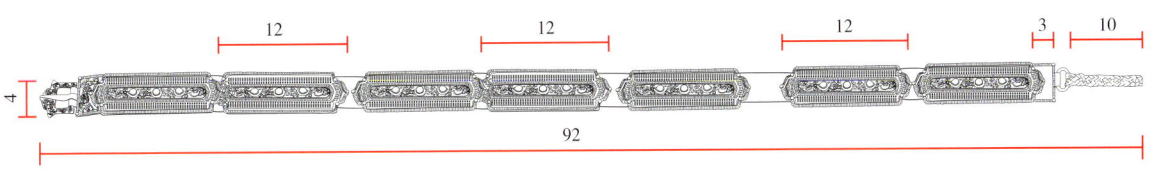

图二　藏族女式银质腰带尺寸图（单位：cm）

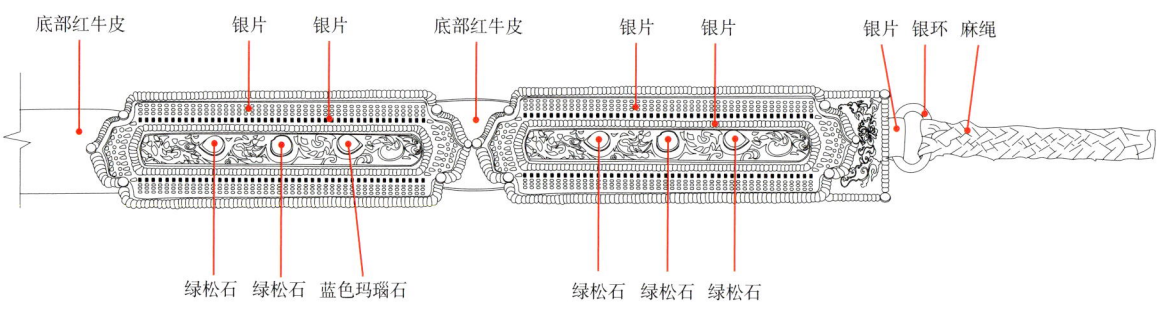

图三　藏族女式银质腰带结构名称图

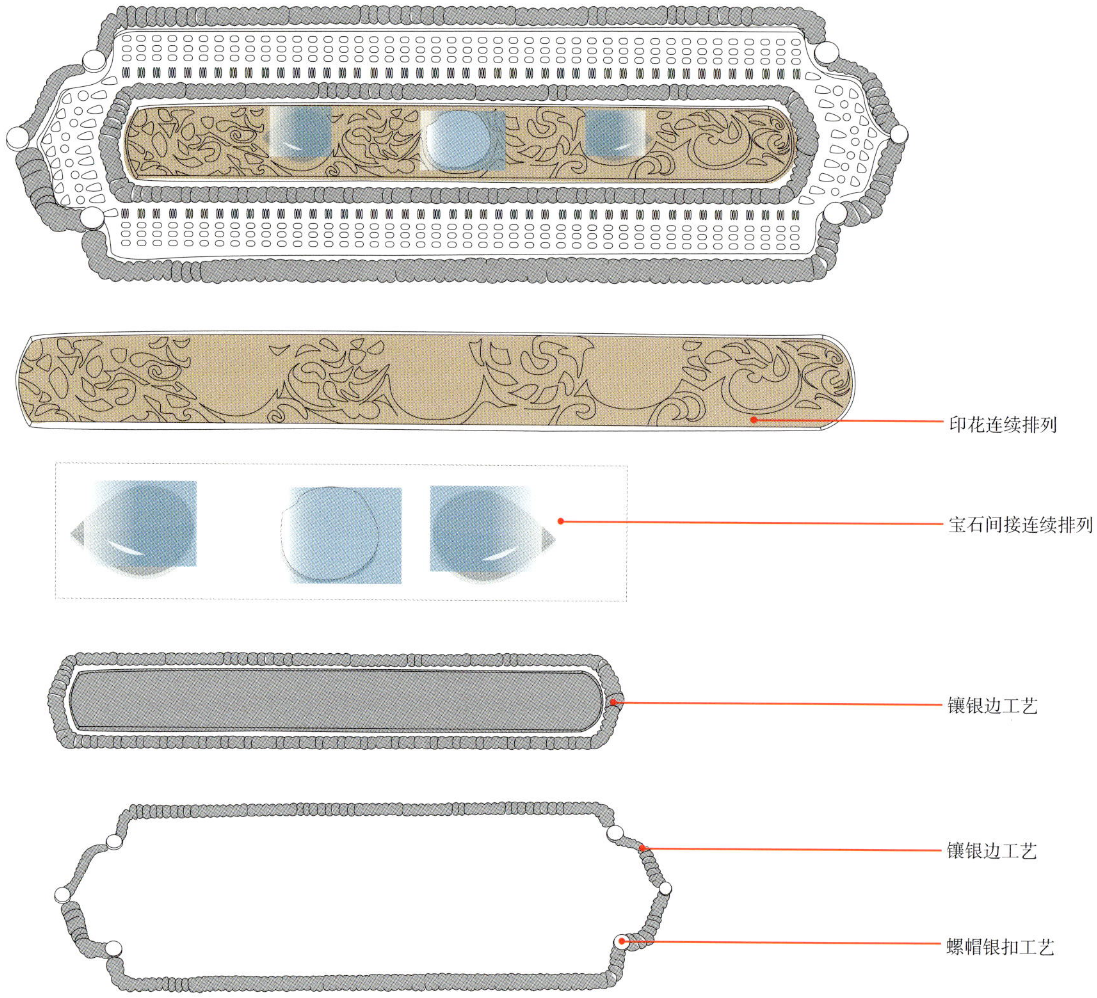

图四　藏族女式银质腰带局部分析图

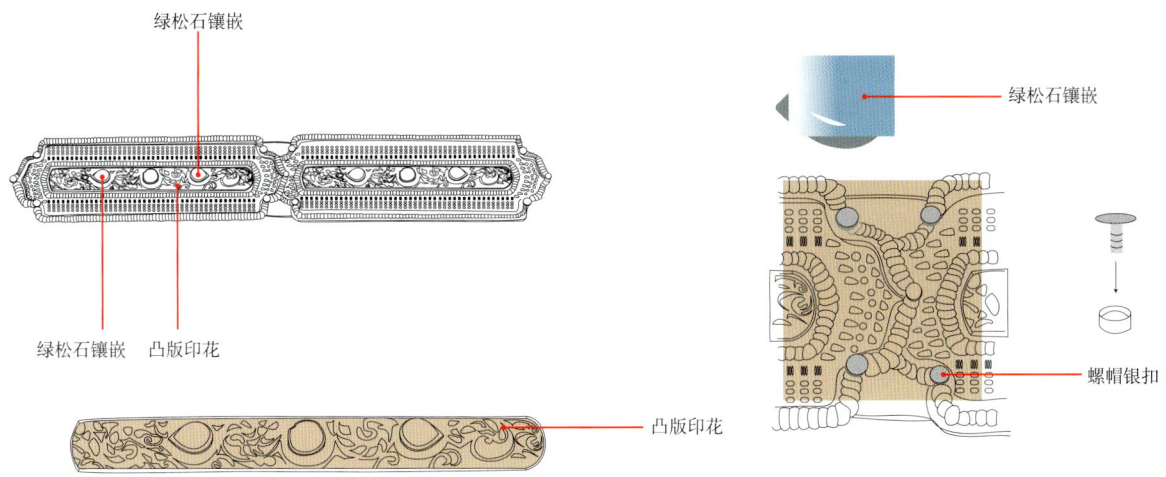

图五 藏族女式银质腰带工艺分析图

图六 藏族女式银质腰带佩戴效果图

藏族女式珍珠胸饰

图一　藏族女式珍珠胸饰主图

　　胸饰是藏族女性佩戴于胸前的传统配饰，可同时佩戴多个，也可佩戴单个。对于藏民而言，胸饰不仅是其审美情趣的反映，也是其身份地位的象征。

　　本案例为垂胸饰，即用绳带将玉石或珠宝串制而成的一种链饰。这类胸饰普遍较长，有时垂至腹际。主要采用色泽明亮、颗粒饱满的淡黄色珍珠、红珊瑚石、绿松石、翡翠等各色宝玉石串制而成，在构成上大致可分为上、中、下三段。上段主要以珍珠、红珊瑚石和绿翡翠珠间隔串制，形成一条主链，可挂佩于衣襟上。中段最上端为一个錾金莲花形状的金属饰品,其上镶嵌以绿松石雕刻而成的莲纹饰物。錾金饰品下部连接5串由小颗珍珠,红珊瑚石,绿松石及绿色、褐色宝玉石组成的串珠链,串珠链最下端还缀有水滴状的红珊瑚石、淡蓝色玉石等宝玉石。胸饰中段与下段由一块近似半月形的玉石相接,玉石上雕刻着莲花纹样,下方同样串接5条珍珠串珠,串珠中段间以红珊瑚石、绿松石或其他颜色的宝玉石,尾部缀有水滴形状的红珊瑚石和绿色、淡蓝色宝玉石。

藏族胸饰种类丰富、工艺精湛、造型美观,具有较强的形式美感。其装饰技法不仅反映了藏民精湛的珠宝加工技艺,也彰显了其精巧的装饰艺术手法。

图片来源
图一　刘佳　摄影
图二、图四、图五　张婧雅　制图
图三　刘佳　制图
参考文献
秦永福.藏族首饰.上海:上海工艺美术出版社,1997:33.

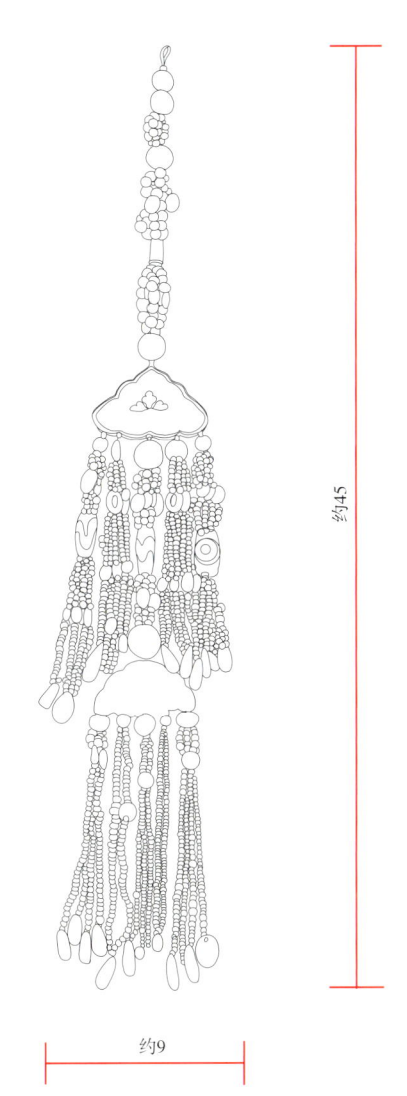

图二　藏族女式珍珠胸饰尺寸图(单位:cm)

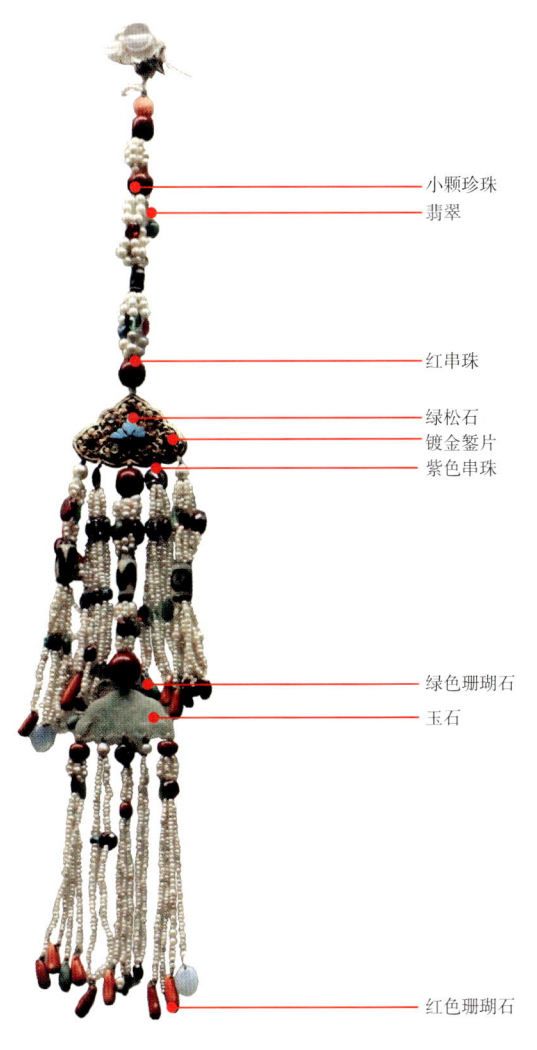

图三　藏族女式珍珠胸饰结构名称图

图四　藏族女式珍珠胸饰色彩分析图

图五　藏族女式珍珠胸饰佩戴效果图

藏族珊瑚妇女背饰

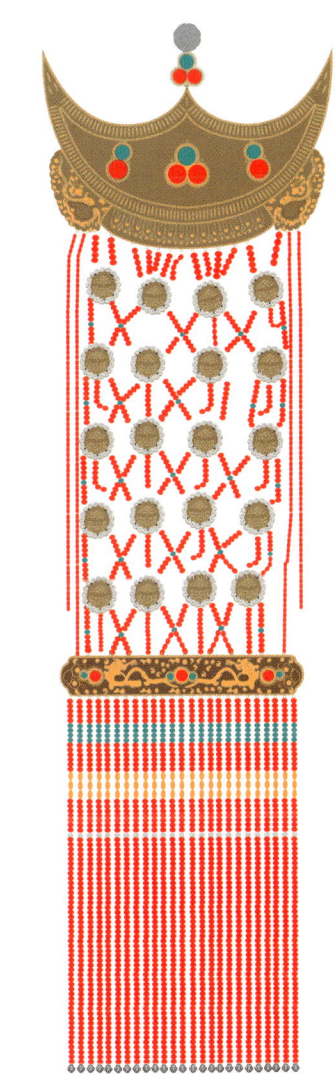

图一 藏族珊瑚妇女背饰主图

背饰为藏族女式传统服饰中常见的一种配饰。藏族女式传统服饰在正面领口、襟边及袖口等部位均有精美刺绣,且胸饰丰富。为使前胸与后背的装饰反差不至于太大,衣背上亦着意装饰。背饰一般装饰在服饰背部红色的条形皮底、缎底或黑金丝绒底上,通常将红珊瑚、绿松石、琥珀、银泡饰、藏币及金银錾片等各色珠宝从上到下依次排列,并与头饰相连。

本案例为藏族珊瑚妇女背饰,主要以细小的红珊瑚珠串层层相连,形成整片的装饰图案。红珊瑚在藏传佛教中被认为是佛的化身,因此在藏族配饰中经常使用。其他天然宝石如绿松石珠,琥珀珠以及金、银、铜等金属錾片也常穿插其中，形成色彩丰富的珠饰组合。从上至下大致分为3层，最上一层为一块月牙形的金银錾花饰片，其上装饰印花浅浮雕纹样及若干红玛瑙和绿松石点缀，顶端有环形钩，用以连接头饰。其底部焊接圆环，用以连接第二层的镂空珠饰。第二层为20片小型金银錾片及若干红珊瑚珠串组合编织而成的镂空珠饰，下部固定在一块近似长方形的金银錾花饰片上。第三层为25串由红珊瑚珠、绿松石珠及琥珀珠间隔串成的竖向珠串，上部固定在长方形的金银錾花饰片上，下端缀以云纹形状的金银錾片。

背饰是体现藏族传统特色的饰物，被誉为"身后的艺术"，其不仅具有一定的装饰价值，也体现了藏民的审美旨趣和宗教信仰。

图片来源
图一至图五　李亚平　制图

参考文献
戴平.身后的艺术——论中国少数民族的背饰文化.戏剧艺术,1991(4):35—45.

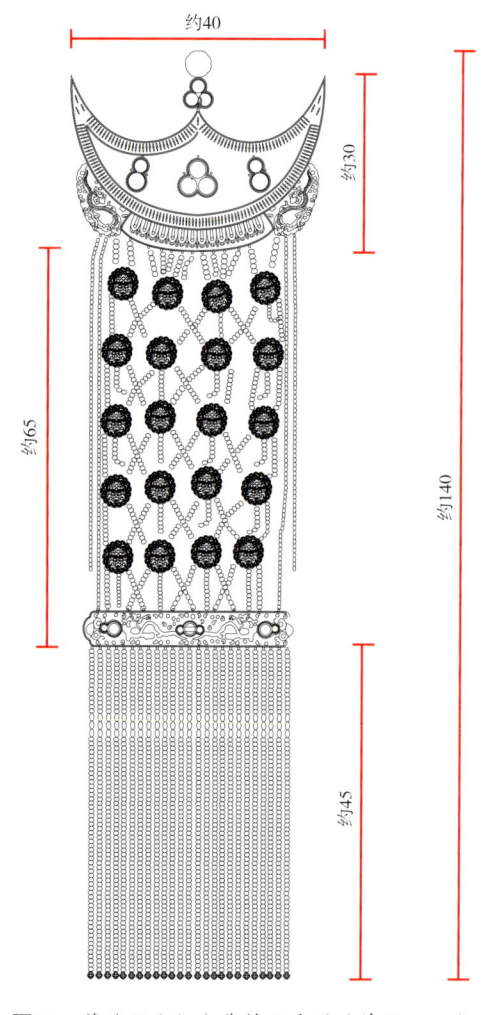

图二　藏族珊瑚妇女背饰尺寸图（单位：cm）

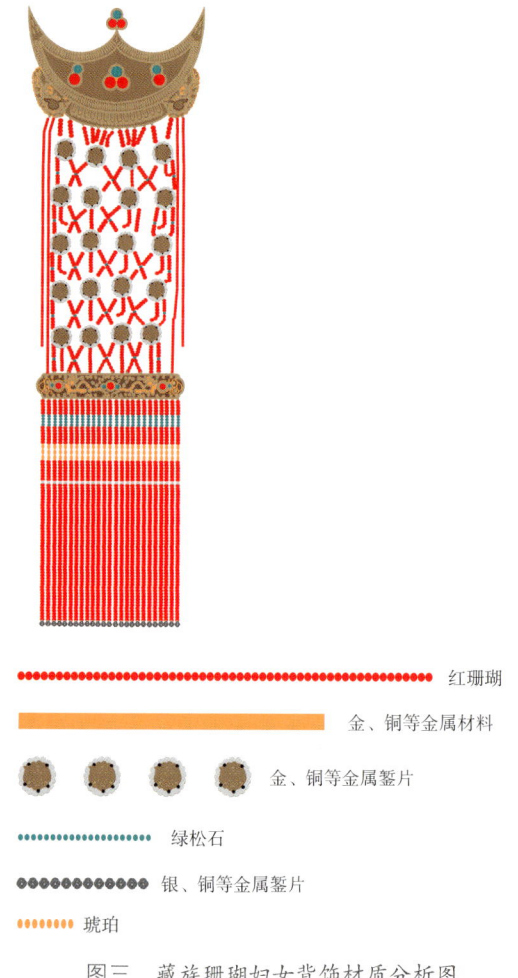

图三　藏族珊瑚妇女背饰材质分析图

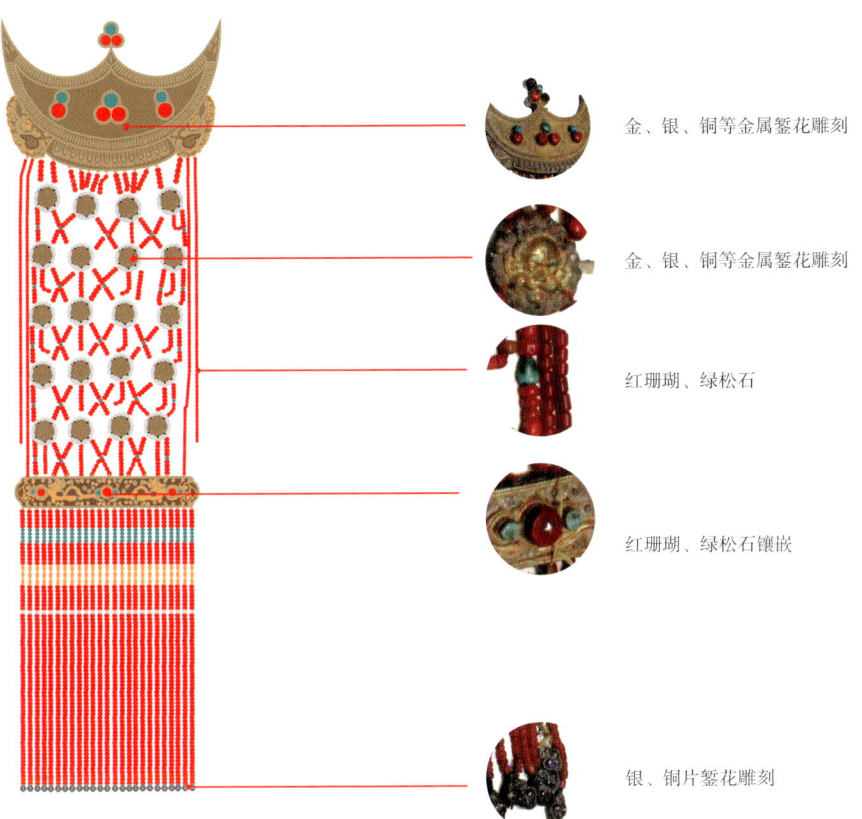

图四 藏族珊瑚妇女背饰工艺分析图

图五 藏族珊瑚妇女背饰佩戴效果图

青海同德藏族红珊瑚背饰

图一 青海同德藏族红珊瑚背饰主图

红珊瑚背饰是藏族妇女常用的背饰之一,其华丽程度并不逊于藏族传统服饰正面的配饰。在青海同德藏区,每逢佳节盛会妇女便会盛装出席,而背饰是十分重要的装饰配件。

本案例长90厘米,宽40厘米,总体呈上小下大的梯形。从上至下大致由银盘、梯形串珠饰面及下部红穗等3部分组成。最上端为银质圆盘,其上镶嵌绿松石、红珊瑚等宝玉石,银盘可固定于发饰上。银盘下部与梯形串珠饰面相连,饰面底部为层叠缝制而成的梯形红色缎底、黑金丝绒底,缎底之上整齐地排布红珊瑚珠、绿松石珠等宝石串珠。各色串珠层层排列，相互交织，拼合成长方形、梯形、菱形等几何图形，图案工整，风格古朴。梯形串珠饰面两侧还有两根红绳，可将红绳系于腰部以辅助背饰固定在身后。背饰末端以长约15厘米的红线作穗，缀于梯形串珠饰面之下，蓬松而柔软，与串珠饰面形成材质上的对比。

红珊瑚背饰作为藏族盛装的重要配饰之一，具有较强的审美价值和艺术价值。背饰的装饰技法是高原藏区传统文化、宗教信仰和审美情趣的综合体现。

图片来源

图一、图七　刘佳　摄影

图二至图六　华秋紫　制图

参考文献

汤夺先,高永久.青海安多藏族的头饰及其功能.西藏研究,2005(1):66—73.

管彦波.中国少数民族头饰艺术美.民族艺术研究,1997(6):59—61.

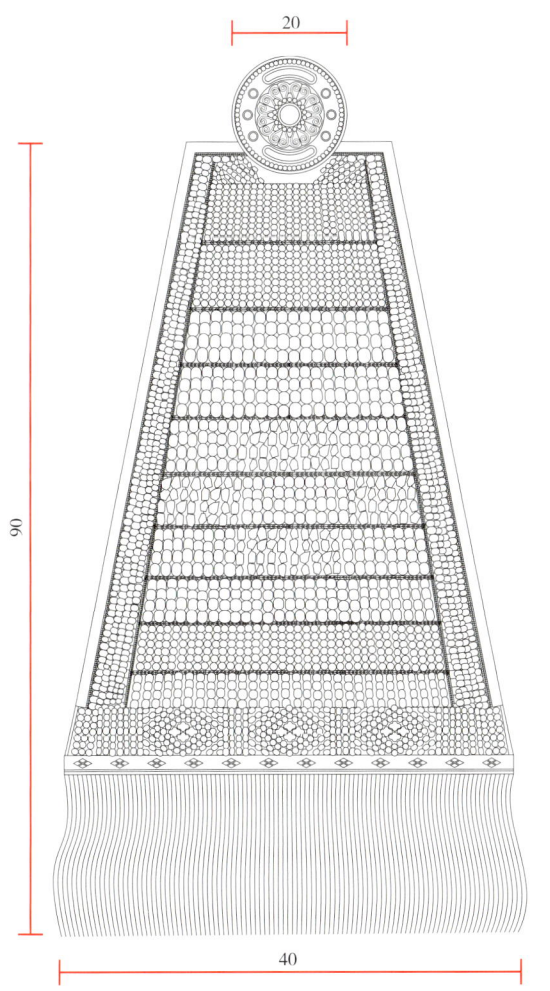

图二　青海同德藏族红珊瑚背饰尺寸图（单位：cm）

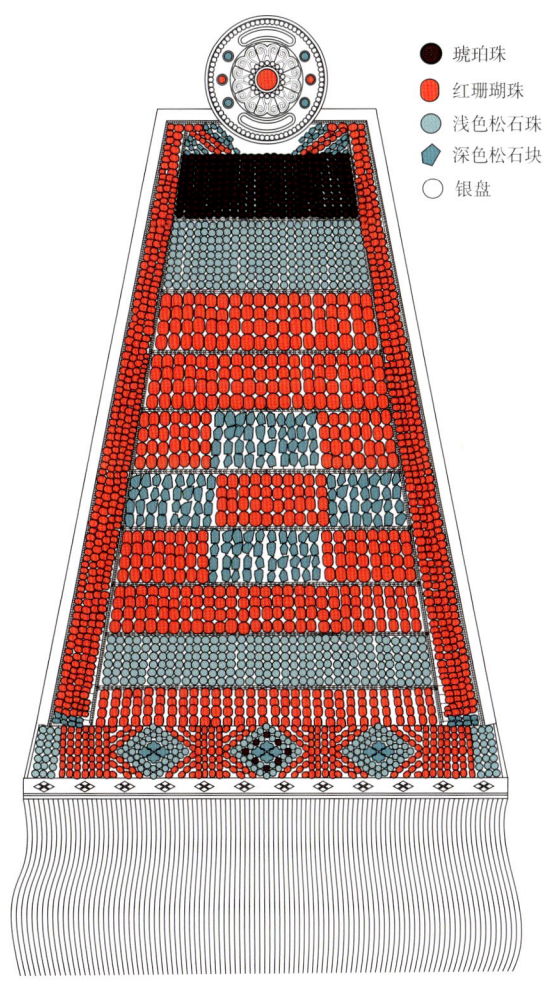

图三　青海同德藏族红珊瑚背饰材质分析图

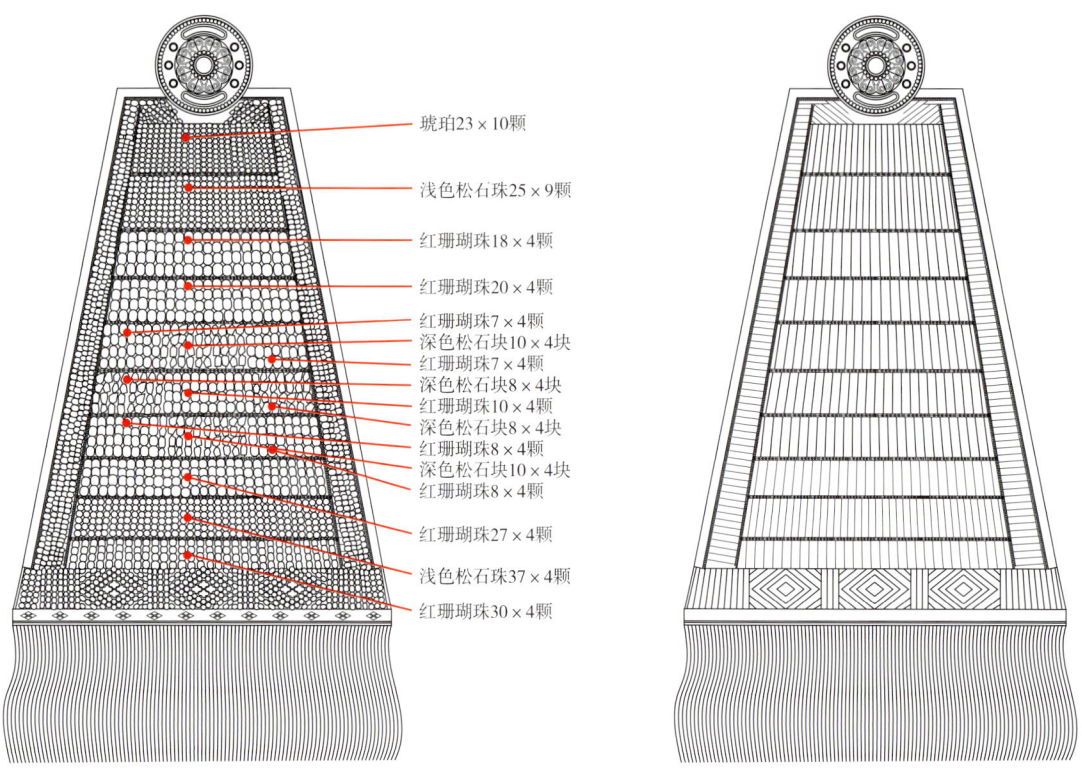

图四 青海同德藏族红珊瑚背饰串珠构成分析图

图五 青海同德藏族红珊瑚背饰编织经纬示意图

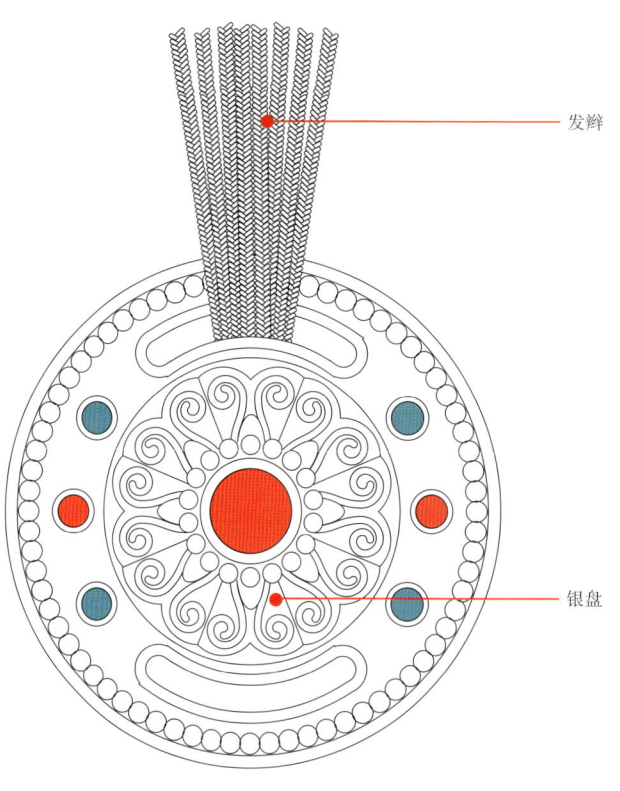

图六 青海同德藏族红珊瑚背饰上部银盘与发辫连接示意图

图七　青海同德藏族红珊瑚背饰佩戴效果图

第二章　藏族传统服饰

藏族老钱包

图一　藏族老钱包主图

　　藏族老钱包是藏族人常用的腰饰，与火镰外形相似。然而随着藏族人生活习惯的变迁，大多数的老钱包已经成为一种精美的饰物，无论男女均常佩挂在腰间。

　　藏族钱包分为男式和女式。案例右边为男式老钱包，宽约20厘米，高约12厘米；左边的女式老钱包则相对较小，宽约15厘米，高约10厘米。老钱包整体采用对称的造型，主要材质为动物皮革，尤其以表面有皱纹的海牛皮属上品，非常实用耐磨；于其上用银质和铜质的金属浮雕构件穿插镶嵌，雕刻图案皆为藏族纹样中常见的鸟兽和植物纹样，富有吉祥的寓意，寄托着藏族人的美好愿望；钱包正中则点缀以一颗红珊瑚珠，红珊瑚和银为佛教七宝的重要组成部分，为供佛修行的最佳持物，因此在藏族人眼中是具有无限福慧的象征。

　　老钱包因其考究的做工、讲究的用料和美观的造型，渐渐成为装饰用品和收藏家的藏品，其装饰意义大于实用意义。

图片来源
图一　刘佳　摄影
图二至图六　杨安琪　制图

参考文献
程思,张婉玉.浅析四川地区藏族首饰艺术.北方文学(中旬),2013(9):135—136.

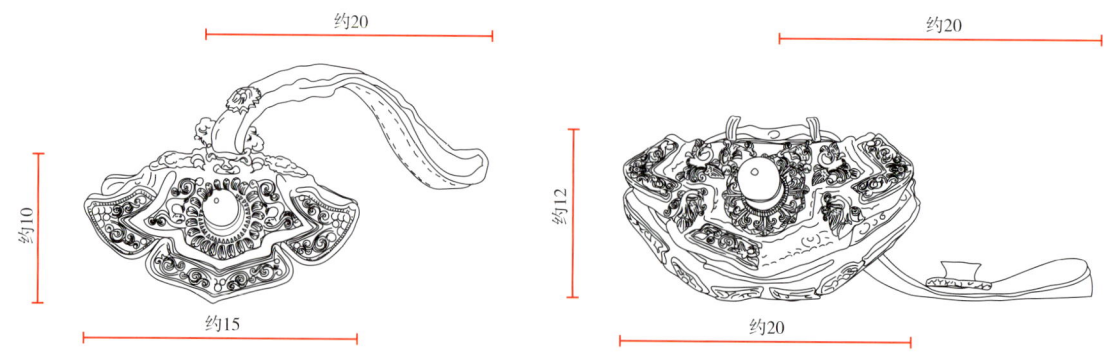

图二　藏族老钱包尺寸图（单位：cm）

红色：象征火焰，充满热情和勇敢的力量，表示超俗、追求精神境界的完美愿望
黄色：象征土地，富有生命与活力，象征光明、希望、富贵和丰收，还代表佛祖的旨意和弘法恩典，最为崇高神圣

图三　藏族老钱包色彩分析图

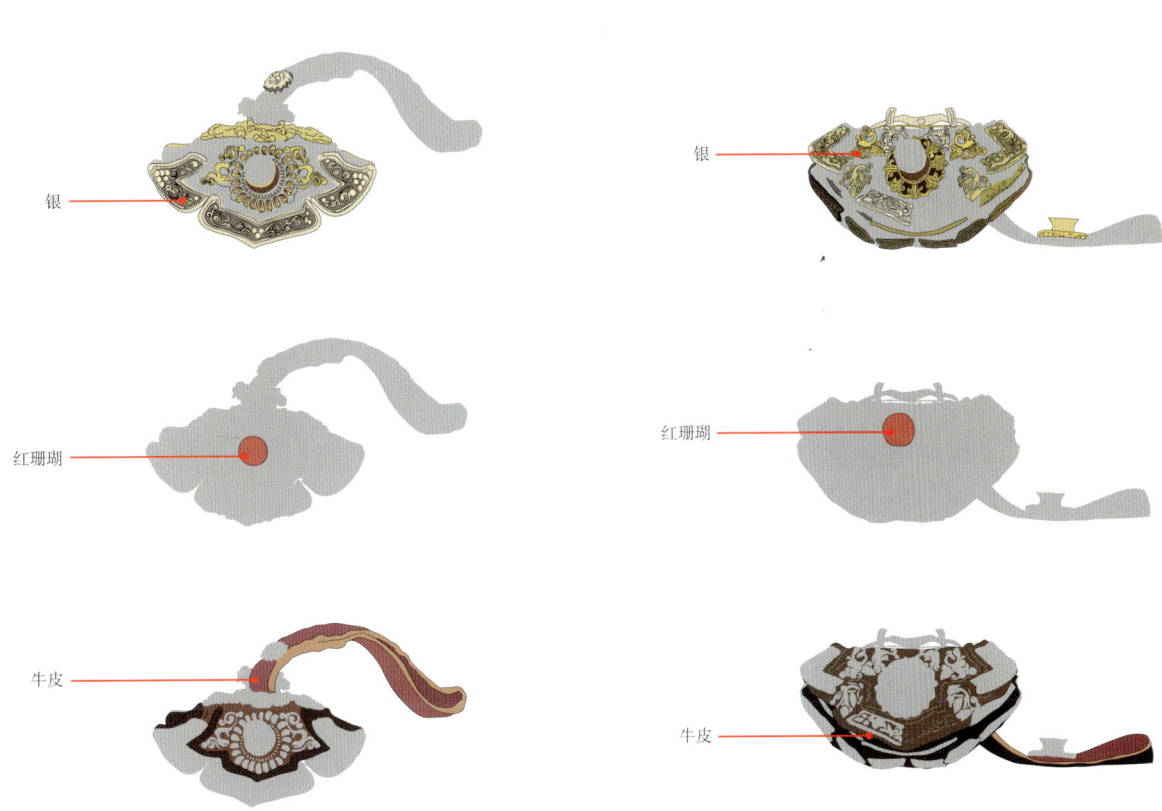

图四　藏族老钱包材质分析图

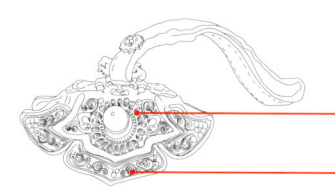 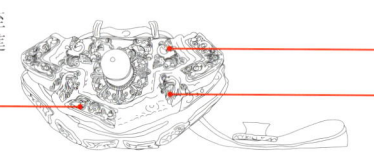 

莲花：藏语称"白玛"。出淤泥而不染，至清至纯。藏传佛教一般认为莲花象征修成正果

忍冬纹：象征长寿的装饰纹样。该纹样传入西藏后逐渐成为卷草纹，因其优美的形态被广泛应用在藏族器物、饰品等装饰物上

凤凰：传说中的百鸟之王，在人们心中象征祥瑞，是天下太平的象征

图五　藏族老钱包纹样分析图

 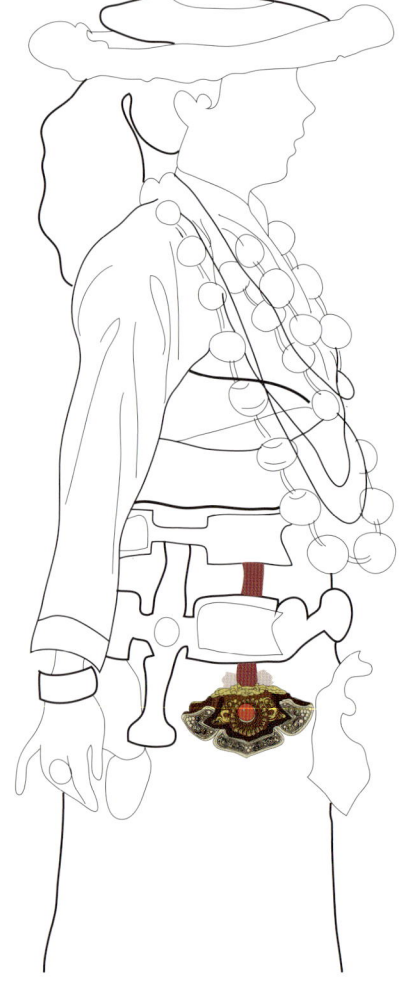

图六　藏族老钱包佩戴效果图

藏族嵌宝石银质胁饰

图一 藏族嵌宝石银质胁饰主图

藏族服饰基本结构为直筒长袍型，需在腰间束带，因此腰饰成为藏族服饰文化中重要的载体之一，为藏族服装增添了光彩。胁饰多为妇女佩戴，是藏族诸多腰饰之一。

胁饰又名"珞珑"，由具有悬挂功能的皮制或锦缎制垂带与点缀其中及下部的金属挂板组成，挂板一般由银、铜打造雕刻，形状多为桃形或云肩形。复杂精致的胁饰有3块以上的金属挂板，最下方的挂板更是缀有多根金属穗链。本案例为藏式嵌宝石银质胁饰，整件长25厘米，宽12.5厘米，由打底的垂带和3块金属挂板组合而成，垂带由牛皮和织物所制，两块银质矩形挂板裱于中段和下段，另一块银质云肩形挂板则缀于垂带端头。挂板使用錾花工艺与累丝工艺相结合，雕刻编垒而成忍冬及卷草等纹样，其上交叉镶嵌银质包边红珊瑚珠和绿松石珠。矩形挂板纹样呈中心对称，而云肩形挂板纹样则为中轴对称，整体中蕴含变化。本件胁饰垂带颜色深沉古拙，衬托出银饰与宝石的鲜亮，对整体服装造型起到点缀作用。

藏族胁饰结构独特，区别于其他腰饰如奶钩、藏刀、火镰等，胁饰没有实用功能，主要意义在于装饰点缀腰下裙间，具有纯粹的审美价值。

图片来源

图一　陶琨、李绮雯　摄影
图二至图七　苏玮　制图

参考文献

钱敏.藏族配饰中装饰纹样.文艺争鸣,2010(03):125.
王亚萍.藏族装饰图案的审美特征及文化内涵.西北民族大学硕士学位论文,2005:7.

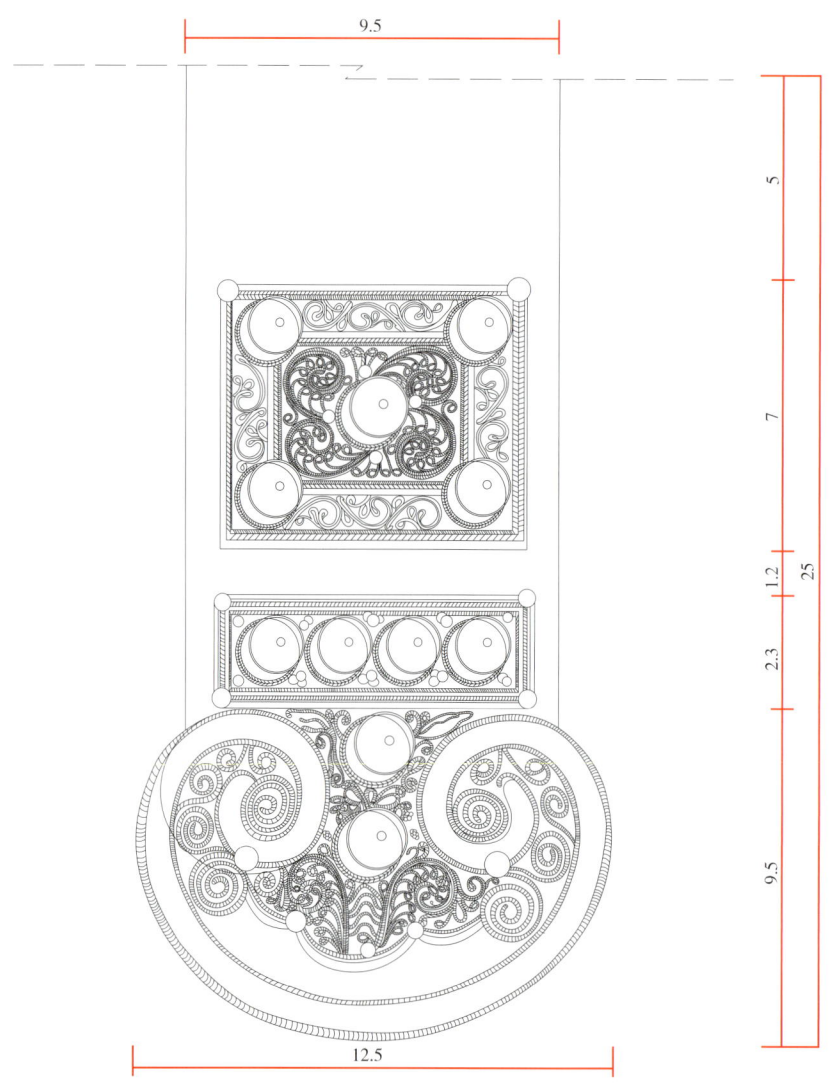

图二　藏族嵌宝石银质胁饰尺寸图（单位：cm）

图三　藏族嵌宝石银质胁饰色彩分析图

嵌宝石银质胁饰实色参考

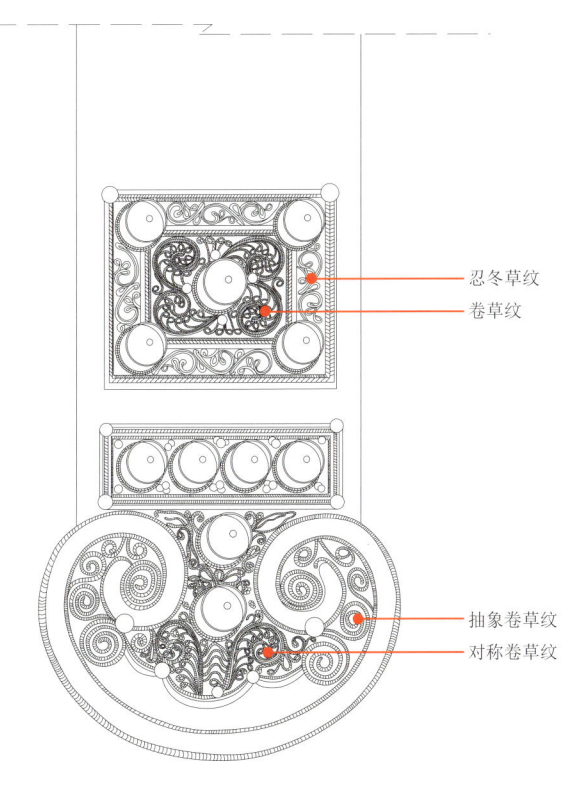

忍冬草纹
卷草纹

抽象卷草纹
对称卷草纹

图四　藏族嵌宝石银质胁饰纹样分析图

第二章　藏族传统服饰

219

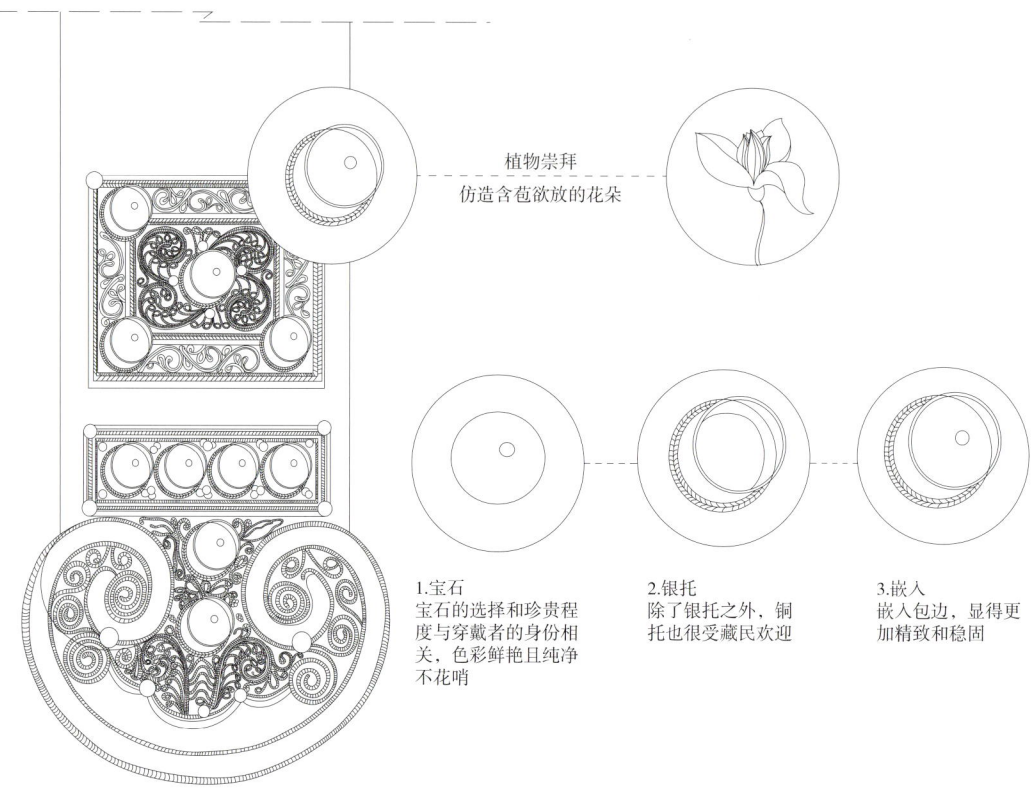

图五　藏族嵌宝石银质胁饰工艺分析图

图六　藏族嵌宝石银质胁饰制作流程图

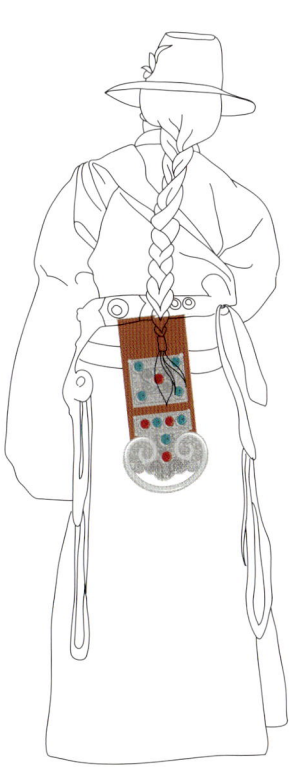

图七 藏族嵌宝石银质胁饰佩戴效果图

第二章 藏族传统服饰

221

藏族十字腰链

图一　藏族十字腰链主图

　　藏族人常在腰带上选择挂佩奶钩、火镰、钱包、腰刀等物品，从最初的实用需求演变到现代更多关注装饰性，品种繁多且独具特色。腰带一般选用皮革或织物，在其上装饰功能、形状、色彩及材质各不相同的腰饰。

　　本案例为十字腰链，由丁字形银质腰链带与两条挂链组成，整条腰链长约45厘米，造型较为纤细轻巧。腰链带主体部分为银制，其上镶嵌大量绿松石装饰；挂链部分主要由绿松石、红珊瑚石、翡翠和珍珠相间串制而成，左右两条挂链长度相当但串接方式及比例不同。整条腰链用色大胆，绿松石与红珊瑚石形成强烈对比，但二者质地同属朴拙系，又使整体统一和谐，是藏族传统且独特的搭配手法。藏族腰饰中所选用的宝石主要有绿松石、玛瑙、琥珀、珊瑚等，有机材料有牦牛骨、象牙、木头等，此外还有天然材料，比如珐琅、陶瓷、皮革、玻璃、布等。不同色彩质地的原石通过金属包边，镶嵌于皮革及织物腰带上，材质和色彩上相互映衬。

腰饰于藏民具有实用及装饰的双重作用，其浓烈的色彩和丰富的搭配也体现出藏族人的热情和对自然的崇敬。

图片来源
图一　陶琨、李绮雯　摄影
图二至图五　杨安琪　制图

参考文献
宁婉.论藏族传统腰饰的造型艺术.大众文艺,2014(8):92.

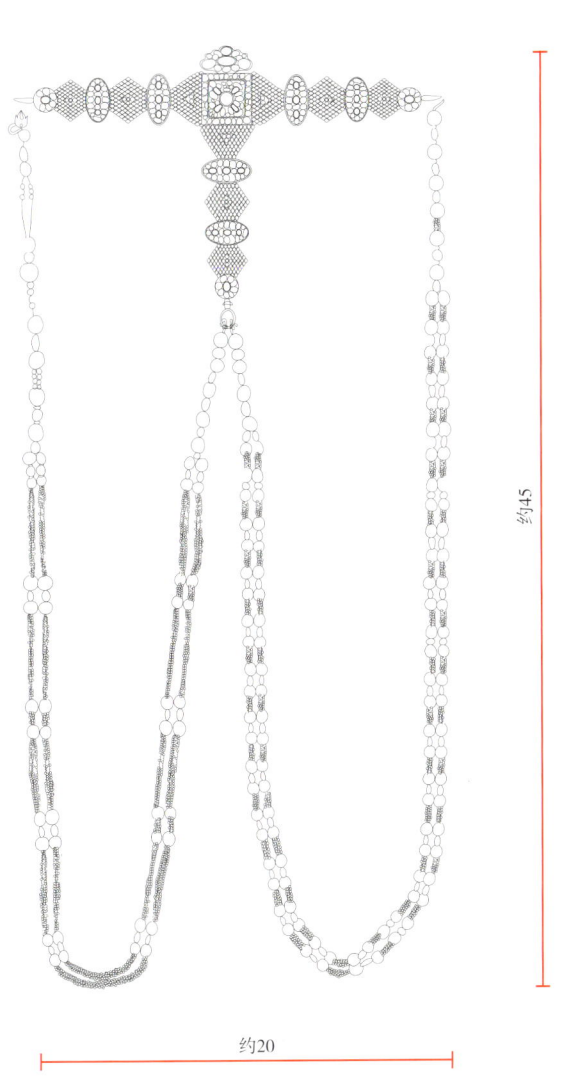

图二　藏族十字腰链尺寸图（单位：cm）

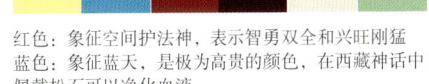

红色：象征空间护法神，表示智勇双全和兴旺刚猛
蓝色：象征蓝天，是极为高贵的颜色，在西藏神话中佩藏松石可以净化血液
绿、红和蓝的色彩组合透出神秘而圣洁的气息

图三　藏族十字腰链色彩分析图

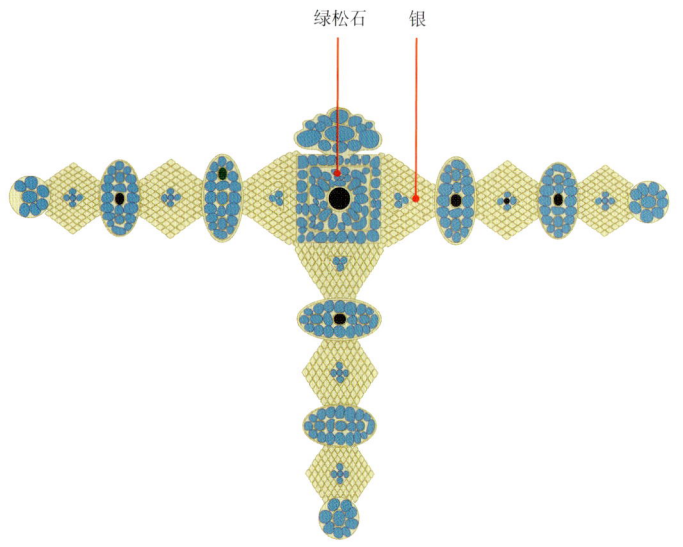
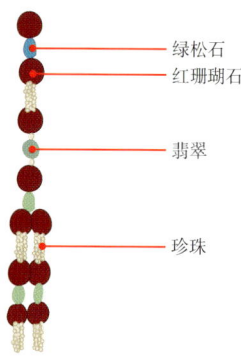

图四 藏族十字腰链材质分析图

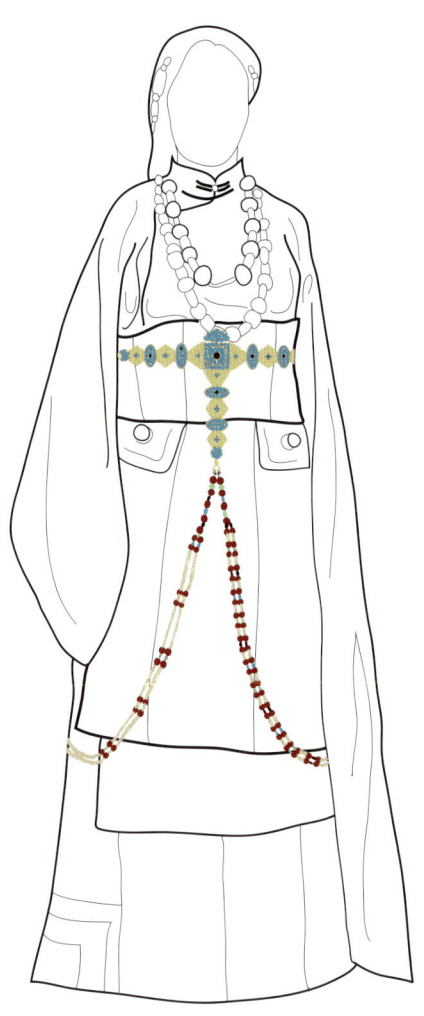

图五 藏族十字腰链佩戴效果图

藏族绿松石银手镯

图一　藏族绿松石银手镯主图

绿松石是藏族传统配饰重要的镶嵌宝石之一，主要用来制作胸饰、背饰、腰饰、耳饰等，通常被填嵌在金、银、铜等錾刻纹样的金属上，色彩相互辉映，富有藏族地区的民族特色。

藏族银质手镯通常雕刻盘纹装饰，镶嵌绿松石、珊瑚等宝石。因为硬度与密度均较低，所以遇热会褪色，也较易受酸碱腐蚀导致变色，日常生活中的油污、汗渍、化妆品、茶水等很容易顺着绿松石表面的孔隙进入，最终导致难以逆转的色变，所以绿松石手镯随着佩戴时间的增长表面绿松石会呈现黑色的纹路。案例中镶嵌的绿松石为不透明的蓝绿色，质地稍有不均，颜色略有深浅，含斑点和褐黑色纹线。

绿松石银手镯的设计体现了材料的完美结合，银质的柔软配以宝石的质地，再配以精工细作的盘纹，不但是传统民族配饰的佳选，也值得现代装饰借鉴。

图片来源
图一　刘佳　摄影
图二至图七　马君　制图

参考文献
李玉琴.藏族服饰文化研究.北京:人民出版社,2010:56.

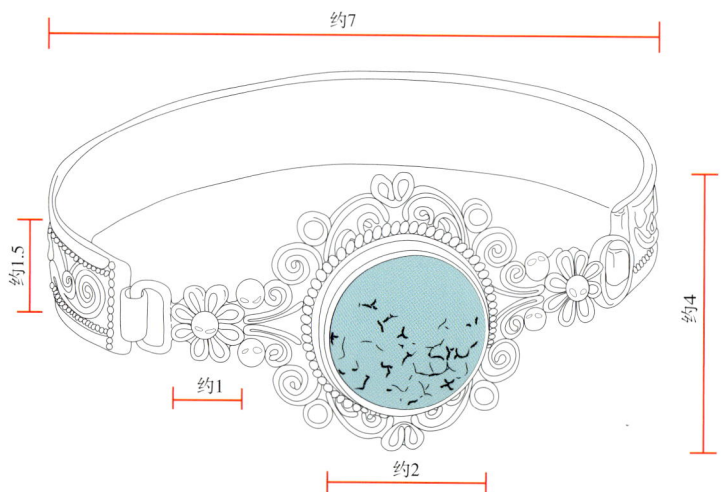

图二　藏族绿松石银手镯尺寸图1（单位：cm）

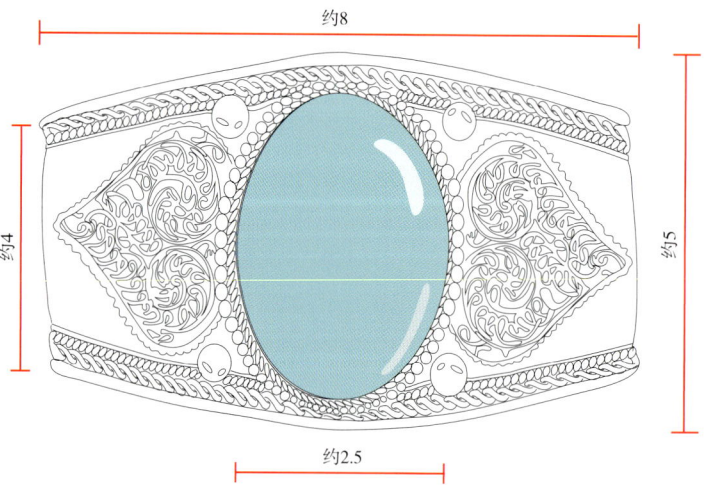

图三　藏族绿松石银手镯尺寸图2（单位：cm）

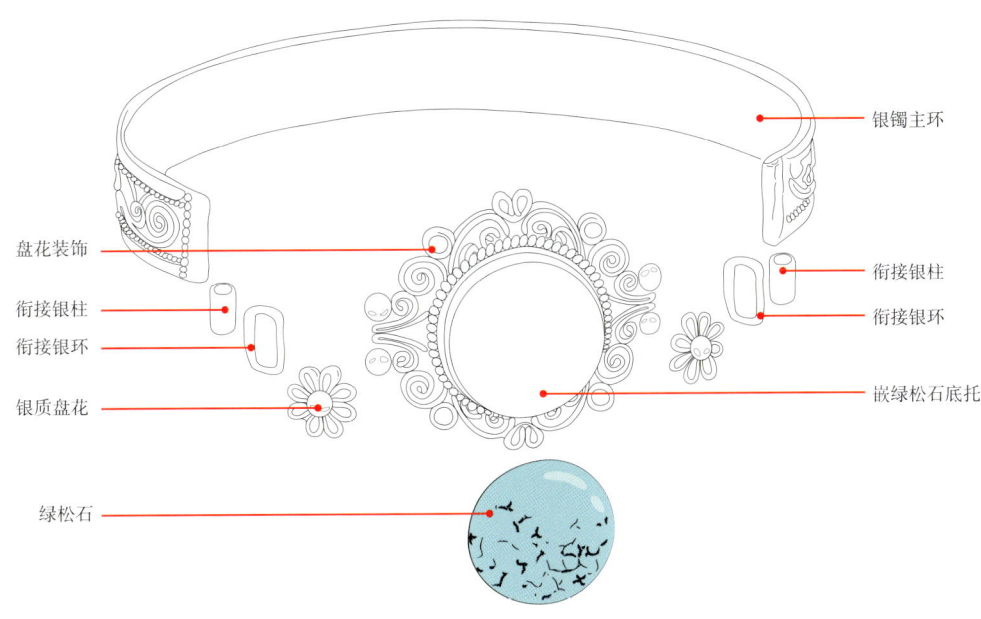

图四　藏族绿松石银手镯结构分解图

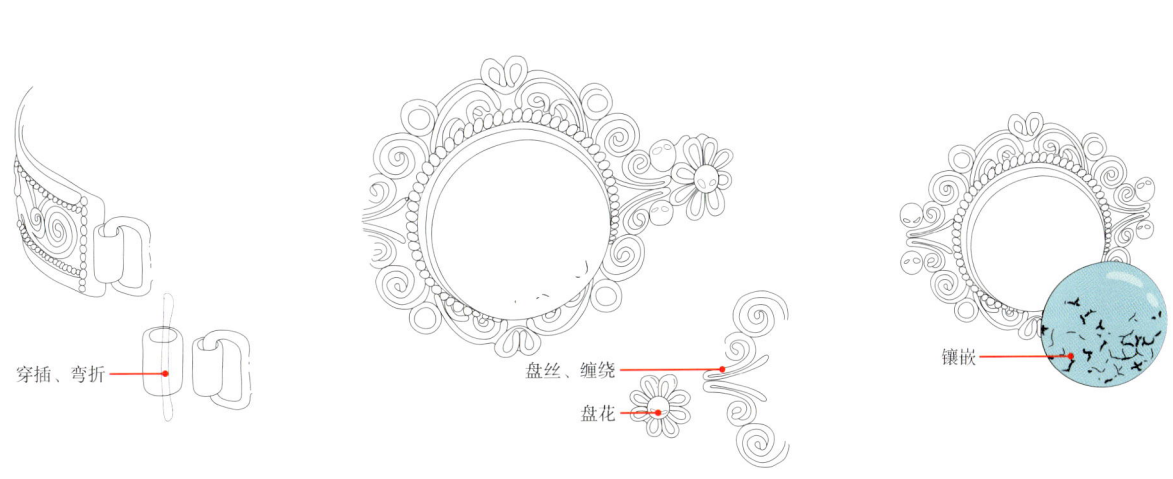

图五　藏族绿松石银手镯工艺分析图

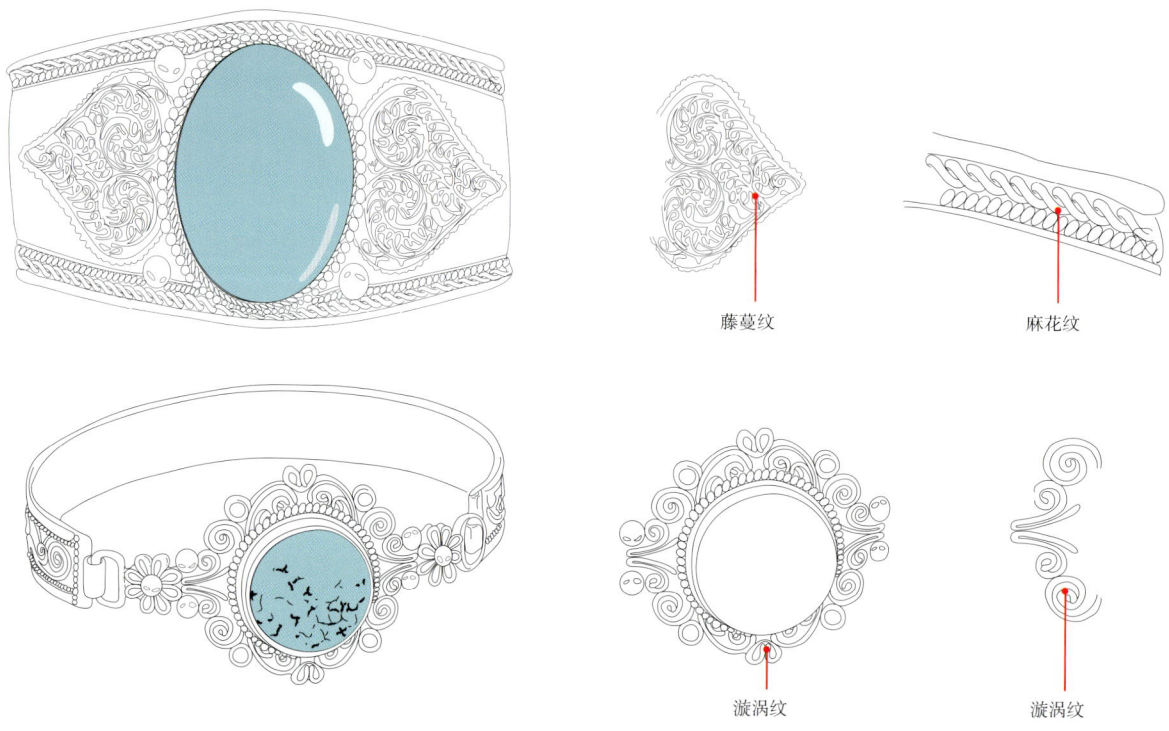

图六　藏族绿松石银手镯纹样分析图

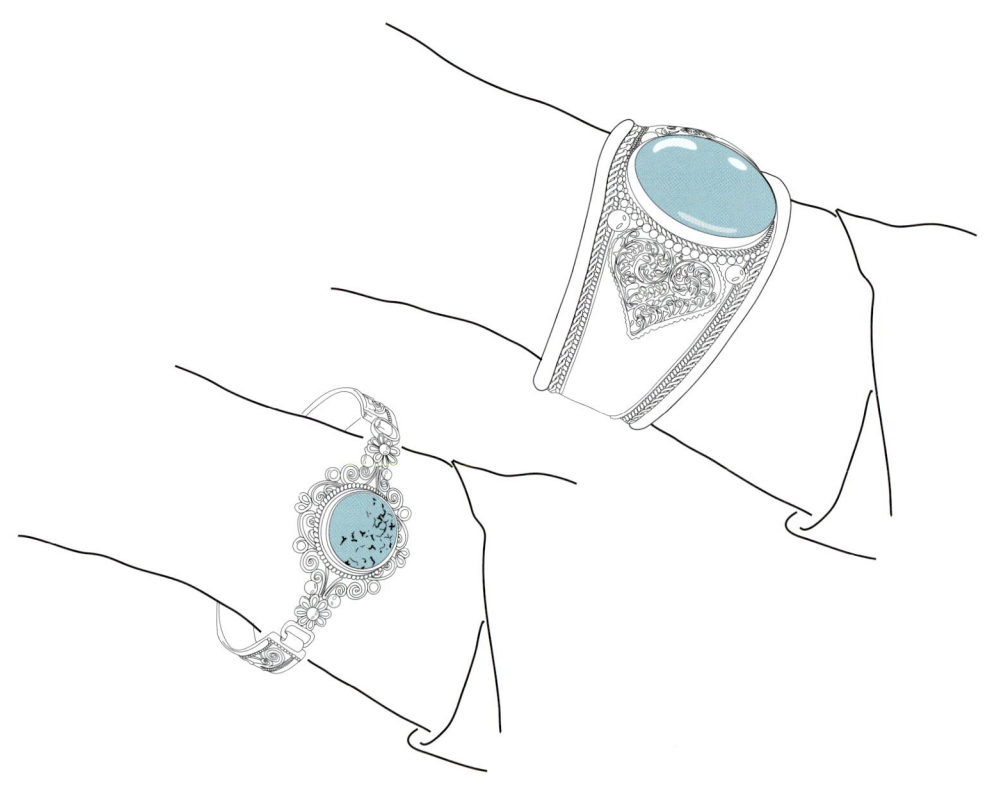

图七　藏族绿松石银手镯佩戴效果图

藏族银戒指

图一　藏族银戒指主图

藏族地区又将戒指称为"驱环",不仅是佩戴于手指上的装饰品,而且也有驱邪之用。藏族戒指使用金银作为主要材质,镶嵌绿松石、玛瑙、琥珀、珊瑚等。在加工工艺方面,采用花丝、鎏金、实镶工艺制作出各种形态,同时以宝石镶嵌,最终制成华丽的装饰品。

藏族首饰选用藏传佛教七宝作为主要材质,藏传佛教七宝指金、银、砗磲、蜜蜡、珍珠、红玉髓及珊瑚,蕴含佛家净土的光明与智慧。本案例为九宫格和红珊瑚两件银质戒指。其中,九宫格在边长为4厘米的正方形戒指面上镶嵌9颗直径约0.8厘米的绿松石,以中心对称的方式分布,周边以花丝工艺镶嵌并作为装饰。"9"在苯教中与地界、天界及教义有关,因此"9"是苯教思想中最为重要的吉祥数字。红珊瑚采用中心对称镶嵌直径约1厘米的红珊瑚作为戒指面,两边分别镶嵌直径0.3厘米的绿色宝玉石,铆钉围绕中心红珊瑚,造型简洁。

戒指虽然属于藏族服饰中体积较小的饰品,但其中包含的原始宗教思想、藏族审美旨趣及其加工技艺,是藏族文化的综合体。

图片来源
图一　刘佳　摄影
图二至图六　郝佳　制图

参考文献
李采姣.论藏族服饰的艺术特色.宁波大学学报(人文科学版),2012(6):119—123.
李玉琴.藏族服饰的美学分析.西藏大学学报(社会科学版),2009(2):46—53.
魏新春.藏族服饰文化的宗教意蕴.西南民族科学学报(哲学社会科学版),2001(1):48—51.

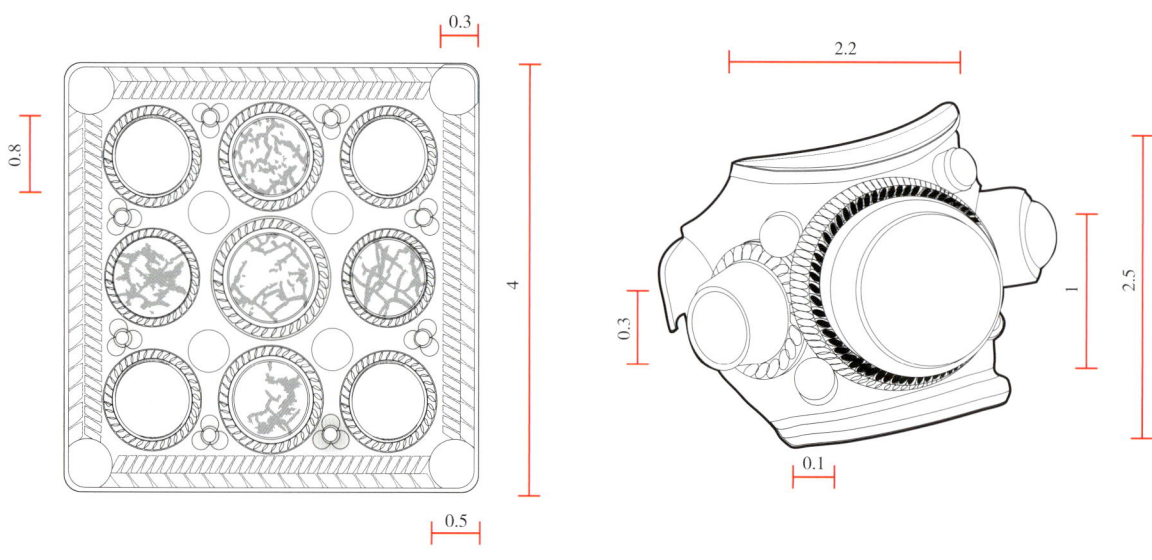

图二 藏族银戒指尺寸图（单位：cm）

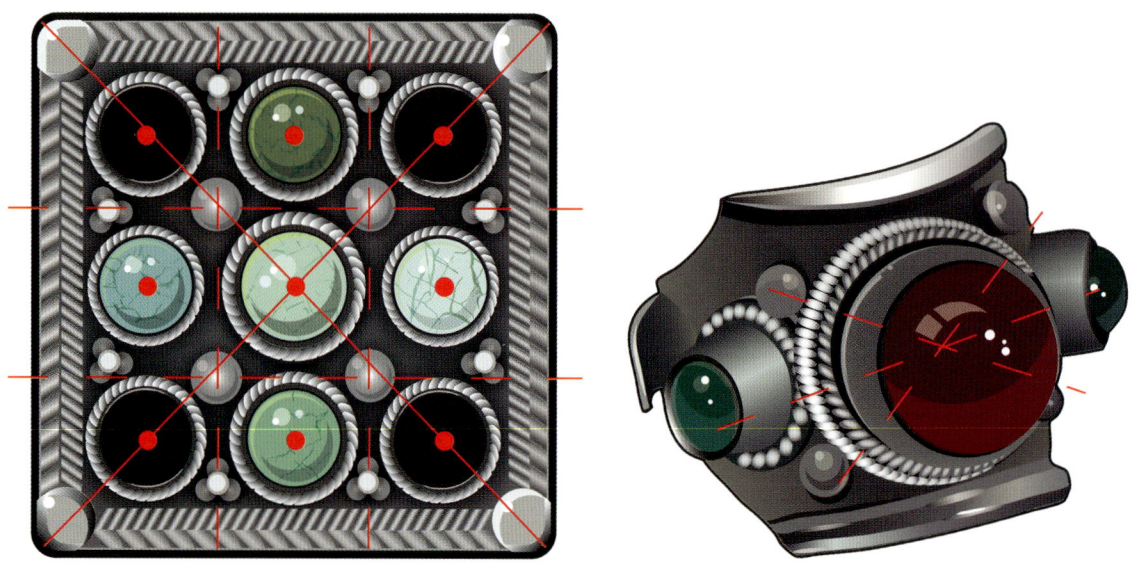

珠宝镶嵌以中心对称，九宫格的分布方式呈现　　　　　　镶嵌以中轴对称，铆钉围绕中心红珊瑚

图三 藏族银戒指形态分析图

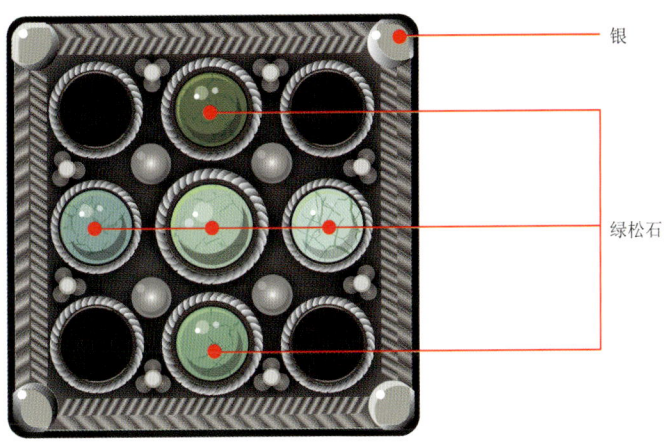

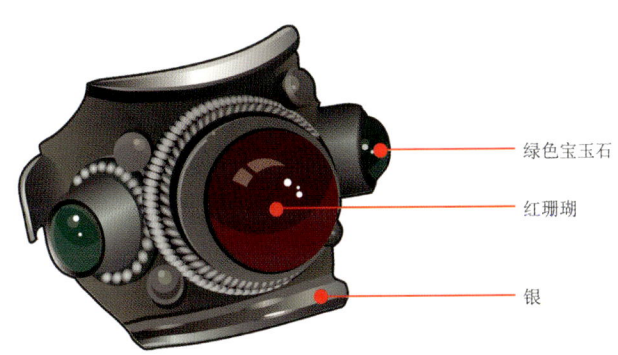

图四　藏族银戒指材质分析图

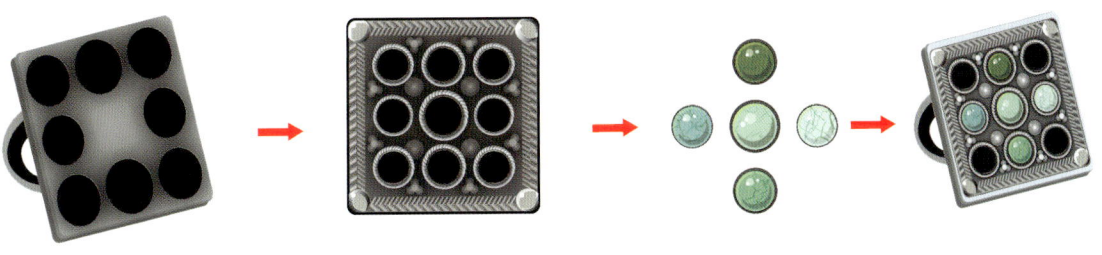

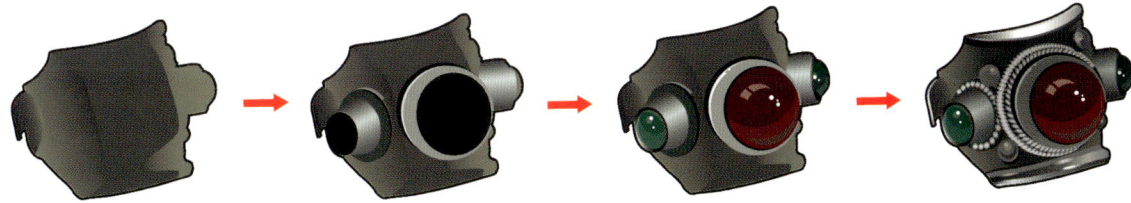

图五　藏族银戒指制作流程图

第二章　藏族传统服饰

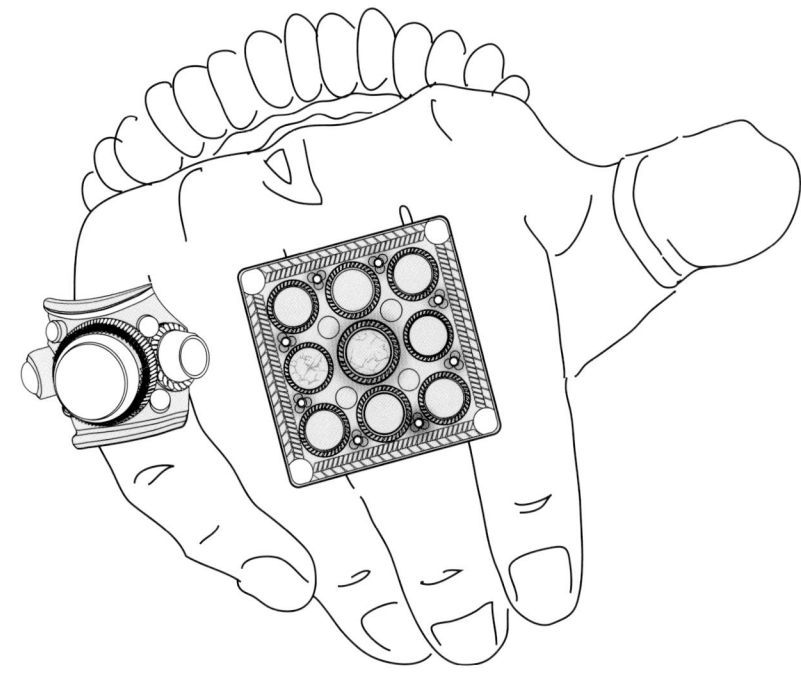

图六　藏族银戒指佩戴效果图

藏族银手镯

图一 藏族银手镯主图

银手镯属于藏族服装中常见的配饰之一，它体现了家族身份以及社会地位。其材质主要有金、银、玉、海螺等，其中以银质较为普遍且多由女性佩戴。

银手镯主要材质为藏银，普遍呈圆环形，一般分为封闭型和未封闭、留有端口型两种结构。手镯表面的银质装饰纹样多以手工花丝工艺制作而成，并且运用镶嵌工艺将红珊瑚、玛瑙、绿松石等宝玉石作为点缀。银质手镯的装饰纹样源于动植物以及吉祥物，受到藏传佛教影响，藏传佛教吉祥八宝、六字真言、卍字符号等多被用于藏饰中。本案例为未封闭型圆环结构，直径5厘米，宽2厘米，未封闭端口宽度为2.5厘米。制作时，先运用绞丝、嵌丝相结合的工艺制作手镯基本形，然后在手镯中央镶上六字真言的装饰纹样。

藏族手镯的装饰纹样充分体现着藏族民众的审美情趣和制作工艺，也是藏族传统艺术及技艺的表现，具有较高的文化特色。

图片来源
图一 华秋紫 摄影
图二至图七 华秋紫 制图

参考文献
李立新.藏族服饰之配饰艺术研究.国际纺织导报,2008(6):62—64.
张荣红,薛玫,卢筱,高汉成,孙仲鸣.藏传佛教对藏族首饰表现的影响.宝石和宝石学杂志,2005(3):28—30.

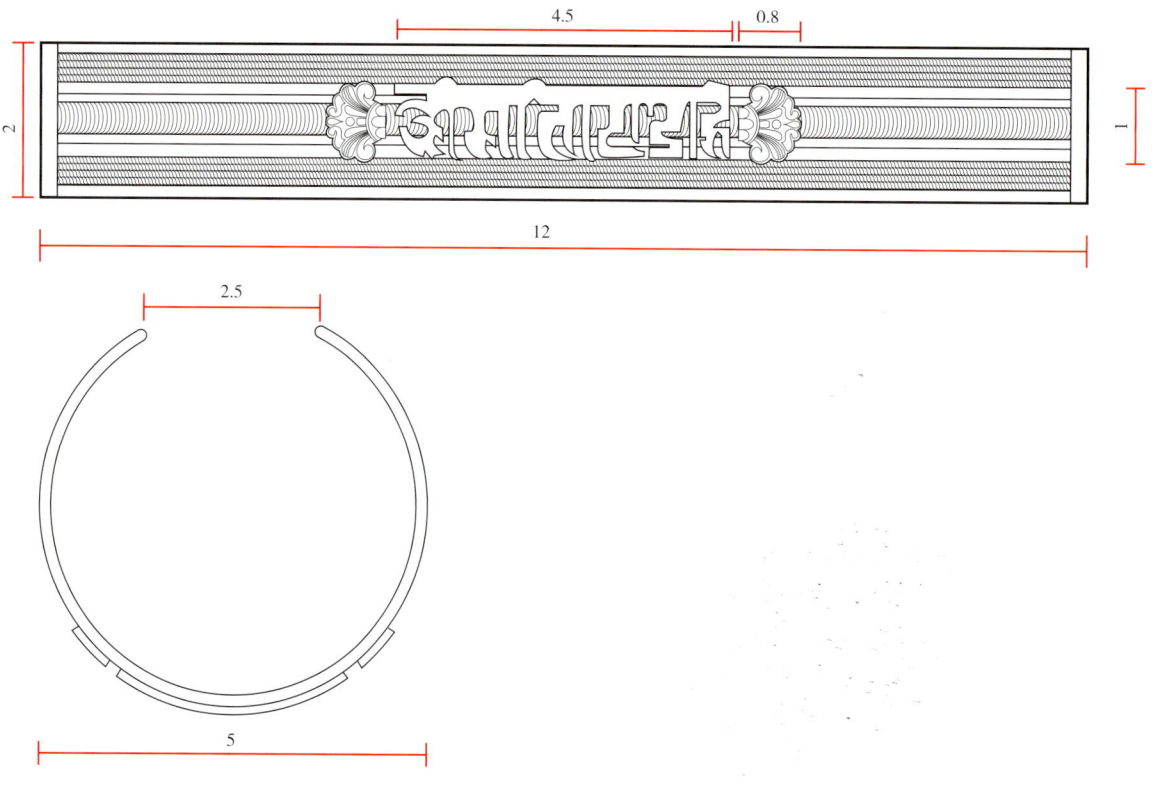

图二　藏族银手镯尺寸图（单位：cm）

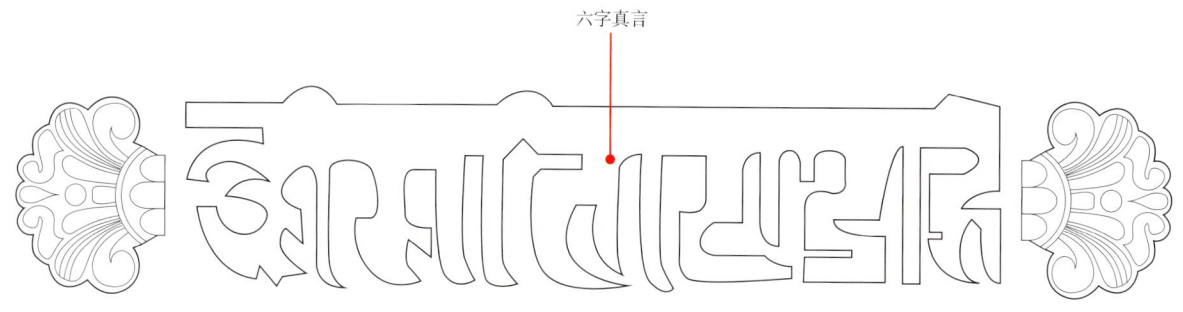

图三　藏族银手镯局部纹样分析图

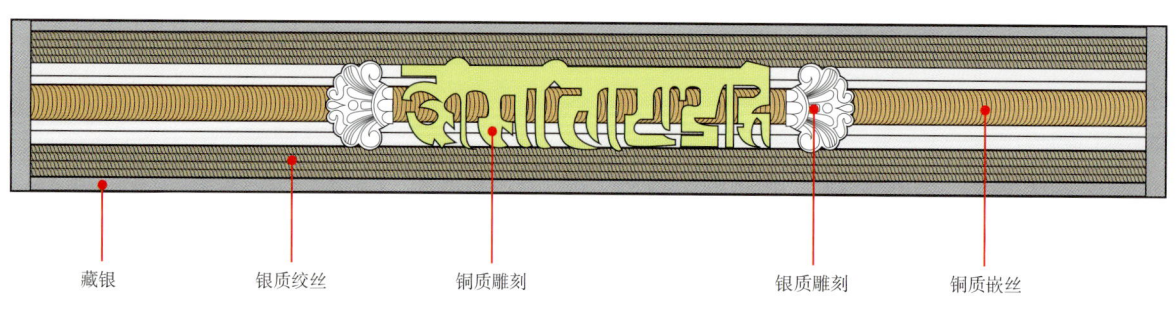

图四　藏族银手镯材质分析图

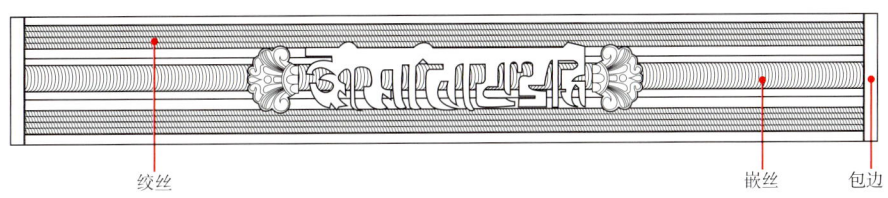

图五 藏族银手镯工艺分析图

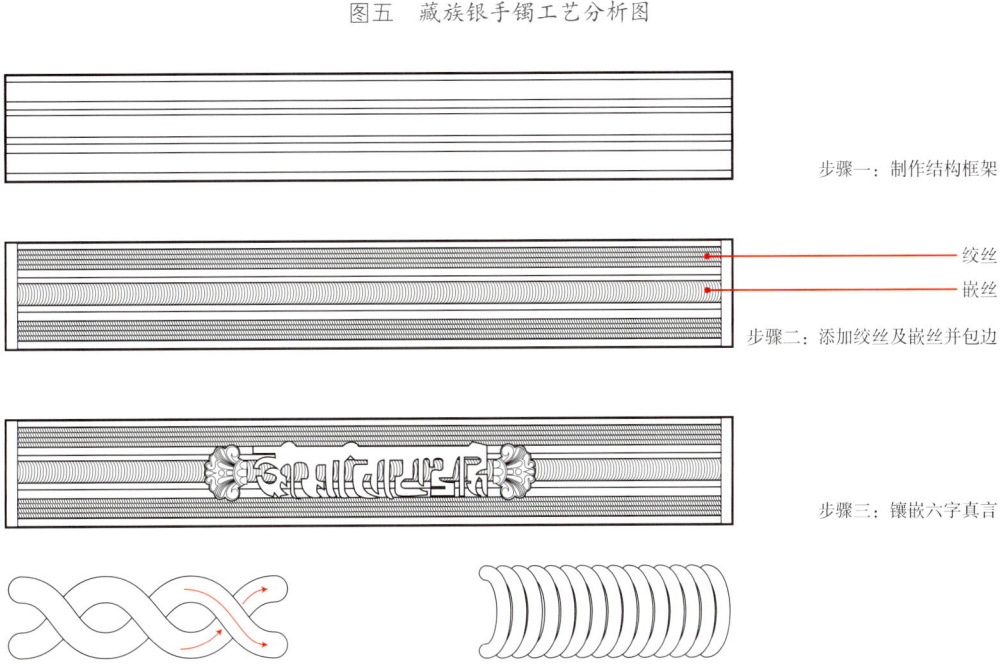

图六 藏族银手镯制作流程图

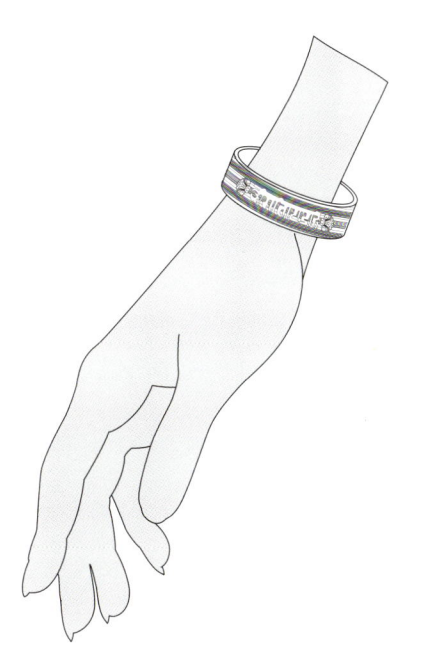

图七 藏族银手镯佩戴效果图

第二章 藏族传统服饰

235

藏族银耳环

图一　藏族银耳环主图

西藏女子的耳饰造型各异，其上镶有各类珠宝，男子也有耳饰，不过通常只戴左耳（玉树地区戴右耳）。藏式耳环上镶嵌的珠宝和錾刻的图样使其不但具有装饰作用还包含了许多吉祥意义。

西藏地区的耳饰分类与汉族大致相同，也可分为耳钉、耳环、耳坠三大类，材质多用金银，珊瑚、绿松石、玛瑙等宝石则用于镶嵌。这类耳饰通常都是当地有熟练技术的工匠纯手工打造，款式多变，令耳饰与其他配饰及服装相辅相成。本案例是较为典型的传统藏饰耳环，主体为银质，上镶嵌有呈弧面的绿松石和珊瑚，镶嵌宝石的银托与耳环连接处还刻有丰富的图案，与宝珠相互衬托，简洁却不失华美。其他两例是藏式耳坠，一款为银质珊瑚耳坠，另一款为金质绿松石耳坠，均造型精美，体现了工匠高超的手工艺。

藏式耳环色彩丰富，造型个性鲜明，年青一代也对其情有独钟。依托于传统手工艺制成的耳饰具有宗教的神韵，是既有民族风情又不失时尚的饰品。

图片来源
图一至图六　马君　制图
图七　刘佳　摄影
参考文献
杨清凡,王尧.藏族服饰史.西宁:青海人民出版社,2003:199.
李玉琴.藏族服饰文化研究.北京:人民出版社,2010:37.

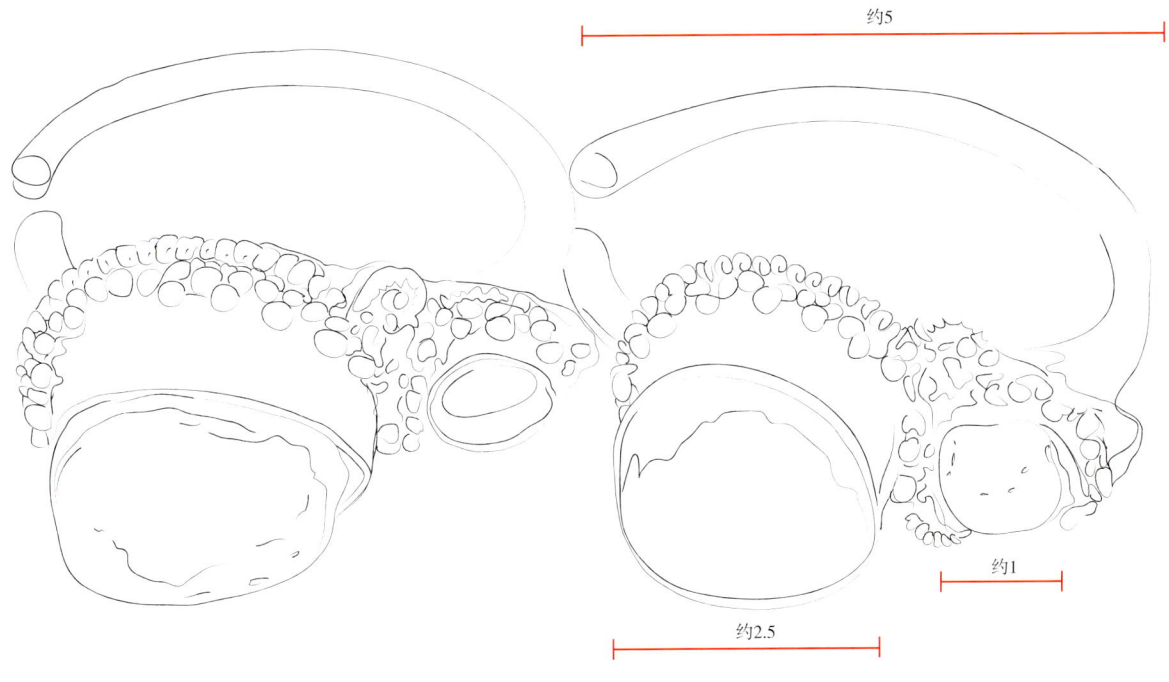

图二　藏族银耳环尺寸图（单位：cm）

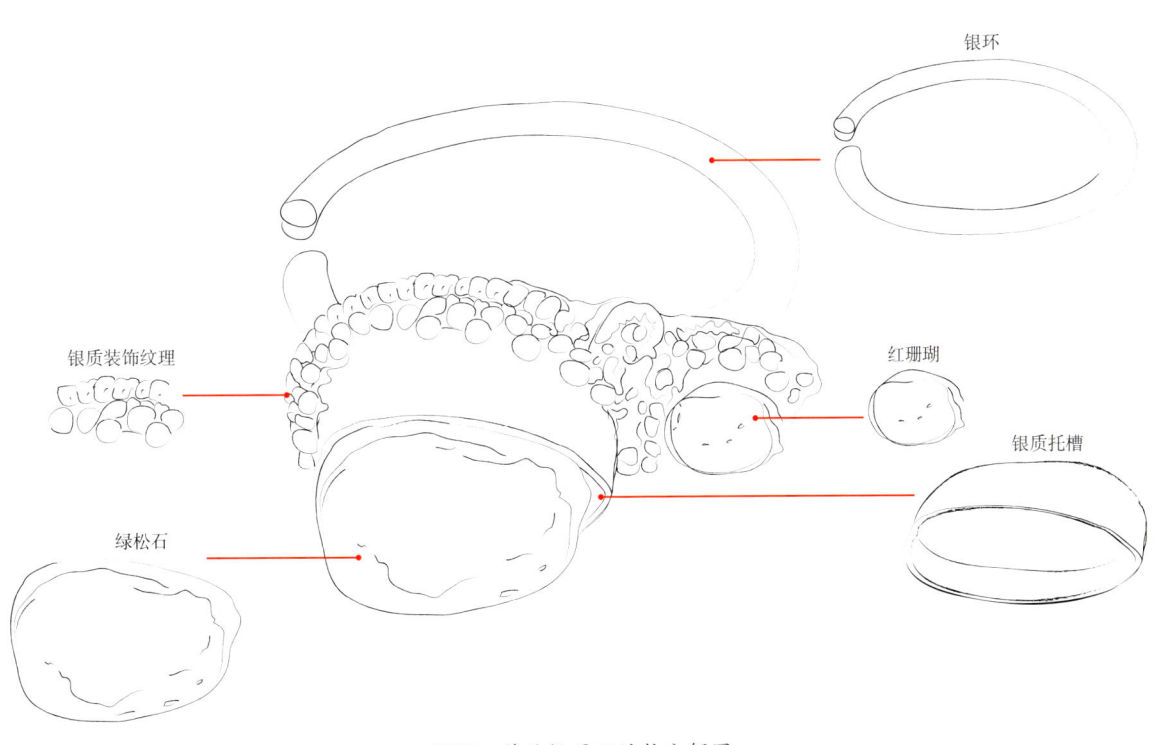

图三　藏族银耳环结构分解图

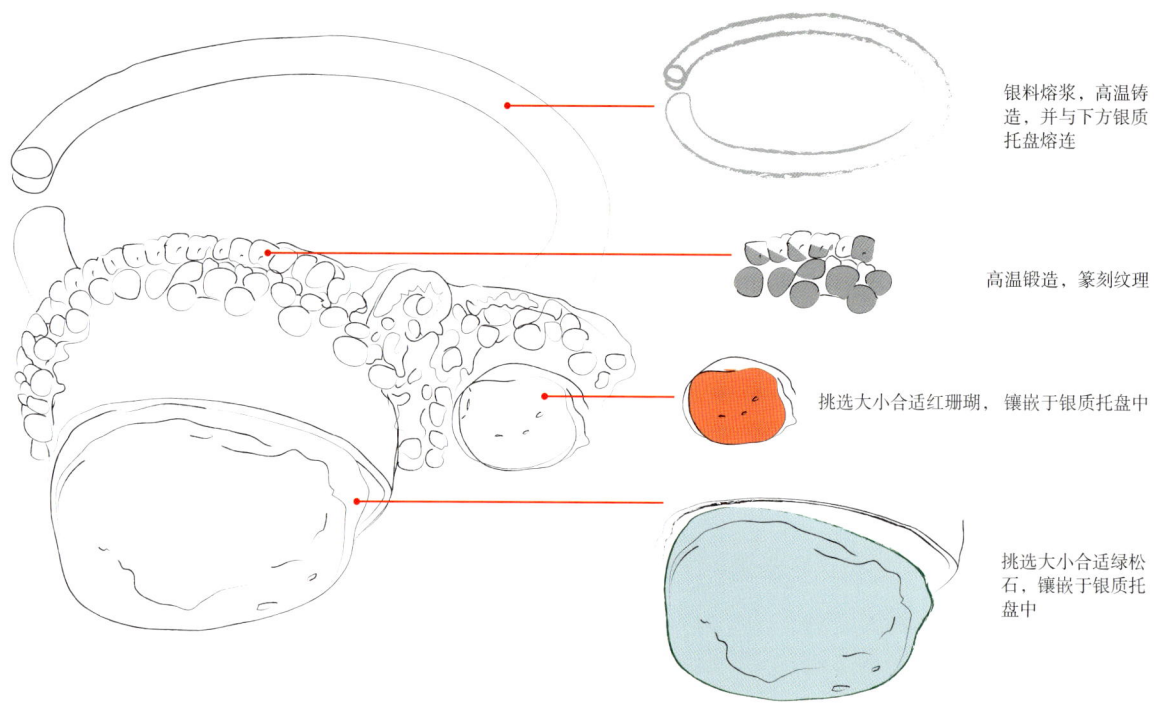

图四 藏族银耳环工艺分析图

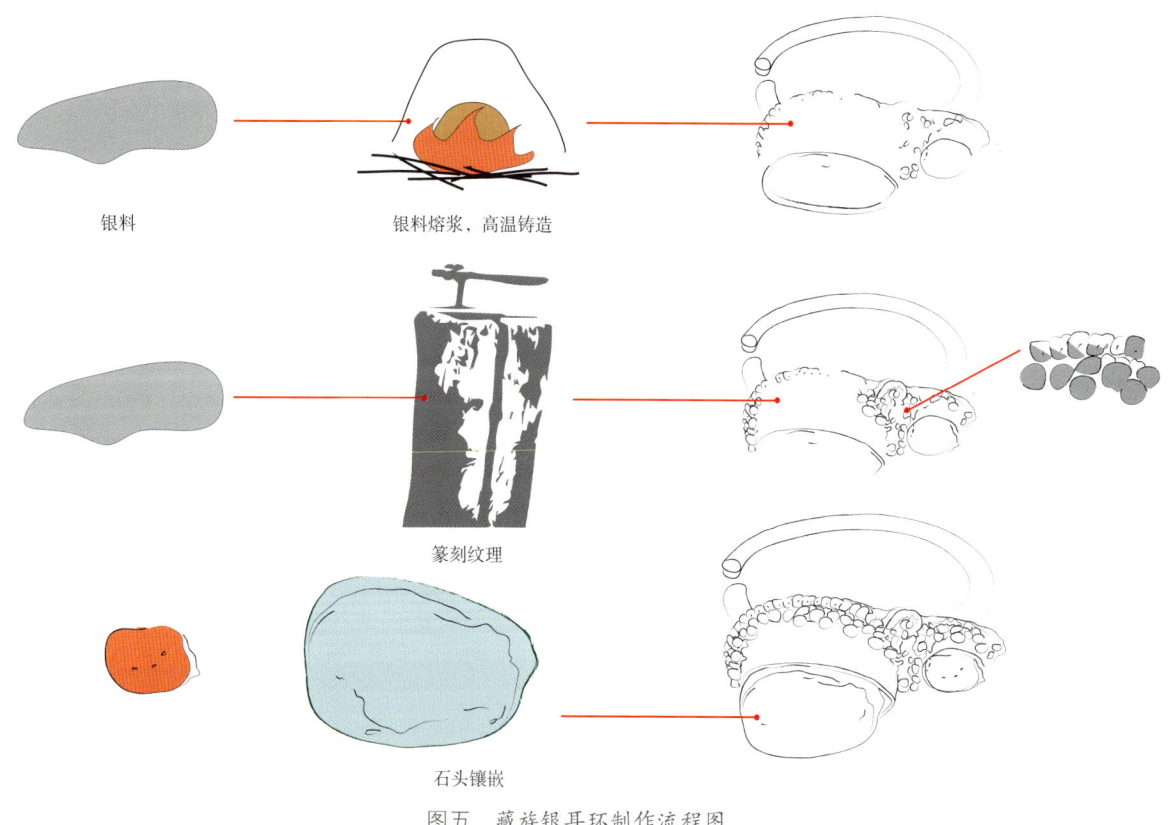

图五 藏族银耳环制作流程图

图六 藏族银耳环佩戴效果图

图七 藏族银耳环延展图

第二章 藏族传统服饰

藏族氆氇包

图一　藏族氆氇包主图

氆氇包为氆氇制作的手工包。氆氇是藏文音译，最早出现于公元7世纪的吐蕃时期，称"拂庐"，特指手工毛呢制品。氆氇是加工包囊、服饰、床毯等的主要原料。氆氇产地以山南地区扎朗县和浪卡子县，后藏地区江孜县以及藏东地区芒康县等地最为著名。

生产氆氇的原料以当地产的牛羊毛为主，按照质地、粗细将牛羊身体上不同部位的毛进行划分。对其进行染色的原料取自高原植物的天然汁液，一般为手工浆染。本案例长约27厘米，宽约15厘米，使用黑色、白色、红色羊毛线编织而成。在包身末端使用黑色、白色相间的麻花穗以及红、绿、黄色流苏作为装饰，穗长约7厘米左右，流苏长2~5厘米不等。在日常生活中藏族民众身背氆氇包，内装随身用品，而氆氇制品在举行仪礼时也作为礼物馈赠。

氆氇为藏族特有的纺织物，具有一定的民族意义。氆氇制品展现了藏族民众对素材原生性、色彩多元性的选择，反映了藏区特有的地域文化特征。

图片来源
图一　陶琨、李绮雯　摄影
图二至图四　包时灵　制图

参考文献
中国藏族服饰编委会.中国藏族服饰.北京:北京出版社,2007:27.

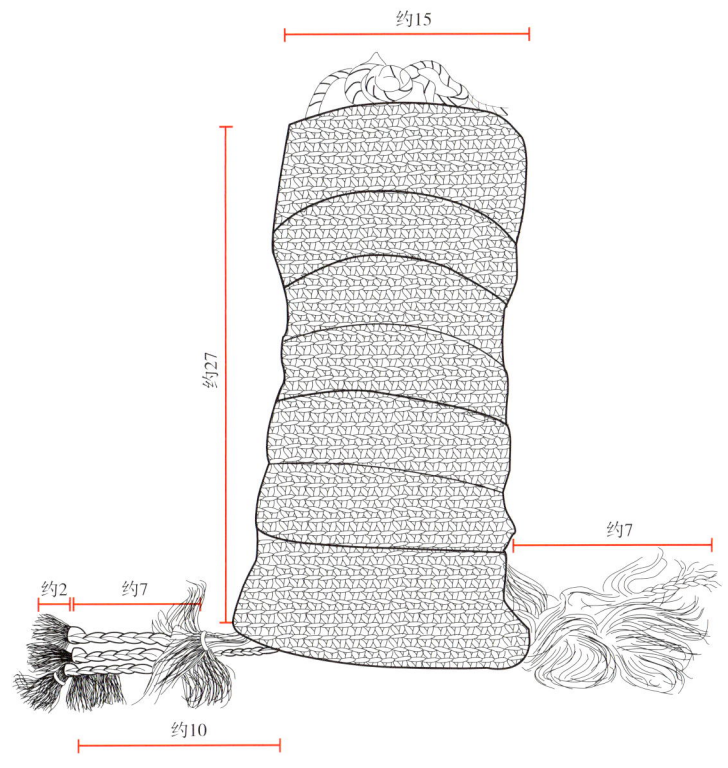

图二　藏族氆氇包尺寸图（单位：cm）

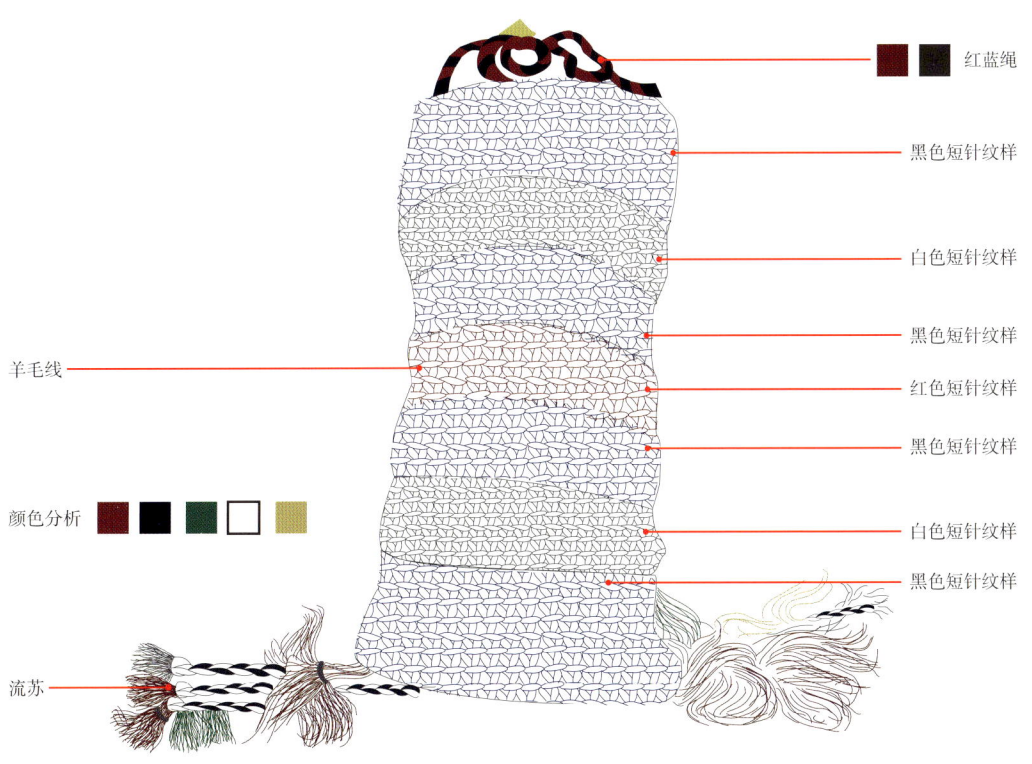

图三　藏族氆氇包色彩分析图

第二章　藏族传统服饰

241

图四　藏族氆氇包使用情境图

第三章 藏族传统餐饮

藏族糌粑

图一　藏族糌粑主图

糌粑指用青稞或豌豆等炒熟后磨成的面粉，一般作为主食食用，是藏族特有的食品。制作时先将收获的青稞在糌粑架上晒干，一般不去皮壳，用加热过的细沙炒熟后磨成细面。

藏族人吃糌粑的方法很多。糌甘是把糌粑直接放入口中干吞；糌土是像煮面粥一样，在水中加入糌粑、鲜肉和奶酪，用食盐调味后食用；卡提则是在糌粑中倒入温热的酥油茶，喝完茶后再舔食润湿的糌粑。在藏北地区，人们常把糌粑放入碗里，拌上奶渣，再兑入适量酥油茶或青稞酒，用大拇指扣住碗沿，其余四指不断搅拌，将糌粑拌匀捏成团（"粑"就是成团的意思）后，用手拿着吃。许多藏族风俗礼仪也离不开糌粑。藏历新年时，家家都要在藏柜上摆放一种叫"切玛"的木斗，斗内放满青稞、足玛（人参果）等，上面插上染色的青稞穗和称作"孜玛"的彩牌。亲戚朋友来拜年的时候，要从切玛里抓出一点糌粑洒向空中，再抓一点放入嘴里,说一句"扎西德勒",以示祝福。藏族的丧葬礼仪中也会用到糌粑。

糌粑携带方便,食用方法简单、多样,为牧民的生活提供了更多的便利。

图片来源
图一　刘佳　制图
图二　路遥　摄影(微图网)
图三　张博闻　制图
图四至图六　毛睿　制图
图七　张皓　制图

参考文献
冯骥才.符号中国·文化遗产卷.南京:译林出版社,2008:220—221.
谢启晃,等.藏族传统文化辞典.兰州:甘肃人民出版社,1993:782.
廖东凡.藏地风俗.北京:中国藏学出版社,2008:112—114.
曾奇.年节·习俗·食谱.北京:中国民族摄影艺术出版社,1998:330.

图二　藏族晒青稞场景图

图三　藏族干青稞

图四　藏族炒制青稞情境图

图五　藏族磨制青稞粉情境图

将糌粑盛入碗中

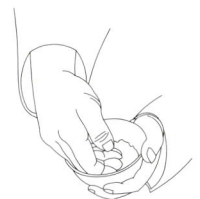
用手指将糌粑压实

倒入酥油茶

喝酥油茶

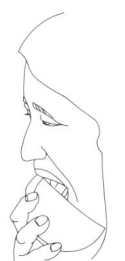
用舌头舔食润湿的糌粑

图六　藏族食用糌粑示意图

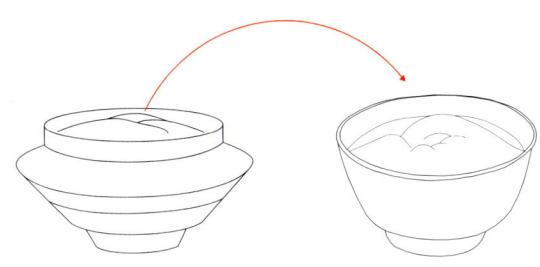
从糌粑盒中取出糌粑至碗中

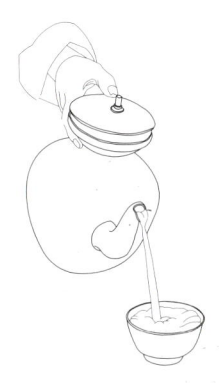
在碗中倒入酥油茶

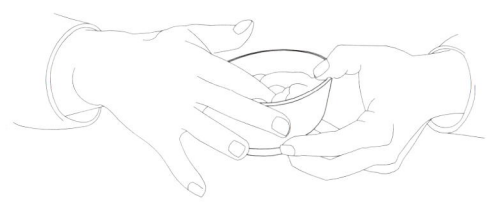
和拌

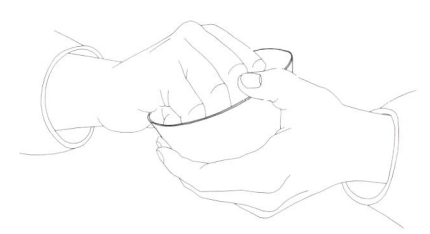
捏成团状

图七　藏族捏团食用糌粑示意图

第三章　藏族传统餐饮

藏族足玛

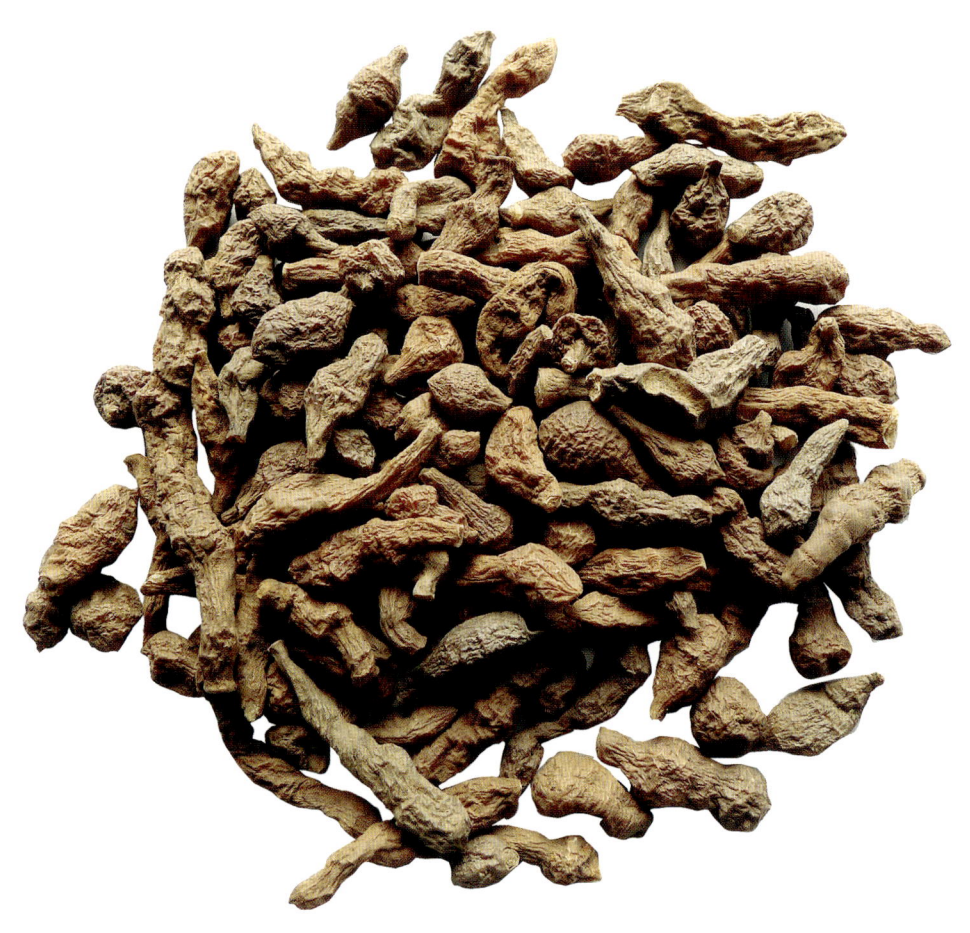

图一 藏族足玛主图

足玛又称"人参果""蕨麻",学名鹅绒委陵菜,为蔷薇科委陵菜属,多年生草本植物,是青藏高寒草原上的特产,广泛分布于青海、西藏和新疆地区。足玛块茎呈紫红色,圆形,大小如胡豆,一般秋季成熟,八九月份可采摘食用。

足玛块根有多种食用方法。足玛米饭,类似汉族地区的八宝饭。其做法是在七成熟的大米中掺入洗净的新鲜足玛(或水发干足玛)、葡萄干等,煮熟后加入酥油和糖后食用,口感软糯香甜,别具一格。足玛酸奶也是倍受藏族人喜爱的美食,将足玛煮熟后拌入酸奶,加入糖和葡萄干,清香扑鼻。足玛也可与肉食搭配,新鲜羊肉洗净后焯去血水,捞出切块,加入调料煸炒后注入清水,炖至六成熟时加入足玛,待熟透即成足玛羊肉。除此以外,足玛还有其他用处。足玛植株是蜜源植物和饲料植物,株叶可提制栲胶,用作黄色染料;块根也可入药,性味甘平,能健脾益胃,益气补血。藏医也将足玛全草入药，可治疗脾虚腹泻、咳嗽痰浊、月经不调等症。

足玛含有大量的淀粉和维生素，味道略甘甜，具有丰富的营养价值，是藏族人生活中的重要食材和药材。

图片来源
图一 毛睿 摄影
图二、图四、图五 毛睿 制图
图三 刘兆明 摄影（微图网）
图六 李绮雯 摄影

参考文献
杜品.青藏高原甘南藏药植物志.兰州:甘肃科学技术出版社,2006:318—319.
廖东凡.藏地风俗.北京:中国藏学出版社,2008:104.
谢启晃,等.藏族传统文化辞典.兰州:甘肃人民出版社,1993:785.
天祝县志编纂委员会.天祝藏族自治县志.兰州:甘肃民族出版社,1994:791.

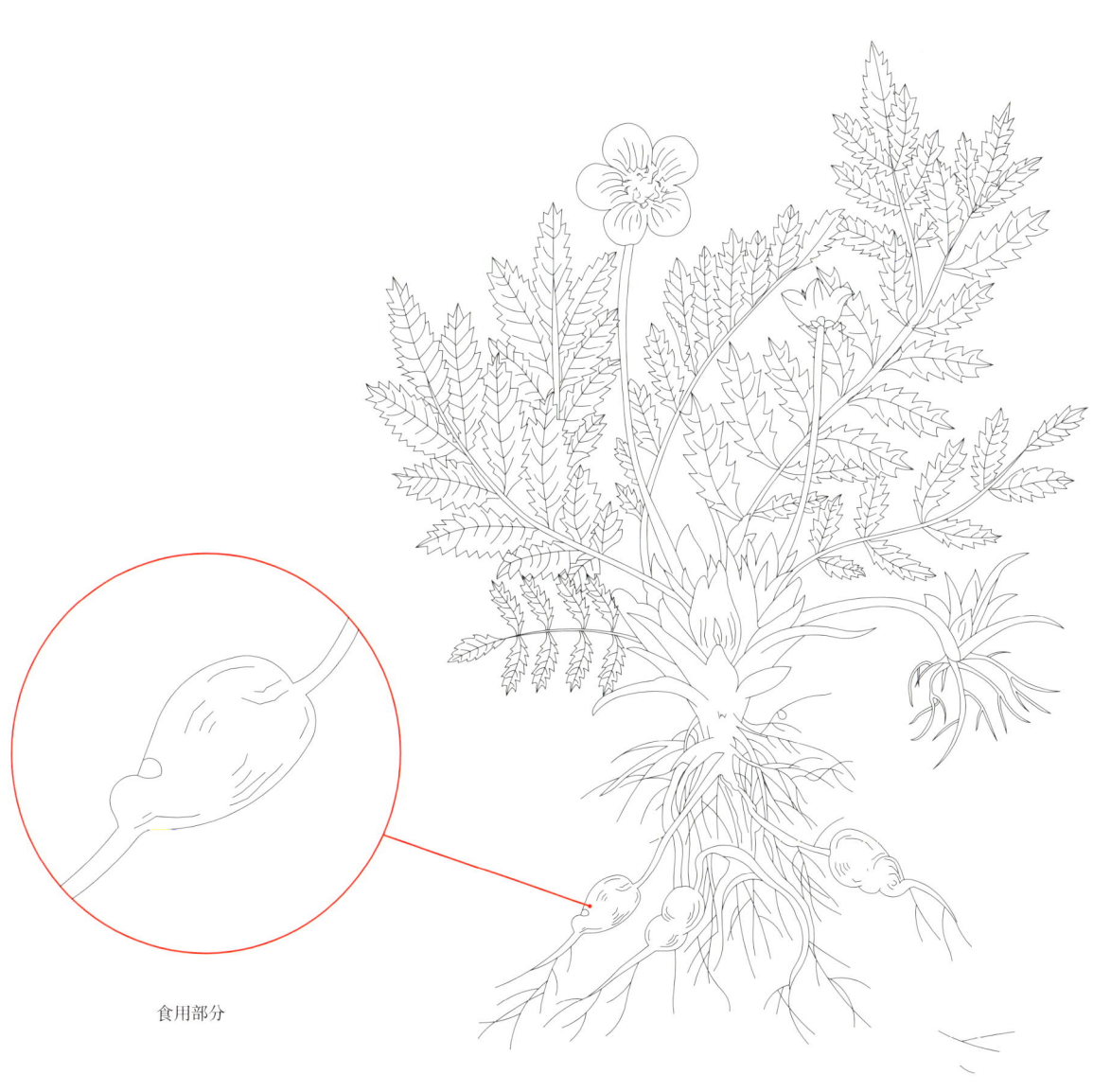

食用部分

图二 藏族足玛科学绘图

图三　藏族足玛生长图

图四　藏族挖足玛示意图

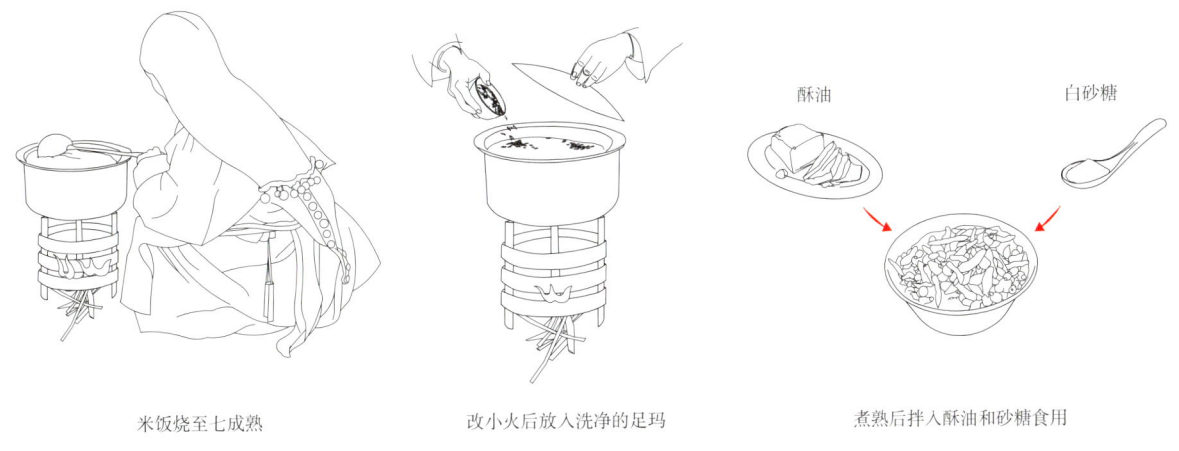

图五　藏族足玛米饭制作流程图

图六　藏族足玛食用方式

藏族油炸果子

图一　藏族油炸果子主图

　　油炸果子,藏语又叫"卡塞"。油炸果子既是藏族人待客的丰盛食物,又是贵客的餐前点心,更是节日时拜神、拜佛的供品。

　　油炸果子的制作方法是使用青稞或者小麦面粉、鸡蛋、酥油调成糊状物,发酵后像点豆腐一样往热油锅里倒,绕成一圈一圈,炸好后又香又脆。油炸果子的样式主要有圆形、方形、猫耳状、蝴蝶状。味道分甜、咸、清淡,香味十足,食用时常常佐以奶茶、酥油茶。每当藏历新年时人们炸出各种形状的油炸果子,然后横一排竖一排层层叠叠码放在瓷盘、木盆上面,藏语为"德嘎",是敬神的供品。"德嘎"最上边放一个"布鲁"(圆形"卡塞"),"布鲁"上再放一个"宾宾多多"(猫耳状"卡塞")。"德嘎"上面还要摆放糖果、桃干、杏干、葡萄干、奶渣等食品。新年的早上,全家人在神龛前的净水碗里添入新水,点起酥油供灯,整理油炸果子的"德嘎"、羊头、青稞苗,敬过神佛后,捧出"朝苏切玛"吉祥彩盒,全家每个人抓一点糌粑、抓一点麦粒,抛撒三次,表示祭祀天神、地神和龙神,互相祝贺新年吉祥如意。

　　油炸果子的原料及食用场合皆体现出藏族地域特色,是藏族饮食文化的主要代表之一。

图片来源
图一至图六　刘政通　制图

参考文献
中国旅游.中国西北·美食之旅.上海:上海文化出版社,2013:113.

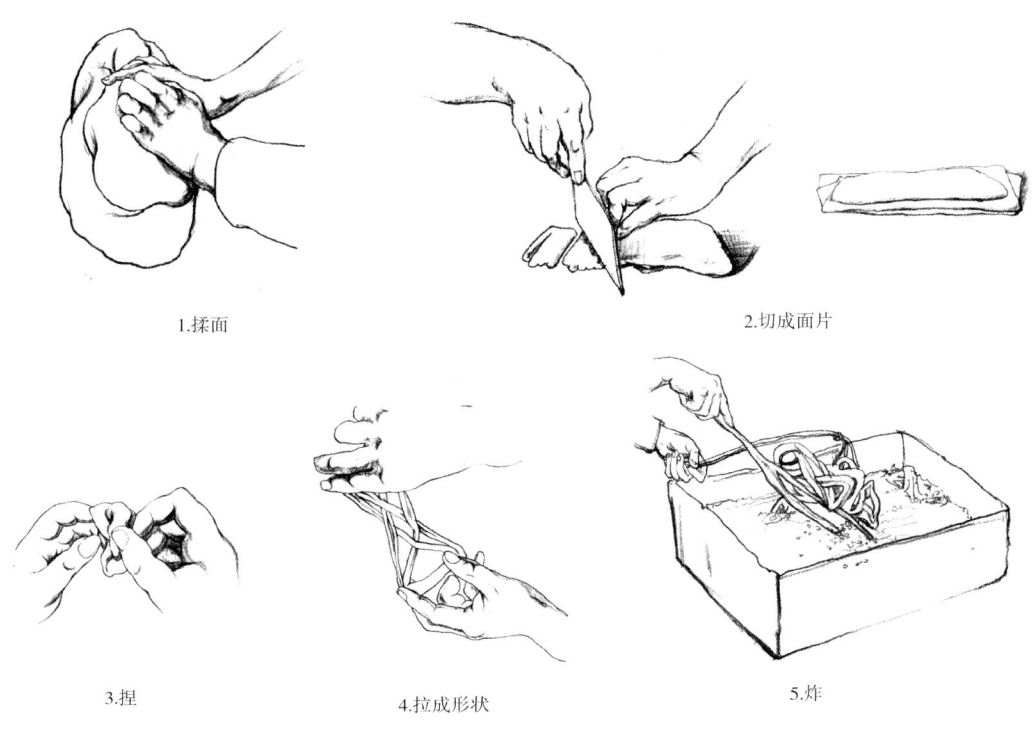

图二　藏族油炸果子制作流程图

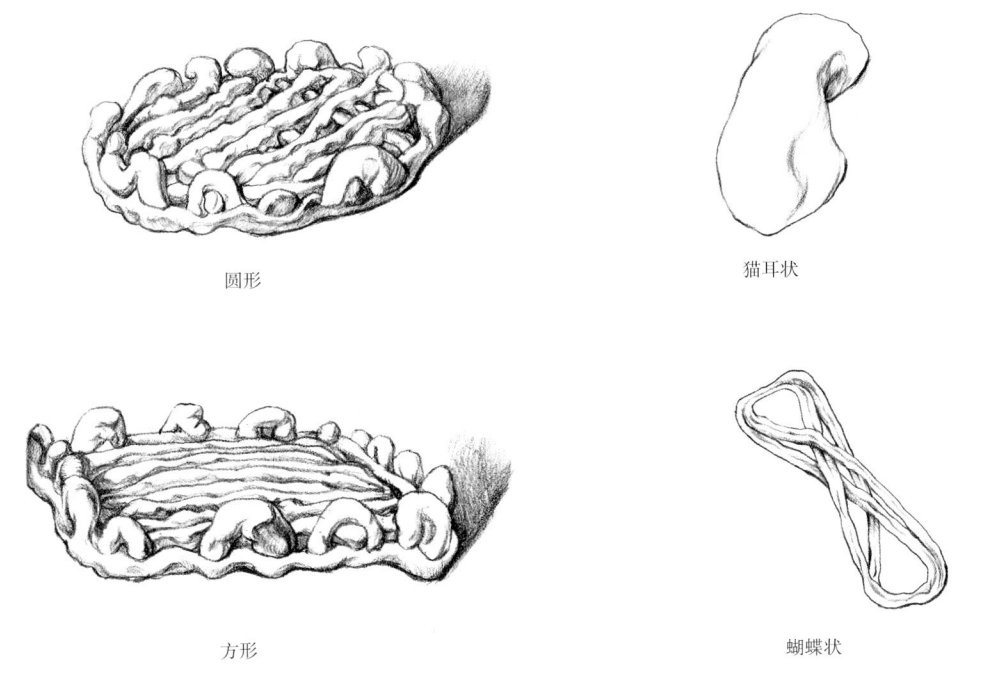

图三　藏族油炸果子形态分类图

第三章　藏族传统餐饮

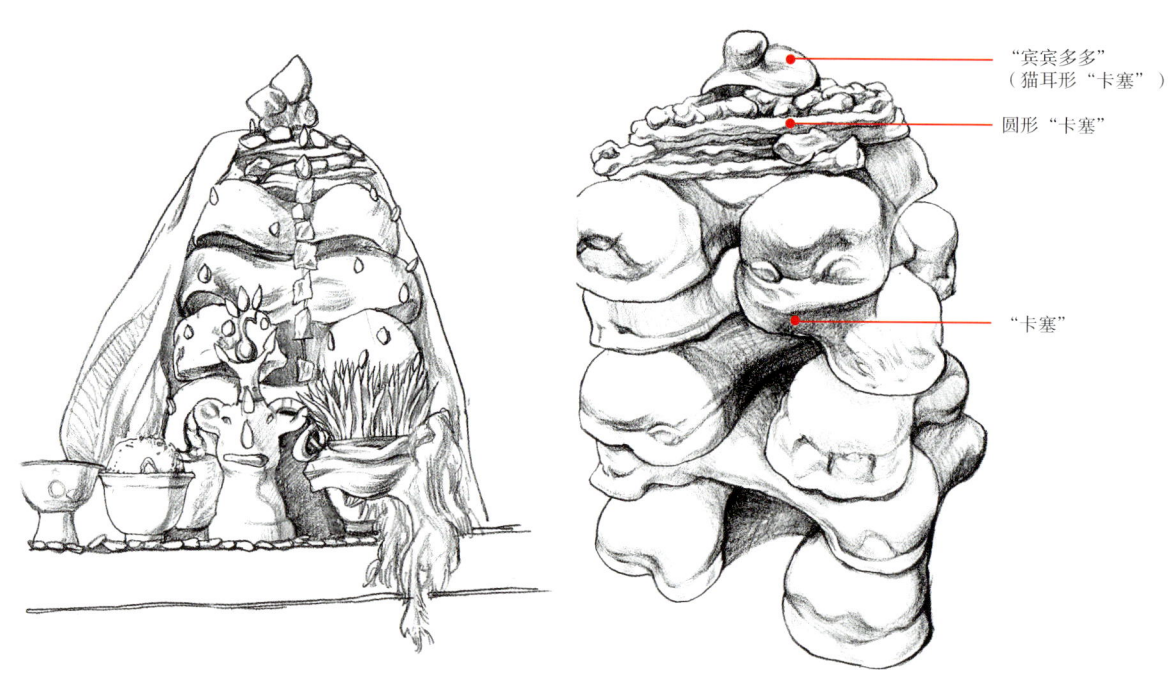

图四　藏族供品摆放图

图五　藏族"德嘎"形态图

"宾宾多多"（猫耳形"卡塞"）

圆形"卡塞"

"卡塞"

图六　藏族油炸果子制作情境图

藏族特

图一 藏族特主图

特是藏族人常吃的一种水油饼，藏语称"雪吐"，是藏族的传统面点，流行于青海藏族牧区。

特的原料主要有上等面粉、酥油、曲拉和红白糖等。制作方法为先将面粉加适量清水揉匀后搓成条，揪成小剂子，压成扁圆形，然后擀制成碗口大的薄饼坯；再将清水烧开，取生坯放入开水锅中煮熟；之后捞出放在碗内(一般是每碗放3块面饼)；最后趁热在饼上涂抹已充分搅拌均匀的酥油、曲拉和糖的混合物即可食用，也可捏成炒面状或裹卷酥油直接食用。打酥油时把油捞出剩下的奶子，将其放入锅里熬制，熬好后倒入一干净的白布袋中或一块四角吊起的白布上沥干水分，剩在布兜之中的就是曲拉。曲拉晒干后就是干奶酪。

特柔软香甜、营养丰富，深受藏族牧民的喜爱。

图片来源
图一 刘政通 摄影
图二至图四 刘政通 制图

参考文献
中国旅游.中国西北·美食之旅.上海:上海文化出版社,2013:122.

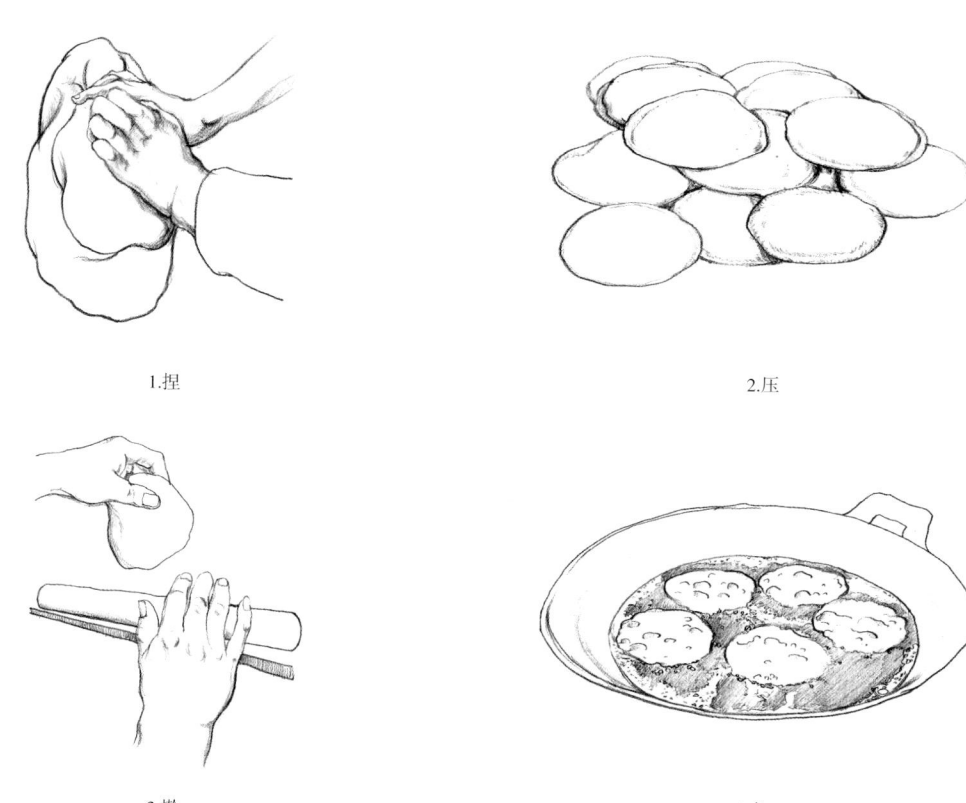

1.捏　　　　　　　　　　　　2.压

3.擀　　　　　　　　　　　　4.煮

图二　藏族特制作流程图

图三　藏族特制作情境图

图四 藏族特食用情境图

藏族鲁朗石锅鸡

图一 藏族鲁朗石锅鸡主图

鲁朗石锅鸡是藏族地区具有传统特色的一种炖菜。炖鸡用的石锅是用一种叫作"皂石"的云母石经手工细心凿制而成，这种石头仅产于西藏墨脱。墨绿色的云母石锅保温性好，富含镁、铁等17种矿物质和微量元素。

石锅鸡以藏鸡为主料，辅以党参、何首乌、当归、藏贝母、山药片、天麻、薏仁、百合、生姜、胡椒、红枣、枸杞以及林芝特产手掌参等药材，用雪山上流下的溪水慢火炖制两个小时才算完成。藏鸡是青藏高原特有的品种，体型轻巧，成年鸡体重约1公斤左右；翼羽和尾羽发达，善于飞翔；腿脚粗壮，奔跑能力强。手掌参又被称为"阴阳草"，外形类似手掌，气微，味淡，嚼之发黏，属多年生草本植物。其叶茎直立，根部有淡褐色叶鞘，高30～80厘米，块茎4～6厘米，初生时白色，成熟后呈黄白色。

手掌参、党参等大补药材与藏鸡经过长时间的慢火炖煮，鸡肉口感细腻，鸡汤味道鲜美，是不可多得的滋补养生食物。

图片来源
图一　李绮雯　摄影
图二至图五　刘政通　制图

参考文献
中国旅游.中国西北·美食之旅.上海：上海文化出版社，2013：128.

| 公鸡 | 母鸡 | 手掌参 |

图二　藏族鲁朗石锅鸡原料

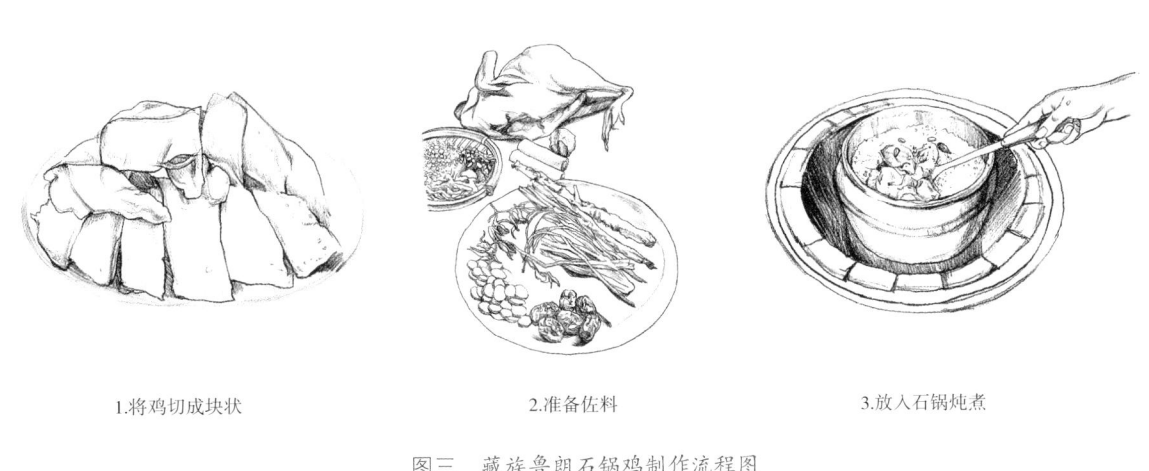

| 1.将鸡切成块状 | 2.准备佐料 | 3.放入石锅炖煮 |

图三　藏族鲁朗石锅鸡制作流程图

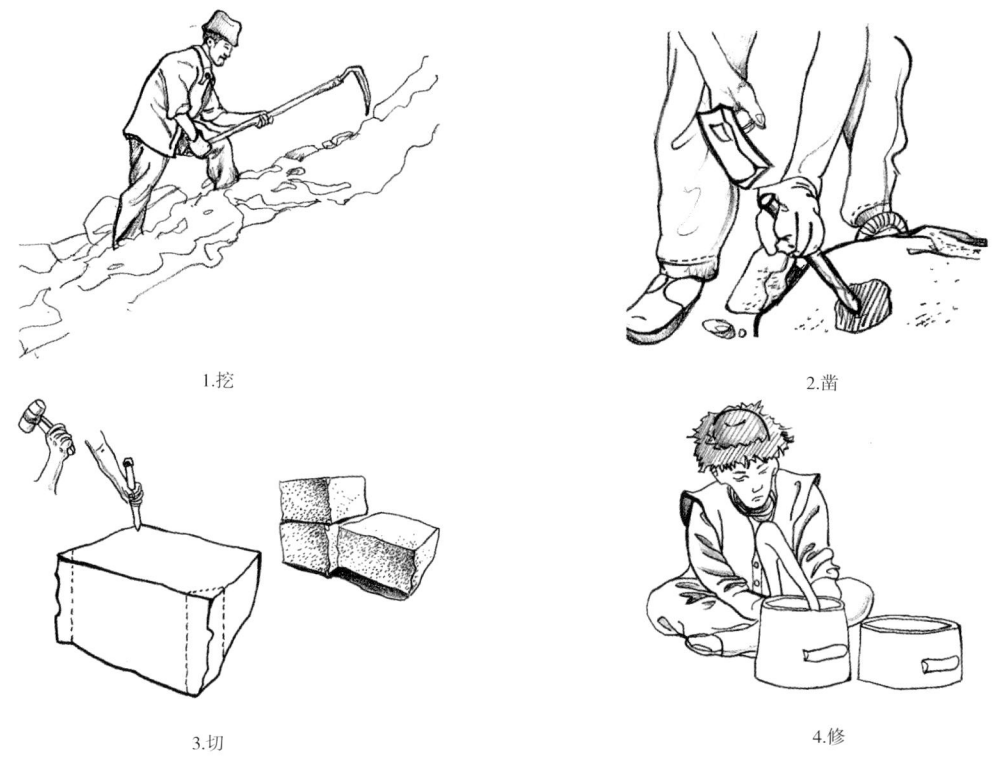

1.挖　　2.凿　　3.切　　4.修

图四　藏族石锅制作流程图

图五　藏族鲁朗石锅鸡食用情境图

藏族风干肉

图一　藏族风干肉主图

风干肉是一种非常有特色的藏族食品，通常于每年11月底进行制作。

藏族民众普遍爱吃肉，以牦牛肉、绵羊肉为主。宰牲畜多在初冬进行，此时牛羊正肥，而且寒冷的冬日利于肉类存储。风干肉的制作方法是在零度以下的气温条件下把牛、羊肉割下来，挂在阴凉处使其冰冻风干。这样既可去除肉中的水分，又可保持其鲜味。风干肉可直接食用，也可炸着吃。炸制时先将炒锅置于火上，热锅中注入花生油，油四成热时放入干肉炸约3分钟，捞出沥油后将肉用手轻轻撕成2～3厘米的小块，放入锅中烹炖，淋上糖醋汁，颠锅使其搅拌均匀，淋入芝麻油后即可装盘食用。风干肉肉质松脆，口味独特，而且经年不坏。干肉一般有两种形式，一种是整个保存起来，藏语叫"歇考"；另一种是切成肉条，挂起风干。

风干肉中含有人体所需的多种矿物质和氨基酸，有滋养脾胃、强身健骨、化痰息风之功效。

图片来源
图一　邵风雷　摄影（Fotoe网）
图二至图五　刘政通　制图

参考文献
中国旅游.中国西北·美食之旅.上海：上海文化出版社，2013：124.

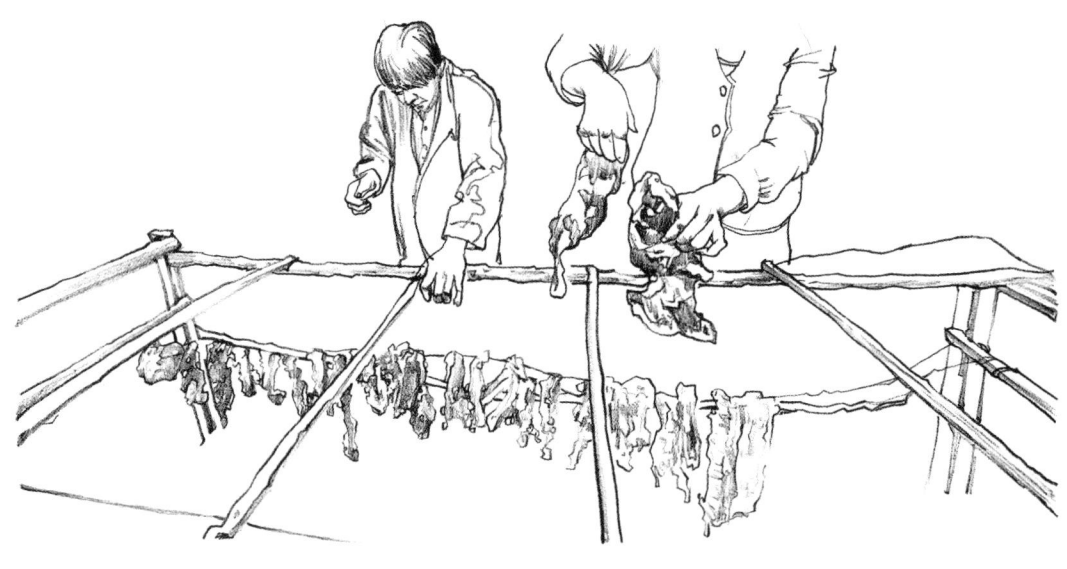

图二　藏族风干肉挂晒场景图

图三　藏族风干肉风干场景图

图四　藏族风干肉加热场景图

图五　藏族风干肉食用情境图

第三章　藏族传统餐饮

263

藏族茶砖发酵工艺

图一　藏族茶砖发酵工艺主图

　　藏式茶砖，广义而言，指藏区人民日常生活中饮用的茶砖，狭义上指以四川雅安为制造中心，以雅安本山茶（小叶种茶）为主要原料的茶砖。

　　雅安藏茶的制作工艺分为采摘、粗制、精制和整形。粗茶采摘时间为端午前后，采摘方式分为手摘和茶刀采割两种。茶叶下树之后要马上进行杀青，将生叶放入烧红的热锅迅速杀出水分，当其呈棕褐色时盛出。其次是对茶叶进行蒸揉，传统的蒸揉方法以蹓茶为主。将杀青后掺入热水的毛茶堆放一夜，然后装入木桶放在土灶上蒸约10分钟，倒入麻袋中，扎紧后置于蹓板上，由两个人从上往下用脚蹬转，共往返三次。在这一过程中茶叶随麻袋转动，卷成条卷。第三是渥堆，古代称为"做色"，即发酵。这是粗茶转变色香味的一道重要工序。经过三次渥堆即可使茶叶完全发酵，茶叶发酵后必须及时干燥。传统的干燥方法主要有日晒和石炕烘干两种。经过杀青、蒸揉、渥堆和干燥后，雅安藏茶的粗制过程就完成了。而精制工序主要是除杂、整形（切铡）、冲包和成品茶包装。除杂即为清除混在茶中的沙石、竹木和杂草，完全依赖工人眼观手挑。整形则是用铡茶刀将茶梗切分为2.5厘米左右的小段。而后可将茶叶倒入固定的木架中，用椿棒将茶筑紧成砖形，包装后运往藏区销售。

　　茶砖至今在藏区依然被广泛饮用。其

基本制作工艺、包装形式和烹煮习惯都延续了传统的制作工艺，是藏汉饮食文化融合的见证。

图片来源
图一　渺沙　摄影（Fotoe网）
图二　席柏送　摄影（微图网）
图三、图四　毛睿　制图
图五　肖劼　制图

参考文献
杨绍淮.川藏茶马古道.北京：金城出版社，2006：88—93.
李朝贵，李耕冬.藏茶.成都：四川民族出版社，2007：30—37+139—145.
陈彬藩.科学种茶.成都：四川人民出版社，1975：90—94+103.

图二　藏族茶叶采摘图

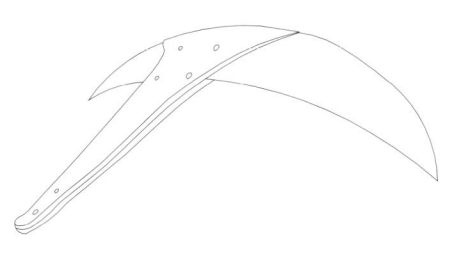

图三　藏族采茶手法和采茶工具示意图

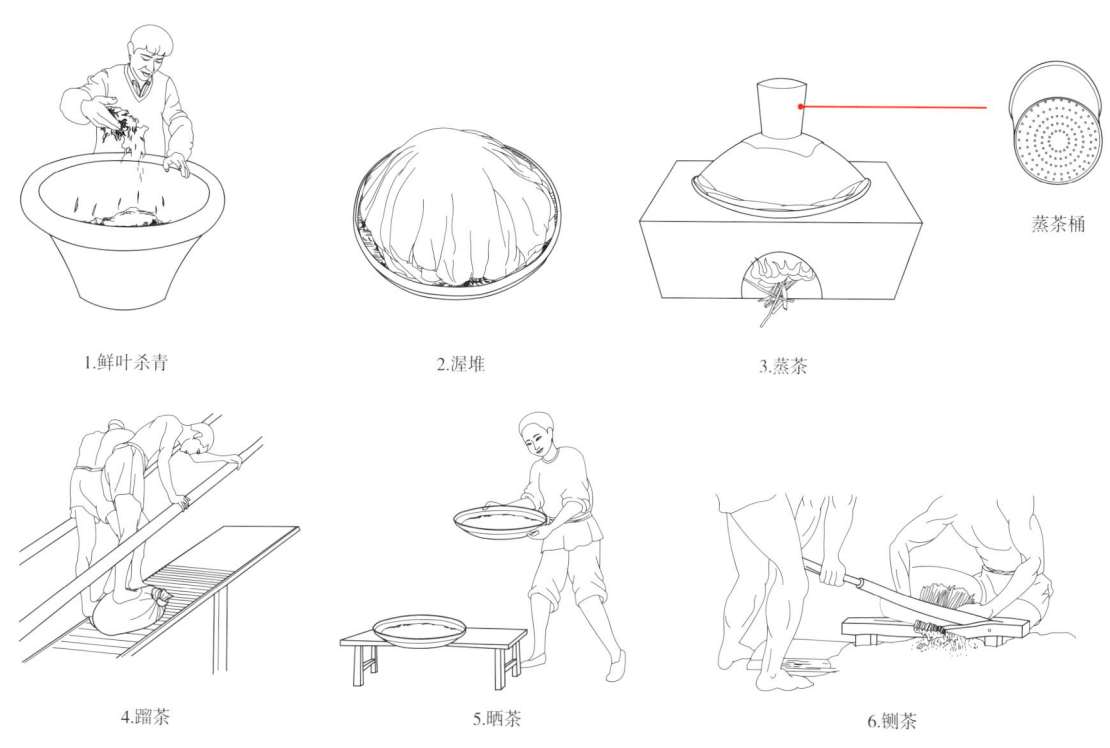

1.鲜叶杀青　　2.渥堆　　3.蒸茶　　蒸茶桶

4.蹓茶　　5.晒茶　　6.铡茶

图四　雅安藏茶发酵工艺分析图

图五　用竹篾包装好的藏茶

藏族酥油桶

图一　藏族酥油桶主图

酥油桶是制作、盛放酥油的器具,在藏区很普及,为每个家庭常见的生活用具。

酥油桶分为两种,一种是从奶中提取酥油的桶,又叫"雪董",这种桶尺度较大,高约1.5米,口径近0.4米,是牧区常见的生产性酥油桶。另一种是家庭用的酥油茶桶,藏语叫"甲董",这种桶较"雪董"小。还有的酥油桶仅适宜出门携带之用。酥油桶的材质一般为红松木。这种木料无节,尤以雅鲁藏布江中下游一带的红松为制作酥油桶的好材料。酥油桶一般由桶身和搅拌器两部分组成。桶身的上下口径一般大小相同,外围用铜皮箍紧,上、下两端常用锻造的花纹铜片装饰。搅拌器的核心部分是一块比桶口稍小的圆木板，木板上凿有4个直径约4厘米的小孔，这样在搅拌时汁液和空气可以上下流动，圆孔的中心安有一根比桶身长半尺的木柄，为搅拌用的手柄，手柄顶端常施用与桶身相似的铜制花纹。

酥油桶是藏族民众必不可少的生活器具，其装饰方式及原料均体现出与特殊地域环境之间的密切联系。

图片来源

图一　李绮雯　摄影

图二至图六　张皓　制图

参考文献

谢启晃,等.藏族传统文化辞典.兰州:甘肃人民出版社,1993:720.

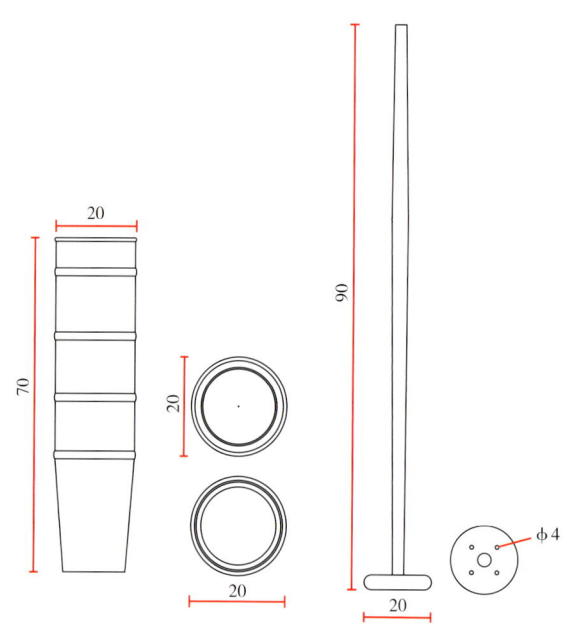

图二　藏族酥油桶尺寸图（单位：cm）

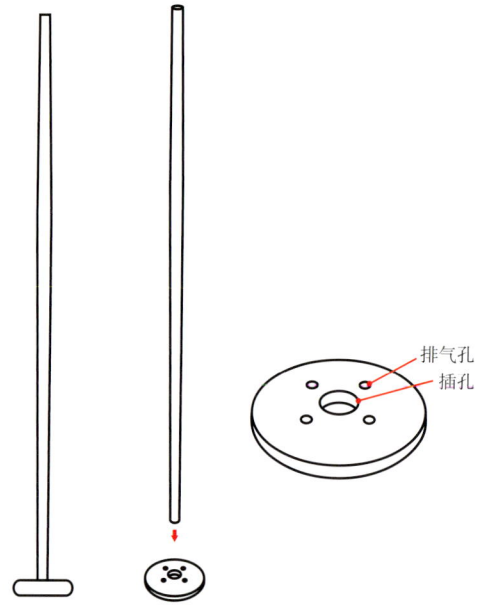

图三　藏族酥油桶搅拌器结构分解图

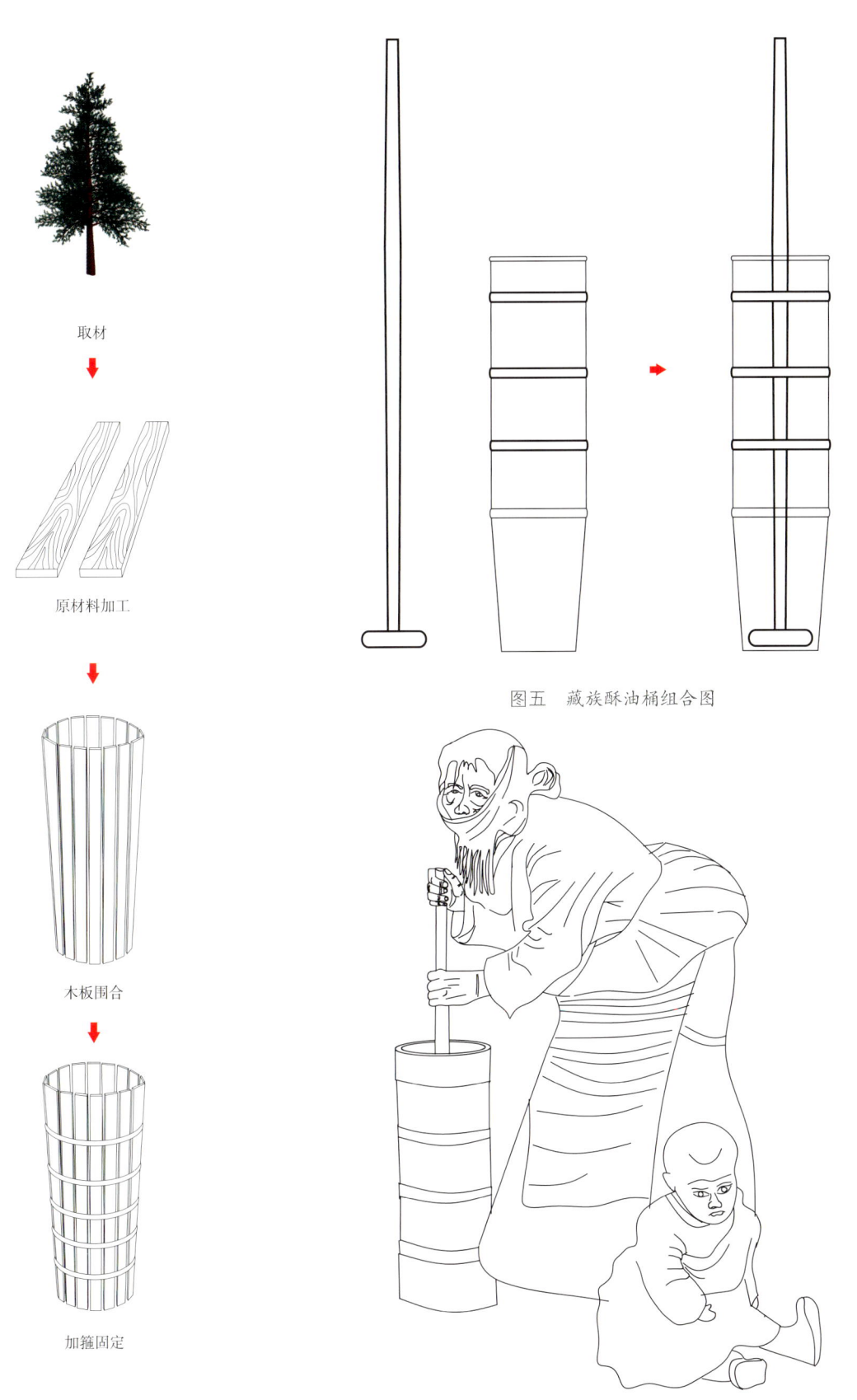

取材

原材料加工

木板围合

加箍固定

图四　藏族酥油桶制作流程图

图五　藏族酥油桶组合图

图六　藏族酥油桶使用情境图

第三章　藏族传统餐饮

藏族糌粑盒

图一　藏族糌粑盒主图

糌粑盒是藏族人的日常生活用品之一,是存储糌粑的盒子。

糌粑是藏族特有的食品,藏民习惯将糌粑存放于糌粑盒中。糌粑盒有木质和铜质等多种,造型多为鼓腹、广口、带盖,规格大小不等,一般可盛放近3公斤糌粑。如今的糌粑盒已充分将莲花纹、龙纹、凤纹融于一体,讲究的人家还要在上面绘制各种花卉图案以显示身份。糌粑盒的制作一般选用楸木、杜鹃等优质木料旋制而成,形如圆塔,经过打磨后先上生漆作底色,有金黄、黑色、深红等颜色。然后绘制上各种花纹图案,最后再上一遍清漆。

糌粑盒既是盛食器皿,又是摆设的装饰品,其装饰纹样蕴含着藏族民众对美好生活的向往。

图片来源
图一　李绮雯　摄影
图二至图四　张皓　制图

参考文献
谢启晃,等.藏族传统文化辞典.兰州:甘肃人民出版社,1993:783.
廖东凡.藏地风俗.北京:中国藏学出版社,2008:112—114.

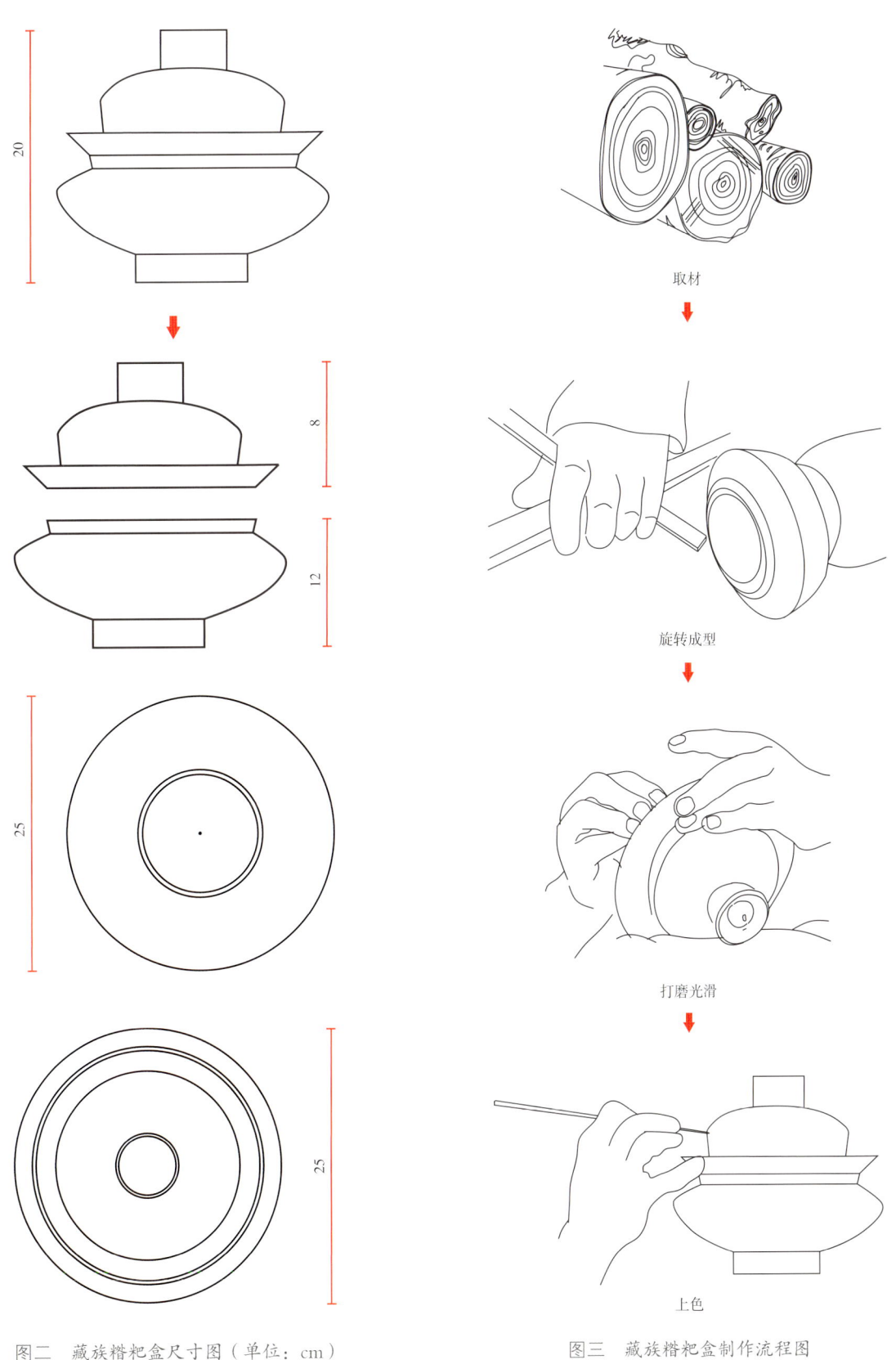

图二　藏族糌粑盒尺寸图（单位：cm）　　　图三　藏族糌粑盒制作流程图

图四 藏族糌粑盒使用情境图

藏族木碗

图一 藏族木碗主图

藏族木碗既是吃糌粑的餐具，又是饮用酥油茶、奶茶的茶具，还是饮青稞酒的酒具。因此在藏族地区木碗是十分常见的生活用品。

木碗一般用桦木、杂木雕琢而成，质地结实，不易破裂，花纹别致，色泽鲜艳，造型美观。西藏错那县的勒布区，素有"木碗之乡"的美誉。当地出产的木碗深受藏族农牧民的喜爱。木碗的制作过程一是选材，二是风干，三是制坯，四是细磨，五是上色。西藏的木碗可分为大碗、小碗、盖碗、套碗等多种。藏族民众喜爱木碗，原因有三。一是木碗经久耐用，携带方便。二是木碗盛茶酒有一种特殊的香味，盛食不变味，使用不烫嘴。在藏族人的观念中，用木碗饮酒还会使人聪明、惹人喜爱。三是木碗大多制作精美，色泽明亮华丽，木纹别致美观，造型丰富。有的木碗还镶嵌银边，每件都是精致的工艺品。

木碗兼具实用性和审美性，深受藏族人喜爱，考究的制作工艺还使其具有一定的艺术价值。

图片来源
图一 李绮雯 摄影
图二至图四 张皓 制图

参考文献
陈立明.藏族饮料与饮具的历史与现状考察.西南民族学院学报（哲学社会科学版）,2002:20.
谢启晃,等.藏族传统文化辞典.甘肃:甘肃人民出版社,1993:121.

第三章 藏族传统餐饮

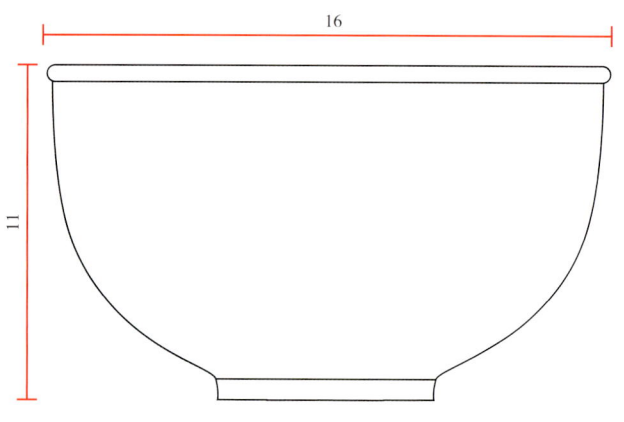

图二 藏族木碗尺寸图(单位:cm)

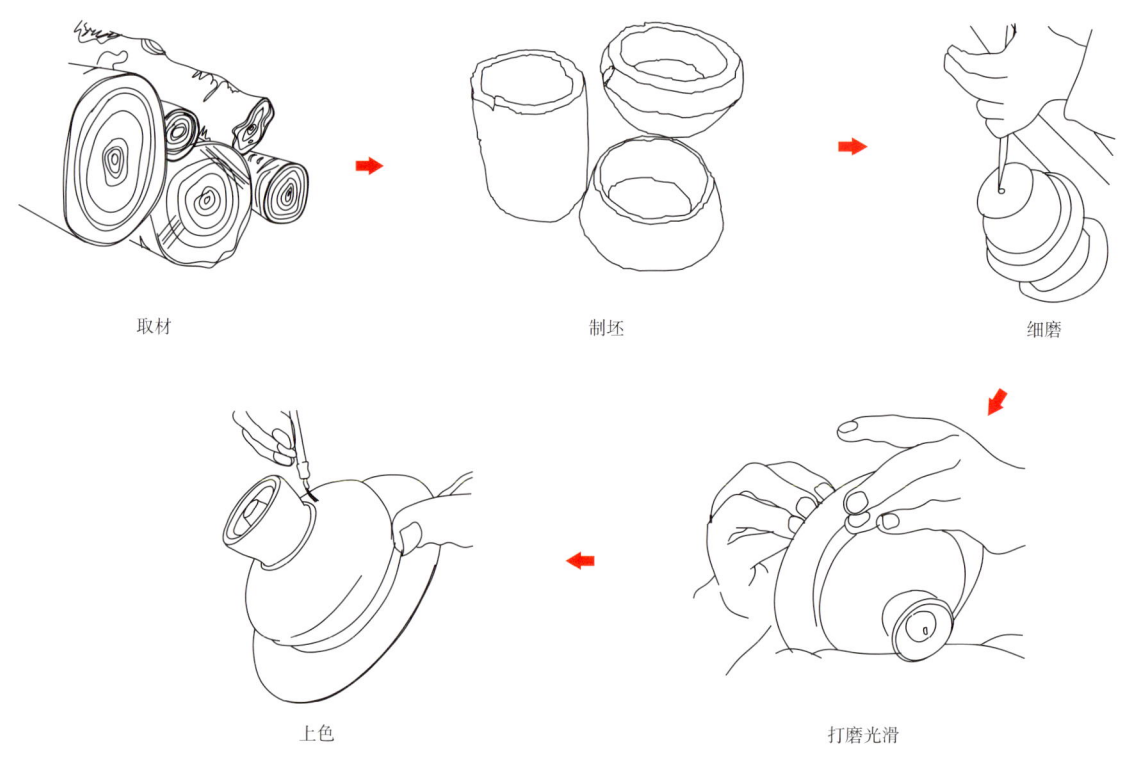

图三 藏族木碗制作流程图

图四　藏族木碗使用情境图

藏族铜质勺具

图一 藏族铜质勺具主图

铜质勺具是藏族人的日常用具，种类丰富，大小不一。其中红铜水瓢是典型的取水器具。

红铜水瓢由专门的器形工匠手工打造而成，具有典型的藏式风格，瓢体呈椭圆形筒状，长径约11厘米，短径约9.5厘米，深约6厘米。铜柄长约33厘米，顶端有一弯曲小钩，可悬挂在墙壁上。柄的背面用铜箍箍一木柄，方便抓握，正面刻有精细的云纹，图案精致。除铜质勺具外，木水瓢也是藏民多用的器具，流行于嘉绒藏族，其柄长约33厘米，比铜瓢稍大，瓢头呈椭圆形，柄端也有钩，便于悬挂。

铜质勺具是用铜手工打造而成，工艺精湛，造型精美，是藏族人日常生活的必需品。

图片来源
图一至图六　付佳　制图

参考文献
广东省博物馆,西藏博物馆.雪域瑰宝——西藏文物展.广州:岭南美术出版社,2012:150.
关东升.中国民族文化大观.北京:中国大百科全书出版社,1995:129.

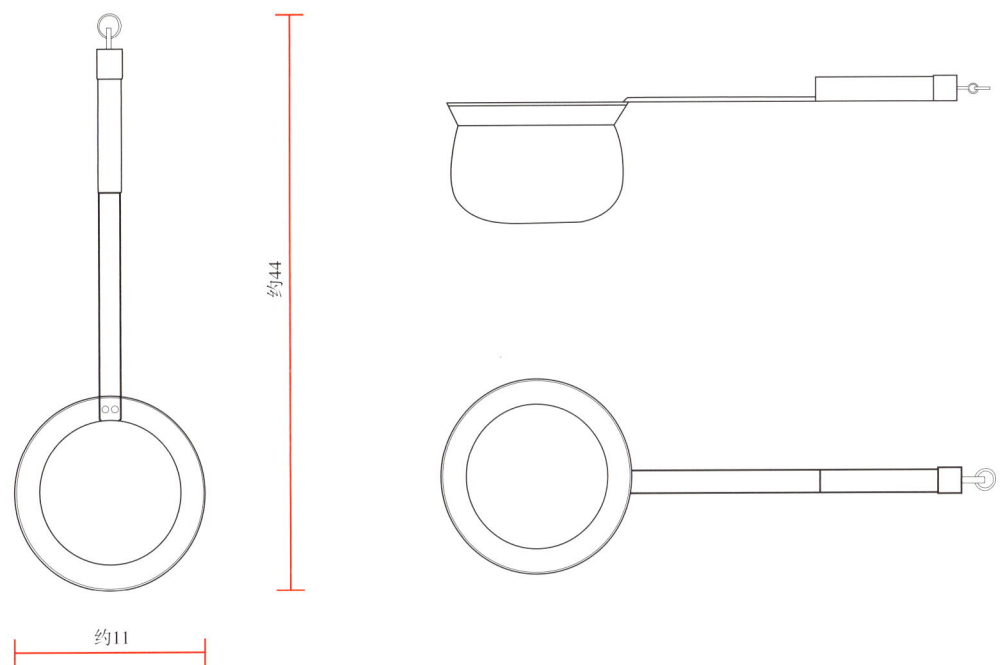

图二　藏族铜质勺具尺寸图（单位：cm）

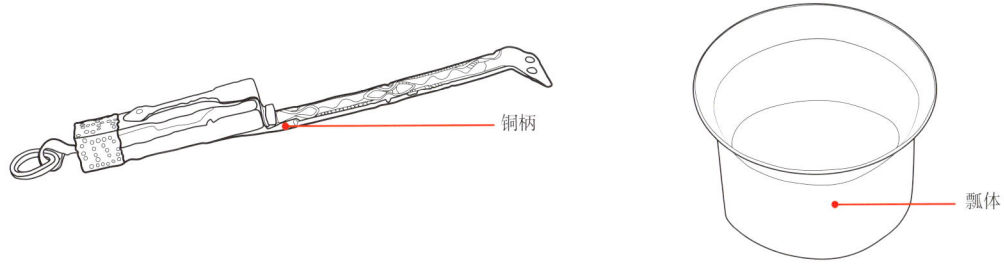

图三　藏族铜质勺具结构分解图

图四　藏族铜质勺具色彩分析图

图五　藏族铜质勺具使用情境图

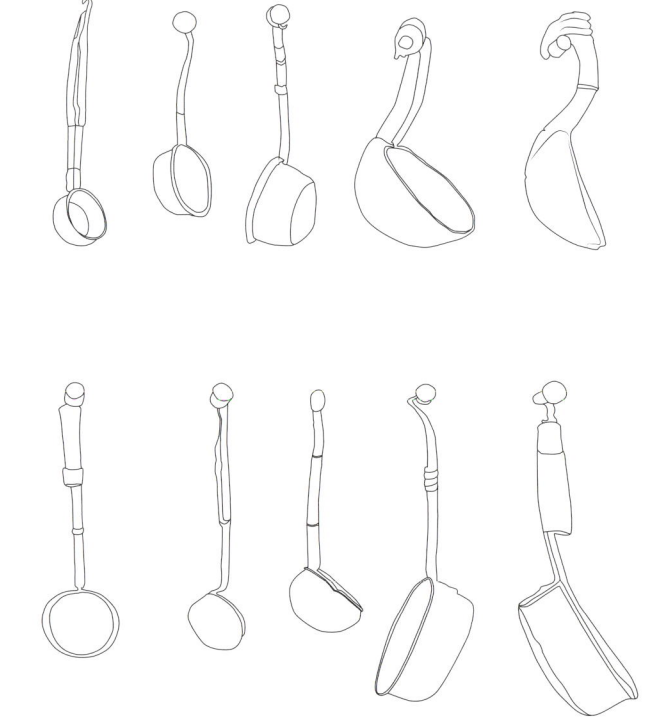

图六　藏族其他种类勺具

藏族红铜蒸笼

图一 藏族红铜蒸笼主图

藏族人多使用铜质的生活用品，以炊具、茶具、餐具居多。红铜蒸笼是藏区人民的炊具之一，具有明亮的金属光泽和抗腐蚀性，且导热性强。

红铜蒸笼由蒸笼盖及蒸笼体构成，既可以一起使用，也可以分开搭配使用：如最底层的锅直接盖锅盖可以用来烧水煮茶，搭配蒸笼体一起使用可以蒸煮食物。在使用蒸笼时，待水开之后再放入食材，蒸时要隔水蒸，加水时需加热水，且锅内要始终保持水量充足，因为水少时蒸汽量就会减少，食物不易熟。红铜蒸笼与一般蒸笼相比，它的加热速度较快，蒸煮食物更快捷。本案例高55厘米，直径29厘米，共有5层，每一层都有一对环耳，方便提取。蒸笼盖和蒸笼体上均有黄铜錾刻的喜字，并用黄铜箍边，独具特色。

红铜蒸笼因实用性强、经久耐用而颇受藏族人喜爱。

图片来源
图一至图六 付佳 制图
参考文献
广东省博物馆,西藏博物馆.雪域瑰宝——西藏文物展.广州:岭南美术出版社,2012:379.
索朗卓玛.藏族食具分类与文化内涵.西藏艺术研究,2010(4):45—58.

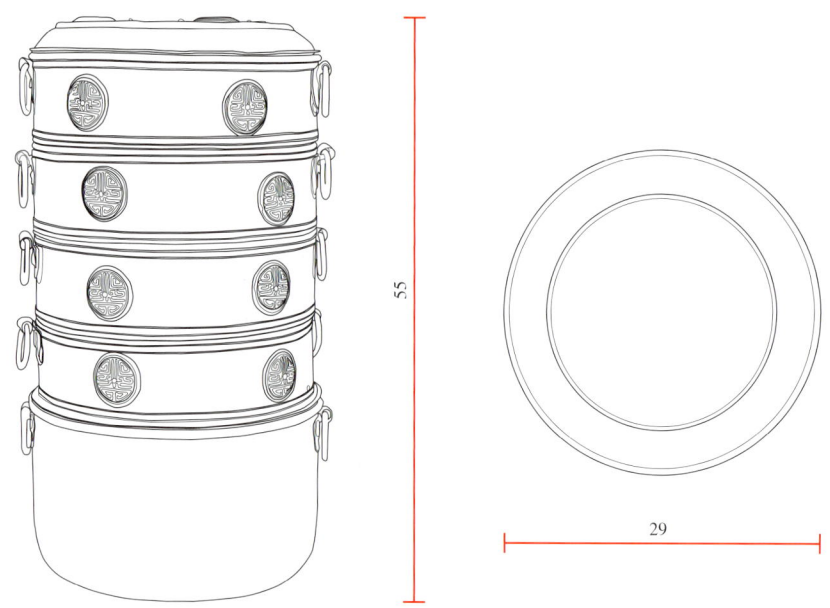

图二　藏族红铜蒸笼尺寸图（单位：cm）

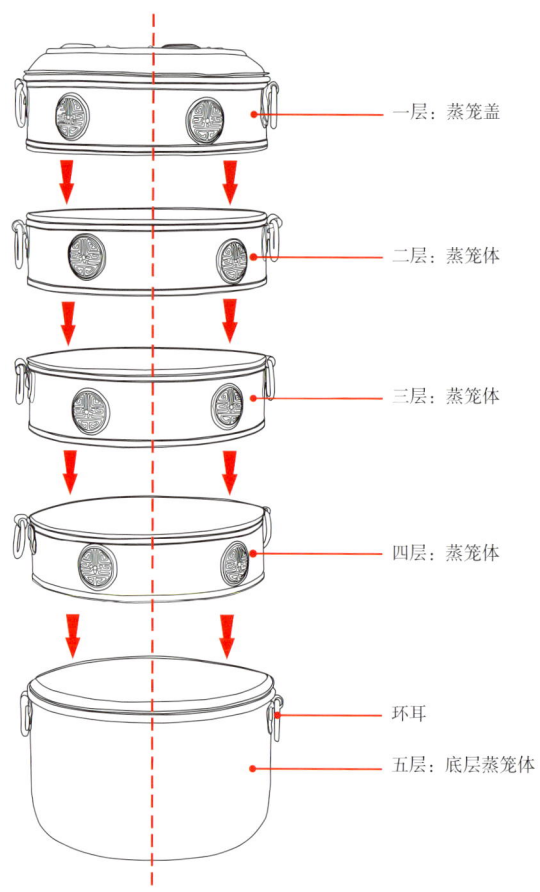

一层：蒸笼盖
二层：蒸笼体
三层：蒸笼体
四层：蒸笼体
环耳
五层：底层蒸笼体

整个蒸笼可以拆开使用，具有烧水、蒸煮等不同功能

图三　藏族红铜蒸笼结构分解图

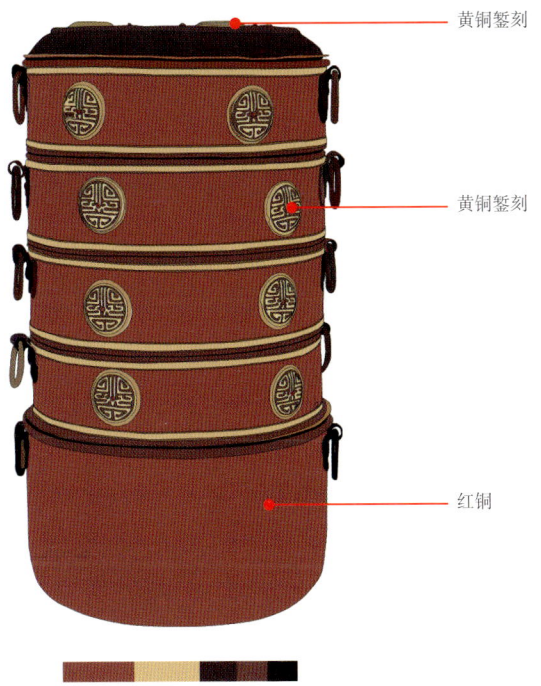

图四　藏族红铜蒸笼色彩与材质分析图

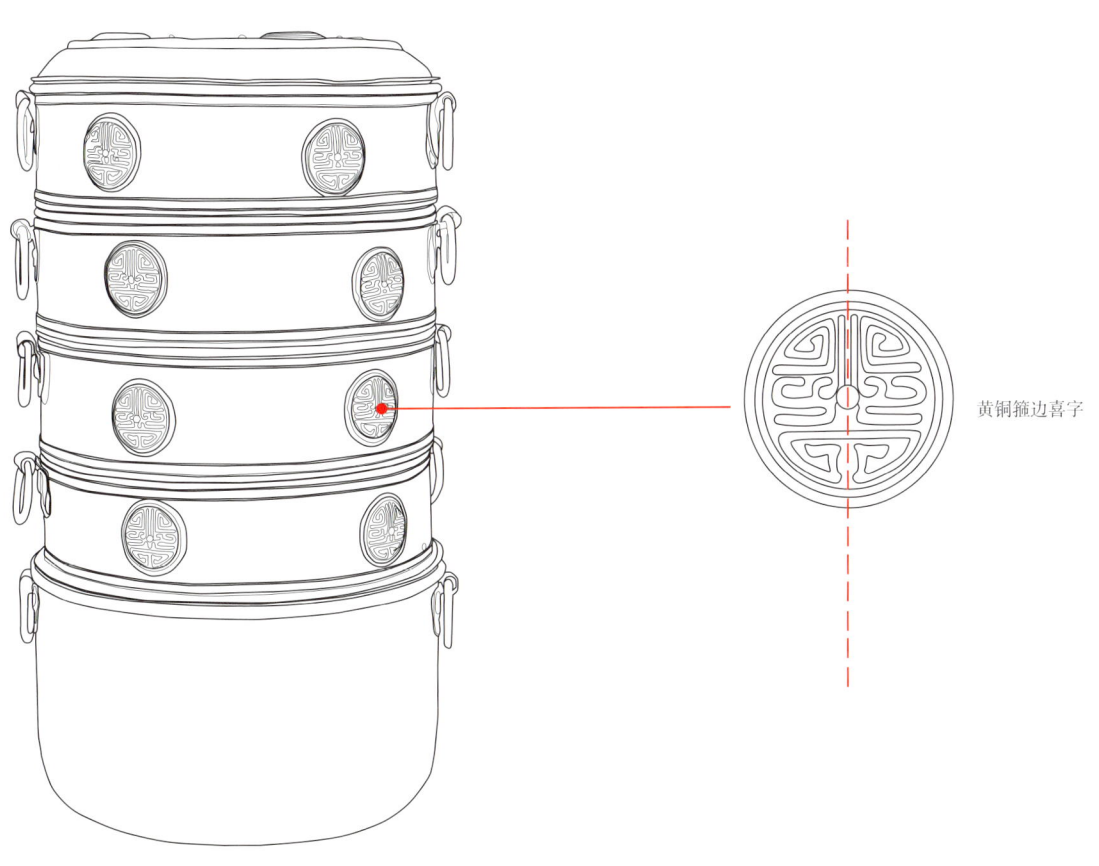

图五　藏族红铜蒸笼纹样分析图

图六　藏族红铜蒸笼使用情境图

藏族银茶座茶盖

图一　藏族银茶座茶盖主图

藏民族的饮茶历史已有2000多年，茶座茶盖是藏族人饮茶时所使用的金属配套茶具。旧时藏区贵族对茶具更为讲究，仅茶座茶盖就有金、银、铜多种质地。茶具在宗教活动中作为神物，是圣洁庄严的象征。

茶座茶盖是与茶碗有关的金属器具，茶碗立于茶座上部，与茶座顶部突起契合。本案例为产于19世纪的成套器具，分别为女士茶具和男士茶具，整体做工精湛，工艺考究。其中女士茶具在器形上略小，高14厘米，底座宽6厘米，口径13.7厘米，小巧玲珑。男士茶具器形略大，高16厘米，底座宽6厘米，口径14.5厘米。茶具通体银质，并錾刻有蔓莲与各种吉祥花卉纹，局部镶有錾刻着八宝、花卉、佛教故事与飞禽瑞兽等祥瑞纹样的椭圆形金片。茶盖为阶梯状，顶部镶嵌有红珊瑚。茶座皆为高足，上部为盛开的莲瓣形，底部镶有带状龙凤纹金边，更显富贵华丽。

藏族茶具种类丰富且做工精美，其中茶座茶盖更是身份的体现。一方面反映出藏族社会对茶器的重视，另一方面也反映了藏区人民的艺术欣赏力与创作才能。

图片来源
图一、图七　肖劼　制图
图二至图六　王瑛琦　制图

参考文献
索朗卓玛.藏族传统茶具.中国西藏(中文版),2010（3）:64—67.
黄安辉.藏族的茶炊茶具.阿坝师范高等专科学校学报,2008,25（1）:33—36.
广东省博物馆,西藏博物馆.雪域瑰宝——西藏文物展.广州:岭南美术出版社,2012:134—145.

图二　藏族银茶座茶盖尺寸图（单位：cm）

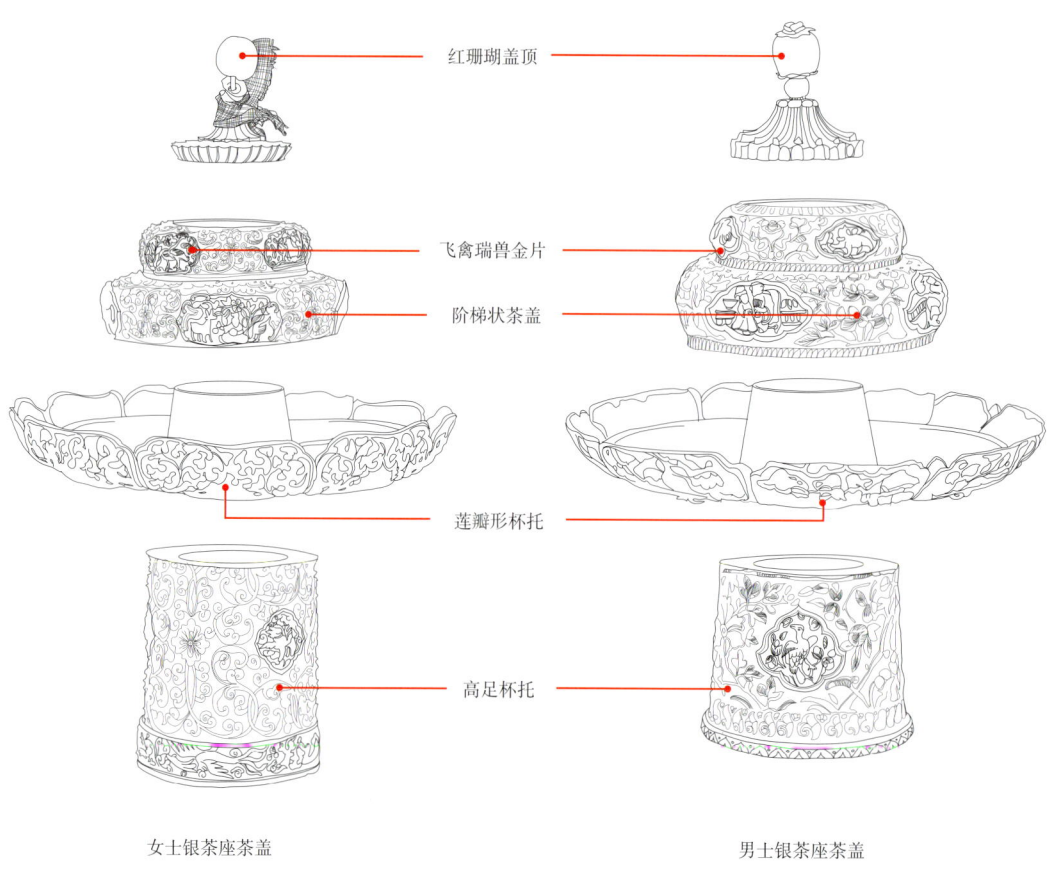

女士银茶座茶盖　　　　　　　男士银茶座茶盖

图三　藏族银茶座茶盖结构分解图

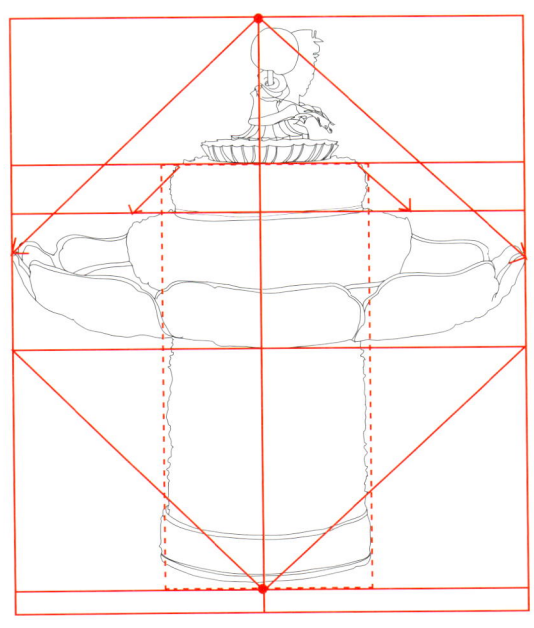 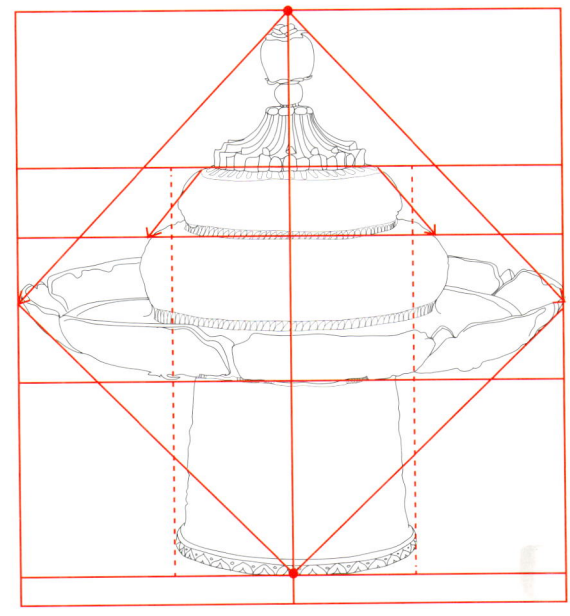

器形修长,重心偏上,中轴对称　　　　　　　　　　器形粗壮,重心居中,中轴对称

图四　藏族银茶座茶盖形态分析图

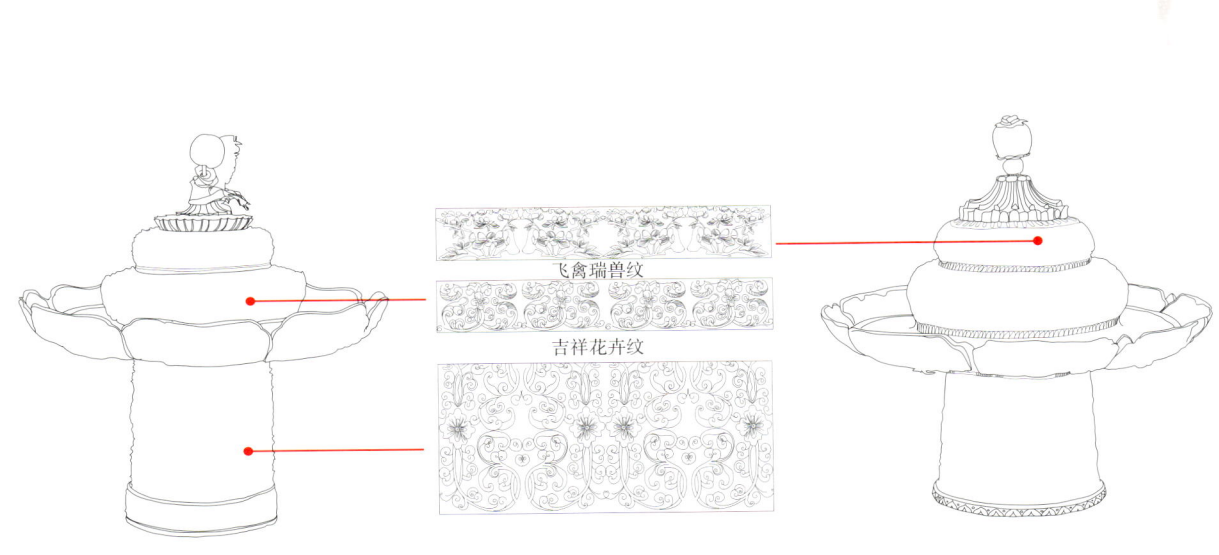

飞禽瑞兽纹

吉祥花卉纹

图五　藏族银茶座茶盖纹样分析图

第三章　藏族传统餐饮

285

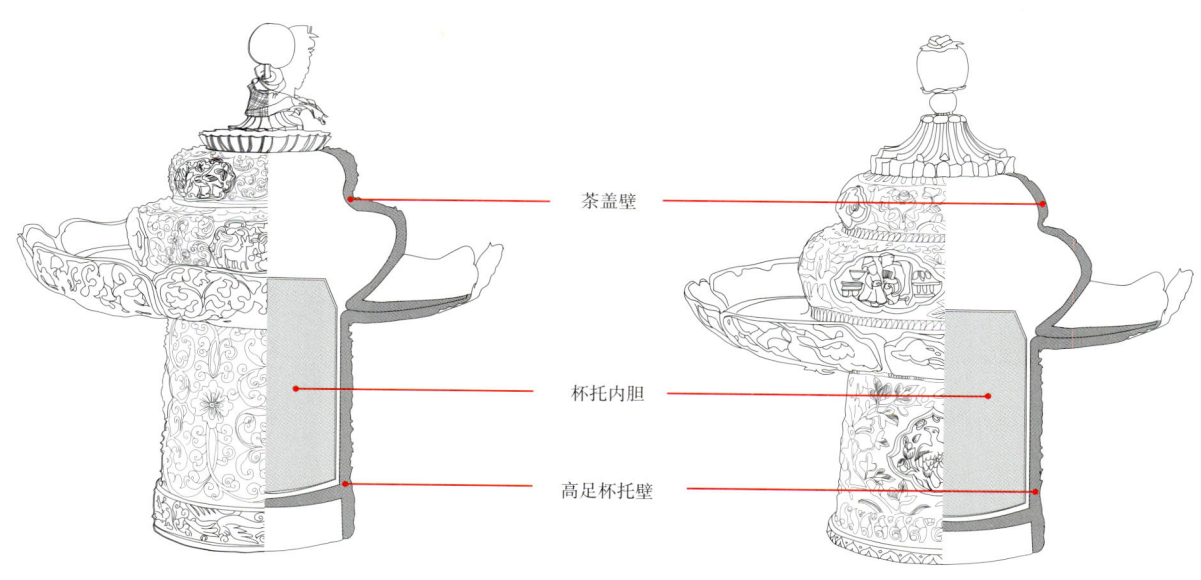

图六　藏族银茶座茶盖剖面图

图七　藏族银茶座茶盖使用情境图

藏族银质多穆壶

图一　藏族银质多穆壶主图

"多穆"本为藏语，意思是盛酥油的桶。在民间多穆壶大多用作盛奶及青稞酒，其多为铜质或银质，是藏族人生活必需品之一。

本案例高43厘米，底座宽12.5厘米，制作于18—19世纪间。其整体呈柱状，口缘上加上僧帽状边，祈愿吉祥如意。壶身上有两道箍，一条箍位于壶腰处把壶身一分为二，另一条在底部，两条箍上及顶部均饰有卷草纹。壶嘴下方饰有一龙首，龙须飘向壶嘴，龙麟小而精细。壶把主要由杆状部分和银链组成，精巧别致，杆状部分上下各有两个相对应的龙首，其上均有一圆洞用于安装银链，银链上串有两颗银质圆珠，造型别致、工艺精湛。

清朝初期银质多穆壶成为藏族贵族的常用器物，通常在接待贵宾时使用。形式多样、材质丰富的多穆壶展现出当时富足的物质水平，以及藏民独特的审美旨趣。

图片来源
图一至图五　俞志成　制图
参考文献
广东省博物馆,西藏博物馆.雪域瑰宝——西藏文物展.广州:岭南美术出版社,2012:137.

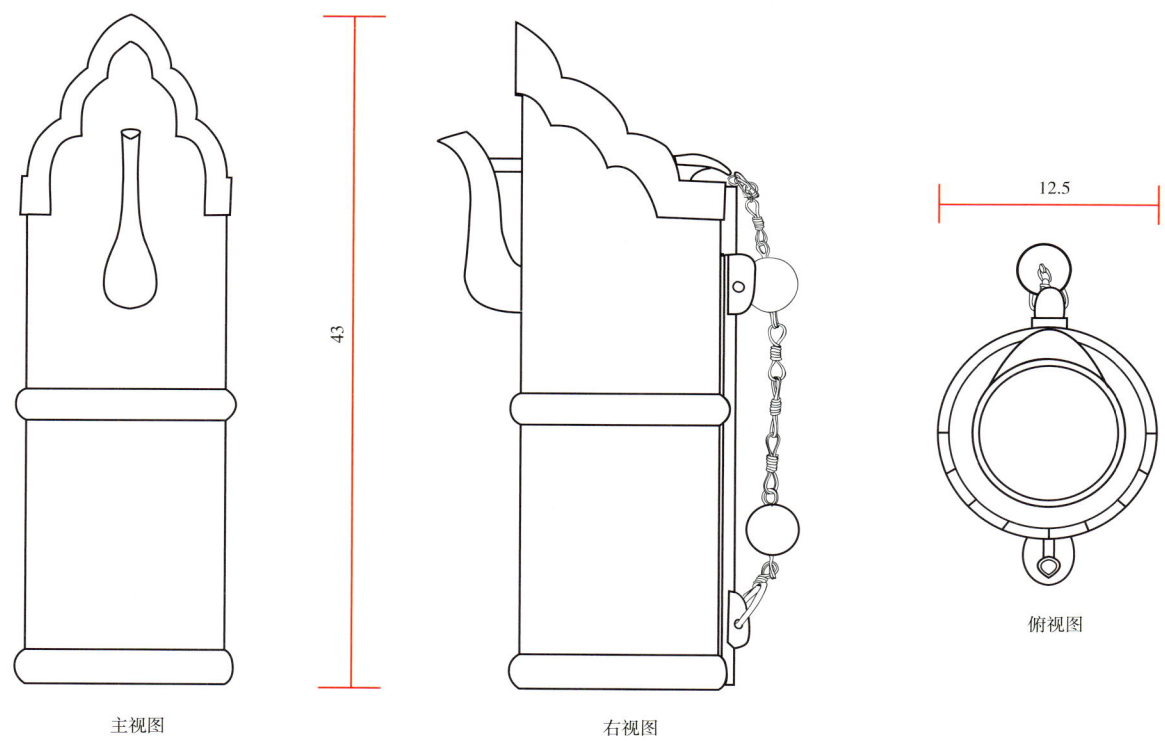

图二 藏族银质多穆壶尺寸、三视图（单位：cm）

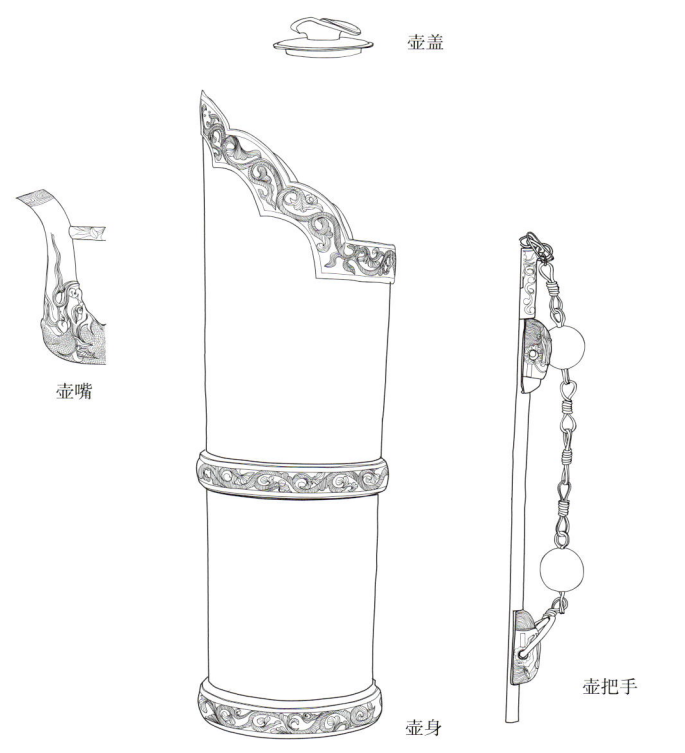

图三 藏族银质多穆壶结构分解图

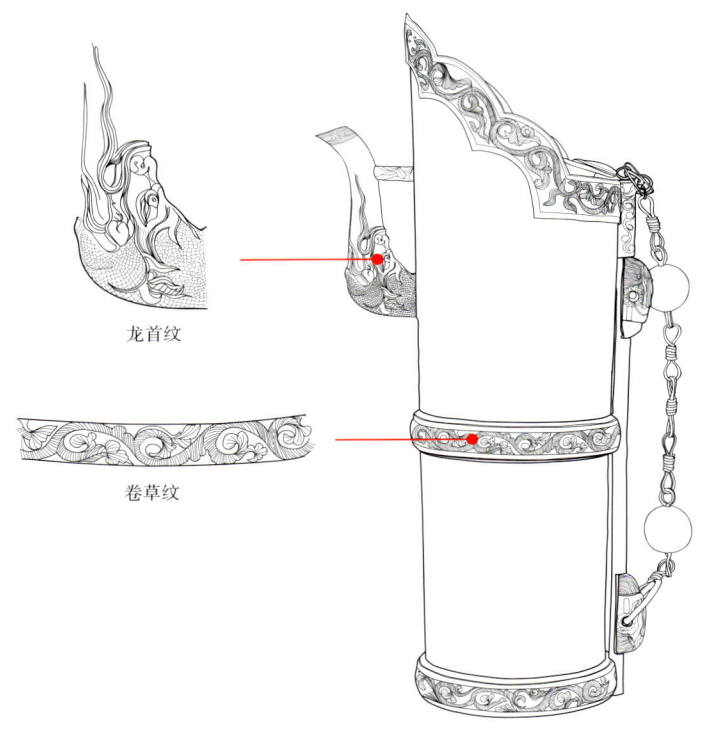

图四 藏族银质多穆壶纹样分析图

图五 藏族银质多穆壶使用情境图

第三章 藏族传统餐饮

藏族镶铜木鞘餐刀

图一　藏族镶铜木鞘餐刀主图

　　藏式餐刀属于组合式餐具，配有餐刀和餐筷，统一置于刀鞘中。出行时，藏民一般将其别于腰间，便于携带的同时，还可作为腰带上的重要装饰物，是必不可少的日常生活用具。

　　本案例镶铜木鞘餐刀长37厘米，直径2厘米，木质刀鞘外箍有铜质缠枝花卉套箍，做工精细，刀鞘内配有餐刀和象牙筷。藏族镶铜木鞘餐刀的制造工艺十分考究，需要经过打制、锻造、磋磨以及焊接等一系列工序才可完成。餐刀是藏民饮食生活中主要的餐具，其用法有两种：刮食生（冻）肉时，右手持刀，左手持肉，刮取时右手拇指按住被刮下的肉片，以起到缓冲作用，刮取结束时刀口冲着左手虎口。将切下的肉送入口中时，右手拇指将肉片按压于刀面上，刀锋向外送入；在切食熟肉时，尤其是礼客场合，则需右手平握餐刀，刀刃向怀，撩起盘中熟肉，右手拇指压肉片于刀面，送入口中时，反转刀刃，从刀背吮吸入口。

　　藏式餐刀不仅是生活的必备，也是身份的象征，通常身份高贵者的餐刀也格外华贵。因此，这些造型精美的餐刀，不仅是藏民的生活用具，也是有价值的工艺品。

图片来源
图一至七　刘春羽　制图
参考文献
广东省博物馆,西藏博物馆.雪域瑰宝——西藏文物展.广州:岭南美术出版社,2012:148.
张世文,楞本才让,二毛,夏吉·扎曲.藏族传统手工宝典.拉萨:西藏人民出版社,2011:133.

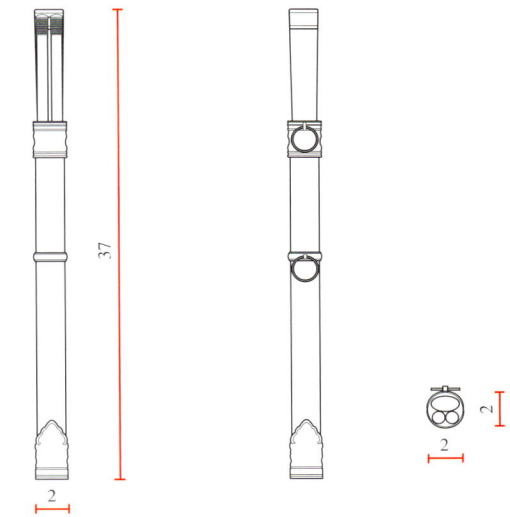

图二 藏族镶铜木鞘餐刀尺寸图（单位：cm）

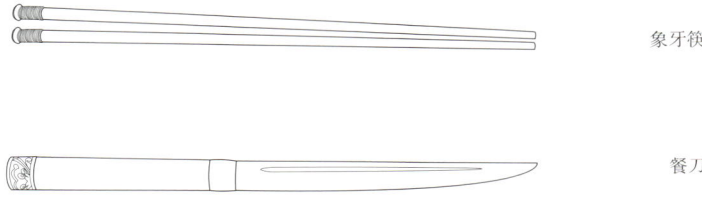

象牙筷

餐刀

复合式刀鞘

图三 藏族镶铜木鞘餐刀结构分解图

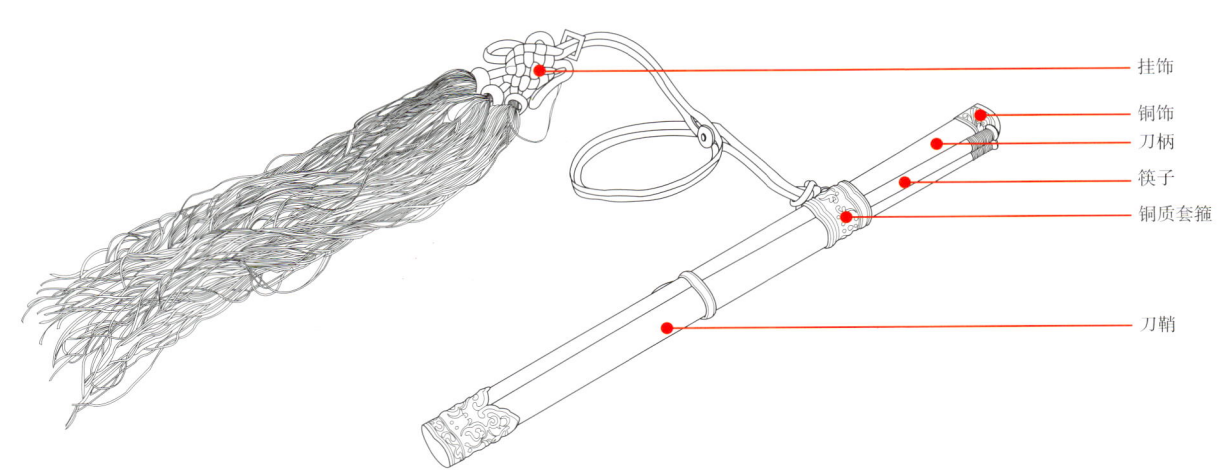

图四 藏族镶铜木鞘餐刀结构名称图

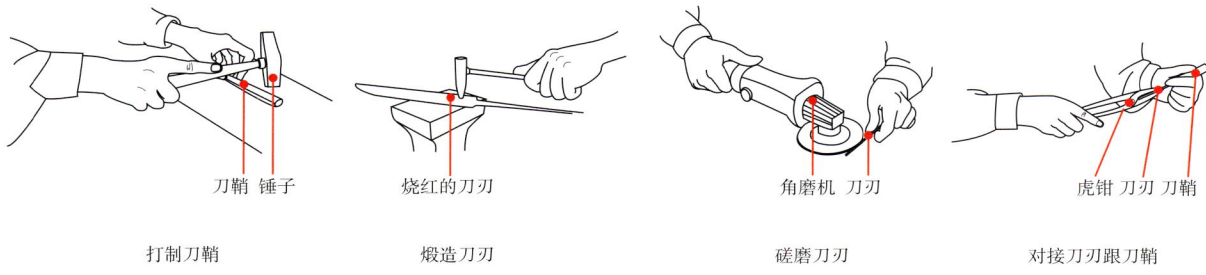

刀鞘 锤子	烧红的刀刃	角磨机 刀刃	虎钳 刀刃 刀鞘
打制刀鞘	煅造刀刃	磋磨刀刃	对接刀刃跟刀鞘

图五　藏族镶铜木鞘餐刀制作流程图

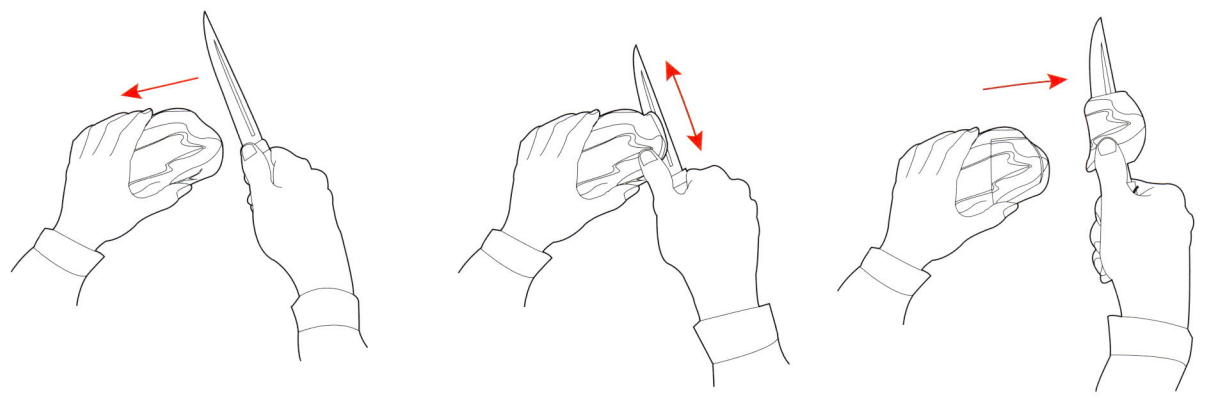

图六　藏族镶铜木鞘餐刀使用示意图

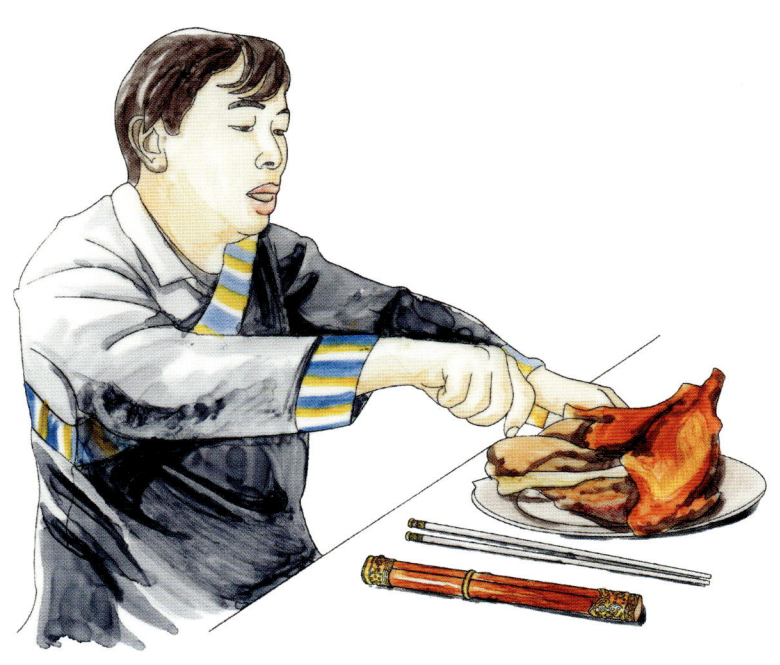

图七　藏族镶铜木鞘餐刀使用情境图

藏族角质酒壶

图一　藏族角质酒壶主图

西藏有着丰富的野生动物资源，利用动物的角制成的酒壶是藏族的特色用具之一，常见的角质酒壶的材质有牛角和羊角。

藏族酿酒工艺起源于1000多年前，在漫长的历史中形成了独特的酒文化。饮酒是大多数藏民的爱好，藏族青稞酒更是闻名遐迩。通常藏民将酿好的青稞酒存在角质酒壶内，供外出时饮用。野牦牛十分凶悍，其角不易获取，牦牛角制作的酒壶更加彰显出男性的力量与勇气。本案例长66厘米，以野生牦牛角为原料。在制作时需将牛角掏空，在其端部、底部、中部用黄铜箍边，其上雕有植物图案和条形图案，既有装饰效果又起到固形的作用，壶身的两端分别设置一个铜环，环上系有皮绳，便于携带，且不易破损。角质酒壶整体流线顺畅，造型精练古朴，深受藏族牧民喜爱。

角质酒壶是易于携带的盛酒容器，因此成为藏民生活的必需品。

图片来源
图一至图五　俞志成　制图
参考文献
广东省博物馆,西藏博物馆.雪域瑰宝——西藏文物展.广州:岭南美术出版社,2012:146.
索朗卓玛,达娃.藏族酒器.中国西藏,2004(6):60.

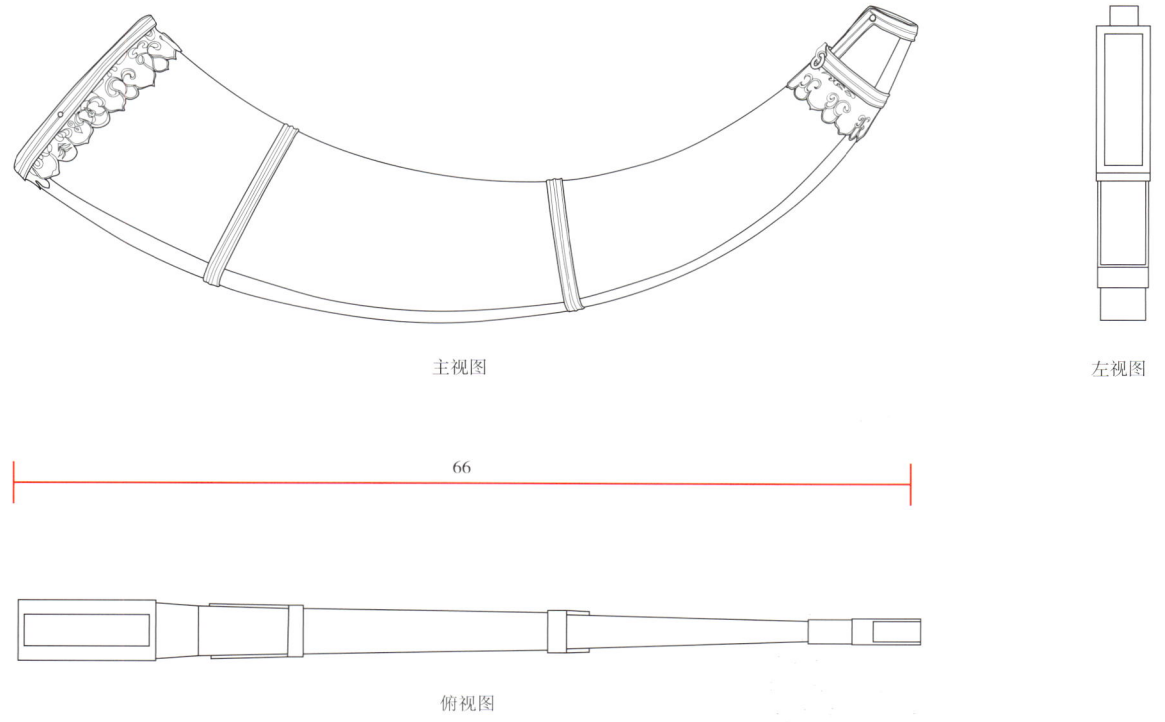

图二　藏族角质酒壶尺寸、三视图（单位：cm）

图三　藏族角质酒壶材质分析图

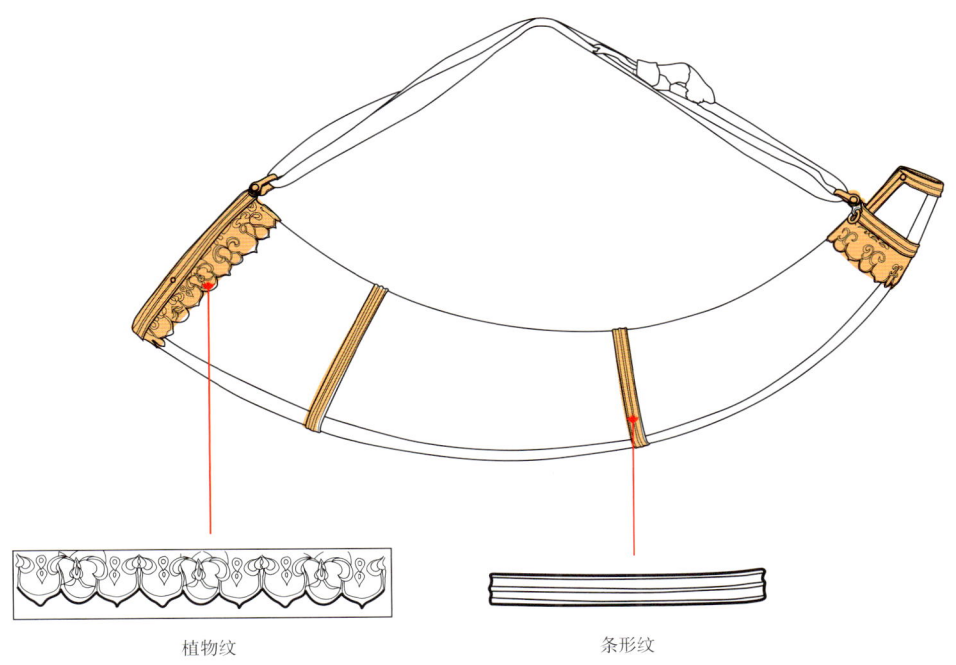

植物纹　　　　　　　条形纹

图四　藏族角质酒壶纹样分析图

图五　藏族角质酒壶使用情境图

第四章 藏族传统生活用具

藏刀

图一 藏刀主图

藏刀是藏族人生产生活必不可少的传统工具之一，主要用于捕猎、格斗、装饰等。按其规格尺寸，藏刀可分为长刀、短刀和小刀三种。

藏族前藏地区、后藏地区、工布地区、安多地区及康区的藏刀因产地不同，其造型、材质、装饰纹样等也不尽相同，具有鲜明的地区特色。本例中拉孜藏刀属于前藏地区和后藏地区常见的式样，长25厘米，宽4厘米。整把刀采用以银为主的金属经多道工序打造而成，刀鞘刻有吉祥八宝纹样，如宝伞、宝幢、金轮、右旋海螺、妙莲及双鱼等，以及凤鸟、鹿神兽纹样。本例中另外一把为易贡藏刀，由贡布地区打造，长75厘米，宽7厘米，铁质刀身，木质刀鞘，整体造型细长且相对简洁。贡布地区藏刀多以皮毛装饰，这也是其特色之一。除此之外，安多地区和康区的藏刀也别具特色。安多地区藏刀刀鞘和刀柄锚金错银，镶嵌珊珊和绿松石，刀鞘底部和刀柄末端上翘；康区藏刀刀鞘多采用铜和银打制，镶珠宝，正面雕刻龙凤，背面线刻卷草。藏刀的制作工艺考究，一把藏刀制作完成，要先后经过冶炼、烧、锻、淬、给形、刻花、镶嵌、加固、锉磨、抛光等多道工序。

随身佩戴藏刀是藏族人的习俗，也是藏族男子英武气概和财富的象征。藏刀兼具实用价值和观赏价值，造型及工艺富有民族风格和地方特色，是藏族代表性工艺品之一。

图片来源
图一 巫国 摄影（微图网）
图二至图六 陶琨、宋莉娜 制图
参考文献
张世文,楞本才让·二毛,夏吉·扎曲.藏族传统手工宝典.拉萨:西藏人民出版社,2011:69—70.

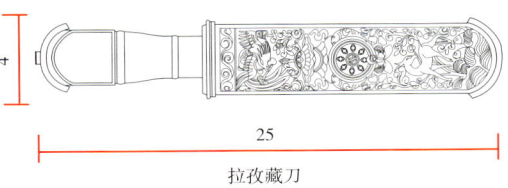

拉孜藏刀

易贡藏刀

图二　藏刀尺寸图（单位：cm）

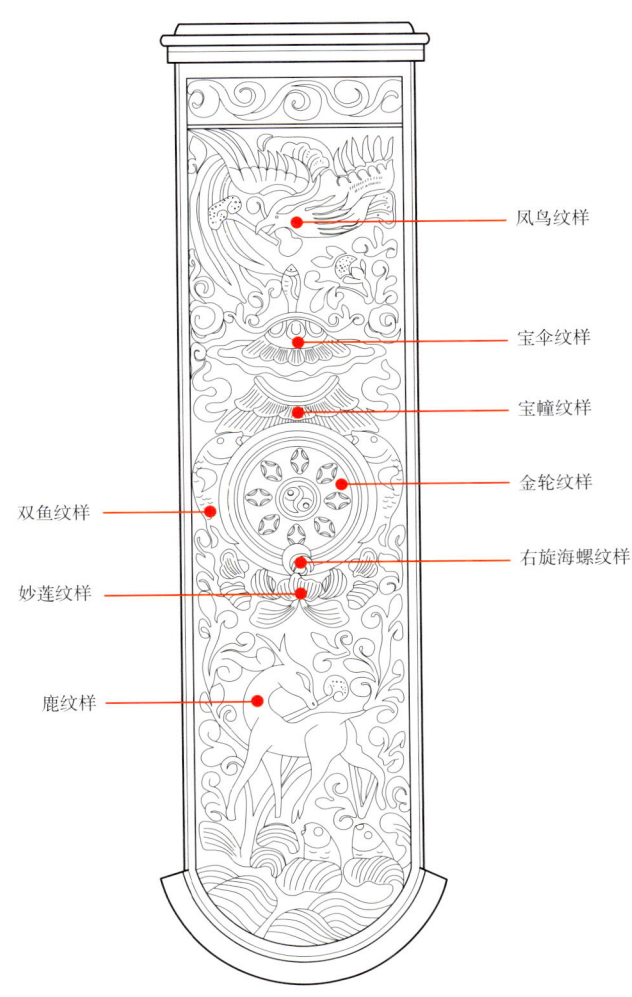

凤鸟纹样

宝伞纹样

宝幢纹样

金轮纹样

双鱼纹样

右旋海螺纹样

妙莲纹样

鹿纹样

图三　藏刀刀鞘纹样分析图

第四章　藏族传统生活用具

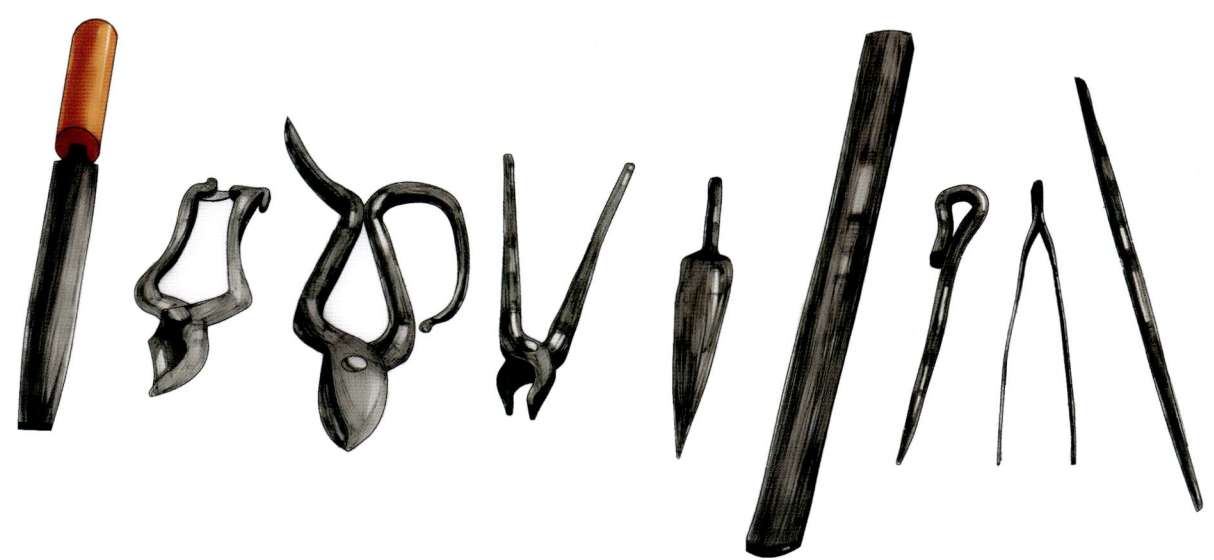

图四　藏刀制作工具

1.加热料铁至通红，反复锤打　　　2.打造刃身轮廓

3.精确刃身形状　　　4.制作刀鞘

图五　藏刀制作流程图

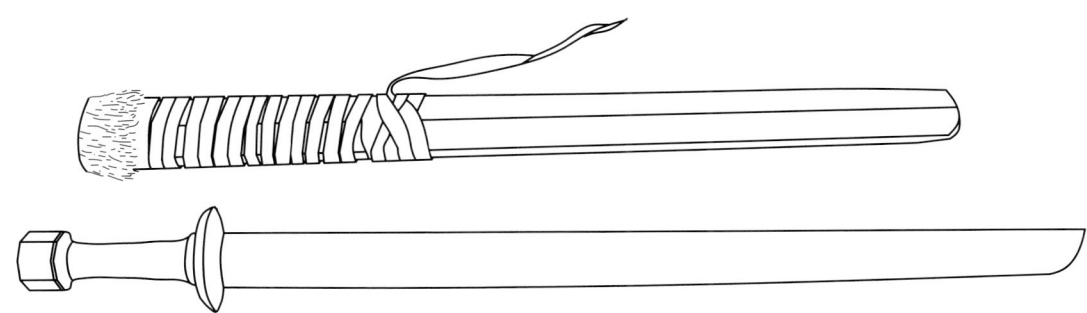

易贡彩虹刀（贡布地区）

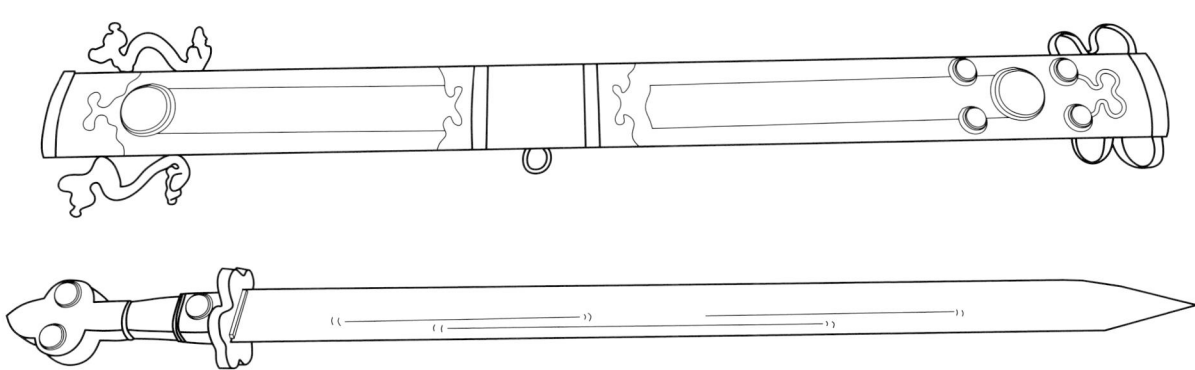

白玉藏刀（康区）

安冲藏刀（安多地区）

图六　藏族其他地区藏刀造型图

藏族火镰

图一　藏族火镰主图

火镰又名"火刀"，在没有火柴的年代，曾被藏族人作为取火的用具长期使用。火镰由铁等金属制成，因其形状似镰刀，且与火石撞击能产生火星而得名。使用时用它敲打火石，冒出的火星点燃火绒，便可以取到火种。

火镰的主要部件是一块光滑的铁条和一个由皮革等材料制成的荷包，荷包内有火石和火绒，可以随时取用。荷包大都由皮革制成，结实耐磨。除皮革外，铜、木、橡胶等也是制作荷包的可选材料。根据选材差异，火镰的形状大小也各不相同。荷包为火镰主要的装饰部分，正反两面都饰有各种图案，如花卉纹、动物纹等，做工精致的火镰上还刻有作坊工匠的名款。火镰除作为藏族男子随身携带的必备物品之外，也常有藏族女子会佩挂。女子用的火镰更加小巧精致，挂在腰间，不仅使用方便，更具有装饰作用。由于藏族人喜爱红珊瑚和蓝、绿松石，多将这三种宝石镶嵌在荷包上作为装饰。本案例为镶珊瑚铁质火镰，长12厘米、宽6厘米、整体厚度为2厘米，正面饰以红色珊瑚珠，两侧辅以莲花图案装饰，工艺精美、造型别致。

火镰兼具实用和装饰功能，至今仍然是藏族人随身携带的生活用具。

图片来源

图一　刘佳　摄影

图二至图五　李绮雯　制图

参考文献

宋兆麟,高可,张建新.中国民族民俗文物辞典.太原:山西人民出版社,2004:147—198.

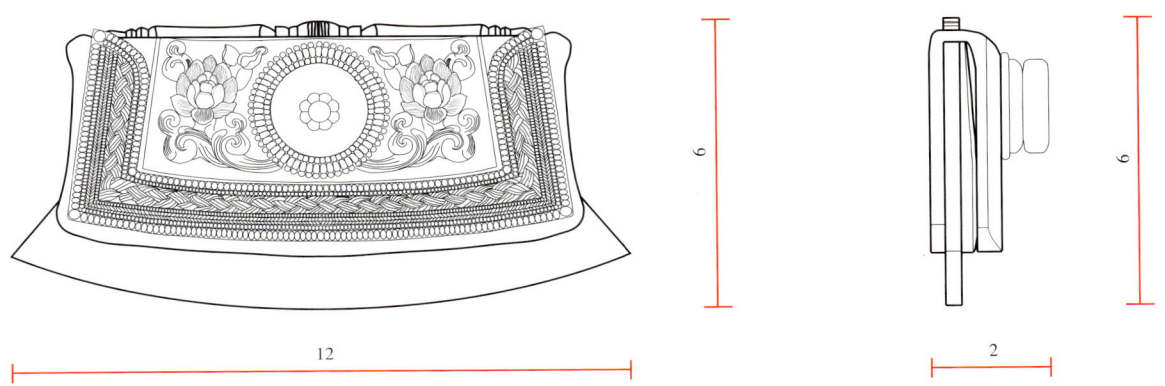

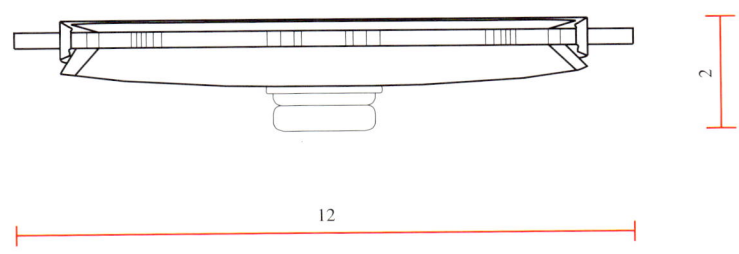

图二　藏族镶珊瑚火镰尺寸图（单位：cm）

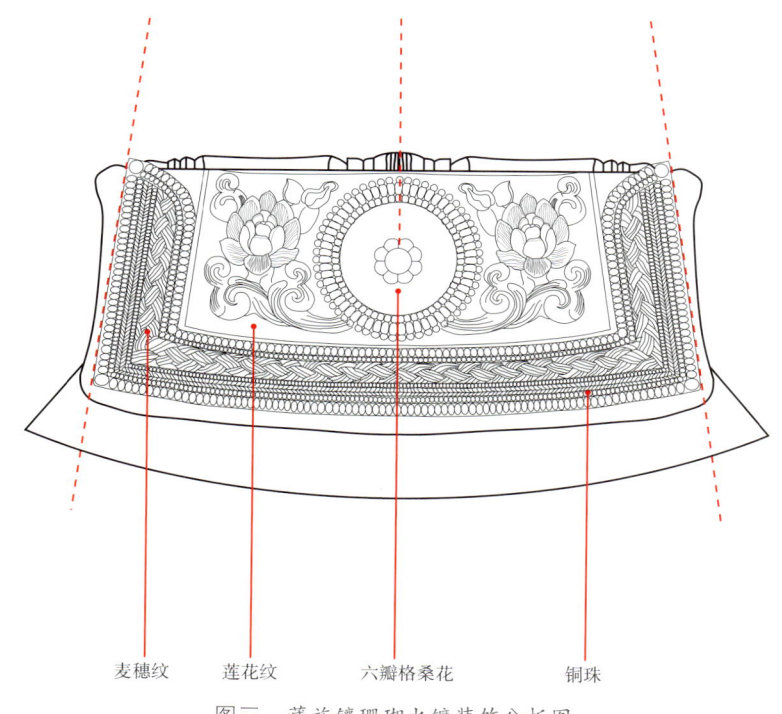

图三　藏族镶珊瑚火镰装饰分析图

麦穗纹　莲花纹　六瓣格桑花　铜珠

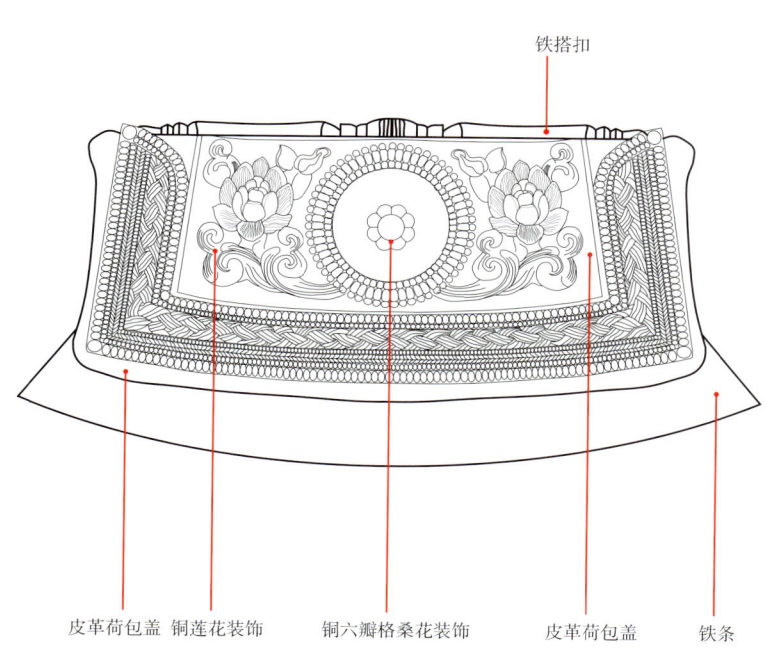
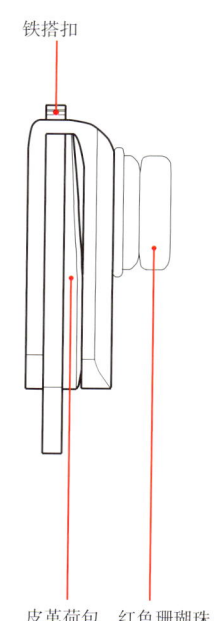

皮革荷包盖　铜莲花装饰　铜六瓣格桑花装饰　皮革荷包盖　铁条　　　　皮革荷包　红色珊瑚珠

图四　藏族镶珊瑚火镰材质分析图

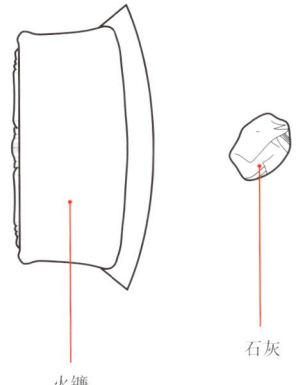

火镰　　石灰

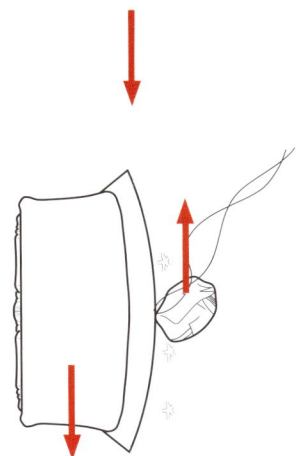

相互敲打，冒出火星

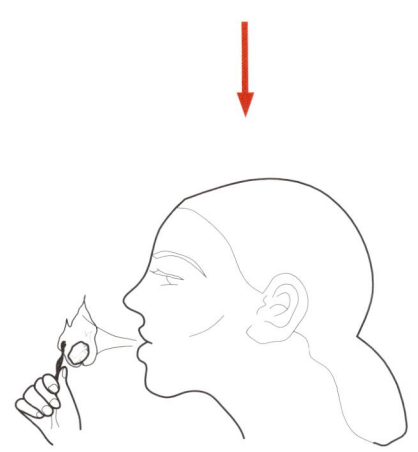

点着火绒，取得火种

图五　藏族火镰使用示意图

第四章　藏族传统生活用具

藏族贝熏

图一　藏族贝熏主图

贝熏为焚香用具，通常为木质，并以彩绘、木雕、珠宝为装饰，图案多取意吉祥。通常置于经堂的佛像前或客厅藏柜前，通过焚香净化、安抚心灵。

贝熏主要由盒盖、盒子、底座三部分组成，盖上有细长的孔洞或镂空的图案，使烟雾可以从洞中飘散。盒子分为明盒与暗盒，由一块隔板将两盒分开，明盒用于焚烧线香，暗盒是明盒下部的抽屉，用于储存线香。盒子下部的底座有4条兽足。本案例以中部长孔为中心，两侧图案相互对称，主要材料为蓝瓷松。盒盖上共镶有8颗圆形宝石（4颗红色、4颗蓝色），另有两颗水滴形红宝石镶嵌于蓝色的花卉纹样上。盒子一侧的中部为三尊佛像，两边分别有两颗黄绿色的透明宝石和两只瑞兽。底座上部为红色，下部的兽足为蓝色。使用一件新贝熏时，首先将盖子打开，在明盒底部均匀地铺洒香灰，然后将暗盒的抽屉抽出，取出一根线香点燃，最后将线香放置在铺好的香灰上盖上盒盖即可。

贝熏可去除室内异味，使人心旷神怡，更能辅助禅修者在修炼时入境。

图片来源
图一至图五　俞志成　制图
参考文献
宋兆麟,高可,张建新.中国民族民俗文物辞典.太原:山西人民出版社,2004:181.

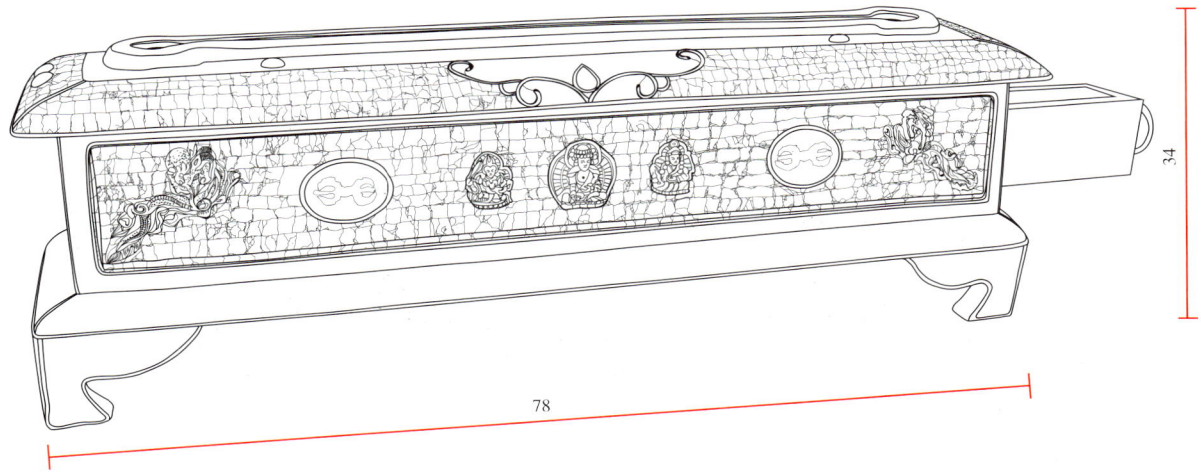

图二　藏族贝熏尺寸图（单位：cm）

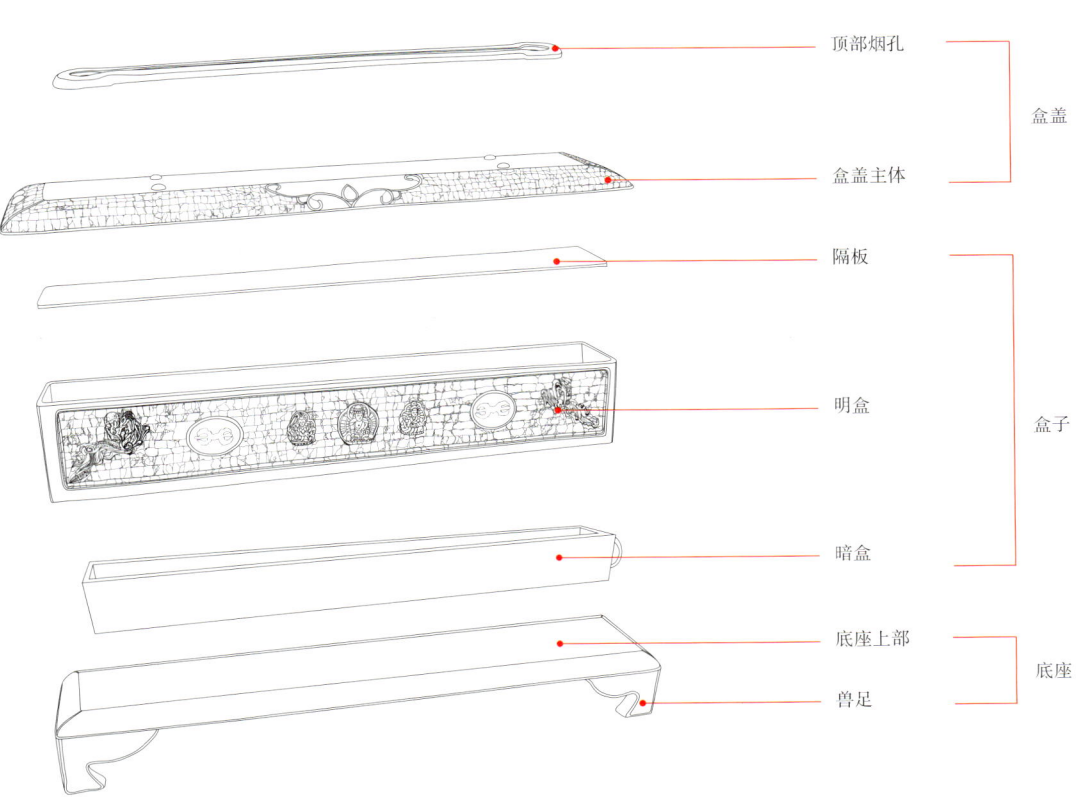

图三　藏族贝熏结构分解图

307

图四 藏族贝熏色彩分析图

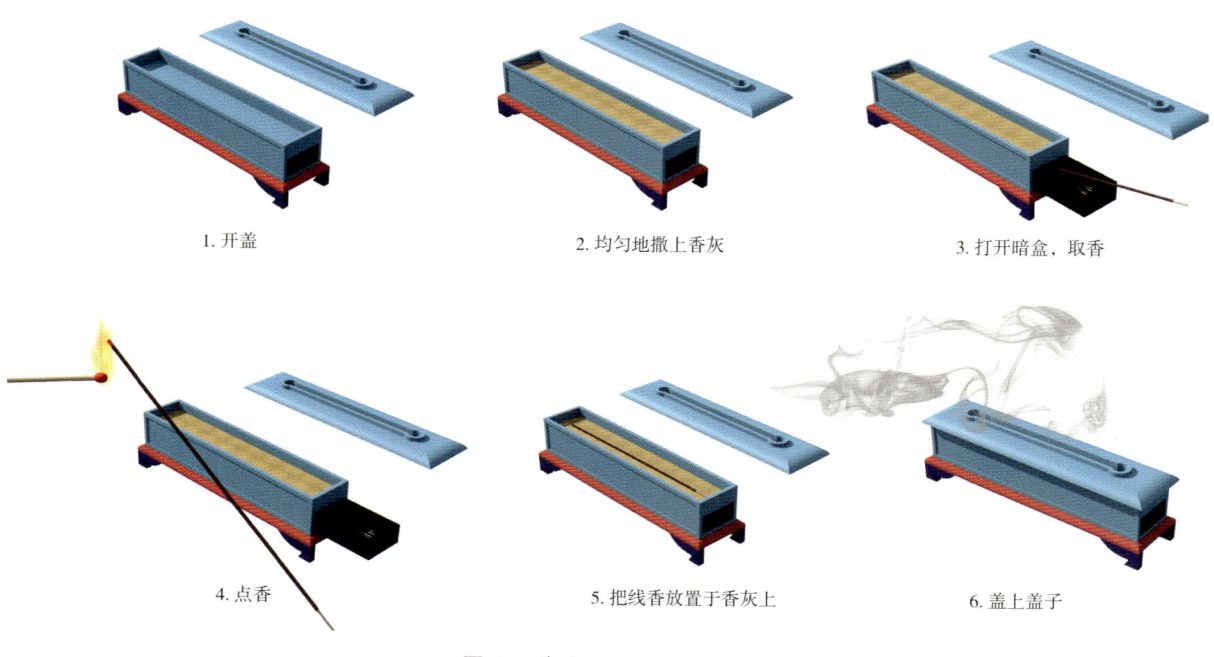

1. 开盖　　　　　　　2. 均匀地撒上香灰　　　　　　3. 打开暗盒，取香

4. 点香　　　　　　　5. 把线香放置于香灰上　　　　6. 盖上盖子

图五 藏族贝熏使用示意图

藏族酥油灯

图一 藏族酥油灯主图

酥油灯是藏族用于供奉佛像与祈祷的用品。灯盏为杯形,敞口深腹,腹部满刻佛像、串枝牡丹。灯茎为柱形,上下细中间鼓。灯座为圆柱体,分为上下两段。上段为仰覆莲瓣纹一周,中部内收,下部舒展上翘;下段呈喇叭形,边沿纹饰牡丹纹。整个灯盏器形敦厚,属于藏族的典型器物,但纹饰中有汉族的元素复合,是一件多民族工艺相融合的珍品。

酥油是牛、羊乳制成的一种油液。李时珍集解引《臞仙神隐》中对这种油液制作进行了记载:"以乳入锅,煮二三沸,倾入盆内,冷定,待面结皮,取皮再煎,油出去渣,入在锅内,即成酥油。"酥油是蒙、藏等游牧民族的一种食用油,也可作点灯或其他用途。但由于其制作精细,用作灯油时仅在宗教祭祀时使用。

据经书记载，点酥油灯可以将世间变为火把，使火的慧光永不受阻，肉眼变得极为清亮，懂明善与非善之法，排除障视和愚昧之黑暗，获得智慧之心。因此，酥油灯在藏族宗教活动及日常生活中占据着十分重要的地位，在寺庙中能看到酥油灯长明不灭的壮观景象，在普通藏民家中也能看到闪烁的酥油灯。

图片来源
图一　徐晓娴　制图
图二至图五　刘政通　制图
图六　湘北老文　摄影（微图网）

参考文献
郭灿江.走进珍宝世界光明使者——灯具.上海:上海文艺出版社,2001:161.

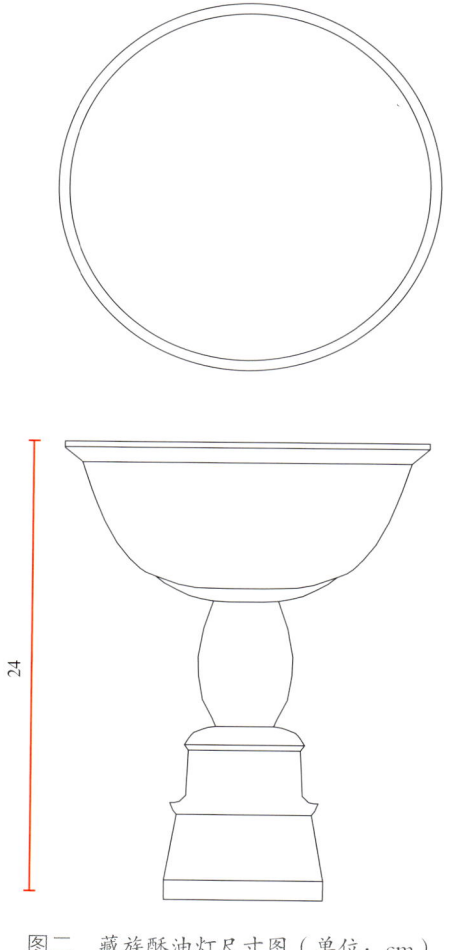

图二　藏族酥油灯尺寸图（单位：cm）

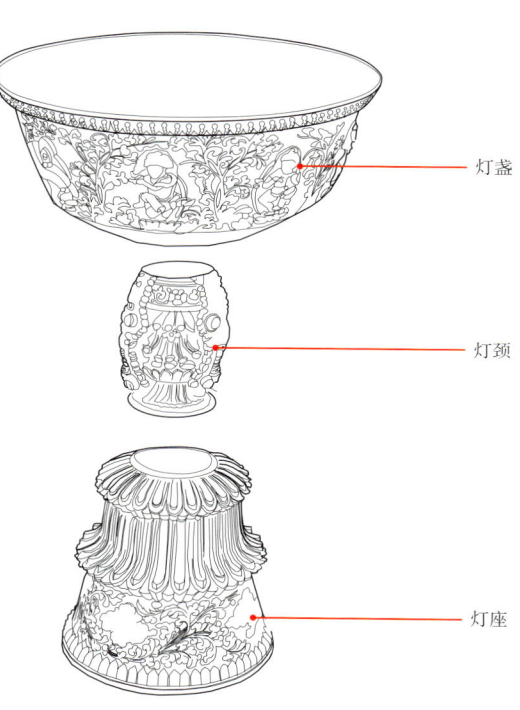

图三　藏族酥油灯结构分解图

图四 藏族酥油灯装饰纹样图

佛陀

牡丹吉祥纹

仰覆莲瓣纹

牡丹吉祥纹

图五 藏族酥油制作情境图

图六　藏族酥油灯使用场景图

藏族铜质油灯

图一　藏族铜质油灯主图

铜质油灯起源较早，是藏族人日常生活中经常使用的照明工具。

本案例选取的龙柄铜质油灯，造型典雅秀美，结构新颖，线条简洁流畅。整体由铜打造而成，灯体呈铜黄色。灯柄铸造的游龙炯炯有神，龙身的云纹细腻舒展，有一种直冲九霄的张力，与灯体的静美完美结合。整体头大身小，上部呈突出的三角形，中腹圆鼓，底部呈圆锥体，重心保持平稳，凸显了该油灯的别致之处。这尊龙柄铜质油灯始于清代，形态古朴典雅，体现出丰富的文化内涵。龙柄上龙的形象也可追溯到中华民族信奉的图腾，意蕴深远。

铜质油灯不仅是藏族人的照明工具，也是集智慧与美的艺术品。

图片来源
图一　刘佳　摄影
图二至图六　付佳　制图

参考文献
宋兆麟,高可,张建新.中国民族民俗文物词典.太原:山西人民出版社,2004.
广东省博物馆,西藏博物馆.雪域瑰宝——西藏文物展.广州:岭南美术出版社,2012.

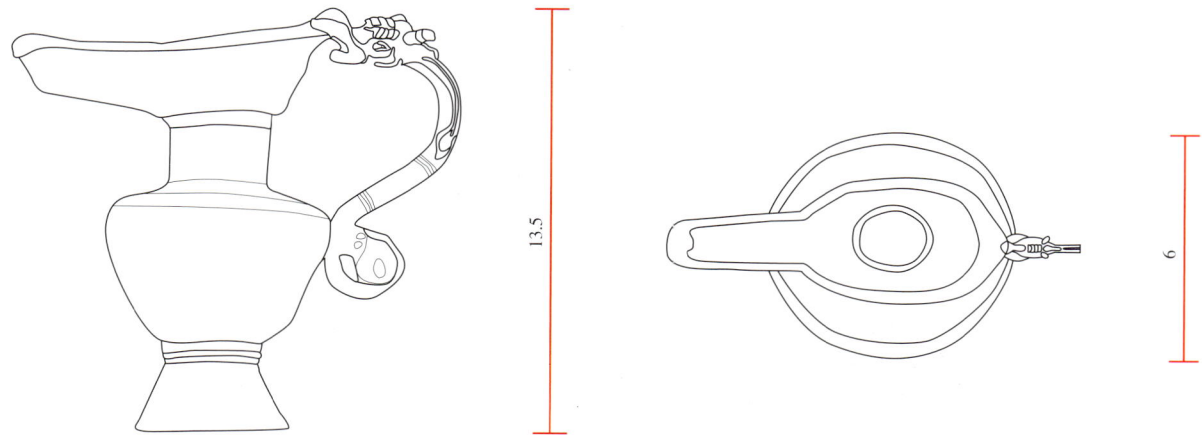

图二　藏族铜质油灯尺寸图（单位：cm）

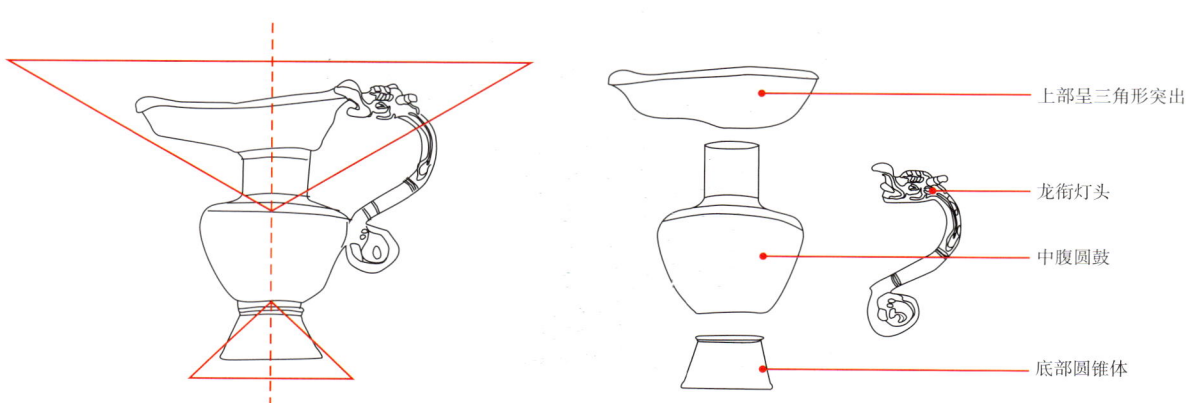

上部呈三角形，中腹圆鼓，底部呈圆锥体，重心稳定

上部呈三角形突出
龙衔灯头
中腹圆鼓
底部圆锥体

图三　藏族铜质油灯结构分解图

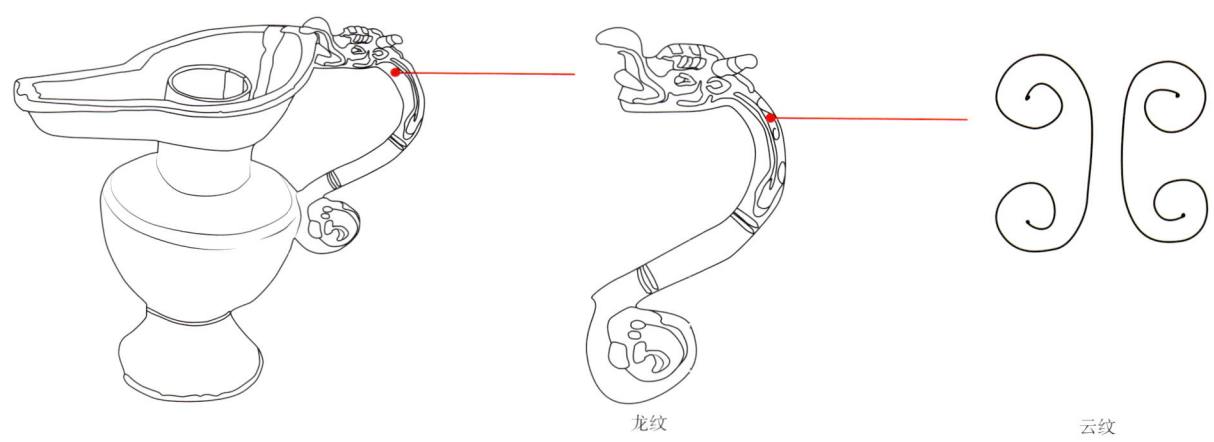

龙纹　　　　云纹

图四　藏族铜质油灯纹样分析图

图五 藏族铜质油灯色彩分析图

图六 藏族铜质油灯使用情境图

第四章 藏族传统生活用具

藏族角质鼻烟壶

图一　藏族角质鼻烟壶主图

角质鼻烟壶在藏族地区流传广泛，根据造型工艺的类别有怀揣式、系挂式等多种形制。

藏族鼻烟壶质地较多，大体可分为角质、皮质、木质、玻璃类等。牛角、公黄牛角、公犏牛角、羊角、岩羊角、鹿角等都可以作为制作角质鼻烟壶的材料。本案例长21厘米，用天然兽角制作而成，整体曲线自然流畅。烟壶嘴部镶有以象牙为材料雕刻的莲花图案，其下端和底盖后部镶嵌着雕刻有卷草图案纹样的象牙，首尾呼应。纹样内侧等距排列着圆环以及圆形的象牙，制作考究，做工精细，彰显了使用者的身份地位。

藏族传统角质鼻烟壶将艺术和实用功能相结合，在题材表现与选择上，展现出了特有的地域风貌，以及崇尚自然的审美取向。

图片来源

图一至图六　俞志成　制图

参考文献

广东省博物馆.西藏博物馆.雪域瑰宝——西藏文物展.广州:岭南美术出版社,2012:143.

达娃.鼻烟和鼻烟壶文化.中国西藏（中文版）,2004(4):19—20.

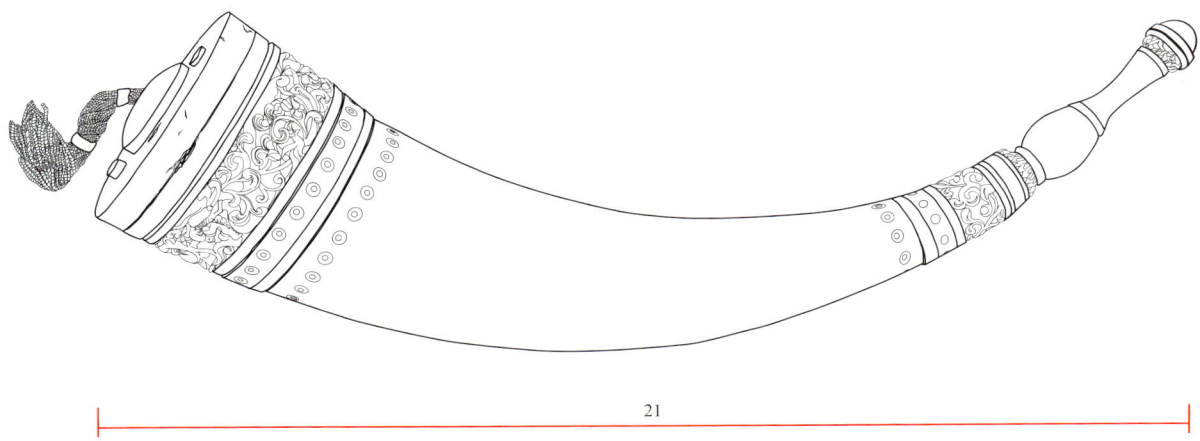

图二　藏族角质鼻烟壶尺寸图（单位：cm）

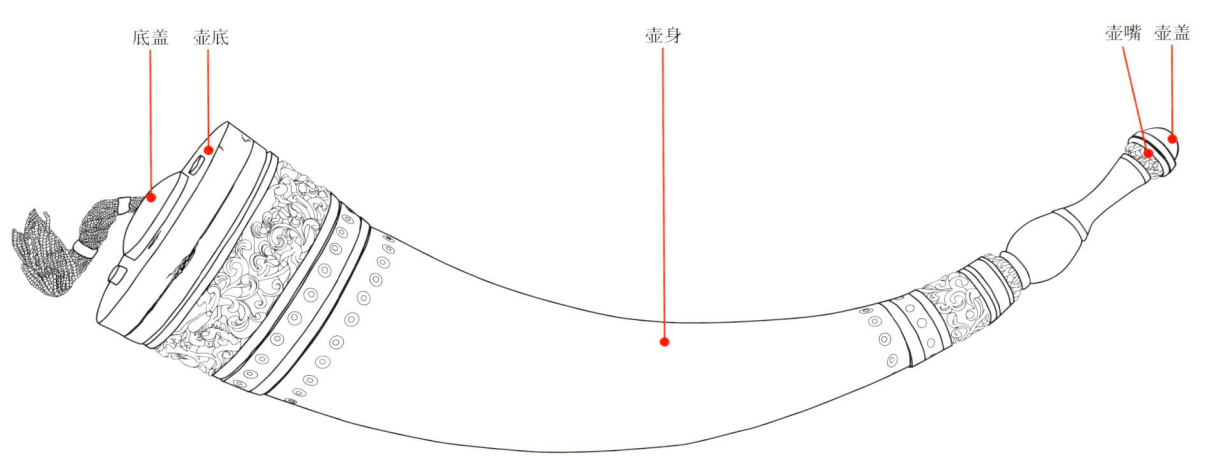

图三　藏族角质鼻烟壶结构名称图

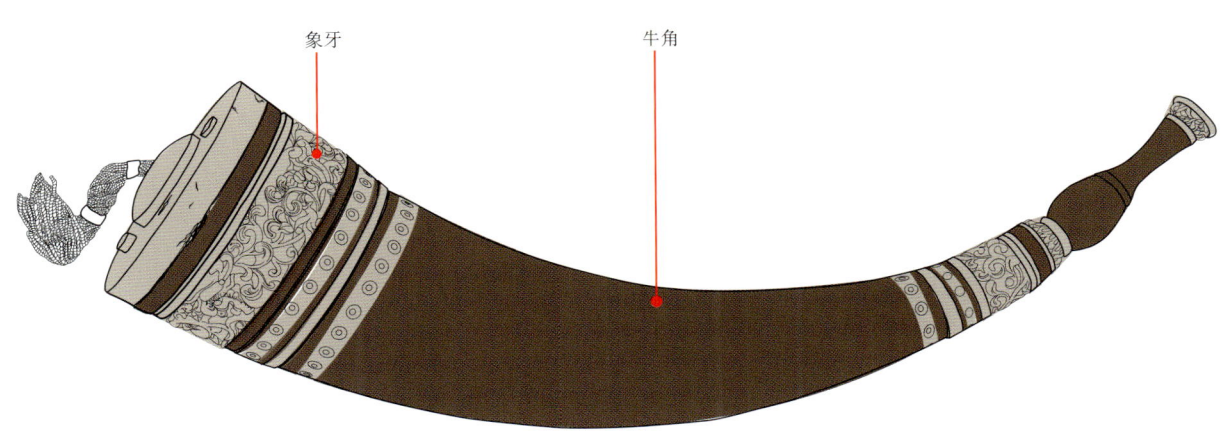

图四　藏族角质鼻烟壶材质分析图

第四章　藏族传统生活用具

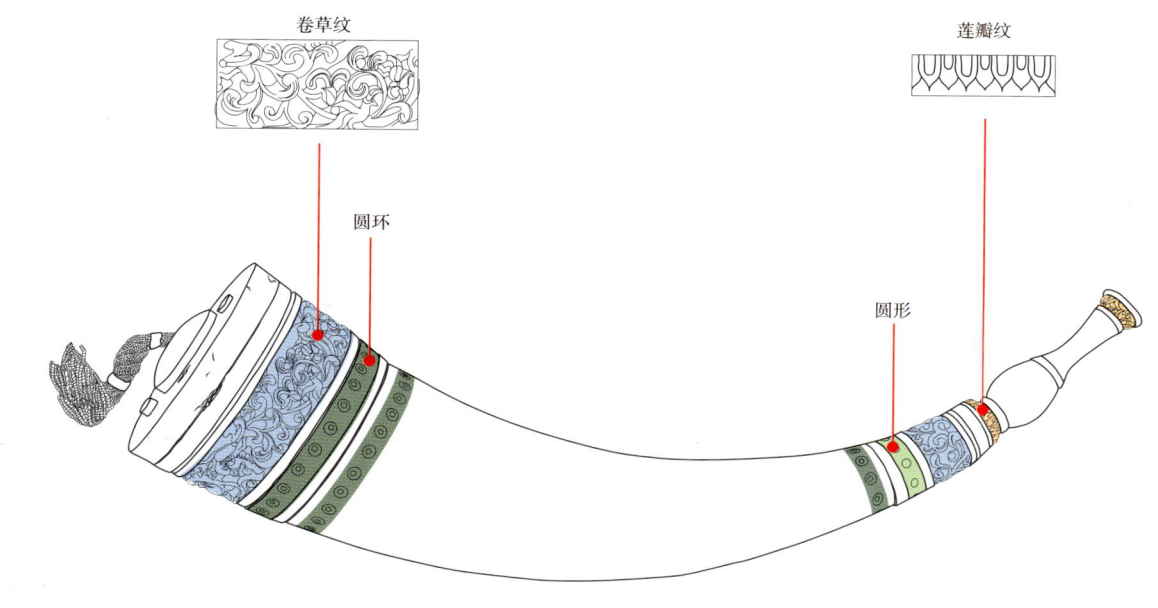

图五 藏族角质鼻烟壶纹样分析图

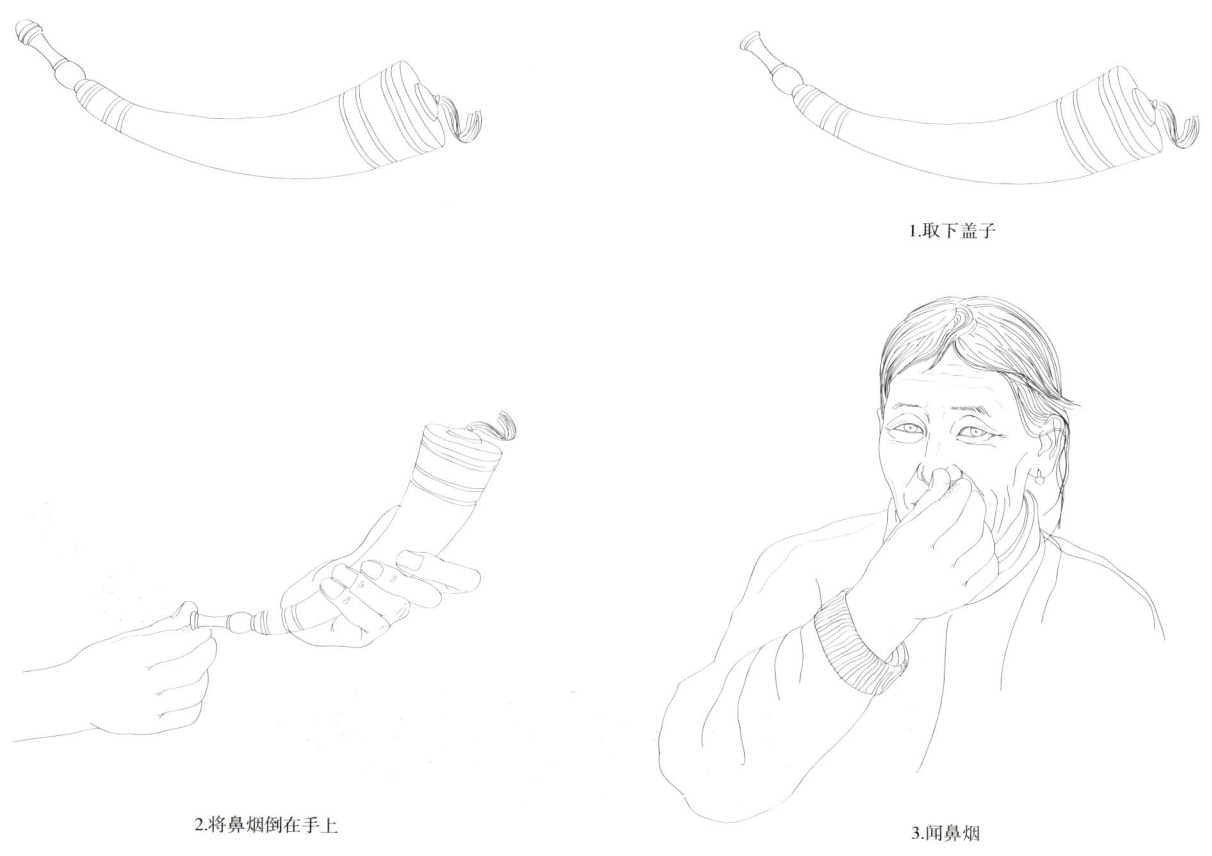

图六 藏族角质鼻烟壶使用示意图

藏族角梳

图一　藏族角梳主图

角梳通常选用犀牛角、水牛角、黄牛角、牦牛角等为原料，经过系列传统工艺加工而成。西藏地区以牦牛角梳最为常见。

角梳制作工艺历史悠久，首先选用不含死角、杂角的优质牛角将其对等锯开，进行软化处理后使用压力设备压平，磨去老皮和凹槽后，再将初步成形的梳坯上齿轮机进行开齿，最后用砂轮抛光即可。其中最后两道工序尤为重要，其处理的得当与否，直接决定了成品角梳质量的优劣。角梳材料的特殊性，也决定了其不同的保养之道，因其质地较脆、怕潮，应置于干燥环境中存放。牛角为常见中药，具有保健功效，将其制成角梳后配合梳头时梳齿的刺激，可发挥加速血液循环、促进头发生长的功效。若睡前配合穴位进行梳理按摩，可有效缓解紧张情绪，消除疲劳。

角梳色泽温润柔和，手感圆润光滑，造型厚实，为藏族传统日用手工制品。

图片来源
图一　俞志成　制图
图二至图六　刘春羽　制图

参考文献
李家永.工艺角梳走俏.现代营销（创富信息版），2004(12):8.
谢添实.福州牛角梳——有多少风采可以重来.福建质量信息，2006(4):28—30.

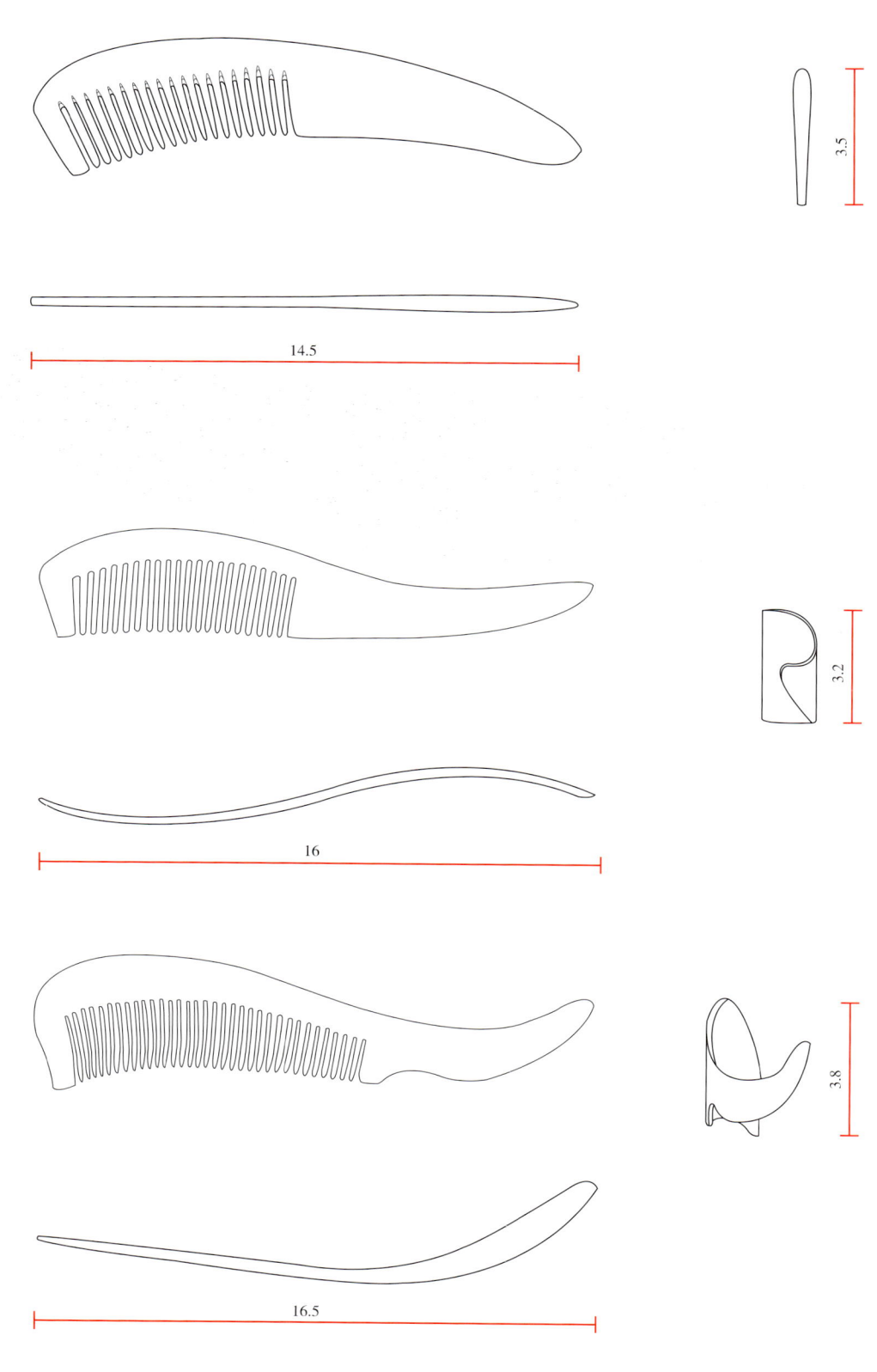

图二 藏族角梳尺寸图（单位：cm）

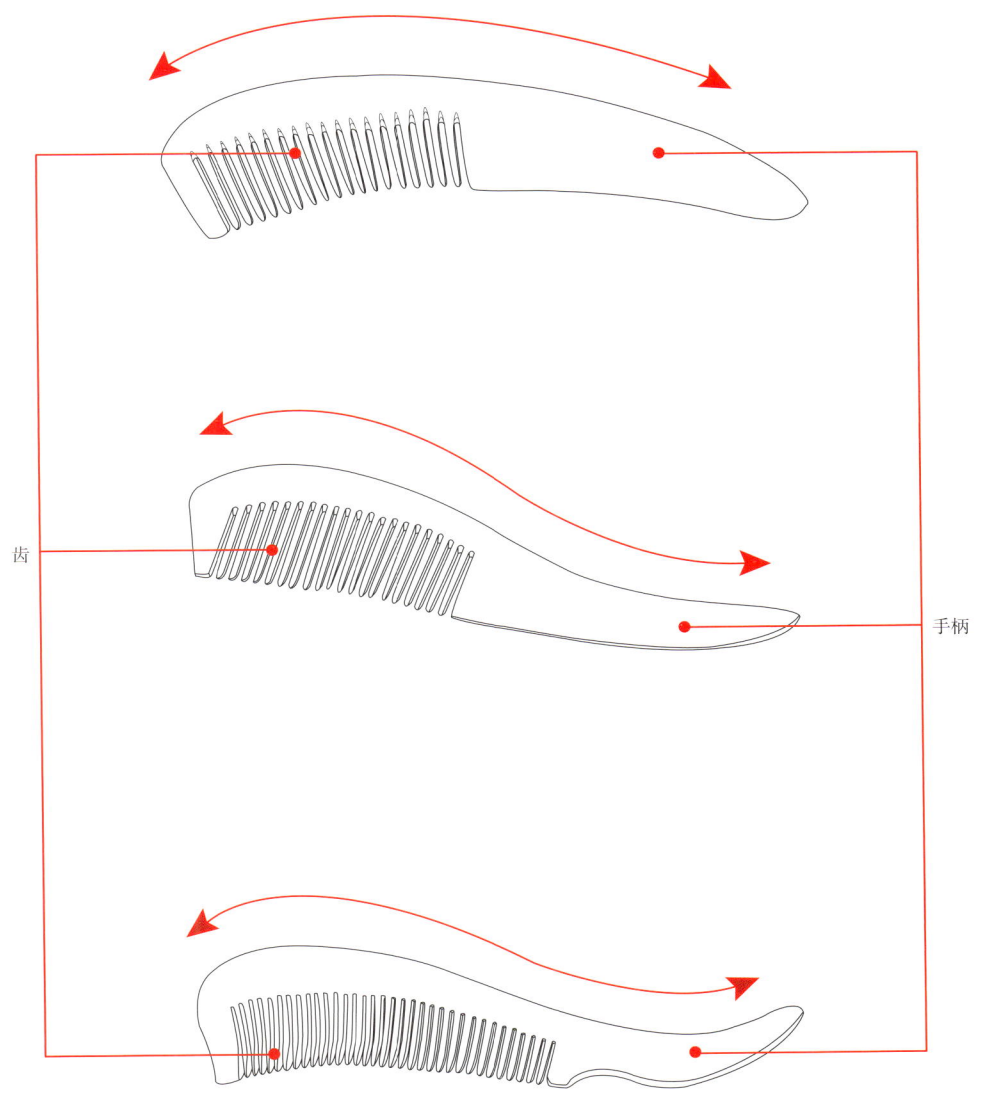

图三 藏族角梳造型分析图

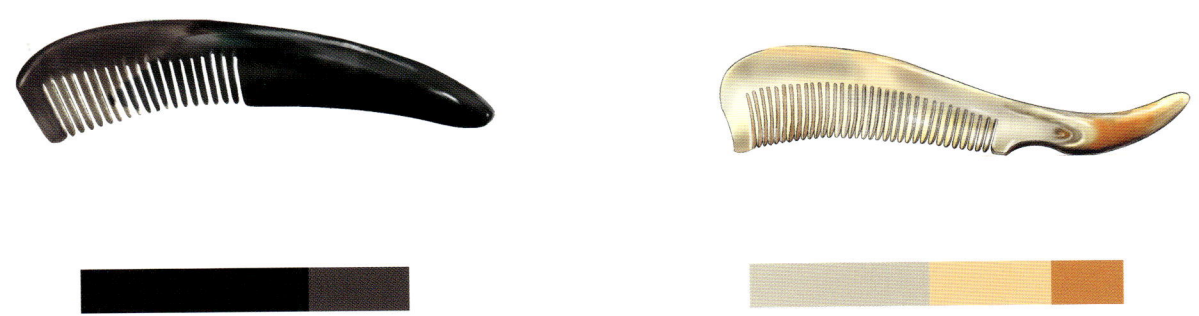

图四 藏族角梳色彩分析图

第四章 藏族传统生活用具

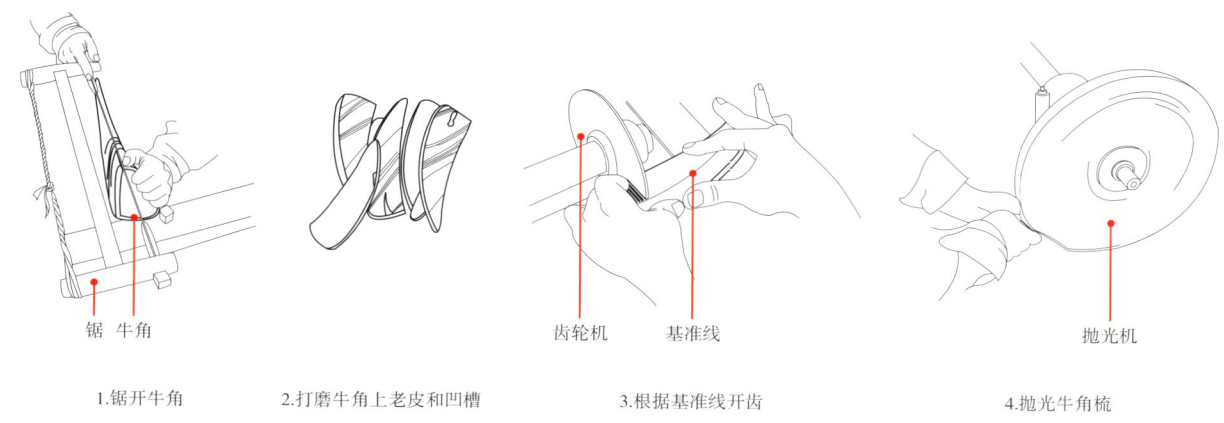

1.锯开牛角　　2.打磨牛角上老皮和凹槽　　3.根据基准线开齿　　4.抛光牛角梳

图五　藏族角梳制作流程图

图六　藏族角梳使用情境图

藏族五宝金属磨具

图一　藏族五宝金属磨具主图

　　五宝金属磨具造型精美，使用方便，是藏药加工中普遍使用的传统磨具。

　　本案例为公元17—18世纪期间的产物，通体银色，表面的藏式花纹雕刻以及不同色彩的点缀都成为其精细的装饰。磨具整体由三部分组合而成，上部为莲花形磨面，颈部延伸承接菱形中段，下部为细长的多面体手柄。其磨面、连接处和手柄都细致地雕刻了藏式传统纹样。在五宝金属磨具的菱形中段，四色圆点环绕中间同心矩形对应了有着悠久历史的藏族医药理论体系。该医理体系包括了五行、六味、八蚀和十七效等，而后三者又源于五行。五行指土、水、火、气、空，土乃藏药生长之本，水为生命之泉，火为热能，气为动力，空则为空间。五宝金属磨具一般在藏药的加工过程中起研磨作用，使用时需紧握手柄，以中段为支点发力，使磨面和磨具边缘接触药物进行研磨。

　　五宝金属磨具为藏药制作中重要的研磨工具，造型独特，雕刻细致，体现了藏族传统医理的特点。

图片来源
图一　刘佳　摄影
图二至图六　刘春羽　制图

参考文献
宇妥·元丹贡布等.四部医典.西安:陕西师范大学出版社,1987:34—35.
关东升.中国民族文化大观.北京:中国大百科全书出版社,1995:259.

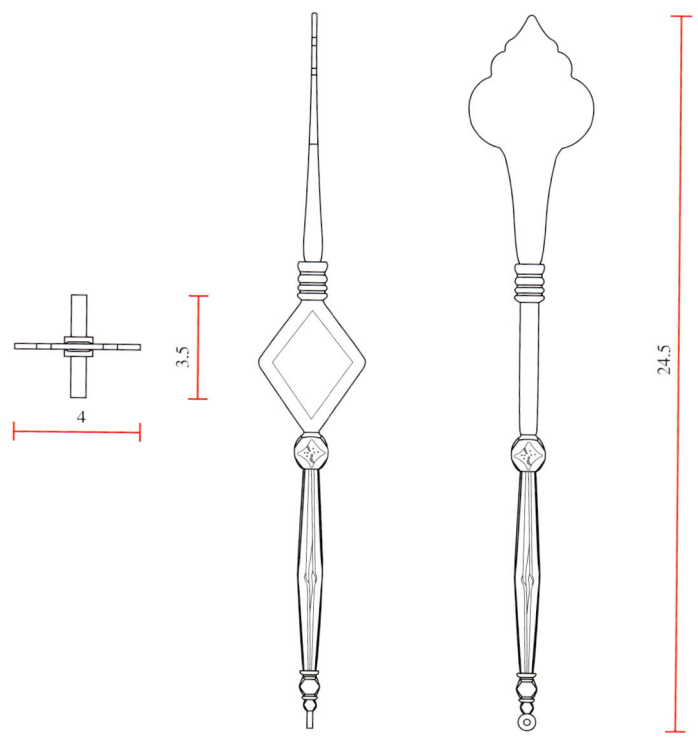

图二 藏族五宝金属磨具尺寸图（单位：cm）

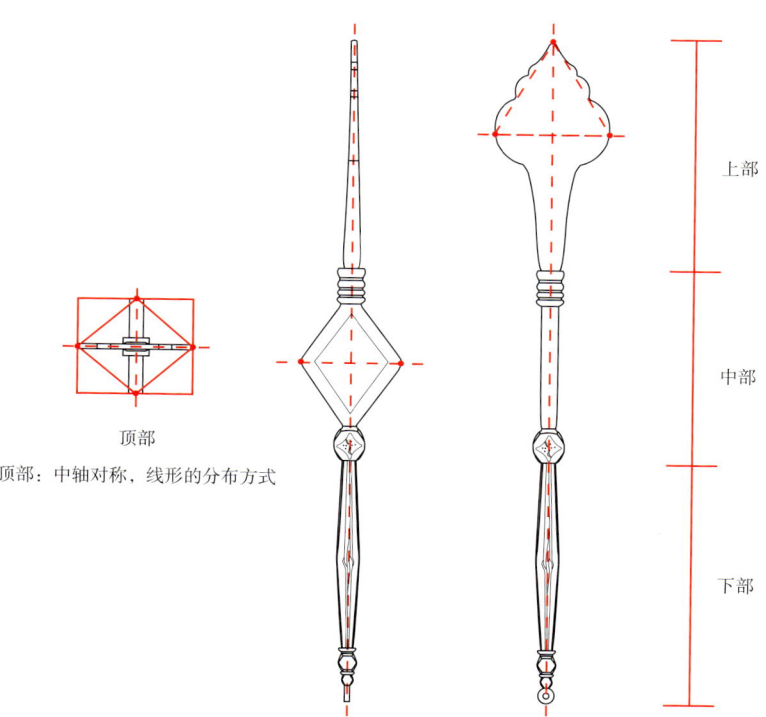

顶部：中轴对称，线形的分布方式

上部：中轴对称，线形的分布方式　　中部：中轴对称，线形的分布方式　　下部：中轴对称，线形的分布方式

图三 藏族五宝金属磨具比例分析图

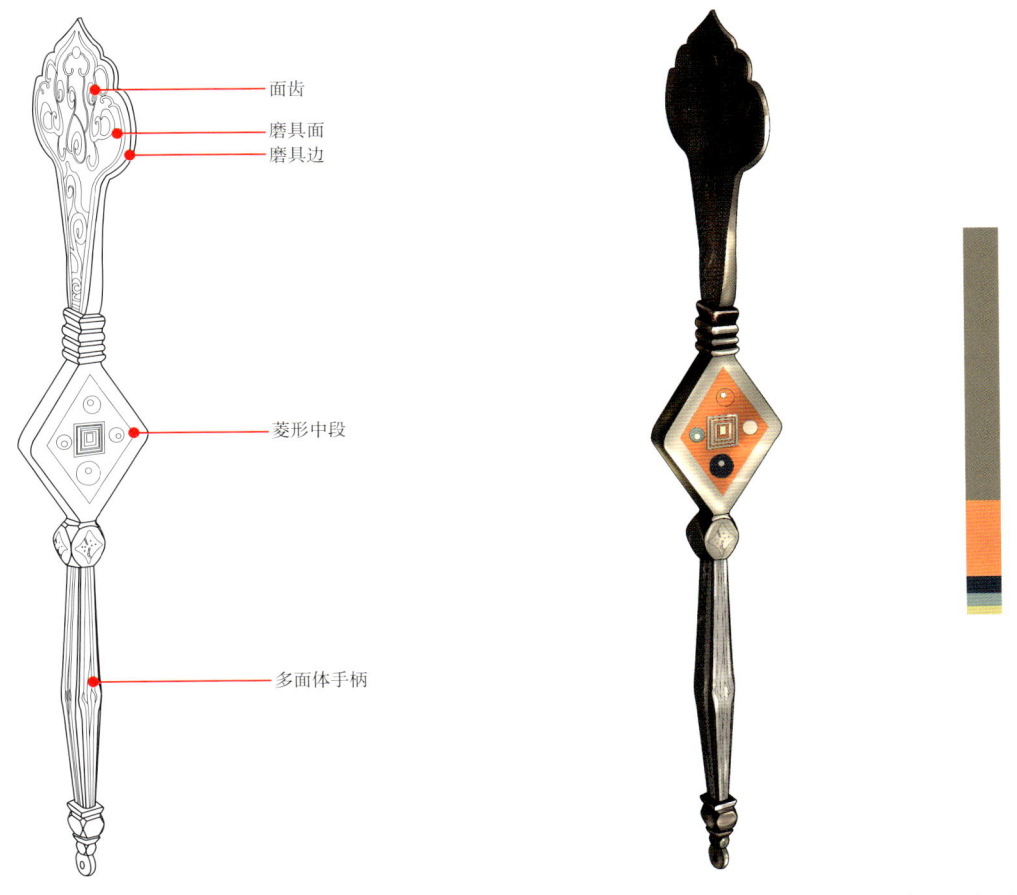

图四 藏族五宝金属磨具结构名称图

图五 藏族五宝金属磨具色彩分析图

图六 藏族五宝金属磨具使用情境图

第四章 藏族传统生活用具

325

藏族错金法轮纹金锁

图一　藏族错金法轮纹金锁主图

藏族锁器为实用生活用具，一般配合藏箱使用。本案例为公元15—16世纪时期产物，从结构上看分锁头、锁身、底座三部分，工艺上属错金工艺。

藏族传统的错金工艺在制锁上表现较为显著，该工艺主要分两类，金属错金和木底错金，本案例属于前者。错金银早期多用于铜器表面装饰，后来也用于铁器装饰。打制错金铁锁时，需先以锻制的熟铁为基坯，将其固定在烧溶的松脂上，然后在基坯上进行錾槽、拉丝工艺。其中，錾槽是指在铁锁的表面按法轮纹、水波纹等纹样铸成或刻出形槽，在槽底面凿刻出麻点，以使嵌入的金属能牢固地附着。然后在槽内镶金、银，打铆，将金丝、金片凿截成所需要的大小、形状，嵌入锁面的槽内，以锉或者砂纸打平。最后加热锻打，同时用厝石（即磨石）将嵌入的金属磨平，再用皮革、绒布蘸清水反复磨压，使错金与基坯严密结合。

错金法轮纹金锁通体纯金色调，各式纹样图案细致精湛，除实用功能外还具有较高的观赏性。

图片来源
图一　刘佳　摄影
图二至图七　刘春羽　制图

参考文献
张世文,楞本才让·二毛,夏吉·扎曲.藏族传统手工宝典.拉萨:西藏人民出版社,2011:237.

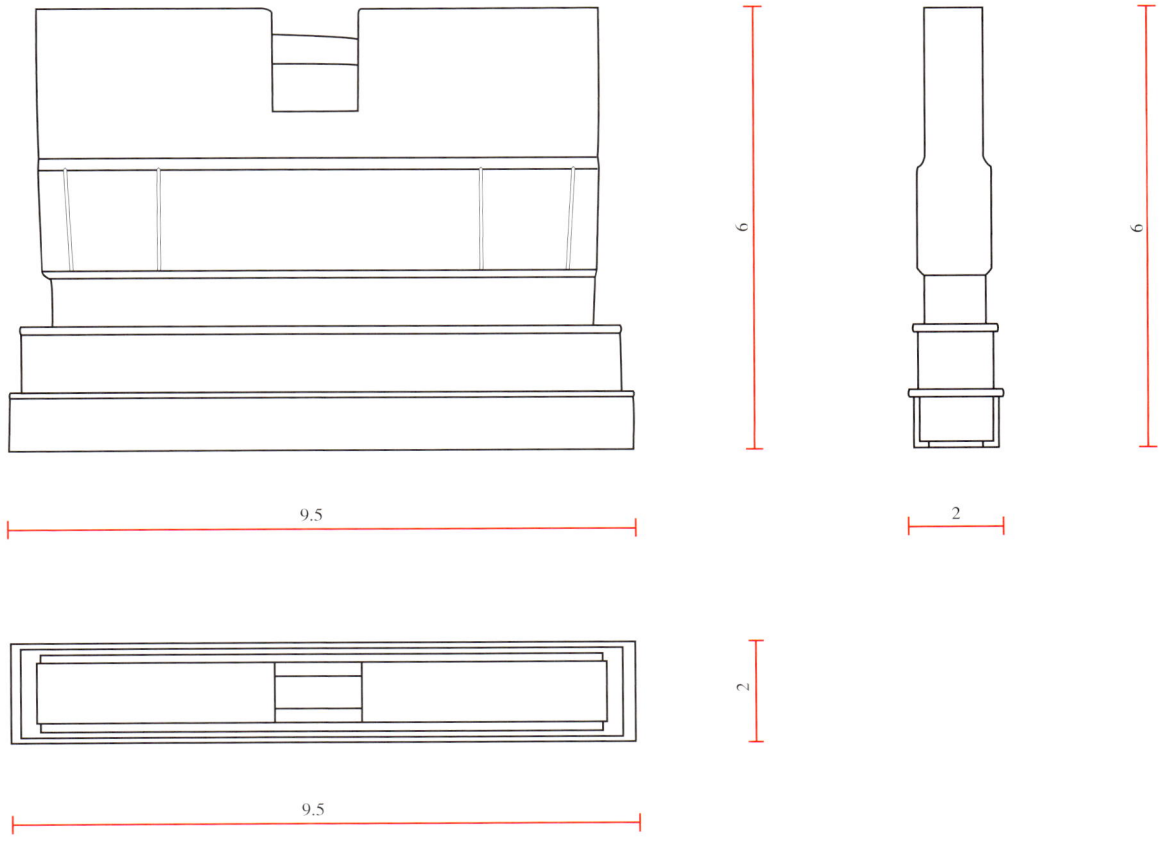

图二　藏族错金法轮纹金锁尺寸图（单位：cm）

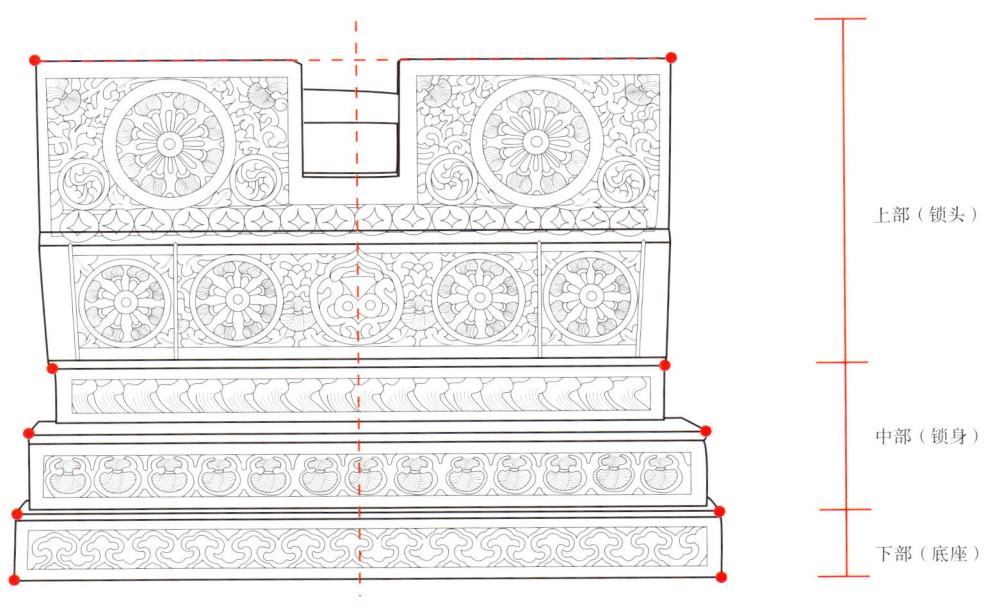

上部：中轴对称，线形的分布方式　下部：中轴对称，线形的分布方式

图三　藏族错金法轮纹金锁比例分析图

锁身　　　　　　　　　锁芯　　　　　　　　　钥匙

图四　藏族错金法轮纹金锁结构分解图

图五　藏族错金法轮纹金锁色彩分析图

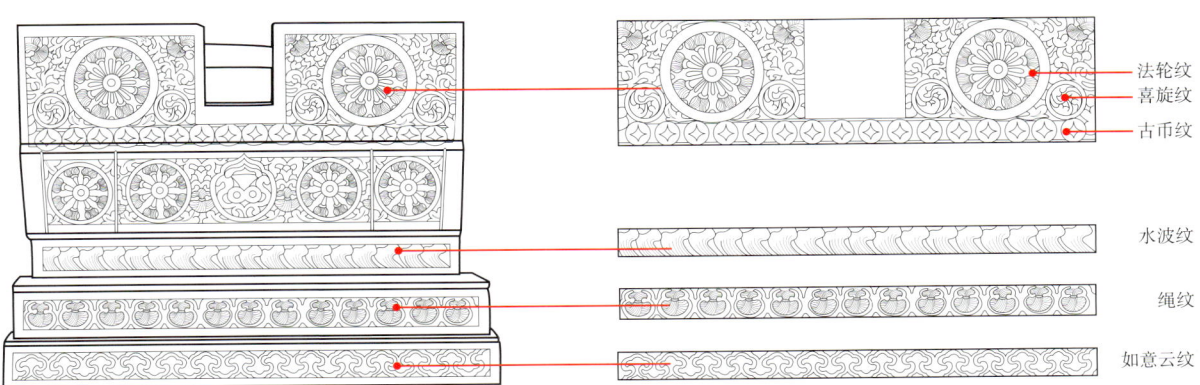

图六　藏族错金法轮纹金锁纹样分析图

图七　藏族错金法轮纹金锁使用情境图

第四章　藏族传统生活用具

藏柜

图一 藏柜主图

藏柜又称"藏桌",通常放置于客厅和供奉佛龛的经堂里。过藏历年时,藏族人会在藏柜上供放各种供品,如香烛、花、果品和香炉、烛台等供具。

本案例长153厘米、高87厘米、宽56厘米。柜的几面中间有一顶开式小门,长37厘米、宽27厘米。从形制而言,藏柜自上而下,由几面、箱身和柜脚三部分组成。几面为藏柜的顶面部分,即以藏式皮胶粘拼后刨平的长方形木面。箱身指几面和柜脚之间的部分,采用箱式设计,表面配有花草植物、如意祥云等纹样的木刻装饰。下部还附有柜膛、枨、牙板等构件。藏柜由四条柜脚支撑。此外,本案例还进行了油漆工艺的处理,先以原木素色打清漆,然后以猩红和褐色为底色,再以金粉勾边,色调明快亮丽。如今人们多在藏柜上叠置等大的去脚藏柜,造型呈二重叠置,满足了大容量储物的需求。

藏柜造型稳重,使用方便,色彩装饰具有民族特色,为藏民日常储物家具。

图片来源
图一 刘佳 摄影
图二至图七 刘春羽 制图

参考文献
张鹰.人文西藏生活习俗.上海:上海人民出版社,2009:66.
张世文,楞本才让·二毛,夏吉·扎曲.藏族传统手工宝典.拉萨:西藏人民出版社,2011:133—134.

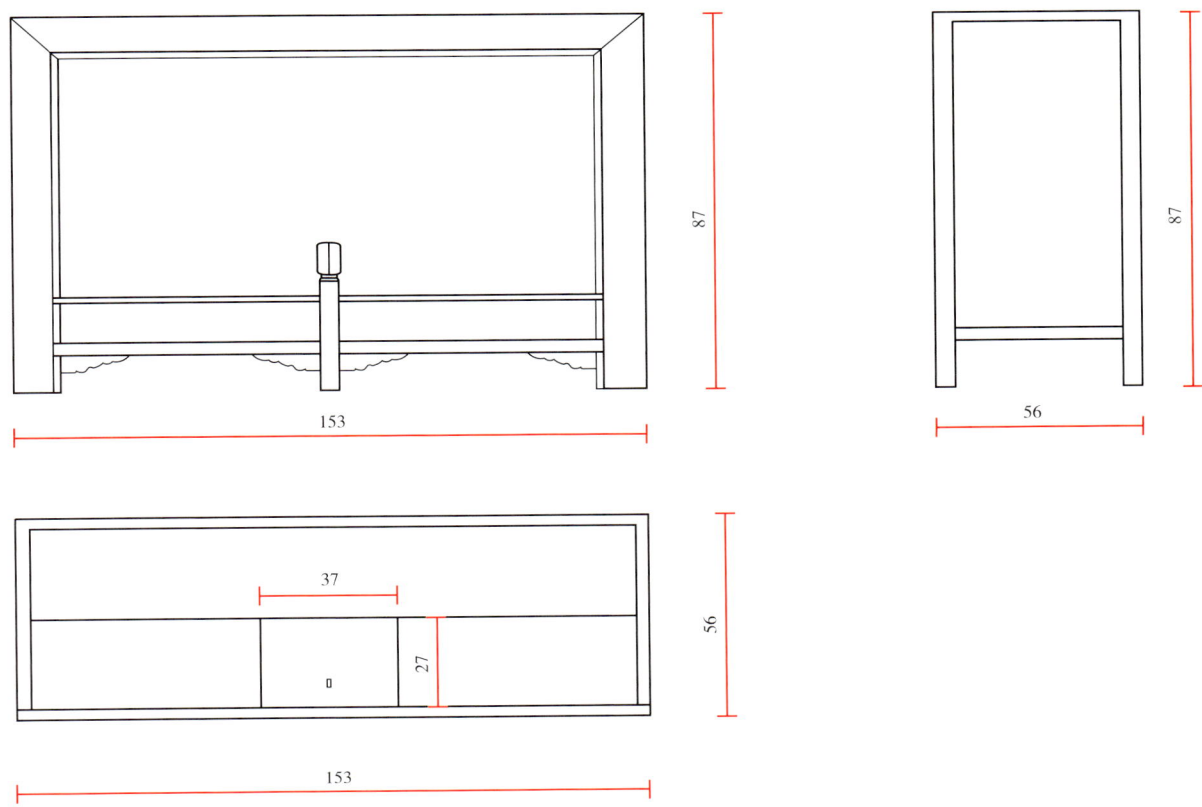

图二 藏柜尺寸图（单位：cm）

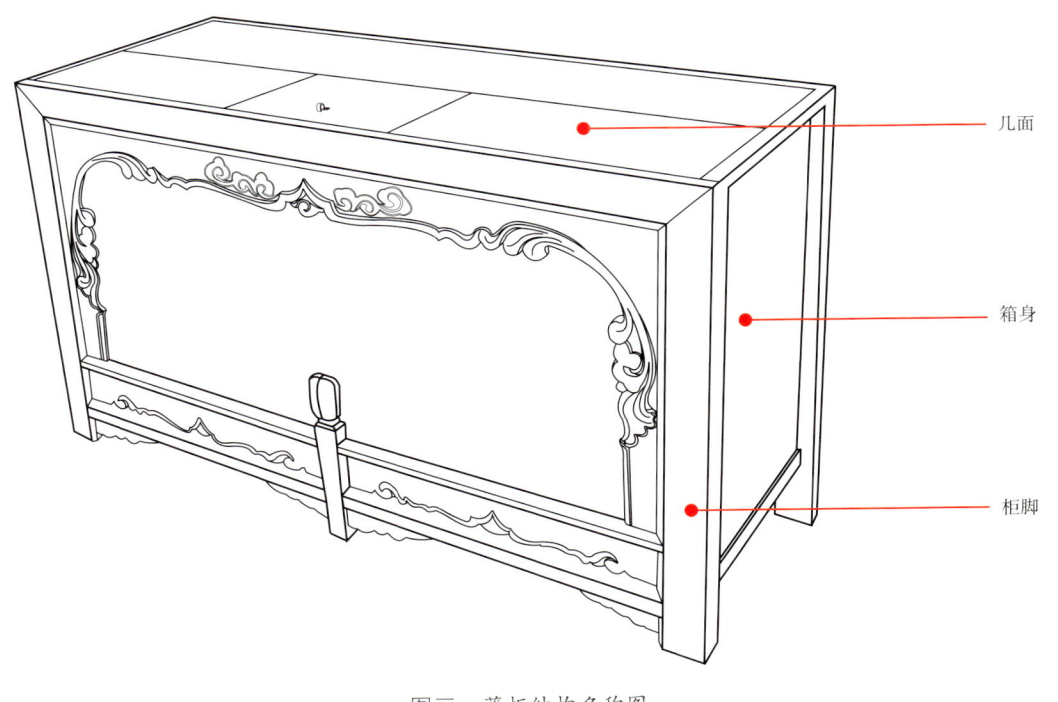

图三 藏柜结构名称图

第四章 藏族传统生活用具

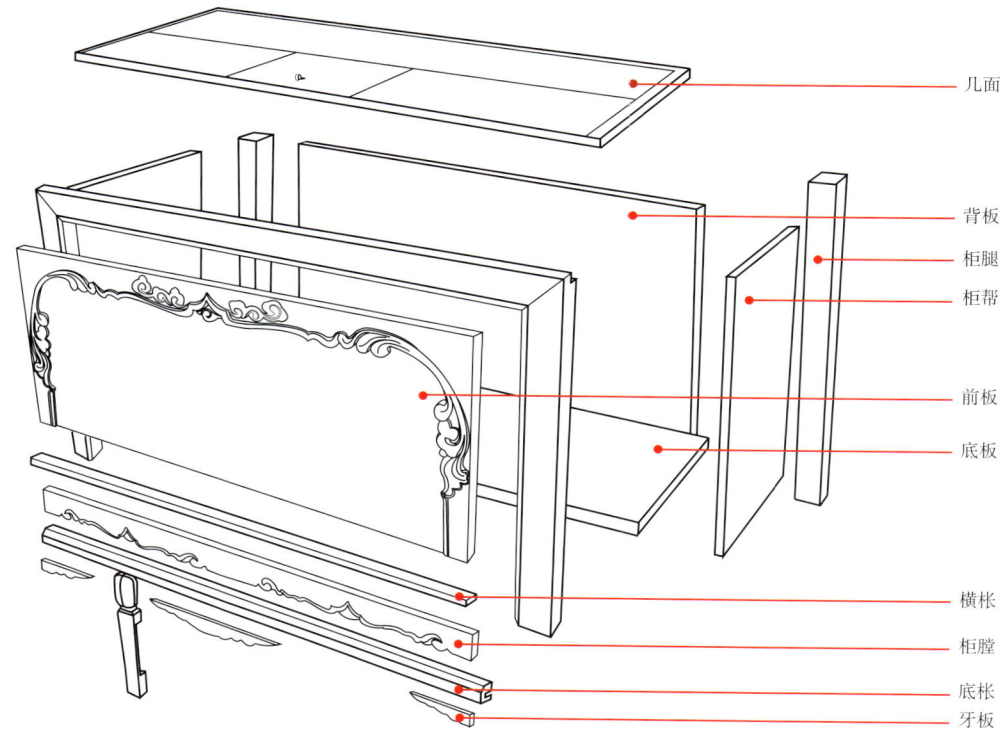

图四 藏柜结构分解图

图五 藏柜色彩分析图

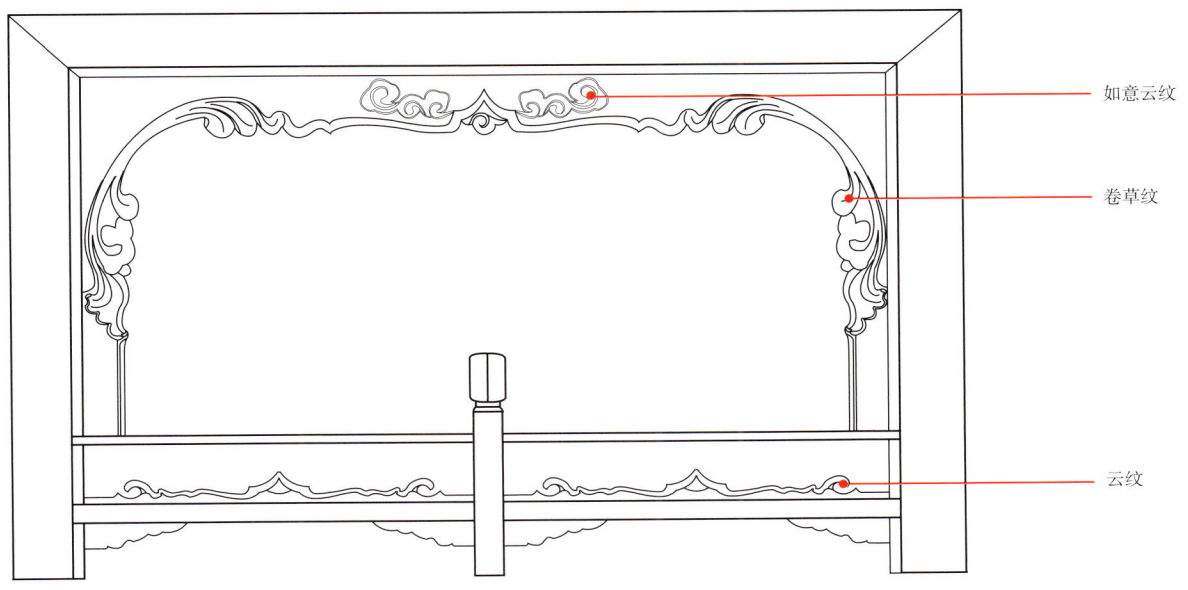

图六　藏柜纹样分析图

图七　藏柜使用情境图

第四章　藏族传统生活用具

333

藏族牛绒策子

图一 藏族牛绒策子主图

牛绒策子也称为"拂尘",是由牦牛尾扎成一束加上手柄制作而成,藏传佛教信徒多用它清扫或驱赶昆虫。

作为手持法器,牛绒策子通常插在一根有金色珠宝饰的手柄上,上面挂有一金色铃铛。本案例中有黑色和白色两把牦牛尾拂尘,其中白色牛绒策子总长约70厘米,其中手柄长约15厘米,牛尾长约55厘米。手柄为木质,下部有金属套环用于固定牦牛尾巴,金属铆钉被均匀地打在金属套环上,使金属套环牢牢固定于木质手柄。手柄下端的牦牛尾巴直接从牦牛身上取下,再将牦牛尾连毛取皮，经过漂洗晾干后牦牛毛变得蓬松且富有光泽，之后即可安装固定在手柄上。牛绒策子形态对称，蓬松的牦牛毛自然垂下，呈现出饱满的形态，不使用时可挂于屋内作为装饰。在古代白色的牦牛尾巴是身份地位的象征，住持僧人举行辩经时根据礼仪手持一把牛绒策子。日常生活中牛绒策子多用于除去灰尘，挥舞拂尘时只需按使用者习惯即可。

牛绒策子是藏传佛教中的法器，也是藏民日常生活中最基本的生活用具。

图片来源
图一　刘佳　制图
图二至图六　俞志成　制图

参考文献
白国斌.西藏牦牛尾巴拂尘.保定晚报,2008(6).
罗伯特·比尔.藏传佛教象征符号与器物图解.向红笳,译.北京:中国藏学出版社,2007:477.

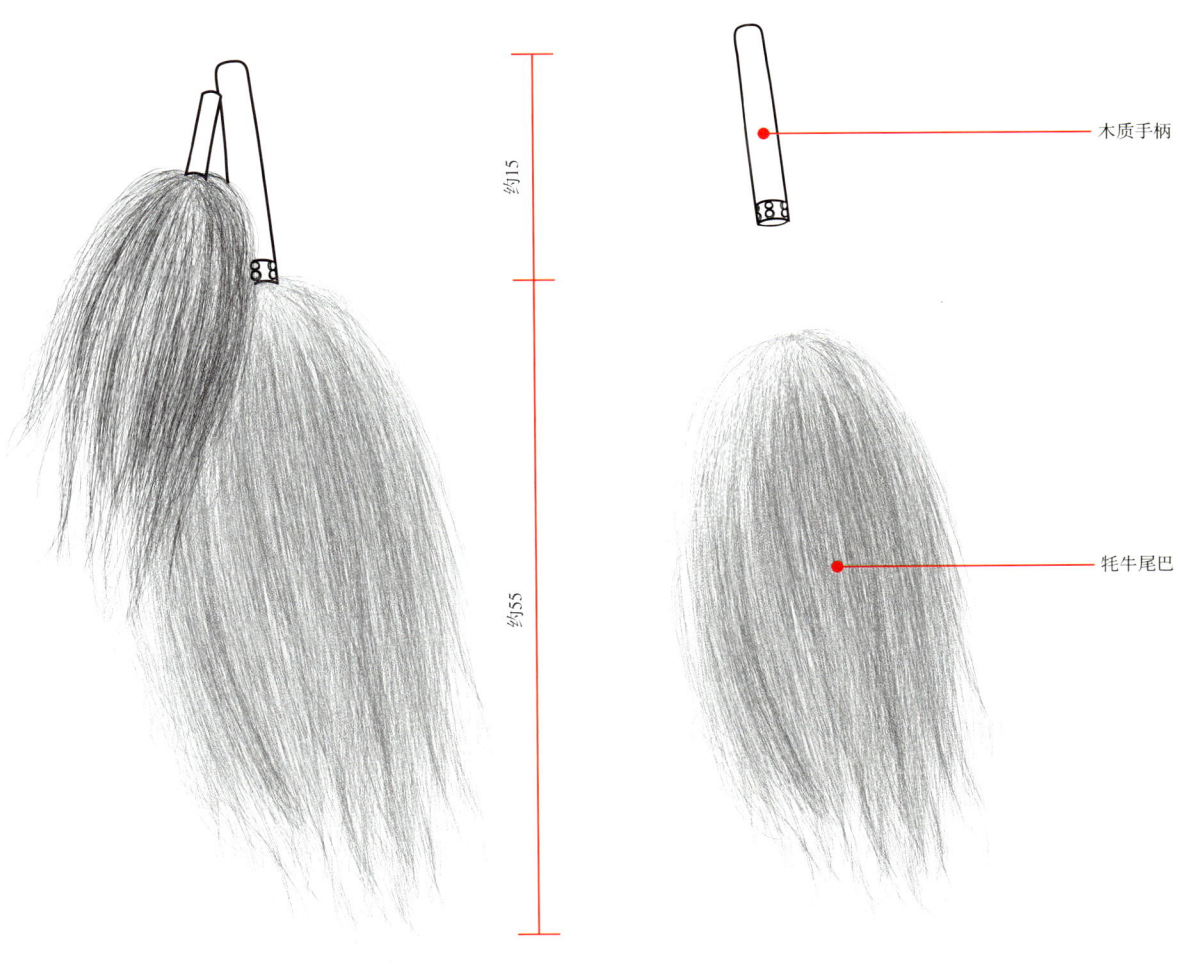

图二　藏族牛绒策子尺寸图（单位：cm）　　　　图三　藏族牛绒策子材质分析图

图四　藏族牛绒策子比例分析图　　　　图五　藏族牛绒策子取材位置示意图

图六　藏族牛绒策子使用情境图

藏族马鞍、马镫

图一　藏族马鞍、马镫主图

　　马鞍是放置在马背上供人骑坐的器具，其形制两头高中间低；马镫是挂在马鞍旁供人上下马时蹬踏的用具。

　　本案例为高桥鞍样式，前高后低。前后鞍均有镂雕的卷草纹、双龙戏珠纹、火焰宝瓶纹和回纹，中间装饰绿松石及各色宝石。鞍鞯上有坐垫，与之相配的还有铜鎏金马镫一对，马脖玲上还刻有一条团龙。整套马鞍由鞍、马镫、马头饰、马后球、马脖铃、马肚带组成，工艺精湛，造型美观独特，极为珍贵。在马匹作为主要交通工具的藏族社会里，马鞍的质地和制作工艺十分讲究。藏族的鎏金工艺是藏族人千百年来创造的一种古老手工技艺，主要有两大工序：鎏金铜制品的制作和金汁的合成与鎏金。手工制作的鎏金铜制品能承受曝晒、风吹、雨淋和霜冻，历经数百年表面光泽不变。

马鞍、马镫是藏区外出远行必备的驮载工具，至今仍然发挥着重要作用。

图片来源
图一　刘佳　摄影
图二至图五　刘政通　制图

参考文献
青措.藏族马文化初探.民族文化研究,2006(3):63—65.
张庆有.藏族工艺技术——铜鎏金简介.西北民族研究,1990(2):46.

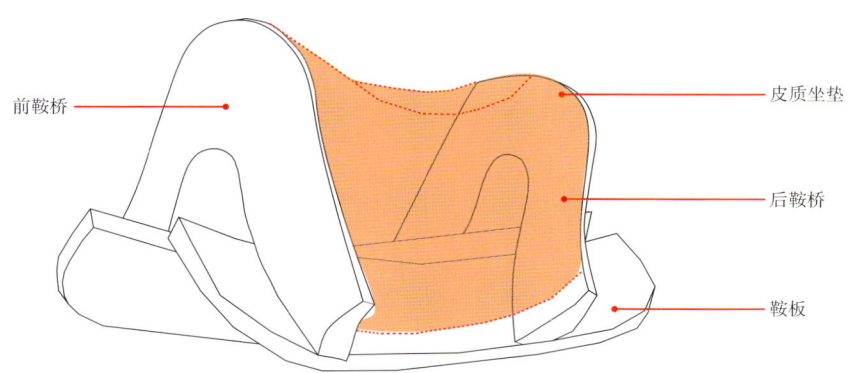

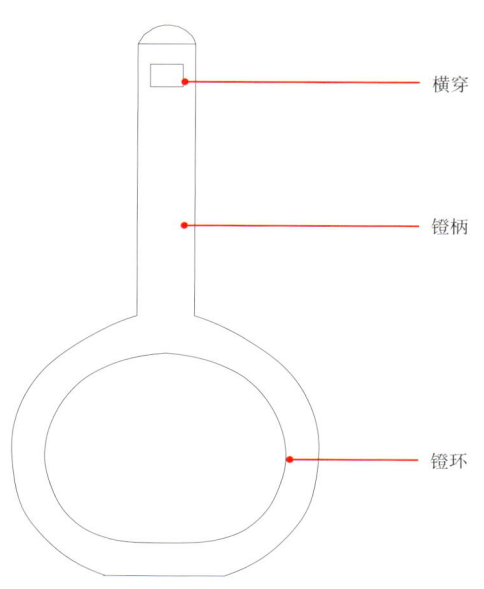

图二　藏族马鞍、马镫结构名称图

图三 藏族马鞍前鞍桥镂空纹理分析图

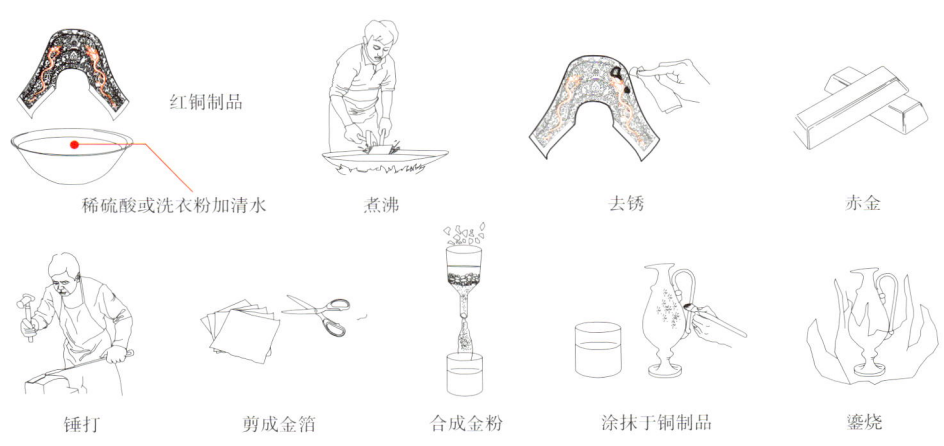

图四 藏族鎏金铜工艺流程图

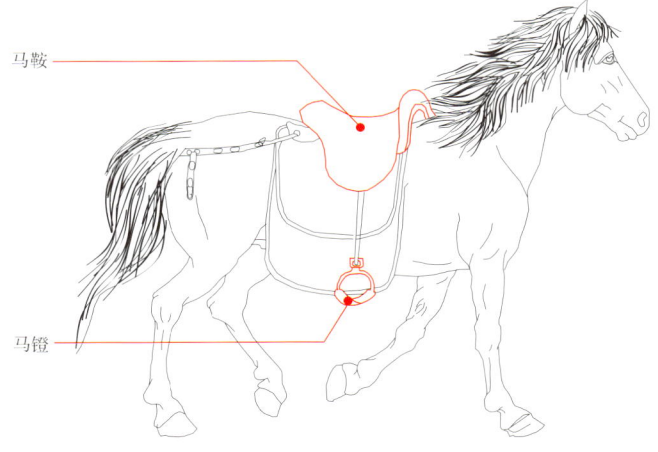

图五 藏族马鞍、马镫使用场景图

第四章 藏族传统生活用具

藏族马鞍包

图一 藏族马鞍包主图

骑马是藏族人主要的出行方式之一，马鞍包是骑马出行时装驮物品的主要装备。

马鞍包由上等牛皮制作而成，因皮质坚硬，所以较为沉重。包形呈中轴对称，线性规则，由条形挂带、包盖与盛兜组成。条形挂带一般也由牛皮制作，为搭在马背上连接两个盛兜的部分。盛兜位于挂带左右两侧，用于放置行李物品，根据可容纳物品的多少而大小不一。整个马鞍包形如拱桥，呈褐色，牛皮的纹理清晰可见，有些马鞍包两侧的包盖及盛兜上还镶有牛皮图案作为装饰。

由于西藏的地域特点，马至今仍为该地区常用的交通工具，而藏民出行的生活必需品，如茶壶、酥油、茶叶均置于皮质的马鞍包中。

马鞍包制作精良，坚实耐用，是藏区重要的传统生活用品，极具地域特色。

图片来源
图一至图六 付佳 制图
参考文献
青措.藏族马文化初探.民族文化研究,2003(3):63—65.
张鹰.人文西藏·生活习俗.上海：上海人民出版社,2009:183—188.

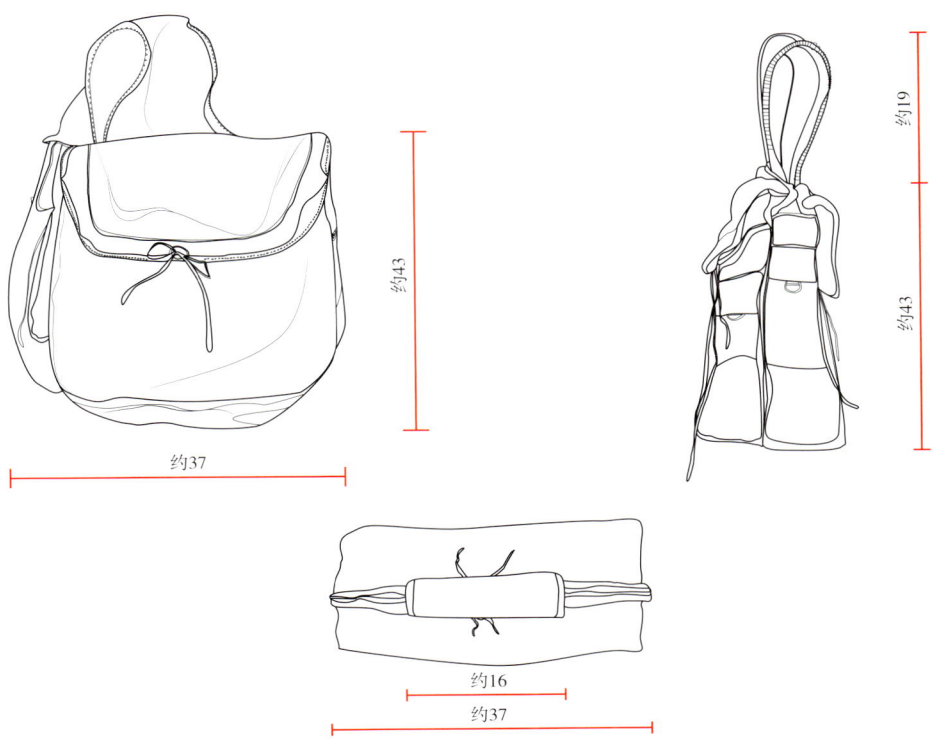

图二 藏族马鞍包尺寸图（单位：cm）

图三 藏族马鞍包比例分析图

中轴对称，线形的分布方式

上部（条形挂带）
中部（包盖）
下部（盛兜）

第四章 藏族传统生活用具

341

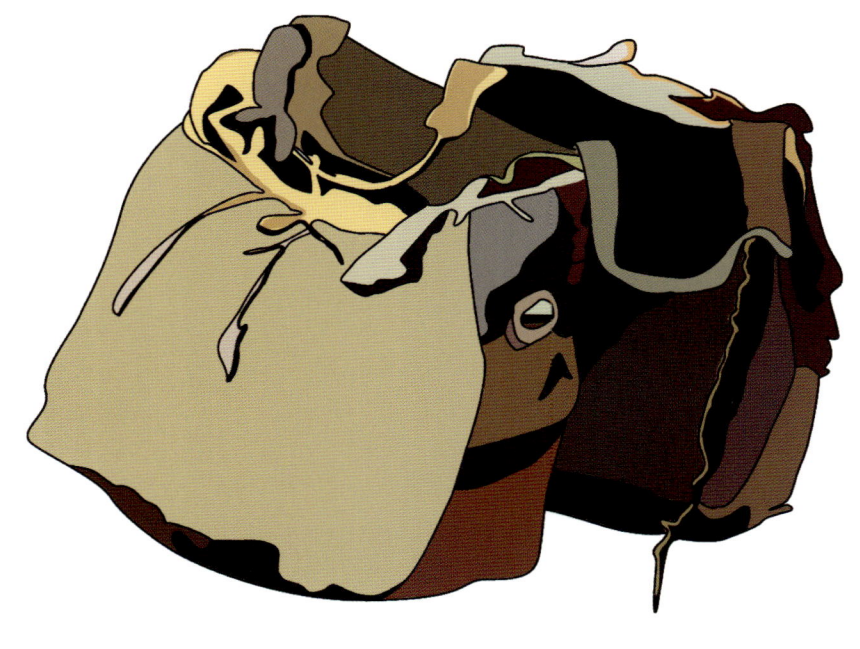

图四 藏族马鞍包色彩分析图

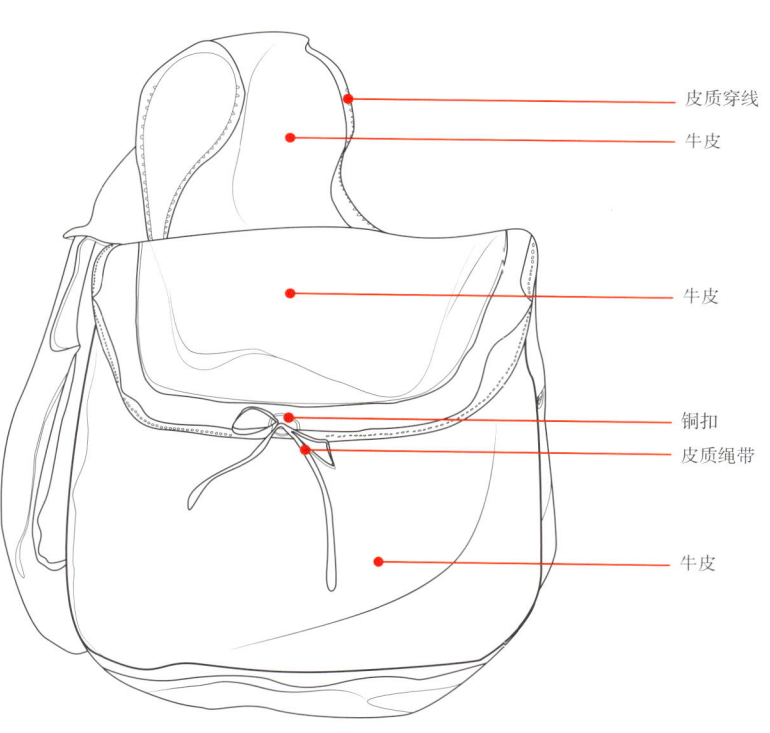

皮质穿线
牛皮
牛皮
铜扣
皮质绳带
牛皮

图五 藏族马鞍包材质分析图

图六 藏族马鞍包使用情境图

藏族皮质褡裢

图一 藏族皮质褡裢主图

褡裢是一种条状、两端盛物的储物用具，主要盛行于新疆农牧区与藏族地区。新疆农牧区的褡裢主要用粗棉、毛线手工编织而成，西藏地区的褡裢则采用皮质。

皮质褡裢有大小之分，一般较大的可置于肩背，较小的则系于腰间，出行时还可置于马、驴等畜力背部。藏族皮质褡裢下部盛兜高约52厘米、宽约32厘米，上部条形褡挂总长约32厘米。其独特的绳带及绳扣扎系，既可防止东西掉落，又能起到防盗作用。通常藏民在赶路或狩猎时需要几天时间，褡裢携带方便，又可借助畜力驮运，成为装载物品的首要选择。藏族皮制品有着特别的制作工艺，制作前首要对牛皮进行加工，刮掉油脂和毛发，洗净后进行烘干处理。熟皮制好后，经过裁剪和缝制形成褡裢的基本形状，然后以各种自然纹样为原型制作剪皮贴花对其表面进行装饰，最后缝合绳扣和穿系绳带。

皮质褡裢在日常生产生活或外出远行都适用，闲置时还可挂于家中墙壁或柱子上作装饰物，因此在藏区农牧家庭使用普遍，是一种可用可赏的实用盛物用具。

图片来源

图一至图七　刘春羽　制图

参考文献

阿木尔巴图.蒙古族工艺美术史.赤峰:内蒙古科学技术出版社,2008:470.

贺维礼.褡裢——维吾尔人的钟情之物.标准生活,2012(10):57—60.

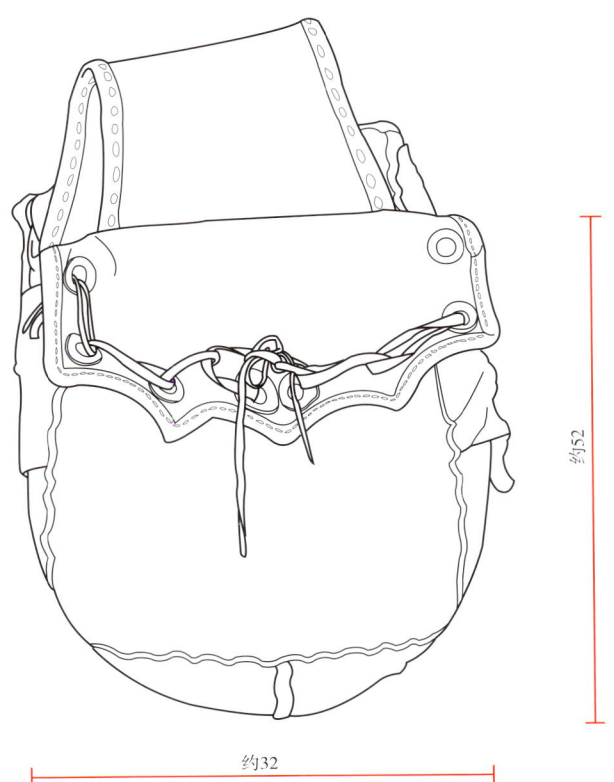
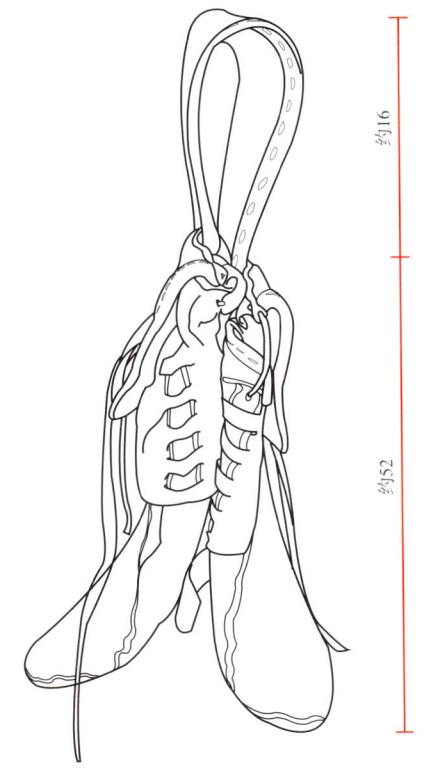
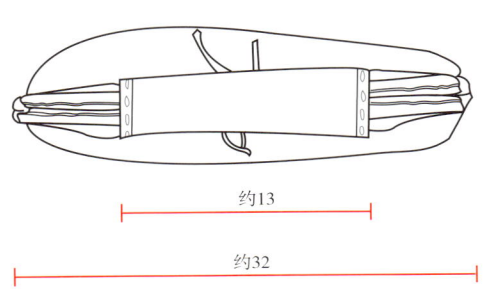

图二　藏族皮质褡裢尺寸图（单位：cm）

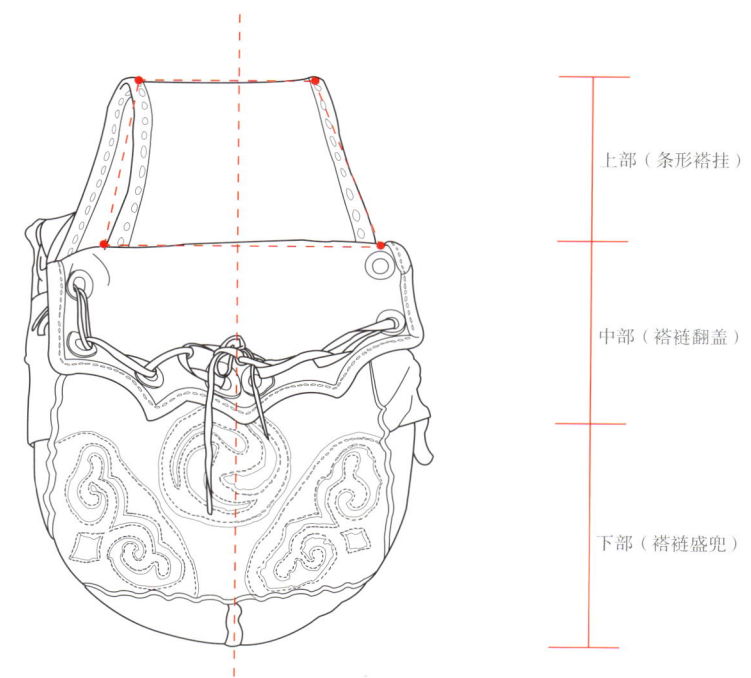

上部：中轴对称，等腰梯形的分布方式
中部：中轴对称，线形的分布方式
下部：中轴对称，线形的分布方式

图三　藏族皮质褡裢结构分析图

皮质穿线

皮环

皮质绳带

熟制牛皮

剪皮贴花

图四　藏族皮质褡裢色彩与材质分析图

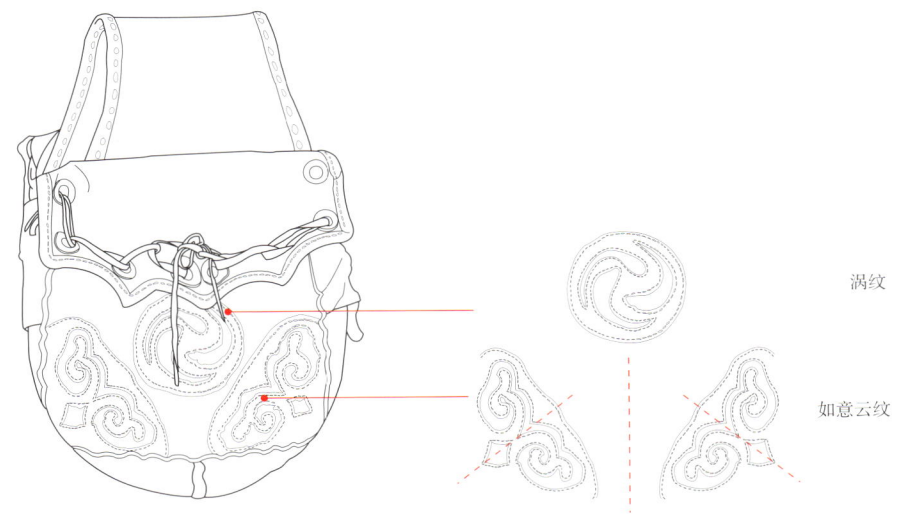

图五　藏族皮质褡裢纹样分析图

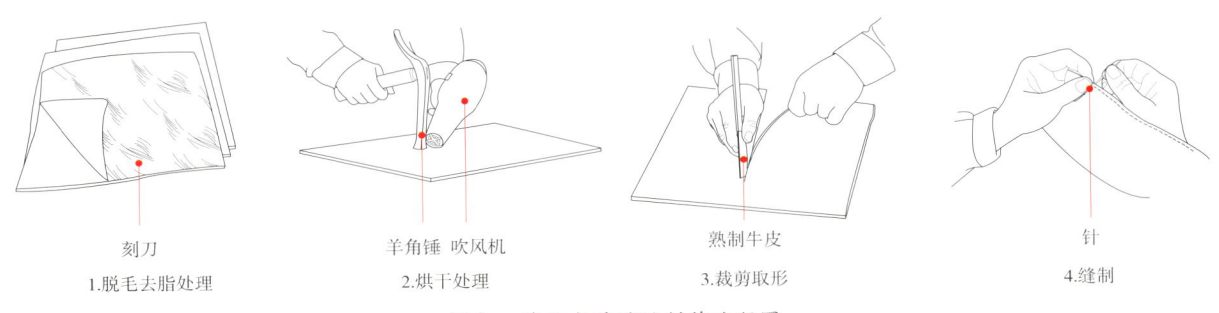

图六　藏族皮质褡裢制作流程图

图七　藏族皮质褡裢使用情境图

藏族竹笔、笔盒及笔筒

图一　藏族竹笔、笔盒及笔筒主图

竹笔、笔盒及笔筒是西藏地区较为普遍的传统文具。

竹笔作为藏族书法的书写工具，曾被学者誉为文殊菩萨的"智慧之剑"。竹笔的长度通常为15~28厘米，其笔锋似鸭嘴，笔尖处留有一道储存墨汁的细缝。制作竹笔的工艺简单便捷，分为选材、加工、削制三道工序。选材时首先考虑成色杏黄、无裂纹斑疤、质地柔坚的毛竹。选择好竹材后，经烟熏或油煎工序使其质地干硬，色泽更为油亮。削制竹笔时，使用小刀根据书写字体或文字大小的不同，最终制作成型号各异、形式多样的竹笔。藏族民众平时多用布袋盛放竹笔并挂于胸前或腰上，也有采用盒装的携带方式。案例中为木质彩绘笔盒，由一根木料凿空而成，长、宽、高分别为34厘米、7厘米、5.1厘米。盒盖上绘有四和睦故事图，笔盒正面绘有僧人辩经与日常生活场景图，色彩丰富、制作精美。除笔盒外，笔筒也属于藏族装笔器具之一。本例笔筒为铜质，长宽分别为33厘米、2厘米，笔筒整体由筒帽与筒身两部分组成，采用子母口套合，口部另设横耳，耳内穿有皮绳，以便套合、携带。在装饰上，筒帽镂雕有凤鸟图案，筒身使用相同工艺雕有祥龙踏云纹样，皮绳串有红珊瑚珠。

竹笔、笔盒及笔筒等文具的产生、发展与藏族文字、生活习俗、地理环境等密切相关，反映出藏族鲜明的民族和文化特征。

图片来源
图一　黄颖、许边疆、刘佳　摄影、制图
图二、图三　陶琨、黄颖　制图
图四　黄颖　制图
图五　陶琨　制图

参考文献
张世文,楞本才让·二毛,夏吉·扎曲.藏族传统手工宝典.拉萨:西藏人民出版社,2011:205.

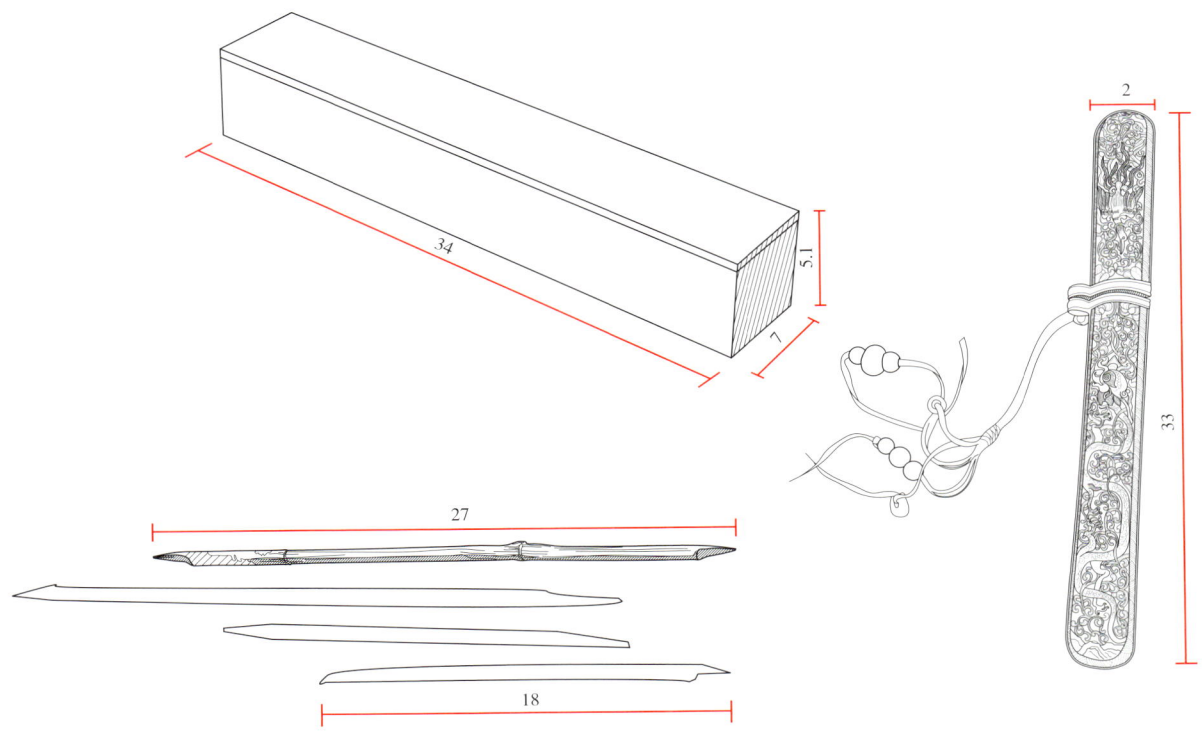

图二　藏族竹笔、笔盒及笔筒尺寸图（单位：cm）

图三　藏族竹笔、笔盒材质及使用示意图

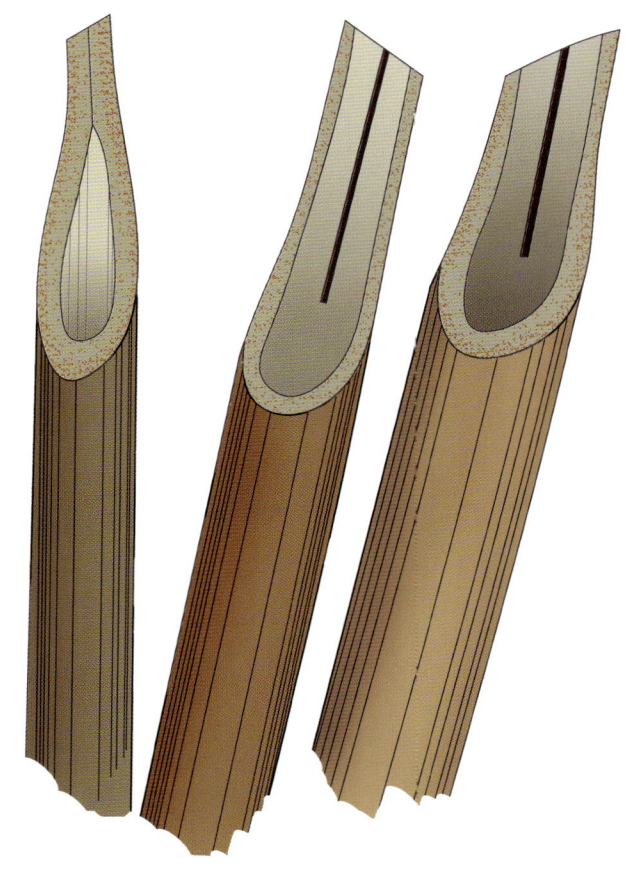

图四　藏族竹笔笔头斜切方式示意图

图五　藏族笔盒盒身部分纹样图

藏族墨水瓶

图一 藏族墨水瓶主图

藏族墨水瓶是书写藏文的"文房四宝"之一，是藏族文人的必备之物，主要用于储墨及舔笔。

藏族墨水瓶种类繁多，形态上有的似铃铛、有的似葫芦，材质从普通竹质、木质到金属、玉石等皆有。旧时上层僧侣和贵族多偏爱使用玉质及银质墨水瓶，部分镶嵌有极其贵重的纯金、玛瑙等作为高级装饰，既具功能性又可作为收藏品。本案例为铜质墨水瓶，瓶身加瓶盖通体高12.5厘米，瓶身上部鼓腹，外径7.5厘米，下部收分，平座上衔收分窄口呈喇叭状圈足。瓶口为饼状，外径5.5厘米，上覆铜片以闭之，正中则留有内径0.7厘米的圆孔，下接铜管，直至瓶腹收分处。瓶盖下部有与瓶口相同的饼状部件，外径同为5.5厘米，正中位置设有突出的圆柱，外径略小于瓶口处孔洞，合上瓶盖时瓶盖上的圆柱正好插入瓶口的孔洞内，起到塞子的作用，可防止墨汁外溢。在装饰上，瓶盖及瓶口的饼状部件外部皆覆一层黄铜浮雕卷草花纹，并使用黄铜丝纽边，以强化立体感；瓶身则使用了错金工艺。瓶内还内置了两颗金属小球，起到使用前摇匀墨汁的作用。

藏式墨水瓶体现了藏族人的聪明才智和高超的手工艺技能，对现代墨水瓶的设计也产生了一定的影响。

图片来源

图一　刘佳　摄影、陶琨　制图

图二、图五　陶琨　制图

图三、图四、图六　黄颖　制图

图七　许边疆　摄影

参考文献

张世文,楞本才让·二毛,夏吉·扎曲.藏族传统手工宝典.拉萨:西藏人民出版社,2011:206.

广东省博物馆,西藏博物馆.雪域瑰宝——西藏文物展.广州:岭南美术出版社,2012:17.

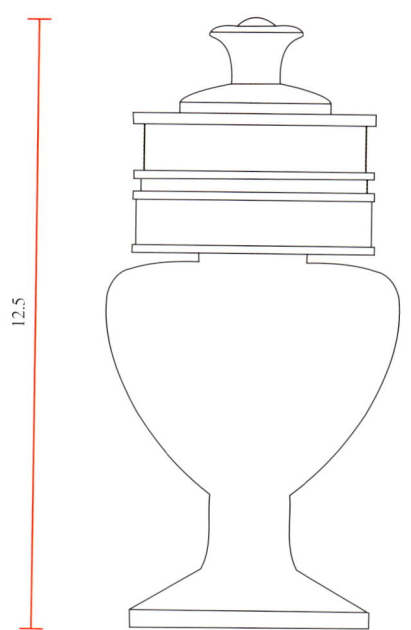
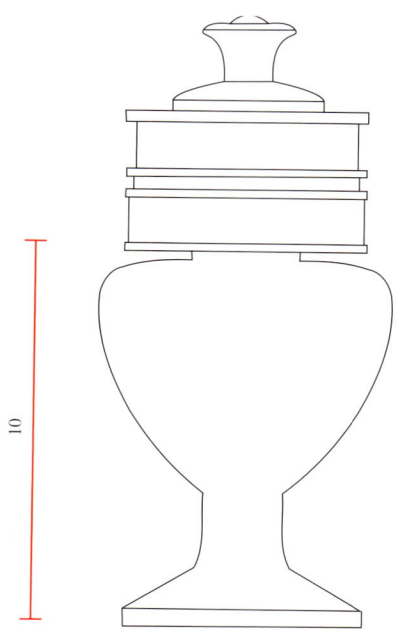
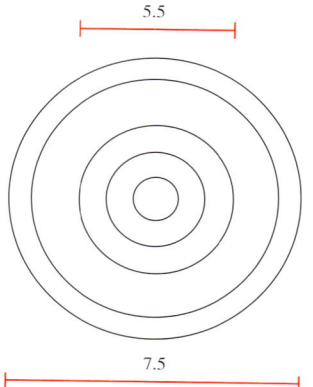

图二　藏族墨水瓶尺寸图（单位：cm）

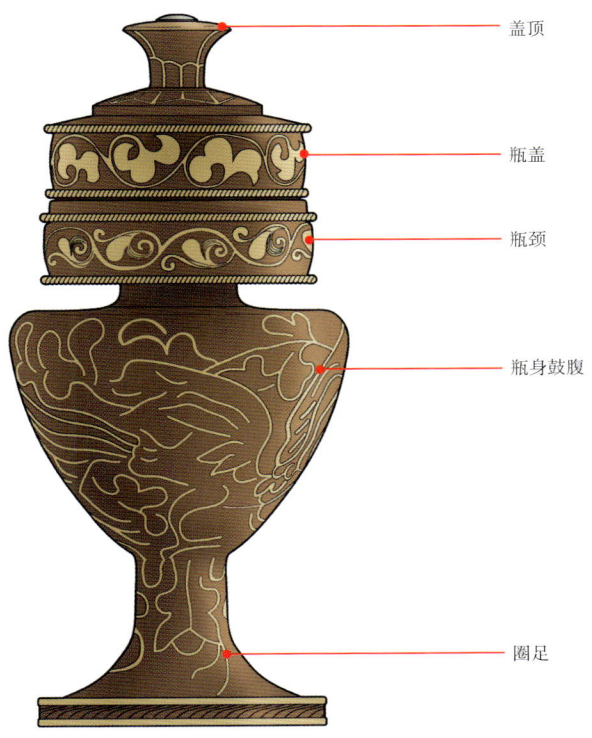

图三 藏族墨水瓶结构名称图

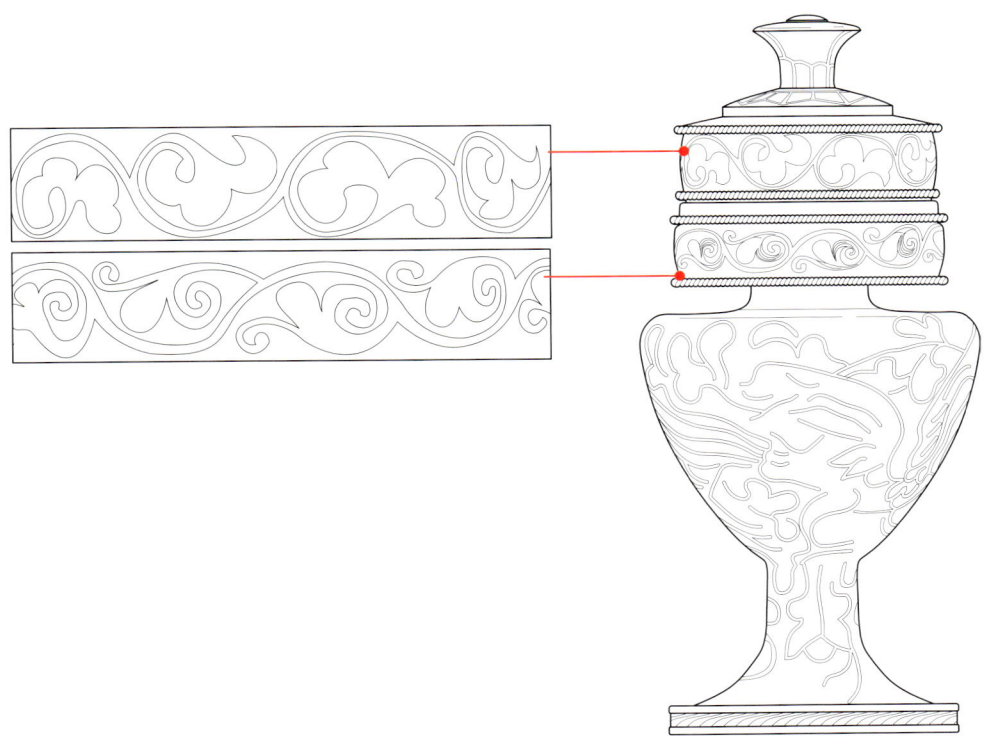

图四 藏族墨水瓶装饰纹样分析图

第四章 藏族传统生活用具

353

图五　藏族墨水瓶使用情境图

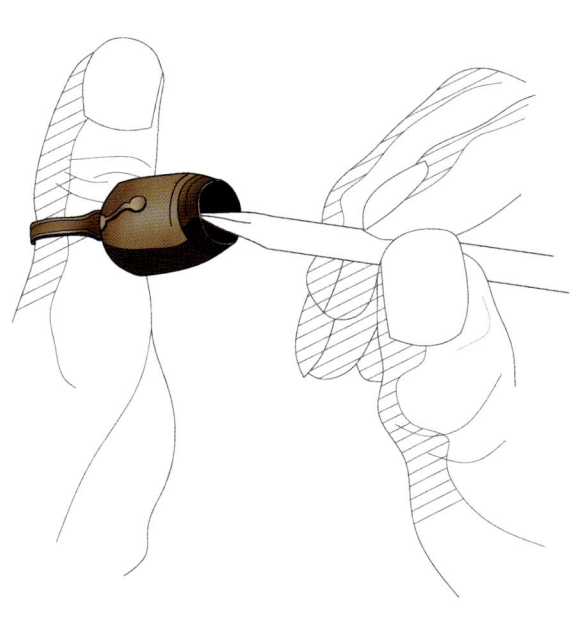

图六　藏族铜质指环墨水瓶（清代）

图七　藏族银质墨水瓶（清末民初）

藏族书写板

图一　藏族书写板主图

藏式书写板，又称"写字板"或"秘写板"，是一种特殊的代纸书写工具，也是藏民重要的文房用品。主要用于书写临时性、不必长久保存的书信，也用于练字、演算及记录等。在藏纸稀缺且珍贵的时期，书写板被广泛使用。

粉简（藏语称"桑木扎"）是藏式书写板中的一种，一般成套制作使用，一套粉简由五六片或十片木片或象牙组成。本案例中的粉简由五片木片组成，上下两片为盖板和底板，采用传统矿物颜料上色，主体呈赤红色并绘制松花绿忍冬纹样装饰，纹样细色描边，寓意吉祥。中间几片为书写用板，书写板两面均涂成黑色，便于书写。上乘的粉简盖板和底板上都要绘制或雕刻藏式吉祥纹样，写字板也光亮如镜。使用粉简时，先在书写板上抹上少许酥油，再将装入袋中的白灰或牛粪灰均匀地抖撒在上面，之后便可用干竹笔在上面书写，刮显出黑底，犹如白纸黑字一般。粉简可反复擦拭、重复书写，而且携带轻便。除了用于书写之外，粉简还可另作他用。写好信息的粉简用绸缎包裹，火漆打封后传递，收信者阅读后便可将板上的字迹擦除，所以粉简还是一种传递密信的工具。

藏式书写板在一定程度上缓解了旧时纸张稀缺的问题，是藏民生活智慧的体现，也反映了藏族特定时期的传统文化。现今书写板已较少使用，但它精美的装饰及巧妙的使用方式仍受到人们的喜爱。

图片来源
图一　刘佳　摄影
图二至图八　宋莉娜　制图
图九　黄颖　制图

参考文献
张世文,楞本才让·二毛,夏吉·扎曲.藏族传统手工宝典.拉萨:西藏人民出版社,2011:173—176.

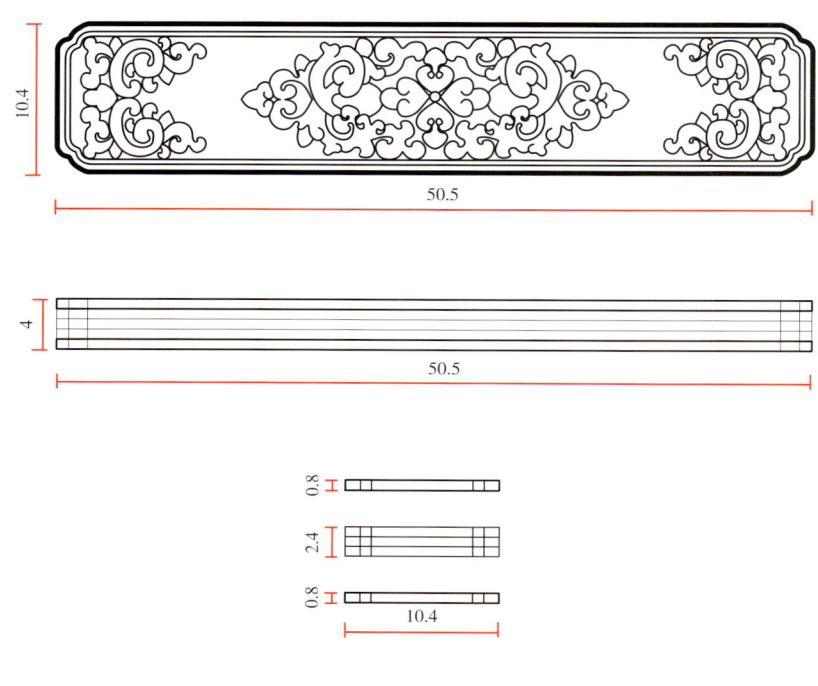

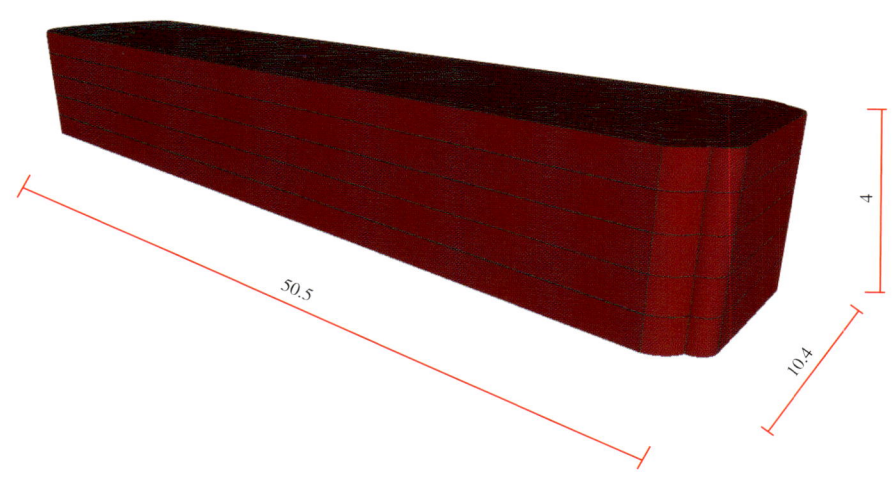

图二　藏族书写板尺寸图（单位：cm）

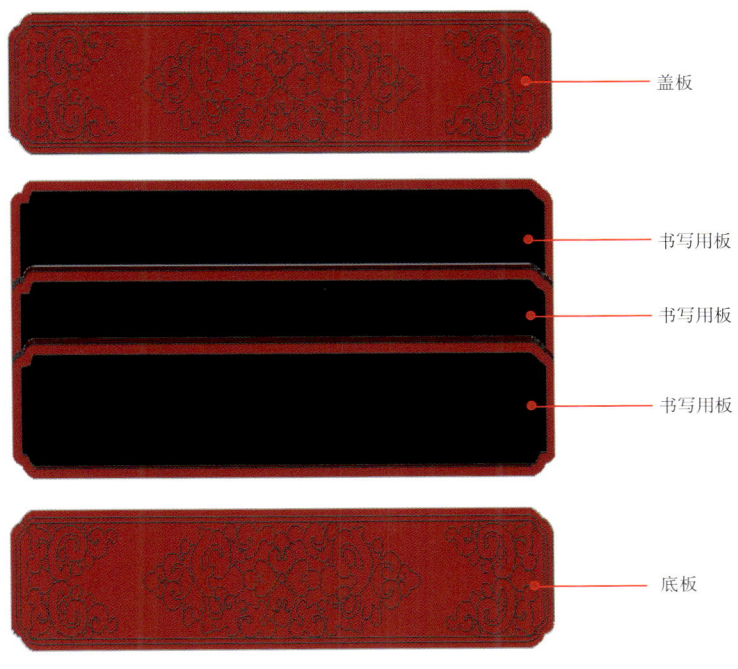

图三　藏族书写板结构名称图

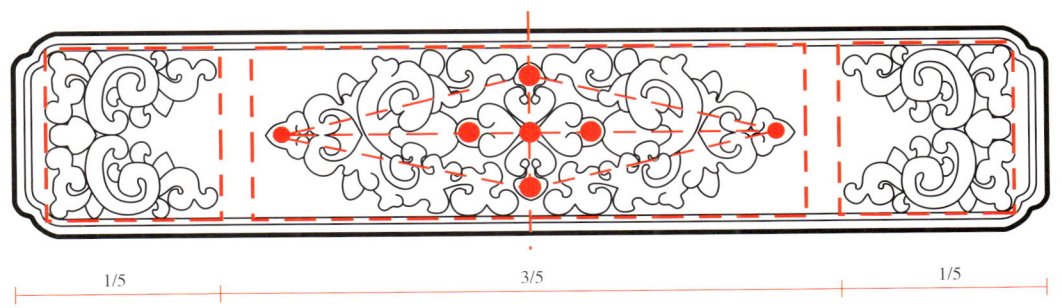

图四　藏族书写板盖板纹样分析图

图五　藏族书写板材质及色彩分析图

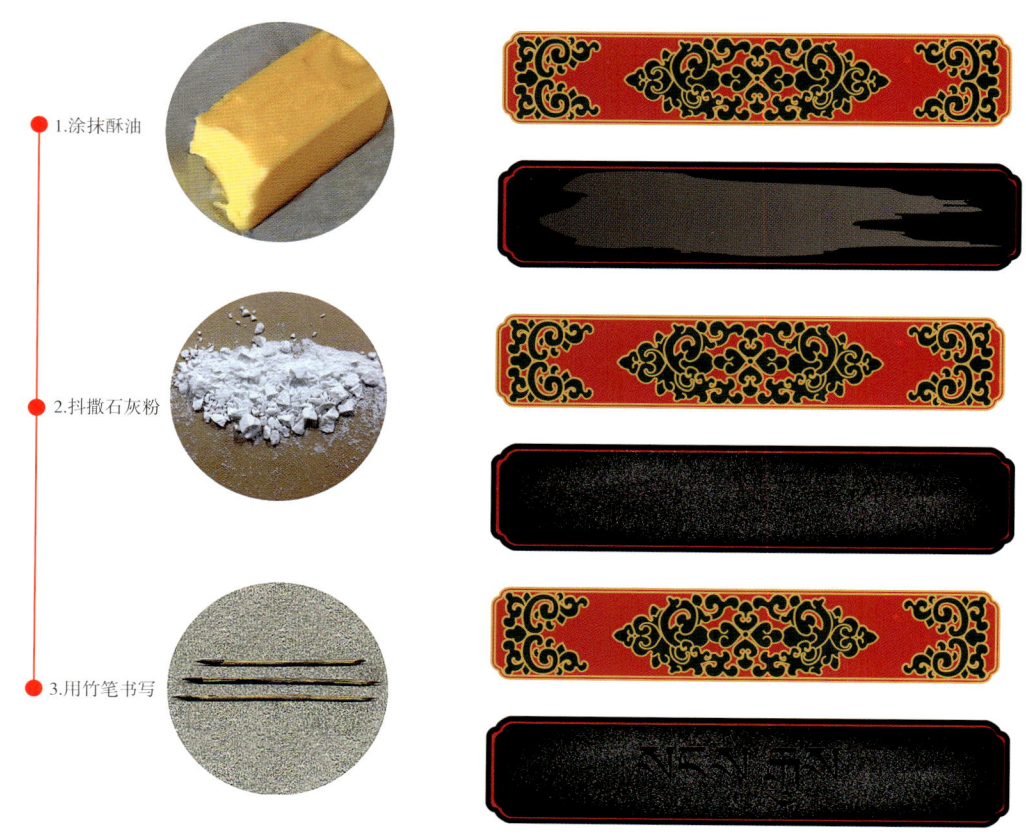

图六 藏族书写板使用步骤图

1. 涂抹酥油
2. 抖撒石灰粉
3. 用竹笔书写

图七 藏族书写板书写示意图

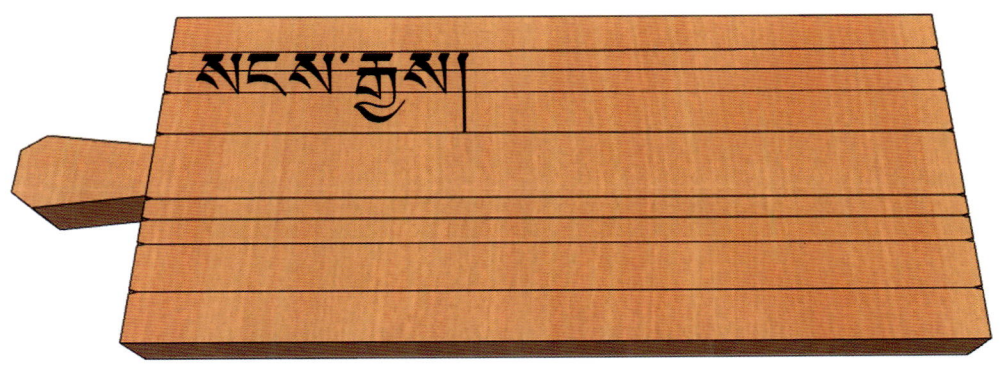

图八　藏族其他样式书写板造型图

图九　藏族书写板使用情境图（图中人物原型为现行藏文创始人吞弥·桑布扎）

藏戏面具

图一　藏戏面具主图·温巴面具

藏戏是西藏地区独特的戏剧艺术，其表演形式及内容来源于藏族地区民间歌舞、故事说唱以及宗教神舞等多种艺术门类。由于藏戏表演没有舞台，表演者通常也只着简单的粉脂，为增强艺术感染力，夸张的面具是其表演形式中最具标志性的艺术载体之一。

藏戏面具按表演角色可分为温巴面具、人物面具、动物面具及神怪面具四类，其中以负责开坛戏的温巴蓝面具最具代表性。温巴蓝面具尺寸宽大，本案例中的面具宽约50厘米，高约75厘米。顶部为一箭头状装饰物，绘制象征财运昌隆的"喷焰摩尼"；下接弯拱带状饰边，饰边左右两侧缀以三色丝穗；拱状饰边下为面部，以深蓝色缎布做底，额部饰有金日银月徽记；面部下方沿边贴有仿胡须状的白色山羊毛。温巴面具形态构成与佛教象征图案"扎西达杰"即吉祥八宝相合。温巴面具为平面软塑面具,其材质多样,多以呢料和硬质布板为底衬,上裱蓝或黑缎,再于其上镶嵌缝制口、眉、眼、鼻等。这种多用皮质及织品制作的平面软塑面具技艺为藏族独创。藏戏中温巴及人物面具多用此类面具,一般佩戴在面部前方或头部斜上方。动物及神怪面具则多为套头式软塑面具和套头式硬塑面具,在制作工艺上,套头式硬塑面具则多用一种传统的贴布脱胎工艺,这种技艺是羌姆面具的主要制作手法。

藏戏面具尺寸夸张、色彩丰富、装饰精美,同时蕴含着藏族世俗和宗教两种文化,是民族文化、表演艺术及当地手工技艺相互渗透的结合物。

图片来源

图一至图四、图六 黄颖 制图
图五 刘佳 摄影、黄颖 制图

参考文献

张鹰.藏戏歌舞.上海:上海人民出版社,2009:113—134.
罗布江村,赵心愚,杨嘉铭.世界屋脊的面具文化——我国藏区寺庙神舞及藏戏面具研究.成都:四川民族出版社,2008:126—139.
杨嘉铭,杨环.藏戏及其面具新探.西南民族大学学报(人文社科版),2008,29(4):8—12.
李宜.20世纪国内藏戏研究综述.西藏研究,2010(8):112—120.
赵名君.浅谈藏面具之瑰丽的藏戏面具.大众文艺,2011(4):182.

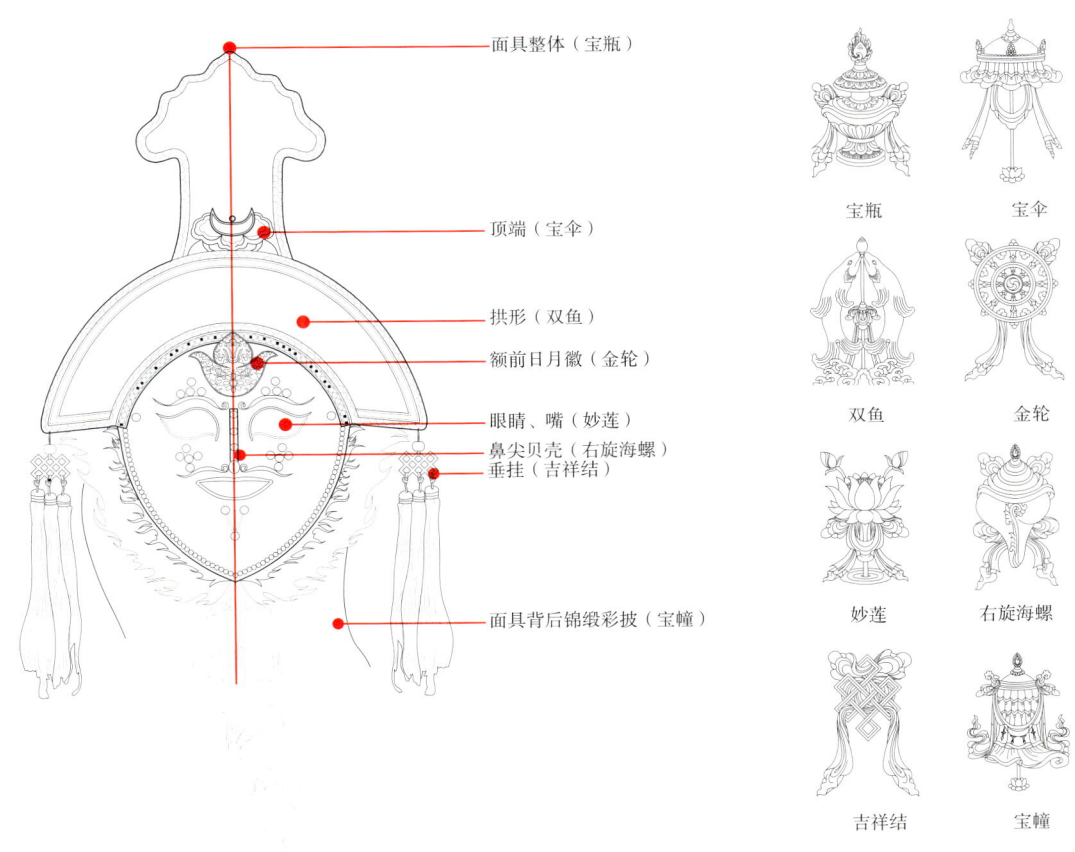

图二 藏戏温巴面具图形构成解析图

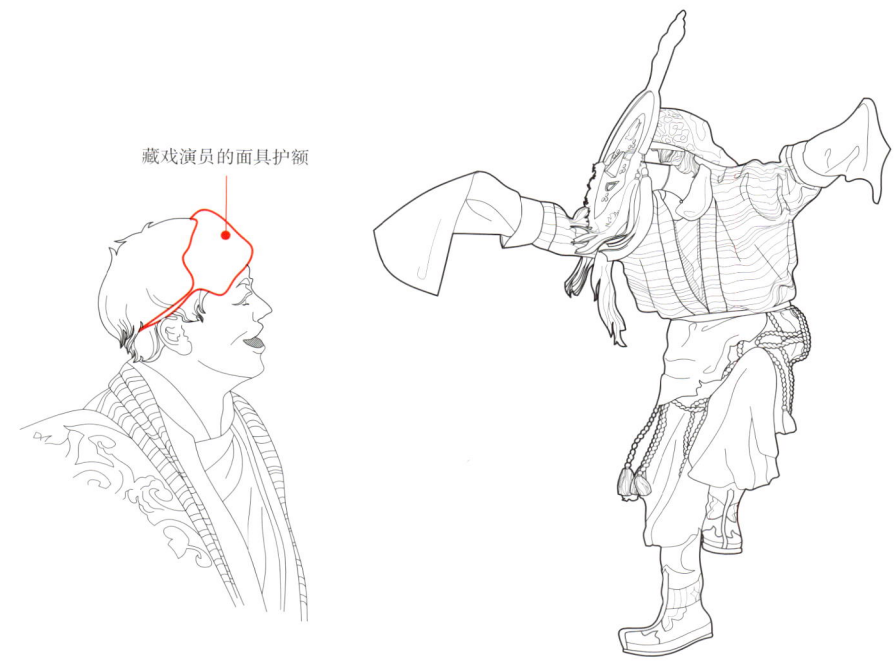

图三　佩戴温巴面具的藏戏表演者

图四　白面具藏戏中的温巴面具

绿面具
象征善良
藏戏中的母亲、王后面具

红面具
象征权力
藏戏中的国王、大臣面具

黄面具
象征忠诚
藏戏中的忠臣、忠实之人面具

阴阳面具
象征口是心非、两面三刀
藏戏中鬼卒、小人的面具

图五　藏戏人物面具色彩、角色分析图

图六　藏戏套头式硬塑面具·九头罗刹女王

第四章　藏族传统生活用具

藏族歌舞道具

图一　藏族歌舞道具主图·热巴鼓

能歌善舞的藏民族拥有独具特色、种类丰富的歌舞艺术，如民间歌舞、仪式歌舞、宫廷歌舞及劳动歌舞等，因此在歌舞表演中使用的道具也多种多样，有伴奏乐器、生产工具及生活用具等。

在藏族歌舞道具中，仪式歌舞及宫廷歌舞的道具使用都有较为成熟的规范，而民间歌舞与劳动歌舞则较为灵活，有时甚至一支树枝就可以作为表演的道具。热巴舞在藏区深受欢迎，其表演者使用的道具是热巴鼓和单钹。一般由女艺人一手持热巴鼓，另一只手挥舞鼓槌按节奏敲击鼓面起舞；男艺人则分手舞动单钹及牦牛尾巴起舞。热巴鼓和单钹有不同型号，常见热巴鼓长55厘米，高7厘米；小型单钹直径10厘米，高4厘米。除热巴舞外，囊玛也是藏区发展较成熟的一种集歌、舞、乐为一体的歌舞艺术，深受藏族人的喜爱。囊玛伴奏乐队使用的乐器通常有7件：横笛、扎木聂、扬琴、特琴、京胡、串铃和根卡。依据囊玛表演的需要，伴奏乐器种类会有变化，但一般都有横笛、扎木聂、扬琴和串铃，有时甚至有两把扎木聂。劳动歌舞是藏族人在生活生产中创造的一种歌舞形式，包括打阿嘎、打墙歌及打酥油歌等。打阿嘎即打地坪，使用的道具是下端安有一个圆形片石的长木棍；打墙歌使用的道具为木槌；打酥油歌的道具则是不同形制的酥油桶。

藏式歌舞种类多样、内涵丰富，其道具的选用和使用方式在沿袭传统的同时也依据表演形式及内容的不同而呈现多元化的特点。

图片来源
图一　人民画报（Fotoe网）
图二至图五　巩聪　制图
图六　徐建中　摄影（Fotoe网）

参考文献
张鹰.藏戏歌舞.上海：上海人民出版社,2009:149—151,237—240.
曹文利.非物质文化遗产视域下藏族歌舞艺术的保护与传承.青海师范大学学报（哲学社会科学版）,2009(3):76—80.
陈重.略探囊玛歌舞的乐队.西藏艺术研究,2008(12):27—34.
次仁玉珍.浅述堆谐、囊玛伴奏乐队乐器之渊源.西藏艺术研究,2013(4):38—42.

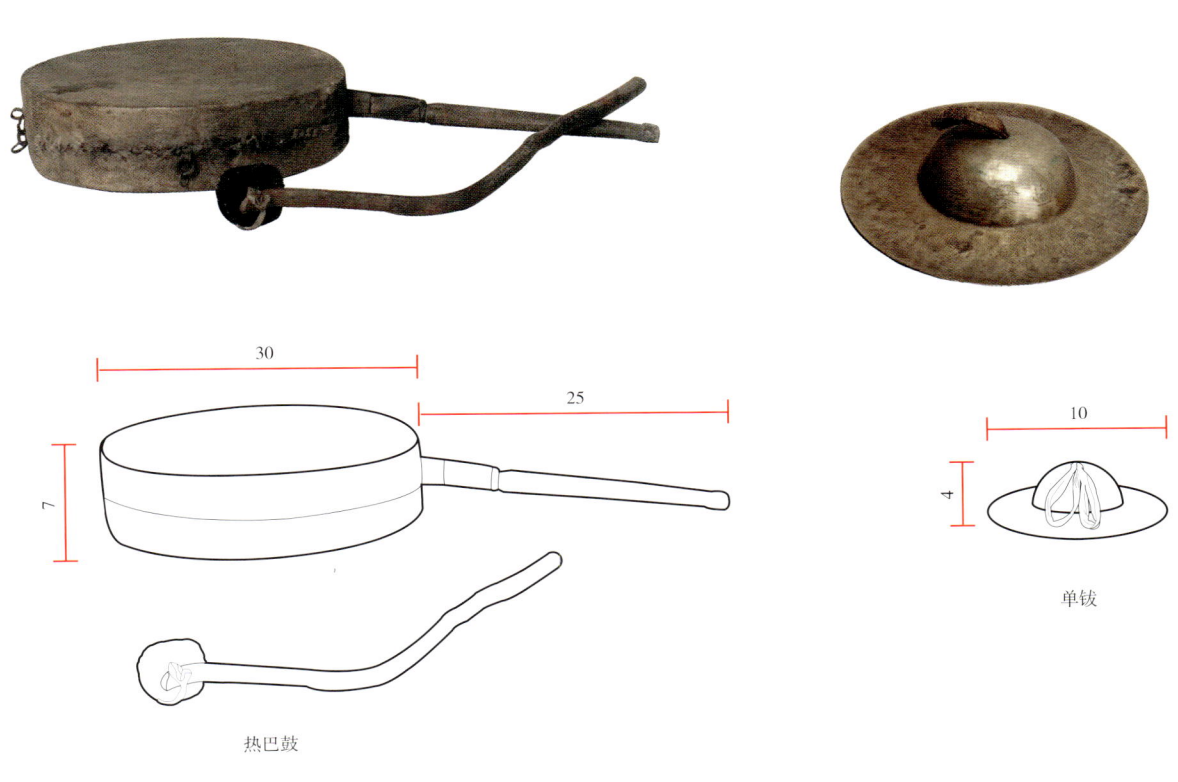

图二　藏族热巴鼓和单钹尺寸图（单位：cm）

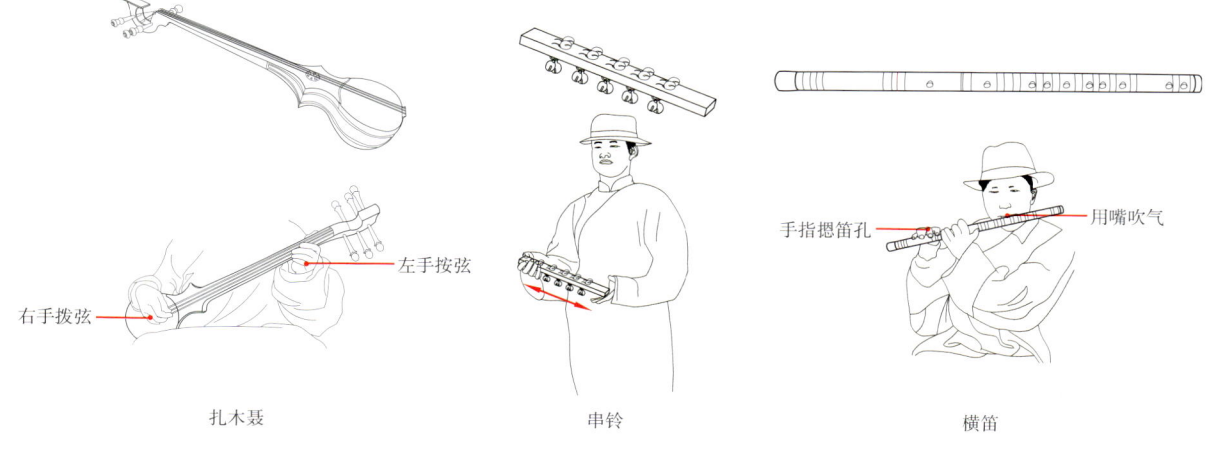

图三　藏族囊玛道具

图四　藏族囊玛表演场景图

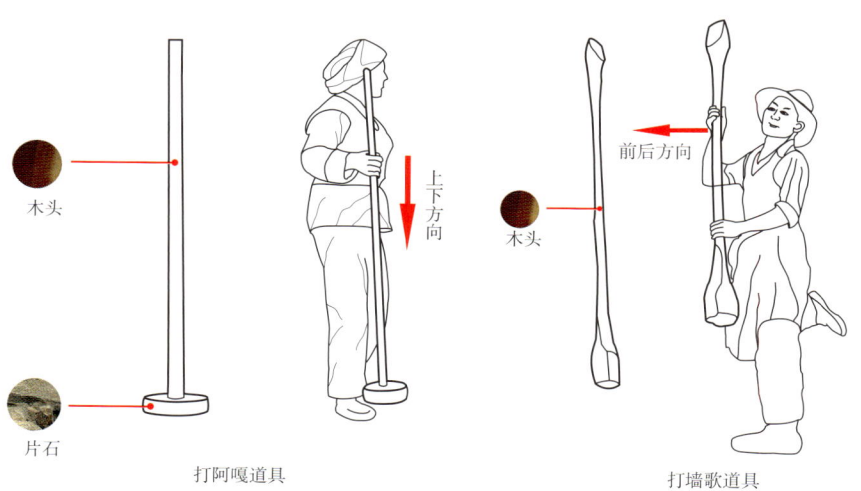

图五　藏族劳动歌舞道具

图六　藏族劳动歌舞表演场景图·打酥油歌

第四章　藏族传统生活用具

藏族扎木聂

图一　藏族扎木聂主图

扎木聂是藏族弹拨弦鸣乐器。藏语"扎木"意为声音，"聂"为悦耳好听之意，"扎木聂"即为声音悦耳的琴，也译为"扎年""木聂""占木聂""扎木年"。因有6条琴弦，汉族又称其为"藏族六弦琴"。

扎木聂分为四种规格：低音扎木聂，琴身长126厘米，仅用于正式演出场合；大扎木聂，琴身长111厘米，用于日常演奏；中扎木聂，琴身全长103厘米，也用于日常演奏；小扎木聂，琴身全长81厘米，专为儿童演奏使用。传统的扎木聂，由共鸣箱、琴头、琴杆、弦轴、码子和琴弦等部分组成，多使用桑木、红木、核桃木、檀香木制作，以红木制品为佳。共鸣箱似切开的葫芦，长27厘米左右，用整块木料制作，上部较小，掏空内腔，表面呈棱形，下部挖出椭圆形腹腔，表面蒙以山羊皮、獐子皮或鱼皮，面宽14~16厘米。在琴皮上方的琴面上，开有一个弯月形出音孔。腹腔里面的琴背与皮膜之间置有一个松木音柱，琴背表面有7条竖向凸条花纹或在同一位置粘贴细木条，既增强了美观性，又可避免演奏时琴身滑动。琴头先向后，再朝前弯曲，呈半圆形，顶端一般无饰，也有的刻以龙头雕饰。弦槽之下设山口，琴杆细长而中空，正面向下将杆身挖出空槽，杆壁厚度以1.5厘米为宜，其上再粘贴红木指板，表面不设品位。置木制桥空码，张六条羊肠弦或丝弦。演奏扎木聂，可采取立姿或坐姿。奏者立姿演奏时，将系于琴上的绸或布质彩色背带挎在右肩上，使琴身斜挂于胸前，琴头朝向左上方，左手持琴按弦，右手弹弦发音，可边弹边舞。演奏者坐姿演奏时将琴头斜向左方，共鸣箱斜置于右腿上。左手扶持琴杆，常用食指与中指或食指与无名指按弦，右手执牛角拨片弹奏。

扎木聂流行于西藏自治区和四川、青海、甘肃等省的藏族自治州、县，应用范围广泛，除合奏或为民间歌舞伴奏外，牧民还常用来弹唱自娱，有些地方也用于宗教活动。

图片来源

图一　陶琨　摄影
图二至图四　张纪强　制图
图五、图六　徐晓娴　制图

参考文献

乐声.藏族乐器扎木年.乐器,2009(5):66—67.
乐声.中国少数民族乐器.北京:民族出版社,1999:280—284.

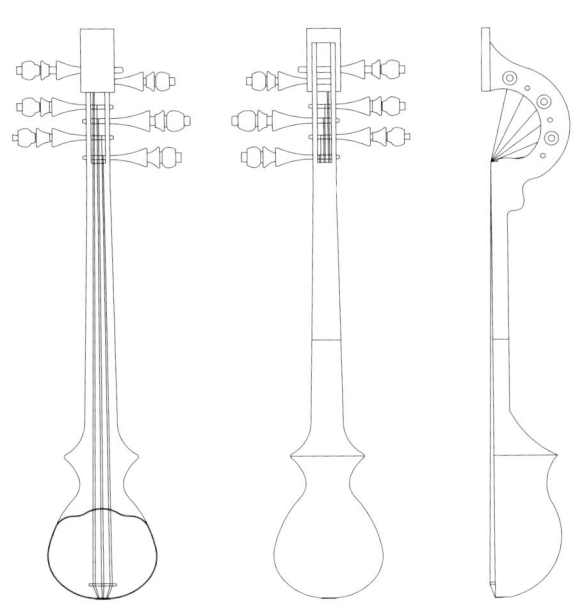

图二　藏族扎木聂三视图

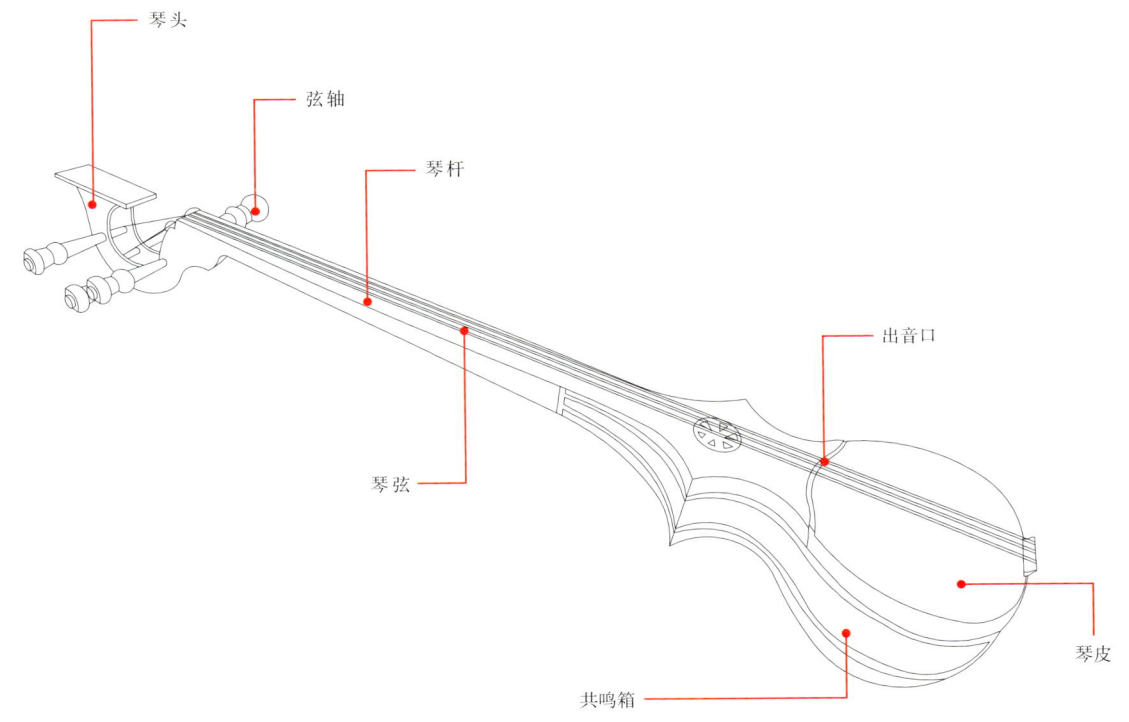

图三　藏族扎木聂结构名称图

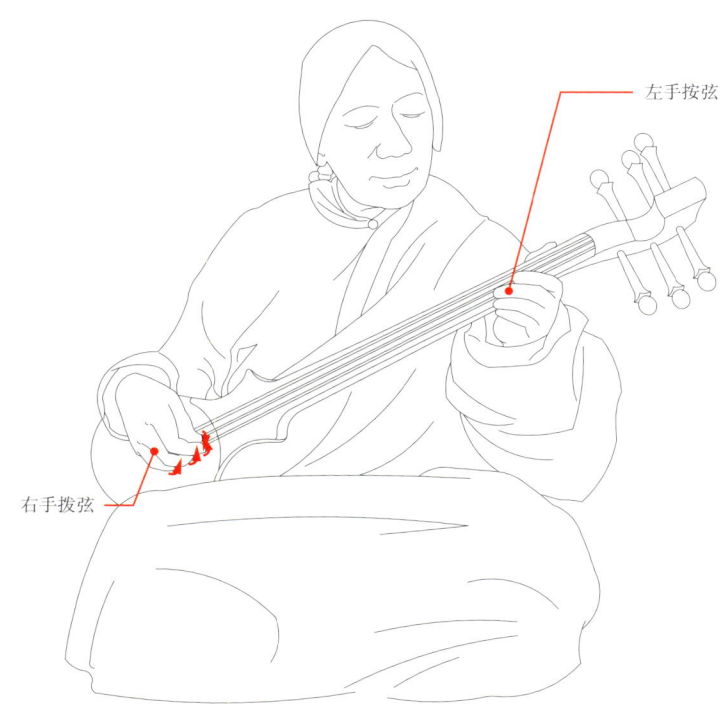

图四 藏族扎木聂演奏示意图

左手按弦

右手拨弦

图五 藏族扎木聂使用情境图

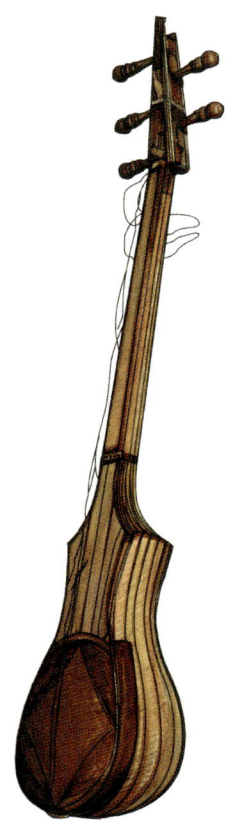

图六 藏族十世噶玛巴用过的扎木聂造型图

藏族碰铃

图一　藏族碰铃主图

碰铃亦称"响铃""撞铃""撞盅"或"星"（古称），藏语称"丁夏"。这种乐器历史悠久，在敦煌北魏壁画中已有演奏碰铃的场景。

碰铃多为铜质，一副两个，用绳穿连。其规格形制有两种，一种形如无座小酒盅，铃高6~8厘米，壁厚约0.8厘米，顶端开有小孔，用皮绳将铃连接，多用于堆谐、囊玛歌舞的乐队中。另一种形如小圆盘，顶端亦开有小孔，穿绳相连，多用于寺院诵经活动中，是各寺院皆有的法器。碰铃在用于堆谐、囊玛歌舞伴奏时，常由女艺人边唱边奏。演奏者两手各执一铃，铃口朝上仰举于胸前，互相撞击发出声音，有时也用单槌击奏。作为宗教法器时，碰铃通常用于佛教寺院诵经等法事活动中。有的寺院仅使用单铃，由右手执槌敲击。

碰铃虽无固定音高，但声音穿透力强、清脆悦耳，音色优美动听，常配合优雅、抒情的曲调演奏，是我国互击体鸣乐器中别具韵味的乐器。

图片来源
图一　刘佳　制图
图二至图五　翟翼畅　制图
参考文献
田联韬.藏族传统乐器（三）.乐器,1990(3):27—31.

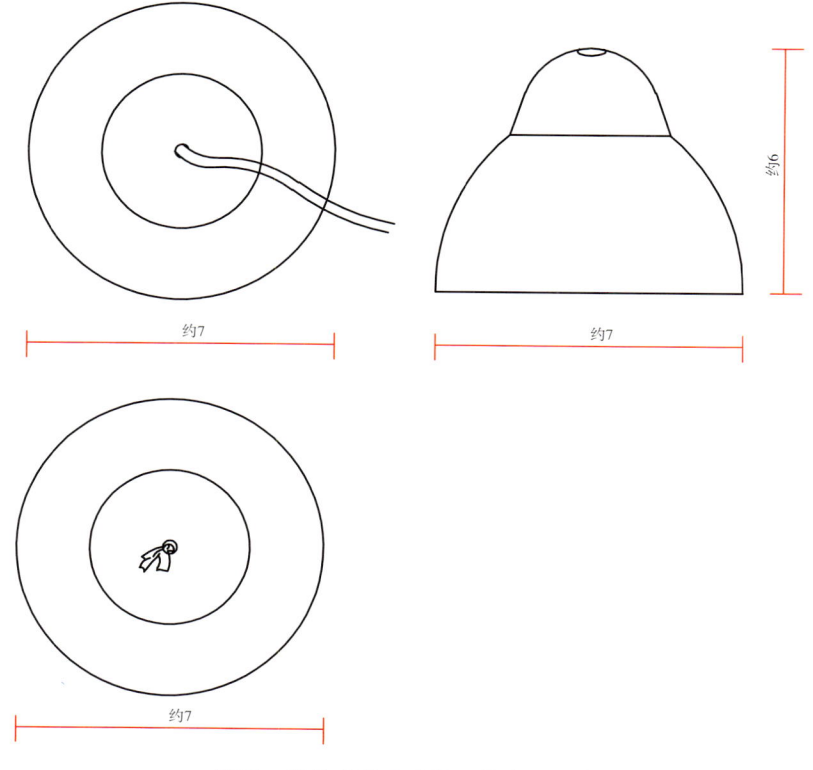

图二　藏族碰铃尺寸图（单位：cm）

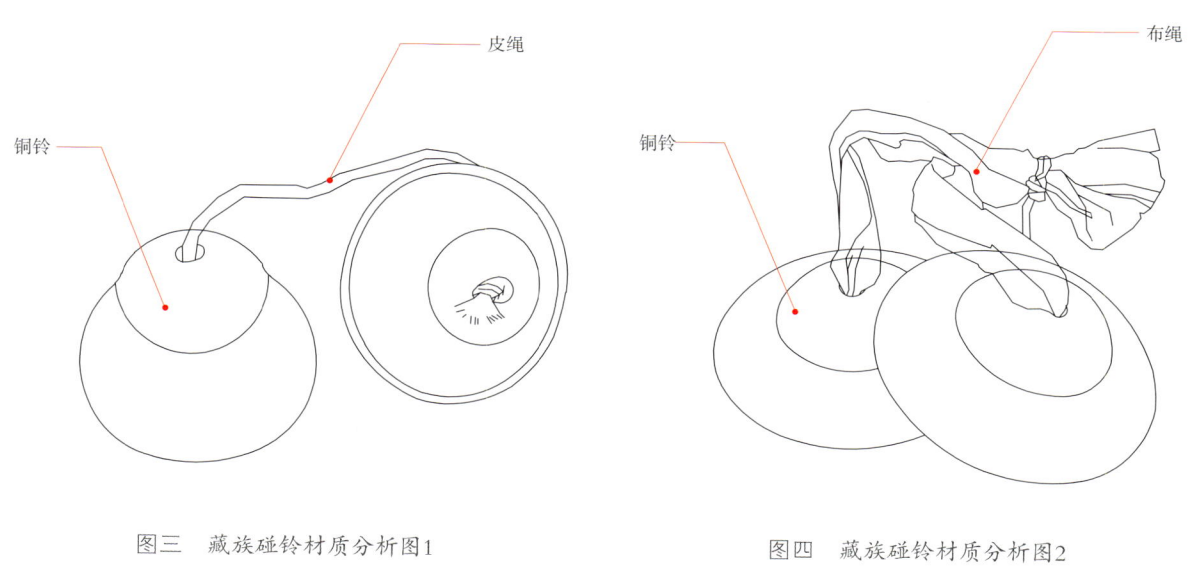

图三　藏族碰铃材质分析图1　　　　　图四　藏族碰铃材质分析图2

图五　藏族碰铃使用情境图

藏族手鼓

图一　藏族手鼓主图

手鼓又名"小柄鼓",与单钹同为早期藏传佛教代表性法器和乐器,是西藏古老的本土乐器之一。

手鼓规格较大柄鼓小,鼓框呈圆形,系用一块薄木板条煮后弯曲而成。两面蒙以山羊皮,周边用金属鼓钉固定皮膜。鼓面直径一般为15～30厘米,最小者约20厘米,鼓框厚5～7厘米。鼓面中心区及四周绘有色彩鲜艳的民族图案纹饰,有的还在鼓框上端系一块红绸或彩色绒球装饰。鼓框下端连接一根用松木制成的圆柱形鼓柄,柄长20～30厘米,鼓柄外涂色漆。鼓槌用细藤条烘烤制成弯弓形,槌头包以布或皮革,槌柄为木质,手握部位常施有龙头雕饰。手鼓多为自制自用,制作较为粗糙,装饰也较简单。手鼓主要用于寺院羌姆或藏戏中的鼓舞段落。因表演者需边表演边演奏,而舞蹈动作又比较激烈、复杂,手鼓则较为轻便。演奏时左手持鼓柄,右手持鼓槌击奏,鼓槌落点部位不同音响也有较大变化。佛教前弘期寺院已开始使用柄鼓,后弘期柄鼓更成为佛教寺院的主要乐器,可以单独演奏,也可与钹一起演奏,或在各种佛教仪式活动中敲击演奏。佛教羌姆神舞中有"梗"手握小柄鼓跳羌姆的专门舞段,古老的民间舞蹈热巴舞(也称"铃鼓舞")中也使用柄鼓和扁铃(香)作为舞蹈主要的伴奏。

藏族手鼓既是藏传佛教的宗教法器,又

为伴奏乐器、舞蹈道具，是研究藏族本土音乐、宗教法器的重要参考。

图片来源
图一 刘佳 摄影

图二至图五 翟翼畅 制图
参考文献
田联韬.藏族传统乐器（三）.乐器,1990(3)27—31.

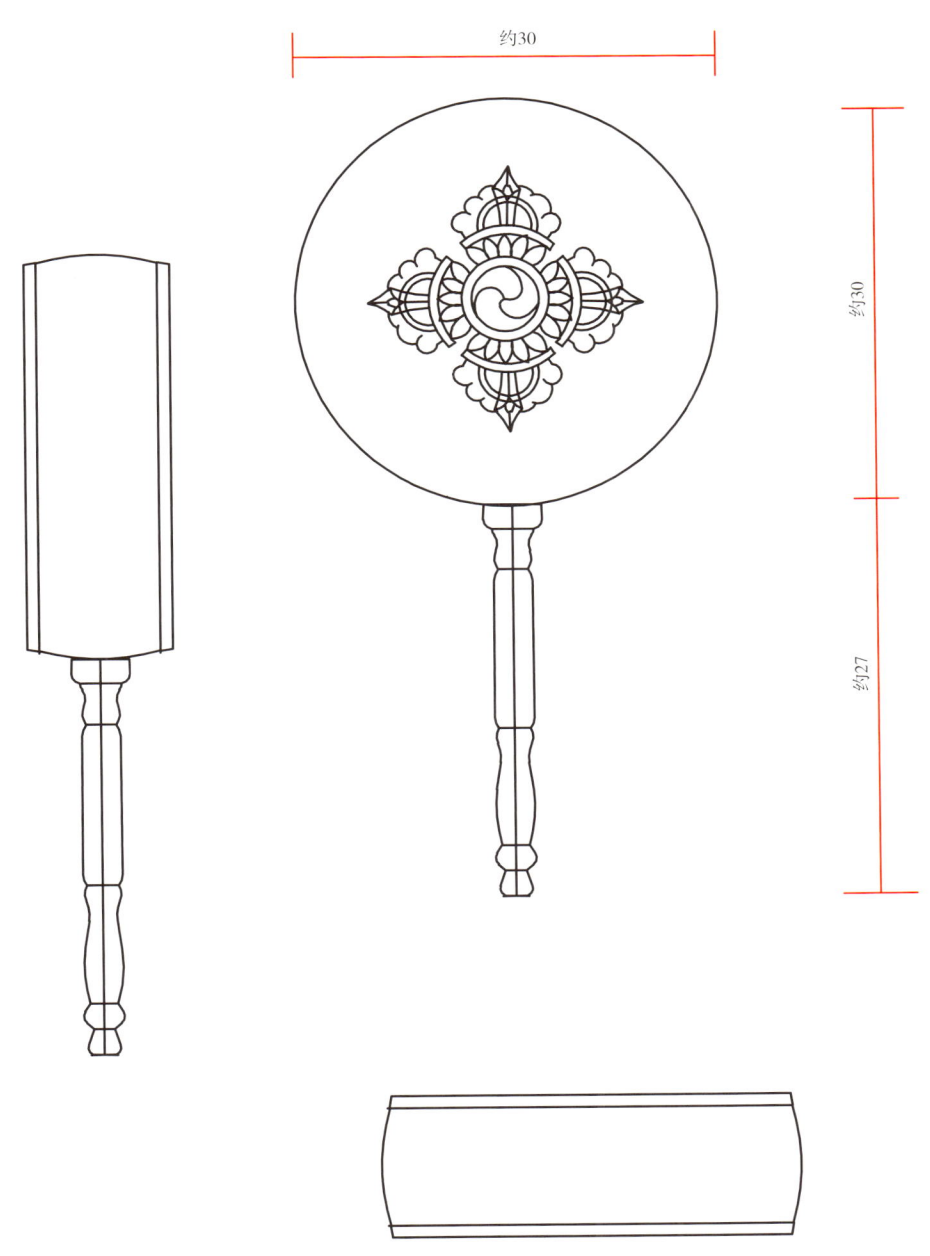

图二 藏族手鼓尺寸图（单位：cm）

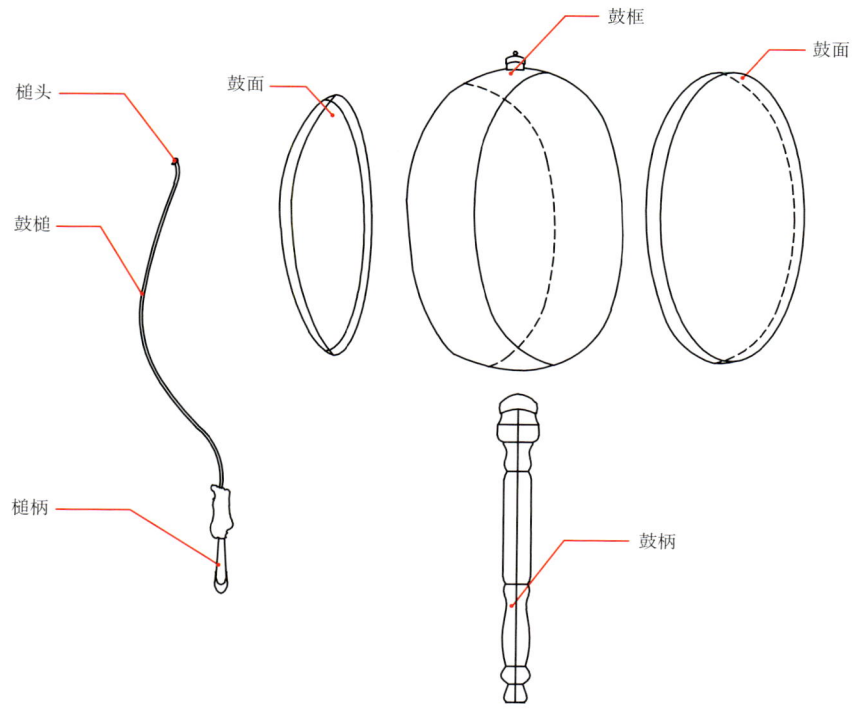

图三 藏族手鼓结构分解图

图四 藏族手鼓操作示意图

图五　藏族手鼓使用情境图

藏族鹰笛

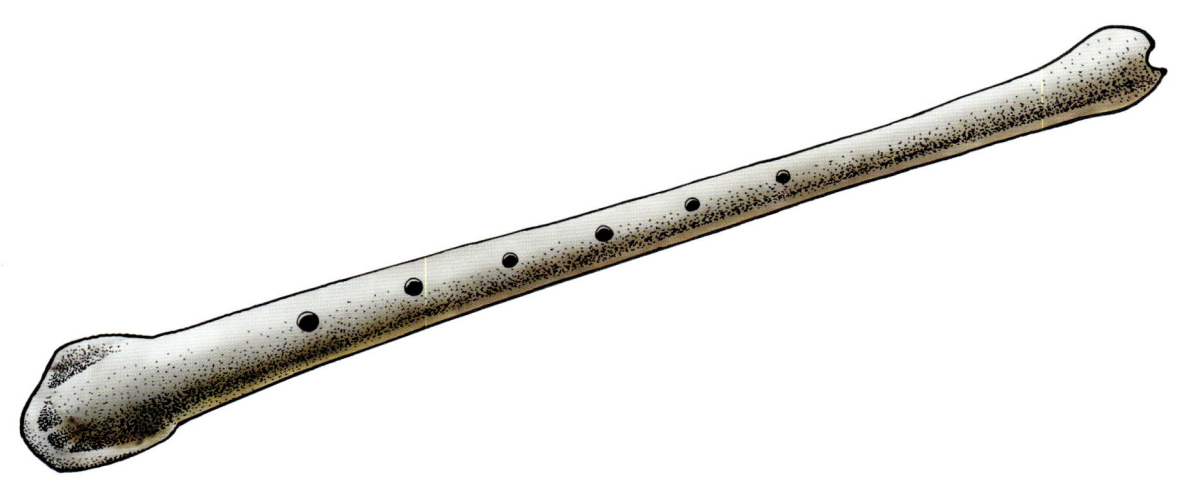

图一　藏族鹰笛主图

藏族鹰笛有1700多年的历史，因以鹫鹰的翅膀骨制作而得名，藏语称"当若"。曾经流行于昌都、阿里、山南以及藏北牧区一带。

鹰笛的管身一般长25厘米左右，管径2厘米左右，比一般的笛子短而细。鹰笛的管身上口是密封的，只留一个很窄的缝作为吹口，管端的背面斜开一个发音口，管身正面下部开6个按音口，或开成前面5个后面1个。演奏时将笛身竖起，右手在下，无名指、中指和食指按第一、二、三个孔；左手在上，无名指、中指和食指按第四、五、六个孔。吹奏时运用平吹与超吹，音色清脆悠扬，吹奏中大多使用上滑音和颤音等技巧，常用于独奏，是藏族青年喜爱的乐器，大多在夏季放牧时吹奏。

据西藏民间传说，鹰在生命的最后时刻会冲向太阳，直到化为灰烬，因此制作鹰笛的鹰翅骨极难寻找。偶尔因为极端气候，雄鹰没有飞过雪山被冻死，人们才有机会在海拔4000多米的高山上拾捡到鹰翅骨。稀有的制作材料更加彰显出鹰笛的弥足珍贵。

图片来源
图一　刘佳　制图
图二至图五　严玮辰　制图

参考文献
张世文,楞本才让・二毛,夏吉・扎曲.藏族传统手工宝典.拉萨:西藏人民出版社,2011:89—103.
田联韬.藏族传统乐器（六）.乐器,1990(4):10—14.

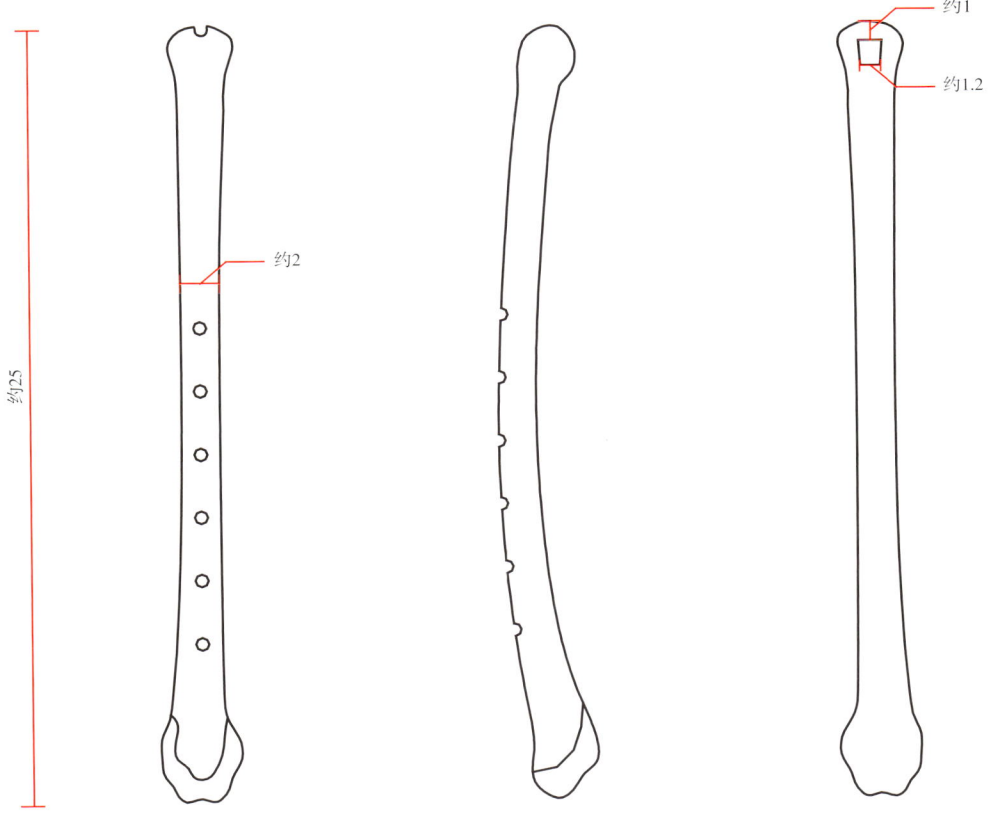

图二　藏族鹰笛尺寸图（单位：cm）

图三　藏族鹰笛取材示意图

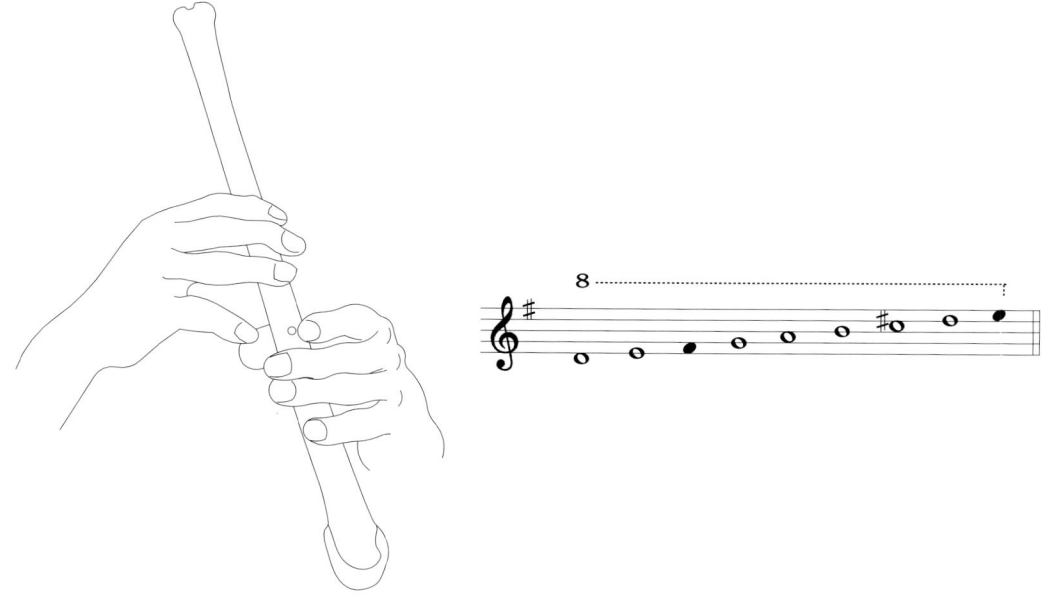

图四　藏族鹰笛操作示意及演奏音阶图

图五　藏族鹰笛使用情境图

藏族雄林

图一　藏族雄林主图

藏语"雄林"意为竖吹之笛，也称"嘎尔巴雄林"，或称"林布""久林"，汉族称"藏族竖笛"，主要流行于西藏、四川、云南、青海、甘肃等地区。据称，雄林于五世达赖时期(公元1642—1682)从西藏拉达克地区随嘎尔巴歌舞队传入拉萨，现在的雄林有所改进，已发展为C、D、E三种调式，管长39～46厘米，上管径2.7～2.8厘米，下管径1.4～1.5厘米，也用于演奏流行音乐。

雄林管身为木质，通常使用木纹比较细密、木质坚硬的木材，多用红木或乌木制作。形制上粗下细，外形与内腔呈圆锥形。在音控工艺方面，管身上端口呈斜面，只留直径约1厘米的小孔供吹奏；管身正面下方有一个长方形的发音孔，音孔长度约为0.9厘米，宽度约为0.6厘米，孔的下方向内修削成45度斜面。各地的雄林规格、尺寸、形制和按音音孔数量各不相同，大多数雄林都设有音孔，个别不设发音孔。雄林管身正面中、下部开8个圆形按音孔，前面7个，后面1个。雄林音量较大，音色浑厚。演奏时管身竖置，左手按上四孔，右手按下四孔，管首置于下唇，嘴对吹孔送气。

雄林的制作工艺非常精细，管身首、尾两端都有银制管箍，中部镶嵌5个银环。

图片来源
图一至图三、图五　严玮辰　制图
图四　刘佳　摄影
参考文献
张世文,楞本才让·二毛,夏吉·扎曲.藏族传统手工宝典.拉萨:西藏人民出版社,2011:89—103.

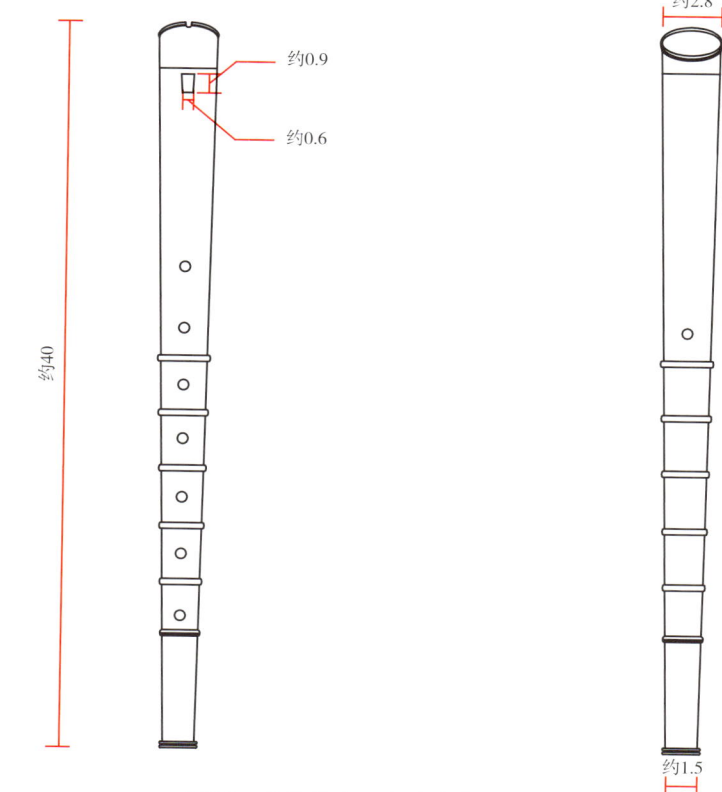

图二 藏族雄林尺寸图（单位：cm）

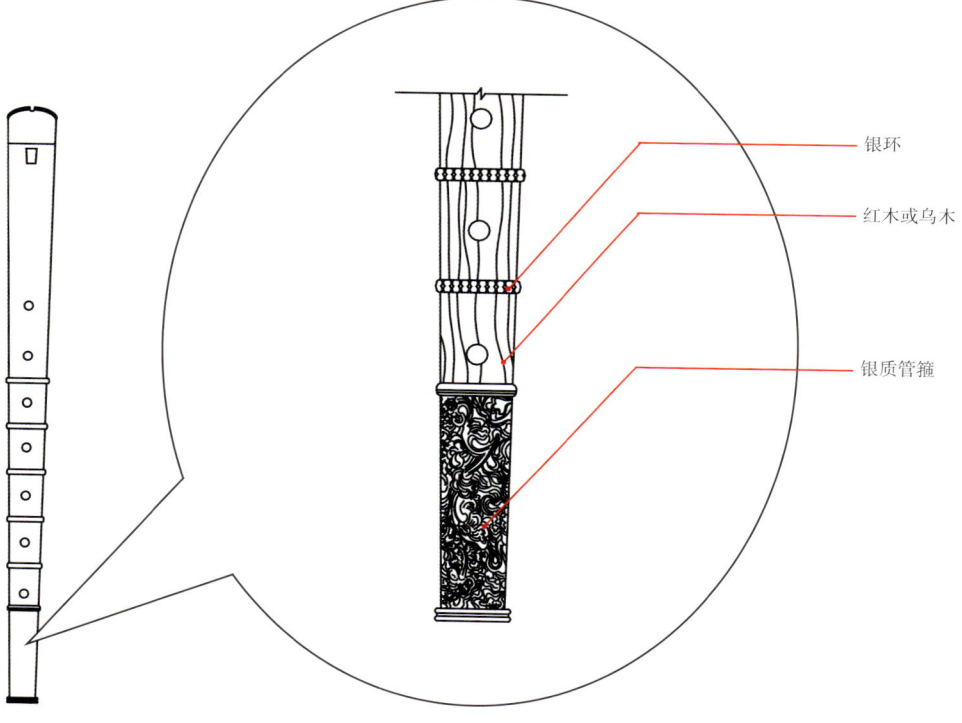

图三 藏族雄林尾部细节图

图四 藏族雄林延展图

图五 藏族雄林使用情境图

第四章 藏族传统生活用具

383

藏族串铃

图一　藏族串铃主图

　　串铃又称"马铃",藏语为"厄孕"或"厄朵",由许多小铃系在布带或皮带上形成一条串铃。一条串铃上的小铃数目不定,多至二三十个,少至五六个。串铃最初是系于牛、马等牲畜颈上的发音物,后来逐渐被用作民间音乐中的节奏性乐器。

　　铃大多为铜质,亦有铁质,铃体中空,内置金属小珠,下有窄口,摇动时发出清脆的声响。铃的形状、大小规格不一,常见的有3种:甲耶,铁质,圆形,直径约6厘米,开口呈"一"字形;厄朵,体积较甲耶略小,无一定规格;耶珠,体积最小的一类,最小者直径仅2厘米,铜质,开口呈"人"字形或弧形。串铃在藏族三大方言区皆有流传,主要用于藏戏、歌舞、说唱等表演场合。在歌舞囊玛、堆谐的伴奏乐队中,演奏者手持串铃布带两端,按音乐节拍绷拉布带使之发声;在藏戏及寺院羌姆表演中,演员将串铃系在脚腕、手腕或腰间,串铃随演员的表演动作而发声;在民间集体歌舞中，如康巴方言区甘孜州、玉树州等地的果卓（俗称"锅庄"）以及卫藏方言区山南地区的果谐等，表演时男青年将串铃绕于右脚脚腕上，而在安多方言区甘南州舟曲等地跳多抵歌舞时，领舞者（多为中老年男子）是手持串铃，绷拉布带；民间折嘎说唱艺术表演时，表演者手持木棒，木棒一端系一个铜铃，右脚脚腕部系一束串铃，随着艺人的表演动作发出阵阵铃声。

藏族串铃因音色清脆，多用于民间、宗教、节庆歌舞等喜庆活动，是重要的藏族乐器之一。

图片来源
图一　刘佳　制图
图二至图五　翟翼畅　制图

参考文献
田联韬.藏族传统乐器（四）.乐器,1990(2):17—22.

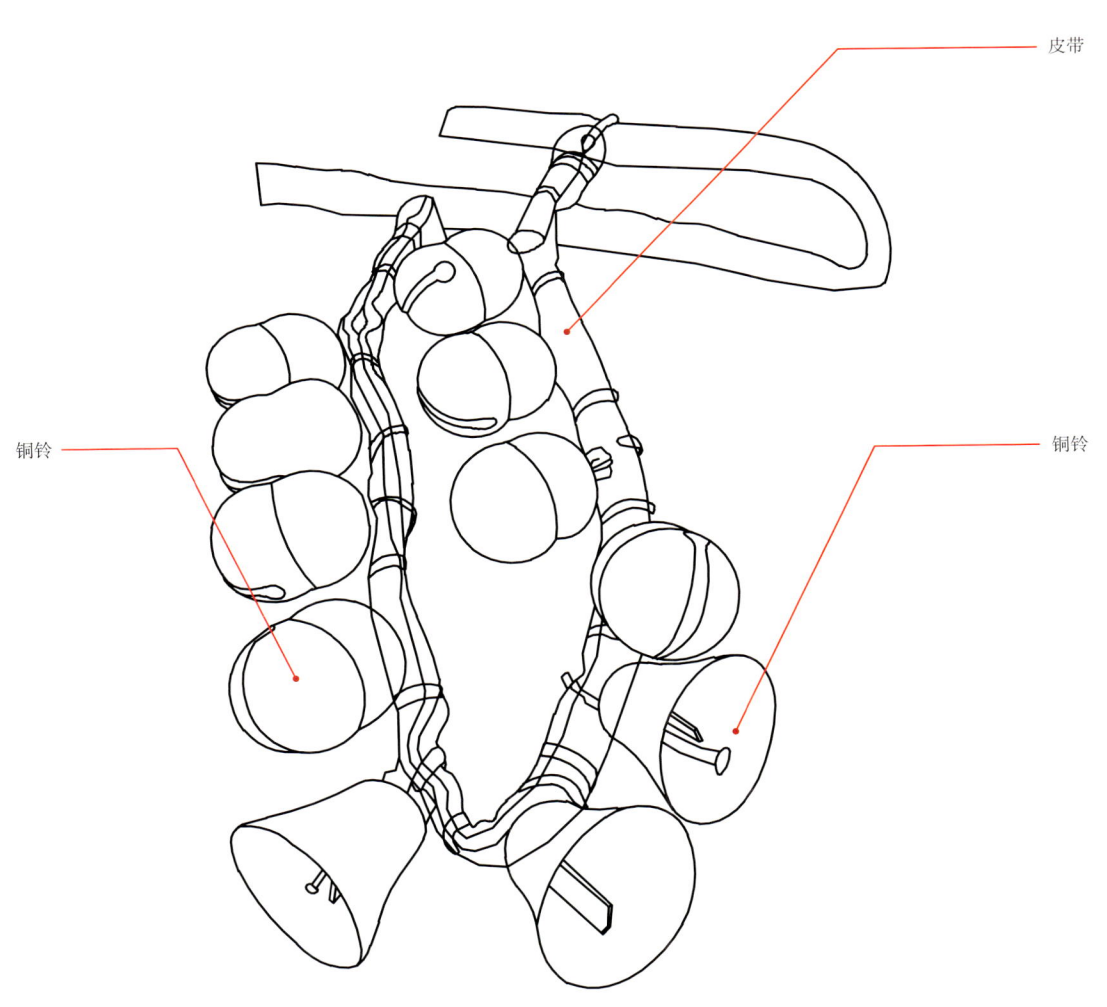

图二　藏族串铃结构名称图1

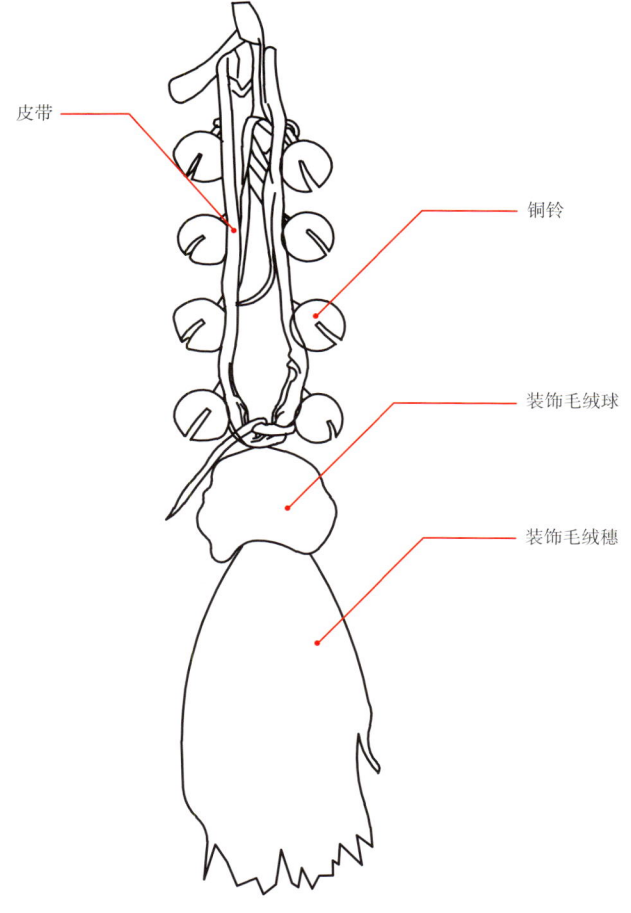

图三 藏族串铃结构名称图2

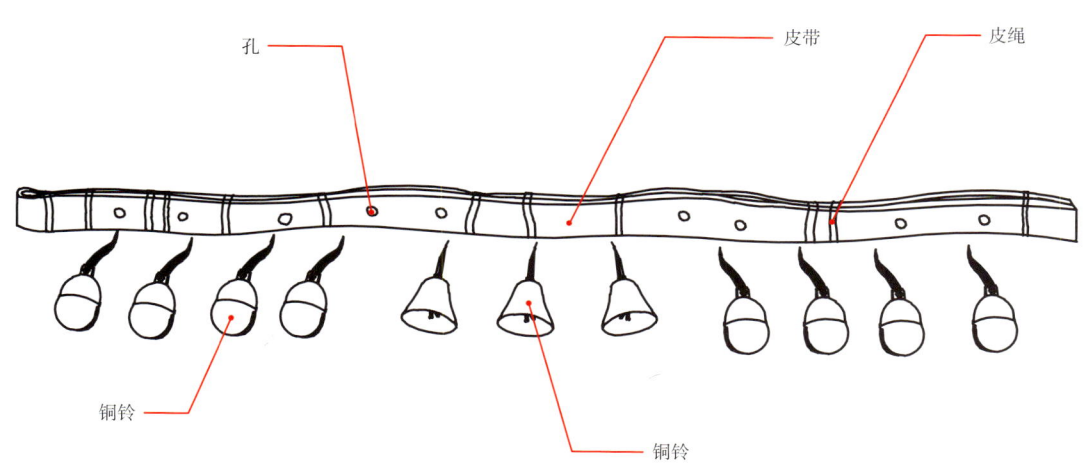

图四 藏族串铃结构分解图

图五 藏族串铃使用情境图

第五章 藏族传统生产工具

藏族抛绳

图一　藏族抛绳主图

抛绳的藏语名称为"乌朵"或"乌朵",意为用羊鞭甩石头,主要用于驱赶牛羊,是藏族人放牧的必备工具。

抛绳用牦牛毛制作而成,先将耗牛毛捻为细绳,然后将其编成长毛辫。毛辫长约一米半,在一端缝一个直径约10厘米的套环。毛辫中央编一手掌大的椭圆形毛绳兜,藏语称之为"乌梯",用来放石块、土块,毛辫的末端用羊毛缝成羊毛鞭鞘。驱赶牛羊时,将套环套在中指上,并捏住抛绳的鞭鞘,将石子或者土块装入毛绳兜内,之后提鞭挥抡,瞬间放开鞭鞘,石子便被甩到远处,抛绳用毕可套挂于腰间。藏族牧民使用抛绳的本领高强,有的人能甩300米以上的距离,不仅投得远,而且投得准,甚至能做到百发百中。因此乌朵既具有鞭子的功能,使带头的牲畜转变方向,又可驱赶野兽。打抛绳后来也逐渐发展成为藏族人的体育比赛项目。西藏还有一种藏语称为"曲米古折"的抛绳,意即九眼泉,用黑白两种牦牛毛编织而成,两种颜色组合成波浪纹、回形纹、折线纹等精美图案。

抛绳制作简单,易于操作,至今依然为藏区人民使用。

图片来源
图一　刘佳　摄影
图二至图五　李绮雯　制图

参考文献
关东升.中国民族文化大观.北京:中国大百科全书出版社,1995:40.
罗桑旦增,周闰年.藏族民俗.成都:巴蜀书社,2003:111—112.

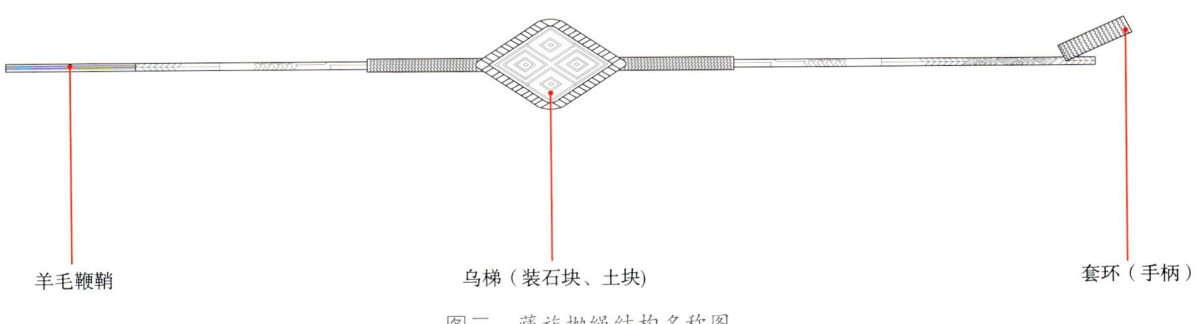

图二 藏族抛绳结构名称图

羊毛鞭鞘　　　乌梯（装石块、土块）　　　套环（手柄）

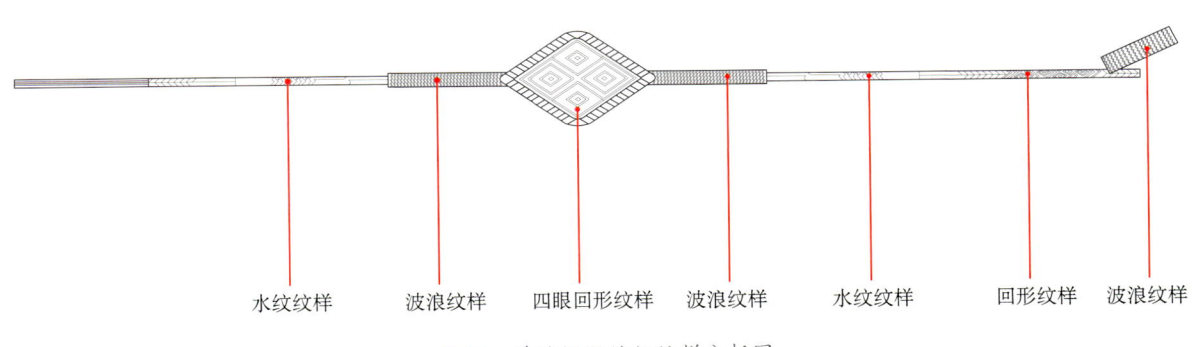

水纹纹样　波浪纹样　四眼回形纹样　波浪纹样　水纹纹样　回形纹样　波浪纹样

图三 藏族抛绳编织纹样分析图

第五章 藏族传统生产工具

391

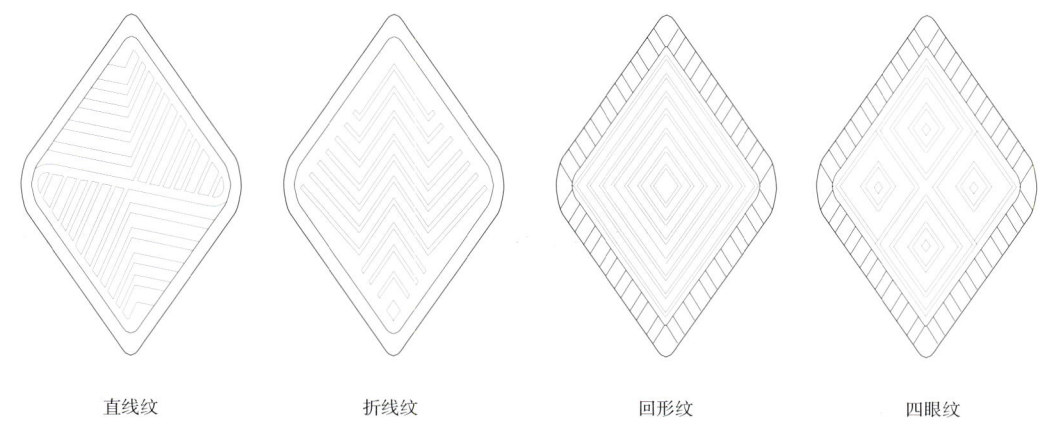

直线纹　　　　折线纹　　　　回形纹　　　　四眼纹

图四　藏族乌梯图案分析图

图五　藏族抛绳使用示意图

藏族火枪

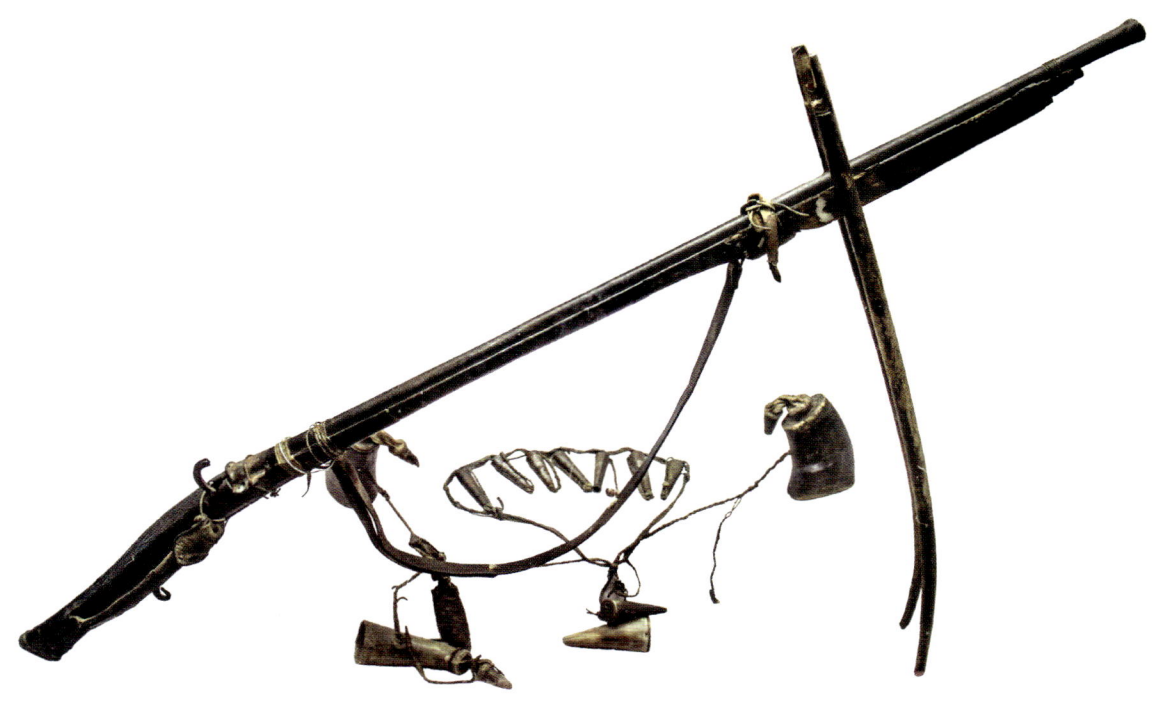

图一　藏族火枪主图

火枪是藏族的传统捕猎工具，为火药猎枪，具有鲜明的藏族特色，和藏刀、藏矛一起被称为"藏兵三宝"。

本案例为藏式传统杈子枪，整枪长133厘米，枪筒长94厘米，用铁铸成，以多道铁箍将其与木托绑定。木托部分设有小孔可拴系背带。枪筒前约三分之一处外接两根形似羚羊角的木质杈杆，杈杆靠近末端位置设有活扣与枪筒相接，可按需要摘取或调整垂直方向，再以皮绳拴索固定。平地射击时可将杈杆拉成与枪身呈锐角状态，支立于地面，可以加强稳定性并提高射击精度。杈杆平行于枪身固定后还具有刺刀的功能，在传统捕猎活动中还可把装有平行固定杈杆的整枪当梭镖使用。火枪设有简易准星、叉状铁片扳机以及浅碟形引爆装置，并用兽皮制作的护盖遮挡保护。使用火枪前需先将火药从枪筒前端投入，并用冲子冲紧，再投铁砂及一层薄纸防止火药掉落。火药一般置于随身携带的火药袋中，火药袋造型质地各异，有木质饼状及皮质桃形的"阔尔朵"以及牛角制成的火药角等。这种需要点燃火药引爆的传统射击工具机动性较弱，也比较费时费工，但已满足日常打猎所需。

藏式火枪不仅是重要的捕猎工具，也经常用于藏族的各种传统节庆礼仪中，是藏族传统狩猎文化的重要载体。

图片来源
图一　宋莉娜　制图
图二至图三　陶琨、黄颖　制图
图四至图七　陶琨　制图

参考文献
宋兆麟,高可,张建新.中国民族民俗文物辞典.太原:山西人民出版社,2004:530

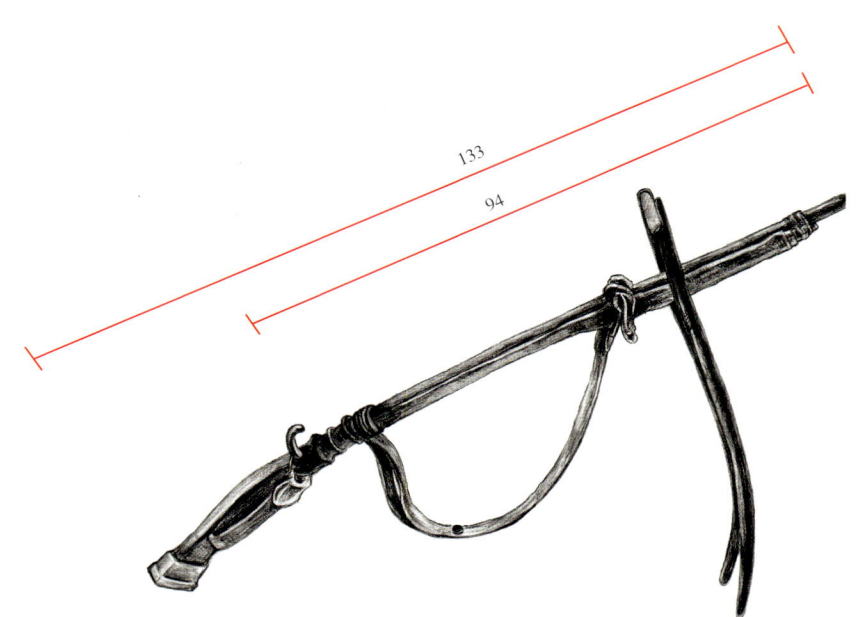

图二　藏族火枪尺寸图（单位：cm）

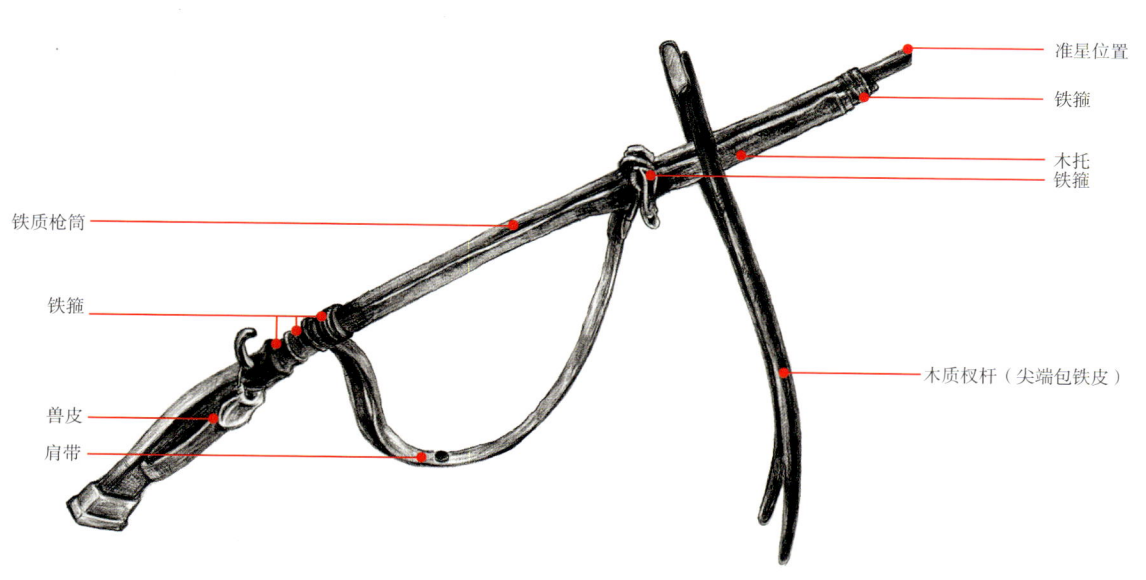

图三　藏族火枪结构名称图

图四 藏族火枪用火药角

图五 藏族火枪当梭镖使用情境图

图六 手持火枪的藏族猎人

图七 藏族火枪等藏式兵器佩挂示意图

藏族木桶

图一 藏族木桶主图

　　木桶是藏族人日常生活中必不可少的木质器具，其形制和种类丰富。根据用途可分为酒桶、酥油桶、水桶、醋桶、挤奶桶等，其中以酥油桶最具特色。

　　酥油桶属于拼木结构，大致分为两种：一种是用来制造酥油，即从奶汁里提炼出酥油的长木桶，藏语称"雪董"，此桶体积较大，是西藏牧区较为常见的生产工具；另一种是用来制作酥油茶的酥油茶桶，藏语称"甲董"，较"雪董"尺寸略小。同时，为了便于携带，还有小型的酥油茶桶，仅有30厘米高。酥油桶由桶筒和搅拌器即"甲罗"两部分组成，桶筒是由木条粘合而成的圆筒，上下等大，木条一般厚2~3厘米。桶筒外周用铜皮箍匝，上下两端以铜饰边，通常打造出多种样式的花纹，显得精致大方。搅拌器为一端带有圆木塞的长杆，圆木塞直径略小于桶筒内径，其上凿4个圆孔，以便在桶内搅拌时，液体和气体可以上下流动，其手柄处亦包有铜箍。桶盖为木质，中心有圆孔，便于搅拌器插入，盖底内沿带宽约1.8厘米，使桶盖与桶筒紧密结合。桶盖外部用铜皮包裹，盖顶有镂铜莲花瓣纹饰。酥油桶上所用之铜，一般为黄铜，各部位的装饰较为考究。红松是制作酥油桶的主要原料，此木无节，尤以雅鲁藏布江中下游一带产的红松最为上等。其他种类的木桶也是拼木结构，制作工艺讲究，木桶外周除了使用铜皮箍，还可使用藤编或竹篾做成的套箍。

藏族木桶样式质朴，取材便利，适应当地环境与生活习俗，是具有实用功能的生产生活工具。

图片来源
图一　刘佳　摄影
图二至图六　巩聪　制图
图七　刘佳、陶珺　摄影

参考文献
宋兆麟,高可,张建新.中国民族民俗文物辞典.太原:山西人民出版社,2004:182—183.
张世文,噶苏·彭措朗杰,夏吉·扎曲.藏族传统手工宝典.拉萨:西藏人民出版社,2011:130—131.

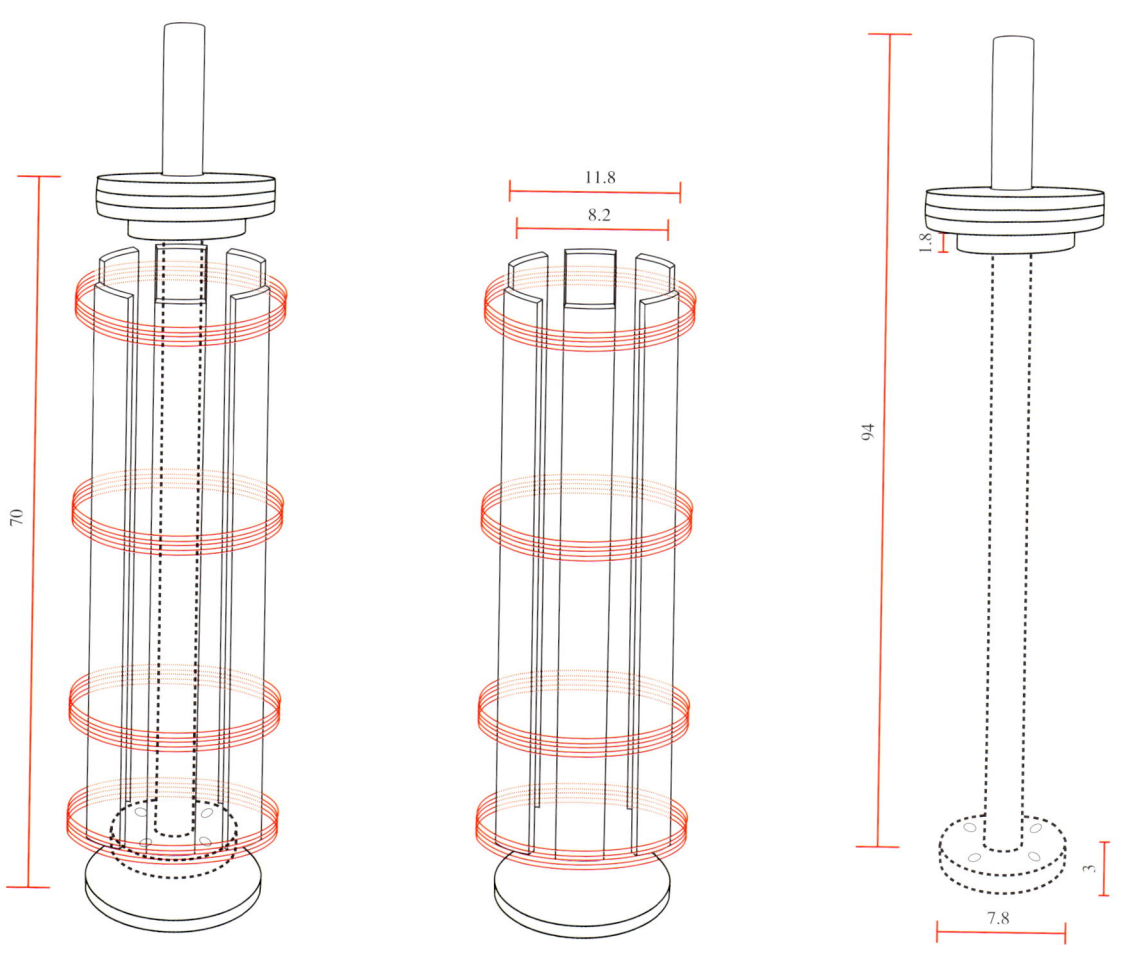

图二　藏族酥油桶尺寸图（单位：cm）

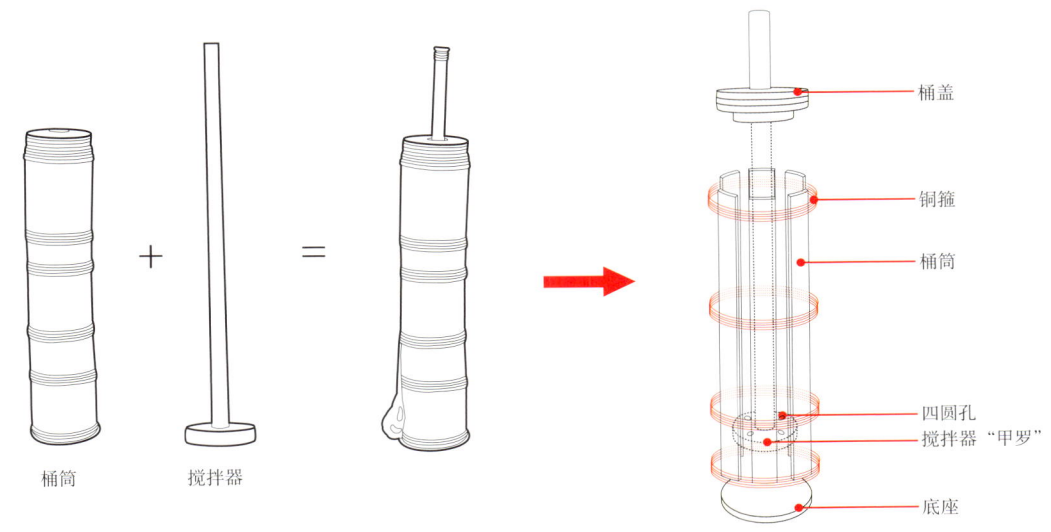

图三 藏族酥油桶结构分解图

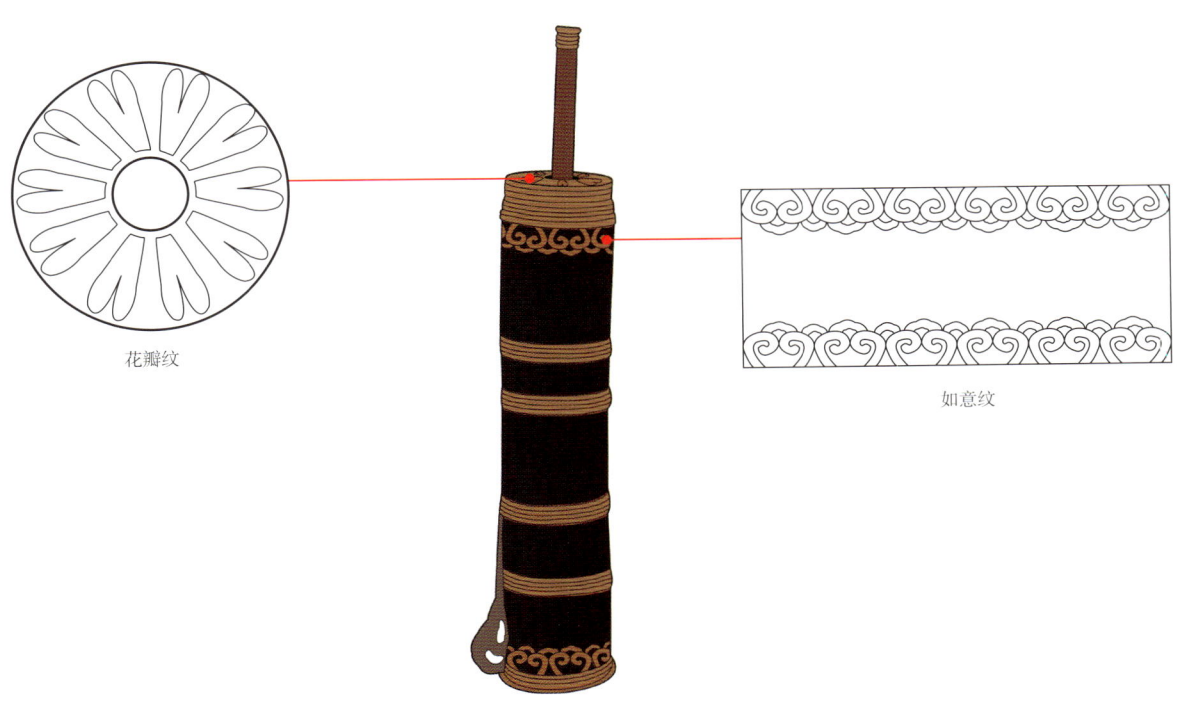

图四 藏族酥油桶局部纹饰分析图

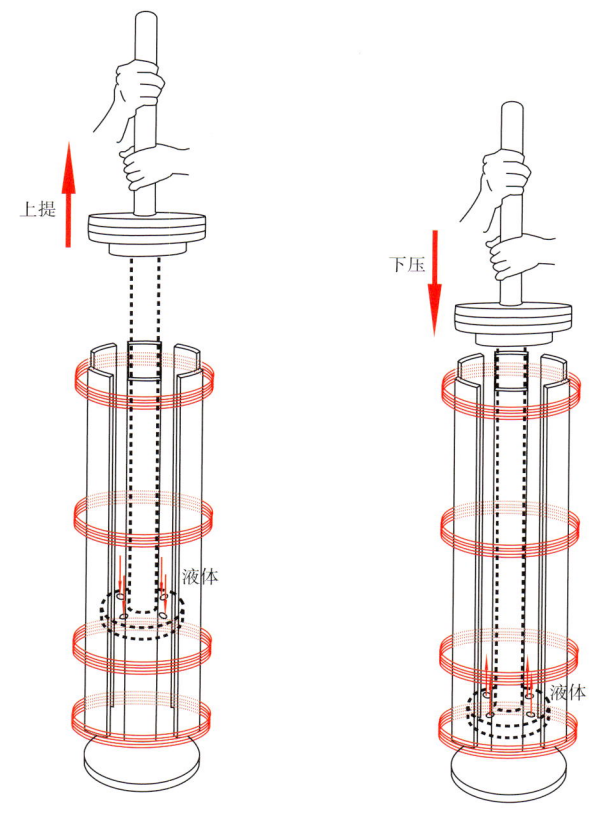

图五　藏族酥油桶操作示意图

图六　藏族酥油桶使用情境图

酥油桶　　　　　　醋桶　　　　　　酸奶桶　　　　　挤奶桶

图七　藏族不同种类的木桶

藏族扬叉

图一 藏族扬叉主图

扬叉是藏族人打场时必备的传统农具，在西藏日喀则等农区被广泛使用，不同地区有"巴么""巴木""嘎热""江恰"等不同称谓，形制也稍有区别。

藏族扬叉属耙类农具，由木柄和叉尖两部分组成，木柄长度将近200厘米，粗细正好适合成年人抓握，其上端有一约30厘米长的条状横档，横档上单面或呈直角的双面接插数根平行木质叉齿，叉齿一般由弯曲的木棍削成，因此略有弧度且末端较尖。本案例为藏族全木质双面七齿扬叉，横档长26厘米，宽、厚均为3厘米；下连手柄，手柄长150厘米，直径3.5厘米；上设七根叉齿，上四齿、下三齿，齿长16厘米，直径1.5厘米，齿距约3厘米，两排叉齿与横档分别呈90度和135度。打场时，先将成堆的农作物均匀地铺散在稻场上，然后用扬叉插入作物中，叉起，扬散。随后以牛拉石磙碾压散开的作物，再以木连枷击打。待作物经日晒脱粒后再用扬叉不停翻动。整个流程通常需要反复数次。

扬叉一般与木连枷等农具协同使用，是藏族人不可或缺的劳作工具，体现出藏族人的劳动智慧。

图片来源
图一至图五 陶琨 制图

参考文献
宋兆麟,高可,张建新.中国民族民俗文物辞典.太原:山西人民出版社,2004:475.

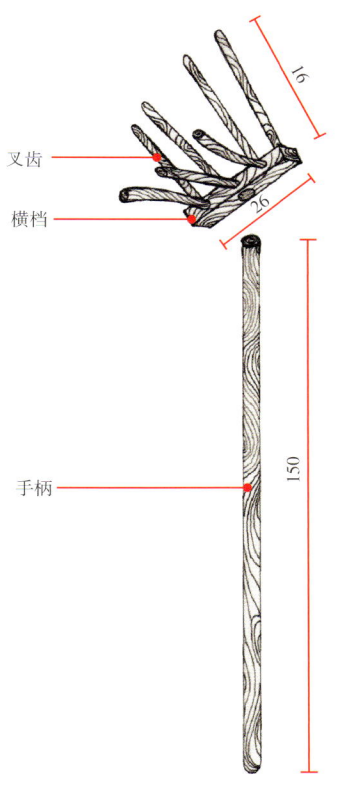

图二 藏族扬叉尺寸、结构名称图（单位：cm）

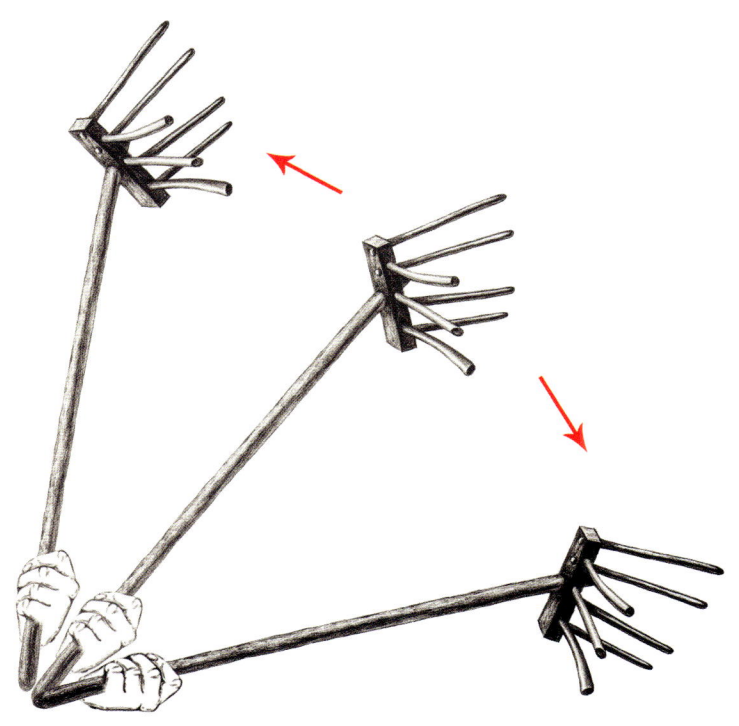

图三 藏族扬叉使用示意图

图四　藏族扬叉使用情境图1

图五　藏族扬叉使用情境图2

藏族杵臼

图一 藏族杵臼主图

杵臼属击打式农业器具，出现于原始社会晚期，是我国古老的药物与食物加工工具。原始社会掘地为臼，其后出现穿石为臼，后有玉、铜、铁臼。

藏区杵臼由两部分组成，以木棒或石棒为杵，穿石为臼。杵臼器形有大有小，大型杵臼用于脱壳而小型杵臼用于磨粉。其原理是通过石杵与石臼的撞击，对谷类的粮食作物与收集到的植物果实进行加工脱壳。本案例为天然石块所制，呈圆墩状，通高约14厘米，敞口平沿厚壁，周身有凿刻痕迹，底部四角突起。石杵横断面呈扁圆形，柄部经加工磨光。藏区杵臼的功能主要是将药物、食材加工成粉状。随着历史的发展，藏民逐渐开始关注杵臼原料的选用和凿刻的工艺，其中花岗岩与黑砂岩因石料细密、硬度大且耐磨损，成为制作杵臼的首选材料。

随着近现代电力机械的诞生，杵臼等击打式工具逐渐退居于次要地位，但在一些偏远的藏区杵臼仍作为重要的加工工具使用。

图片来源
图一 刘佳 摄影
图二至图六 肖勐 制图

参考文献
张量,王守仁.杵臼刍议.农业考古,1986(2):143—145.

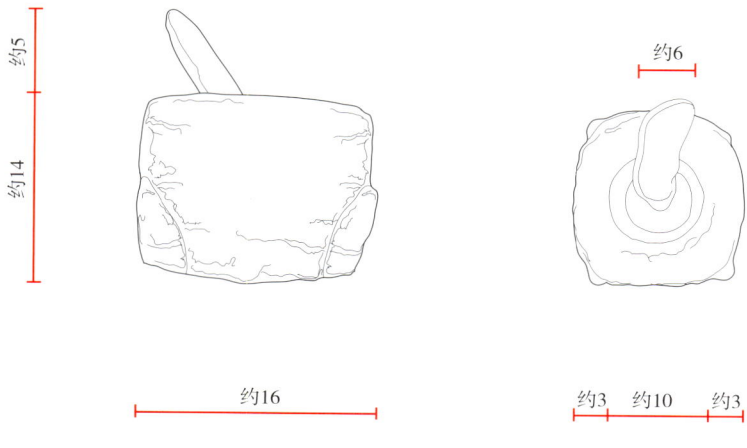

图二 藏族杵臼尺寸图（单位：cm）

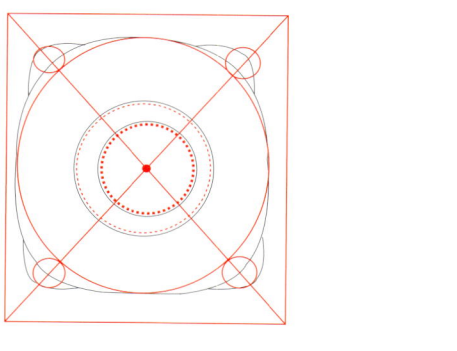 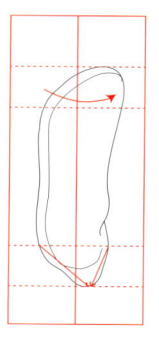

中心对称，四角底部装饰　　　　　　　　上部平滑，防止伤手
　　　　　　　　　　　　　　　　　　　下部尖锐，方便磨碎食材

图三 藏族杵臼造型分析图

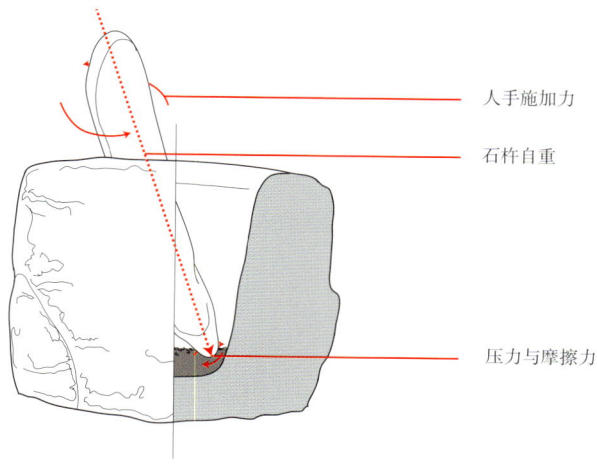

人手施加力
石杵自重
压力与摩擦力

图四 藏族杵臼受力分析图

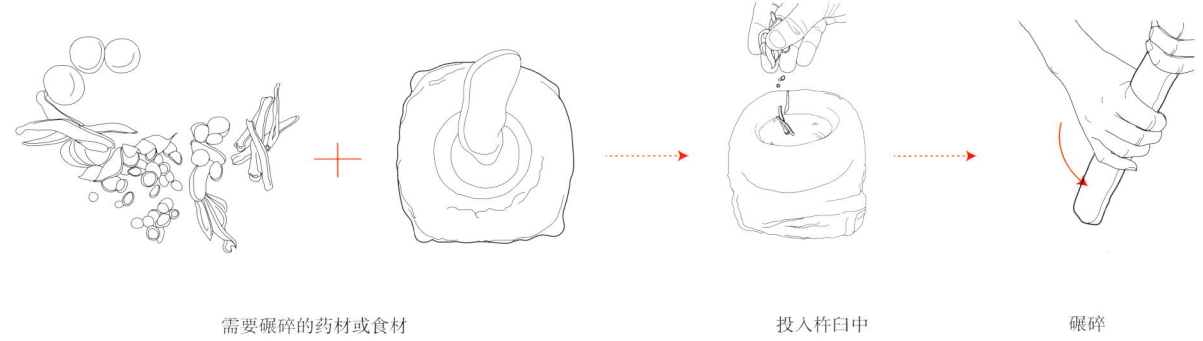

需要碾碎的药材或食材　　投入杵臼中　　碾碎

图五　藏族杵臼使用示意图

图六　藏族杵臼使用情境图

第五章　藏族传统生产工具

藏族打麦工具

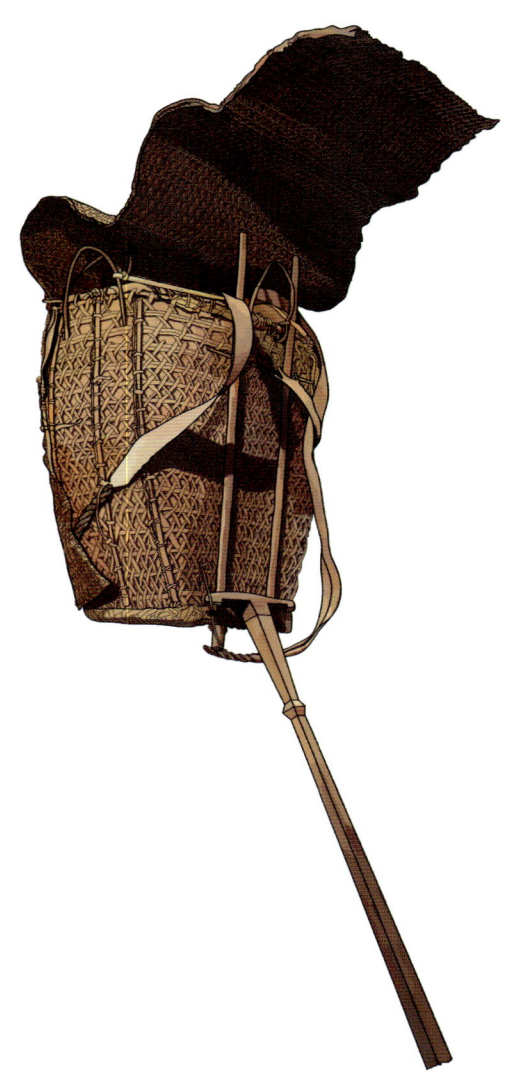

图一　藏族打麦工具主图

　　打麦工具是西藏山南地区特有的传统农具，由两部分组成，上部的背篓用于盛装收割后的谷物，下部的木棍用于将麦子脱粒。

　　背篓是藏民重要的劳作工具，多就地取材，其编织工艺比较繁杂，要经过划篾、刮青、破墩、上圈、挽口等工序，运用十字编、侧花编、错位编、镂空编等多种编织手法，通常要花一天时间才能完成。为了增加背篓的载重负荷，其侧面需用多根篾条作为骨架加固支撑，并由蔑子系着，最多可以容纳约45公斤的物品。背篓开口处用木条加固，两侧安装有把手，便于手提。背篓还附带一个长盖子，用于遮盖内部的谷物。下部的木棍由两部分构成，短木用于脱粒时击打谷物，长柄用于手持。打麦的整个过程由多人共同合作完成，先将谷物在地上铺开，然后打麦者在谷物周围排成行，两手一前一后抓住打麦用的杆子，上下挥舞胳膊对麦子进行击打，最终将谷物脱粒。

打麦工具结构合理、实用性强，适合集体参与劳作，是藏族人传统的生产工具。

图片来源
图一至图六　俞志成　制图
参考文献
张宗登.湘西背篓初探.装饰,2010（12）:96—98.

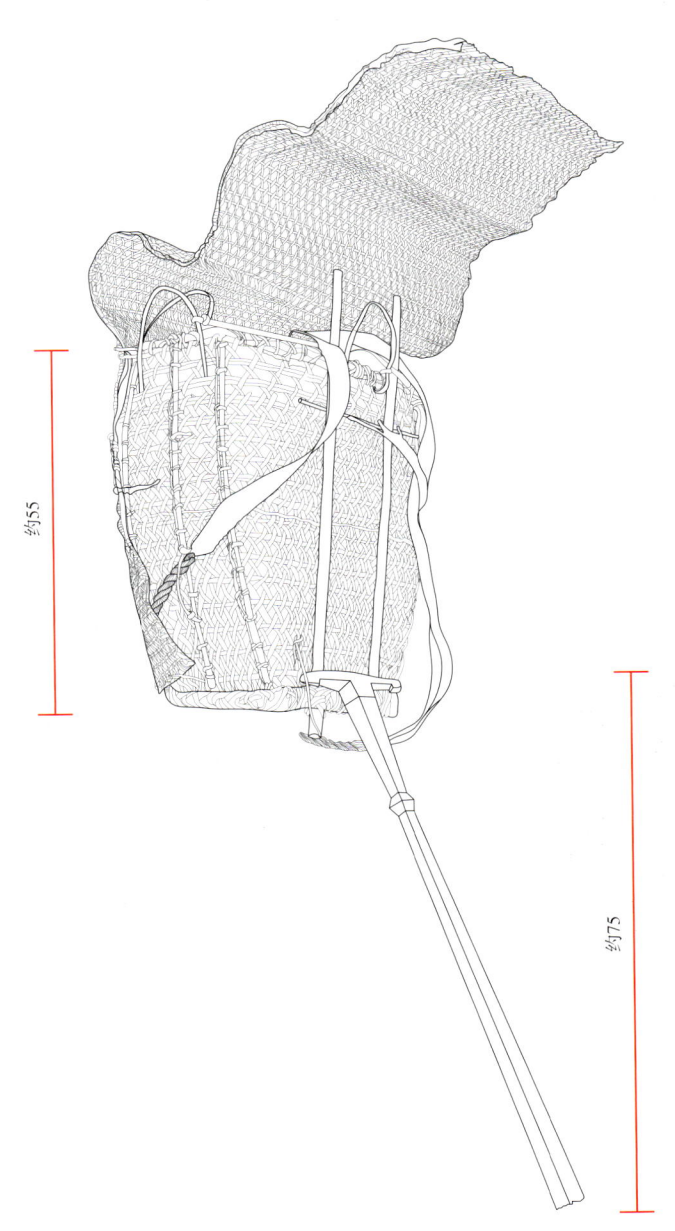

图二　藏族打麦工具尺寸图（单位：cm）

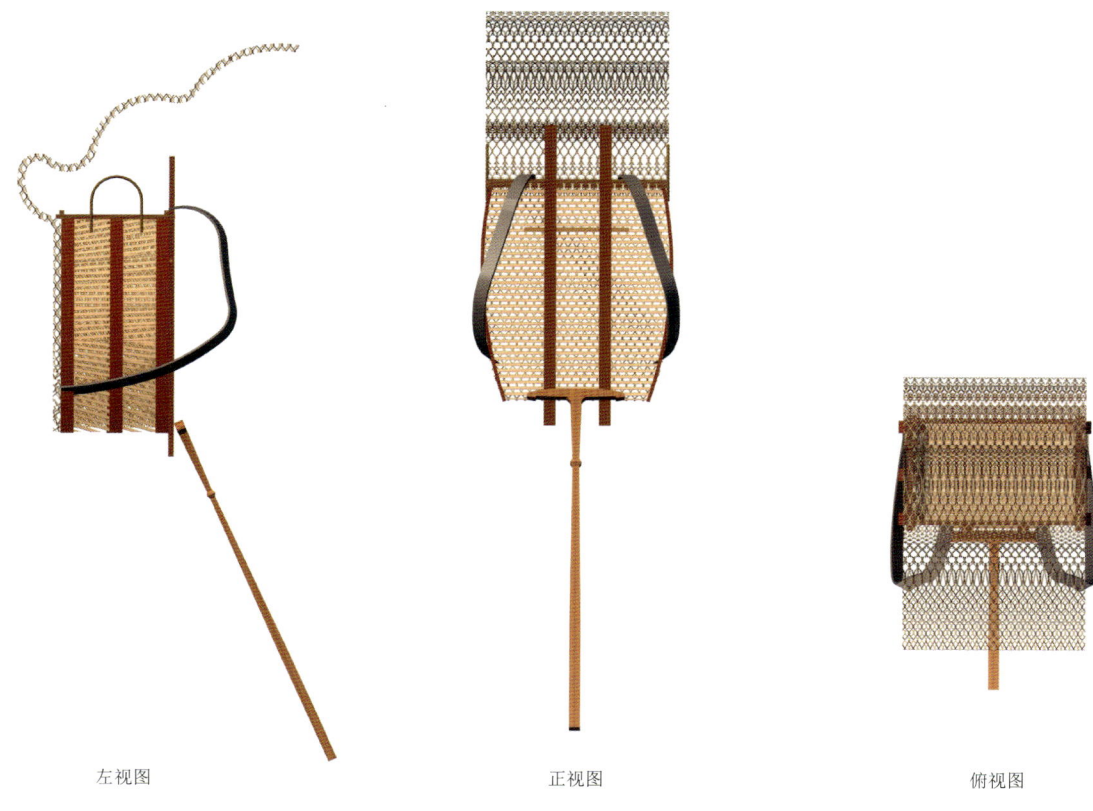

左视图　　　　　　　　正视图　　　　　　　　俯视图

图三　藏族打麦工具三视图

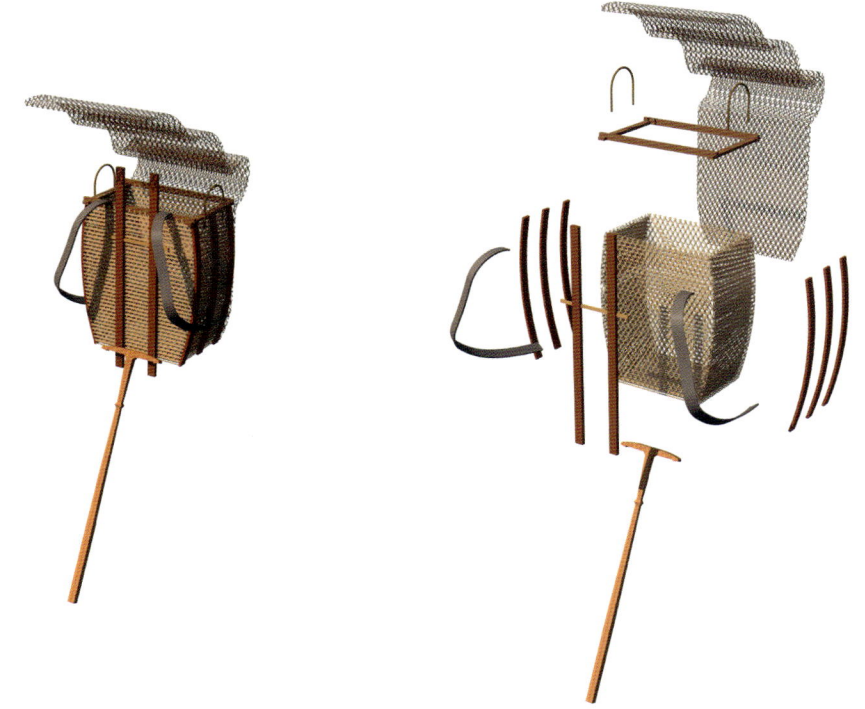

图四　藏族打麦工具结构分解图

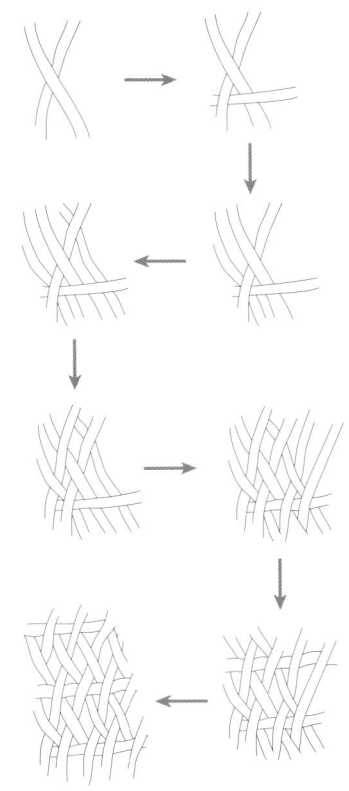

图五 藏族打麦工具编织步骤图

图六 藏族打麦工具使用情境图

藏族马头秤

图一　藏族马头秤主图

早期藏区的贸易方式均为以物换物，马头秤即是藏民进行贸易时不可或缺的计量工具。

马头秤由提绳、秤钩、秤杆、秤锤及刻度组成，是运用杠杆原理来称质量的简易衡器。其秤杆为木质，呈深棕色，秤锤为椭圆形。马头秤大小不一，大型马头秤秤杆长约140厘米，秤杆直径约3.5厘米；小型的秤杆长约80厘米，直径约1.5厘米。马头秤的制作工艺考究，需用到刨子、锯、斧子、凿子等多种工具。其最主要的特征是携带方便，藏族人只需将其别在腰间或放于货物上，待买卖货物时，挂好秤锤、拴好秤盘，即可使用。

马头秤作为藏族人的传统衡器，虽然其称量精度较低，但在特定历史条件下仍具有一定的实用及社会价值。

图片来源
图一至图六　付佳　制图
参考文献
宋兆麟,高可,张建新.中国民族民俗文物辞典.太原:山西人民出版社,2004.
张世文,楞本才让·二毛,夏吉·扎曲.藏族传统手工宝典.拉萨:西藏人民出版社,2011.

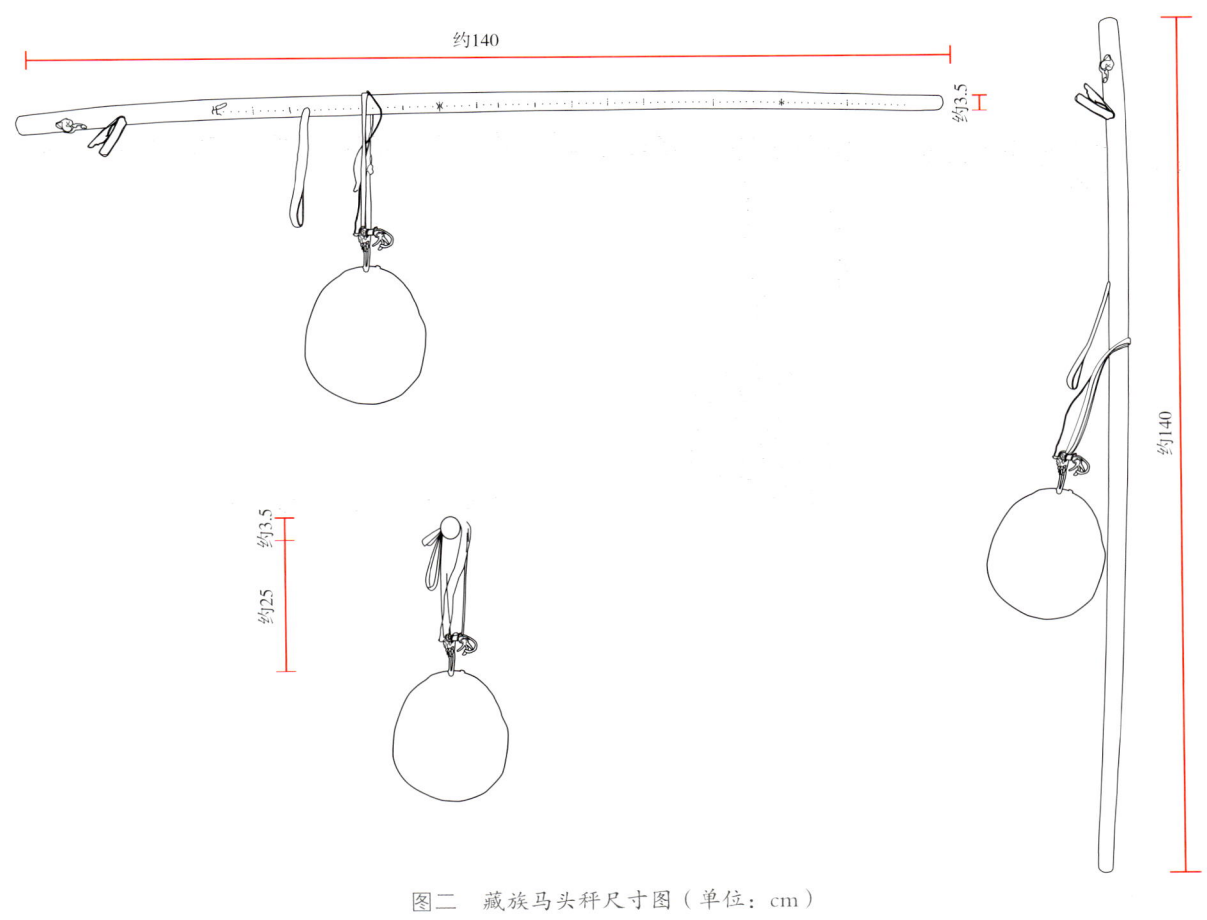

图二　藏族马头秤尺寸图（单位：cm）

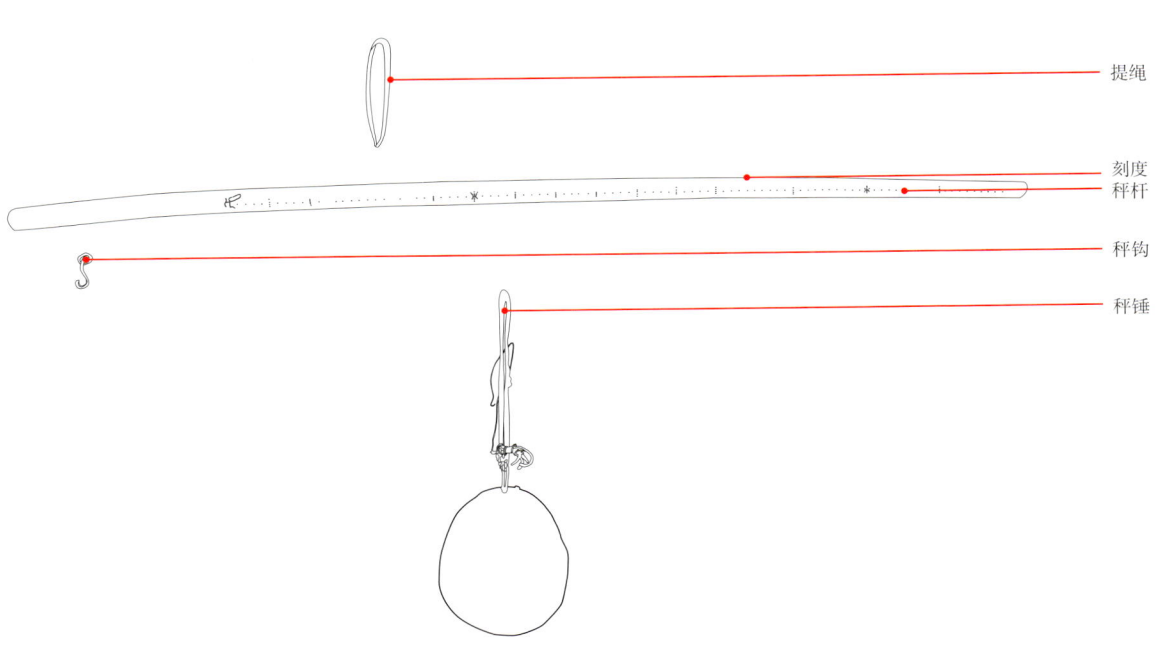

图三　藏族马头秤结构分解图

图四 藏族马头秤色彩分析图

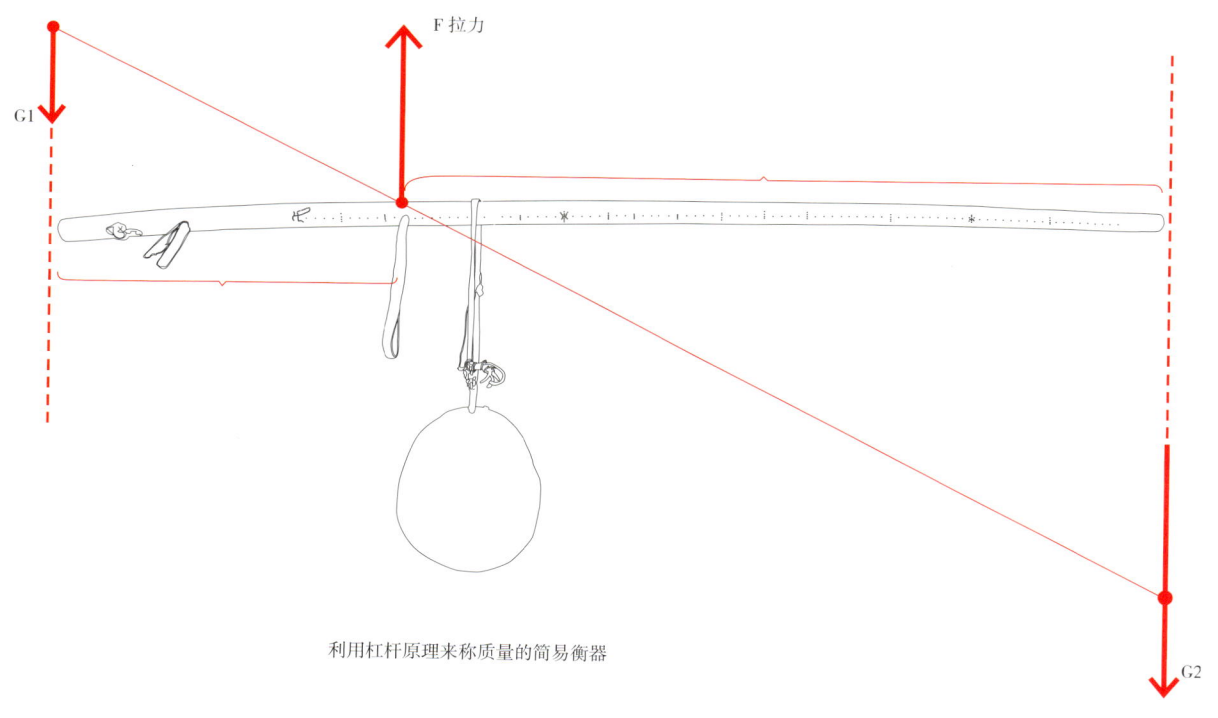

利用杠杆原理来称质量的简易衡器

图五 藏族马头秤受力原理图

图六 藏族马头秤使用情境图

藏族木独轮车

图一　藏族木独轮车主图

早期藏区以畜力车与人力车为主，当狭窄崎岖的山路不适合畜力车通行时，灵活便捷的人力木独轮车即成为主要的运载工具。

木独轮车的特点是只有一个车轮，在狭路上行车阻力小载重大，且只需一人便能轻松操作。本案例为长约155厘米的石轮木独轮车。石轮轮径较小且重心低、与地面摩擦力大，利于车辆平衡。其车架是由作为扶手的两根辕木、与其连接的横木及车身前的活动支足三部分组成。车辕略高于石轮，便于装载货物。活动支足可在装卸货物时使车辆保持平衡。当车辆行走时，前部活动支足可提起，并保护石轮。车身多用厚木板镶拼而成，边缘用钢圈包箍，具有加固车身和耐磨损的作用。当独轮车载上货物时，重心位于轮轴附近，故使大部分货物重量置于轮轴上。木独轮车的原动力主要是人力，当双手扶辕推动独轮车时，只需使用向前的推力并掌握平衡即可轻松行进。

木独轮车结构合理、使用方便，成为藏族劳动人民普遍使用的运输工具。

图片来源
图一　刘佳　摄影
图二至图七　肖劼　制图

参考文献
周亚辉."独轮车"与"木牛流马".装饰,2010(9):122—124.
湛友芳.独轮车漫谈.四川文物,1994(5):34—38.

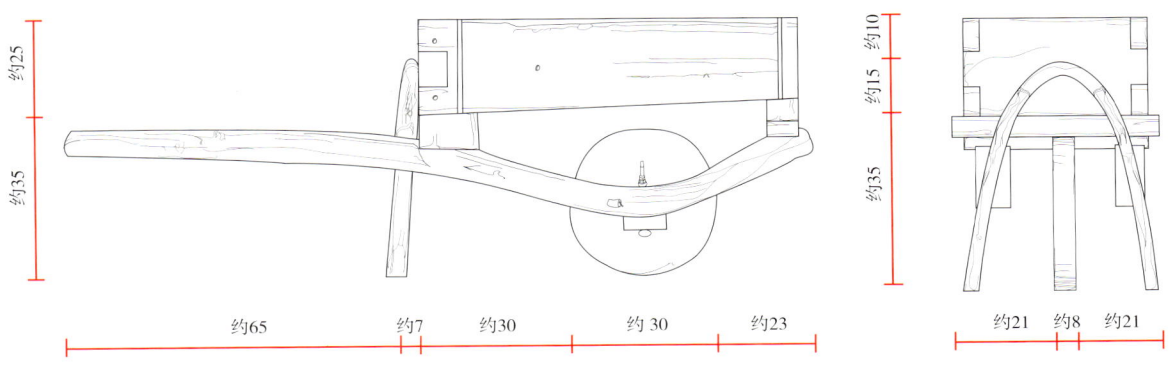

图二　藏族木独轮车尺寸图（单位：cm）

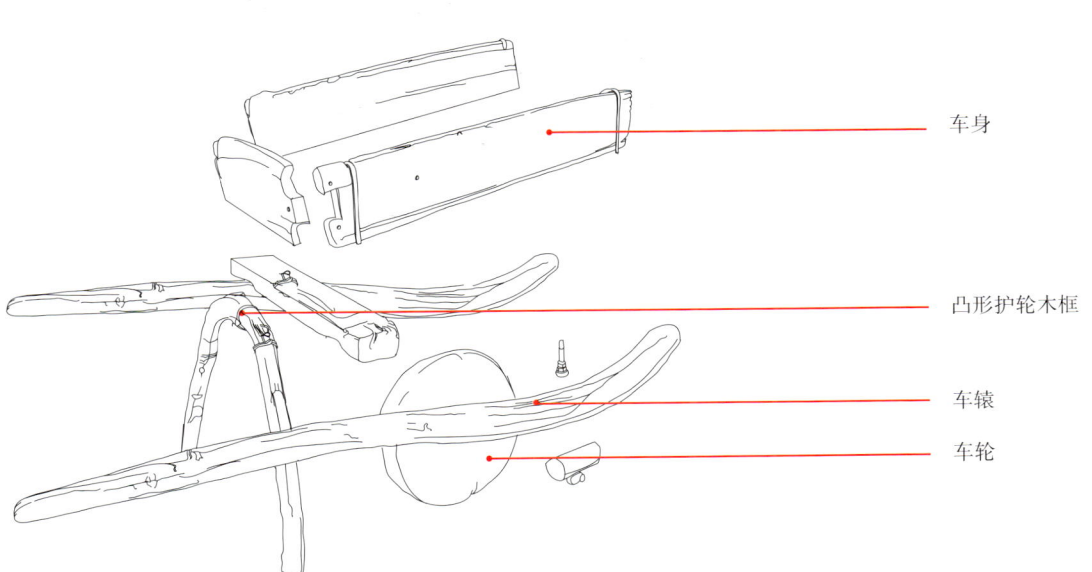

图三　藏族木独轮车结构分解图

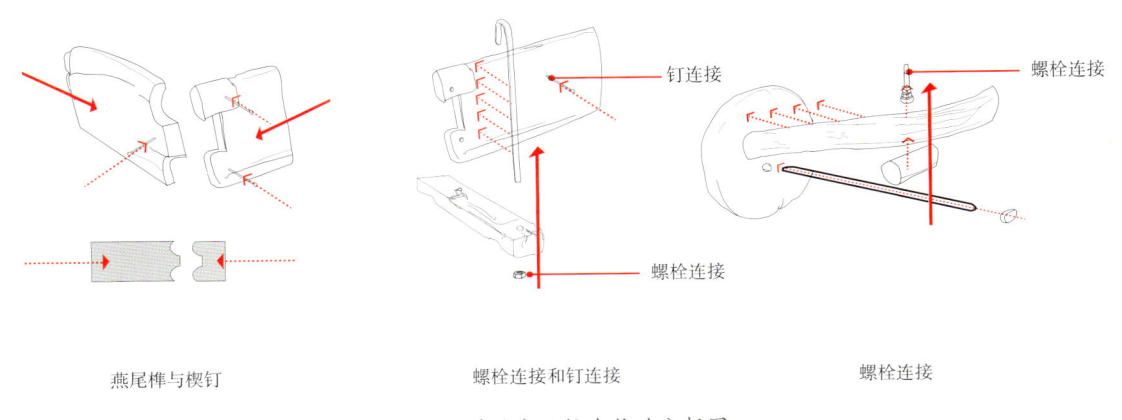

| 燕尾榫与楔钉 | 螺栓连接和钉连接 | 螺栓连接 |

图四　藏族木独轮车构造分析图

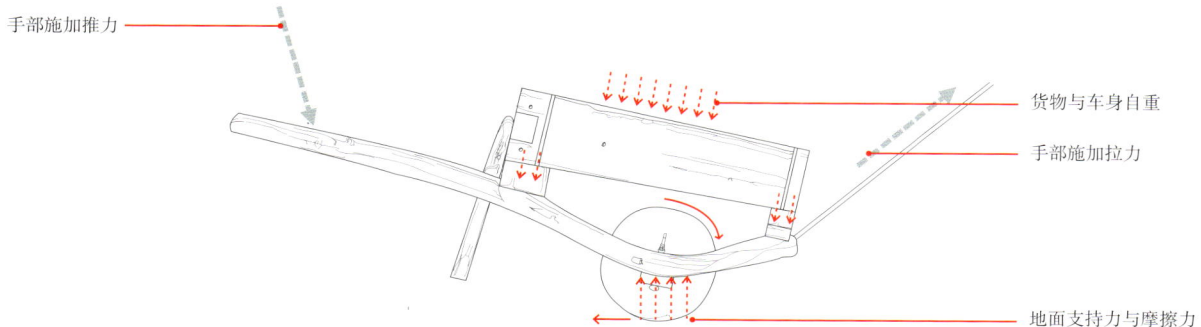

图五　藏族木独轮车受力分析图

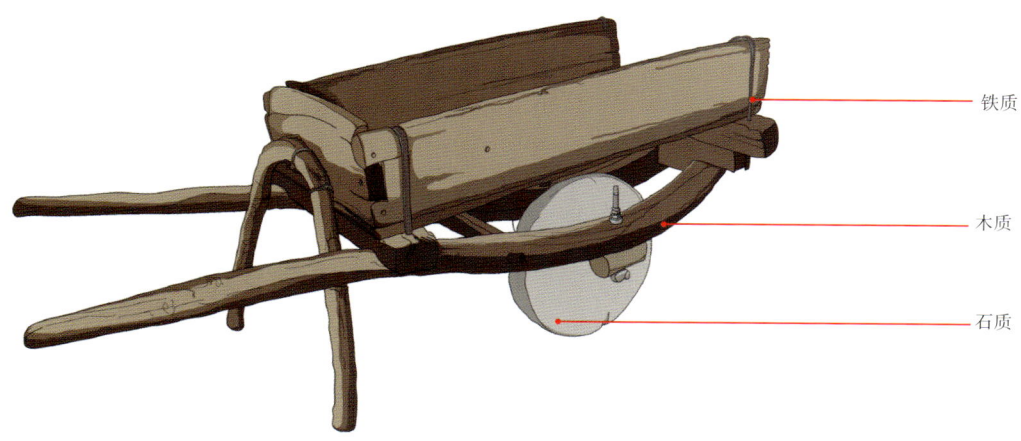

图六　藏族木独轮车材质分析图

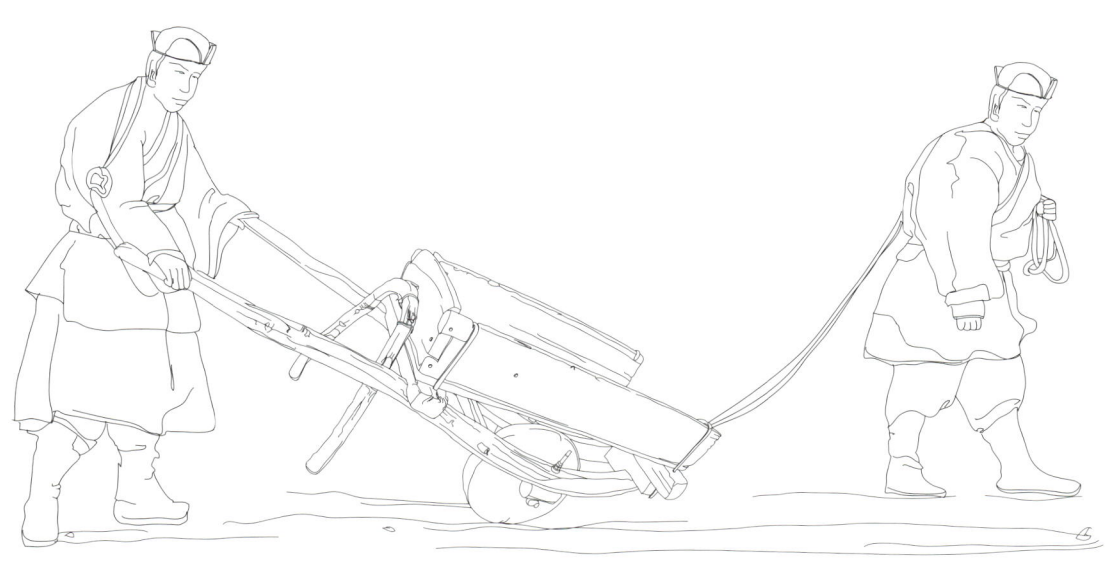

图七　藏族木独轮车使用情境图

藏族牦牛车

图一　藏族牦牛车主图

牦牛车属于古老的畜力式拉车，是藏民重要的财产，也是藏区主要的交通运输工具之一。

本案例车身主体为木质，通长362厘米，高210厘米，车轮直径125厘米，两轮间距110厘米。车轮越小所需拉力越大，同时不应过高，以人舒适地抬腿上车为限。车轮由毂、辐、辋、轴与辖组成，18条木辐连接着木毂与覆盖着橡胶的辋。内辋由9块弧形圆木拼接而成，内侧凿孔以插入辐条。木车轴两头略小以便入毂并突出于毂外，加辖防止车轮外移。车轴上承车厢且与双辕相交。车厢呈长方体，门位于厢后。车厢四周有围栏和挡板，外部施彩绘，内部设有供人乘坐的座椅。车顶前后绘有藏族传统纹样，两侧悬精美木龙雕刻。拉车时牦牛居于两辕中，辕前端设有一横木，架于牦牛颈背之间。

牦牛车方便实用，为藏族人的出行提供了便利。

图片来源
图一　刘佳　摄影
图二至图七　肖劼　制图

参考文献
余出.古车的构造(上).安全与健康,2009(4):20.
祝中熹.西汉双辕木牛车.甘肃日报,2002(15).

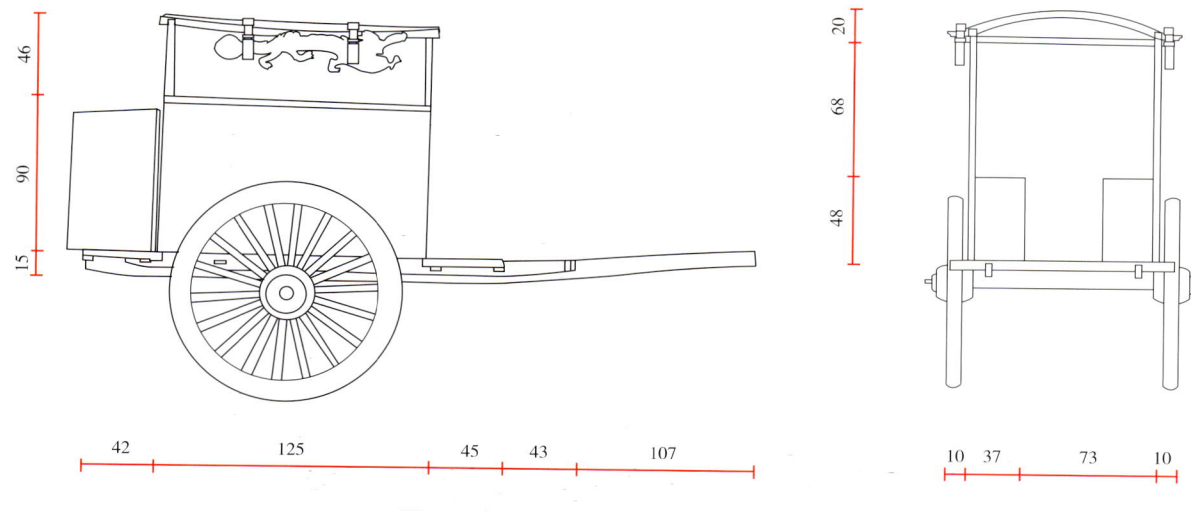

图二 藏族牦牛车尺寸图（单位：cm）

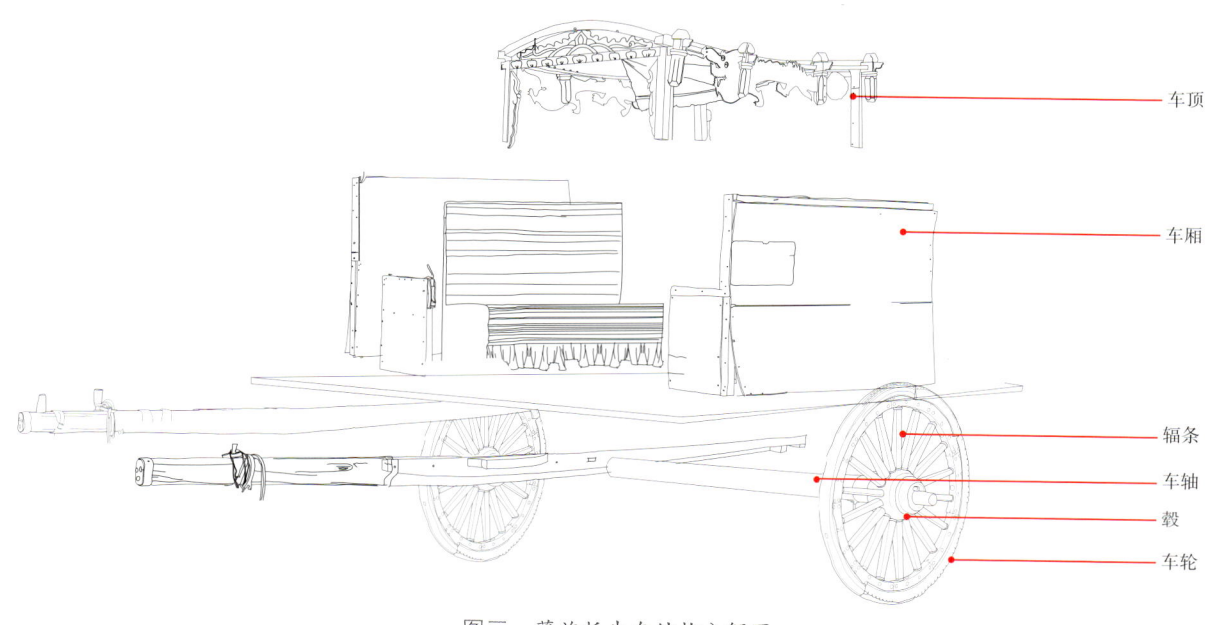

图三 藏族牦牛车结构分解图

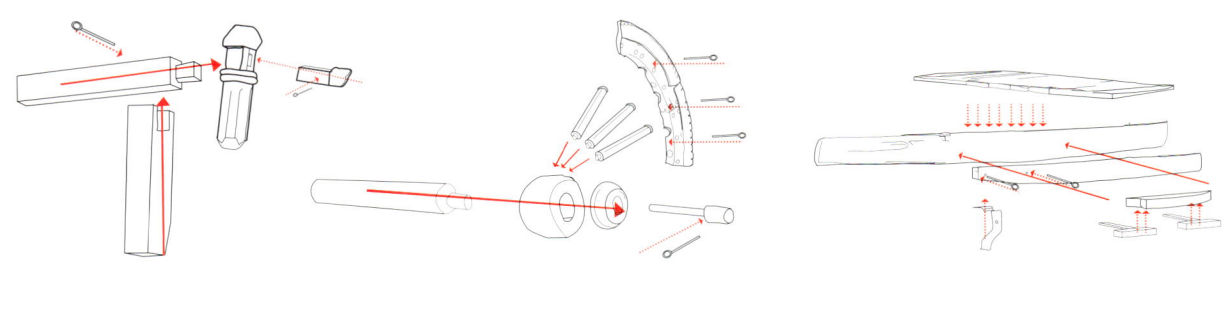

榫卯结构与楔钉　　　　车轮构造分析：辐条与车轴的关系　　　　车辕与踏板的关系

图四　藏族牦牛车构造分析图

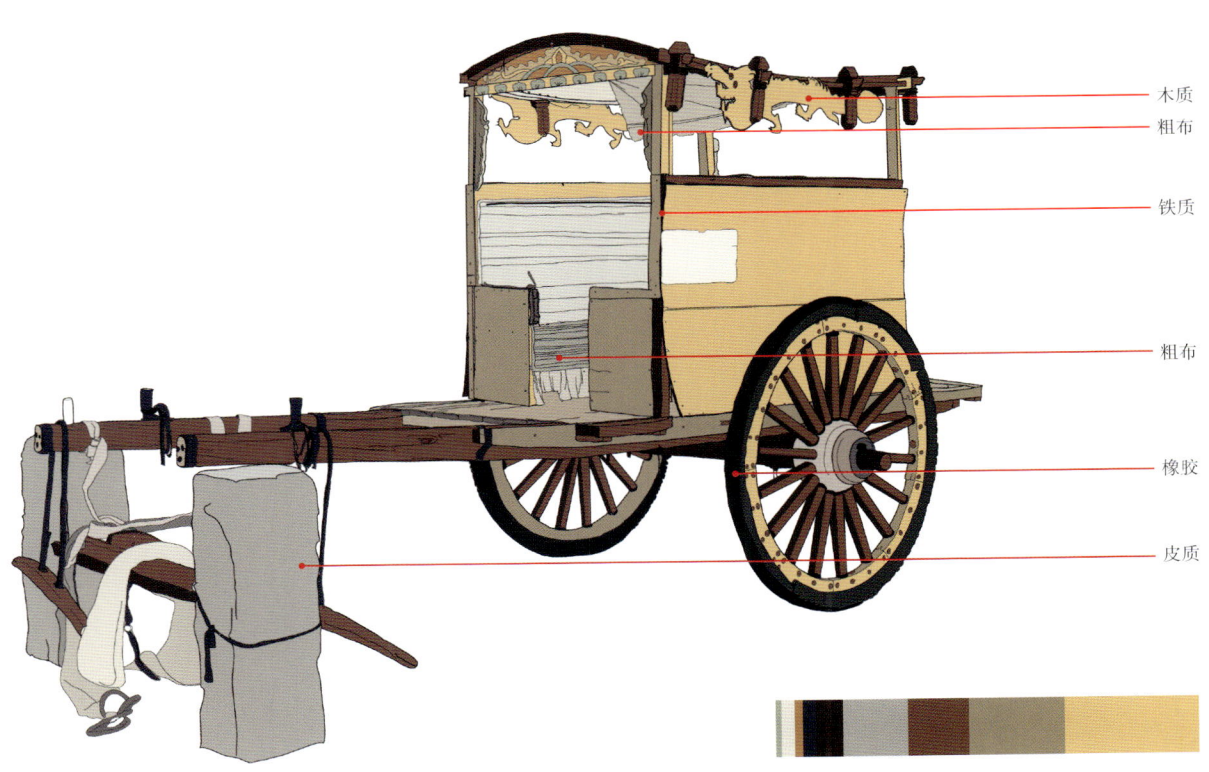

木质

粗布

铁质

粗布

橡胶

皮质

图五　藏族牦牛车色彩与材质分析图

第五章　藏族传统生产工具

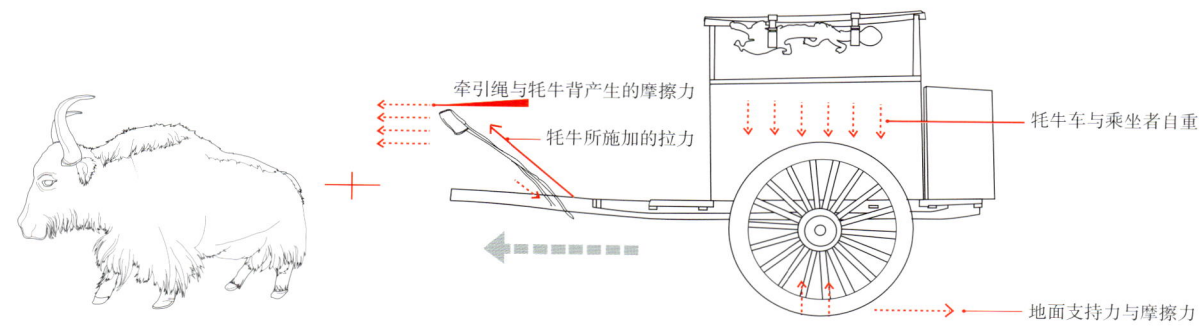

图六　藏族牦牛车受力分析图

图七　藏族牦牛车使用情境图

藏族牛皮船

图一　藏族牛皮船主图

牛皮船是藏民为了适应西藏地区复杂的地形结构而创造的传统水上交通工具。作为主要的渡河工具，牛皮船运用广泛，在西藏雅鲁藏布江、怒江等江河流域均有使用。

牛皮船造型较为简单，船身一般长3米、宽2米、深1米。其上部敞口分圆形和梯形两种，其中梯形敞口的牛皮船长边为头，短边为尾。船尾两侧各有一支船桨，由牛皮绳固定，其绳环的松紧预设了置桨的范围。船夫于船尾控制船只，船体通常可容纳3~8人，必要时还可将4只牛皮船捆绑使用。牛皮船的重量通常只有30~40公斤，轻便灵巧，在船体中段横系一根船索，可将船背起，方便搬运。牛皮船的制作相对简单，选用坚硬且具有弹性的树枝作骨架，横向7根、纵向4根相互交错捆绑出船衬大形，取优质牛皮拼接缝合包于骨架外部，并以牛皮绳加以固定捆绑，晒干后擦油定型即可。

牛皮船易于取材，制作简单，轻便实用，在许多藏区渡口仍然承担着水上运输的重任。

图片来源
图一至图六　刘春羽　制图
参考文献
宋兆麟,高可,张建新.中国民族民俗文物辞典.太原:山西人民出版社,2004:562.
广东省博物馆,西藏博物馆.雪域瑰宝——西藏文物展.广州:岭南美术出版社,2012:157.
张世文,楞本才让·二毛,夏吉·扎曲.藏族传统手工宝典.拉萨:西藏人民出版社,2011:473.

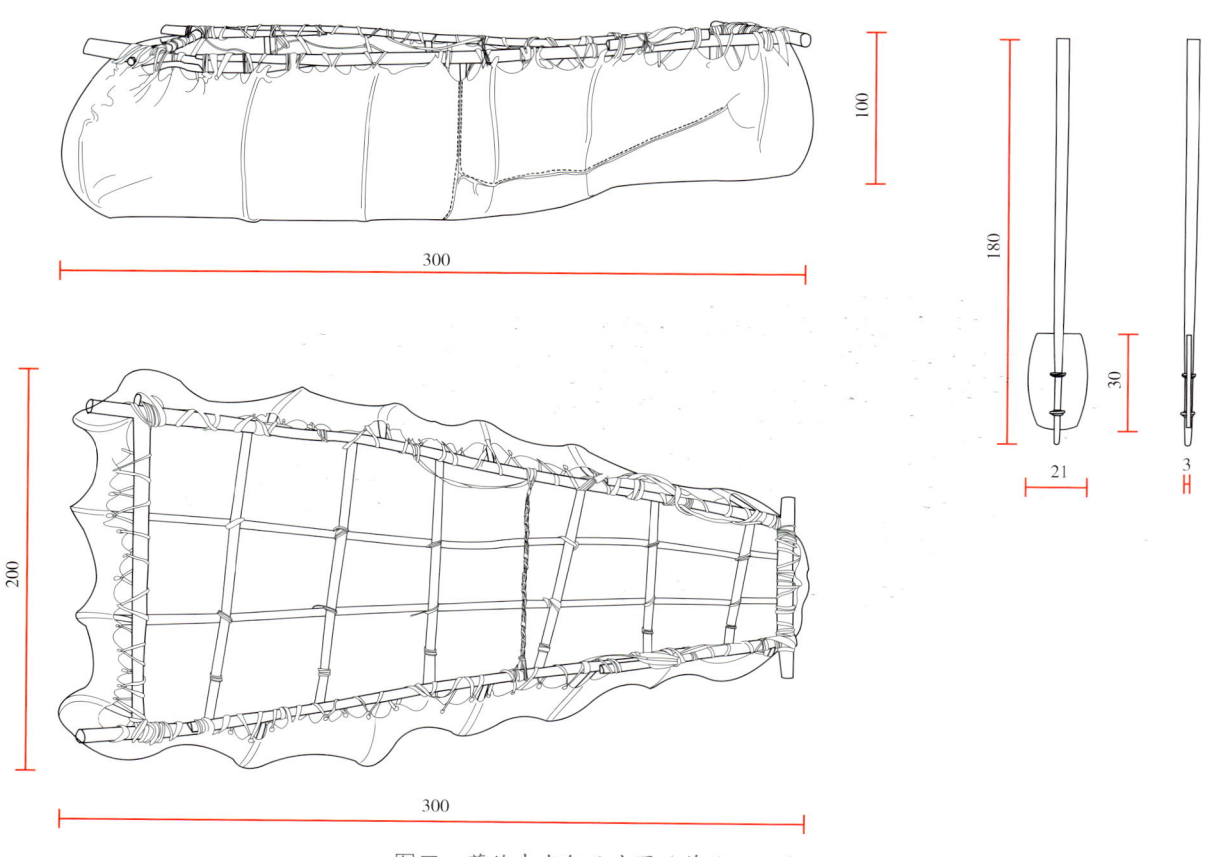

图二　藏族牛皮船尺寸图（单位：cm）

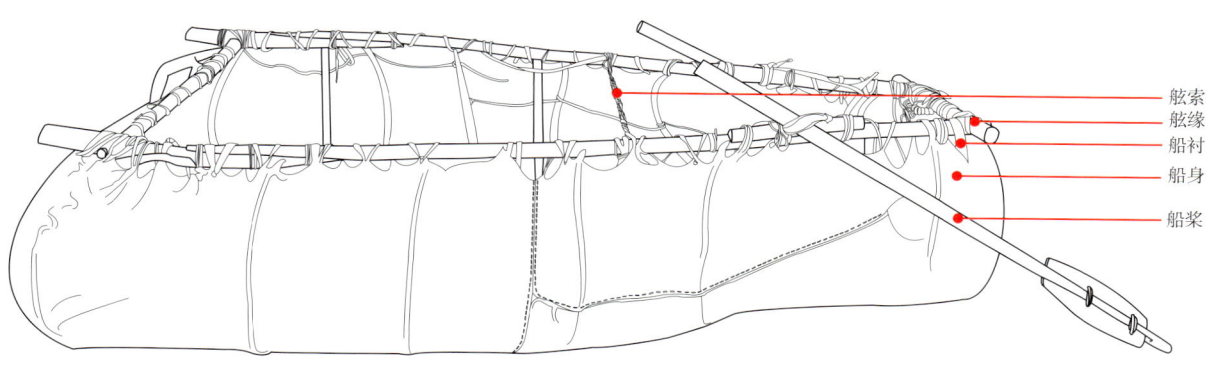

图三　藏族牛皮船结构名称图

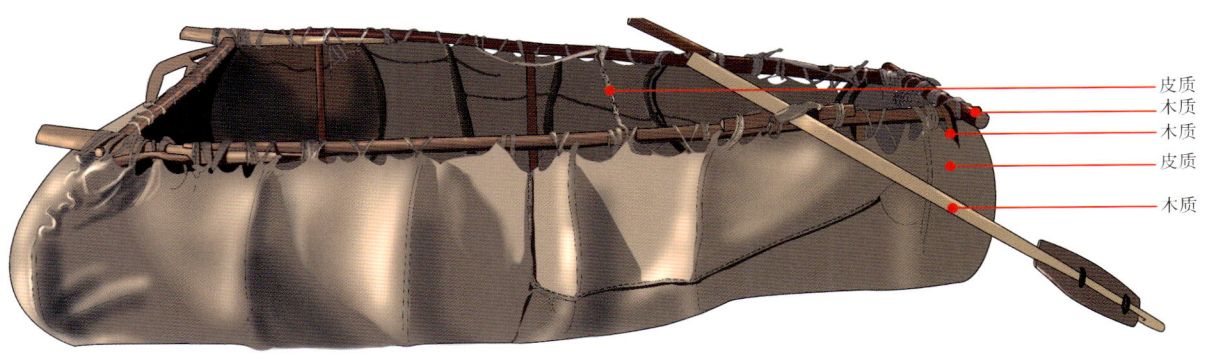

图四 藏族牛皮船色彩与材质分析图

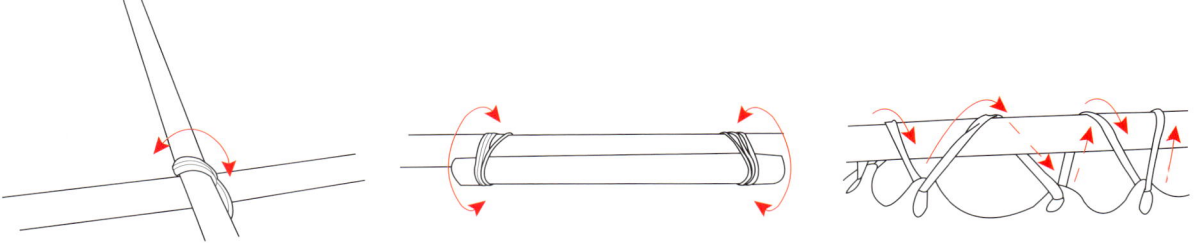

图五 藏族牛皮船捆绑方式示意图

图六 藏族牛皮船使用情境图

第五章 藏族传统生产工具

藏族塔夏

图一　藏族塔夏主图

藏族塔夏为纯手工制作的老式踏板立织机，是用经纬线交叉的方法将线或纱织成布的编织器械。塔夏主要构件为机框、机架、卷经轴、木梭等，其主体结构基本为木质，另有铁质滑轮配件。

织布时操作者坐在塔夏后部的座板上，双脚踏在踏板上，手脚配合轮流操作：右手投梭（投梭时手腕放松，保持梭子水平）；梭子穿过经纱（经纱平面垂直于地面），左手拉动杼子（杼是塔夏上管经线的部件）；脚踩踏板一次，这时经线上下交错分开，拍打一次纬线；然后左手穿过经线把木梭交给右手，拉动杼子并再次拍打纬线。拍打后的纬线就紧紧固定在经线上。如此双手轮流交换与双脚配合。不同经线的组合能与纬线实现不同的交叉方式形成各色织布。

塔夏利用了凸轮结构和连杆结构，织成的织物线条清晰流畅，图案造型简练、古朴并带有浓郁的藏区特色。

图片来源

图一　刘佳　摄影

图二至图七　肖劼　制图

参考文献

游战洪.踏板机构在古代纺织机械中的运用.机械技术史,2000(1):251—261.

刘兴林.先秦两汉织机的发展与布幅的变化.中国国家博物馆馆刊,2009(4):27—37.

广东省博物馆,西藏博物馆.雪域瑰宝——西藏文物展.广州:岭南美术出版社,2012:156.

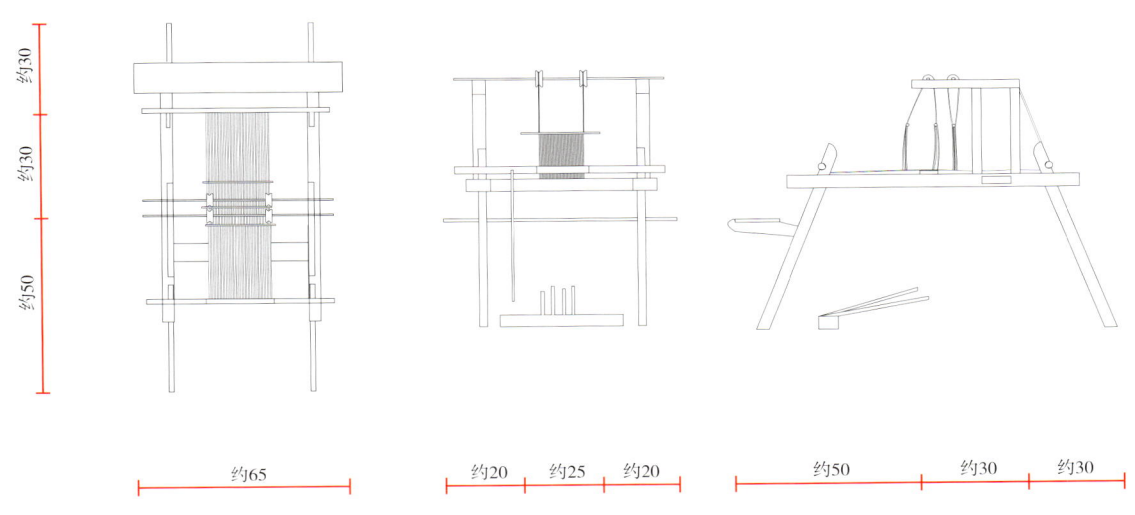

图二　藏族塔夏尺寸图（单位：cm）

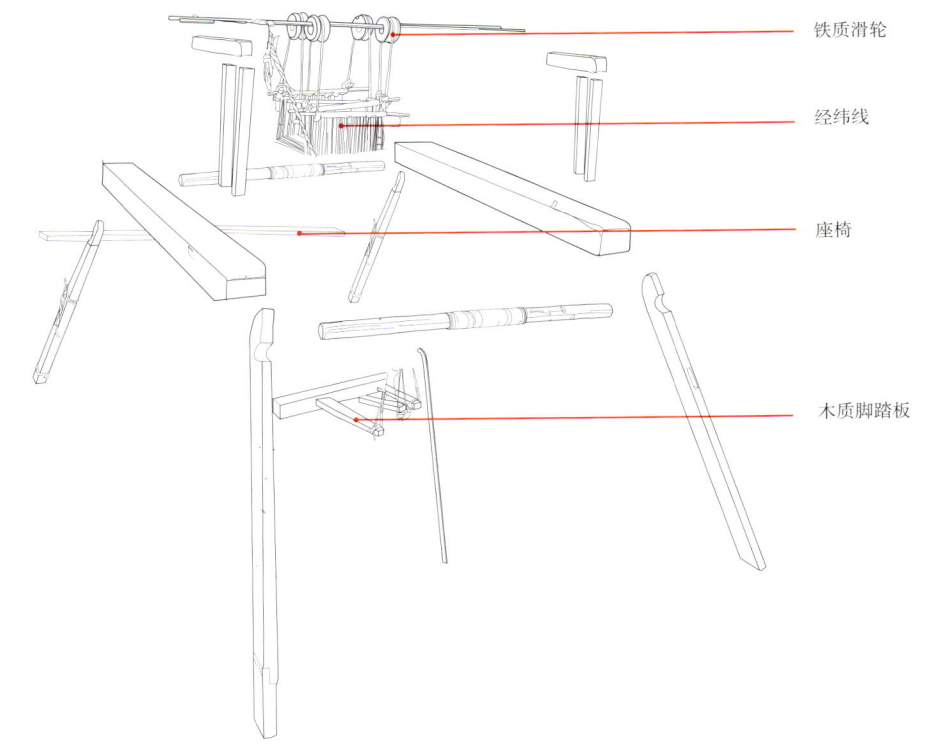

图三　藏族塔夏结构分解图

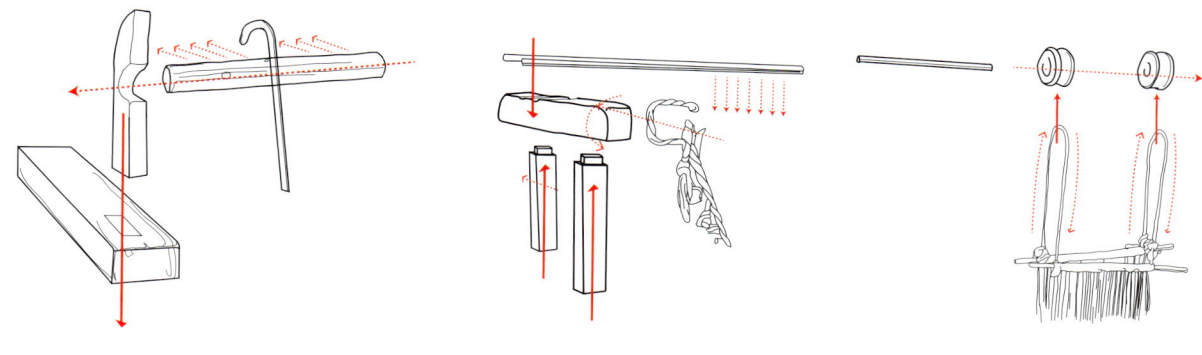

支撑木与横木靠搭，纺线向后力固定　　　木块榫接，纺线向下力固定　　　滑轮串联，纺线向下力固定

图四　藏族塔夏构造分析图

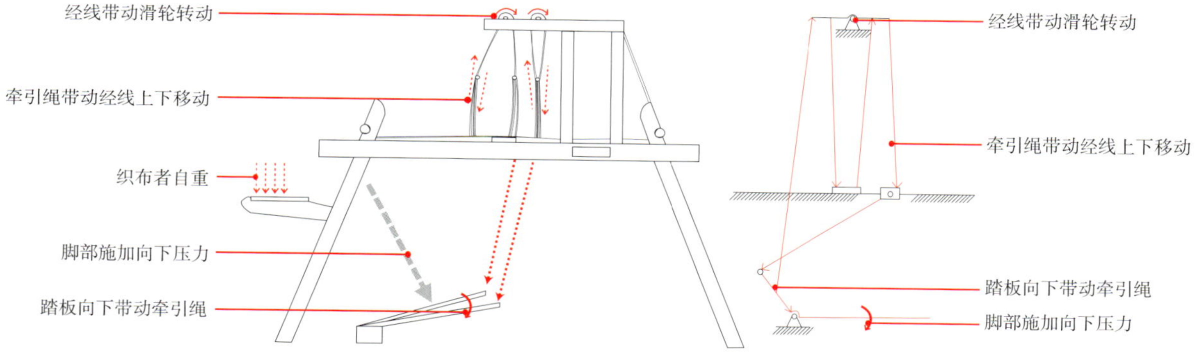

图五　藏族塔夏工作原理图

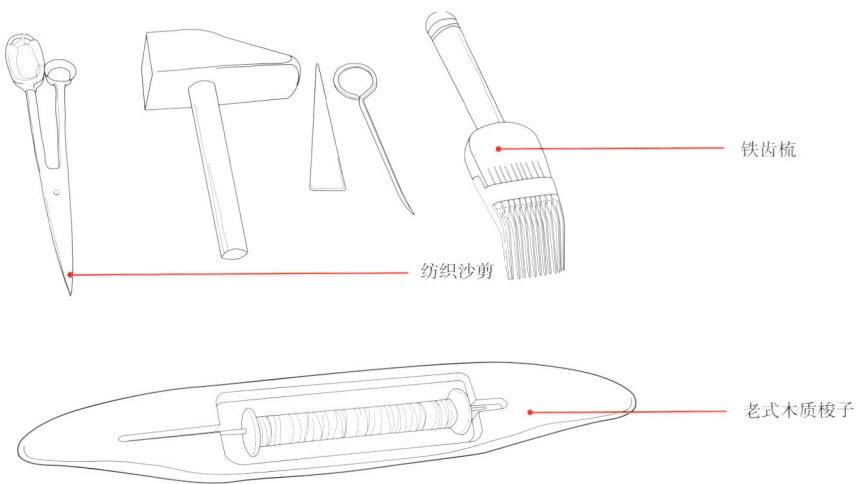

图六 藏族塔夏配套使用工具示意图

铁齿梳

纺织沙剪

老式木质梭子

图七 藏族塔夏使用情境图

第五章 藏族传统生产工具

藏族牛羊毛纺线车

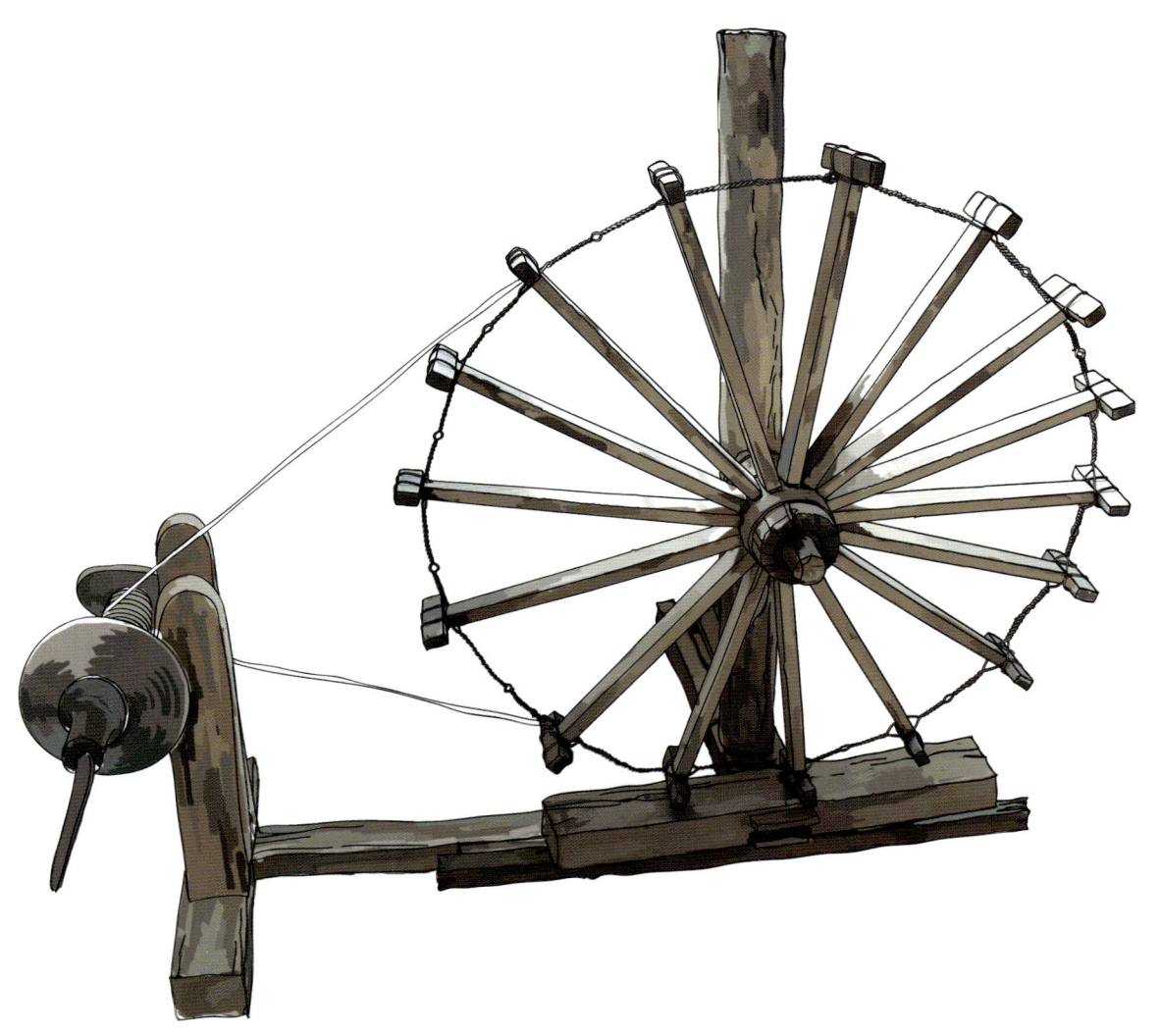

图一 藏族牛羊毛纺线车主图

牛羊毛纺线车在藏语中称为"江巴",是用于把牛羊毛粗加工后纺成毛线的一种简易的劳动工具。20世纪50年代以前流行于西藏山南、日喀则等地区,目前仍在使用。

传统牛羊毛纺线车主体通常由木料制成。手摇纺车主要由锭子、绳轮和手柄构成。常见的手摇纺车是锭子在左,绳轮和手柄在右,中间通过绳弦传动呈卧式。另一种是立式手摇纺车,是把锭子安装在绳轮之上,同样也是用绳弦传动。卧式纺车只需一人操作,而立式纺车需要二人配合操作。因卧式纺车更适合一家一户的农村副业之用,故该样式一直沿用至今。本案例为卧式纺线车，高132厘米、长177厘米。纺车根据滑轮传动原理设计制造，主要由支架、大转轮、传动带、锭子等组成。支架主要用于支撑纺线车。大转轮上绑有铁丝，大转轮和锭子依靠传动带连接，捻轴中间刻有小槽起到把羊毛捻成线的作用。在使用纺线车时，右手匀速转动纺车大轮，由于大转轮与锭子直径相差数倍，大轮转动一圈，锭子可转动数圈，左手拉着毛来回拉动并摆动，就可将锭子梳理好的牛羊毛纺成线。

牛羊毛纺线车简化了原本先捻后纺的加工流程，提高了生产效率，为藏族人的生活提供了便利。

图片来源
图一　刘佳　制图
图二至图五　俞志成　制图

参考文献
宋兆麟,高可,张建新.中国民族民俗文物辞典.太原:山西人民出版社,2004:477.

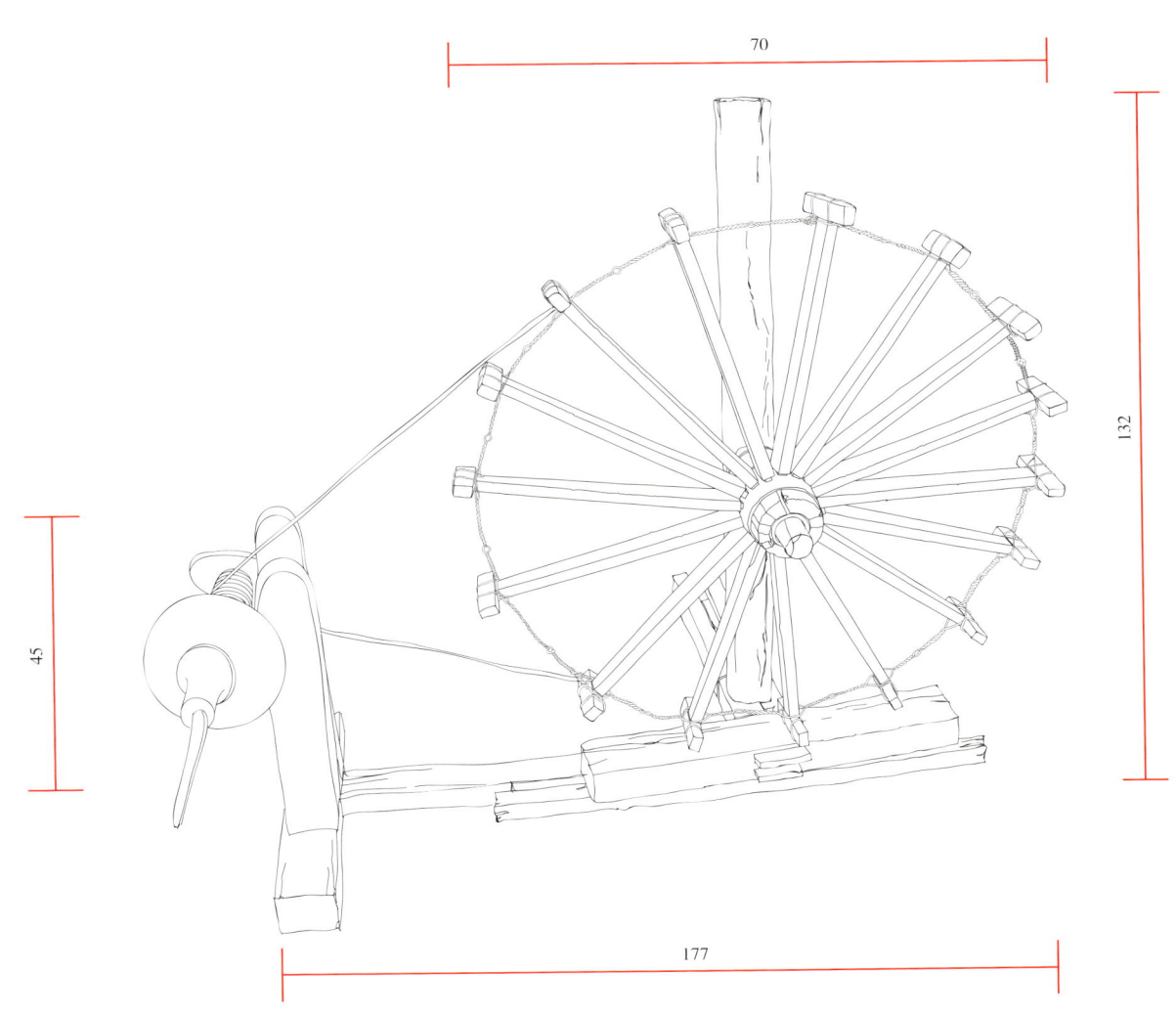

图二　藏族牛羊毛纺线车尺寸图（单位：cm）

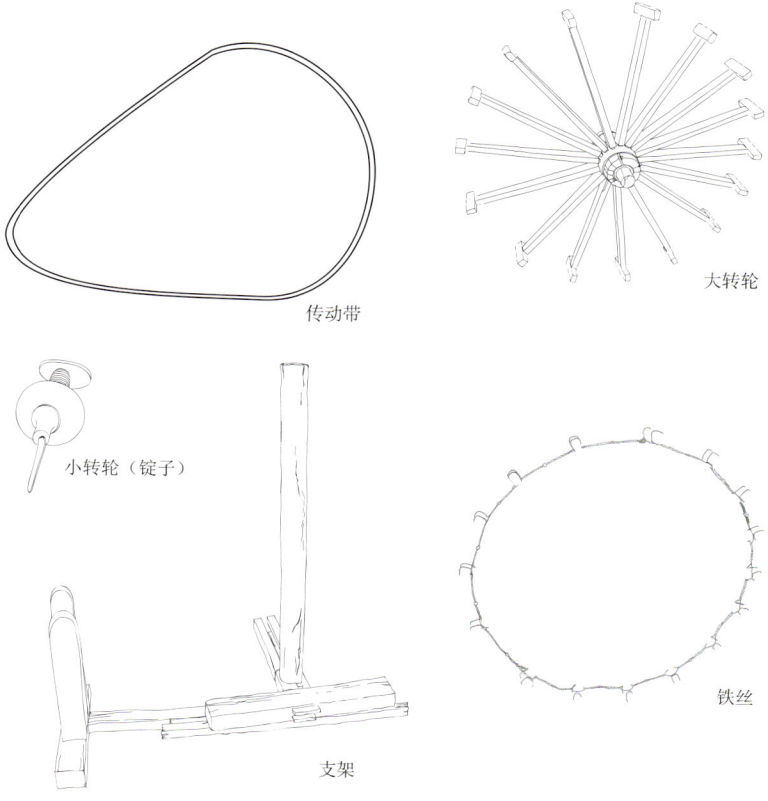

图三　藏族牛羊毛纺线车结构分解图

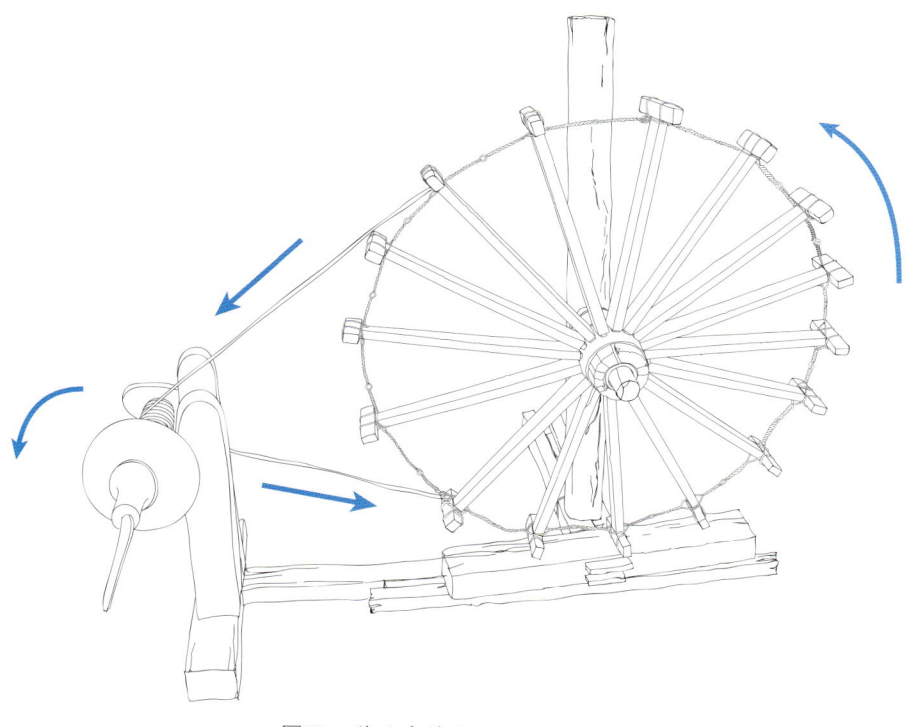

图四　藏族牛羊毛纺线车工作原理图

图五　藏族牛羊毛纺线车使用情境图

藏药工艺器具

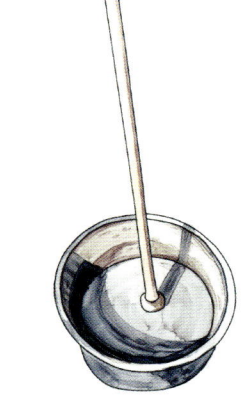

图一　藏药工艺器具主图

　　藏医药学是中华医学的重要组成部分，藏药是藏族人对抗疾病的重要途径之一。藏药工艺器具是我国藏医用药的特点所在。

　　藏药炮制的主要工具有切药刀、冲钵、箩筛、炒药锅、煅药锅、铁研船等。冲钵是通过撞击粉碎药物的工具，可加工少量药物。如需捣碎较多药物，则使用体积较大的擂药器械。炒药锅是对药物进行加热炒制的工具，一般为铁质。根据炒药方法的不同分为平锅和斜锅两种：平锅用于清炒，斜锅用于加辅料炒。药物的煅制使用煅药锅，也多为铁质，由炉火、底锅、盖锅三部分组成。藏药炮制工艺包括净制、切制和炮炙三大工序，不同规格的药有不同的炮制工艺，如蒸、炒、锻等高温的处理，或加入特殊的辅料后再用高温处理，以最终使其达到质量标准。随着技术的发展，现今藏药的炮制工具较原先更加先进，有了专业的炮制机器，生产藏药更为便捷。

　　藏药工艺器具种类丰富、实用性强，是众多藏药工艺中颇具特色的加工、制作用具，体现了藏医药学的技术水平。

图片来源
　　图一至图八　付佳　制图
参考文献
关东升.中国民族文化大观.北京:中国大百科全书出版社,1995:232—233+165.
宋兆麟,高可,张建新.中国民族民俗文物辞典.太原:山西人民出版社,2004:249—265.

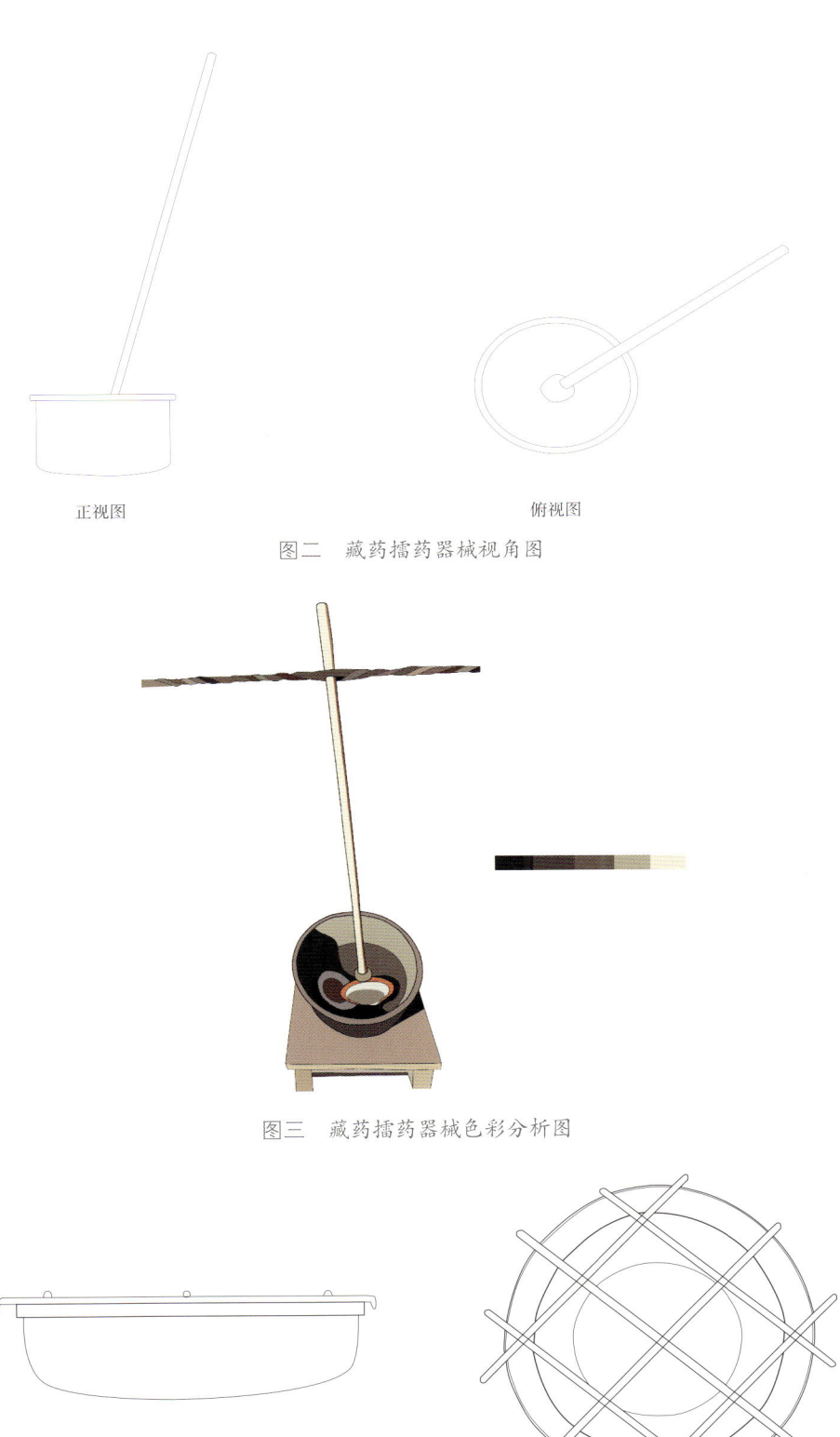

正视图　　　　　　　　　　　俯视图

图二　藏药擂药器械视角图

图三　藏药擂药器械色彩分析图

正视图　　　　　　　　　　　俯视图

图四　藏药炮焙工具视角图

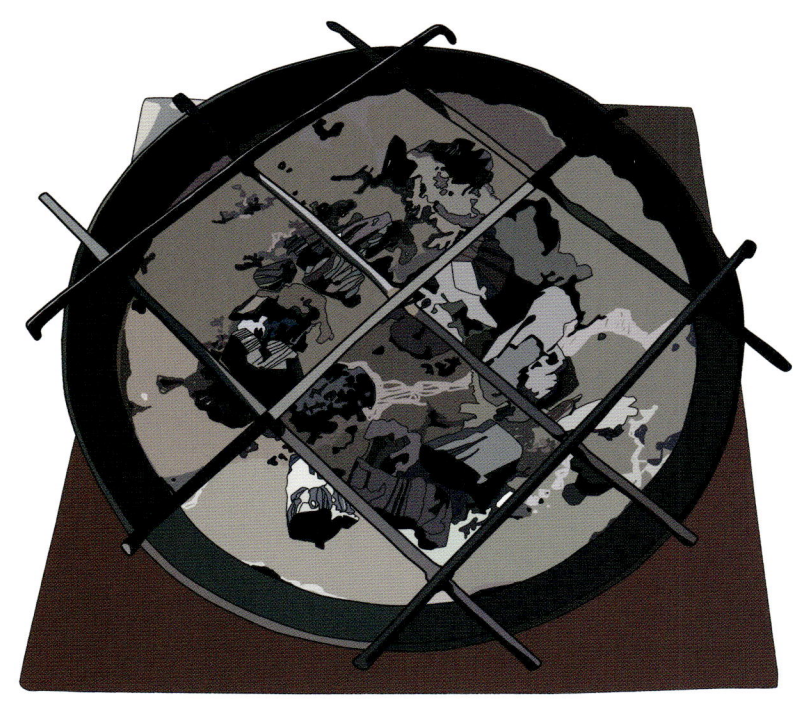

图五 藏药炮焙工具色彩分析图

图六 藏药其他炮制工具

图七 藏药炮制场景图

图八 藏药成药装配场景图

藏族曼唐器械

图一　藏族曼唐器械主图

"曼"是药或医的意思,"唐"是唐卡的简称,曼唐即藏医用教学挂图。在2000多年前外科手术器械已广泛应用于藏医临床外科手术实践中。

17世纪清朝康熙年间,达赖五世系统地整理、总结和绘制了曼唐系列挂图《四部医典系列挂图》,1703年79幅成套的《四部医典系列挂图》完成,成为现存曼唐的标准蓝本。它以彩图的形式把藏医学的全部内容用唐卡直观地表现出来,构图简明写实、内容丰富,包括人体脉络、疾病原因与治疗方法。最早的藏医传统手术器械出现于距今4000多年前藏族先民的穿颅手术中,这类手术由巫医施行,证明了藏族先民已具备一定的人体解剖学知识。藏医的外治,可笼统地分为温、粗、猛三种。施术时,无痛苦者为温法,包括药浴法、涂擦法及罨敷法。较强的粗法治疗包括放血法、火灸法与穿刺法。剧烈的猛法外治则包括切除、割断、剜除与拔除。

曼唐器械体现了藏医外科手术的技术发展水平,为广大藏医学学习者提供了丰富的资料,推动了藏医学的传播与发展。

图片来源

图一、图六　刘佳　摄影
图二至图五　肖劼　制图

参考文献

丹曲,张超音.藏医,悬壶于世界屋脊.中华遗产,2005(2):43—61.

中国藏医药文化博物馆.曼唐.中华文化画报,2009(7):74—79.

宇妥·元丹贡布.图解四部医典.西安:陕西师范大学出版社,2006:204—209.

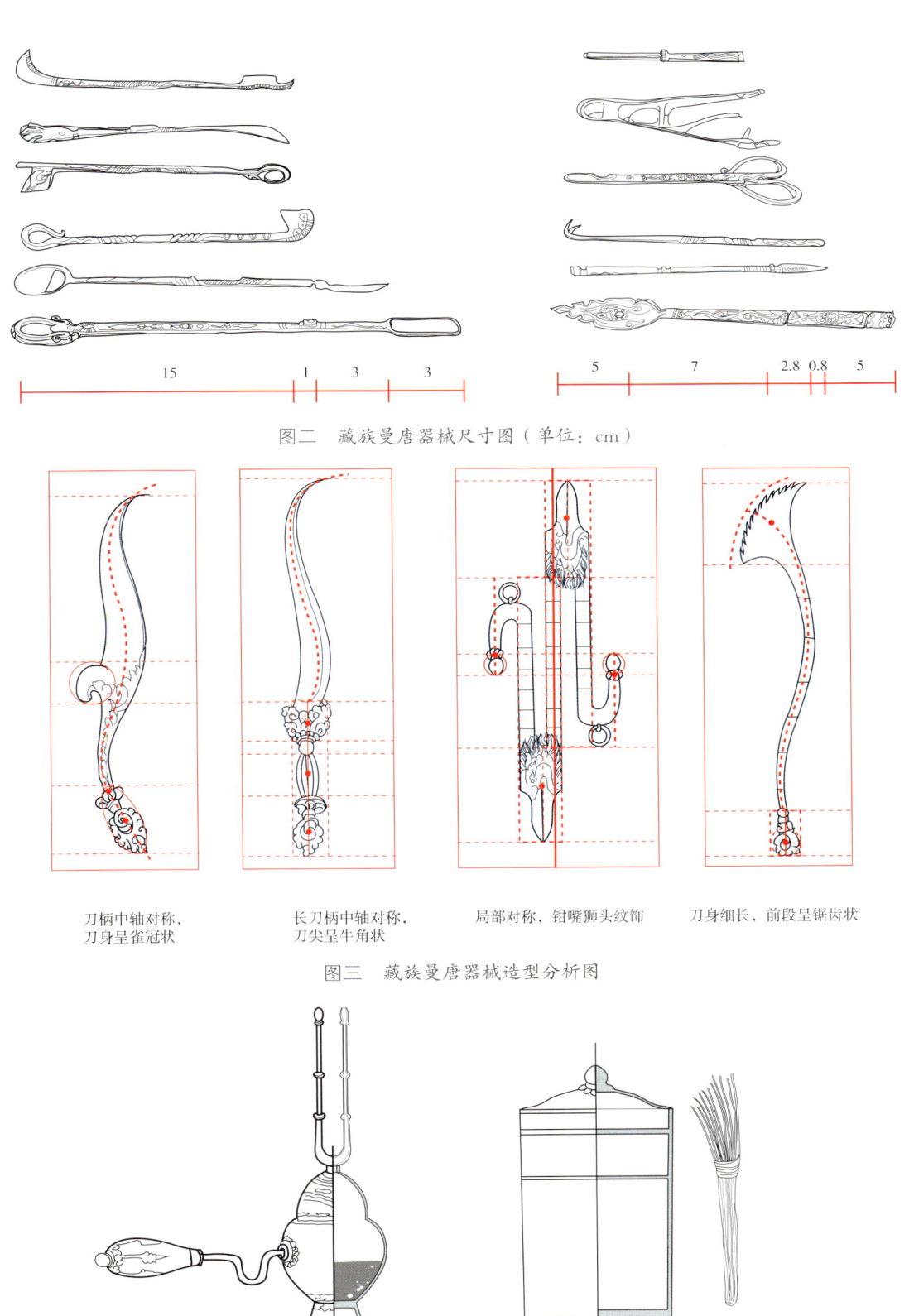

图二 藏族曼唐器械尺寸图（单位：cm）

刀柄中轴对称，刀身呈雀冠状

长刀柄中轴对称，刀尖呈牛角状

局部对称，钳嘴狮头纹饰

刀身细长，前段呈锯齿状

图三 藏族曼唐器械造型分析图

双叉熏药小壶　　　带盖药筛与药帚

图四 藏族曼唐器械剖面示意图

第五章 藏族传统生产工具

439

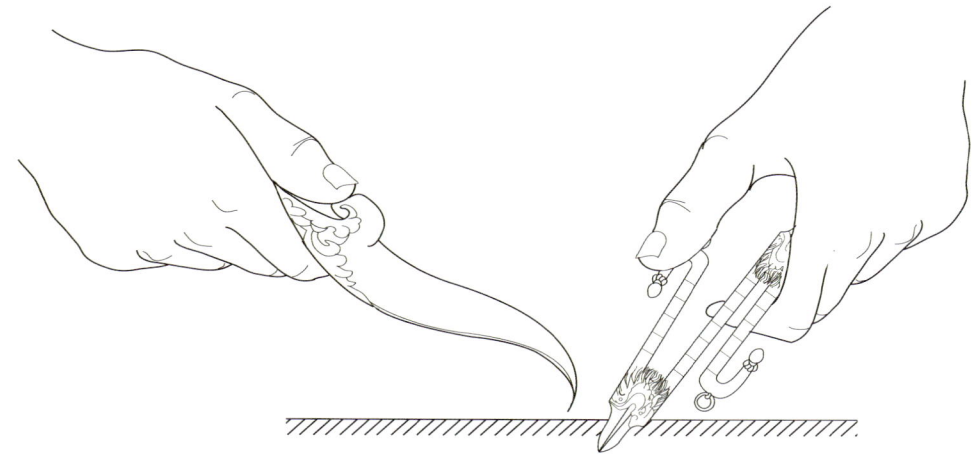

图五　藏族曼唐器械使用示意图

图六　藏医学挂图

第六章 藏族传统手工艺

藏族拉卜楞寺酥油花

图一 藏族拉卜楞寺酥油花主图

酥油花是藏族特有的古老手工艺品，它以藏区特产酥油为原材料，调制各种矿物颜料制成。主要取材于各种神话故事，如《唐僧取经》《天仙配》《嫦娥奔月》等，多以佛像、山水、人物、飞禽走兽、花卉树木、亭台楼阁等作为元素，人物神形兼备、惟妙惟肖，场景繁而不乱、栩栩如生。甘肃省甘南藏族自治州夏河县拉卜楞寺每年正月十五举行盛大的酥油花灯会，拉卜楞寺六大学院精通此艺的僧人需提前制作出千姿百态的酥油花作品，然后将其抬到大佛殿前展出比赛，堪称拉卜楞寺"一绝"。

酥油花遇高温容易融化，因此只能于冬季制作，僧人需将双手不断浸泡在冰水中以降低温度，方可进行酥油花创作。酥油花的制作工序大致分为四道。首先是扎骨架，用草束、棍子、竹竿、麻绳等物塑造出基本的模型。然后是做坯胎，利用上年拆下来的陈旧酥油花掺和上草木灰反复捶打，制成韧性好、弹性强的黑色塑造油泥，通过近似面塑或泥塑的塑法，将其裹在骨架上完成大造型。再次是敷塑，在加工成膏状的乳白色酥油中揉进各色矿物质颜料，调和成油塑原料，涂塑在做好的基本形体上。最后一道工序是装盘,将塑好的酥油花按设计总图的要求,用铁丝固定安装在几块大木板上或特制的盆内,使其高低错落、立体悬空,供观赏者从不同角度观瞻。展出时,酥油花架会用高的杆子立起,最高可达十几米,需以仰视角度观看,更能体现佛法庄严、宝像生辉。一座大的花架上,往往要塑造几十个,甚至上百个人物组成的故事画面。

酥油花艺术集美术、雕塑、宗教、文化和历史于一身,规模宏大壮观,内容丰富多样,色彩绚丽、栩栩如生、工艺精美。除拉卜楞寺外,青海西宁塔尔寺酥油花也极为著名,吸引着数以万计的各地信众和中外游客。当代酥油花在传统的题材和制作手法上都有所突破,增强了作品的表现力和感染力,使酥油花能够一代代传承并发展下去,在藏文化艺术中绽放出夺目光彩。

图片来源
图一、图六　树莓　摄影(Fotoe网)
图二至图五　须博　制图

参考文献
华锐·东智.拉卜楞寺酥油花艺术探源.西藏民族学院学报(社会科学版),1998(4):31—35.
张世文,楞本才让·二毛,夏吉·扎曲.藏族传统手工宝典.拉萨:西藏人民出版社,2011:43—44.

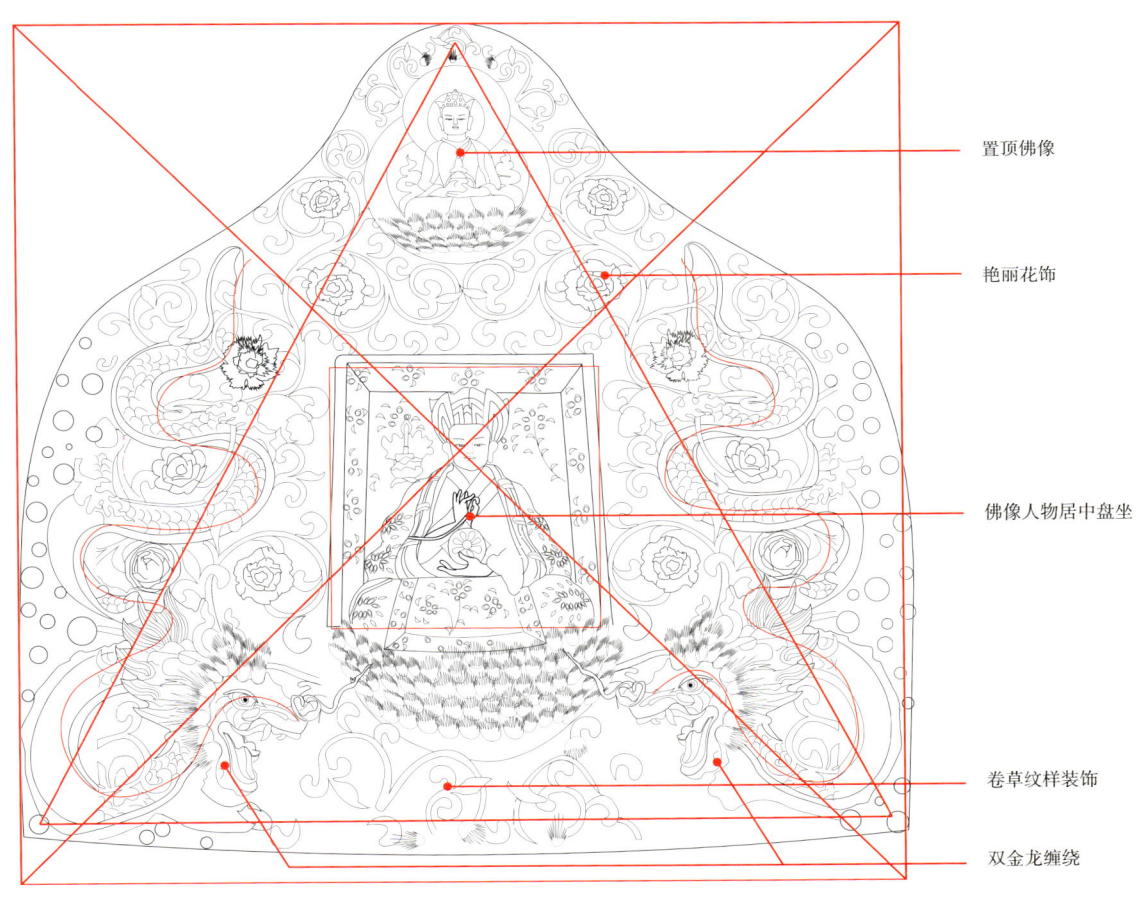

图二　藏族拉卜楞寺酥油花造型分析图

图三 藏族拉卜楞寺酥油花色彩分析图

图四 藏族拉卜楞寺酥油花构成分析图

1. 扎骨架
2. 做坯胎
3. 敷塑
4. 装盘

图五 藏族拉卜楞寺酥油花制作流程图

图六 藏族拉卜楞寺酥油花现场展示图

藏族木刻浮雕

图一　藏族木刻浮雕主图·护经板

藏族木刻浮雕是以木材为原材料，在平面上雕刻出凹凸起伏的各种形象的一种手法，木刻浮雕是藏密艺术常见的一种雕刻形式。在寺庙或普通藏族家庭的廊柱、梁架、门窗和斗拱等部位均可见到各种木雕饰物，木雕佛像、神像的数量更多。哲蚌寺经堂、色拉寺大殿、塔尔寺印经院的木质雕柱都是西藏木刻浮雕艺术的代表作品。

藏族木刻浮雕艺术主要包括：宗教类雕刻、建筑类雕刻、生活家居类雕刻。建筑装饰木雕是寺院建筑的附属品，也构成了西藏木雕工艺的主流。大昭寺、小昭寺、扎什伦布寺和塔尔寺等绝大部分寺院都有大量精美的装饰木雕遗存。护经板木雕可称为西藏木雕艺术的精品。公元8世纪以来，随着藏文规范化，佛教经典的翻译也随之进一步扩大，经书刻印完毕，封面封底需用两块木板上下夹牢，再用细软的牛皮绳与铜扣系紧，才算完成。刻工们在护经板上雕刻精美的图像，使其成为西藏木雕中独具特色的雕塑种类，是集实用、趣味于一体的经典案例。印刷模具木雕的主要功能是用来印刷经文、书籍，也有用其在画布上拓印其他吉祥图案的，它的出现促进了藏族的佛学经典及有关古籍文献的传播。藏族家庭多使用木质家具，所以木雕家具非常多见，佛龛、藏桌、藏柜、藏床上都雕刻有精美的图案。生活家居的雕刻内容题材广泛，如人物、花卉、虫鱼、龙凤、虎和狮等。木雕制作工序包括木活、旋活、锼活、凿活、铲活、锉活、磨活、上色、烫蜡和漆活等。常用木材主要有紫檀、黄花梨、鸡翅木、花梨木、楠木、椴木或核桃木等。

西藏木刻浮雕艺术内容多样，风格朴实，表现手法简练，既有浓厚的装饰趣味，又颇具艺术魅力。色彩上多用炫目的金色和富丽的红色调，以及对比色和原色来表现藏族人的审美意向和生活情趣。藏族木刻浮雕将宗教文化内涵及艺术表现形式完美结合，具有较高的文化艺术价值。

图片来源

图一 须博 摄影
图二至图七 须博 制图
图八 刘佳 摄影

参考文献

张世文,楞本才让·二毛,夏吉·扎曲.藏族传统手工宝典.拉萨:西藏人民出版社,2011:21—23.
彭彤.藏传佛教雕塑艺术及其特征.同济大学学报(社会科学版),2002(6):12—13.

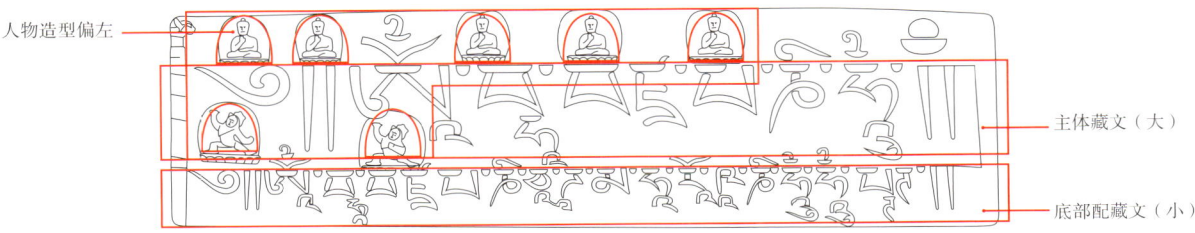

图二 藏族护经板图案构成分析图1

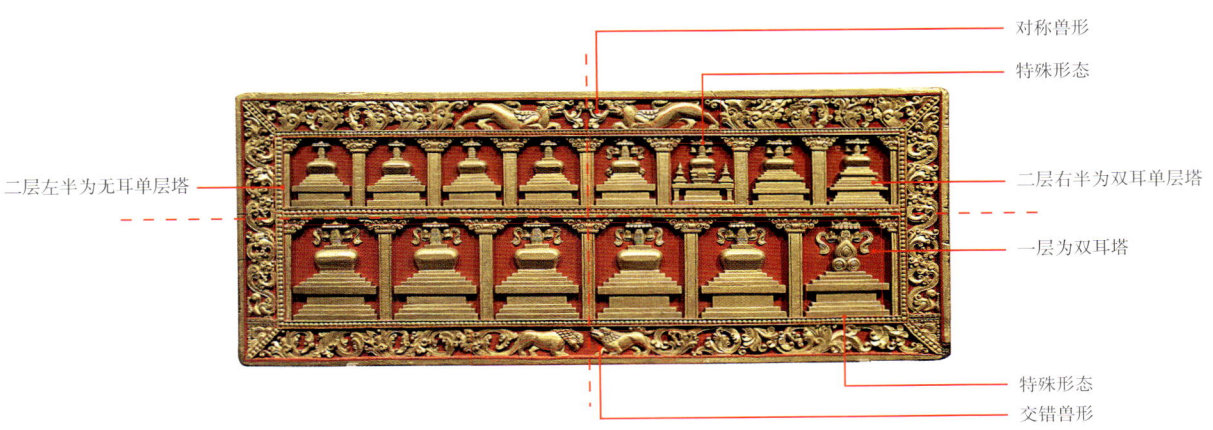

图三 藏族护经板图案构成分析图2

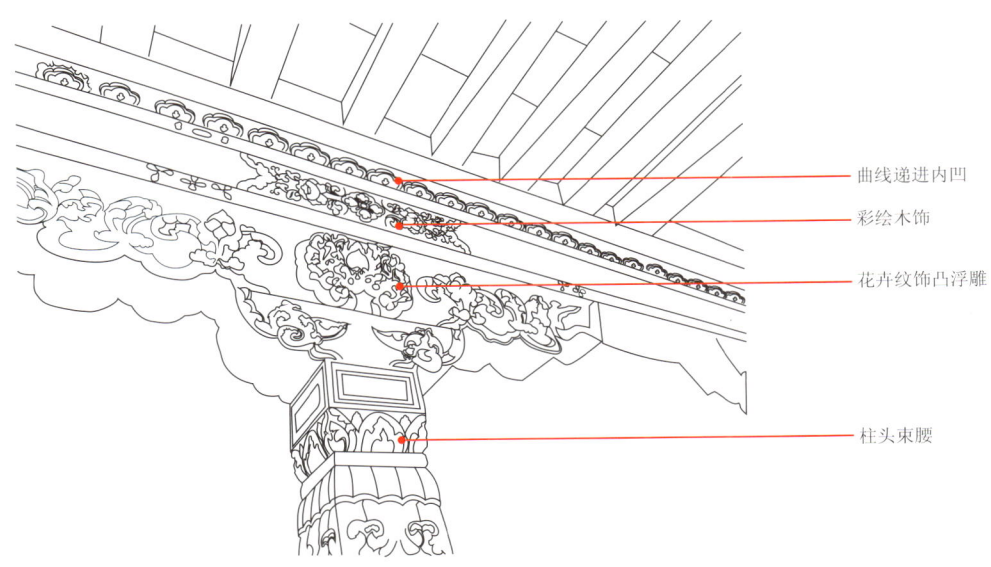

图四 藏族柱廊木雕装饰造型图

第六章 藏族传统手工艺

447

图五　藏族柱廊木雕装饰色彩分析图

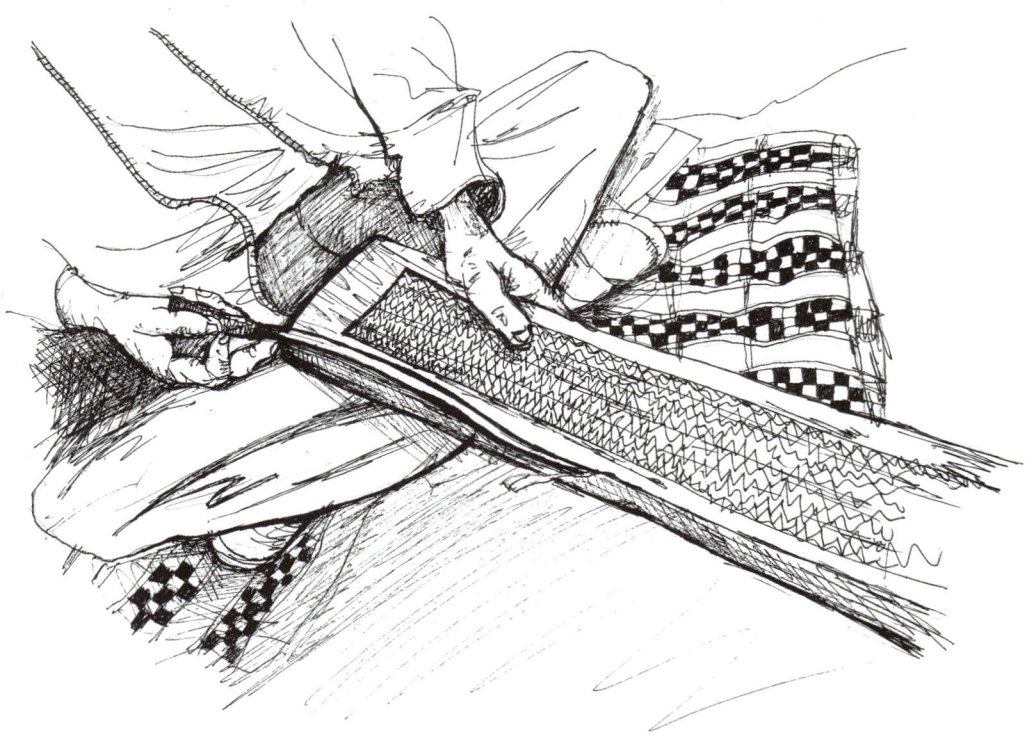

图六　藏族护经板制作场景图

图七　藏族木刻浮雕工艺流程图

图八　藏族塔尔寺木刻浮雕建筑饰物

第六章　藏族传统手工艺

藏族木刻圆雕

图一　藏族木刻圆雕主图·持金刚菩萨像

圆雕即立体雕塑，观赏者能从不同角度看到物体的各个侧面，具有三维空间的造型美感。藏族传统木刻圆雕工艺起源于远古时期，按照雕刻内容可分为宗教类圆雕、建筑类圆雕及实用器物类圆雕三大类，是藏传佛教雕塑艺术的一种类型。

从艺术的角度讲，圆雕极富立体感、生动逼真、层次丰富。材料上，木刻圆雕对用材的要求比较严格，宜选择较硬的木材进行雕刻，木材本身的质感、颜色以及纹理的美，也能烘托出木雕的效果。常用的名贵木材有紫檀、黄花梨、红山枝、鸡翅木或楠木等，也会用椴木、楸木或核桃木等。木刻圆雕主要以各种不同刀刃的刻刀进行雕塑，其中最常用的是铲刀、平刀、刮刀、弯刀、细刀及粗刀等。在制作宗教圆雕造像时，首先要选择合适雕刻的原木，按所雕刻造像的尺寸取下截体，用小斧子剖出大面，然后勾线，先粗雕出造像的各个部位，再精细雕刻，采取凿、斜刻、平铲、挖或掏等手法。造像细部基本完成后，用砂纸打磨抛光，上色彩绘，装藏开光。本案例为木刻圆雕持金刚菩萨像，刀法淳朴、质感圆润、造型优美，是木刻圆雕中的精品。

藏民通过对不同木材的灵活运用，以精湛的技艺和巧妙的构思，创造出具有鲜明地域特色和藏族文化的圆雕作品。藏族传统木刻圆雕风格浑厚、大气古朴、简练有力、形神皆具，颇具观赏价值和艺术魅力。

图片来源
图一　刘佳　摄影
图二至图五　曹莉莉　制图

参考文献
元旦尖措.藏文化荟萃——青海藏文化博物院画册.西宁：青海民族出版社,2011:74.
李海平,边巴多杰.藏族传统手工宝典.拉萨：西藏人民出版社,2011:21—23.

图二　藏族木刻圆雕持金刚菩萨像尺寸、造型分析图（单位：cm）

图三　藏族木刻圆雕持金刚菩萨像

图四　藏族木刻圆雕供品像

图五　藏族木刻圆雕雕刻场景图

藏族铜雕造像

图一　藏族铜雕造像主图·松赞干布像

铜雕，藏语称"利玛"，意为"各类响铜制品"，西藏众多寺院都会收藏贵重铜佛像。西藏铜雕造像的题材主要是佛像和人物造像。藏传佛教造像在工艺和风格上，坚持藏民族雕塑传统的同时，吸收了印度、中原地区和霍尔流派的风格，并通过漫长的时间演化，逐步形成了自己的风格特质。

铜雕造像雕塑工艺有铸造与打制两种，但圆雕佛像大多用"失蜡法"技艺浇铸而成，有的作品为整体浇铸，有的为分体浇铸。使用材料多为各种铜合金，一般分为红铜、黄铜或青铜。藏族铜雕造像的主要工序为：固型材料，将以松脂为主原料的硫化物，用火炙烤至融化，冷却后定型；板基，用来固着松脂和铜材的木材；纸描肖形，将要塑造的形象绘制在同样幅面的纸张上，并粘贴在固着于松香的铜皮上；镌写，用锤和冲子将纸描形象镌写于铜皮上；清纸，镌写完成后将纸样过水清除；过火，过火加热铜皮并平整铜皮，重复三到五次；重勒，为使形象更清晰，重新錾或铳，复刻一遍；裁剪，将镌刻肖像以外的铜皮裁剪掉；塑型固型，加热松胶，调面将肖形固着在板基上；塑型，对肖形进行精确塑型；过火，重复多次，更好的保持肖形全面的固型能力；浮雕修饰，主体肖形完成后，再精细雕琢；再次过水冷却；精裁，在基础塑型后精细剪裁；合象，加工完两半肖形，按精裁像口严格合拢；最后清洁污垢。藏式铜雕造像有大有小，大者重以吨计，小者如拇指一般。本案例为西藏布达拉宫收藏的13—14世纪松赞干布鎏金铜像，通高46.5厘米，底宽30厘米。松赞干布双手结禅定印，结跏趺坐于简朴的圆鼓蒲团上。发梳三辫，缠头巾，身穿大翻领、宽袖衣袍，衣袍束腰，脚着靴子。其翻领上以浅浮雕刻画连珠圈绕的团龙纹，衣褶则以纯熟平滑的线条表现。

藏族铜雕造像吸收了各地佛教艺术的表现手法，生动地刻画了人物并注重传达内心情感，以形写神、神形兼备，充分展示出藏族雕塑家杰出的艺术才华和优秀的民族雕塑传统。

图片来源
图一　俞志成　制图
图二、图三、图五　须博　制图
图四　刘春羽　制图
图六　徐晓娴、习敏慎　制图

参考文献
张世文,楞本才让·二毛,夏吉·扎曲.藏族传统手工宝典.拉萨：西藏人民出版社,2011:8—9.
冯明珠,索文清.圣地西藏——最接近天空的宝藏.台北：联合报股份有限公司,2010:101.

图二　藏族松赞干布铜造像尺寸图（单位：cm）

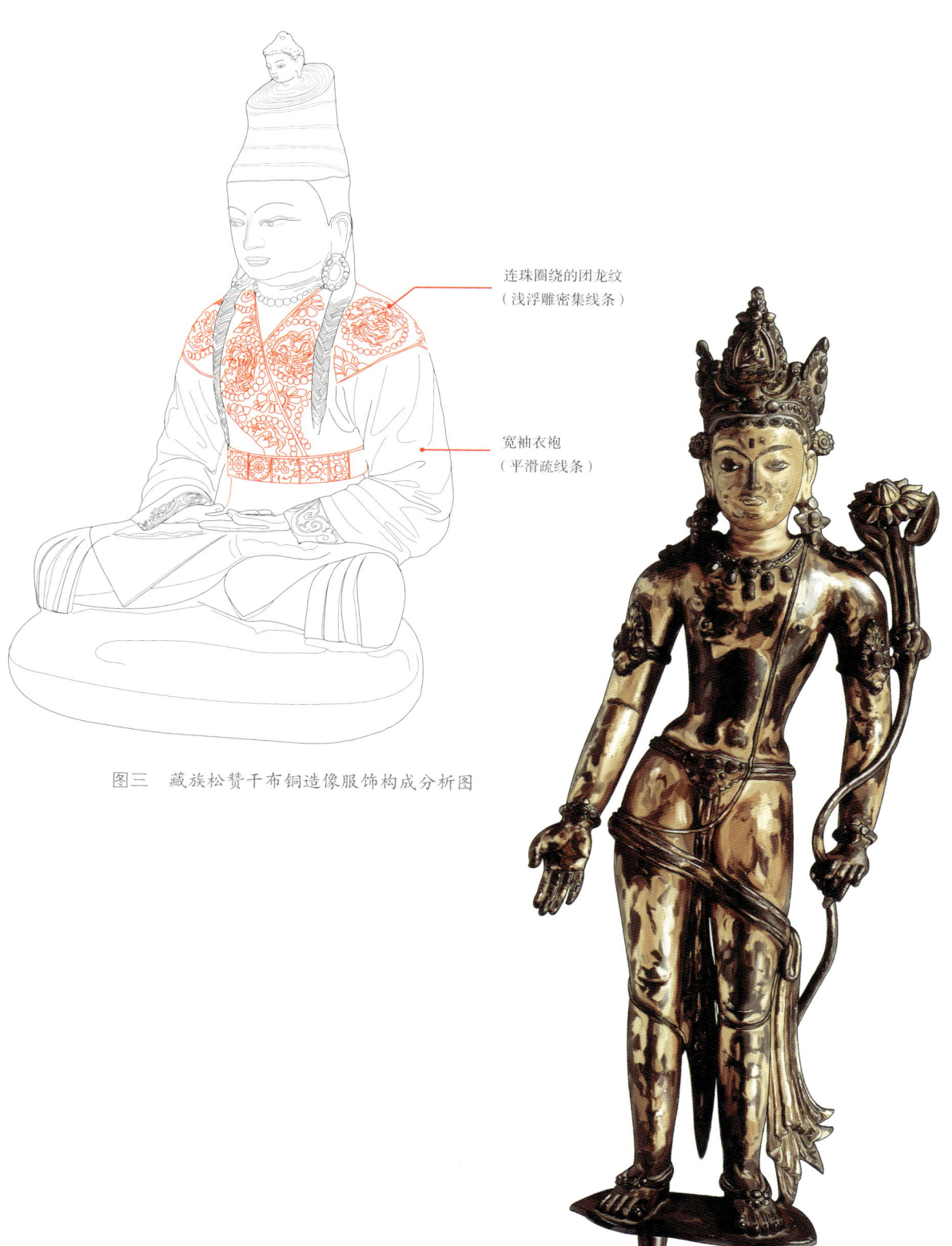

连珠圈绕的团龙纹
（浅浮雕密集线条）

宽袖衣袍
（平滑疏线条）

图三　藏族松赞干布铜造像服饰构成分析图

图四　藏族莲花手菩萨铜造像

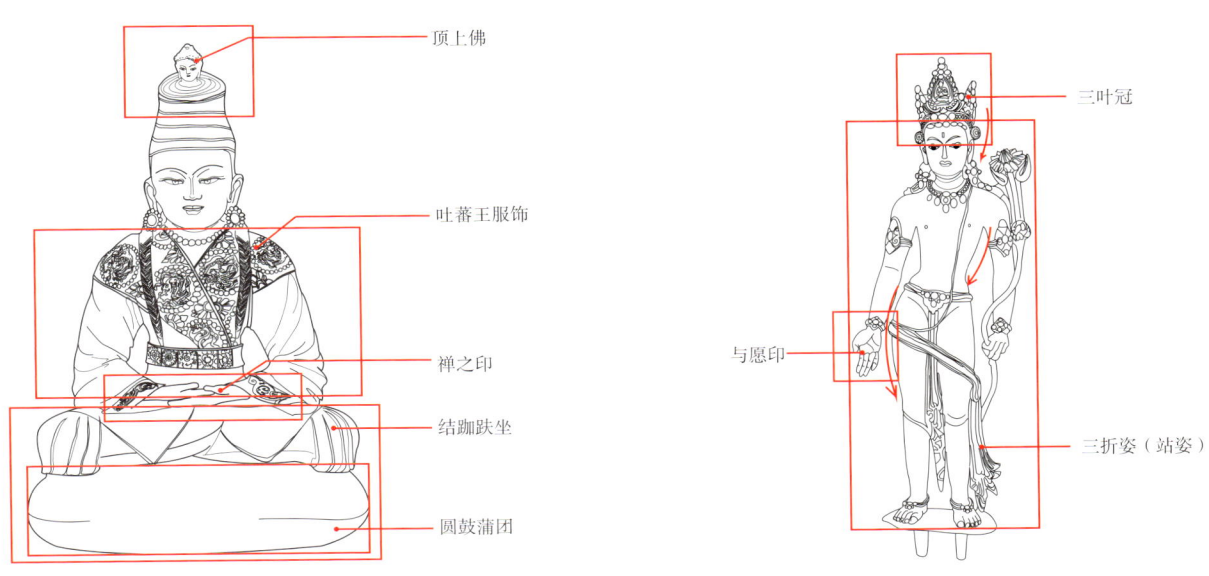

图五 藏族松赞干布、莲花手菩萨铜造像造型分析图

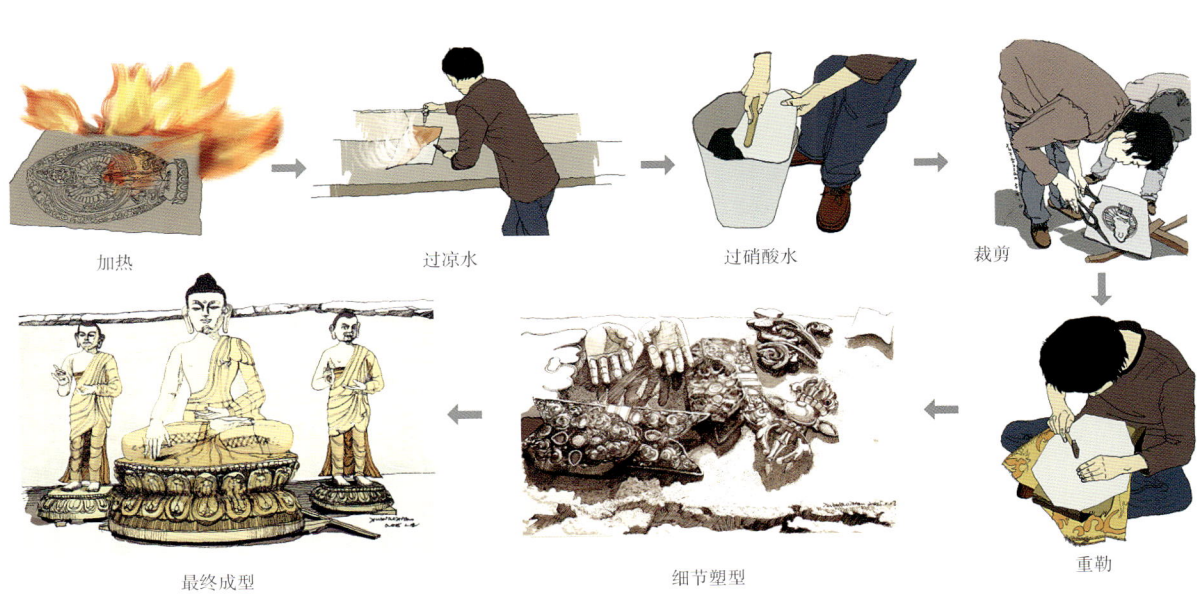

图六 藏族铜雕造像主体工艺流程图

第六章 藏族传统手工艺

藏族银雕造像

图一 藏族银雕造像主图·白度母像

藏族有着悠久的用银制作器物的历史，传统的银雕造像工艺从铸造、锻打到抛光全部采用手工操作。藏族银质器物造型优美、题材众多、品类丰富，在日常生活中随处可见。

作为一种常见的贵金属，银本身具有可持久的白色光泽，并且具有良好的延展性、高反射率等优良特性，成为藏族传统造像和雕刻艺术中的一种重要材质。藏族传统银雕造像可以分为生活用品、宗教器物、服装饰品、首饰四大类。其中，生活用品有银碗、银壶、酒具、银勺和银盘等多种，宗教器物包括佛教人物造像、酥油灯、净水壶、银塔、护身佛龛、喇叭、唢呐及平安顶等，服装饰品有银饰刀具、腰盘、带环和针线盒等，首饰有耳环、耳坠、项链、银簪、手镯及发箍等。这些银质器物表面多刻有藏文六字真言、瑞兽图案、宝石银花或吉祥图案等，造型多种多样，工艺表现形式丰富。具体制作手法有浅浮雕、高浮雕、镂雕以及镶嵌等，往往一件器物包含多种工艺形式。本案例银质白度母像以纯银铸造，胎体厚实，雕工精致，戴镀金五叶冠、绿松石耳坠、项链和手镯，形态慈祥温和，结跏趺坐于鎏金莲座之上。

银雕造像技艺经过先辈们的长期实践，积累了丰富的经验，其多样的造像形式和精美的雕刻纹样成为藏族传统艺术中的一个重要部分。藏族传统银雕造像不仅代表了藏民们祈求平安、幸福的美好愿望，更承载了浓郁的民族文化特色。

图片来源

图一　许边疆　摄影
图二　褚宏枫　制图
图三、图五　刘佳　制图
图四　刘佳　摄影、制图

参考文献

青海新闻网[EB/OL].http://www.qhnews.com/zt/system/2007/03/22/002085945.shtml.
四川新闻网甘孜频道综合[EB/OL].http://gz.newssc.org/system/20110930/001364743.html.
广东省博物馆,西藏博物馆.雪域瑰宝——西藏文物展.广州：岭南美术出版社,2012:51.

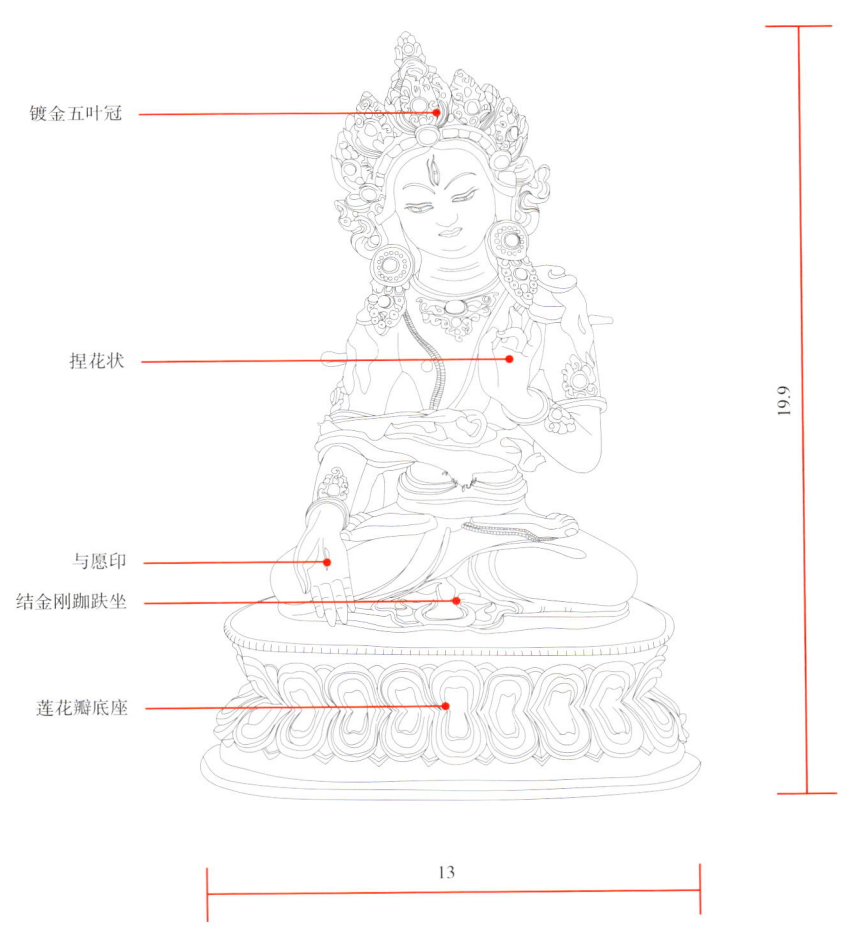

图二　藏族银质白度母像尺寸、造型分析图（单位：cm）

图三　藏族银质双龙戏珠纹净水瓶

图四　藏族鎏金银单把壶造型分析图

图五　藏族银质配饰雕刻

藏族石雕造像

图一 藏族石雕造像主图·大日如来像

石雕作品是西藏雕刻艺术中数量最多，规模最大，最为流行的雕刻形式之一。在题材上，石雕造像作品主要表现诸佛菩萨、弟子、高僧大德、本尊、护法神和明王等人物造像。在西藏，佛教石雕随处可见。著名的拉萨药王山石刻早在吐蕃时期就已经开凿，此后1000多年也陆续都有造像活动。罗布林卡和布达拉宫所藏八尊石雕石刻像，具有鲜明的各时代造像特征。

石雕造像首要的是选用石材，主要是花岗岩、页岩、玉石等。石雕造像的选材有十分严格的规定：作为神祇造像的石头要清一色，如白色、黑色、浅褐色、黄色或红色等；石头必须十分光滑，避免掺入沙层和其他杂质；长期被水冲刷，或者埋于土中，或者没有经过暴晒，或者来源于圣地；拥有合适雕刻的长度、宽度和厚度。收集这类石头再按照仪轨进行雕刻：首先按照造像雕刻的内容大小选择整块或分块的石头；然后按照造型尺寸，用墨线在石材上确认所需雕刻的部位；接着按照厘定的尺寸雕刻初步轮廓，并雕琢造像的细部和各部位；完成各部位的拼接，使接合部位的接缝和形体和谐统一；最后，按照固有色彩规定上色。本案例大日如来像凿刻在一块不规则灰石板上，佛像一面二臂，面相饱满，双手于胸前交叠，结金刚跏趺坐于莲花宝座上，线条简单流畅，造型优美。

石雕造像艺术既有比较严谨的宫廷雕刻，也有自由豪放、单纯粗犷的民间雕刻。藏族的信徒们自古就认为，多画多刻一尊佛像，就如同多一次朝圣，多转一圈经，都会带来吉祥和恩惠。因此石雕造像不仅是藏族艺术的一种重要表现形式，也是藏族特有的一种精神寄托。

图片来源
图一　刘佳　摄影
图二、图三、图五　须博　制图
图四　刘春羽　制图

参考文献
张世文,楞本才让·二毛,夏吉·扎曲.藏族传统手工宝典.拉萨:西藏人民出版社,2011:17—18.
彭彤.藏传佛教雕塑艺术及其特征.同济大学学报(社会科学版),2002,13(3):10—17.

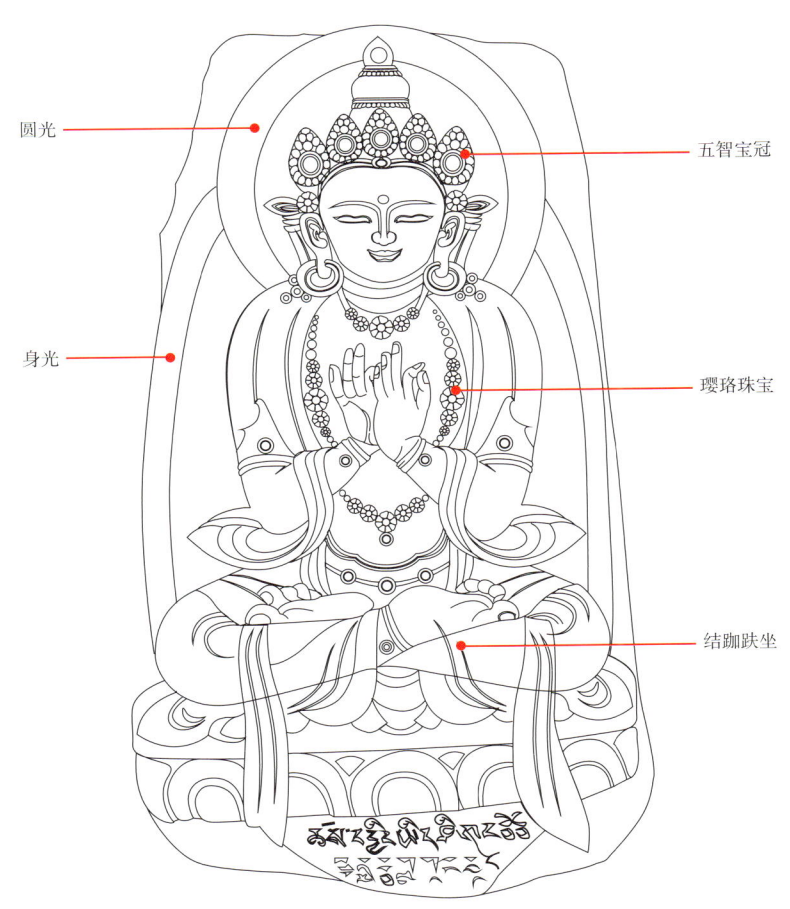

图二　藏族大日如来像造型分析图

图三　藏族大日如来像色彩分析图　　　　　　　　　　　图四　藏族石刻莲花生像

图五　藏族石刻莲花生像构成分析图

藏族石刻浮雕

图一　藏族石刻浮雕主图

　　藏族石刻浮雕属于藏族民间石刻艺术的一种。高原人类远古石刻艺术，可追溯到新石器时代。昌都卡若、林芝和拉萨曲贡三大文化遗址中出土的细石器中就有雕刻器及箭镞。

　　藏族石刻包括石刻文字及石刻造像。石刻题材广泛，大体可分为宗教主题和非宗教主题。常见的宗教题材有藏传佛经故事、诸佛与高僧造像、经文和咒语等。历经千载的拉萨唐蕃会盟碑，以及昌都仁达摩崖造像是吐蕃时期的石刻艺术代表作。西藏的玛尼石刻造型生动、神态逼真，题材广泛，分布于神山、修行洞周围的崖面以及寺庙转经道旁，主要以单独造像为主。早期雕刻技法采取平面浮雕、减底阳刻，晚期的则多用线条细刻。雕刻前先在天然石壁或石板平面上用粉笔、炭笔勾勒出所刻神灵、佛塔、大真言字母的轮廓线，然后用锤子和錾子錾出粗形。錾子錾入方式有三种：垂直錾入、斜切錾入及曲线錾入。90度垂直錾入产生硬性棱角，45度斜切錾入产生柔性棱角。石刻作品一般加以彩绘装饰，主要使用红、黄、白、蓝、黑等色，这既是青藏高原特定的自然环境、生活习惯和对宗教的理解，也体现出藏族人在色彩方面的特殊审美情趣。

从总体上看，藏族石刻信仰高于审美。一切宗教艺术的本质是为宗教服务的，藏族文化带有强烈的宗教氛围，因此藏族雕刻艺术带有浓厚的宗教色彩，其创作目的在于营造一种浩瀚、神秘而使人敬畏的宗教气氛，因此藏族石刻更追求庄重、严肃的视觉效果。

图片来源
图一　刘朔　摄影（Fotoe网）
图二至图六　肖劼　制图
图七、图八　须博　制图

参考文献
彭彤.藏传佛教雕塑艺术及其特征.同济大学学报（社会科学版），2002,13(3):10—16.
杨茂森，安多卓尼.藏族石雕艺术.西藏艺术研究，2005(1):56—59.
藏珂.浮雕与浮雕制作.江苏陶瓷，2002,35(4):40—44.

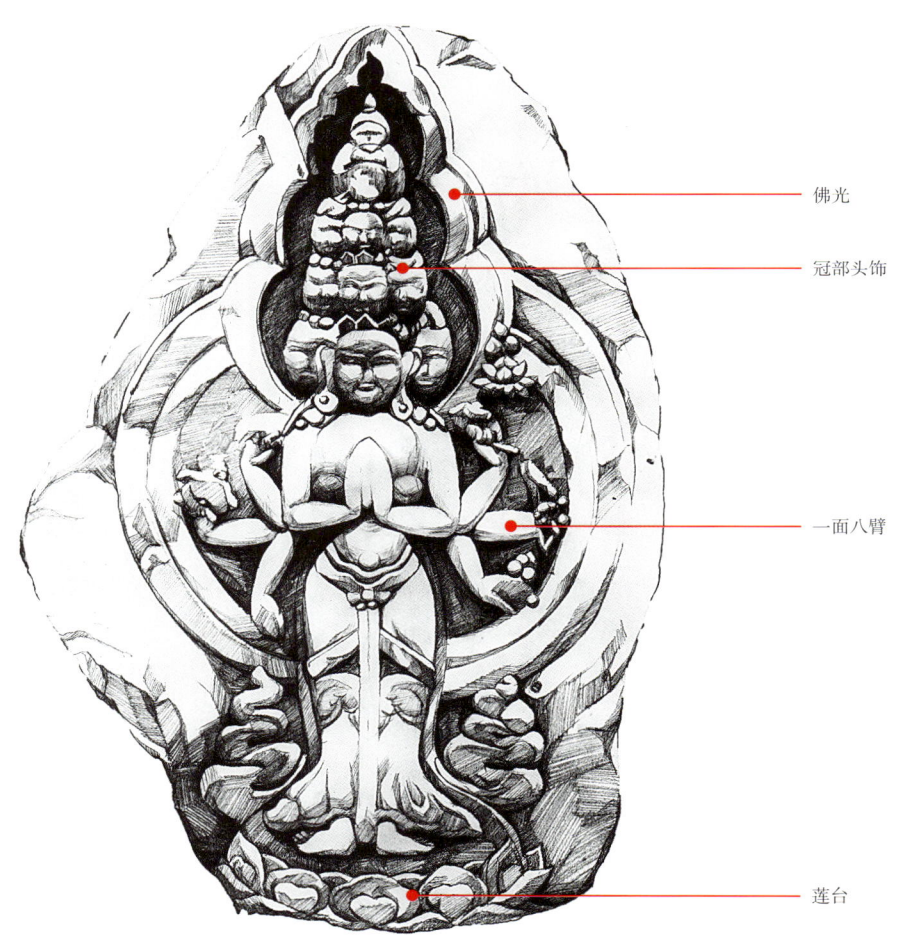

图二　藏族石刻浮雕造型分析图1

图三　藏族石刻浮雕造型分析图2

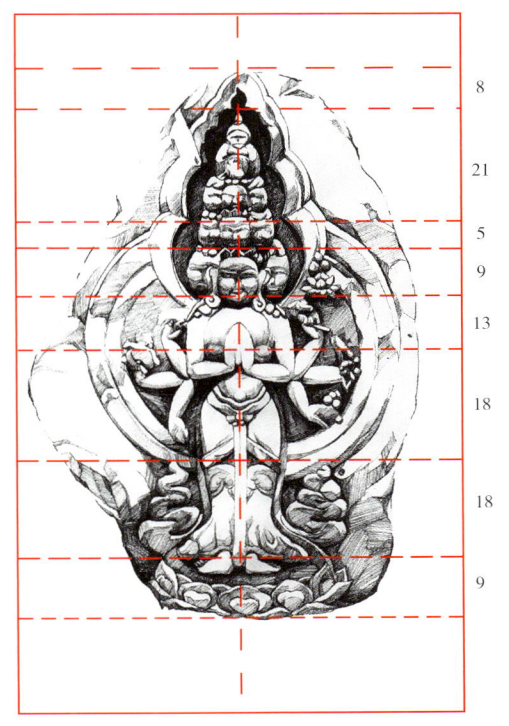

图四　藏族石刻浮雕构图比例分析图

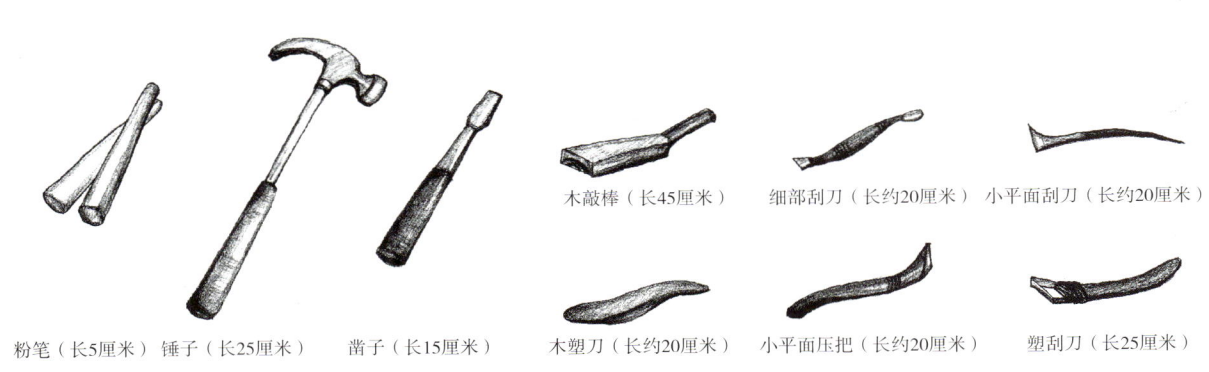

粉笔（长5厘米）　锤子（长25厘米）　凿子（长15厘米）　木敲棒（长45厘米）　细部刮刀（长约20厘米）　小平面刮刀（长约20厘米）

木塑刀（长约20厘米）　小平面压把（长约20厘米）　塑刮刀（长25厘米）

图五　藏族石刻工具示意图

第六章　藏族传统手工艺

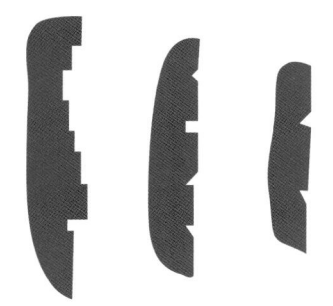 

1.多层次表现法　　　　　　　　　　2.高浮雕表现法

图六　藏族石刻浮雕剖面分析图

图七　藏族石刻雕刻场景图

图八　藏族摩崖石刻现场展示

藏族金器錾刻

图一　藏族金器錾刻主图·金执壶

西藏的金器錾刻是利用金这种金属材料的延展性发展起来的錾刻工艺，是藏族传统手工艺的一种。錾刻工艺是随玉石器、骨角器等加工技术演化而来的。从商周时期出土的青铜器、金银器上的一些錾刻文、金银错和镶嵌等文物标本可知，錾刻技术至今已有数千年的发展历史。

藏族金器錾刻工艺依造型主要可分为平面片活和立体圆活两大类。平面片活主要是平装在某些器物上或直接悬挂起来供人欣赏，立体圆活则多作为实用器皿使用。一件精美的藏族金器錾刻作品往往需要十多道工艺程序。案例中的执壶也称作"鹅颈壶"，纯金制成，分为壶身和壶盖两部分。壶身呈鹅心形，下附圈足，圈足上装饰垂莲纹，流作细长的龙首状。壶把做成一条龙的形状，盖上有钮，通体錾刻折枝花卉和八宝吉祥花纹，并在关键部位镶有绿松石。整个器物造型优美，色彩搭配璀璨华贵。

藏族錾刻工艺因其操作过程复杂，技术难度大，要求操作者具备良好的综合素质，既要有绘画、雕塑的基础，又要掌握钳工、锻工、钣金、铸造、焊接等多种技术，还要对藏族传统文化有一定的理解和鉴赏能力，通常要经过长期刻苦的学习和钻研才能很好地掌握。精湛的金器錾刻工艺和装饰风格展示了藏族人高超的艺术水平，有着很强的艺术感染力。

图片来源
　　图一　许边疆　摄影
　　图二至图五　须博　制图
　　图六　谢光辉　摄影（Fotoe网）

参考文献
张世文,楞本才让·二毛,夏吉·扎曲.藏族传统手工宝典.拉萨：西藏人民出版社,2011:82.

图二　藏族金执壶尺寸图（单位：cm）

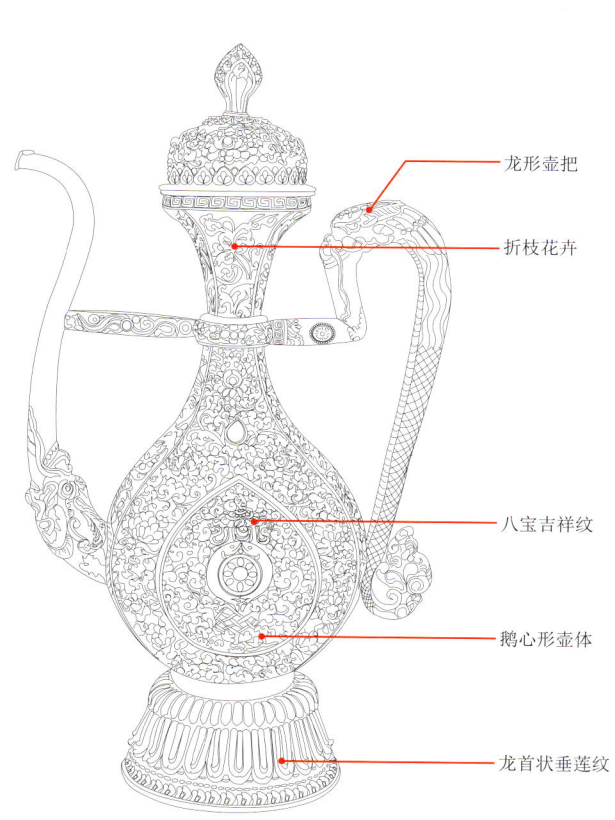

图三　藏族金执壶造型分析图

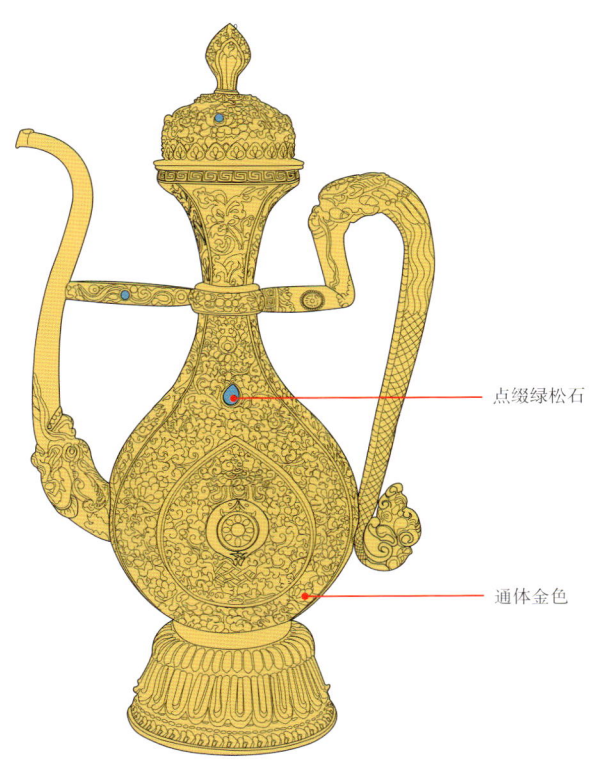

点缀绿松石

通体金色

图四　藏族金执壶色彩分析图

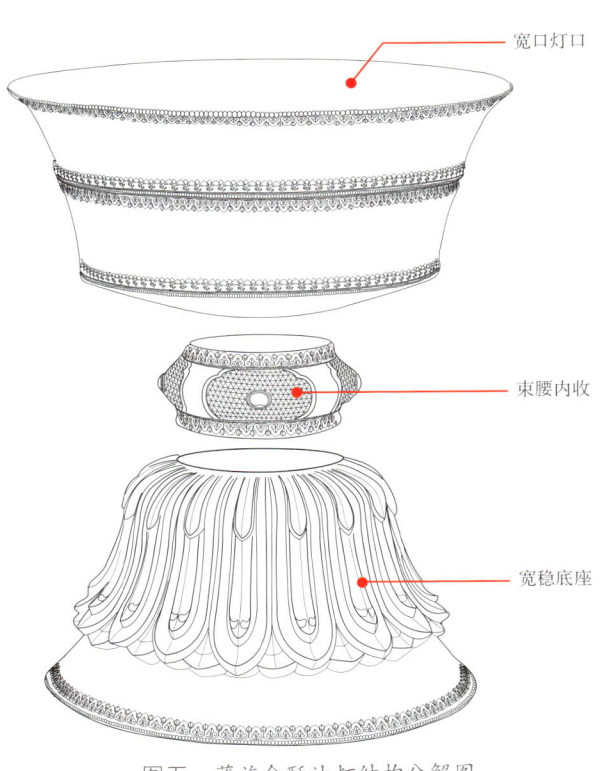

宽口灯口

束腰内收

宽稳底座

图五　藏族金酥油灯结构分解图

图六　藏族金酥油灯现场展示

第六章　藏族传统手工艺

藏族骨雕

图一　藏族骨雕主图

人类对骨的利用，从早期的骨针、骨刀等日用品逐渐演变为装饰品。骨雕艺术起源于新石器时代早期，与牙雕是姊妹工艺，二者同时出现。骨雕工艺品按用途，可分为用具、陈设、佩饰、立雕等。

骨雕的原料主要是牦牛骨、水牛骨及骆驼骨。牛骨空心且体积小，一般选用大腿骨。然而由于关节部位骨质疏松，50厘米长的腿骨可利用的部分约13厘米长、5厘米宽。骆驼骨更厚大，是骨雕的重要材料。制作时先将牛骨或骆驼骨浸泡除尘。因为含油脂的骨雕易霉变，所以要用高温物理法初步除脂。然后使用化学方法漂白，漂白后的骨料经打磨、抛光，质地温软如玉。骨雕雕刻一般使用高速钢骨雕雕刻刀，刀头包括平刀、圆刀、斜刀及三角刀。雕刻过程由外向内，通过除去废料突显形体。因骨料规格较小，可利用部位有限，拼镶技术使大件骨雕成为可能。在拼镶过程中，根据造型的不同决定镶嵌顺序，榫口拼驳、错位衔接、自然穿插等方式是骨雕组合的关键。

骨雕在西藏流传已久，具有招财纳福之

意。现代藏族骨雕艺术在继承传统手工艺的基础上，展现了鲜明的民族特色和时代特色。

图片来源

图一、图九　刘佳　摄影

图二至图八　肖劼　制图

参考文献

张民辉.传承与创新——骨雕艺术的探讨.美术学报,2008(1):58—60.

宋彭涛.斯琴格日勒和她的骨雕艺术.内蒙古画报,2007(7):44—45.

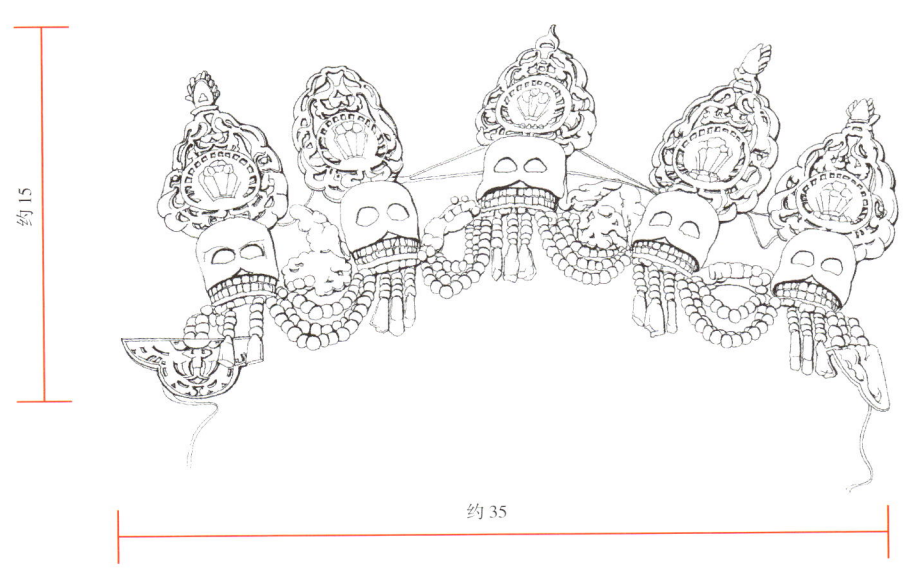

图二　藏族骨雕尺寸图（单位：cm）

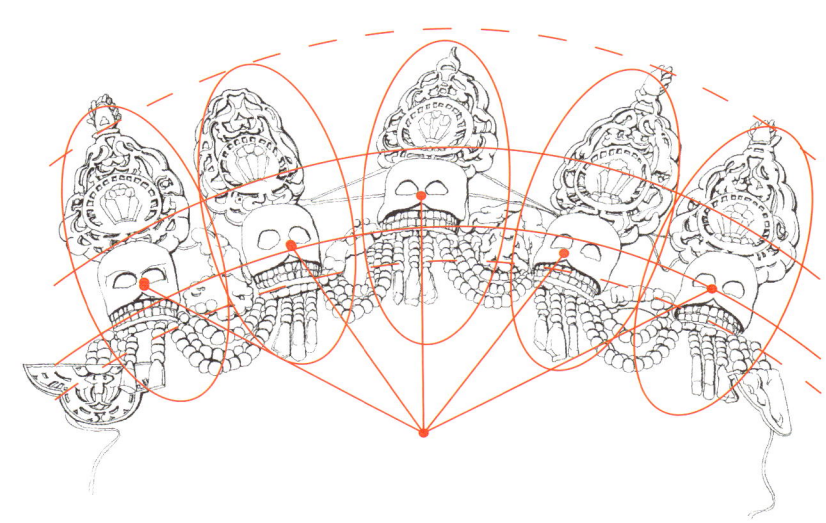

图三　藏族骨雕造型分析图

图四 藏族骨雕单体大样图

图五 藏族骨雕单体造型分析图1

图六 藏族骨雕单体造型分析图2

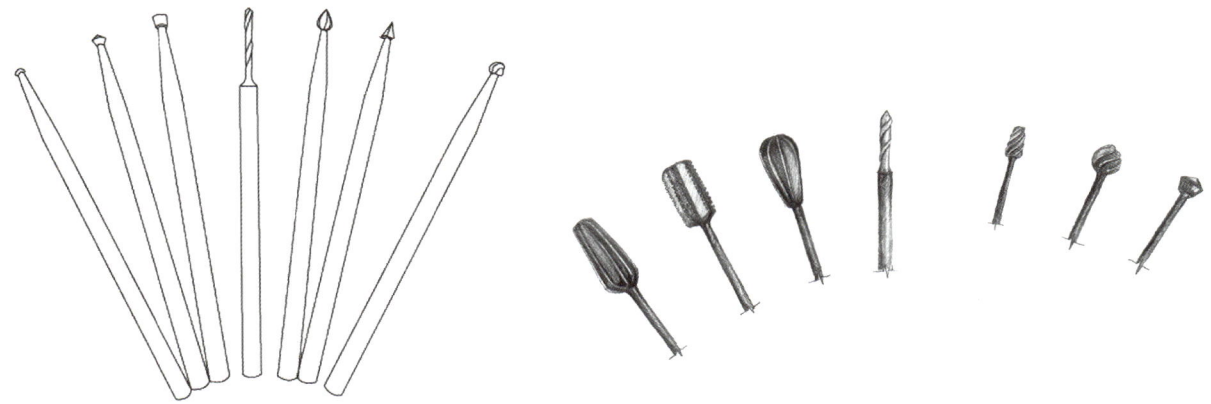

图七　藏族骨雕工具示意图

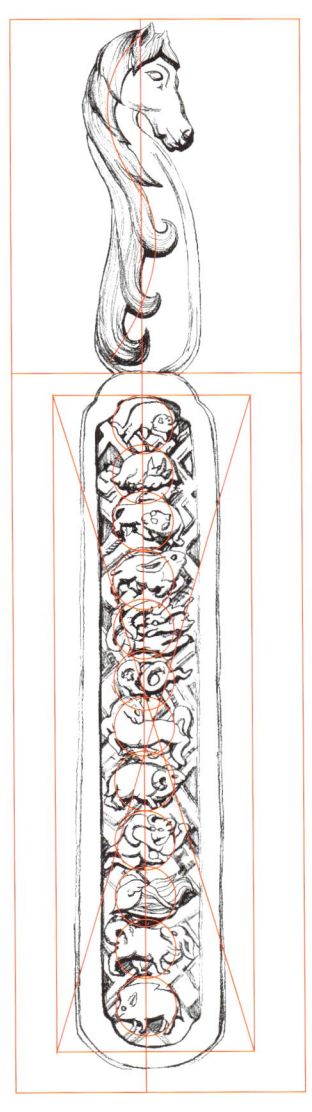

图八　藏族骨雕饰品

图九　藏族骨雕饰品佩戴效果图

第六章　藏族传统手工艺

藏族砖雕

图一　藏族砖雕主图

砖雕艺术是中国建筑史上一种独特的装饰性雕刻艺术。明清之前，砖雕主要用于墓室、寺庙、宫殿中；明清以后，砖雕则大量应用于寺庙、民居建筑与园林的装饰上。藏族砖雕艺术的起源和发展大致与佛教的传入和发展同步，其中蕴含着丰富的民族文化。

藏族砖雕常见于活佛公署、学院建筑的影壁障壁、甬道门洞、墀头等处。墀头位于檐下突出部分且形状方正、面积大，因而是砖雕的重点装饰部位。常用条形青砖的尺寸为24×12×5厘米，根据雕刻内容尺寸略有变化。青砖质地软绵，常采用普通平刀、半圆斜口刀和U形刀具雕刻，主要的执刀方式有竖握柄式和横握柄式两种。落刀时，根据表现方式选用冲刀、切刀或冲切混合刀。塔尔寺的院墙壁、山墙上保留了大量藏式砖雕装饰，图案纹样来源于各种自然形象与几何纹样，其中人物、花卉、文字、器物纹样带有明显的黄南五屯藏传佛教艺术风格，如"卍"是一种吉祥符号，寓意吉祥绵延不断。在砖雕的制作上，常采用浅浮雕、中浮雕、高浮雕和镂空相间的雕刻技法。藏族砖雕的制作可归纳为五道工序：1.格方：切正青砖六面，经砂纸打磨找平；2.落样：用复写法和钢针刺印法将设计好的印稿过渡到砖面，也可用点燃的香沿图案线条烧透，将痕迹留在砖面上；3.雕刻：用细錾将线条刻画一遍，并将图案以外的空隙剔空，然后对图案的深浅层次、遮挡关系进行大致表现，最后精细加工；4.打磨：用磨石或砂纸打磨，并用白灰加砖面水调成糊状物修补残缺处；5.安装：在组合拼装好的砖面上雕刻后，分体拼装在建筑物上，形成大型砖雕。

藏族砖雕技术成熟、内容丰富，蕴含着深厚的民族文化，体现了藏族人独特的审美理念。

图片来源
图一　刘佳　摄影
图二至图七　肖劼　制图

参考文献
关东升.中国民族文化大观.北京：中国大百科全书出版社,1995:207.

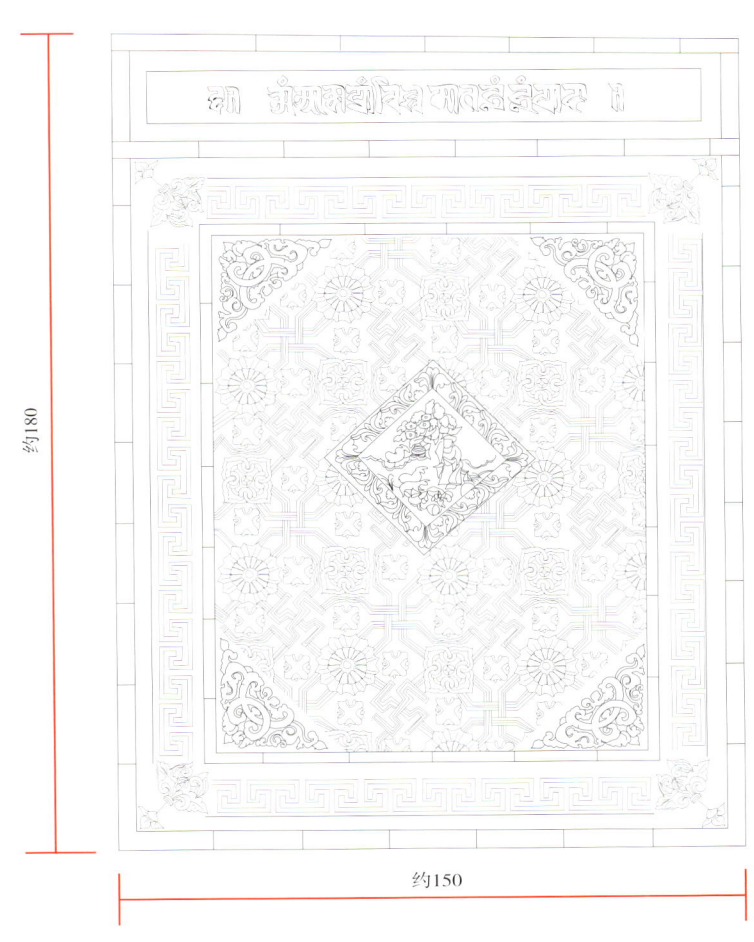

图二　藏族砖雕尺寸图（单位：cm）

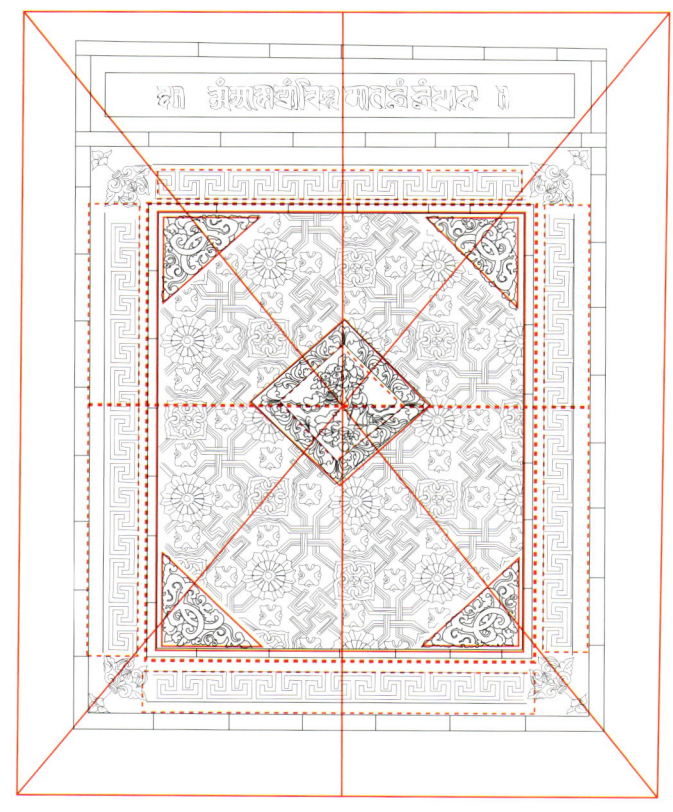

图三　藏族砖雕构图分析图

图四　藏族砖雕图案解析图

图五　藏族墙面砖雕　　　　　　　　图六　藏族墀头砖雕及剖面分析图

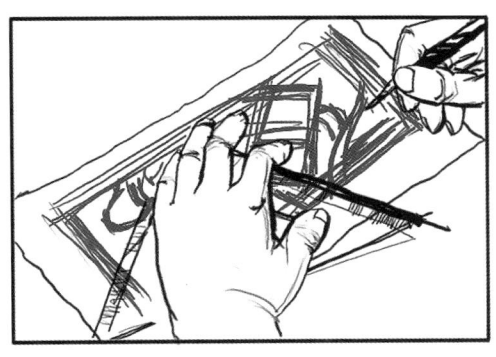
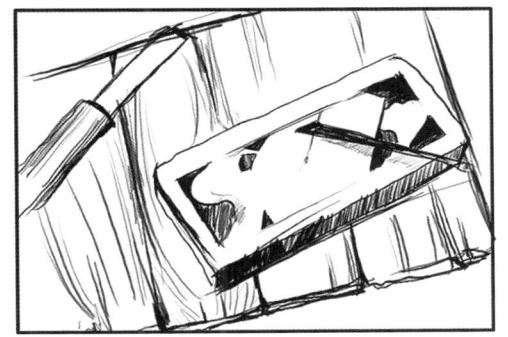

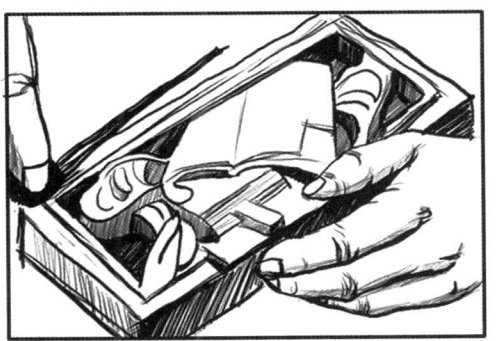

图七　藏族砖雕工艺流程图

藏族家具雕刻

图一　藏族家具雕刻主图·木质折叠桌

藏族传统家具雕刻是藏族家具制作的一种工艺。藏族家具一般多以椴木、松木等软木进行制作，主要采用实木框式结构，卯榫结合，常施以彩绘图案或进行纹样雕刻。

藏族传统家具雕刻艺术表现手法简练，重在以神传形。图案题材既有宗教故事、历史传说，也有自然花卉、植物等。雕刻装饰纹样博采众长、华丽美观，常有龙纹、动物纹、植物纹、雷云纹、几何纹或文字纹等。家具雕刻按照雕刻手法主要分为透雕和浮雕两种。其中透雕又称为"镂雕"，是藏族家具雕刻中最为常见的一种形式，即在雕刻过程中把木料雕琢至两面透光，其制作过程也较复杂。首先，将绘制在纸上的图案边缘打孔，放在需要雕刻的木料上，然后用颜料在图纸上涂抹一遍，使颜料透过图纸在木料上形成需要雕刻的图案，然后在图案的空白处打孔，再用一种由钢丝和竹片制成的锼弓子将大块的空白处锯掉。浮雕形象的背面依附于木板平面之上，通过浮雕底层到最上层形象之间的相互重叠关系达到深远和丰满的效果。有时家具雕刻中也将两种雕刻手法结合运用。

藏族传统家具雕刻在家具艺术中起到

了举足轻重的作用，图案构思大胆，色彩艳丽，表面有时还用金色进行彩绘装饰，呈现独特的地域特色。

图片来源
图一　刘佳　摄影
图二至图六　李绮雯　制图

参考文献
吕军.藏式家具鉴赏与收藏.长沙：湖南美术出版社,2010:42—49.

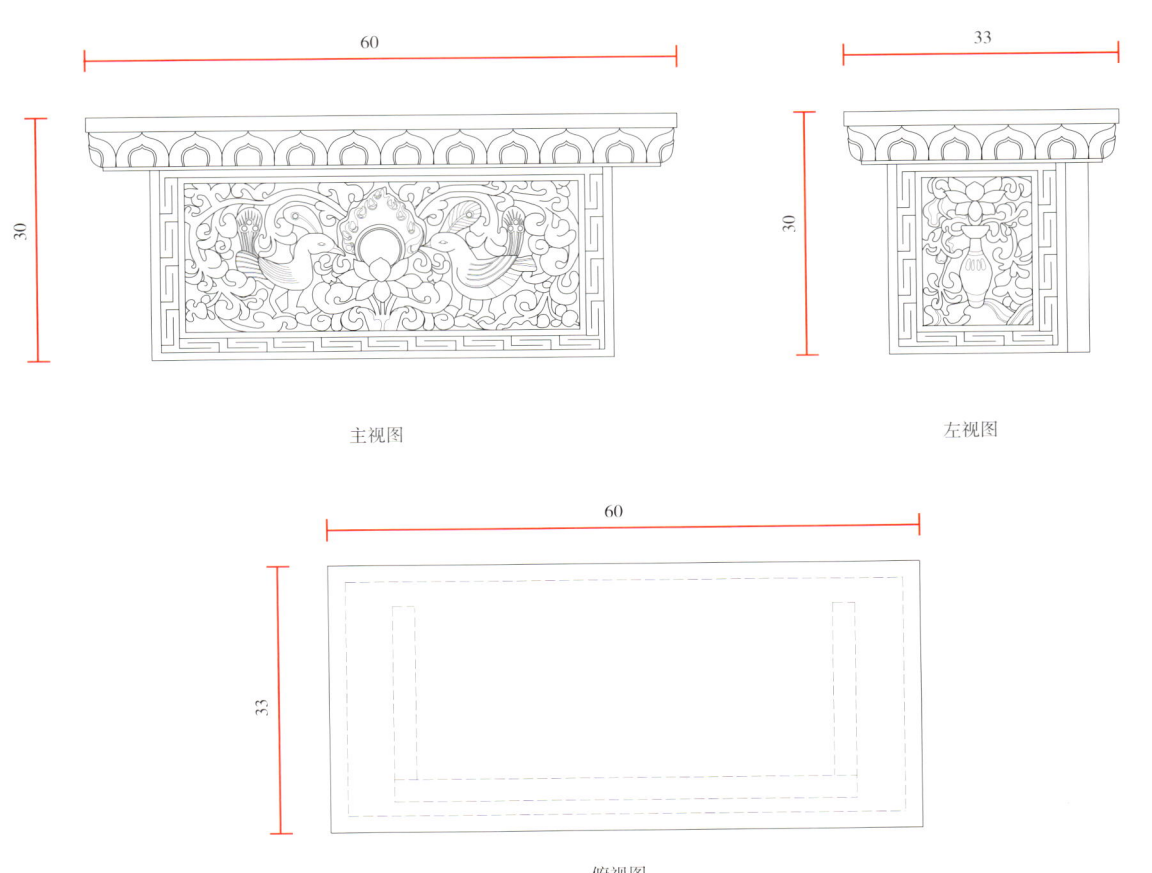

图二　藏族木质折叠桌尺寸、三视图（单位：cm）

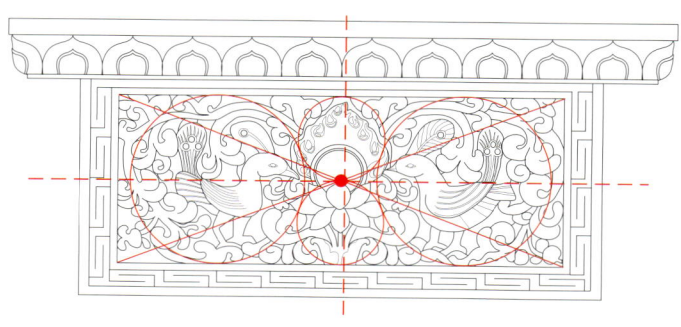 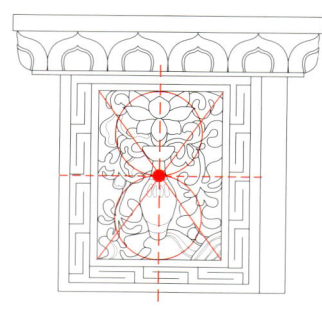

图三 藏族木质折叠桌木雕图案构图分析图

 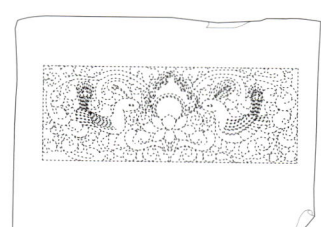 

1.画师在纸上绘制雕刻图案　　2.将图案的边缘打孔　　3.将纸放在需要雕刻的木料上,然后用颜料在图纸上涂抹一遍

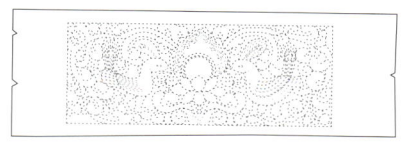 

4.颜料透过图纸在木料上形成需要雕刻的图案　　5.工匠根据印在木料上的图案进行雕刻

图四 藏族家具雕刻制作流程图

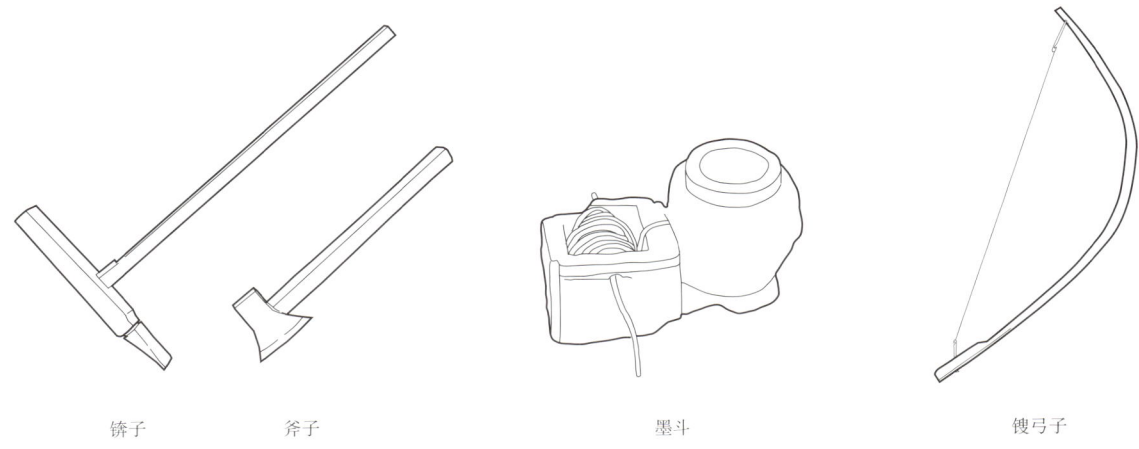

锛子　　　斧子　　　　　墨斗　　　　　　锼弓子

图五　藏族家具雕刻工具

图六　藏族十世班禅所赠藏桌

第六章　藏族传统手工艺

藏族建筑雕刻

图一　藏族建筑雕刻主图

藏族建筑雕刻是指藏族传统建筑上的雕刻装饰及其制作手法，主要可分为木雕、石雕和金属雕刻三大类。

藏族传统建筑中的木雕内容极为丰富、题材广泛，其中有人物、鸟兽、虫鱼、花卉及花纹等图案，常用的表现主题有龙凤呈祥、白鹤寒松、菩提翠叶、红莲怒放、舒云卷彩等。木雕主要出现在建筑的门、窗、梁和柱等部位。在木雕制作过程中，画师首先在纸上绘出各种图案，然后由工匠将这些图案粘贴在木构件上进行雕刻。藏族传统建筑中的金属雕刻工艺所使用的材料主要为黄铜、紫铜及青铜，在制作高僧大德灵塔时，也使用金和银。铜雕工艺粗犷、形象逼真，雕刻内容主要为宗教中的人物、动物和宝器，主要运用在寺院、宫殿女儿墙面以及墙角等位置。金属雕刻过程较为复杂，工匠按制作部件的尺寸延长铜板或剪裁铜皮，在金属平面件上勾画好图案，按照勾画好的图案，首先在木头基座上敲出雕刻内容的轮廓，然后用锤子从里往外敲打成浮雕形状，最后用锤子和錾子仔细雕刻。一般小型的铜雕作品为整体塑造，大型的铜雕作品为拼接成形。建筑上的石雕主要分为凹进和凸起两种形式，石雕内容可以是佛像或图腾等，通常以宗教经文为主要内容。

藏族建筑雕刻形式多样，其风格兼具质朴与精美，与藏族传统建筑相得益彰，为其增添了独特、神秘的艺术魅力，充分体现了藏地文化的内涵与藏族人的智慧。

图片来源

图一、图四　刘佳　摄影

图二、图三、图七　李绮雯　制图

图五、图六　李绮雯　摄影

参考文献

阿旺罗丹.西藏藏式建筑总览.成都：四川美术出版社,2007:210—295.

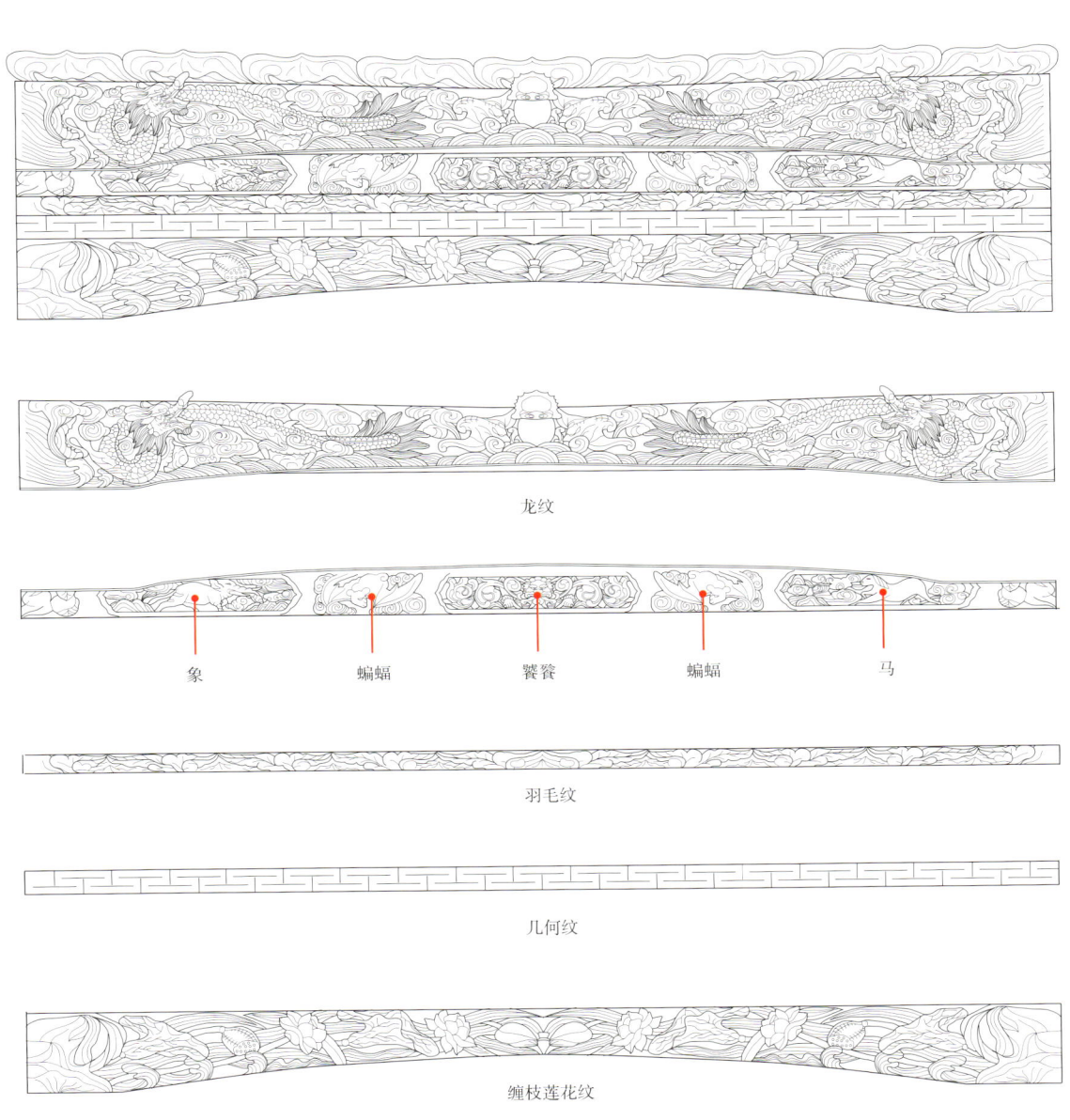

图二　藏族建筑木雕图案构成分析图

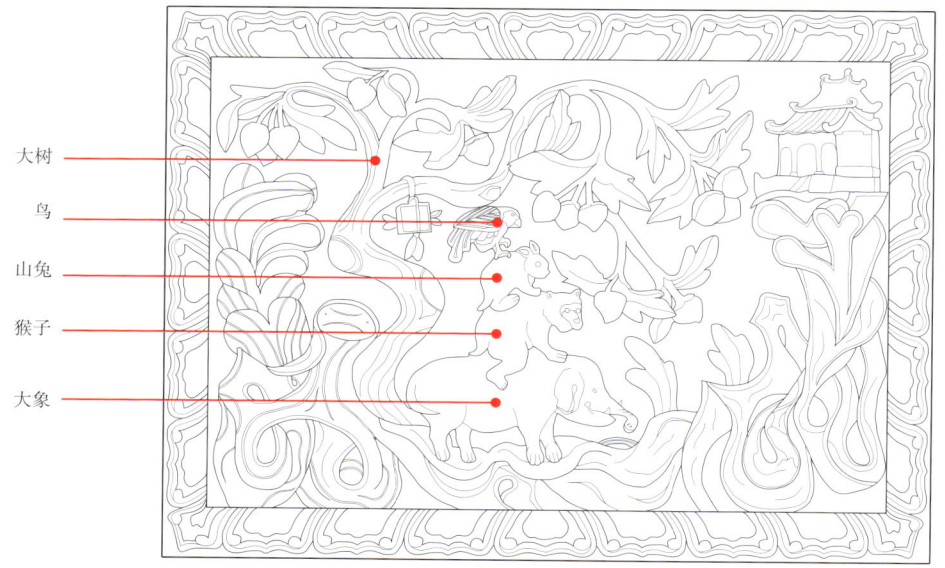

和气四瑞图

图三　藏族石雕图案构成分析图

大树
鸟
山兔
猴子
大象

图四　藏族传统建筑石雕

图五　藏族罗布林卡石栏板

图六　藏族布达拉宫围墙石刻装饰

图七　藏族罗布林卡边玛墙铜雕装饰

藏族彩绘唐卡

图一　藏族彩绘唐卡主图·《八思巴画传》

"唐卡"为藏语音译，一种用彩缎装裱的卷轴画，是用于礼拜、供奉和观想的圣物，主要悬挂于藏传佛教的寺院、福堂、僧舍及信徒家中。唐卡的题材相当广泛，以佛教题材最多，具体包括社会历史、人物传记、生活民俗、天文历法、藏医藏药、古寺建筑、教理教规、神话传说、宗教图案等，因此有"藏民族百科全书"之称。

唐卡依制作工艺可分为彩绘唐卡和织物唐卡两大类。彩绘唐卡主要是用颜料在纸、布、皮、绢上绘制；织物唐卡主要是运用丝、绢、锦缎、绸、布等材料，用刺绣、织锦、缂丝、剪贴、镶嵌和版印等手法制作而成。唐卡大小无固定限制，小者几寸，大者万余平方米，常见尺寸一般长约60厘米，宽约40厘米。彩绘唐卡的绘制材料以金银粉、朱砂、雄黄、石青、石绿、赭石、铅粉等不透明矿物颜料和藏红花、大黄等纯天然植物颜料为主，它们化学性质稳定、不易氧化，且色彩华丽，颜料中还会调进骨胶和牛胆汁以防腐，便于唐卡长期保存。依照画面中设色的压倒性比例，彩绘唐卡又可分为彩唐、赤唐、黑唐、蓝唐、白描唐、银唐和金唐等多种。绘制唐卡需依照固定的程式，严格按照《造像度量经》进行绘制。艺僧绘制前需卜择吉日，焚香诵经并备料，用绳子将粗布以"之"字形紧绷于木框架上，布面上胶，再用圆石、贝壳等进行打磨直至平整。细木炭条、木质圆规等用于起稿，作画时先找中心线和对角线，交叉点通常为画中本尊中心位置。再用毛笔进行着色、渲染、勾线，最后描金，画完去框再进行装裱，并举行开光仪式，完成佛眼部分。唐卡彩绘艺术构图严谨、均衡且丰满，疏密有致，生动活泼，有"五坛会聚"构图法、三界构图法、中心构图法、散点透视风俗画构图法及不规则式构图法等。绘画风格主要有勉唐画派、钦泽画派、噶玛嘎孜画派、尼泊尔画派和齐岗画派等。本案例为棉布彩绘《八思巴画传》唐卡之一，专家推断为17—18世纪新勉唐画派风格。整幅唐卡采用中心构图法，主尊为八思巴的叔父与老师萨迦班智达·贡噶坚赞，周围以散点透视画法，按照顺时针的顺序描述了八思巴从诞生到示寂的生平。

唐卡作为藏文化中重要的绘画形式和艺术门类，富有浓郁的宗教色彩、鲜明的民族特色及独特的艺术风格，它将宗教和哲学内容具体化、形象化、艺术化，是藏民族宗教艺术中的文化瑰宝，也是其传统艺术中最具代表性和技艺最为精湛的类型之一。其中彩绘唐卡作为数量最多、最为典型的代表，充分展示了藏族绘画艺术的独特技法，具有极高的宗教、文化和艺术价值。

图片来源
  图一　褚宏枫、刘佳　制图
  图二至图四、图七　刘佳　制图
  图五、图六、图八　刘佳　摄影
  图九　周世华　摄影（微图网）

参考文献
  格桑木,刘励中.唐卡艺术.成都:四川美术出版社,1992:1—11.
  王学典.唐卡艺术.沈阳:北方联合出版传媒（集团）股份有限公司,2012:42—72.
  杨嘉铭,目雅·丁增,杨艺.康巴唐卡——藏族绘画艺术吉祥瑰宝.北京:中国旅游出版社,2010:1—9.
  张世文,楞本才让,二毛,夏吉·扎曲.藏族传统手工宝典.拉萨:西藏人民出版社,2011:308—324.

图二　藏族《八思巴画传》唐卡尺寸图（单位：cm）

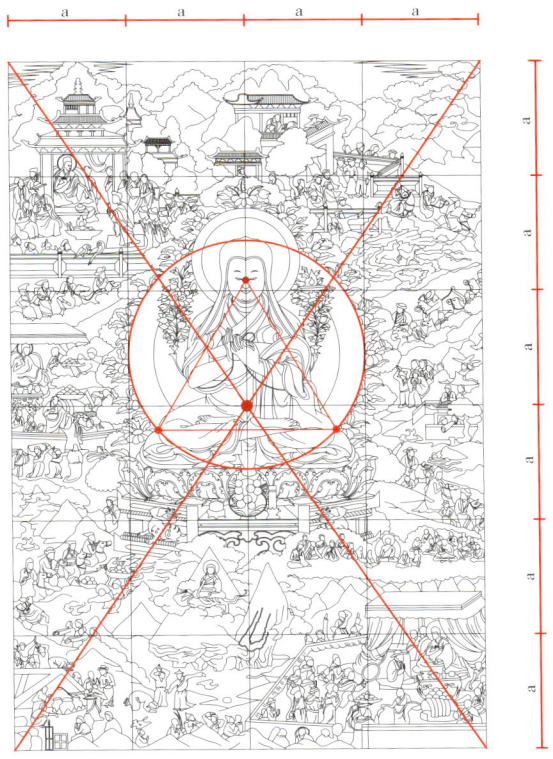

图三　藏族《八思巴画传》唐卡造型分析图

图四　藏族《八思巴画传》唐卡构图分析图

第六章　藏族传统手工艺

491

1. 研磨臼
2. 唐卡画框
3. 画笔和研磨臼

图五　藏族唐卡制作工具

1. 嗡
2. 珊瑚
3. 巴拉
4. 擦
5. 赞卡
6. 金

图六　藏族唐卡制作原料

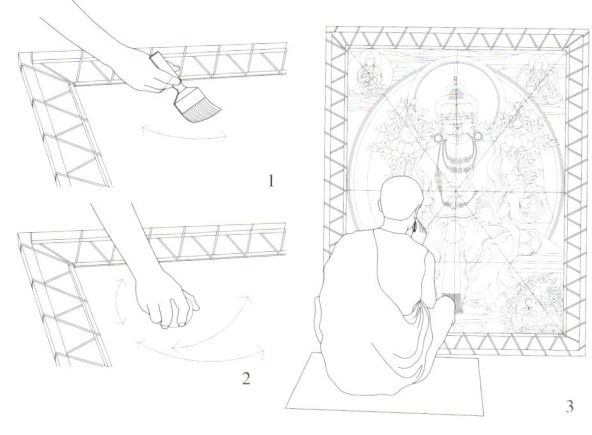

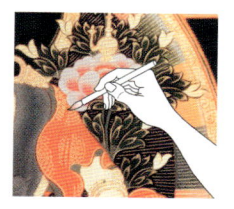

1. 刷
2. 磨
3. 起稿
4. 上色
5. 装裱

图七　藏族唐卡制作流程图

图八 藏族唐卡绘制场景图

图九 藏族唐卡供奉场景图

藏族缂丝唐卡

图一　藏族缂丝唐卡主图·《不动明王像》

缂丝、刺绣、织锦、贴花、珠嵌唐卡等均称为"织物唐卡"，主要运用丝、绢、锦缎、绸、布、宝石等材料，借助织绣工艺进行创作。缂丝唐卡即以丝线为原料，采用缂丝技术织造而成的，用于供奉、膜拜和观赏的藏式卷轴画。

缂丝是我国传统的纯手工织造工艺之一，始产于定州，后以苏州缂丝为盛。缂丝即以白色生丝为经线，各色熟丝为纬线，用梭依画稿织造而成，过程繁复。织造技法主要有结、掼、勾、戗等。制作缂丝唐卡主要使用缂丝机，一种水平式平纹织机，梭子、拔子等为辅助工具。缂织唐卡时，机器上先安装好经线，下衬画稿，织工再将画稿用毛笔描摹在经线上，使用大小不一的装有各色丝线的舟形梭子进行分块缂织，最后再进行织后修整，使正反图案相同。缂丝唐卡具有白经彩纬、细经粗纬、直经曲纬、通经回纬、以纬缂经、显纬藏经的图案视觉特点，且正反双面花纹色彩相同、方向相反。本案例为布达拉宫珍品缂丝唐卡《不动明王像》，专家断代为13世纪初作品，亦有断代为14世纪之说，是西藏保存年代最久的内地丝织品。该作品构图严整，中心突出，周围有多个独立龛，背景是以红、蓝、白明暗变化的缠枝莲图案，装饰细腻，技艺精湛，为宫廷织工织造。

缂丝唐卡是将西藏绘画艺术和宗教文化移植于丝织品上的特殊形式，具有质地紧密厚实、图像圆满厚重、花纹细腻立体、色彩绚丽逼真的视觉效果。缂丝唐卡主要是由江南的工匠以绘画唐卡为蓝本织造而成，它不仅反映了唐卡艺术的精湛，也是中原传统手工艺和西藏佛教艺术的完美结合，反映出藏汉两个民族在艺术和文化上的相互交流和融合。

图片来源
图一　严玮辰、刘佳　制图
图二至图九　刘佳　制图
参考文献
朴文英.中华锦绣·缂丝.苏州：苏州大学出版社，2009：45—53.
格桑木，刘励中.唐卡艺术.成都：四川美术出版社，1992：1—11.
王学典.唐卡艺术.沈阳：北方联合出版传媒（集团）股份有限公司，2012：42—72.
杨嘉铭，目雅·丁增，杨艺.康巴唐卡——藏族绘画艺术吉祥瑰宝.北京：中国旅游出版社，2010：1—9.
张世文，楞本才让，二毛，夏吉·扎曲.藏族传统手工宝典.拉萨：西藏人民出版社，2011：308—324.

图二　藏族《不动明王像》缂丝唐卡尺寸图（单位：cm）

图三 藏族《不动明王像》缂丝唐卡造型动势分析图

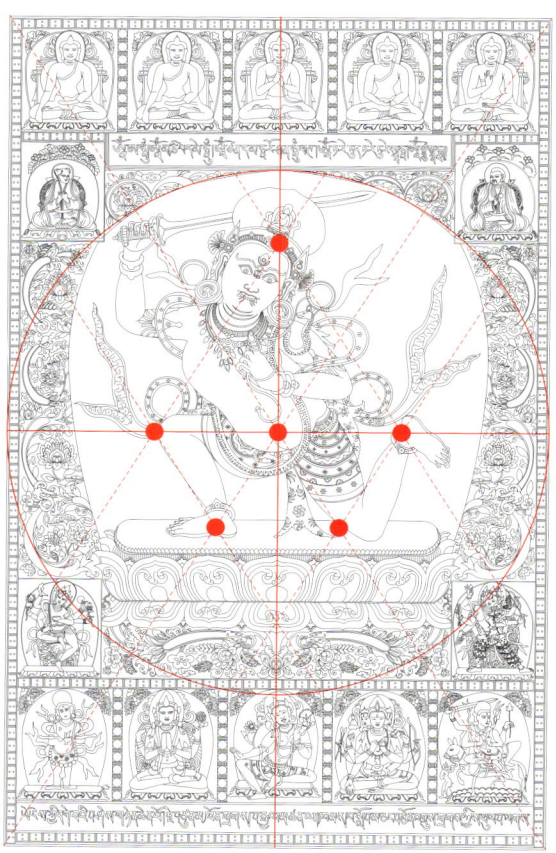

图四 藏族《不动明王像》缂丝唐卡构图分析图

图五 藏族《不动明王像》缂丝唐卡人物造型分析图

图六 藏族《不动明王像》缂丝唐卡色彩分析图

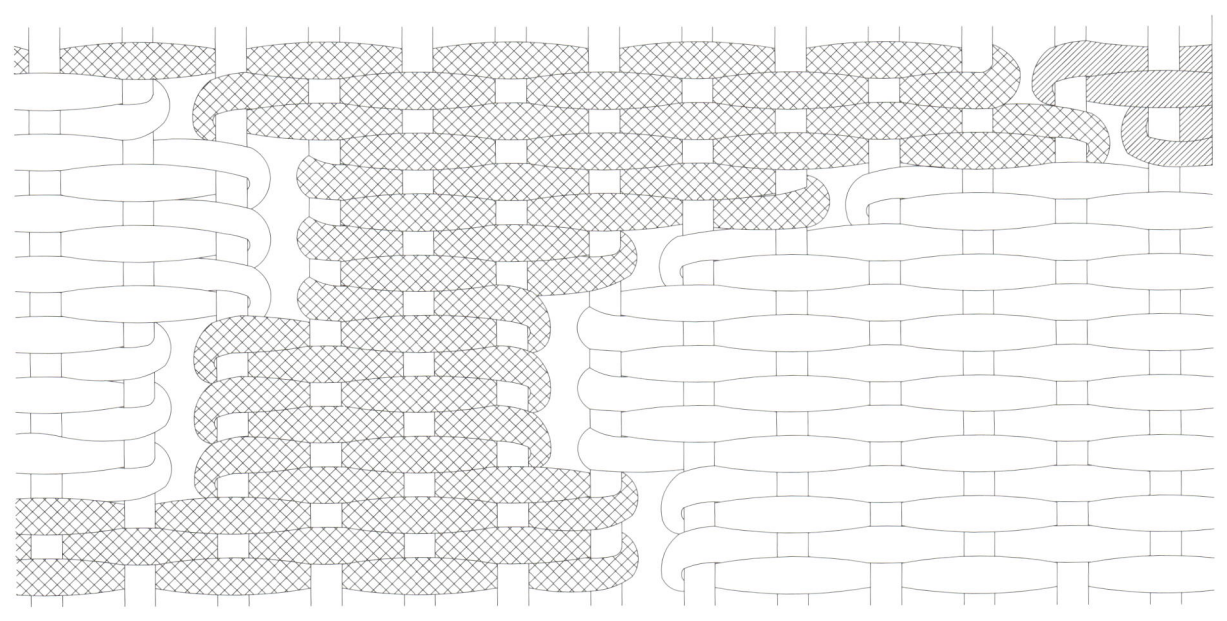

图七 藏族缂丝织法示意图

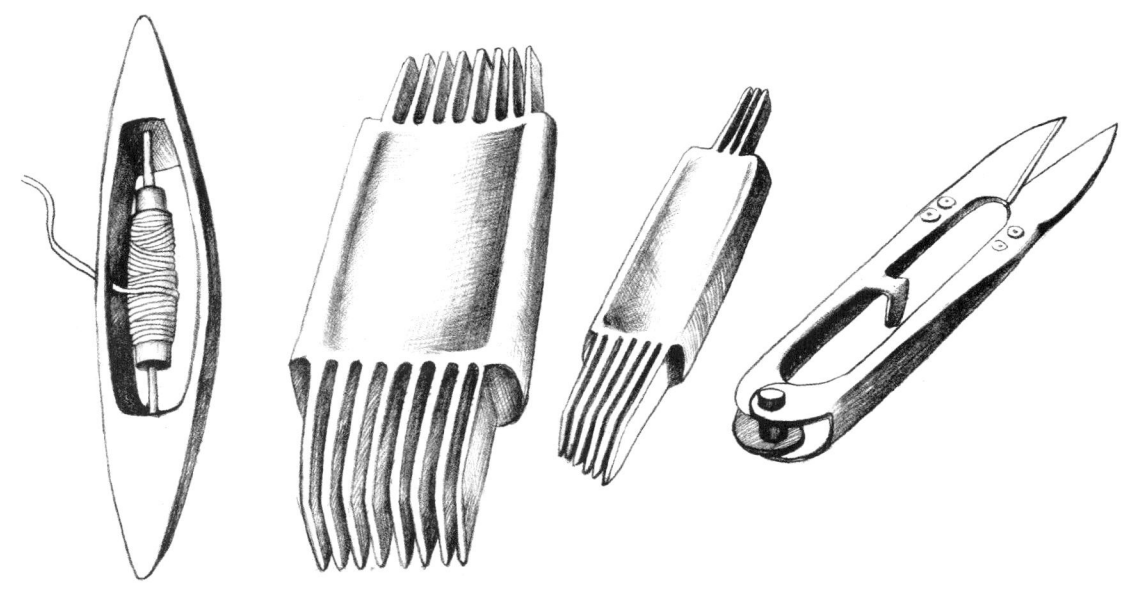

图八 藏族缂丝工具——拔子和梭子

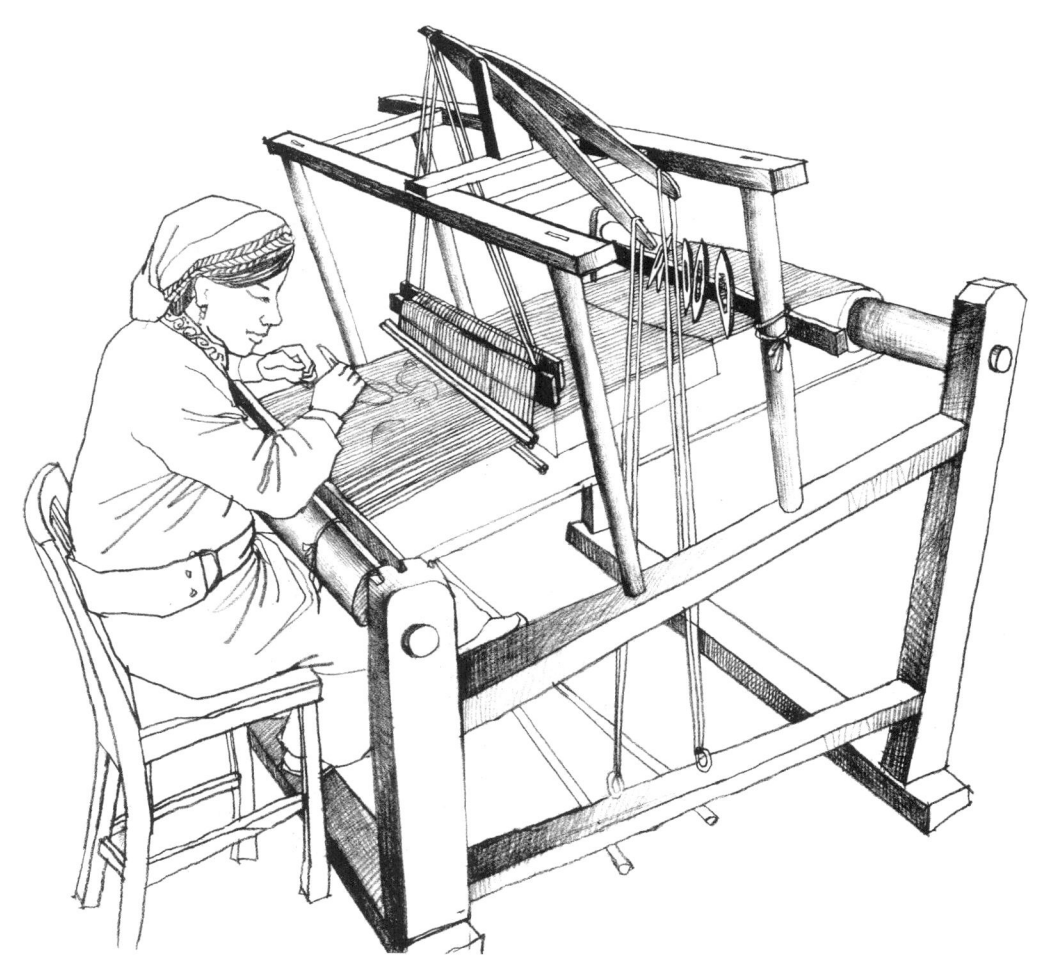

图九 藏族缂丝织造情境图

藏族贴花唐卡

图一　藏族贴花唐卡主图·塔尔寺《十八罗汉》之一

　　贴花唐卡也称"剪贴唐卡"，是将各色锦缎用粘贴或刺绣的方式制作的唐卡。贴花唐卡多以佛教人物为主，也有佛教传说和山水花鸟等题材。创作中讲求人物形态的生动塑造和各色绸缎的灵活运用。

　　贴花唐卡又分为平贴唐卡（又称"平剪唐卡"）和堆绣唐卡（又称"高绣唐卡"）两种，其制作步骤主要有画、剪、贴、绣等。平贴唐卡，即重叠式堆贴，制作前先设计好图案底本，并剪下来贴在各色绸缎上，再按轮廓剪下绸缎，用胶水进行层层粘贴，形成一种重叠的浅浮雕效果。绘制完成后，用熨斗熨平即可，最后要加底衬，四周用锦缎装裱，上下安装木轴并外覆薄纱或绢。堆绣唐卡与平贴唐卡不同的是，将绸缎按图案剪下之后，需用针线将其缝制在画幅布料上定位轮廓，下部填充羊毛或棉花使之凸起。再将各色布料图案堆贴在设计好的大幅布幔上，并用彩色丝线刺绣缝边，再局部加工染色。由于图案是由色块和形状拼合而成，且中间填充物使其呈现高低起伏，便产生了强烈的立体感和真实感。青海塔尔寺大经堂的《十八罗汉》堆绣，是极为珍贵的堆绣唐卡，已有数百年历史。堆绣中各罗汉或降龙，或伏虎，或镇魔，造型逼真生动、惟妙惟肖，眼睛由黑珍珠、玛瑙制成，指甲、牙齿由象牙制成，制作精美，具有弥足珍贵的宗教、文化和艺术价值。塔尔寺堆绣也与酥油花、壁画一起，被誉为"塔尔寺三绝"。

贴花唐卡艺术将平面图案立体化，栩栩如生地表现了佛教文化的内容，以其精良的制作、生动的造型、丰富的色彩和多层次的视觉表现，成为唐卡艺术中的一个重要门类，在藏传佛教文化和藏族艺术中占有重要地位。

图片来源
图一　肖劼　制图
图二　金晓雨　摄影（微图网）
图三、图六　刘佳　制图
图四、图五　刘佳　摄影
图七　陶琨　摄影

参考文献
格桑木,刘励中.唐卡艺术.成都:四川美术出版社,1992:1—11.
王学典.唐卡艺术.沈阳:北方联合出版传媒（集团）股份有限公司,2012:42—72.
杨嘉铭,目雅·丁增,杨艺.康巴唐卡——藏族绘画艺术吉祥瑰宝.北京:中国旅游出版社,2010:1—9.
张世文,楞本才让,二毛,夏吉,扎曲.藏族传统手工宝典.拉萨:西藏人民出版社,2011:308—324.

图二　藏族塔尔寺大经堂《十八罗汉》堆绣场景图

图三 藏族堆绣《十八罗汉》造型图

图四 藏族平贴唐卡

图五 藏族平贴唐卡细部

第六章 藏族传统手工艺

图六 藏族堆绣制作场景图

图七 藏族《空行母像》堆绣唐卡

藏族珍珠唐卡

图一　藏族珍珠唐卡主图·《珍珠观音菩萨憩室图》

珍珠唐卡是唐卡艺术中较为特殊，也较为稀少的一种类型，是以珍珠、玛瑙、绿松石等各种宝石制作而成的唐卡。最著名的珍珠唐卡《珍珠观音菩萨憩室图》收藏于西藏山南地区距乃东县约2公里的昌珠寺内，是昌珠寺的镇寺之宝。

《珍珠观音菩萨憩室图》又称《观音菩萨静息图》，制成于公元12世纪，距今已有800多年历史。画幅长2米，宽1.2米，整幅唐卡由29 026颗珍珠、1颗钻石、2颗红宝石、1颗蓝宝石、185颗（0.91两）绿松石、1997颗（4.1两）珊瑚、0.55两乌鸦宝石、15.5克黄金等镶嵌而成。该唐卡以红色布为底，观音菩萨的主体形态由白色珍珠串缀而成。凤冠用金线织绣，上面镶嵌着红蓝宝石，在颈部、腰部、底座及周边部分，点缀有各色宝石。主尊观音面含微笑，造型贤淑温婉，动态洒脱自然，优美生动。身体部分绣制珍珠的走向按照体形的凹凸变化和姿态曲线均匀镶嵌，颧骨、胸部、腰部等部位将珍珠以环状纹路镶嵌处理，四肢及其他部位按照肌肉和动态走势镶嵌处理。整幅唐卡画面精致，红白两色比例关系处理得当，中心突出，具有立体化的视觉效果。《珍珠观音菩萨憩室图》以其独特的历史价值和艺术文化价值成为西藏传统文化中极为重要的文物遗存之一。现代珍珠唐卡的制作较为稀少，在继承了传统珍珠唐卡的技艺上，有些还加入了雕塑化的镶嵌手法，在凸出的关键部位，将珍珠隆起绣制，使其立体效果更强。

珍珠唐卡以其独特的制作材料和精湛的制作手法，立体化、极富质感的视觉效果，成为唐卡艺术中的一种特殊类型，也是藏民族唐卡艺术中弥足珍贵的一种表现形式，具有极高的艺术价值、宗教价值和收藏价值。

图片来源
图一　石宝琇　摄影（Fotoe网）
图二至图八　刘佳　制图
图九　王辉　摄影（微图网）

参考文献
格桑木,刘励中.唐卡艺术.成都：四川美术出版社,1992:1—11.
王学典.唐卡艺术.沈阳：北方联合出版传媒（集团）股份有限公司,2012:42—72.
杨嘉铭,目雅·丁增,杨艺.康巴唐卡——藏族绘画艺术吉祥瑰宝.北京：中国旅游出版社,2010：1—9.
张世文,楞本才让·二毛,夏吉·扎曲.藏族传统手工宝典.拉萨：西藏人民出版社,2011:308—324.

图二　藏族《珍珠观音菩萨憩室图》尺寸图（单位：cm）

图三 藏族《珍珠观音菩萨憩室图》构成比例分析图（单位：cm） 图四 藏族《珍珠观音菩萨憩室图》造型动势分析图

图五 藏族《珍珠观音菩萨憩室图》图底关系分析图 图六 藏族《珍珠观音菩萨憩室图》珍珠缝制走向分析图

第六章 藏族传统手工艺

图七　藏族《珍珠观音菩萨憩室图》色彩分析图

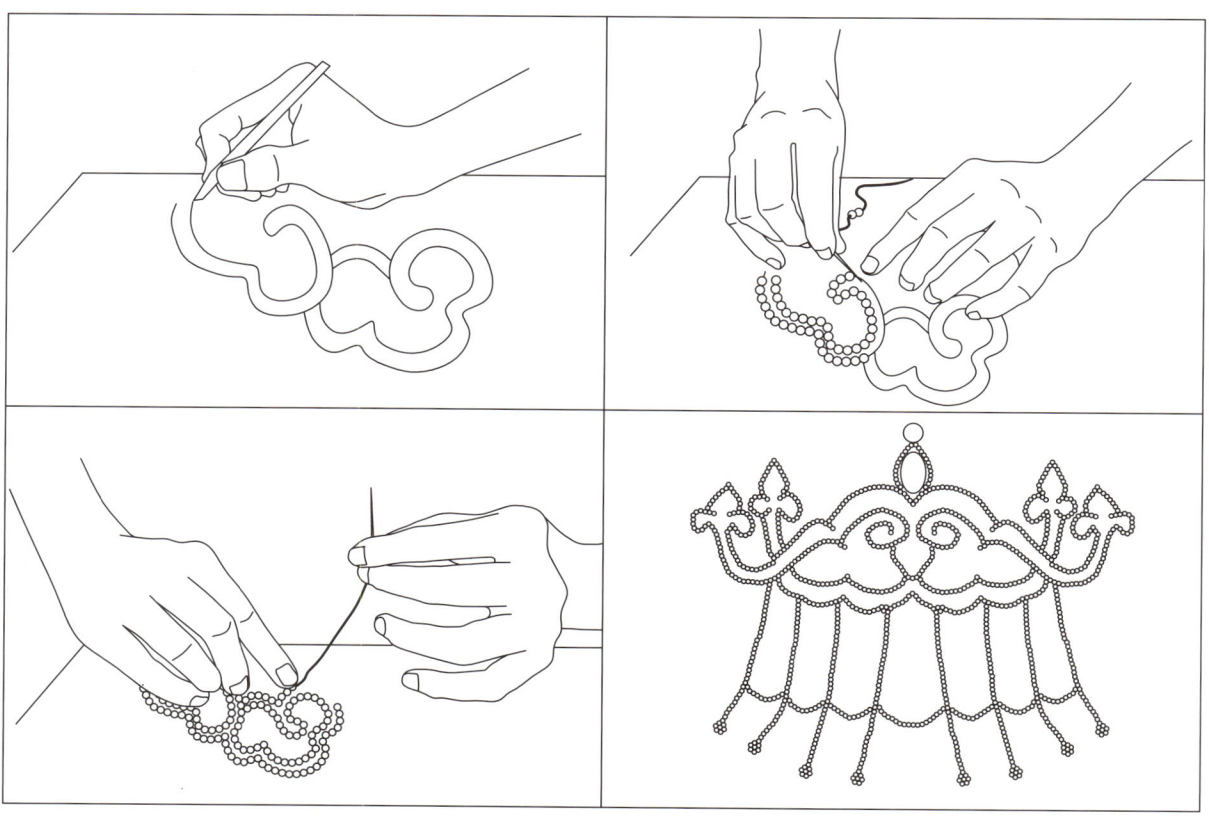

图八　藏族珍珠唐卡工艺分析图

图九　藏族现代珍珠唐卡

藏族刺绣唐卡

图一　藏族刺绣唐卡主图·《持国天王》

刺绣唐卡为织锦唐卡的一种，是用绣针引各色彩线，按照设计图案在缎面等绣料上绣制而成的一种唐卡类型。创作者通过各种粗细、各种颜色的绣线组织搭配，运用多样的运针手法表现绣制图案，具有层次丰富、质感细腻的浅浮雕视觉效果。

刺绣唐卡呈平面图像，其主要题材有神佛及陪衬的山水、花卉、楼台、亭榭和动物等，内容众多。通常先将画稿绘制在绣料上，再进行刺绣。刺绣时运用对比、退晕等技法，通过细密的针脚，使形象栩栩如生、细腻精致。其中，满绣也称"满地绣"或"铺绒绣"，即用五彩丝线将缎面全部绣满的手法，是刺绣唐卡中最常用的手法。本案例长127.5厘米，宽88.6厘米，创作于19—20世纪。持国天王为佛教中四位护法天神之一，是二十诸天中的第四天王。唐卡中持国天王居须弥山黄金地，身为白色，穿甲胄，手持琵琶，用音乐使众生皈依佛教，守护东胜神洲。该唐卡运用各种丝线绣制于缎面上，采用满绣的手法，并用丝线勾勒轮廓，针脚细腻平齐、色彩艳丽、神态生动。

刺绣唐卡的工艺复杂，且对保存的要求较高，需要恒温恒湿、避光保存，是唐卡中极为珍贵的类型。刺绣唐卡以绘画唐卡为基础，融合了中国传统的汉族刺绣艺术与藏族唐卡艺术的精髓，将两者技艺、形式及内容完美融合，题材丰富多样、色彩明快和谐、线条流畅生动、针法独特活泼、绣工精致细腻且极具地域特色，具有较高的文化和艺术价值。

图片来源

图一、图五　许边疆　摄影
图二至图四、图六、图七　刘佳　制图

参考文献

广东省博物馆,西藏博物馆.雪域瑰宝——西藏文物展.广州:岭南美术出版社,2012:105.

图二　藏族《持国天王》刺绣唐卡尺寸图（单位：cm）

图三 藏族《持国天王》刺绣唐卡色彩分析图

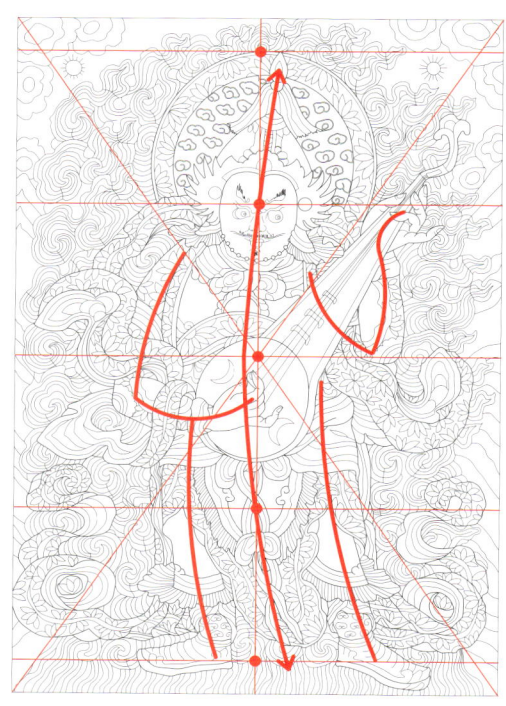

图四 藏族《持国天王》刺绣唐卡造型分析图

图五 藏族《宗喀巴生平传》刺绣唐卡

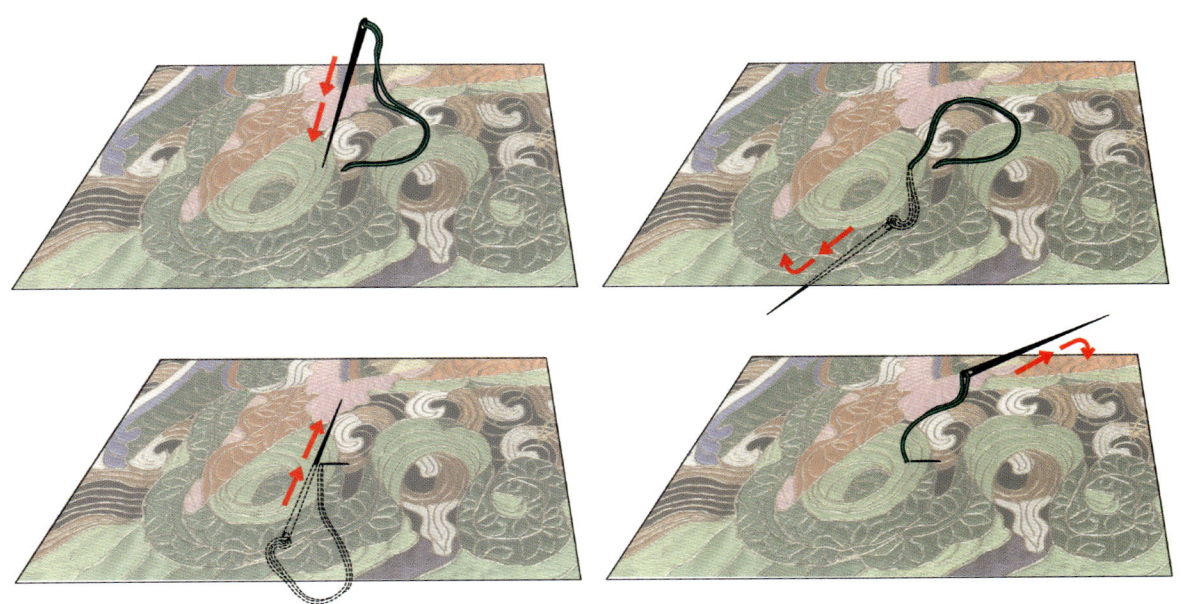

图六　藏族刺绣唐卡工艺分析图

图七　藏族刺绣唐卡制作场景图

藏族曼唐

图一 藏族曼唐主图·《四部医典》挂图之《医理树喻图》

曼唐也称"藏族医学唐卡"，是以藏医药为主要题材的一种特殊的唐卡类型，其本质就是藏医学的教学挂图，为寺庙的医学学院、藏医院及藏医的必备之物。

曼唐的产生依托于藏医学的发展。公元8世纪，藏医鼻祖宇妥·元丹贡布根植于藏族传统医疗经验，并借鉴中医等其他医学成果编著而成藏医藏药理论巨著《四部医典》。17世纪，第司·桑吉嘉措根据《四部医典·蓝琉璃》的内容，主持绘制了《四部医典》系列挂图唐卡，共计80幅，大小在2700~4300平方厘米之间。挂图构图形式多样饱满，以线条勾勒为主，施以色彩，具体内容包括人体解剖结构、药物图、器械图、尿诊图、脉诊图和饮食卫生防病图等79幅，及一幅历代名医师承图。本案例根据《四部医典·总则部》治疗部分的内容绘制，以树的根、干、枝、叶为喻，将治疗方法分为饮食、起居、药物和外治四干，以颜色区分，每个叶片代表一种饮料、食物、药物或医治方法，形象地表述了藏医学的系统观念。《人体骨骼分布图》按照《四部医典·论述部》绘制，形象地阐述了藏医对人体骨骼和脏腑形态的认识。《诊脉图》依《四部医典·后续部》绘制，包括切脉准备、切脉实践、切脉部位、切脉指力、切脉手法、脉性及四季脉等。

曼唐以彩色挂图的形式，系统、生动地描述了藏医理论知识和实践技术，集藏族医学与藏族唐卡艺术精华于一体，是科学、哲学、宗教文化与艺术形式的统一。曼唐充分表现了藏民的智慧，为藏医学的教学、发展和传播起到了积极的推动作用，是藏族传统文化中的珍贵遗产。

图片来源
图一 谭伟 摄影（Fotoe网）
图二至图五 刘佳 制图

参考文献
冯明珠,索文清.圣地西藏——最接近天空的宝藏.台北：联合报股份有限公司,2010:216—217.
宇妥·元丹贡布.图解四部医典.西安：陕西师范大学出版社,2006:25.
广东省博物馆,西藏博物馆.雪域瑰宝——西藏文物展.广州：岭南美术出版社,2012:111.

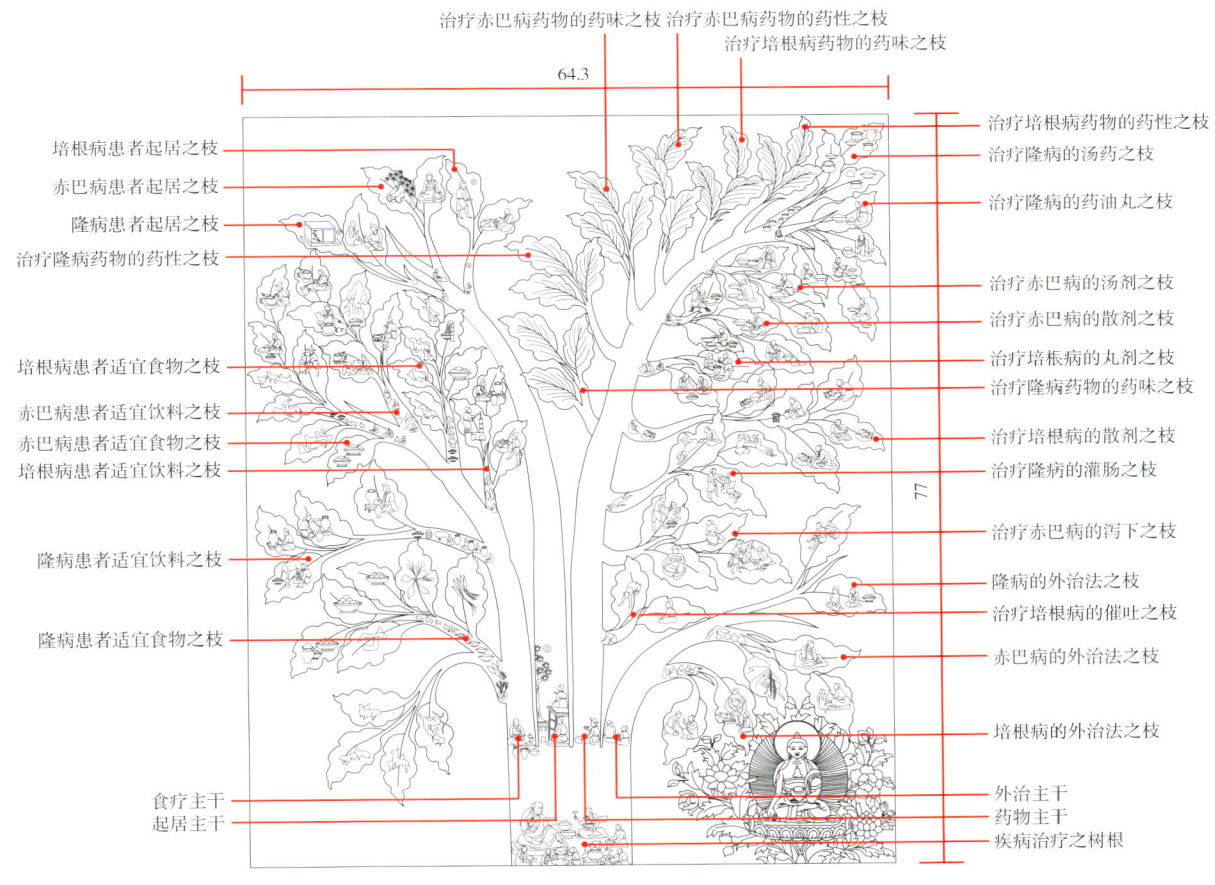

图二 《四部医典》挂图之《医理树喻图》尺寸、构成分析图（单位：cm）

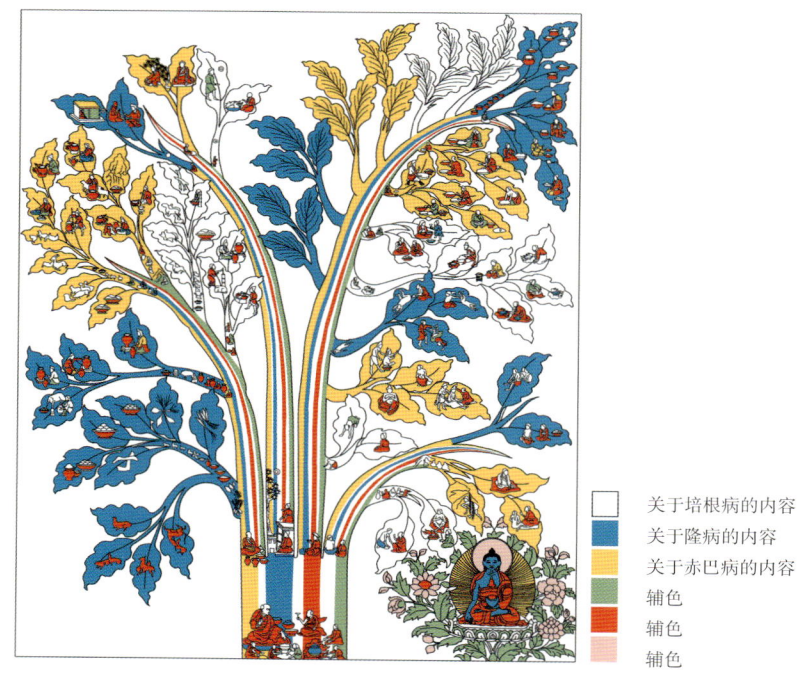

　　　　　　　　　　□ 关于培根病的内容
　　　　　　　　　　■ 关于隆病的内容
　　　　　　　　　　■ 关于赤巴病的内容
　　　　　　　　　　■ 辅色
　　　　　　　　　　■ 辅色
　　　　　　　　　　■ 辅色

图三　《四部医典》挂图之《医理树喻图》色彩分析图

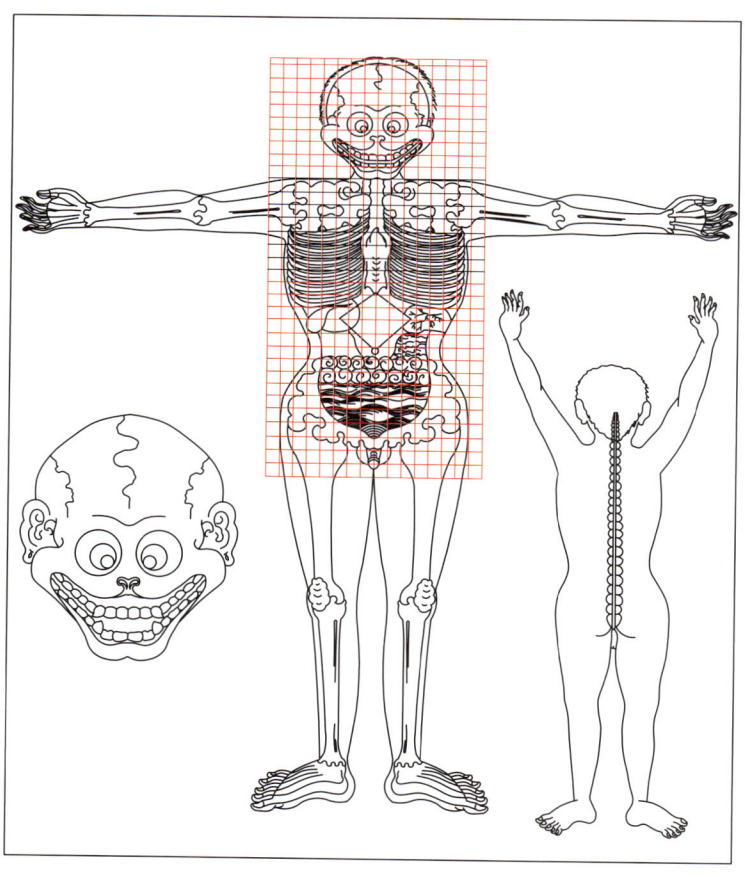

图四　《四部医典》挂图之《人体骨骼分布图》

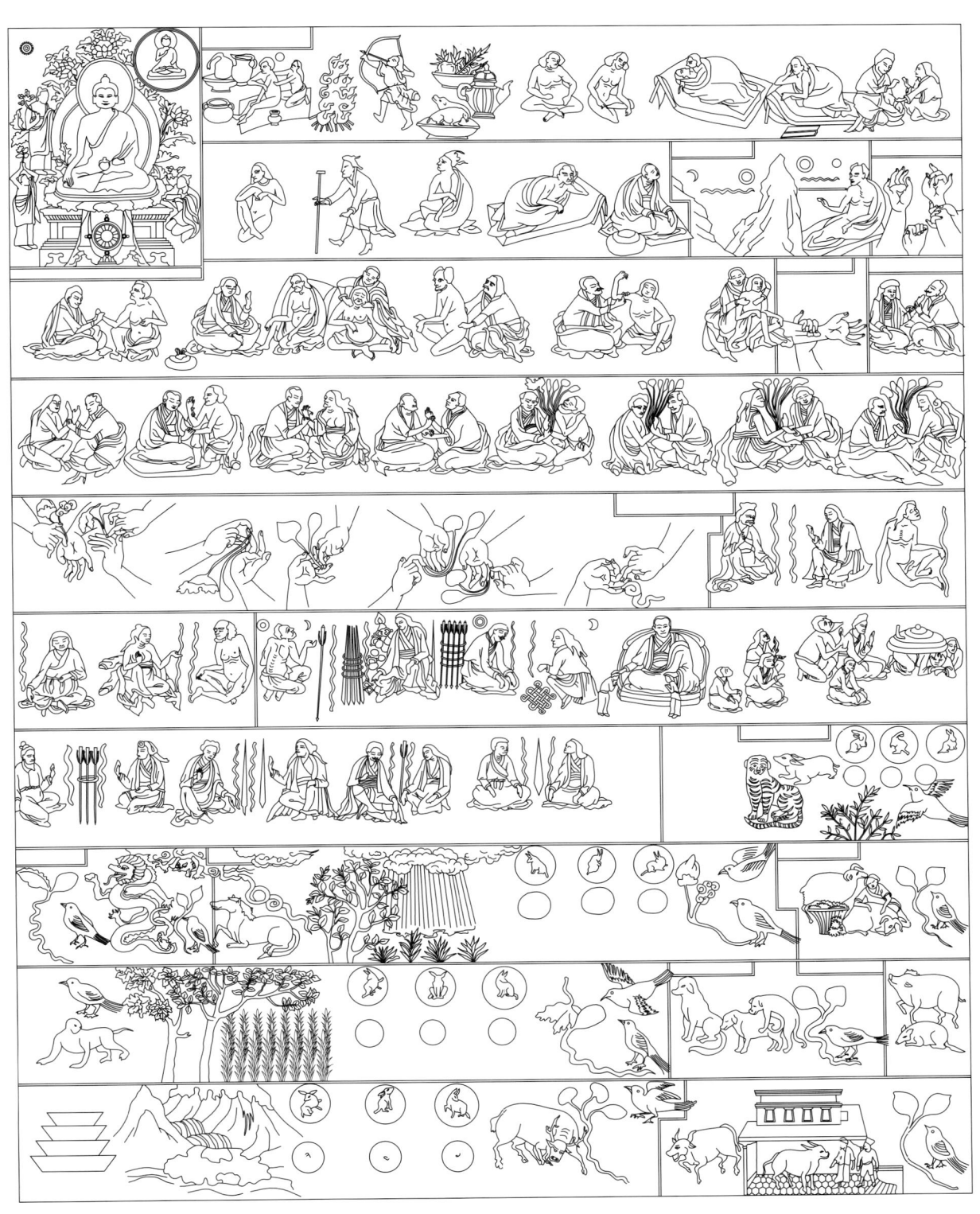

图五　《四部医典》挂图之《诊脉图》线稿

藏族度量唐卡

图一　藏族度量唐卡主图·《十一面观音造像》

度量唐卡是唐卡中的一种特殊类型，它主要的绘制内容是造像的标准，多用单线的方式勾勒于白纸或棉布之上。度量唐卡需严格遵循造像标准和比例尺度，即佛教文化中的量度，在西藏称"粉本"。量度的来源就是"三经一疏"，即《佛说造像量度经》《造像量度经》《画相》和《佛说造像量度经疏》。

唐卡绘画是佛教绘画中的重要组成部分，它实际上是一种宗教意义上的程式化艺术，不能随意造型创作，画师在作画之前需将"三经一疏"牢记于心，创作时便能自然运用。本案例为勉唐绘画风格，它准确地描述了十一面观音的精确尺度，严格按照规定的尺度制作,具有规则的和谐美感。该唐卡造型对称,主尊立足于莲花之上,身着轻柔天衣,头部共有5层,纵向垂直排列,慈眉善目,裸上身,佩珍宝璎珞。共有8只手臂,中间两臂双手合十,其余6只手分别持有念珠、法轮、结施愿印、莲花、弓箭、宝瓶,其他小臂密布在主尊左右两侧,形态端庄稳重,线条流畅均衡,构图饱满完整。

藏传佛教造像是世界佛教造像艺术中完整而独特的一个体系,造像的造型来源于佛经,需严格遵照宗教标准进行绘制,不能随意创造。度量唐卡以唐卡的艺术形式对造像进行了严格的比例尺度和规范,塑造了形象完美、比例和谐的神、佛等形象,是藏传佛教造像艺术中重要的组成部分。

图片来源

图一　许边疆　摄影
图二至图五　刘佳　制图

参考文献

徐进.藏传佛教千手千眼观音造像艺术研究.北京:中央民族大学出版社,2012.

图二　藏族十一面观音造像度量唐卡尺寸图(单位:cm)

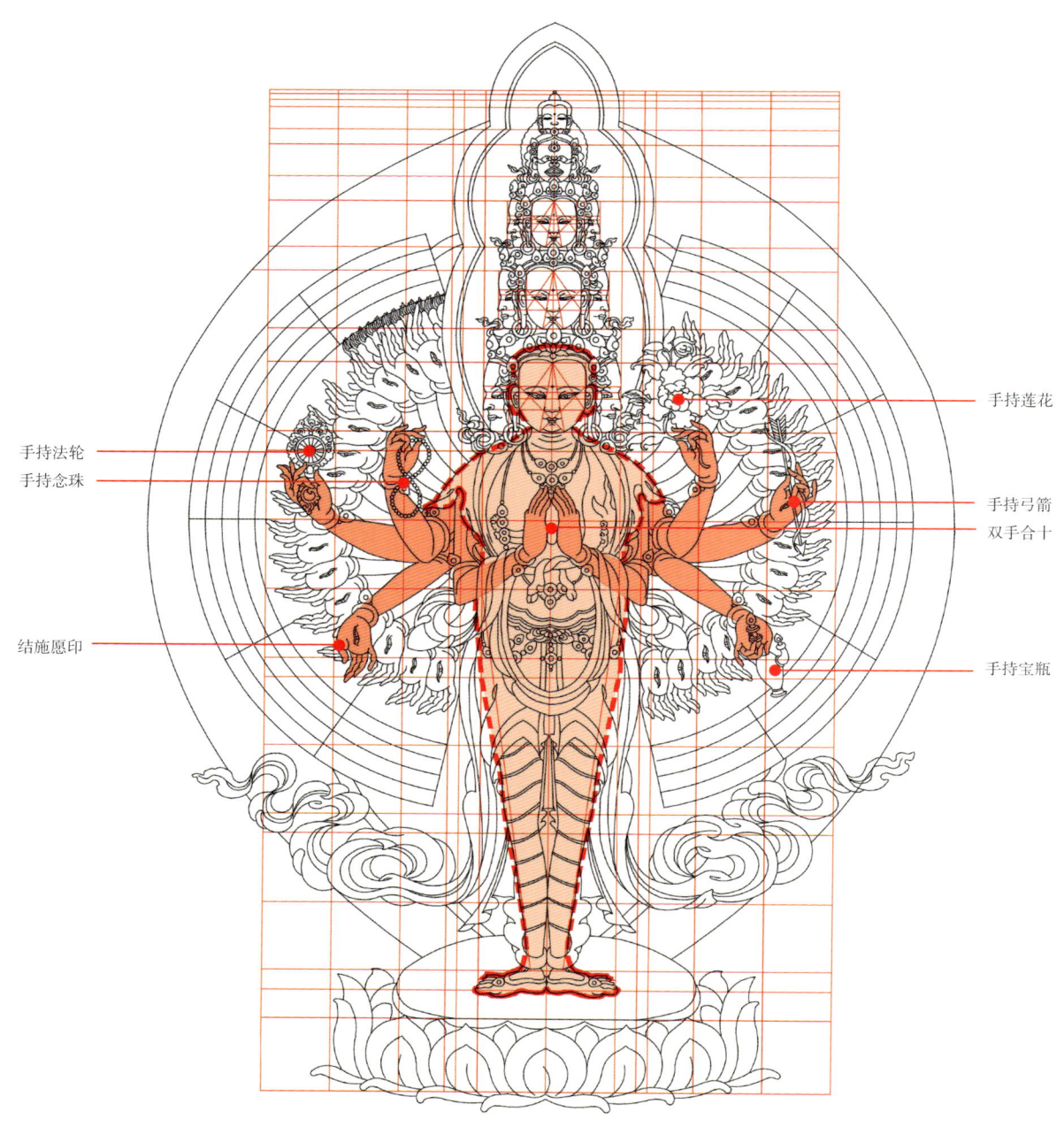

图三　藏族《十一面观音造像》度量唐卡造型分析图

图四 藏族千手千眼观音头部度量图

图五 藏族部分度量唐卡

藏族坛城画

图一 藏族坛城画主图·《药师佛坛城》

坛城画以几何形构图为主,主要有内方外圆和内圆外圆两种形式,是一种独特的佛教图示。坛城源于梵语词"曼荼罗",指佛的宫殿。坛城图由六大部分组成:主尊(坛城中心)、坛城宫殿、坛城外圈、上界(坛城上方)、下界(坛城下方)及周围景物。其中以正中间的主尊或佛为中心。

坛城画的绘制及建造难度大,只有具备高超技艺和丰富宗教知识的画师才能完成。坛城的制作方式有很多种,可通过平面或立体形式表现，手绘、铜铸、沙砌、木雕等各具特色。其中，沙坛城最能揭示世界"虚幻无常、一切皆空"的本质，精美绝伦，难建易毁。沙坛城所用的绘画材料，是将特殊石头手工磨制成粉或细沙，经不透明水彩染色，形成多样又明亮的色调，其中有黄金、绿松石、玛瑙等贵重金属和矿石。沙坛城的制作需要数名训练有素的喇嘛合作，耗时数日至数月。他们通常戴着口罩，将事先研磨好的小沙粒装在特质的漏斗形容器里，通过或重或轻的敲打，将沙子漏在模板上，细细堆砌、勾勒。制作之前，需要先构图定位，在台座上画好垂直线、对角线、圆形等几何图案；然后描轮廓线，从中间开始，逐渐向外绘制。每一个步骤，都谨遵佛陀所传密续如法制作，每一细节都需牢记，不可自创。制作完成后将其毁坏，从无到有，再到无，象征"一切成空、人生无常"的佛教寓意。纸本彩绘《药师佛坛城》收藏于拉萨西藏博物馆，宽64.3厘米、高77厘米，是79幅医药挂图的首幅图，具有开头吉祥的含义。在藏传佛教的传说中，《药师佛坛城》所呈现出的是一个充满传奇色彩的医药世界。画中心药师身体呈蓝色，在西藏地区的传统习惯里，蓝色代表着健康。四周是求学者，山的四面是各种动植物药材，图中形象描绘了动植物的分布和药理，这些珍贵的医疗养生知识被后人记载在藏医药经典《四部医典》中。

坛城画具有精密、有序的结构体系，严谨的构图秩序，俨然世界的缩影。其制作手法多样，色调丰富，在制作过程及内容要义上都充分体现出佛教的深奥寓意。坛城画将宗教理念、文化内涵、科普知识等用艺术的形式表现出来，是西藏宗教文化艺术的结晶，也是藏族绘画史上的瑰宝。

图片来源
图一至图六　潘馨兰　制图
图七至图九　刘佳　摄影

参考文献
唐颐主.图解曼荼罗——获得生命力量的无上密法.西安：陕西师范大学出版社,2009:264—265.

图二　藏族《药师佛坛城》尺寸图（单位：cm）

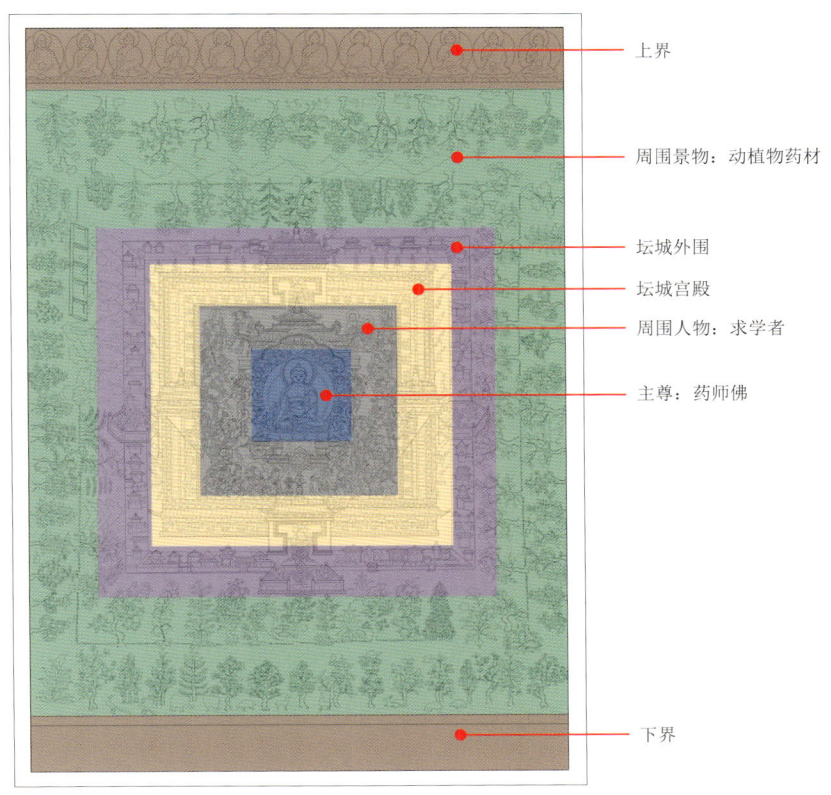

图三 藏族《药师佛坛城》构成分析图

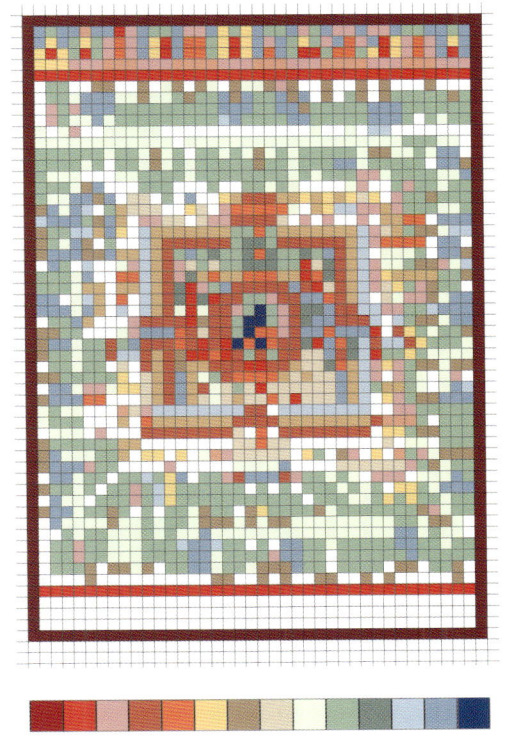

图四 藏族《药师佛坛城》色彩分析图

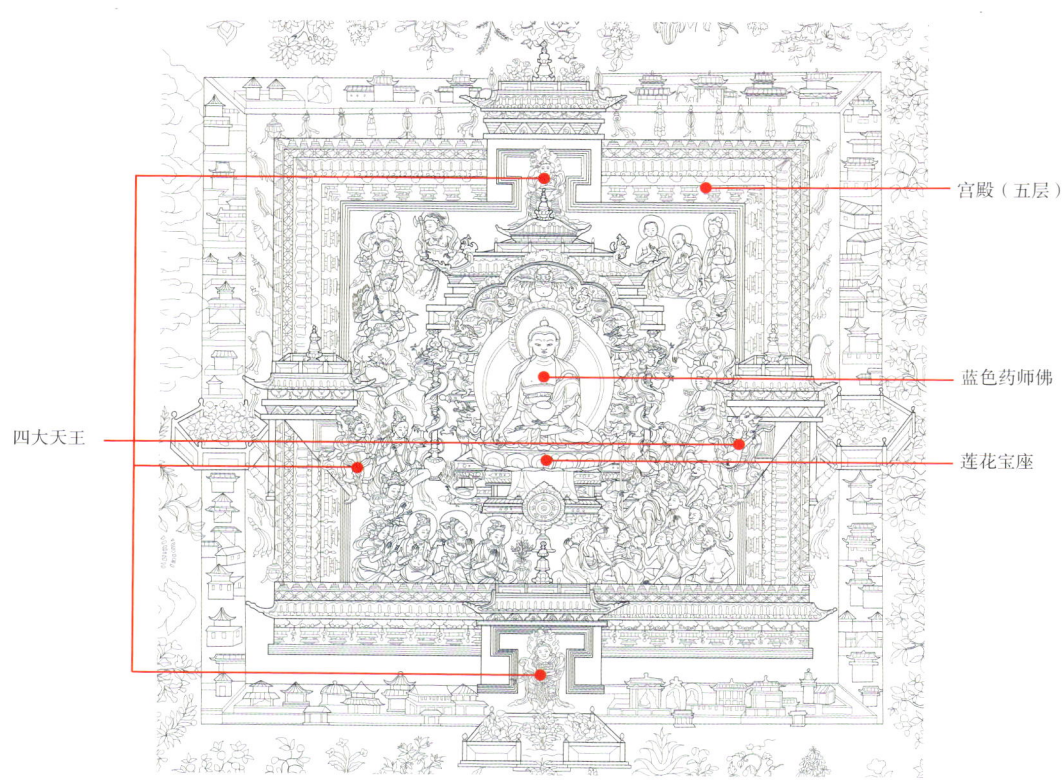

图五 藏族《药师佛坛城》中心部分构成分析图

宫殿（五层）
蓝色药师佛
莲花宝座
四大天王

图六 藏族《药师佛坛城》中心部分色彩分析图

图七　青海博物馆藏藏族《时轮沙坛城》

图八　藏族《时轮沙坛城》绘制场景图

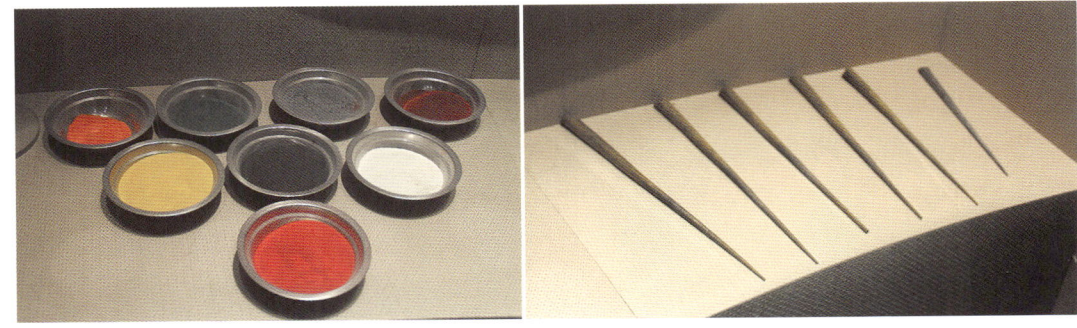

图九　藏族沙坛城绘画材料及工具

藏族孜各利画

图一　藏族孜各利画主图·布绘《双身大威德金刚》

孜各利画是一种具备观想、传法、供奉、设坛等功能的形制较小的微型宗教绘画。孜各利画又名"匝尕"，"匝尕"一词来源于梵语的音译，在不同的藏族地区发音有所区别。

孜各利画常见有条幅形和方形，画边四周绘以红色或红黄两色的边框，尺寸较小，一般长宽为10~20厘米。孜各利画的内容多描绘各种神灵、佛、菩萨及护法的独幅肖像，有立姿、坐姿等造型。有时也画一些诸如佛塔、吉祥图徽之类的神器、法器或宗教图案。孜各利画可以简单地分为画在纸上的纸卡和画在布上的布卡，以及用小型木版印刷的版印卡。孜各利画的绘制过程主要有4个步骤：首先选择上好的特种布料或柔韧的纸张；再用淡墨线起稿，然后用炭条勾勒；接着用红色颜料直接涂在画面四周以作装饰，极少数缝制布边；最后开光、供奉。作为一种宗教圣物，孜各利画多作为寺院或家中供奉、观赏、收藏珍品，以作讲解佛经意义之图示。案例为布绘《双身大威德金刚》，长12厘米，宽8厘米，供观房内僧人观修使用。虽然其形制小，但画工一丝不苟，精湛无比，与大唐卡相比毫不逊色。由此可见僧人在观修本尊时的严谨。另一案例《双身普贤王如来》，长12厘米，宽8.5

厘米，绘画年代约为17世纪，藏于安多地区宁玛派寺院，它是双身佛像中绘制精美的上品。图中还展示了一套12张《莲花生大士圣迹》系列孜各利画的其中6张，是清朝早期作品，它融合了汉藏绘画技法，将汉族青碧山水的构图和画法与传统的唐卡技法完美地融合在一起。这套孜各利画也在一定程度上反映了清朝早期汉藏文化往来交融的密切。

孜各利画画幅较小，画技精湛，色彩浓烈，绘制技法如同唐卡，线条勾勒精妙，描金勾银的技艺使画面锦上添花。作为藏民族所独有的艺术品和宗教用具，孜各利画具有鲜明的民族特色和较高的美学价值，反映了藏族人的审美意趣和宗教信仰，是藏族和谐的哲学思想的具象化、图示化。

图片来源

图一至图十一　潘馨兰　制图

参考文献

康·格桑益希.藏族美术史.成都：四川民族出版社，2005:396.

汤绍波.《莲花生大士圣迹》系列匝朵图.西藏人文地理，2009(1):16-17.

图二　藏族布绘《双身大威德金刚》尺寸图（单位：cm）

图三　藏族布绘《双身大威德金刚》色彩分析图

图四　藏族《双身普贤王如来》尺寸图（单位：cm）

图五　藏族《莲花生大士加持引导开启伏藏》尺寸图
（单位：cm）

图六　藏族《莲花生大士加持启开岩伏藏》线描图

图七 藏族《莲花生大士加持救护王难之苦》线描图

图八 藏族《莲花生大士加持脱离轮回之苦》线描图

图九 藏族《莲花生大士加持财富盈满》线描图

图十 藏族《莲花生大士加持救护疾疫之苦》线描图

图十一　藏族孜各利画的供奉

藏族壁画

图一　藏族壁画主图·《顶髻尊胜佛母》

西藏壁画是用颜料绘制在寺院、宫殿、住宅、工棚以及各类客店墙壁上的一种绘画形式，主要用于弘扬佛教。壁画的内容主要有宗教题材和非宗教题材两大类。宗教题材包括各种神灵和佛教人物的生平事迹，佛、菩萨居住的天庭，佛陀或高僧的本生故事等；非宗教题材包括格萨尔王、植物和花卉等。

绘制壁画的笔多为自制毛笔，笔毛采用山羊鬓部短须、四腿胫部和猫背部直耸的硬毛，绘画时多用中锋，产生一种轻捷、柔韧、沉静的气氛。所用的矿物颜料和植物颜料色彩强烈、沉稳、厚重且不易褪色。在绘制壁画之前，准备工作十分重要。首先，粉刷清理墙面；其次，根据墙壁的高低宽窄按比例留出绘画的位置，并画好壁画的四面边框；然后，确定绘制内容，并打出对角线、找出中心点、确定人物和景物的位置。接下来就可以进行壁画的绘制了。整个绘画工序一般包括构草图、勾黑线、敷色、晕染、用色线再次勾线、晕染、上金、开眼、抹平打光，最后还要在完成的壁画上刷胶水和清漆，以保护壁画的持久性。西藏壁画的构图方式有中心式构图、回环式构图、分格式构图和几何形构图。其中，中心式构图主要见于肖像作品。中心人物可以是佛祖、菩萨、法王或高僧大德等，其四周围绕众佛、众神、众弟子、装饰图案等,以突出画面核心。古格壁画《顶髻尊胜佛母》宽210厘米、高270厘米,采用中心式构图。顶髻尊胜佛母与无量寿佛、白度母合为长寿三尊,象征福寿吉祥。画面中心佛母三面八臂:每面额上各生一眼,面容兼具寂静、愉悦与凶忿相;八臂各具形态,持宝物、托莲座、施手印。佛母坐于莲花月轮上,头挽高髻戴花冠,装饰着花蔓、天衣、宝冠、璎珞等,身如秋月、皎白无瑕。几何形构图壁画《六道轮回图》,描绘了死神阎罗王正转动着生命之轮,图中共分为6块区域,分别代表不同的转生去向。

西藏壁画源远流长,形象地综合了西藏地区的社会风貌、宗教发展、历史传说以及风土人情。它是西藏历史的画卷,以其独特的民族风格、五彩纷呈的艺术形式、丰富广泛的表现内容,成为西藏艺术中的重要门类。

图片来源
图一　杨延康　摄影(Fotoe网)
图二至图七　潘馨兰　制图
图八　刘佳　摄影

参考文献
杨辉麟.西藏绘画艺术.拉萨:西藏人民出版社,2009:76—81.
于乃昌.西藏审美文化.拉萨:西藏人民出版社,1999:210.

图二　藏族《顶髻尊胜佛母》壁画尺寸图(单位:cm)

图三 藏族《顶髻尊胜佛母》壁画佛母造型分析图

图四 藏族《顶髻尊胜佛母》壁画色彩分析图

图五　藏族《六道轮回图》壁画线描图

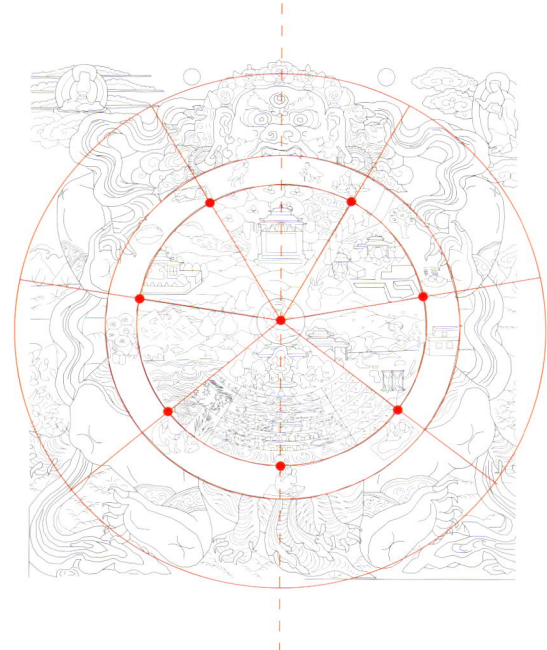

图六　藏族《六道轮回图》壁画结构分析图

图七　藏族壁画绘制场景图

图八 藏族塔尔寺壁画

藏族萨拉南夏棋盘画

图一　藏族萨拉南夏棋盘画主图·《次第道游戏图》

　　萨拉南夏棋盘画是一种藏族传统游戏棋盘，富有宗教意义。据说这是11世纪俄·雷必喜饶修建桑普寺时流传下来的一种游戏，旨在让学经喇嘛熟练经典。萨拉南夏棋盘画尺寸不一，最大可达200×150厘米。

　　本案例为布绘《次第道游戏图》唐卡，是一幅僧人游戏图，长118厘米，宽78.5厘米，为勉唐画派作品。图中棋盘处自上而下画有天界、人世和地狱共64个格子和图形，每个小格子周围均写有标示路径的文字。每个格子表现一个场景，串起来是佛陀一生的事迹。游戏人数不限，每个人都把自己的"棋子"（小石子、木棍、硬币等）放在棋盘起点，轮流掷骰子。骰子每面写一字，即"阿莎卡塔热亚"六字母，每个字母都有一个相应的佛教含义。骰子上面的字要与图上的字相对，按照方向进退，先到天宫者为胜。

萨拉南夏棋盘画构图严谨、绘画精细、敷色鲜艳，蕴含着深刻的佛教寓意。它将宗教理念与娱乐学习巧妙地结合在一起，是藏传佛教珍贵的艺术宝藏。

图片来源
图一至图七　潘馨兰　制图

参考文献
刘建平.中国唐卡艺术.天津：天津人民美术出版社,2004:36.

图二　藏族《次第道游戏图》尺寸图（单位：cm）

图三　藏族《次第道游戏图》局部线描图

图四　藏族《次第道游戏图》局部色彩分析图

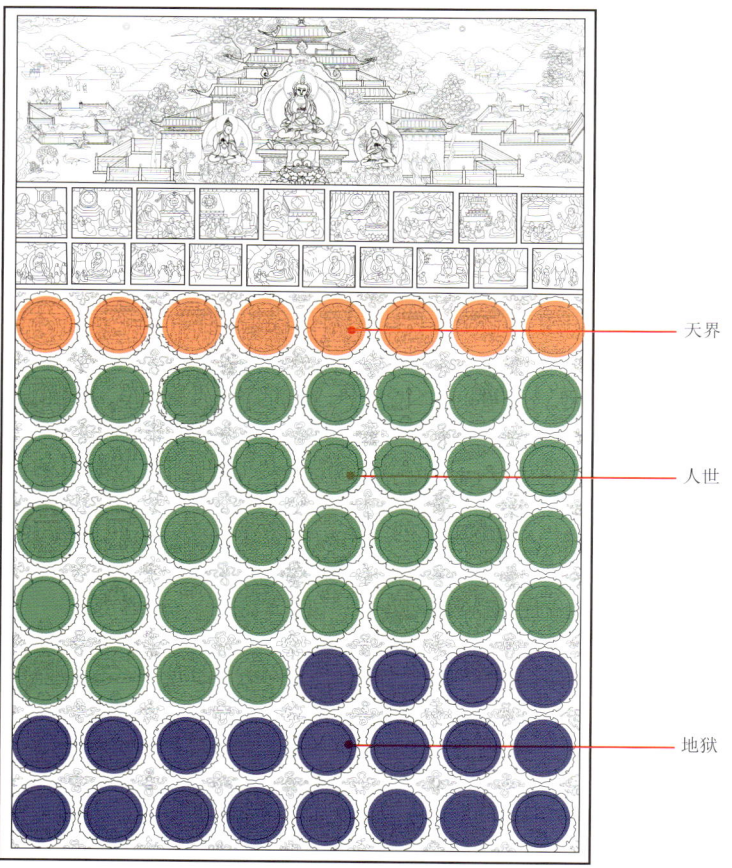

天界

人世

地狱

图五　藏族《次第道游戏图》棋盘构成分析图

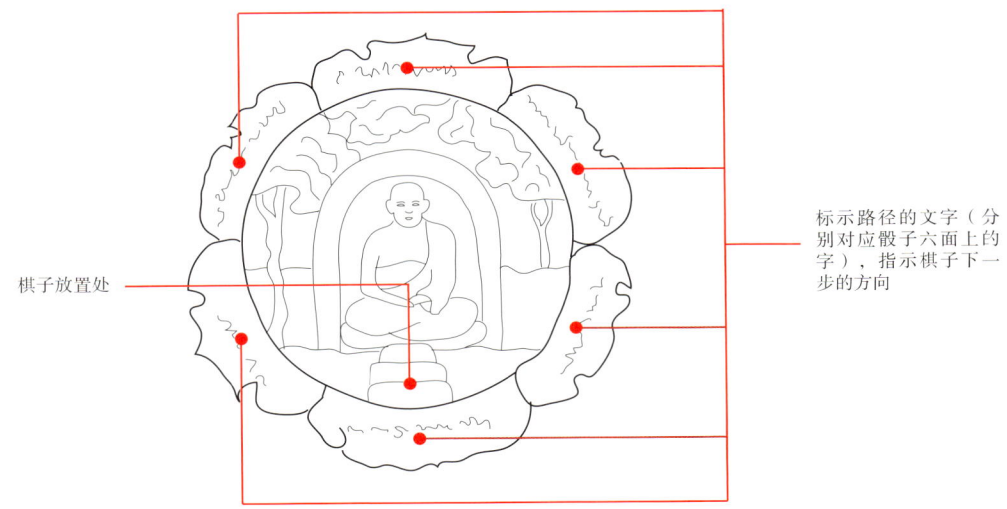

图六　藏族《次第道游戏图》棋格构成分析图

图七　藏族僧人下棋场景图

藏族头神画

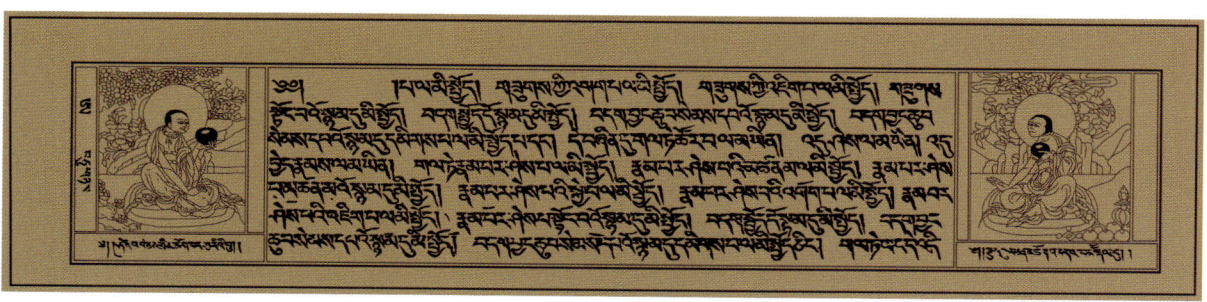

图一　藏族头神画主图·木刻版印刷《八千颂》经叶

头神画即佛经插画。西藏的经卷插图有黑白和彩色两种形式。黑白的以木刻形式表现，插图随文字雕刻而成，一般出现在经卷的卷首或扉页的两侧。彩色插图主要为手工绘制。

《八千颂般若波罗蜜多经》是早期大乘佛教经典，为佛教徒日常背诵的佛经，全书24卷，32品。《八千颂》的插图不仅有佛陀、菩萨、观音、度母，还包括大学者、大译师、大成就者等著名人物。这些形象因具有宗教意义，按照《造像度量经》中的规定，有着十分严格的定制。本案例木刻版印刷《八千颂》长62厘米、宽15厘米，插图长9厘米、宽8厘米，经文印在中间，每页文字的左右两侧都各有一幅人物插图，总共有1000余幅。人物的造型简练而富有创造力，刻画手法十分自由，运用了不同的笔法，线条简约有力，极富动感。彩绘贝叶经《八千颂》长42厘米、宽7厘米，创作于11—12世纪，是在贝多罗树的树叶上书写的梵文经书。虽然年代久远，但保存十分完整，彩绘插图饱满艳丽，叶面平整如新，是古老和珍贵的佛教经典。

头神画依托于佛教经卷，以细腻的手法刻画出栩栩如生的人物形象，丰富了经卷内容，增加了其艺术气息与收藏价值。

图片来源
图一至图五、图七　潘馨兰　制图
图六　许边疆　摄影

参考文献
翟跃飞.深浅看西藏——以经卷艺术为线索.北京：人民美术出版社,2009.

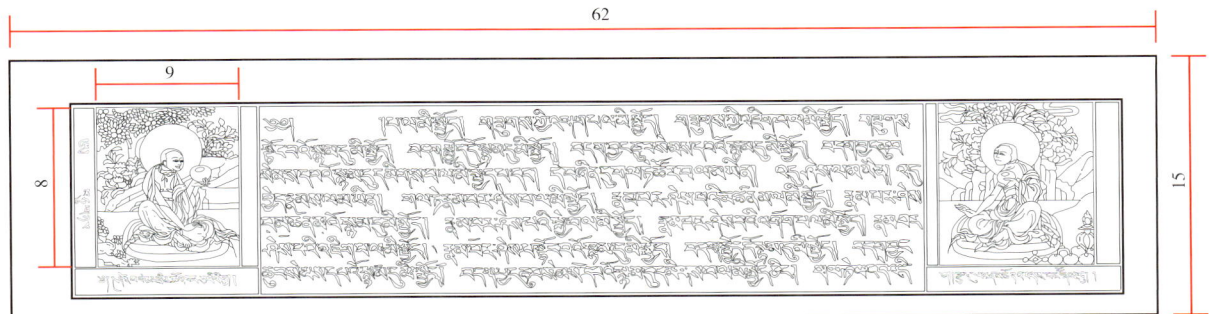

图二 藏族木刻版印刷《八千颂》经叶尺寸图(单位:cm)

图三 藏族游戏于尸陀林之达官李线描图

图四 藏族亲见密集本尊者桑杰益西线描图

图五　藏族降魔金刚无障碍线描图

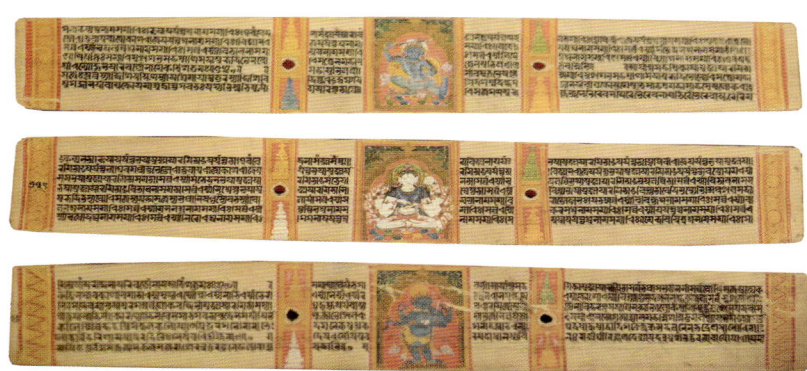

图六　藏族彩绘贝叶经《八千颂》

图七　藏族雕刻经文的喇嘛

藏族刺绣图案

图一　藏族刺绣图案主图·服饰龙纹

藏族刺绣在我国少数民族的刺绣类别中独树一帜，主要分布在安多藏区，例如河湟谷地和川西高原等以农耕文化为主体的地区，在江孜、浪卡子等地区也有零散分布。经过藏民的长期传承和发展，形成了堆绣、平绣、拉绣、网绣及盘绣等多种多样的刺绣手法。

藏族刺绣是一种兼具实用性与观赏性的工艺形式，其品种丰富，内容花样繁多，应用广泛，大体上可分为两大类。一种是日常实用类，多是藏族人的服饰佩件和家居用品，也是刺绣的主要载体。题材主要以传统吉祥图案为主，如花卉、飞禽走兽等，以及一些宗教纹样，如藏式八宝图案等。另一种是宗教器物类，主要用于寺庙装饰以及宗教仪式。宗教信仰和习俗也是藏族刺绣喜爱的题材，亦是刺绣中的特色部分。与宗教相关的题材主要有佛陀造像、亭台楼阁，也有飞禽走兽、花卉和传统的吉祥纹样。色彩艳丽是藏族刺绣的一大特点，设色多使用原色，色彩明快鲜艳、纯度高。常用大红大绿直接在黑底色上构图，表达强烈的情感色彩。刺绣图案讲究纹样的连续性，形成有规律的美感。

藏族刺绣技艺精湛、巧夺天工，具有丰富的寓意，蕴含着藏民积极向上的生活态度和对宗教的虔诚信仰，是农耕文化和宗教文化的集中体现，带有浓郁的地方特色和民族色彩。

图片来源

图一　刘佳　摄影
图二、图三　刘佳　制图
图四　徐晓娴　制图
图五、图七　许边疆　摄影
图六　刘春羽　制图

参考文献

万国英.青海民间传统刺绣特征叙略.西北民族大学学报,2007(3):82—84.

彭毛卓玛.芒拉夏朵戎哇藏族刺绣的民族文化学研究.藏学研究,2013,24(3):100—102.

钱敏.藏族佩饰艺术形态研究.苏州大学高等学校教师硕士学位论文,2008.

图二　藏族服饰龙纹图案构图分析图

图三 藏族日常实用物刺绣图案·肚兜

图四 藏族日常实用物刺绣图案·辫套

图五 藏族刺绣宗教器物·《持国天王》刺绣唐卡

第六章 藏族传统手工艺

图六　藏族刺绣宗教器物·幛幔

图七　藏族刺绣宗教器物·佛钵套

藏族色织图案

图一　藏族色织图案主图·橘红色喜上眉（梅）梢纹卡垫

藏族传统的编织工艺可分为两大类，一类是以动物毛为原料的毛织物，另一类是以草本植物为原料的植物编织物。仲丝是毛织物的总称，多指卡垫、地毯一类的织物，色织图案在这里特指藏族仲丝的纹样。色织图案常用的传统纹样有丁字纹、雷纹、卍字纹、八宝吉祥图案、龙凤纹、云纹、仙鹤纹等等，拥有美好的寓意。图案的色彩常用深蓝、中驼、浅驼、大红、朱红、黑色、中黄色等等，色相明亮、配色和谐。

藏族仲丝使用范围主要为地毯、卡垫、马鞍垫和马鞍盖、寺院毯等。一般藏族人家的房屋都有木质底床，卡垫就铺在毛或草絮装成的基垫上，白天当坐垫，晚上当床垫使用。地毯在藏语中叫作"萨登",通常铺在茶桌前,呈矩形。骑马是藏民主要的交通方式,所以极为注重对马匹的装饰,马鞍垫和马鞍盖相当讲究。在西藏喇嘛寺庙的诵经堂,都摆放着长条卡垫,就是寺庙毯,藏语中叫"措垫"。藏族仲丝图案大致可分为5种类型:江垫式、龙凤式、满地铺式、城廓式及嘎雪巴式。江垫式图案来源于锦缎上缠枝西番莲格式的波状图案,含义是锦缎样式的仲丝。龙凤式是藏族对于一切关于龙凤图案的总称,以龙、凤、云、花、水等为内容,以翻转、对称等形式组织图案。满地铺式的图案纹样来源广泛,内容庞杂,纹样布满全毯,分布均匀。城廓式的特点是有边框纹样,多带丁字纹的小边,形似城廓。江孜贵族嘎雪巴·曲杰尼玛曾任过地方政府的噶伦,他通过对近代内地丝绸刺绣的研究,吸收了刺绣衣料和刺绣被面上的整枝花的图案形式,并结合仲丝生产工艺的特点,创造出了一种形似内地彩花式的新图案样式,被称作"嘎雪巴白萨"。

藏族仲丝可谓历史悠久,是藏区特有的毛织方式,其图案题材多来源于生活,图案纹样内容丰富、构图严谨、配色考究、寓意吉祥。藏式色织图案融入了藏民的虔诚信仰和对美好生活的祝愿,反映了藏族璀璨的装饰艺术文化。

图片来源
图一、图二　刘佳　摄影
图三至图七　袁丹　制图

参考文献
西藏自治区手工业管理局.西藏仲丝.内部发行,1984.
张世文,楞本才让·二毛,夏吉·扎曲.藏族传统手工宝典.拉萨:西藏人民出版社,2011.

图二　藏族藕荷色缠枝团寿纹鞍垫

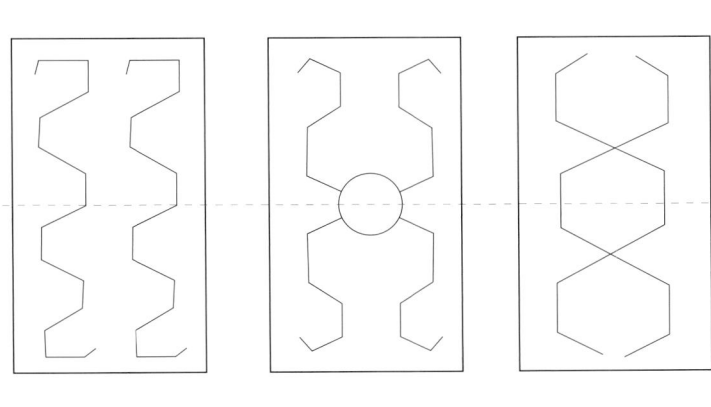

图三 藏族江垫式图案及构成简图

图四 藏族龙凤式图案及构成简图

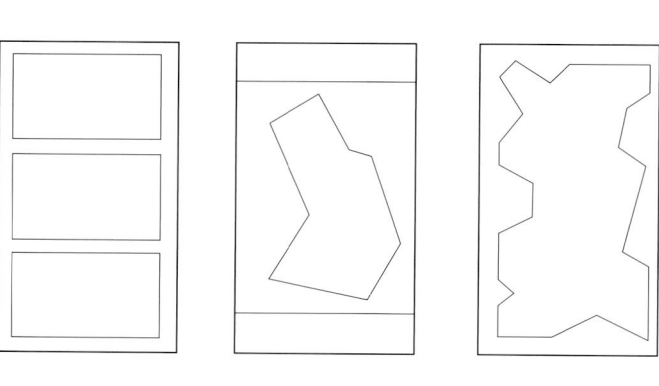

图五 藏族满地铺式图案及构成简图

图六 藏族城廓式图案及构成简图

552

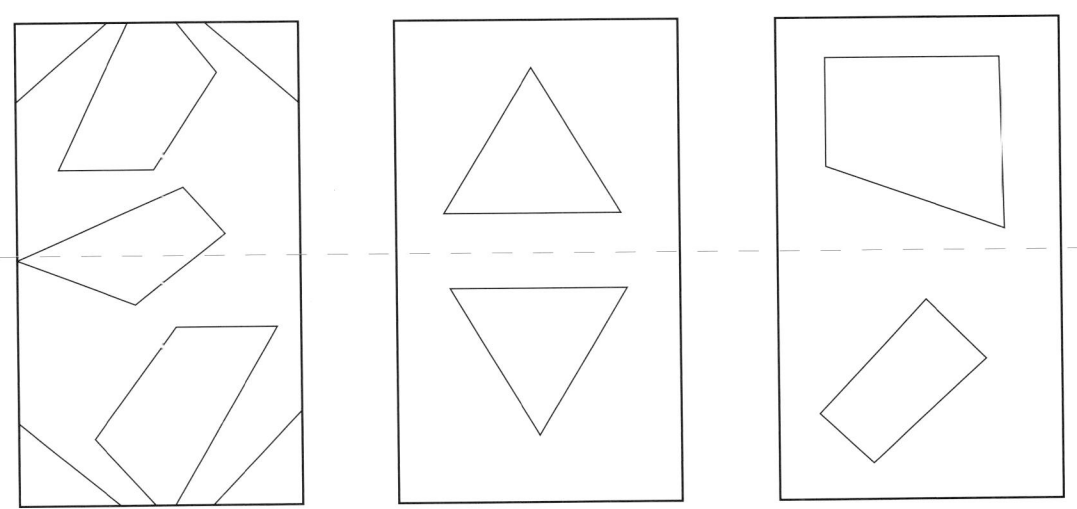

图七 藏族嘎雪巴式图案及构成简图

藏族八瑞相图案

图一　藏族八瑞相图案主图·达杰朋苏

藏族八瑞相图案在藏语中称之为"扎西达杰",其中"扎西"为吉祥之意,"达"为扛、抬之意,"杰"就是八标志。而汉语对其有多种译法,如藏八宝、吉祥八宝图、八吉祥相等。八瑞相图案由8种不同的宝物构成,分别是宝伞、金鱼、宝瓶、莲花、白海螺、吉祥结、胜利幢和金轮。

八吉祥图及其含义分别是:宝伞,亦称华盖,象征遮蔽魔障,守护佛法;金鱼,喻示超越世间得以解脱的修行者;宝瓶,象征吉祥、清净和财运;莲花,象征修成正果;白海螺,象征佛法音闻四方;吉祥结,赋予祥和、团结、和睦的意义，宗教上认为其标志着佛智圆满；胜利幢，寓意烦恼孽根得以解脱、觉悟得正果；金轮，象征佛法像轮子一样旋转不息。八瑞相图大多运用在绘画、金银铜雕、木雕等艺术形式中，在藏族佛教寺庙及藏族民居建筑上也都可以看见。它们的展现方式有单列式和组合式两种，单列式就是将八个宝图分别绘制在布匹或墙壁上；组合式是将八个宝图经过巧妙构思之后，组成一个像瓶状的整体。八瑞相的组合图案繁多，有横、竖、圆、方等多种。构图往往以金轮为中心向外延伸，宝伞为瓶盖，胜利幢为瓶颈，金鱼分别列在金轮两侧，形成瓶腹，瓶足置吉祥结和莲花，形成瓶座。这种组合图案在藏语中称为"达杰朋苏"，意为宝瓶状吉祥八宝图。

八瑞相图案与佛陀或佛法息息相关，具有深刻的文化内涵和寓意，其优美的造型也极具地域特点和艺术欣赏价值，它被运用于藏族宗教礼仪、日常生活的各个方面，成为传统藏族文化艺术中的代表图案。

图片来源
图一至图六　李绮雯　制图
图七　刘佳　摄影

参考文献
文群太,喜绕嘉措.八瑞相——藏族的图案与标志(之四).中国西藏(中文版),1998(2):50—51.
贾蔓,汪孙英.藏族"八瑞相"壁画的文化阐释.大理学院学报,2013,12(11):17—20.
阿旺罗丹.西藏藏式建筑总览.成都：四川美术出版社,2007:319—324.

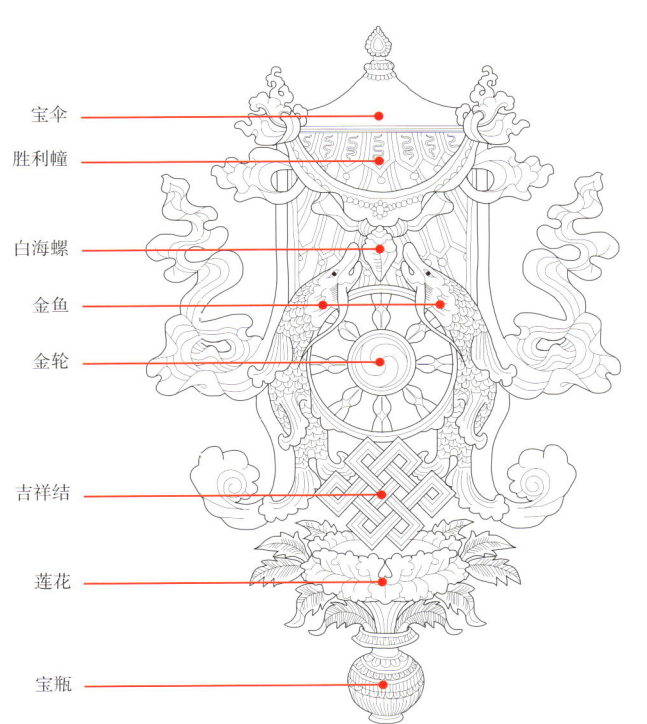

图二　藏族达杰朋苏构成分析图

图三　藏族达杰朋苏色彩分析图

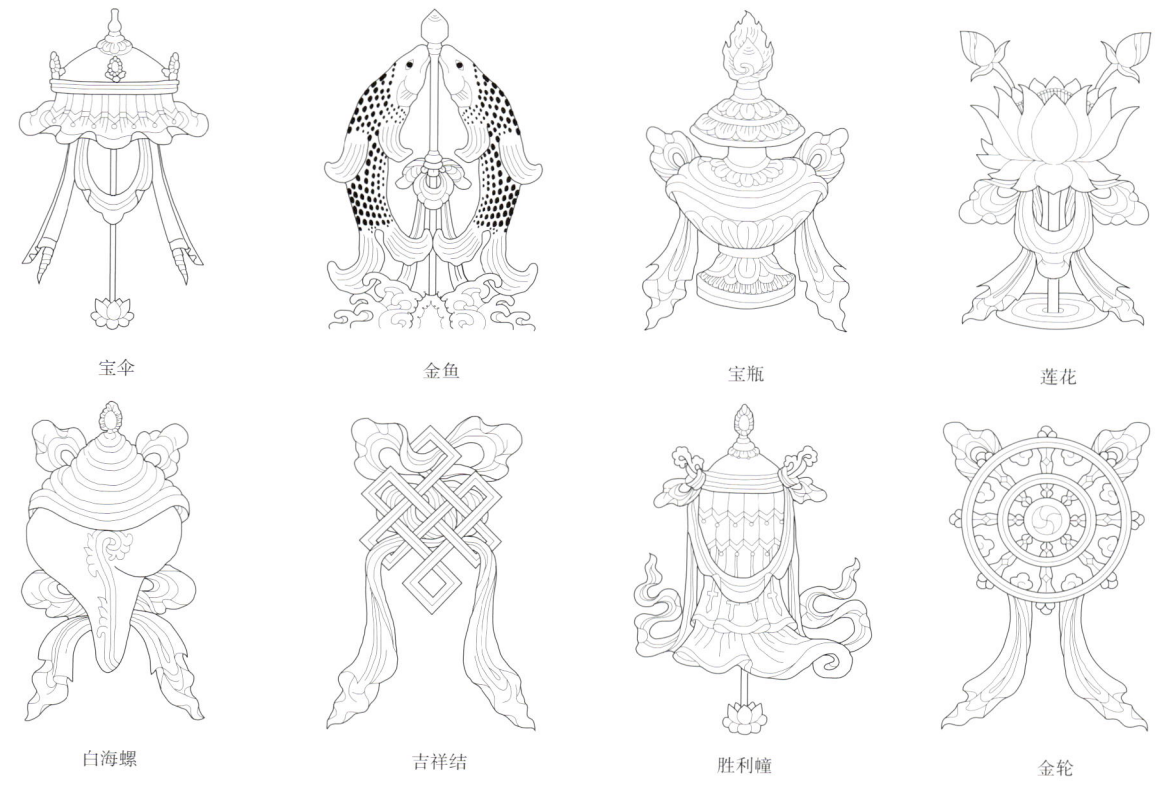

| 宝伞 | 金鱼 | 宝瓶 | 莲花 |
| 白海螺 | 吉祥结 | 胜利幢 | 金轮 |

图四　藏族单列式八瑞相图案

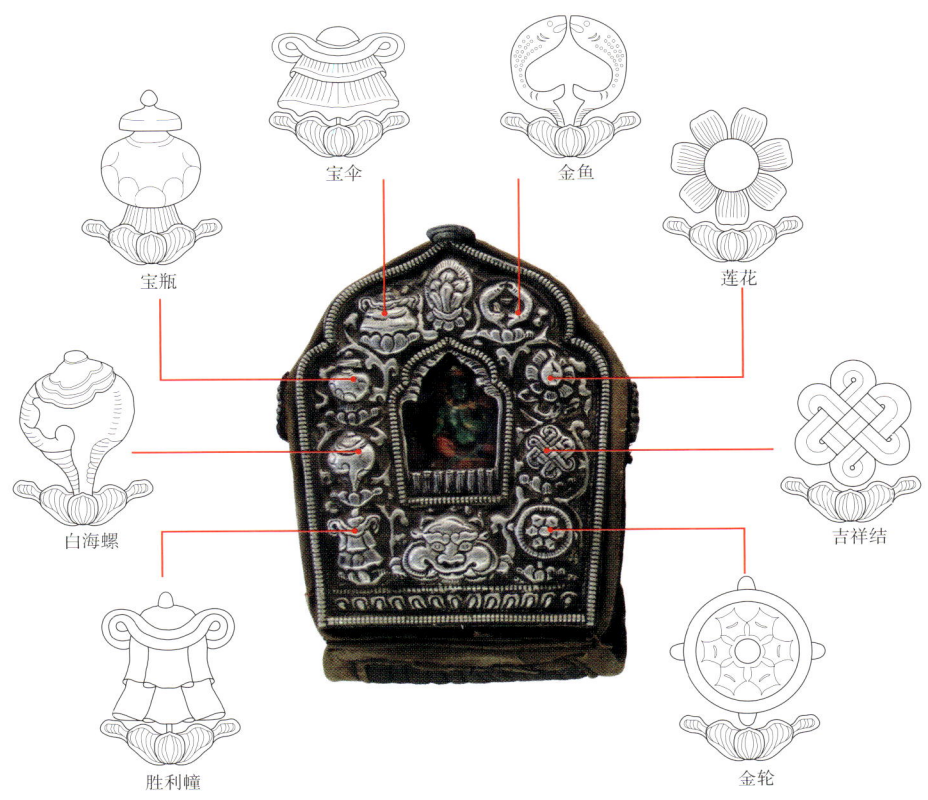

图五 藏族绘制有八瑞相图案的嘎乌

图六 藏族铜质雕八宝梵文单把壶

第六章 藏族传统手工艺

图七　藏族建筑装饰上的八瑞相图案

藏族十相自在图案

图一 藏族十相自在图案主图

十相自在图，藏语为"朗久旺丹"，是时轮金刚的咒牌，由梵文变化而成，象征十种自在。

十相自在图由圆形、月牙形、那达和7个梵文字母共计10个符号组成，7个梵文字母分别为洋、日–阿、哇、拉、玛、恰和哈。图符中的5种颜色象征着宇宙中的水、火、风、地和空5种基本元素。黑色"洋"字象征风轮，红色"日–阿"字象征风轮上面的火轮，白色"哇"字象征火轮上面的水轮，黄色"拉"字象征水轮上面的地轮，杂色"玛"字象征地轮之上须弥山及欲界，绿色"恰"字象征色界，蓝色"哈"字象征无色界，月牙形象征外太阳，圆形象征自身，那达象征虚空。10个符号又象征着人体的各个部位与物质世界的各个部分，表达了时轮宗的最高教义。据《时轮经》所说，十种自在分别为寿命自在、心自在、资具自在、业自在、解自在、受生自在、愿自在、神力自在、智自在以及法自在。

藏民将十相自在图绘制在房门、房梁以及墙壁上，用以保护家族平安。图案在塔门、壁画、唐卡、经书封面和岩壁上也都经常出现。十相自在图也可以制成各种规格尺寸的护身符，佩戴在身上或是悬挂起来，同时还具有装饰功能。

图片来源
图一、图五　刘佳　摄影
图二至图四　李绮雯　制图

参考文献
刘建平.中国唐卡艺术.天津：天津人民美术出版社,2004:49.

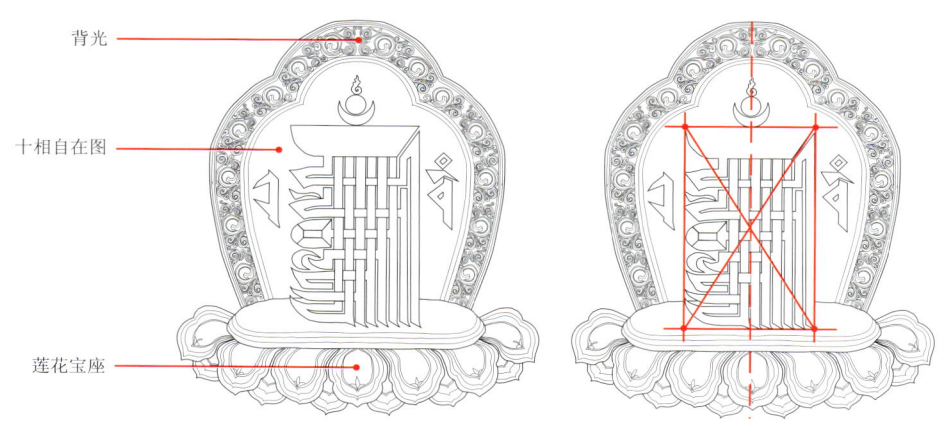

图二　藏族十相自在石雕图案构成分析图

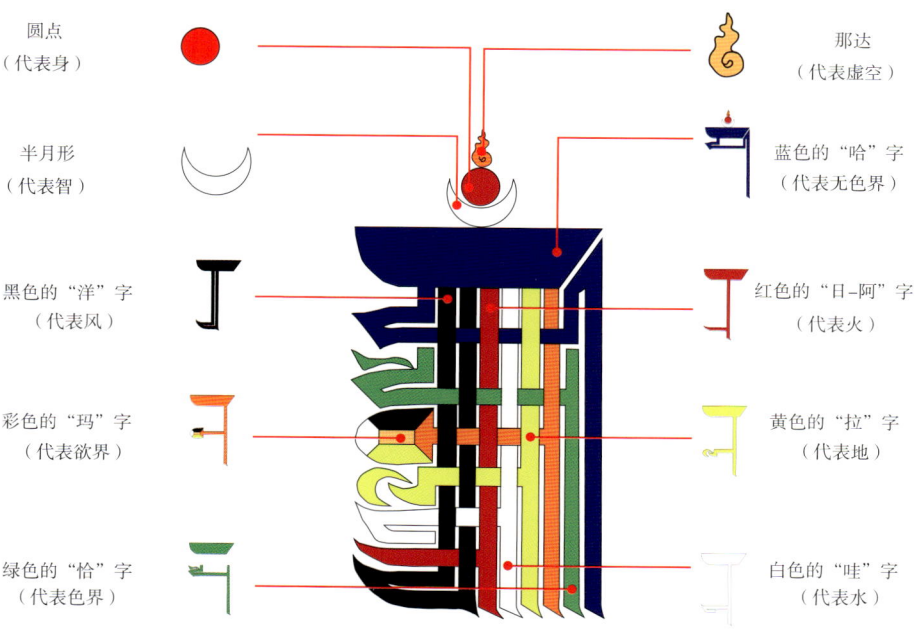

图三　藏族十相自在图案色彩及含义分析图

图四 藏族《十相自在》唐卡

图五 藏族十相自在木雕

第六章 藏族传统手工艺

藏族民居建筑彩绘图案

图一　藏族民居建筑彩绘图案主图

装饰图案是建筑艺术的重要组成部分，在传达审美和情感的同时，还能传递出特定的历史文化信息。藏族民居彩绘以华丽的装饰图案和抽象的图案化造型使藏族建筑保持空间上的完整性。它起源于图腾崇拜与宗教信仰的图案，纹饰特点可概括为：方中有圆，曲中有直，以吉祥几何图案为主，封闭圆弧贯穿图案始终，带有一种神秘的美。

藏族图案装饰主要采用写实图案、变形图案和植物图案。随着藏族社会的发展，原始自然的写实风格被抽象的几何形图案代替。藏族民居习惯在大片石墙上刷粉白或涂红、朱、蓝、黄、绿、青等色彩，达到强烈对比的视觉效果。通常以三色条纹花饰点缀在居室墙壁、门窗、屋檐及柱头梁面上，乳黄或浅绿颜料铺底。客厅内壁画蓝、绿、红色带，寓意蓝天、大地和大海。门框、窗框两侧施以约15厘米的黑条，与白色方格玻璃窗产生强烈的色彩反差，门板则画有日、月、万字符图案。门梁两侧绘以御虎图，寓意招来吉祥，预防疾病；或行脚僧牵来载有珍宝的大象的财神牵象图，象征富贵如意。居室内部家具，如藏桌、藏柜的表面，通常绘有各种花纹、仙鹤寿星、瑞兽、八祥徽，周围饰以竹节回纹等图案，色彩鲜艳富贵。

在青藏高原独特的自然条件与宗教信仰影响下，藏族民居彩绘呈现出浓郁的民族风貌与地域特色。白、红、蓝三种色彩源于古老的三界神观念，祈求天上神、人间神、地下神对藏民的庇护。鲜明、敦实、厚重的彩绘既反映了藏民对高原的赤诚和对生活的热情，又体现出其宗教精神及对美好未来的追求。

图片来源
图一　李绮雯　摄影
图二至图八　肖劼　制图

参考文献
刘健,李云峰.甘南藏族民居建筑及其特点.甘肃高师学报,2007,12(2):133—134.
嘎玛沃赛.浅谈藏式建筑的装饰艺术.青海民族研究（社会科学版）,2001,12(4):82—84.
李方方.话说藏族民居建筑与图案纹饰.西北美术,2002(3):52
西藏旅游杂志社.藏族传统民居建筑装饰.西藏旅游,2006(4):84—89.

图二　藏族民居建筑彩绘图案尺寸图（单位：cm）

图三　藏族民居建筑彩绘图案构成比例分析图

图四　藏族民居建筑彩绘图案图底关系分析图

图五　藏族民居建筑彩绘表现图

图六　藏柜装饰图案

图七　藏族民居内墙装饰图

图八　藏族民居彩绘图案色彩分析图

藏纸制造工艺

图一　藏纸制造工艺主图

藏纸制造工艺是中国造纸术中的一个分支，起源于公元650年，距今已有1300多年的历史。藏纸大致可分为公文用纸、印刷用纸以及普通书写纸等三类。与其他纸张相比，藏纸具有易存放、不怕虫蛀鼠咬、不易碎裂的特点，同时不晕墨、不刺眼、耐磨损，保存时间长久。

藏纸耐用易保存的特点与其制作原料和严格的造纸工序密不可分。藏纸的制作材料选用青藏高原上生长的瑞香狼毒根须、白芷皮等植物。其中，瑞香狼毒（藏语称为"阿交如交"）具有轻微毒性，牛羊不食，用其根须制造出的纸张也具有一定毒性，所以虫不蛀鼠不咬。瑞香狼毒的根须分三层，中层纤维细长、细腻，颜色白皙，韧性好，制造出的纸张为一等纸，供土司书写公文和信函；内层和外层纤维制造的纸张为二等纸，主要作为印刷用纸；三等纸由内中外三层根须混合制成，纤维粗、质地差，主要用作包装纸等。造纸前，先用榔头捶打瑞香狼毒根部，抽去中间的木芯，然后用小刀剥离外皮，取中层白色纤维组织，将其剥离成细小的丝状，而后淘洗、去除杂质；再将淘洗过的纤维放入锅中，加入水和碱，蒸煮一小时；将煮好的纸浆取出放入竹簸箕中沥干水分，然后放入石臼中反复捶打，再将捶打过的纸浆倒入木桶中均匀搅拌（有的地方在纸浆捶打之后需再次蒸煮，二次蒸煮过的纸浆再倒入木桶中）；而后采用浇纸法将纸浆浇入放在水池里的纱布框中，搅动框中水流，使纸张薄厚均匀；最后取出纸帘，令其在阳光下晒干，揭下。若晒干的纸张起毛，可用白螺、牛角等工具打磨，打磨后的藏纸平整、柔软、有光泽。

藏纸是藏民生活中不可或缺的文娱用具，既可用于书画，又可用于纸帐、糊窗等日常生活。当代藏纸工艺不仅继承了传统造纸手法，更加入了现代元素，创造出一些新的造纸方法，制作出兽皮纸、彩绸纸、印花纸、草叶纸等多种类型。藏纸制作的雨伞、日历、贺卡等产品也增加了藏纸的需求量，使藏纸工艺得以延续与传承。

图片来源
  图一、图五　陶琨　摄影
  图二　宋莉娜　制图
  图三、图四　黄颖　制图

参考文献
强巴遵珠．藏纸生产工艺的抢救与发展过程．北京：民族出版社，2010．

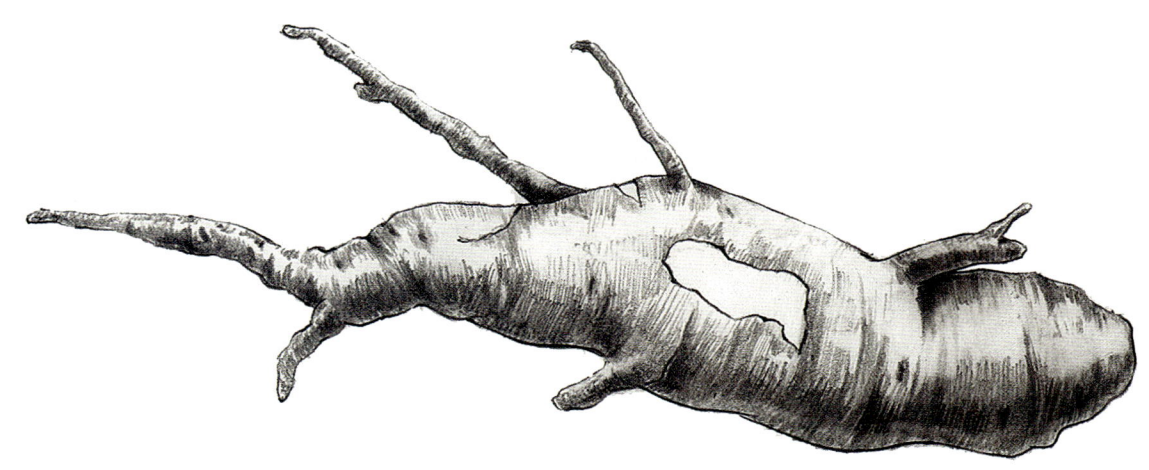

图二　制作藏纸的原料瑞香狼毒根须

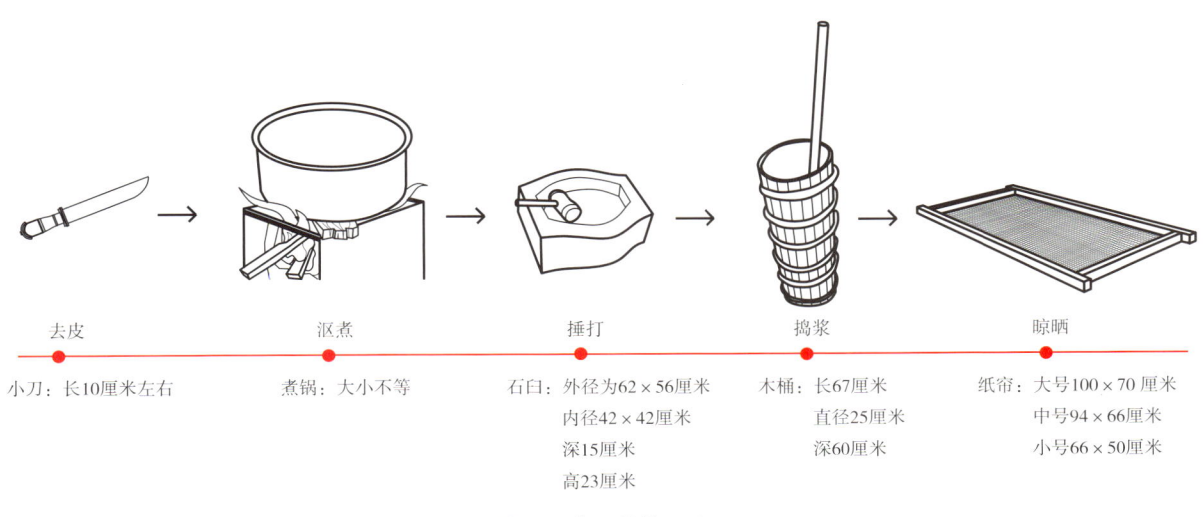

去皮	沤煮	捶打	捣浆	晾晒
小刀：长10厘米左右	煮锅：大小不等	石臼：外径为62×56厘米　内径42×42厘米　深15厘米　高23厘米	木桶：长67厘米　直径25厘米　深60厘米	纸帘：大号100×70厘米　中号94×66厘米　小号66×50厘米

图三　藏纸制作工具

抽去狼毒根须中间的木芯，用小刀剥离外皮，取中层白色纤维组织

将淘洗过的纤维放入锅中蒸煮

取出纤维后放入石臼中反复捶打成浆，之后再次蒸煮。蒸煮过的纸糊倒入木桶，均匀搅拌

晒好的藏纸沿框边揭下

把纸浆浇入放在水池里的纱布框中，搅动框中水流，让纸张薄厚均匀，取出纱布框，在太阳下晾晒

图四　藏纸制作流程图

图五　写满经文的藏纸

德格印经院藏式雕版工艺

图一 德格印经院藏式雕版工艺主图

德格印经院藏式雕版工艺，是四川省甘孜藏族自治州德格县德格印经院研制的一种雕刻经版的技艺。该院雕刻技艺高超，所藏雕版丰富广博，印制的经书质量上乘。

德格印经院的雕版主要包括书版和画版两种，其雕版的制作和保存都十分严格，从选材制作坯版到书写雕刻均需层层把关和校验。德格印经院经版多为双面雕刻，规格大小不等，常见的经版长70厘米、宽18厘米、高3厘米，其端部有10厘米长的把手，方便取放。有些刻制精细的经版把手上雕有蝎子状土司家徽。制作经版的原料选用秋后的红桦木，经过熏、泡、煮等步骤制成坯版。雕刻前，首先在经版上书写需要刻制的文字。一般有两种方法：一种是直接反书在坯版上；另一种是先将文字书写在与雕版大小相同的薄纸上，校对无误后，用糌糊将写好经文的纸张反贴在坯版上，将其浸润，待字渗透于雕版上后再揭去纸张进行刻制（现在的德格雕版制作流程中多省略揭纸步骤）。雕刻使用的工具为尺寸不等的刻刀，其刀锋有平口、斜口等多种样式，以确保雕出的字迹及纹样完整清晰。最后还需将刻好的经版放入酥油中浸泡，一天后取出，在其正反两面刷上酥油进行晾晒，之后用"苏巴"根须熬水清洗表面多余油脂，晒干之后放入藏版架。

德格印经院刻制的雕版，字迹及纹样清晰规范、版面光洁，记录了藏民族的文化和历史，具有较高的艺术价值。

图片来源

图一　巴图特　摄影（Fotoe 网）
图二至图四　宋莉娜　制图
图五、图六　黄颖　制图

参考文献

夏雪.中国少数民族非物质文化遗产保护与传承研究.中国艺术研究院硕士学位论文,2011.
索文清.德格印经院藏文典籍的印刷与出版.中央民族学院学报,1992(4):2.
玫影.德格印经院藏族雕版印刷技艺.西南航空,2006(11):76—78.

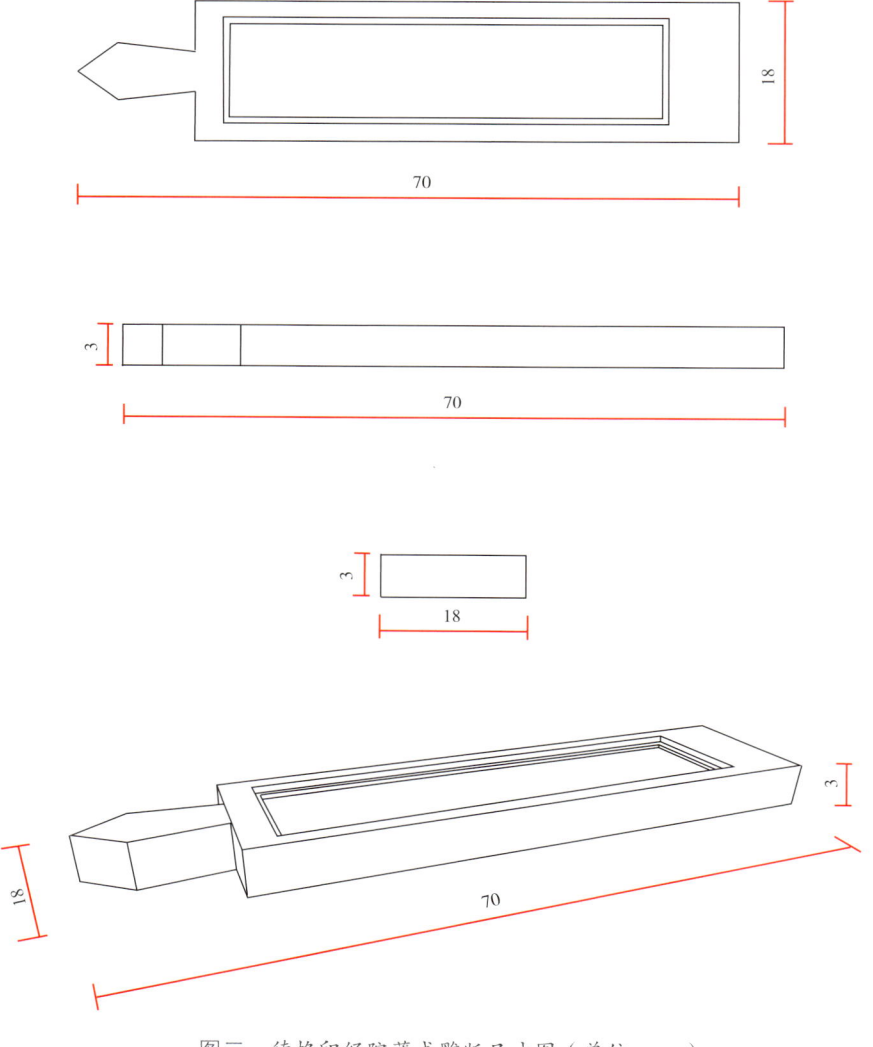

图二　德格印经院藏式雕版尺寸图（单位：cm）

图三　德格印经院藏式雕版制作工具

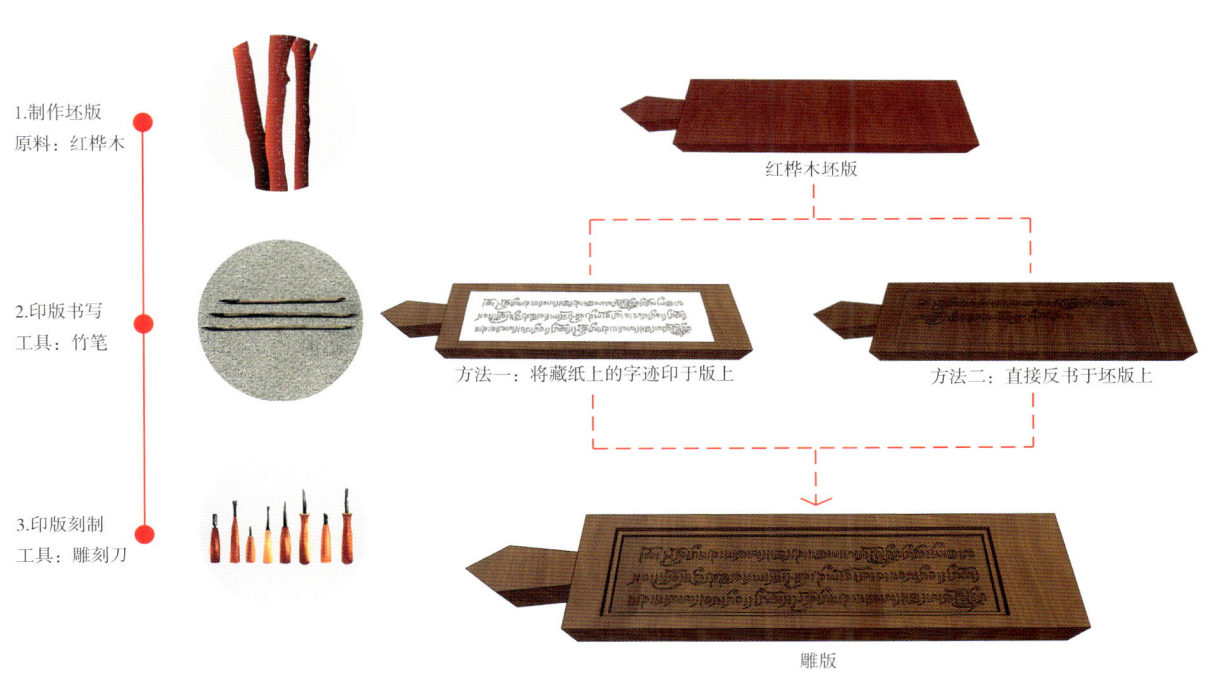

图四　德格印经院藏式雕版制作流程图

图五　德格印经院藏式雕版（书版）制作场景图

图六　德格印经院藏式雕版（画版）制作场景图

德格印经院经书印刷工艺

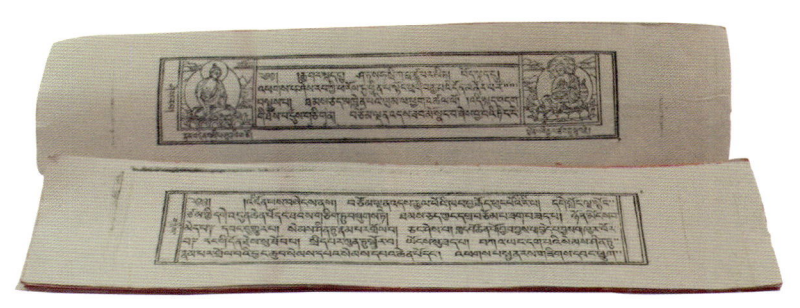

图一　德格印经院经书印刷工艺主图

德格印经院经书印刷工艺是德格印经院采用的一种经书手工印制工艺。德格印经院居于藏区三大印经院之首，因此其印制的经书在藏族地区及国内外的藏学界流传极广，受到广泛欢迎。

德格印经院经书印刷工艺有一整套严格的印刷流程，主要包括裁纸、磨墨、印刷与装订4道工序。第一道工序为裁纸。首先要浸纸，由于潮湿状态下的纸张在印刷时更容易着墨，因此需提前浸泡次日印刷用纸。再由裁纸组安排2～3人领纸，裁出次日所需印量的纸张，将裁好的纸张分摞放入水盆中轻轻漂洗，然后码放至墙根，上盖一层毡布并以石块固压。印刷当日，将略湿润的纸张分发给各组使用。第二道工序为磨墨。磨墨熬胶组有3人，一人磨墨、一人熬胶、剩余一人兑墨。印刷前将制好的墨水分发给印刷组。印刷用墨一般有红色朱砂和黑色烟墨两种，像《大藏经》《般若八千颂》以及"装藏"经书等使用朱砂墨，其他则使用黑墨。第三道工序为印刷。以3人为组，一人负责搬运和上下经版，一人刷墨，一人印刷。两名印刷工一高一矮骑坐在操作凳上，经版置于两人中间的斜板上，高者左手扶经版，右手持刷子蘸取其右侧颜料盘中的墨汁，在经版上刷一遍，然后快速接过另一印刷工左手递来的纸张，准确铺放在经版上，矮坐者右手持滚筒，自上而下滚刷一遍，最后揭起印好的纸张放在右边架子上，则完成一次印刷工作。最后一道工序为装订。将印好的书页晾干之后，再进行书页的分拣、校对、打磨和装订工作，至此一部经书的印刷才算完成。

德格印经院手工印制的典籍质量优异,被信众认为是神圣之物。因此,即使在印刷技术高度发达的今天,德格印经院的经书手工印刷工作仍然在传承且发展着。

图片来源
图一 聂鸣 摄影(Fotoe网)
图二至图五 巩聪 制图

参考文献
夏雪.中国少数民族非物质文化遗产保护与传承研究.中国艺术研究院硕士学位论文,2011.
樊嘉禄.德格印经院与狼毒制纸.世界博览,2008(4):52—55.
谷川.德格印经院概述.西藏研究,1987(4):28—33.

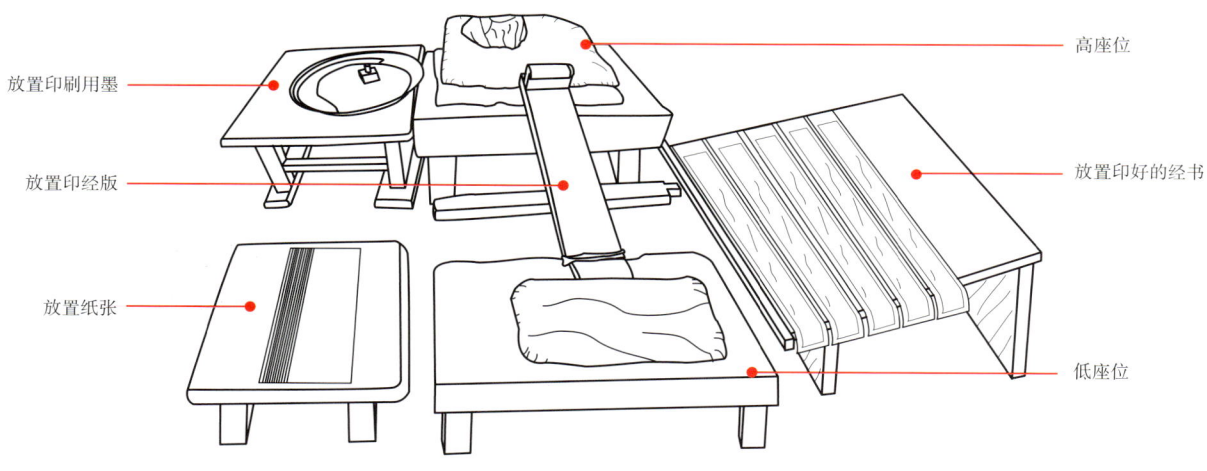

图二 德格印经院经书印刷工作台

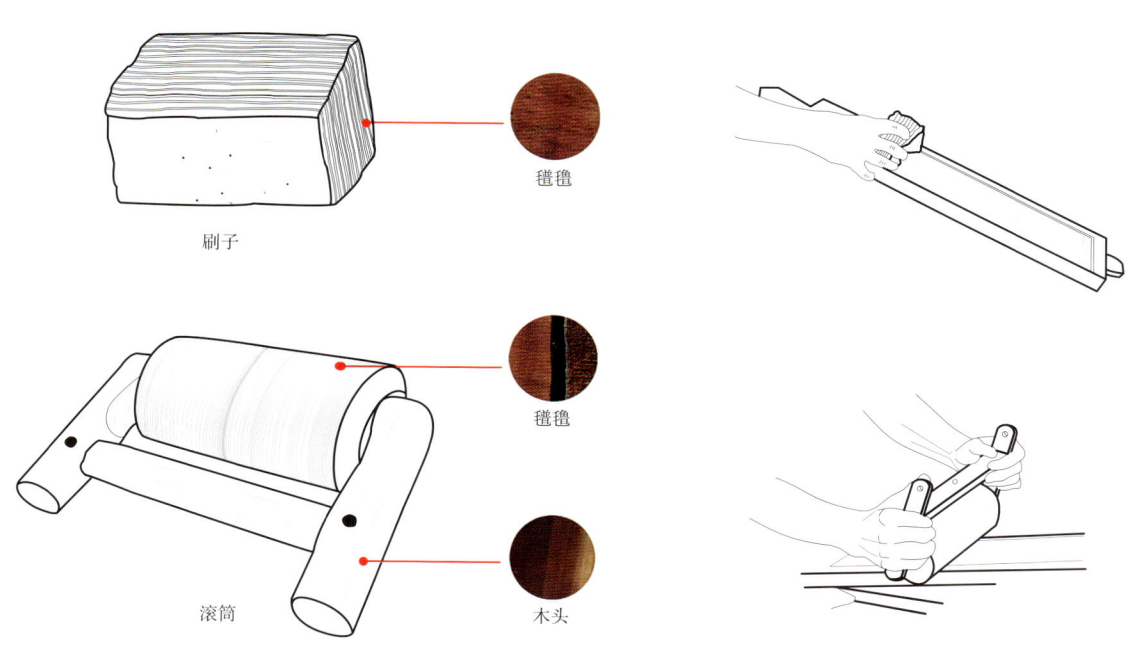

图三 德格印经院经书印刷工具

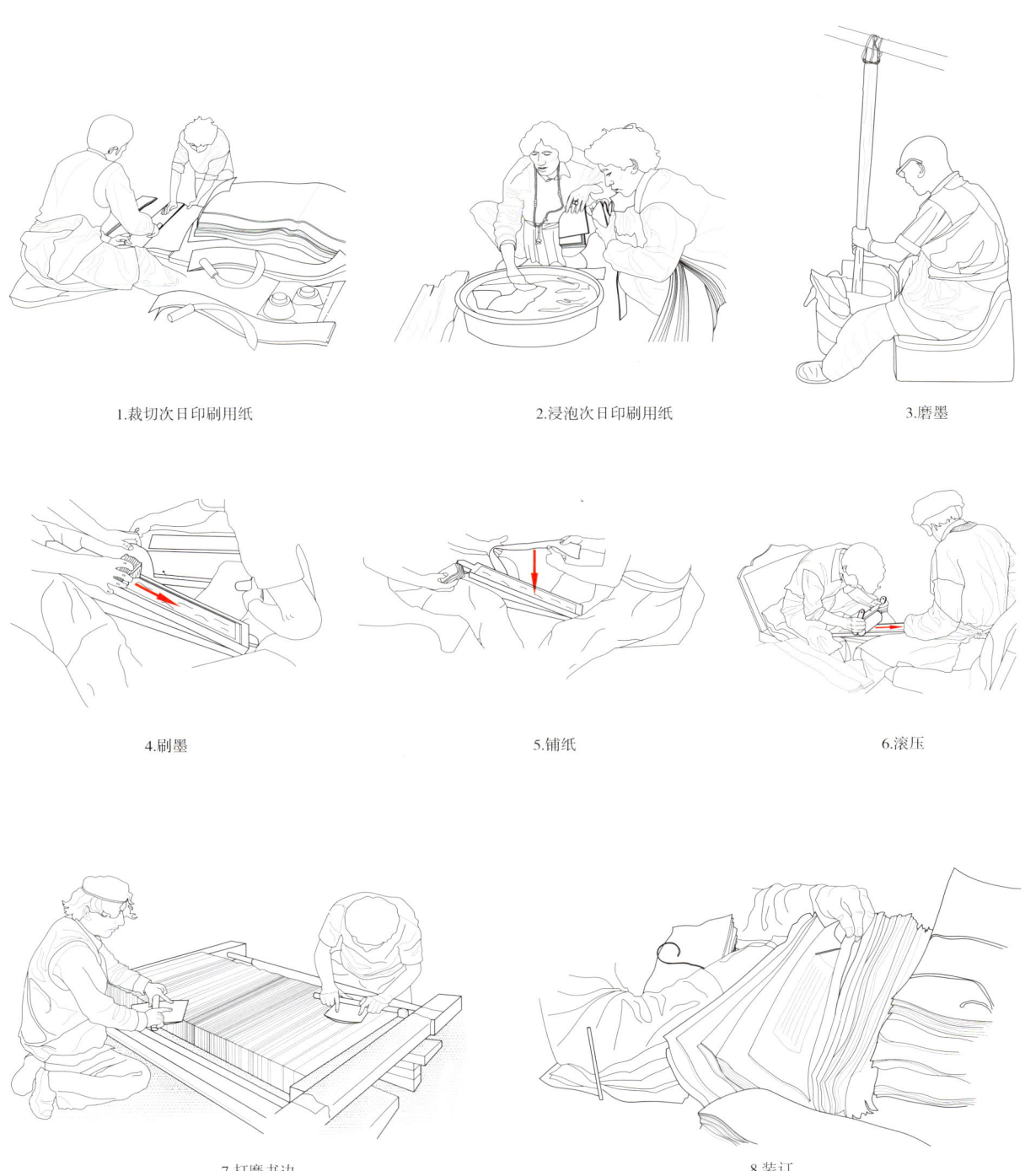

图四　德格印经院经书印刷流程图

图五　藏族经书使用情境图

第七章 藏族传统民俗和宗教

藏族甲铃

图一 藏族甲铃主图

甲铃的"甲"字在藏语中泛指藏区以外的其他地区,"铃"意为笛子。在西藏各教派寺院中普遍认为甲铃是从内地流传到西藏的乐器。甲铃传入西藏后,被佛教寺院吸收采用,为适应佛教内容表达的需要,它的演奏形式、乐曲节拍、制作取材等发生了较大变化,逐渐成为西藏佛教寺院的传统乐器之一。

甲铃的形制与唢呐基本一致,管身为木质,藏语称之为"达",木管上端装有细铜管,称为"毕桑",铜管上套以苇制哨子,称作"当毕"。细铜管外包饰以宝瓶,称作"次普姆"(长寿宝瓶),宝瓶的上下两边各有一块小铜片,上边的铜片叫作"普丹",下边的铜片叫作"喀丹",起上下固定的作用。木管下端套铜制喇叭口,称作"喀吾切"(大口)。甲铃的锥形木管上开8个指孔(前7后1),也有开9孔的(前8后1),

指孔间套系银箍，上面还镶嵌有玉、玛瑙等。其中，开9孔的甲铃一般需把最下端的孔堵住，只有在演奏特定乐曲时才打开。很多寺院制作甲铃时非常讲究，喇叭口特意使用银，并在上面用金装饰各种图案，不仅气派，而且音质较好，甚至也有使用金来制作喇叭口的情况。

在西藏佛教乐器中，甲铃具有比较独立的品性，乐曲节奏较散，属于自由式的演奏感觉，通常为两支甲铃一齐吹奏。甲铃吹奏高音，乐声悠扬、婉转，属于和平乐器类，象征慈善安定。

图片来源
图一　肖颉　制图
图二至图五　张纪强　制图
图六　习敏慎　制图
图七　俞志成　制图

参考文献
格曲.独具特色的西藏佛教旋律乐器甲林和铜钦.西藏艺术研究,2006(12):36—41.
张世文,楞本才让·二毛,夏吉·扎曲.藏族传统手工宝典.拉萨:西藏人民出版社,2011:89—91.

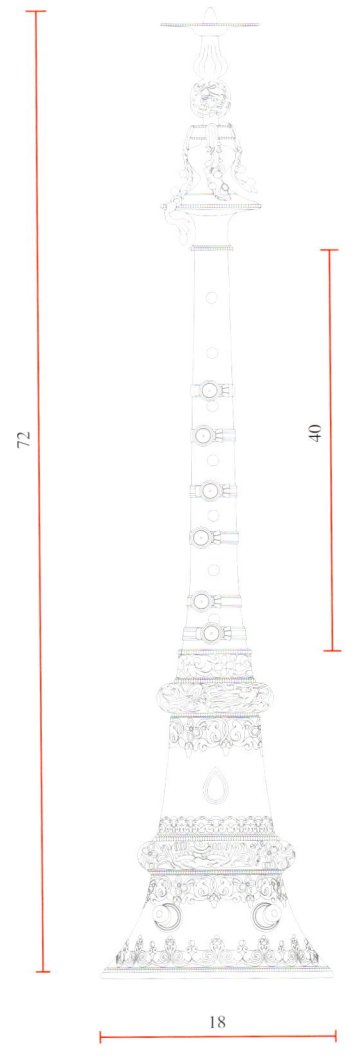

图二　藏族甲铃尺寸图（单位：cm）

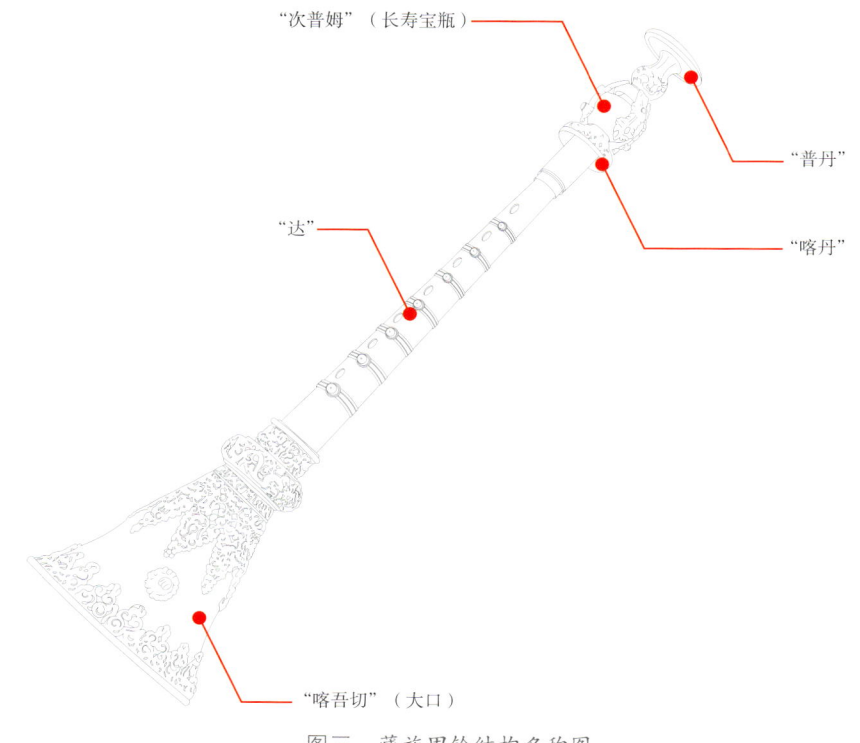

图三　藏族甲铃结构名称图

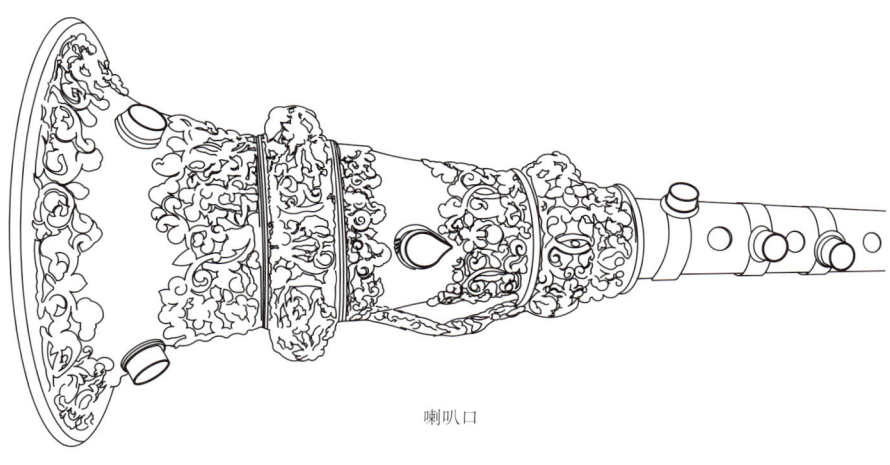

喇叭口

长寿宝瓶

图四　藏族甲铃纹饰分析图

图五　藏族甲铃演奏示意图

图六　藏族银片制成的甲铃造型图

图七　藏族甲铃使用情境图

藏族统嘎

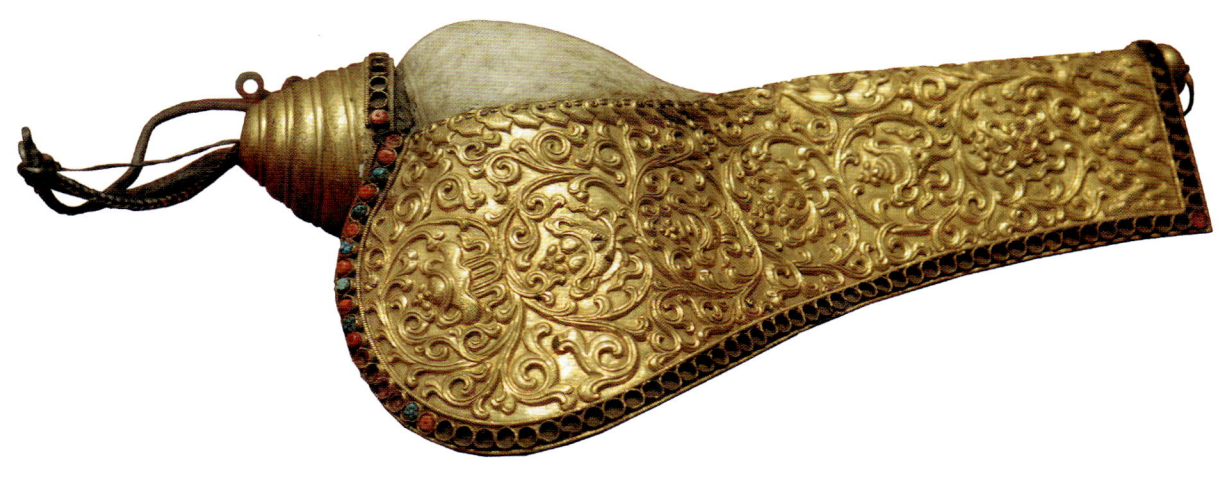

图一 藏族统嘎主图

"统嘎"是藏语的音译，意为海螺，在藏、蒙古、满、纳西等民族中都有使用，是唇振气鸣乐器，流行于全国各地的佛教寺院，尤以西藏、青海、四川、云南、甘肃等地区最为盛行。据西藏古代文献记载，在铜钦出现前，藏传佛教寺院中以统嘎为主要吹奏乐器，在佛教仪仗队伍中持海螺者走在前面，引导众僧，所以又称为"佛号"或"法号"，后来铜钦取代了统嘎。现今，统嘎在寺院中多用于诵经间歇时演奏和羌姆表演。

统嘎用大海螺壳制作而成，螺壳呈螺旋状，大小不一，一般全长25～33厘米，磨穿螺尖作为吹嘴，并将吹嘴做成圆锥形或直筒型，外径2～3厘米，中心吹孔较细，孔径只有1厘米。统嘎装饰较为精美，一般多镶嵌铜或银片，显得分外庄重和美观。统嘎吹嘴为金属质，螺身中部至螺口镶有铜或银片，制成翅形的装饰物，翅尾还缀有圆环，系上丝穗或彩绸。以黄铜镀金镶饰的海螺，称之为"镶翅法螺"。吹奏时，左手持握螺口，两唇紧贴吹嘴送气，发出呜呜声，音色圆润柔和，无固定音阶。每只统嘎可发出一个基本稳定的长音，因螺身大小不同，发出的音高也各异。统嘎的音色与螺纹的粗细和多少有直接关系，一般来说，螺纹细、少者音色较明亮，反之音色较浑厚。除作为法器用于佛教寺院外，在藏区尼姑庵里，要吹奏统嘎祭奠死者。

统嘎历史悠久，自古为佛教法器之一，源于印度、东南亚诸国，后随佛教传入我国。

图片来源

图一　许边疆　摄影
图二至图五　张纪强　制图
图六、图七　陶琨　摄影

参考文献

格曲.西藏部分民间、宗教、宫廷乐器简介.西藏艺术研究,1994(8):16—17.

乐声.中国少数民族乐器.北京:民族出版社,1999:139—140.

尕藏才旦.藏族独特的艺术.兰州:甘肃民族出版社,2001:97.

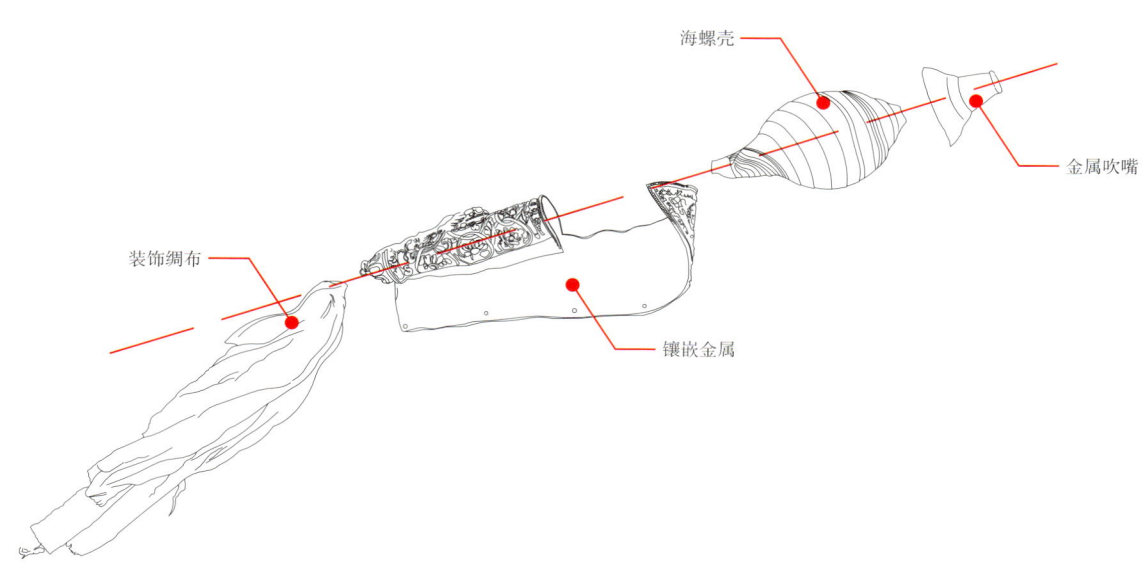

图二　藏族统嘎结构分解图

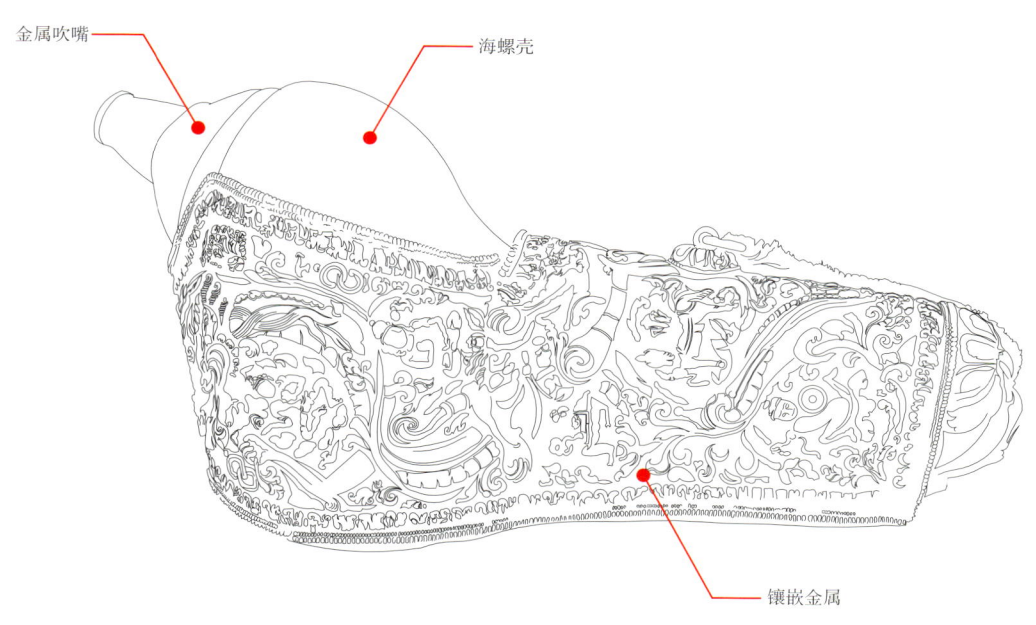

图三　藏族统嘎结构名称图

图四　藏族统嘎演奏示意图

图五　藏族统嘎使用情境图

第七章　藏族传统民俗和宗教

585

图六　藏族银翅海螺

图七　藏族镶银海螺

藏族冈林

图一　藏族冈林主图

冈林为藏语，意为腿骨笛子，也译作"冈令""刚铃""胫骨号"等，是唇振气鸣乐器，流行于西藏、内蒙古、青海、四川等地区。冈林是西藏早期宗教文化的产物，也是修行无上瑜伽密时必备的法器，主要用于佛教庆典、宗教节日、活佛坐床、开光仪式等重大活动中，意在驯服鬼神。

冈林是古代流传至今的吹管乐器，大约公元11世纪左右，随着印度佛教传入西藏。据史料记载，早期藏族冈林取自死去处女的胫骨，后期一般使用苦行僧、喇嘛、农奴的腿骨制作。目前冈林的制作主要用铜或银仿照人小腿骨的外形。冈林有两个出音孔，只有一个单音，无固定音高，其基本音域和音色仍保持着原始的独一无二的特色，这种尖硬刺耳的音色，听后使人毛骨悚然。骨制冈林发音纤细，音色较暗，常用单支吹奏，主要用于喇嘛诵念觉经、举行天葬仪式或游方僧单独从事宗教活动等场合。演奏时用左手或右手竖执管体上端，气流从吹口进入而发音。

在藏族早期宗教思想中，冈林的这种音色有驱逐鬼魔和召集神灵之功能，因此冈林始终作为驱鬼、守灵、引魂、送葬和护灵等仪式的主要乐器之一。

图片来源
图一　刘佳　摄影
图二至图四　张纪强　制图
图五　习敏慎　制图

参考文献
乐声.中国少数民族乐器.北京:民族出版社,1999:137—139.
张鹰.宗教艺术（人文西藏）.上海:上海人民美术出版社,2009:165.
尕藏才旦.藏族独特的艺术.兰州:甘肃民族出版社,2001:97.

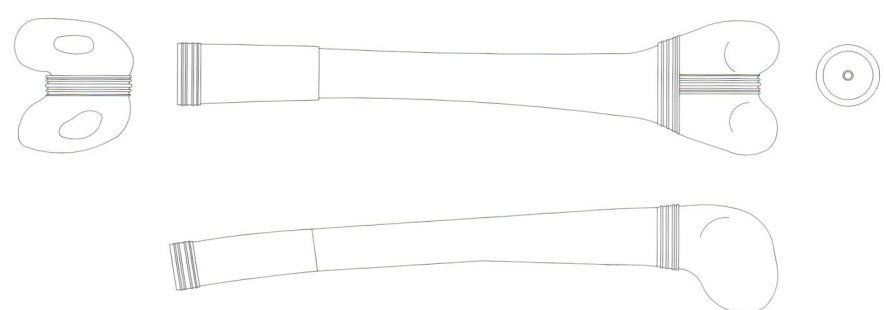

图二　藏族冈林视角图

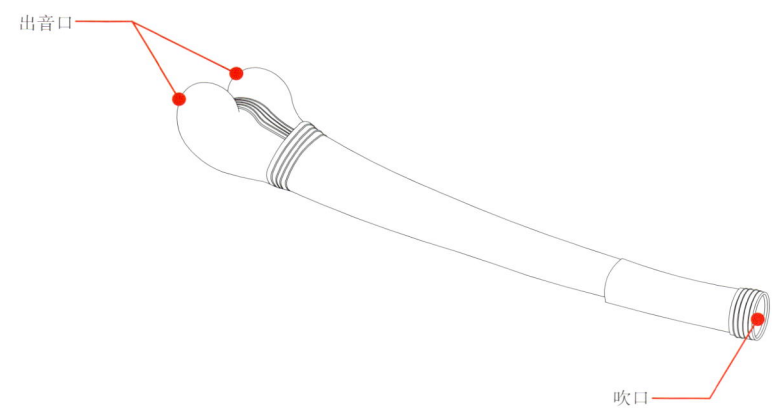

图三　藏族冈林结构名称图

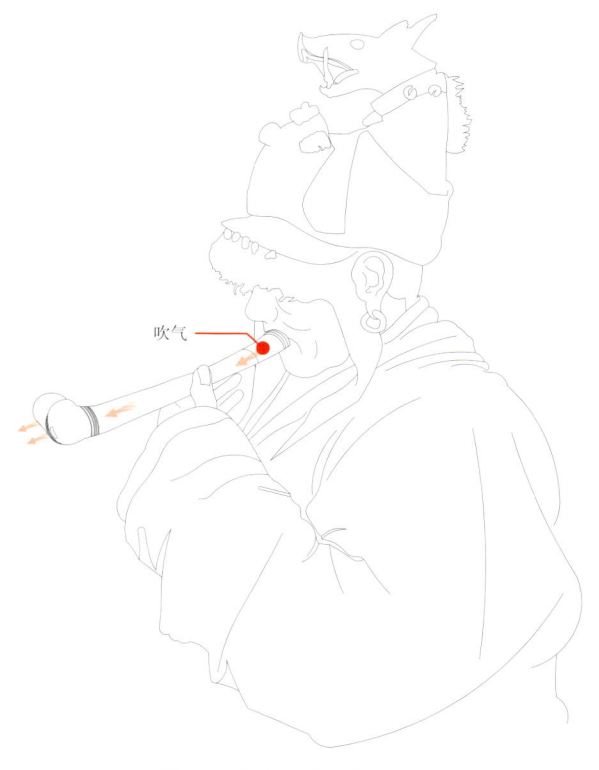

图四　藏族冈林吹奏示意图

图五　藏族冈林使用情境图

藏族铜钹

图一　藏族铜钹主图

藏族铜钹属于金属打击乐器，来源于藏区苯教的单钹（在原始苯教盛行时期就有了这种乐器，藏语称为"响"）。佛教乐队在充分利用苯教单钹的基础上，将单钹改为双钹，改变了演奏方法，通常在乐曲伴奏中发挥着乐段起始的指挥作用。

铜钹是体振动乐器，构造简单，为一钵形金属体，用响铜制成，中部隆起的半球形称"碗"，碗根与钹边之间称"堂"，碗是钹的固定点，顶部钻有小孔，用绸或布拴系，以便用手持握，两面为一副。奏者双手各执一面，相互撞击，四边振动发音，无固定音高。铜钹使用时有轻击、重击、磨击和扑击等手法，为了获得特殊的音响效果，偶尔也用小槌敲击单片的钹沿。铜钹的制作要经过配料熔炼、锻打成形和冷砸剪边，最后在碗顶钻孔系以绸布而成。鉴别钹的质量优劣，除视其钹面光洁、弧度、圆度准确和边缘厚度一致外，中间的碗形大小也需整齐，必须以两个音高相同的钹配为一副。铜钹的音色、音量和传远度，主要取决于响铜的成分、面积、厚薄、边沿部分的坡度和碗的大小。演奏时互击的轻重、接触的部位和角度，对音色也有很大影响。钹的延续音比较长，根据需要，可以在互击时加以控制。

藏族铜钹受到苯教的影响，样式、作用及演奏形式等不断演化，成为藏传佛教仪式活动中不可缺少的乐器之一。

图片来源
图一　许边疆　摄影
图二至图四　张纪强　制图
图五　俞志成　制图

参考文献
乐声.中国少数民族乐器.北京:民族出版社,1999:54—62.
张鹰.宗教艺术（人文西藏）.上海:上海人民美术出版社.2009:170—171.

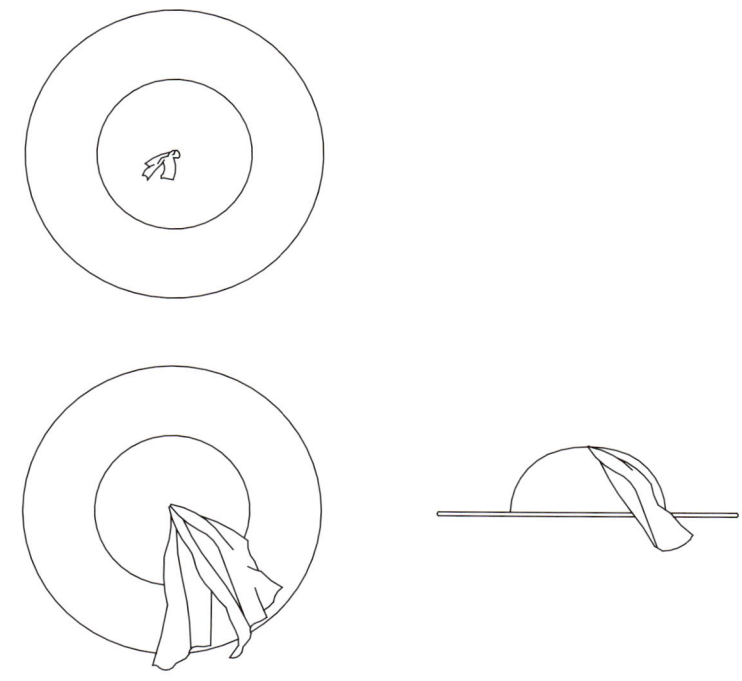

图二　藏族铜钹三视图

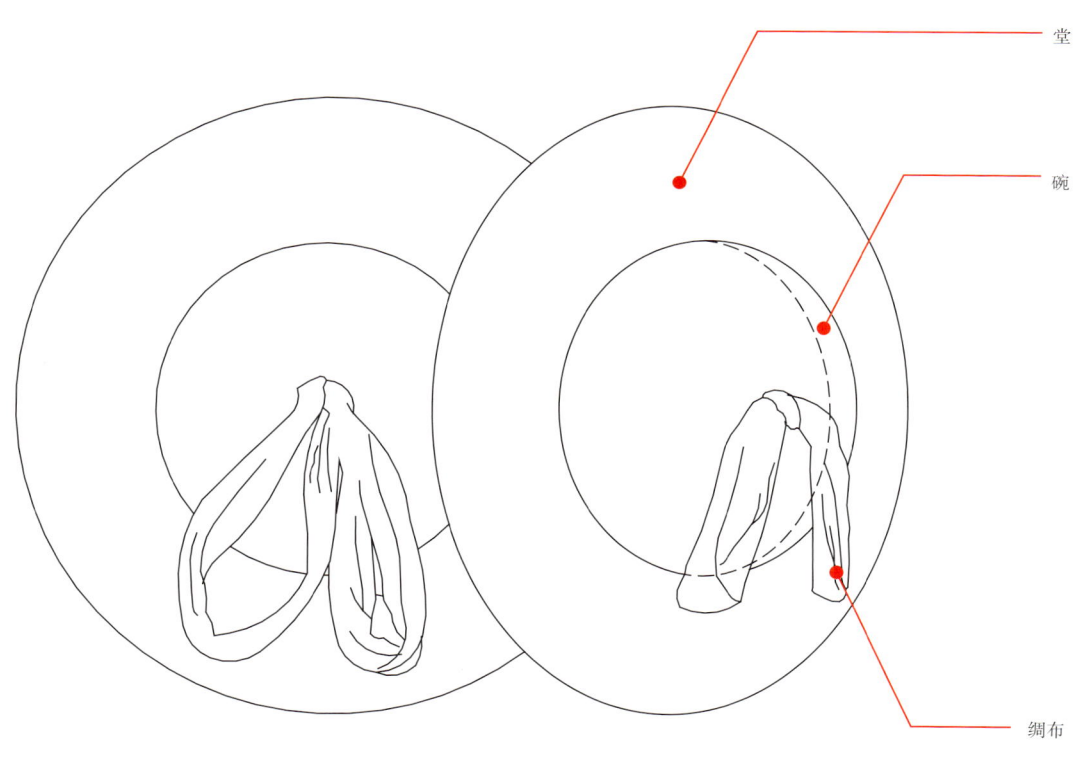

图三　藏族铜钹结构名称图

图四 藏族铜钹演奏示意图

图五 藏族铜钹使用情境图

第七章 藏族传统民俗和宗教

藏族大玛如

图一　藏族大玛如主图

藏传佛教中的无柄鼗鼓类乐器，依形状、大小、功能等分为大玛如、绝扎姆、江邸吾三种。其中，大玛如鼓体大小不等，规格尺寸不一，多用于各种重要仪式或诵经、修行等活动中。

大玛如规格较大者鼓面直径为20～30厘米、鼓厚(两个碗形鼓腔)10～12厘米，较小者鼓面直径7～10厘米、鼓厚7～8厘米。较小的大玛如两端鼓面蒙以墨绿色羊皮(将皮膜浸泡于铜锈与酸类物质的溶液中进行着色)，较大的大玛如则蒙以牛犊皮或猪皮，鼓身多涂以棕红或绿色。大玛如的共鸣体由两个底部对接、中腰相通的碗形腔体组成，其腔体最初是由人的头盖骨制成。现今，大玛如多由象牙、紫檀木、红木等原料仿照人的头盖骨的形状制成。大玛如左右两侧的鼓面不平行，两侧下端稍有内收，成V形，放置时不能使鼓面与地面接触。鼓腰（木质结合体）上相互对称的两侧各系一条皮绳或丝绳，施以皮革或绒布制的球状硬质小鼓槌，鼓腰四周镶有装饰银片，并在环中系彩色绸缎或丝穗作为装饰，缎带长短不一，长者达50厘米有余。使用时，手持鼓腰绳柄处左右转动敲击，用来击鼓的两条细绳的晃动会产生一定的时间差，有明显的双击感，这种双击奏出的音响是大玛如的基本特色。

大玛如既属于藏传佛教寺庙中的宗教法器，也是各种活动仪式中重要的乐器之一。

图片来源

图一 许边疆 摄影

图二至图五 张纪强 制图

图六 翟翼畅 制图

图七、图八 陶琨 摄影

参考文献

格曲.西藏部分民间、宗教、宫廷乐器简介.西藏艺术研究,1994(8):16—17.

格多.试论藏族传统乐器之膜鸣乐器——鼓.西藏艺术研究,2009(11):23—31.

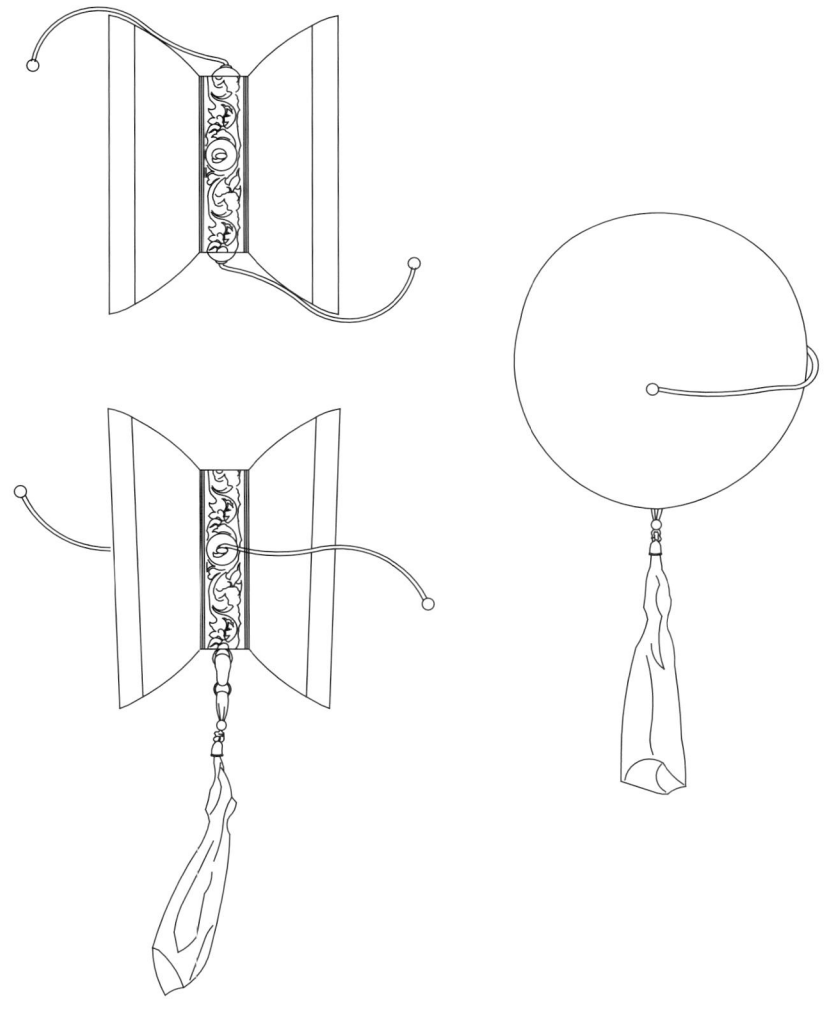

图二 藏族大玛如三视图

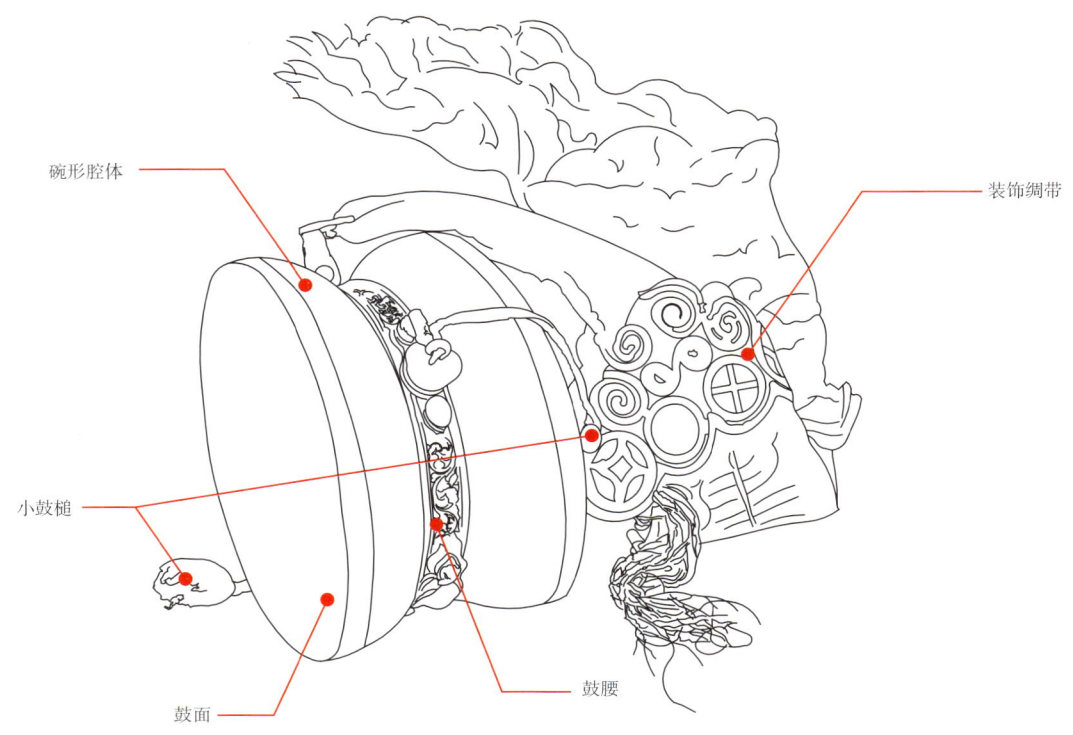

图三　藏族大玛如结构名称图

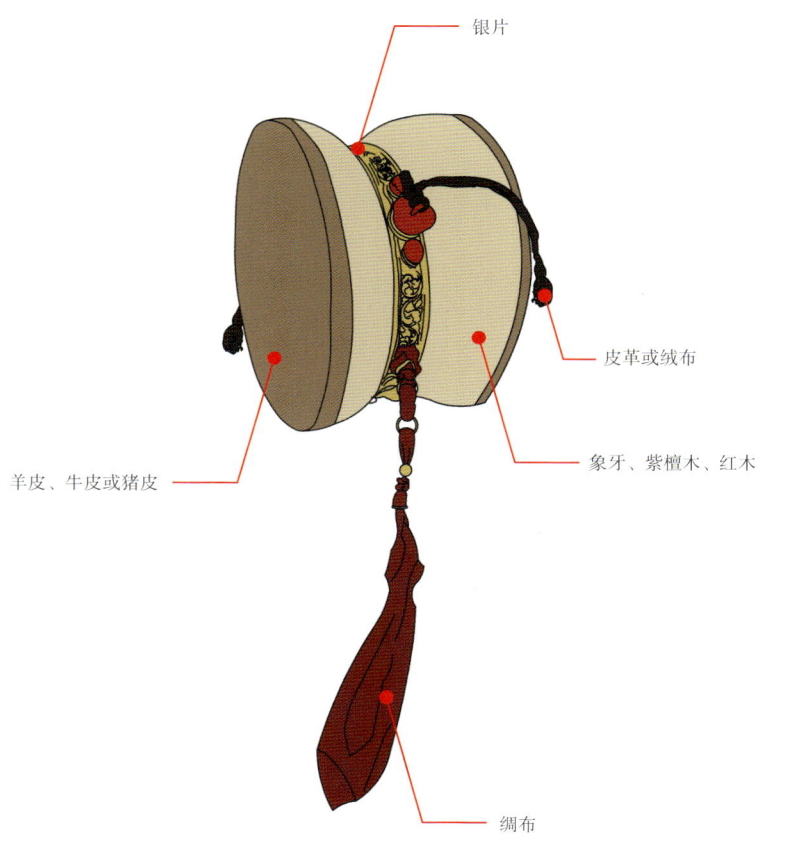

图四　藏族大玛如材质分析图

图五　藏族大玛如演奏示意图

图六　藏族大玛如使用情境图

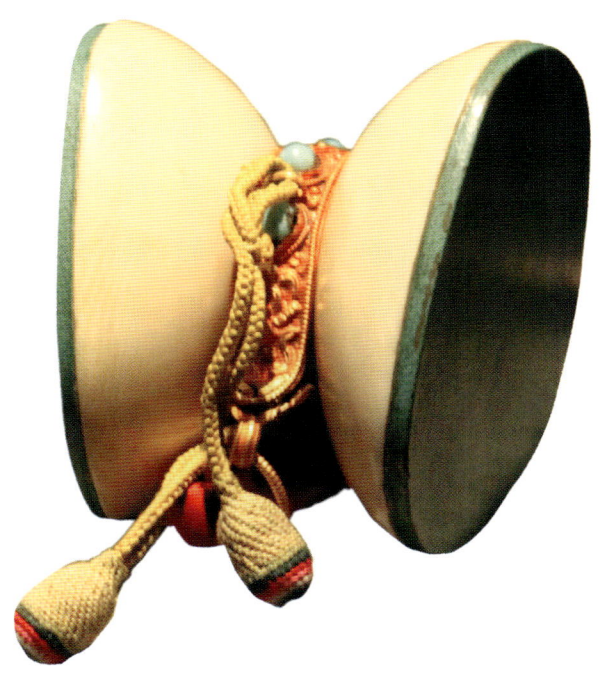

图七 藏族象牙质大玛如

图八 藏族木质大玛如

藏族铜钦

图一　藏族铜钦主图

　　藏文中铜钦的"铜"字是指号或号角，"钦"字意为大。"铜钦"即为大号，是西藏佛教乐器中具有代表性的旋律乐器之一。

　　铜钦一般长300厘米左右，有的长400厘米以上，主体分上、中、下三节，较大的铜钦分为四节。平时不吹奏时将上面两节或三节套放在下面最粗、最长的一节中，捆在寺院大殿的柱子上，演奏时再拉开。铜钦主要由4部分构成：吹口或吹嘴，藏语称为"求丹"或"普丹"；管身，藏语称为"达"；各节，藏语称为"赤"，每节连接处鼓起部分称为"拉赤"；喇叭口，藏语称为"喀"。铜钦一般由红铜、黄铜、白铜制作，个别比较讲究的寺院用银制作，上面镀上金质释文。铜钦没有一支单独演奏的习惯，总是两支同时演奏，吹奏时先由一支铜钦演奏，未等换气前另一支铜钦加入演奏，如此循环往复，直至乐曲结束。两支铜钦轮流吹奏是铜钦演奏中的一大特点。在特定场合吹奏时，要将铜钦放在特制的木架上或将喇叭口放在地上，仪仗行进或临时吹奏时，铜钦被人扛在肩上，演奏者站着吹奏。

铜钦演奏的特点在于强弱变化非常丰富，强奏时声音巨大，震撼人心，弱奏时绵绵不断，扣人心弦。在佛教乐队中的作用主要体现在低音的衬托、节奏的增强以及佛教音乐氛围的渲染上。

图片来源
图一　刘佳　摄影
图二、图三、图五　严玮辰　制图
图四　张纪强　制图

参考文献
格曲.独具特色的西藏佛教旋律乐器甲林和铜钦.西藏艺术研究,2006(12):36—41.

图二　藏族铜钦尺寸图（单位：cm）

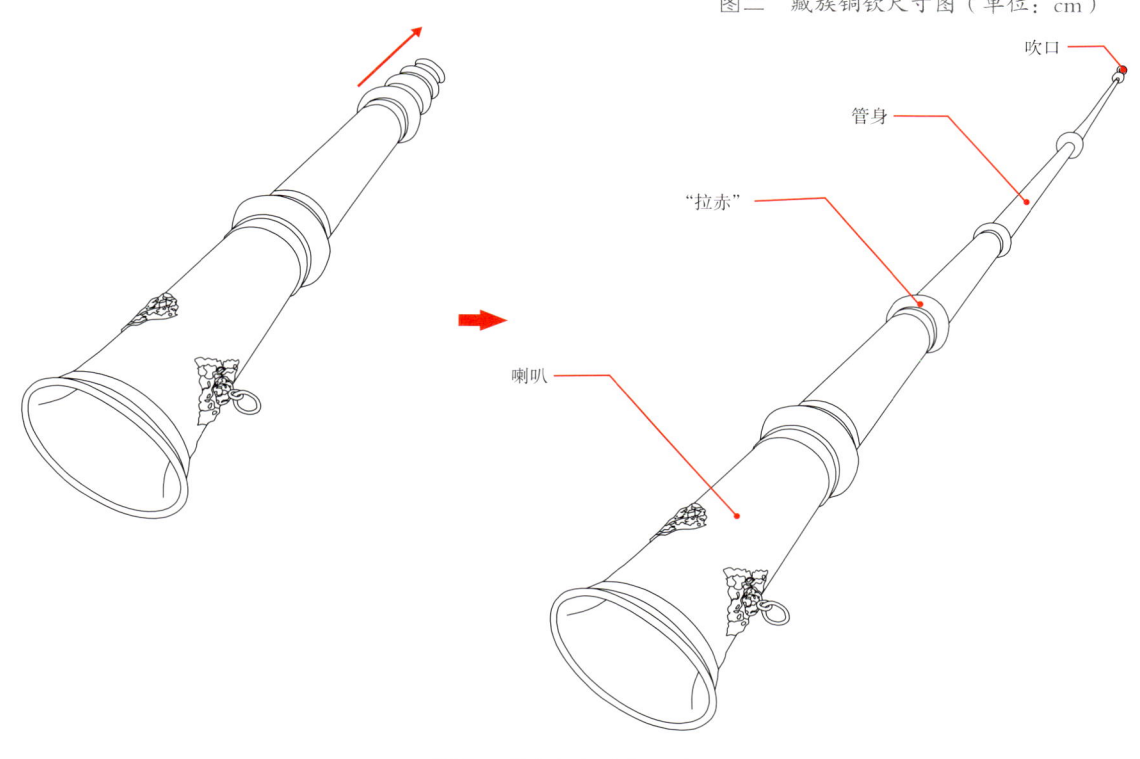

图三　藏族铜钦结构名称图

图四 藏族铜钦吹奏示意图

图五 藏族铜钦使用情境图

藏族大鼓

图一 藏族大鼓主图

  大鼓，藏语为"额阿"，多置于寺院的大经堂中，一般在重要的诵经活动或宗教节日举行羌姆(跳神)表演时使用。

  大鼓形状呈圆筒形，鼓框大多用木板拼合而成，外部用宽窄不同的扁铁条箍紧，并钉上钉子固定。两个鼓面为牦牛皮，皮子边缘用铁钉固定。选取鼓身上对称的两个位置各安一个铁环，铁环处在同一直线上，为鼓耳。有时会在鼓身、鼓面上漆上颜色或画上图案。鼓槌可选取一段木棒，收拾光滑，一端包上革材作为击鼓点，减小对鼓面的冲击，使其有更长的使用寿命。大鼓的放置方式不一，鼓身较长的大鼓或置放于木架上，或横吊在门楼内；鼓身较短的大鼓常吊装在造型精美的立柜式木架中。藏区各地大鼓的形制基本相同，鼓面多漆成绿色或用牛皮原色，中心绘有佛教图案。鼓面直径一般在100厘米以上，鼓身厚度约40厘米。但也有特例，如西藏萨迦寺的大鼓，又称"错阿钦布"，其鼓面直径135厘米，身长（鼓框高）150.5厘米，鼓身两侧各置一对鼓环，鼓身涂深红色漆，箍鼓的五圈扁铁条漆为绿色。大鼓横置于特制的高132厘米的鼓架上，放于寺院的大经堂内。

大鼓属于双面膜鸣乐器，无固定音高，通过控制鼓槌敲击的力度来表现不同的音乐情绪。其音色低沉响亮、雄壮有力，用于模仿雷声和炮声时恰如其分。

图片来源

图一　刘佳　摄影

图二至图五　严玮辰　制图

参考文献

张世文,楞本才让·二毛,夏吉·扎曲.藏族传统手工宝典.拉萨:西藏人民出版社,2011:96—103.

田联韬.藏族传统乐器（二）.乐器,1989(4):29—34.

图二　藏族大鼓尺寸图（单位：cm）

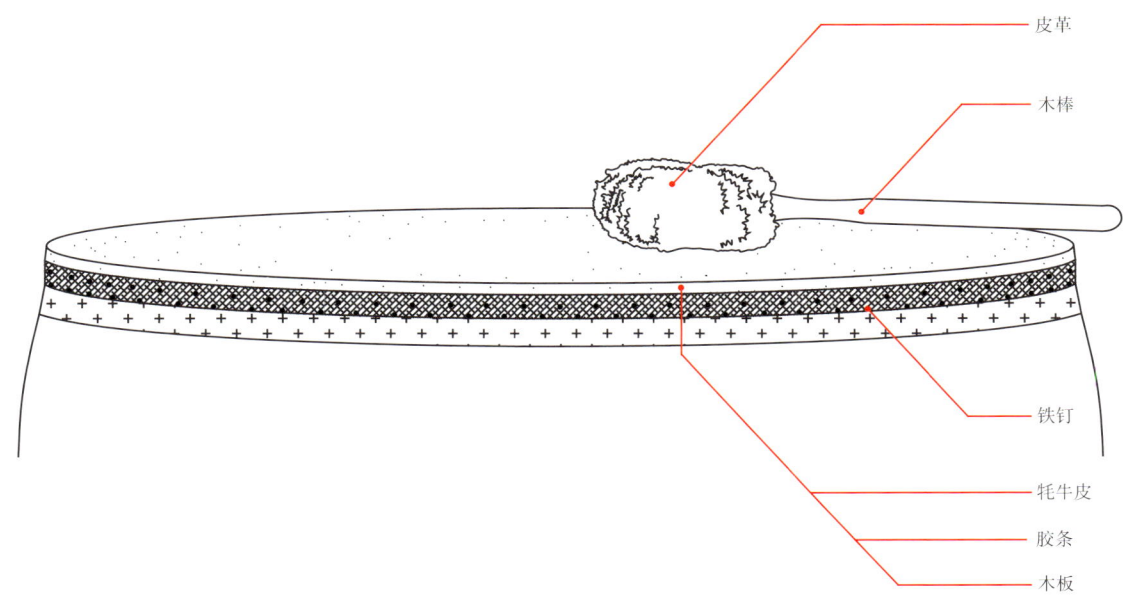

图三　藏族大鼓材质分析图

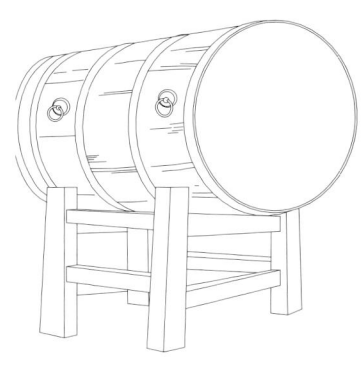  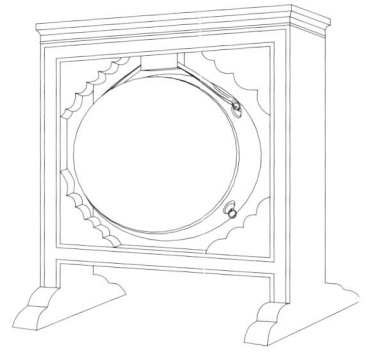

| 置放于木架上 | 横吊于房梁上 | 吊挂在立柜式木架中 |

图四　藏族大鼓置放方式示意图

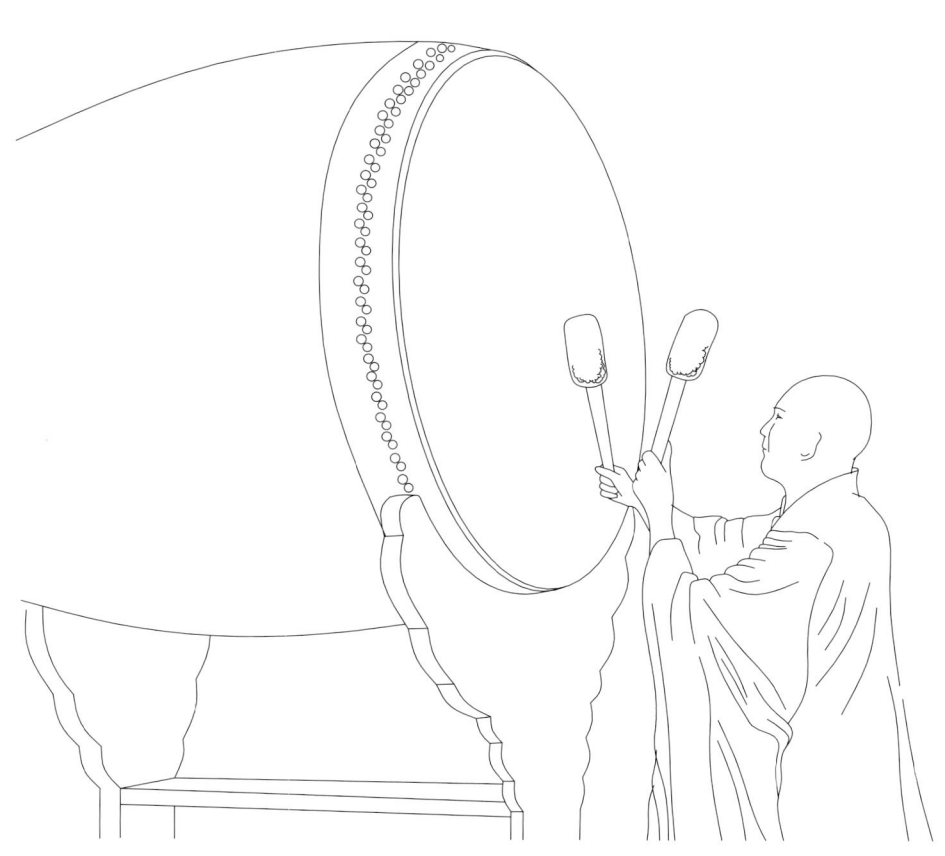

图五　藏族大鼓使用情境图

藏族柄鼓

图一 藏族柄鼓主图

柄鼓是藏族、门巴族特有的槌击膜鸣乐器。藏族柄鼓流行于西藏昌都、那曲、林芝，青海玉树，甘肃甘南等藏族聚居地区。柄鼓一般和饶钹、金刚铃、铜钦、甲铃等同时使用。

柄鼓的鼓框为木质圆形鼓框，用若干块硬木板拼合而成。两面鼓口蒙以牛皮，皮面周围用一排金属大帽钉固定。鼓面直径42～68厘米，最大者可达90厘米，鼓框宽17～28厘米。鼓面由中心向四周分别涂饰不同色彩的同心环带，鼓框多饰以各种彩饰花纹图案。鼓框上下两端开有方孔，穿入松木或柳木制成的四方形或八棱形鼓柄，柄长50～84厘米，木柄外表涂以棕红色漆，有些在手握部位有龙头雕饰。鼓槌用藤条或竹条制作，用火烘烤后弯曲成弓形，槌头先缠上多层布，外面再包裹羊皮，以使鼓声柔和并能保护鼓面。柄鼓演奏时可坐奏、立奏和行奏。坐奏时左手持鼓柄，右手以鼓槌击奏，有时同时兼奏铙钹、金刚铃等乐器。较大的柄鼓可做供奉鼓用（将柄鼓立于地上并依靠于坐垫或桌子旁，鼓框顶部系绳将其固定于房梁）。教派和仪轨不同，手持鼓柄又有直接手持或间接手持之分：直接手持左手可直接触碰并握持鼓柄，间接手持左手必须隔着袈裟才能握持鼓柄。立奏一般在寺庙广场中举行的大型佛事活动中出现，演奏时将鼓柄立于地上或抵在左胯部，左手持柄，右手持槌击奏。仪仗队行进过程中演奏时多为左手持鼓柄将鼓举起，右手以槌击奏。较大型的柄鼓则由前方一人单肩扛鼓，后边一人紧随其后持槌击奏。

藏族柄鼓因鼓槌落点部位的不同音响会有起伏变化。柄鼓原为藏族宗教乐器，现多用于寺院羌姆、藏戏鼓舞等歌舞伴奏中，既是伴奏乐器，又是舞蹈道具。

图片来源
图一　董建民　摄影（Fotoe网）
图二、图五　张纪强　制图
图三、图四　翟翼畅　制图

参考文献
格多.试论藏族传统乐器之膜鸣乐器——鼓.西藏艺术研究,2009(11):23—31.

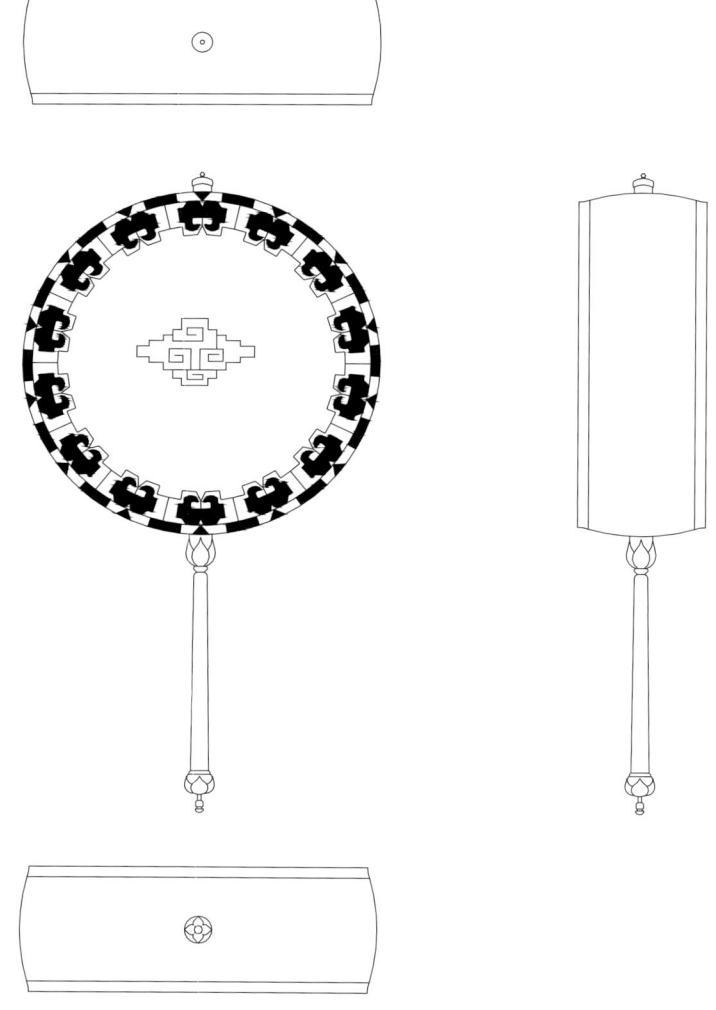

图二　藏族柄鼓三视图

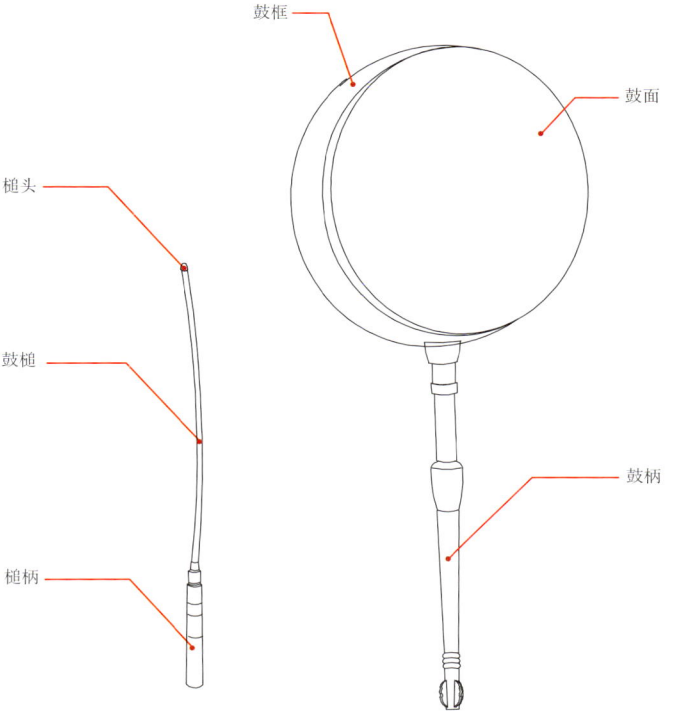

图三 藏族柄鼓结构名称图

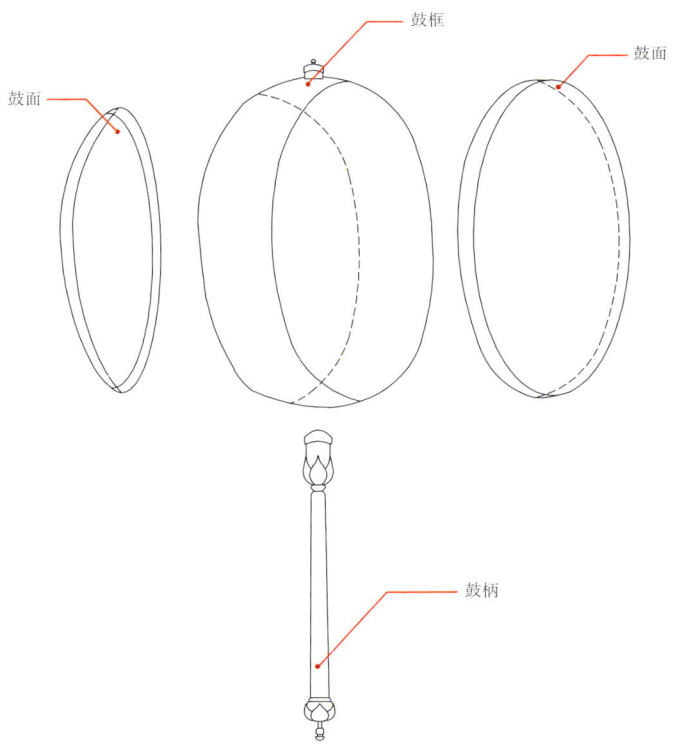

图四 藏族柄鼓结构分解图

图五 藏族柄鼓使用情境图

藏族多吉尺布

图一　藏族多吉尺布主图

多吉尺布是藏语，"多吉"意为金刚杵，"尺布"意为金刚铃，多吉尺布即金刚杵铃。多吉尺布历史久远，为佛教密宗法器，由印度传入我国，流行于全国各地佛教寺院，主要在法事诵经中使用。

金刚杵非响器也非击器，原为古印度的一种兵器，后来被密宗吸收为降服邪魔、断除烦恼的法器，成为诸尊者手持之物和修法道具。其造型大同小异，中间有把手，两端有独股、三股、五股、九股之分。金刚铃多为铜铸，规格大小不一，大者通高25.2厘米、柄长16.2厘米、铃口直径10.8厘米；小者通高14.8厘米、柄长8.8厘米、铃口直径7.4厘米。金刚铃由铃身、铃柄、铃舌三部分构成。铃身外形似钟，圆口，边缘齐平，顶部和周身均饰有精美花纹图案。铃舌为铜质或铁质，呈棒槌形，悬挂于铃身内腔顶部。铃柄多为铜质或银质，装饰繁缛，中部多铸有文殊菩萨头像，顶端多铸成中空结构。金刚铃的铃身和铃柄为分别铸制，然后用铜、锡焊接或铆接而成，造型庄重、铸工细腻、图饰精美。金刚铃作为藏传佛教常见法器之一，代表佛之智德，修法时摇动金刚铃可警觉诸尊，督励众生精进；作为佛乐合奏乐器，常与大玛如、冈林等一同使用，奏时口下柄上，执柄摇晃，使铃内壁与铃舌互碰而发音，音色清脆，余音悠长。

金刚杵与金刚铃合用时左手执金刚铃铃柄（铃口向下），右手握金刚杵（手心向上），多在僧众集体诵经时由领经喇嘛或活佛使用。

图片来源
图一　刘佳　摄影
图二至图五　张纪强　制图

参考文献
乐声.中国少数民族乐器.北京:民族出版社,1999:73.

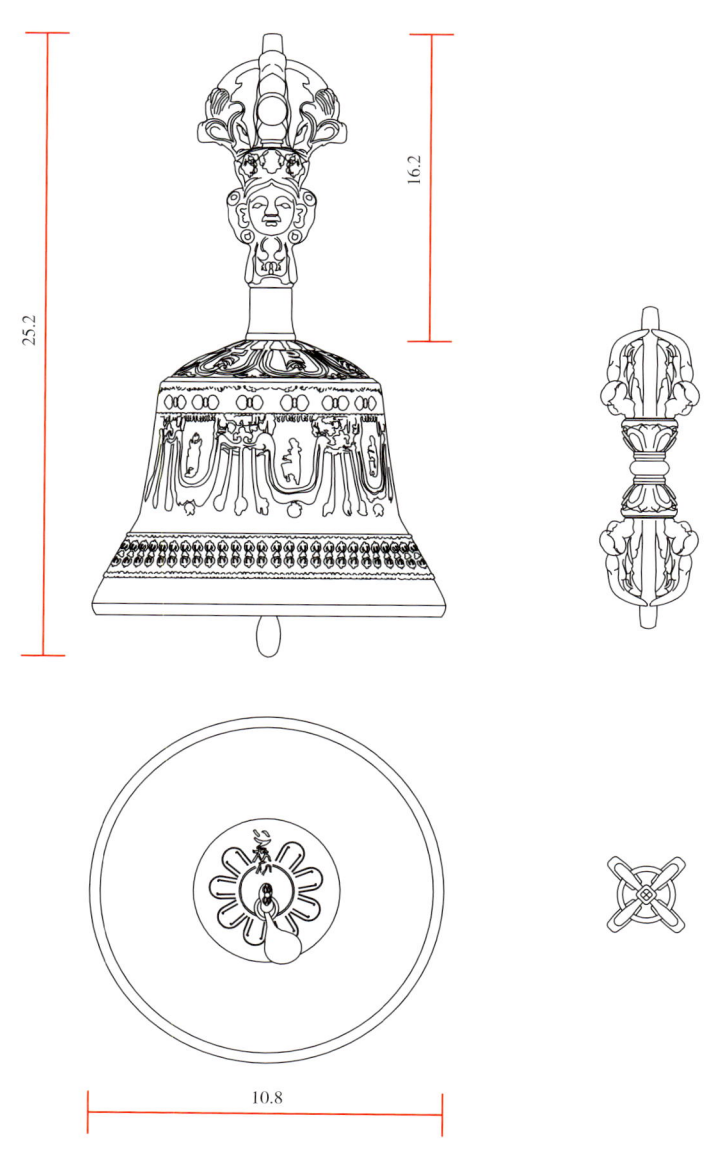

图二　藏族多吉尺布尺寸图（单位：cm）

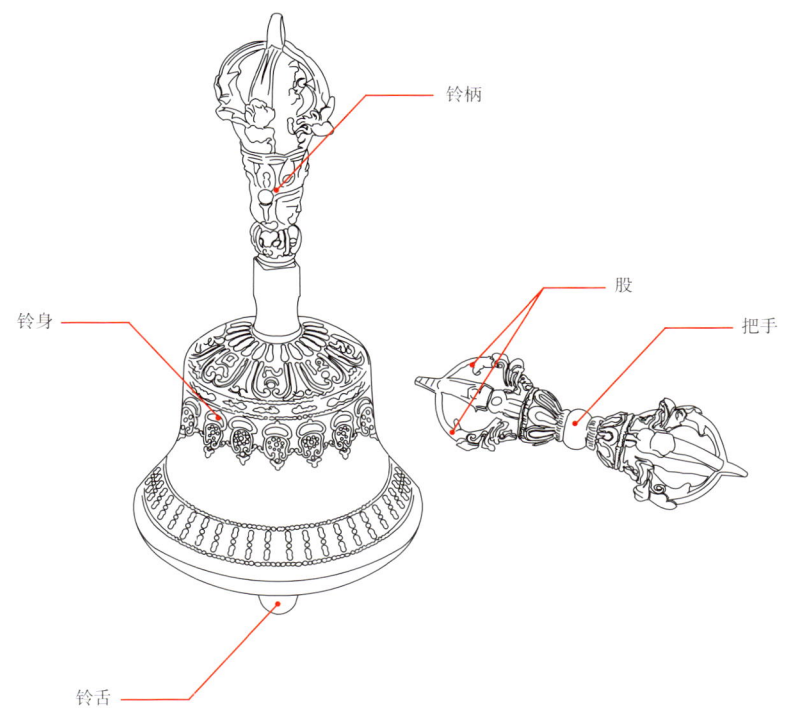

图三　藏族多吉尺布结构名称图

图四　藏族多吉尺布图案展开图

图五 藏族多吉尺布使用情境图

藏族大转经筒

图一　藏族大转经筒主图

大转经筒因其表面刻有经文或内部装有嘛呢经咒故又称"果拉"或"嘛呢"，有些尺寸巨大的称为"东柯"，即旋转一次如万万次旋转。大转经筒是藏传佛教法器之一，手摇者谓之"嘛呢拉果"、风动者谓之"嘛呢隆果"、水动者谓之"嘛呢曲果"，其中以手摇转经筒和手推转经筒最为普遍。在布达拉宫、大昭寺等处都能见到大转经筒。

大转经筒多以银、铜、铁、皮、骨为主要材质，其规格大小不一。小的直径不足20厘米，大的高达数米。大昭寺门口的两个铜质大转经筒表面刻有六字真言，外有大框，上下有轴，用手轻轻一推即可转动。法会时香客们依次从转经筒旁经过，都会用手推动转经筒。

人们认为转经就相当于念经,是忏悔往事、消灾避难、修积功德的最好方式。为了让这种最好的修德方式得到最充分的运用,西藏各处修有佛塔,置有转经筒,藏族人甚至随身携带着转经筒,一有闲暇,便转动经筒。

图片来源
图一　刘佳　摄影
图二至图五、图七　管宁彤　制图
图六　石宝琇　摄影

参考文献
广东省博物馆,西藏博物馆.雪域瑰宝——西藏文物展.广州:岭南美术出版社,2012:58.
张庆有.转经和转经筒.中国西藏,1997(4):41.

图二　藏族大转经筒尺寸图(单位:cm)

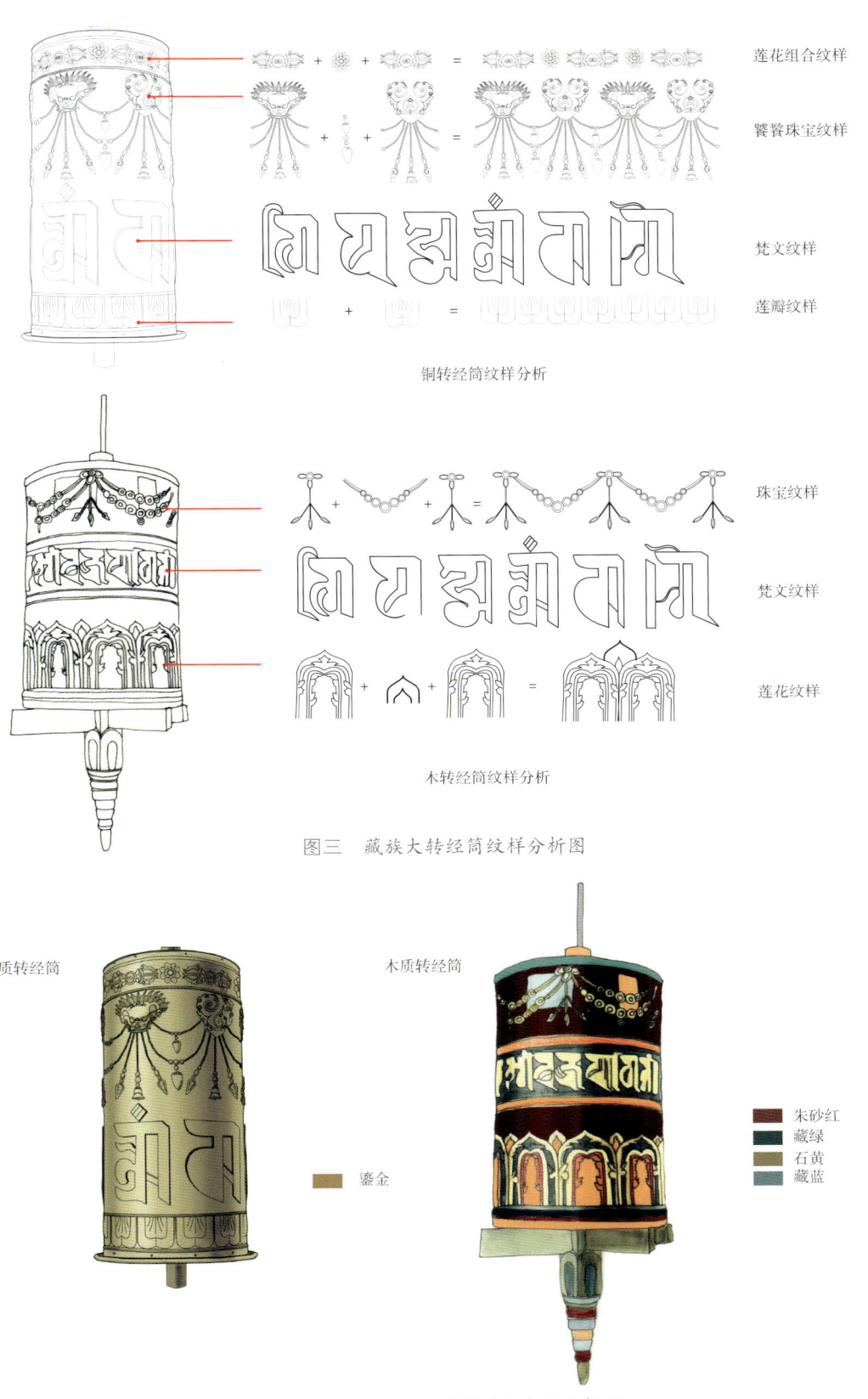

图三 藏族大转经筒纹样分析图

图四 藏族大转经筒材质与色彩分析图

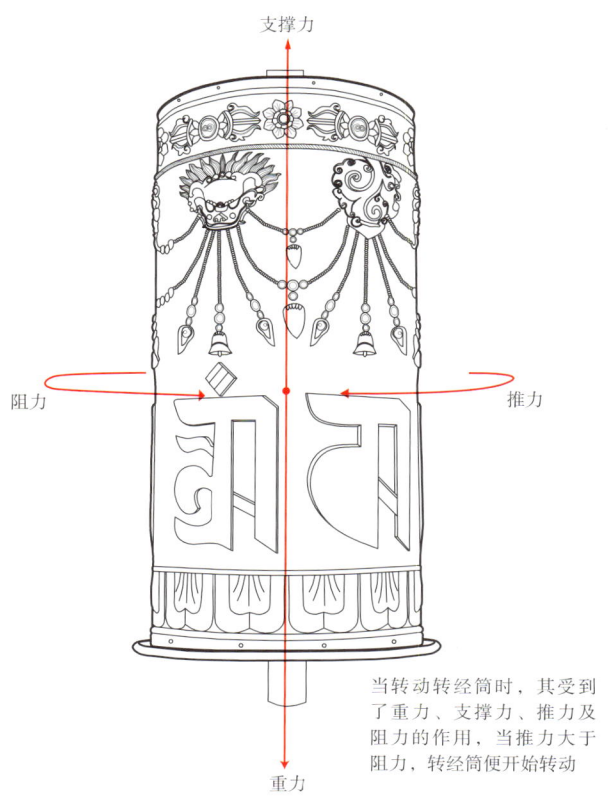

当转动转经筒时，其受到了重力、支撑力、推力及阻力的作用，当推力大于阻力，转经筒便开始转动

图五　藏族大转经筒力学原理图

图六　藏族大转经筒使用情境图1

图七　藏族大转经筒使用情境图2

藏族手持转经筒

图一　藏族手持转经筒主图

手持转经筒也称"手持嘛呢经筒""手持嘛呢轮"。在使用时，佛教信众将六字真言（六字大明咒）经卷置于转经筒内，按顺时针方向摇转，并口诵经文。藏传佛教认为念诵六字真言的次数代表了对佛祖、菩萨的虔诚度，因此每转动一周就等于念诵经文一遍，而反复转动就相当于念诵成千上万次的经文。

手持转经筒一般由手柄和筒身两部分组成。手柄多用木料，少数使用骨料、象牙、金属等材质。筒身多采用圆柱体，偶有八棱柱体，材质主要有金、银、铜等。筒身内部中空，以圆心设轴以便转动，六字真言可置于其内并竖套于转轴上，最后封置盖顶。筒身表面刻有六字真言和鸟兽、藏传佛教八宝图案，通常施以彩色漆绘，镶嵌珊瑚、宝石等，制作精美。筒身旁开有耳孔并系有小坠，可借助惯性加速转经筒的旋转。本案例为清代鎏金银转经筒，由银质圆盖、转经筒身和象牙手柄构成，总高36厘米，直径9厘米，现由西藏博物馆收藏。转经筒身刻有双层六字真言及藏传佛教八宝吉祥图案，并施以鎏金技法。圆筒顶部施有莲花花苞，连接圆盘顶盖，转轮旁的耳孔系着海螺造型小坠，信众相信转经筒旋转次数不断增加，他们的功德将随之不断地累积。

手持转经筒承载着藏族民众对今世来生的期盼与希望。

图片来源
图一至图六　彭绮梦　制图

参考文献
冯明珠,索文清.圣地西藏——最接近天空的宝藏.北京:联合报股份有限公司,2010:255.

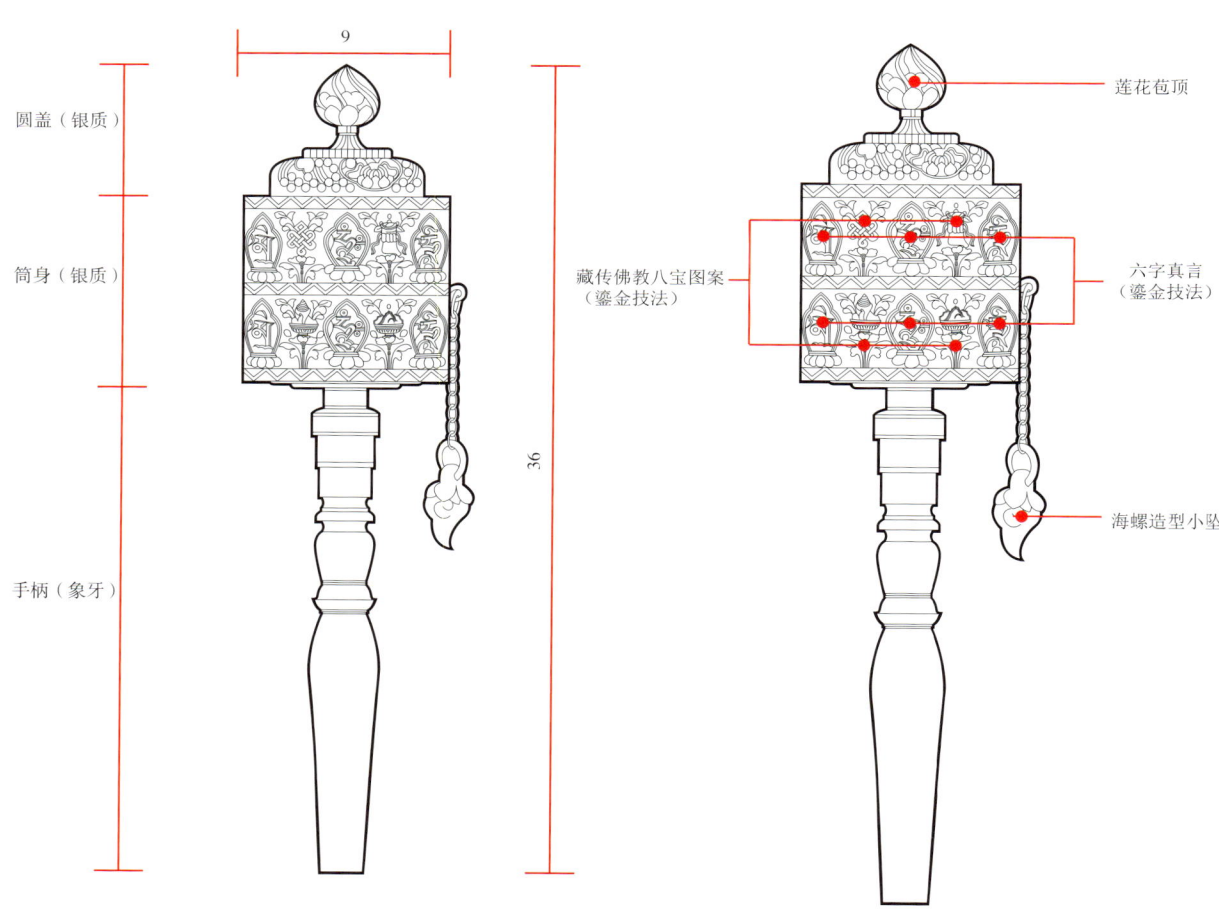

图二　藏族手持转经筒尺寸、结构名称图（单位：cm）

图三　藏族手持转经筒纹样分析图

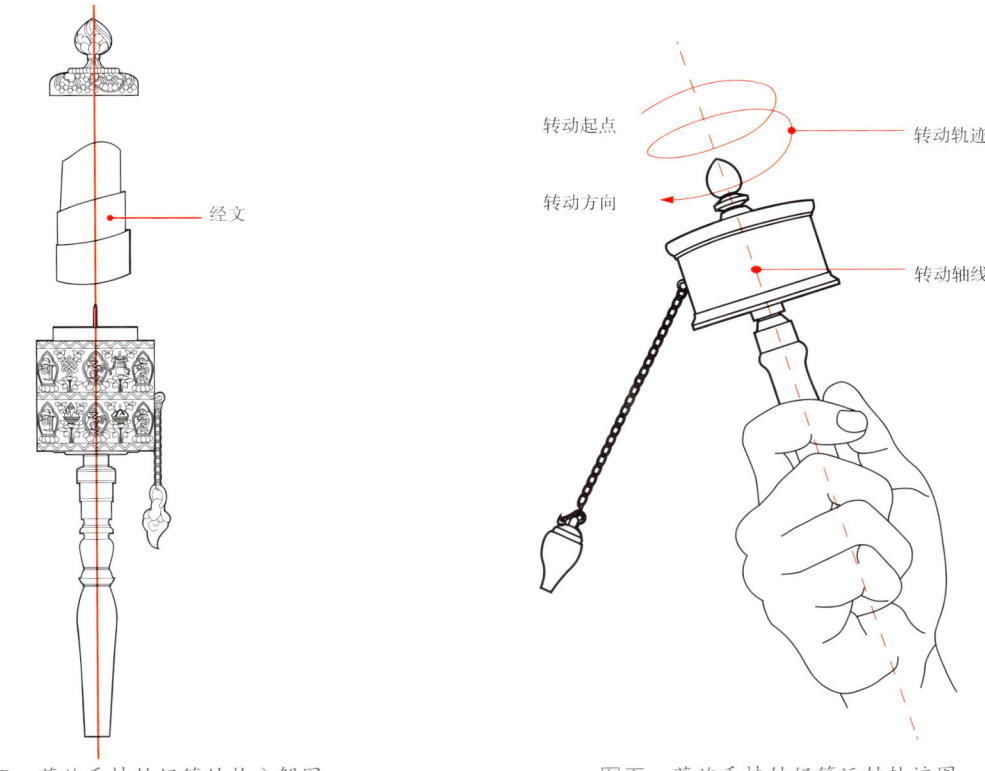

图四　藏族手持转经筒结构分解图

图五　藏族手持转经筒运转轨迹图

图六　藏族手持转经筒使用情境图

藏族尼玛石

图一 藏族尼玛石主图

尼玛石，又称"玛尼石"，是雕刻了佛语、佛像或者佛塔、吉祥物等图案的一种石刻。"尼玛"二字即是佛经观音六字真言"唵嘛呢叭咪吽"的略称，是藏传佛教信徒们口诵的祈祷咒语，该咒语概括了佛教的全部价值观念和修行目标，是一切善法功德的本源。

西藏属于高原地区，自然景观多为山和岩石，古时藏族人认为岩石是异己的自然物，并且拥有不可控制的神力，从而对其有着纯粹、执着的敬仰和崇拜。从印度传入西藏的佛教继承了祭祀山神和岩石的古老习俗，但是表现形式和内容有所改变。石雕内容改为经咒、佛像和各种佛教图案或符号，成为藏族特有的一种石刻文献。10世纪后半叶这种石刻在藏区大规模兴起，体现了佛教信徒们对佛的尊崇。尼玛石就其形式而言可分为两类：一类是高约三四米的金字塔形石堆，石堆中的石块没有刻写图案和文字，该类尼玛石藏语称作"夺崩"，也常被称为玛尼堆；另一类则是在石块或卵石表面刻写文字、图像，将刻好的石块堆叠成为一道较长的墙体，墙体高约2米，宽约3米，藏语中称为"绵档"，多见于寺庙。

尼玛石融入了世世代代藏族人的生活，彰显了藏族的传统文化，体现了藏族人的精神信仰。

图片来源
图一 刘佳 摄影
图二至图六 龚滢 制图
参考文献
次多.漫谈玛尼石.西藏民俗,1999(1).
黄林.神秘的玛尼石.中国西藏,2012(4):86—89.
高城.藏区玛尼石的渊源及神圣意蕴.寻根,2011(6):78—85.

六字真言：唵嘛呢叭咪吽

图二　藏族尼玛石纹样分析图

图三　藏族尼玛石色彩分析图　　　　图四　藏族尼玛石延展图

第七章　藏族传统民俗和宗教

619

图五　藏族人刻写尼玛石场景图

图六　藏族湖边的玛尼堆

藏族法轮

图一　藏族法轮主图

法轮又称"轮""金轮"，是藏传佛教中的吉祥八宝之一。法轮运转不息，象征着宇宙中的一切法、生命轮回以及佛法的转动，被认为具有扫除罪恶魔障，消除众生一切烦恼的力量。此外，法轮图案也常作为佛教的教徽，其作用与地位显而易见。

法轮的形状犹如古代车轮，主要由轮毂、轮辐和轮辋三部分组成。轮毂位于法轮的中心，靠近轮轴附近常用莲花或菊花纹样装饰，花瓣多为八瓣或十六瓣，代表戒律、教条，象征了佛陀教化的道德面。轮辐指以毂为中心，呈放射状排列的肘木，数量上有四、五、六、八、十二条等之分。其中，以八条轮辐最为常见，象征了八正道、八道轮回，是指引众生到达至善的八条道路，也象征释迦牟尼弘法的八件大事。轮辋，又称"轮圈",是法轮的外圈,代表汇聚一切的正念,象征了佛陀教化、摧邪显正的凝聚力。本案例为清代粉彩法轮,总高27.6厘米,宽16.7厘米,底座直径10.8厘米,1957年经故宫博物院调拨,现由四川省博物院收藏。此法轮正反两面纹饰相同,以轮毂为中心,至轮辐、轮辋整体造型呈放射状形态。法轮通体施用金釉,轮毂以莲花为造型,使用珐琅彩填绘天蓝色花瓣及矾红色花蕊。轮辐分别以8个菱形蓝色珐琅彩为装饰并与轮辋相接,轮辋内嵌有8组红与天蓝釉的珠子,其间设有铜钱纹,呈现二方连续图案组合样式。法轮外围设有火焰形轮廓装饰,底端为束腰覆莲式底座,整体造型端庄,制作精美,充分展现了使用瓷器模仿金属宝石材质的独特构思与高超烧制技术。

法轮寓意圆通无碍、运转不息,能够消除众生的烦恼,因此被广泛运用和安置在各个佛教场所。

图片来源
图一　康巴牧子　摄影（微图网）
图二至图六　彭绮梦　制图
参考文献
诺布旺典.唐卡中的法器.北京:紫禁城出版社,2009:224.

图二　藏族法轮尺寸图（单位：cm）

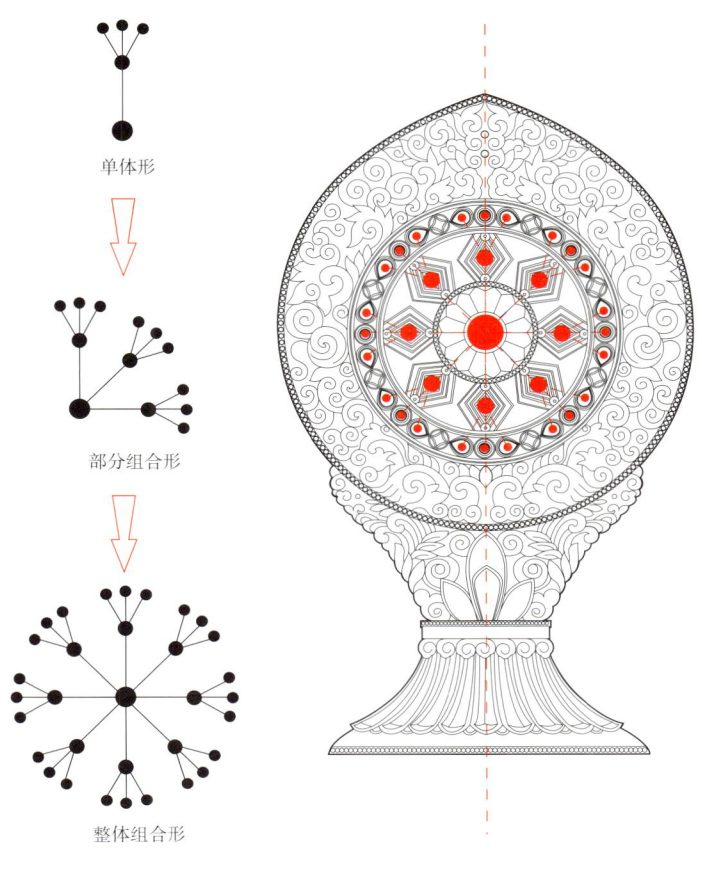

图三　藏族法轮形态分析图

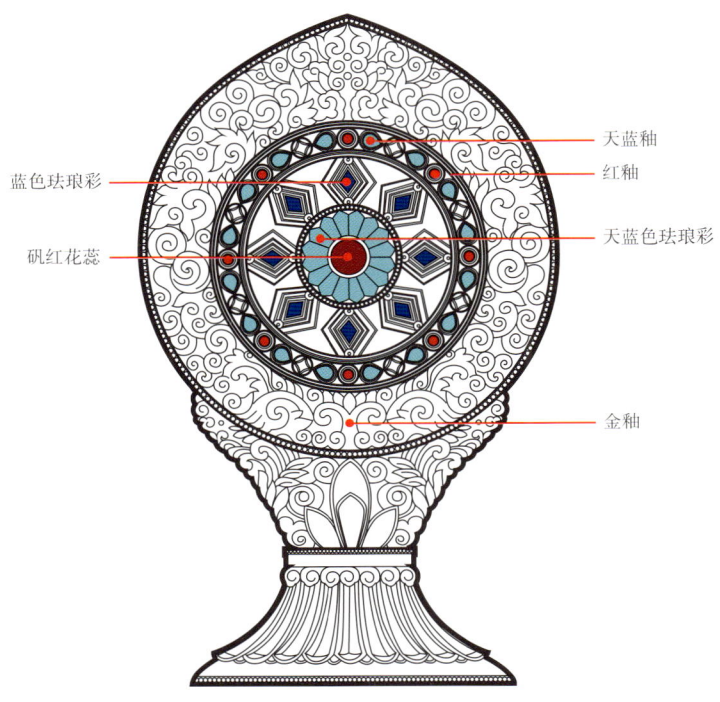

图四　藏族法轮色彩与材质分析图

第七章　藏族传统民俗和宗教

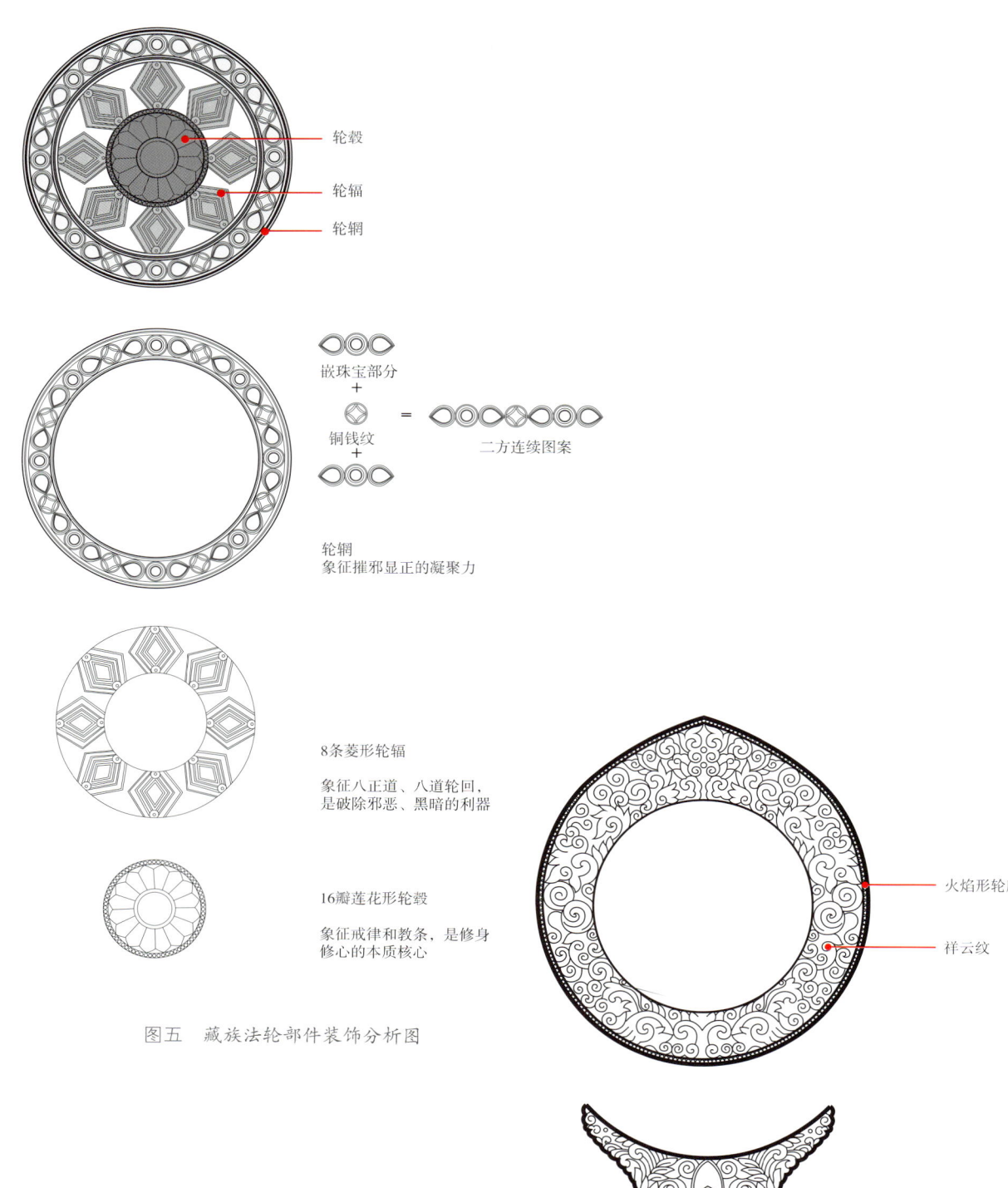

图五 藏族法轮部件装饰分析图

图六 藏族法轮其他部件说明图

藏族莲花生大士金刚橛

图一　藏族莲花生大士金刚橛主图

在藏传佛教中三棱金刚橛主要象征着怒相神强力无比的佛性，能有效地消灭一切障。金刚橛在梵语中有"大钉"或"道钉"的意思，在藏文中亦指"桩子"或"帐篷桩子"。

金刚橛原是兵器，后被藏传佛教吸收作为法器使用，通常为铁质，也有使用特殊的骨料或木料作为原材料的。金刚橛顶部通常有3个怒相神头饰，分别代表贪、嗔、痴，而这3个神灵也代表着"三身"，9只眼睛象征着五佛及四佛母的九大智慧。神头之上为12个骷髅组成的冕状头饰，头饰中有一发髻，象征着把一切争执与极端之事束缚在简单的现实之中。发髻顶有半截金刚杵作为饰顶。金刚橛的橛杆通常做成鳞茎状，若是八面的橛杆两端都会有对称的纽结，纽结亦可为镂空形式。橛杆下端的金翅鸟头，象征着可抵御一切疾病，是智慧忿怒的部主。有时金翅鸟头也会被摩羯头代替，象征着金刚橛的力量与韧度。金翅鸟头下有一对盘龙垂在三棱橛身的凹处，代表着"六度"。三棱的橛身也象征着对"三世"与"三界"的控制，橛尖刺向火钵。金刚橛作为手持法器，有时也会以简洁的形式出现。

金刚橛是藏传佛教宁玛派传承大师或附魔师的常用器物，金刚橛能净除障碍，也是诸佛事业的化身。

图片来源

图一　刘佳　摄影
图二至图六　袁丹　制图

参考文献

罗伯特·比尔.藏传佛教象征符号与器物图解.向红笳,译.北京:中国藏学出版社,2007:105—108.

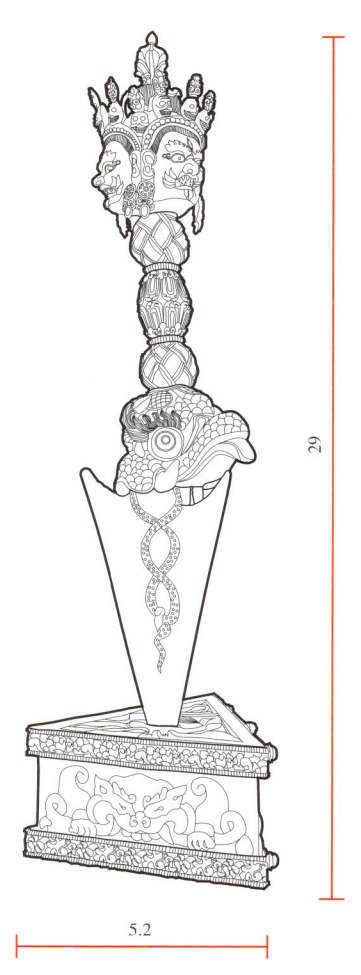

图二　藏族莲花生大士金刚橛尺寸图（单位：cm）

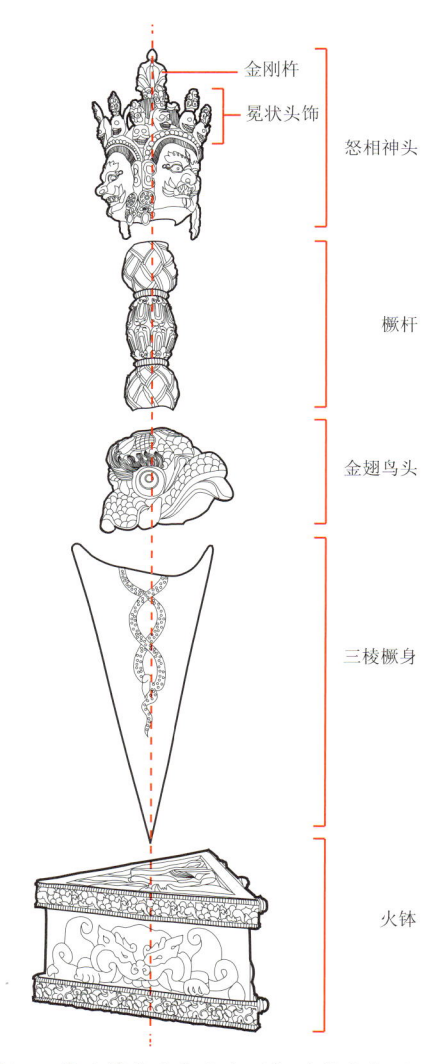

图三　藏族莲花生大士金刚橛结构分解图

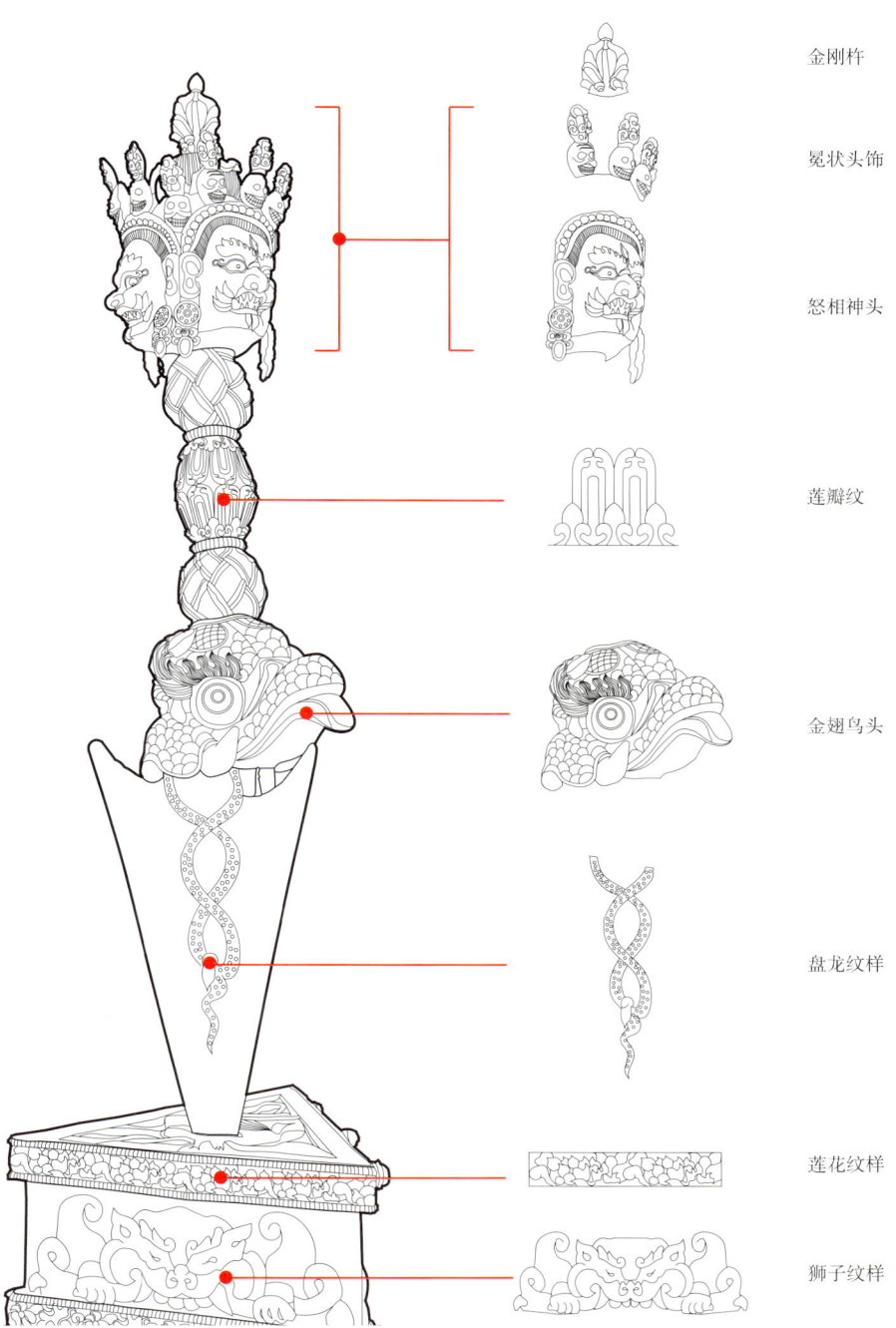

图四　藏族莲花生大士金刚橛纹样分析图

图五 藏族金刚橛其他样式（金刚杵金刚橛）

图六 藏族金刚橛使用情境图

藏族镀金金刚杵

图一　藏族镀金金刚杵主图

金刚杵原为古代印度的武器，后被藏传佛教吸纳为法器。在梵语中意为"坚固"或"力大无比"，在藏语中称为"多吉"，意为"石王"，象征着难以捉摸、不可撼动、不可改变、不会毁灭、无形和坚固的状态，代表佛性的圆满。故金刚杵又被称作"宝杵""降魔杵"等。

金刚杵的原材料为天铁、石、水晶、檀木、骨头等，其中，天铁是锻造金刚杵的最佳材料。金刚杵的长度通常为十二指，象征着灭除了因缘链条上的十二因缘，也有八指、十指、十六指、二十指等。本案例为17—18世纪的镀金金刚杵，高18厘米，底座宽9.5厘米。该金刚杵中段的两侧分别为由8个莲花瓣构成的莲花底座，一侧象征着八大男菩萨，另一侧象征着八大天女或者女菩萨，合在一起的16个莲花瓣象征着藏传佛教经文中列出的十六空与十六菩萨。莲花底座顶面的月亮圆盘象征着智慧、绝对真理与相对真理的结合及俗谛和真谛的菩提心露的合一。在月亮圆盘上插着两个对称的金刚股叉，股叉的截面呈方形，状似剑刃或矛，象征着人体微观世界中的中脉以及以须弥山四面作为宏观宇宙的轴中心。金刚杵股叉可分为单股、三股、四股、五股、九股等样式，还有由4个金刚杵头构成的十字金刚杵，该样式亦有三股、五股、九股等。

金刚杵作为藏传佛教的法器代表着"五佛五智义"，能破除一切愚痴妄想之内魔以及外道诸魔障碍，后世逐渐将其演变成"降伏诸魔外道"的作法用具与修行用具。

图片来源

图一　许边疆　摄影
图二至图六　袁丹　制图

参考文献

罗伯特·比尔.藏传佛教象征符号与器物图解.向红笳,译.北京:中国藏学出版社,2007:93—98.

广东省博物馆,西藏博物馆.雪域瑰宝——西藏文物展.广州:岭南美术出版社,2012:66.

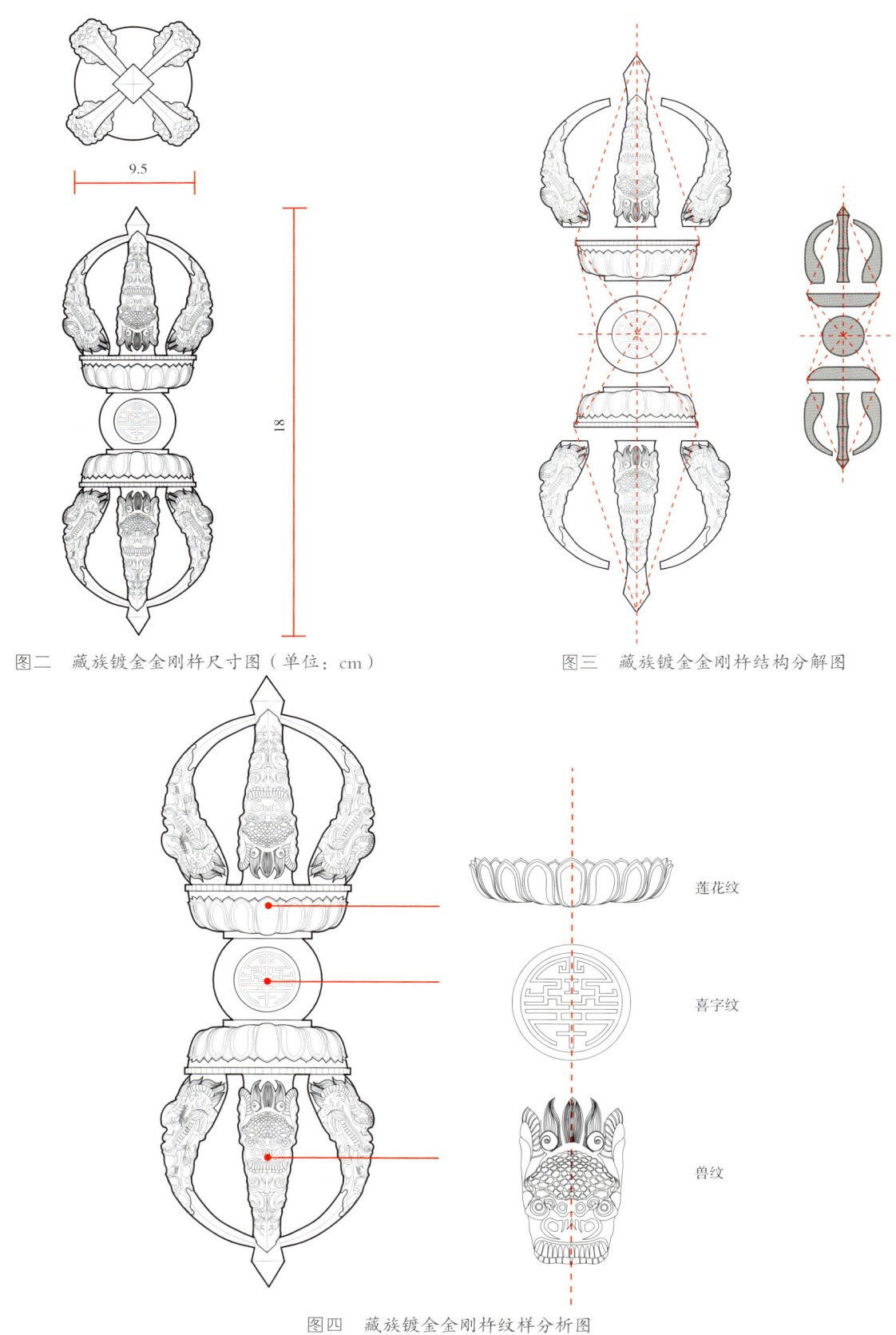

图二 藏族镀金金刚杵尺寸图（单位：cm）

图三 藏族镀金金刚杵结构分解图

莲花纹

喜字纹

兽纹

图四 藏族镀金金刚杵纹样分析图

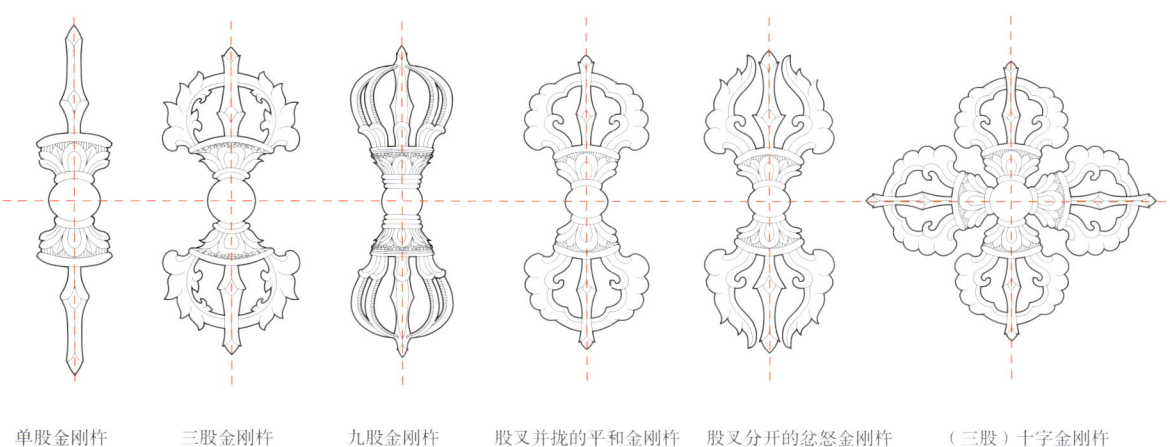

| 单股金刚杵 | 三股金刚杵 | 九股金刚杵 | 股叉并拢的平和金刚杵 | 股叉分开的忿怒金刚杵 | （三股）十字金刚杵 |

图五　藏族金刚杵延展图

图六　藏族金刚杵使用情境图

第七章　藏族传统民俗和宗教

631

藏族铁钩

图一　藏族铁钩主图

铁钩一般与套索搭配使用，是用于降魔的法器，源于驯象人用来控制和驯化野象的钩子。在佛教中，"野象"被比喻为未被驯化的人心。当怒相神灵手握套索或铁钩这样的降魔器物时，其食指上翘呈"斯克印"，表达恐怖或威胁之意。

铁钩的钩背与空行母的钺刀刀背形状相似，但铁钩的钩状尖端更为明显。铁钩顶部或背部通常饰有半截金刚杵或珠宝，其刀刃下部的摩羯兽张开大口把钩背与手柄连接在一起，接点多为球形或方形。铁钩的锥形手柄采用红檀香木制作而成，其上半部系有一条打结的丝带，与铁斧和铁锤相似，其柄底部常装饰有小珠宝或金刚杵。本案例为19—20世纪时的铁钩，长44厘米且带有扁平的手柄，手柄上刻有卷叶草形纹样，顶端为嵌入金摩羯兽口中呈斧状带弯钩的刃，底端装饰着金摩羯兽及五股金刚杵。铁钩主要象征控制或钩住一切恶业，把芸芸众生推向或赶到解脱和免受轮回之苦的方向上去。

在早期佛教中，铁钩被视为"智慧""意"的象征物，目前多在唐卡中有所体现。

图片来源
图一　许边疆　摄影
图二至图七　管宁彤　制图

参考文献
罗伯特·比尔.藏传佛教象征符号与器物图解.向红笳,译.北京：中国藏学出版社,2007:154.
广东省博物馆,西藏博物馆.雪域瑰宝——西藏文化展.广州：岭南美术出版社,2012:80.

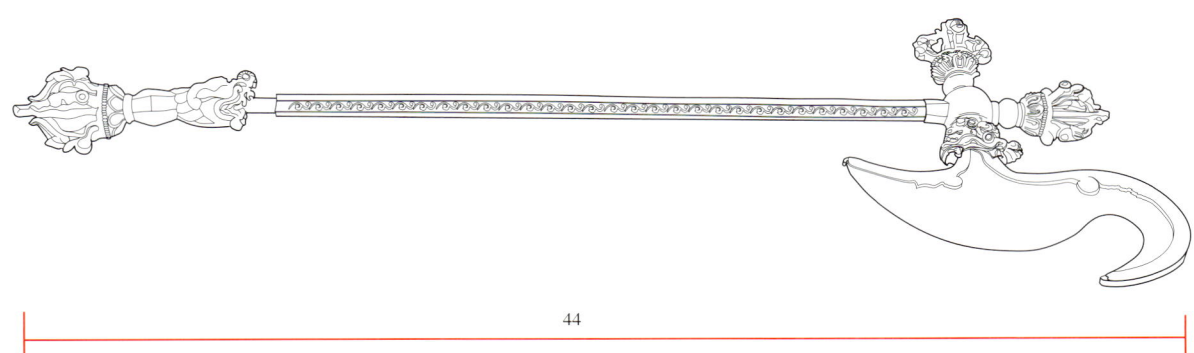

图二　藏族铁钩尺寸图（单位：cm）

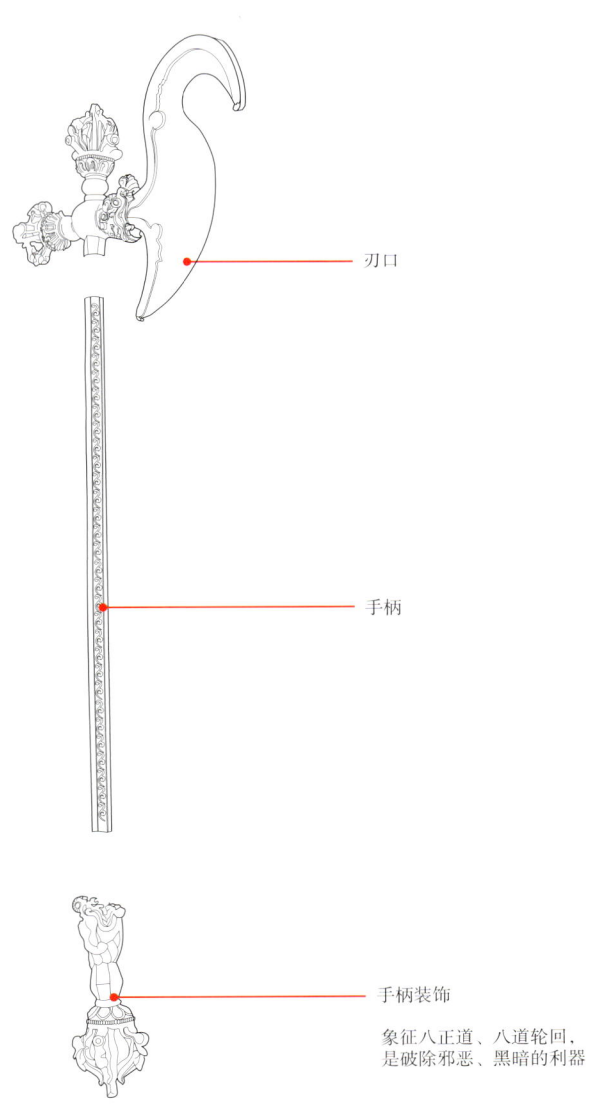

刃口

手柄

手柄装饰

象征八正道、八道轮回，
是破除邪恶、黑暗的利器

图三　藏族铁钩结构分解图

第七章　藏族传统民俗和宗教

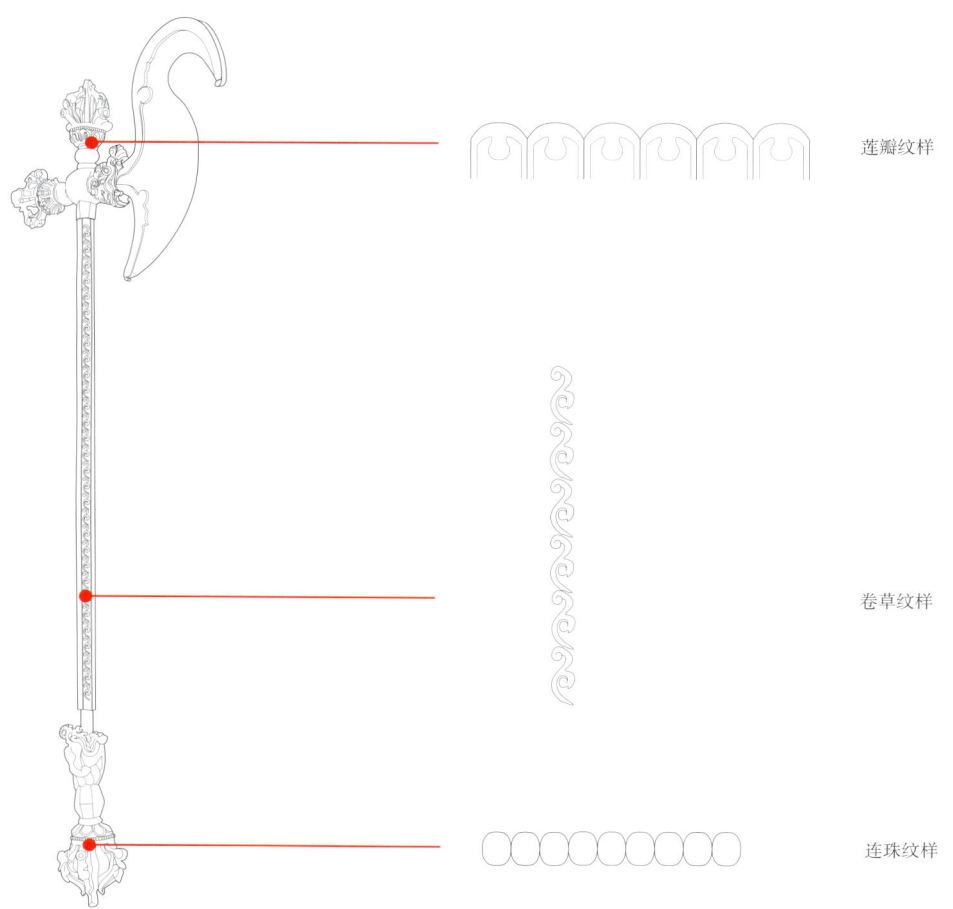

莲瓣纹样

卷草纹样

连珠纹样

图四　藏族铁钩纹样分析图

鎏金
铁质

图五　藏族铁钩色彩与材质分析图

	整体样式	刃	比较
铁钩	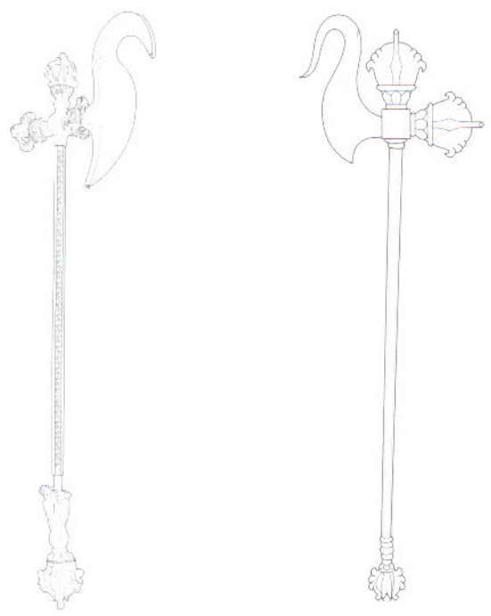	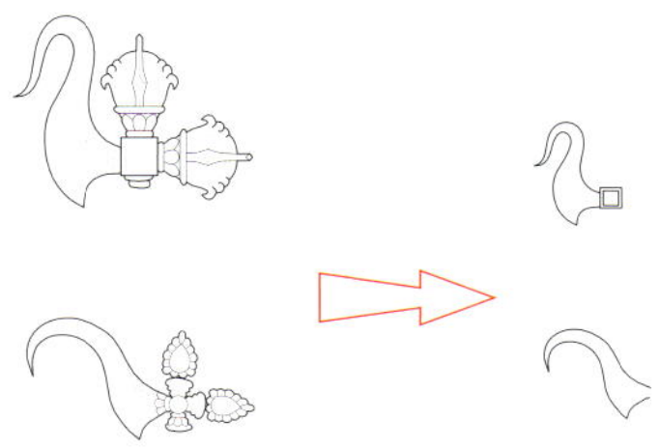	铁钩的钩背与空行母的钺刀刀背形状相似，但铁钩的钩状尖端更为明显
钺刀		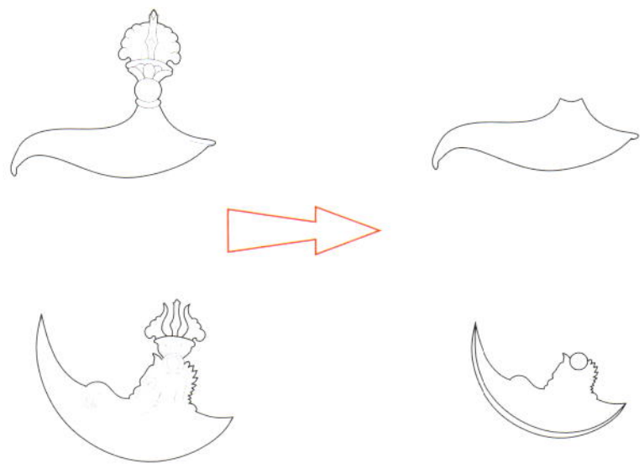	

图六　藏族铁钩与钺刀对比分析图

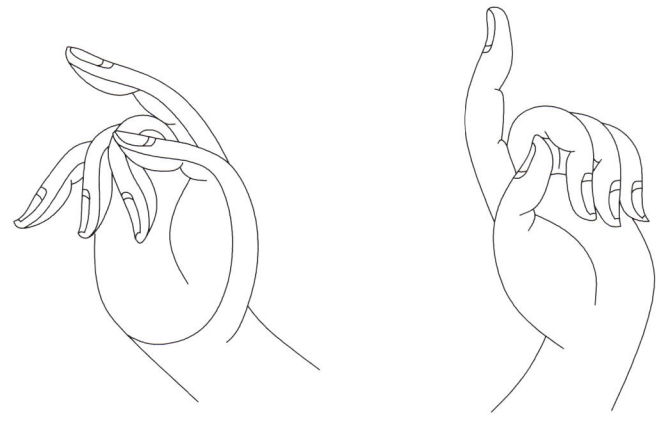

图七　藏族斯克印（铁钩印）示意图

藏族铜噶当塔

图一 藏族铜噶当塔主图

噶当塔的藏语为"却丹",是供奉佛舍利或高僧骸骨、遗体的建筑,塔的种类、形状、质地各式各样。噶当塔的出现与11世纪印度高僧阿底峡及其传教有着极为密切的联系。自从噶当派教徒崇奉此塔后,萨迦派、格鲁派等藏传佛教逐渐接受并供奉这种形式的塔。现今噶当塔多见于壁画,传世实物较少。

噶当塔塔基为圆形,塔瓶为覆钵形,塔刹有十三级相轮,以铜质较多见。本案例中左边的塔为13—14世纪的铜噶当塔,高25厘米,底座宽12厘米,是典型的噶当塔范本。

其塔顶为莲蕾宝珠，莲瓣饱满修长，做工精细。在西藏地区传世的噶当佛塔中很难找到外形与之相似的作品，而在内地传播的藏式佛塔形制则有效地模仿了该噶当塔的造型。右边的塔同样制作于13—14世纪，高47厘米，底座宽19厘米。此塔由合金铜铸造，其塔顶形式与众不同，在日月左右各有一条卷曲翘首的龙头。

噶当塔出现在噶当派兴盛时期，可追溯到11世纪，一批尼泊尔工匠曾被邀请到西藏制作该类佛塔，如今在热振寺和聂当卓玛拉康依然有这种传世的噶当塔。

图片来源
图一　许边疆　摄影
图二至图六　管宁彤　制图

参考文献
广东省博物馆,西藏博物馆.雪域瑰宝——西藏文物展.广州:岭南美术出版社,2012:58.
罗伯特·比尔.藏传佛教象征符号与器皿图解.向红笳,译.北京:中国藏学出版社,2007:190.

图二　藏族铜噶当塔尺寸图（单位：cm）

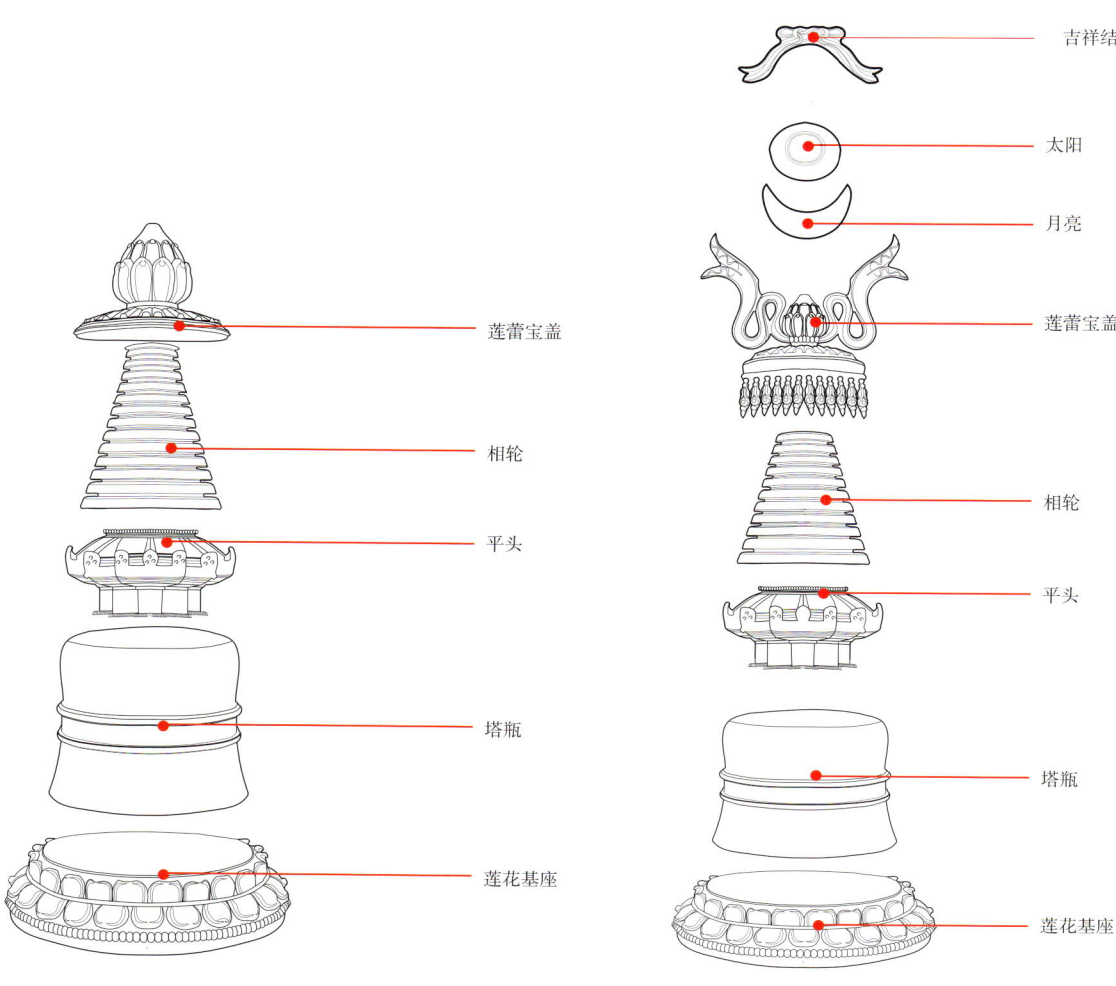

图三 藏族铜噶当塔结构分解图

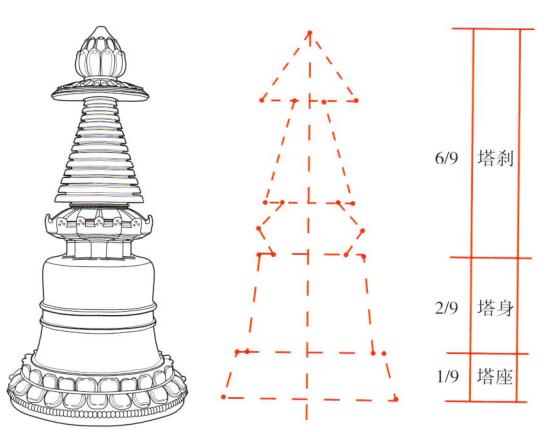
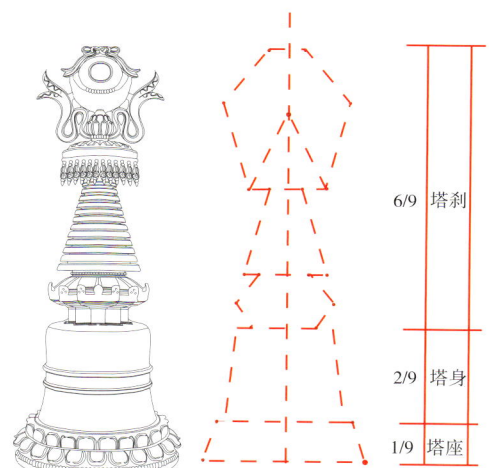

塔刹部分：中轴对称，采用等边三角形、等腰梯形及对称六边形结合的构图方式
塔身部分：中轴对称，采用等腰梯形的构图方式
塔座部分：中轴对称，采用等腰梯形的构图方式

塔刹部分：中轴对称，采用等边三角形、等腰梯形及对称六边形结合的构图方式
塔身部分：中轴对称，采用等腰梯形的构图方式
塔座部分：中轴对称，采用等腰梯形的构图方式

图四 藏族铜噶当塔比例分析图

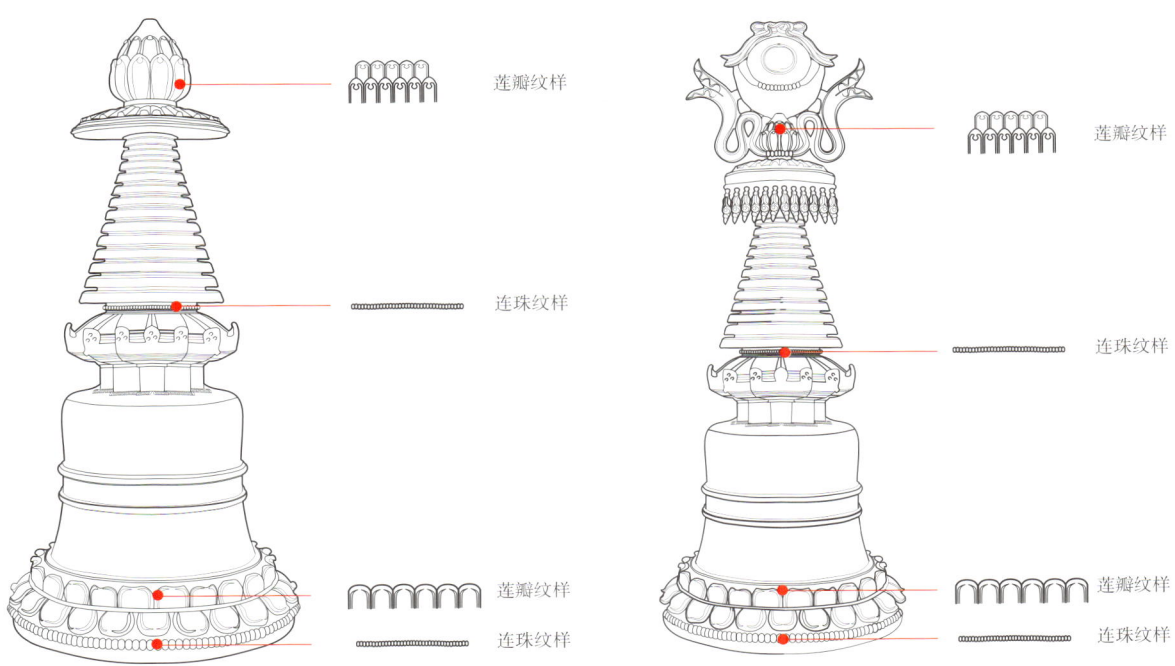

图五 藏族铜噶当塔纹样分析图

图六 藏族噶当塔使用情境图

第七章 藏族传统民俗和宗教

藏族鎏金聚莲塔

图一 藏族鎏金聚莲塔主图

塔在藏文中称"甸"或"却甸","却"为供养,"甸"即依物。藏传佛教中依物一般分为三类,代表佛的身、语、意,身所依为佛像,语所依为经文,意所依为佛塔并存有佛的灵骨。

佛陀释迦牟尼圆寂后不久,信徒们修建了两组八大佛塔。一组被称作"八大胜地如来塔",记载了释迦牟尼一生中的八件大事;另一组被称作"八大胜迹塔城",是其灵骨分藏的八个地方。根据藏传佛教传统,需修建八大佛塔以纪念佛陀一生的八个重大事件,即聚莲塔、降魔塔(菩提塔)、多门塔、神变塔、天降塔、和好塔、尊胜塔和涅槃塔。本案例为15世纪明永乐年间制作的上等法器——鎏金聚莲塔，高28.5厘米，底座宽13.2厘米，上有"大明永乐年施"款。该塔是净饭王在鹿野苑修建的一种佛塔，为纪念佛陀降生于蓝毗尼并在此地向四方各走7步，莲花由此盛开，故此塔四层级均为圆形叠层莲花瓣。此外，藏传佛塔的各个部位均有名称且各具象征意义：方形基座代表地；圆形塔瓶代表水；十三相轮的正立面是三角形，代表火；华盖部分（伞）代表风；日月和尖端分别代表太阳、月亮和心。

藏传佛塔是信徒膜拜的对象，是佛国世界的神圣象征，也是藏传佛教较为常见的供物法器之一，得信众合掌、顶礼与供养。

图片来源
图一　许边疆　摄影
图二至图七　龚滢　制图

参考文献
吴庆洲.建筑哲理、意匠与文化.北京:中国建筑工业出版社,2005:168—170.
广东省博物馆,西藏博物馆.雪域瑰宝——西藏文物展.广州:岭南美术出版社,2012:61.
罗伯特·比尔.藏传佛教象征符号与器物图解.向红笳,译.北京:中国藏学出版社,2007:195.

图二　藏族鎏金聚莲塔尺寸图（单位：cm）

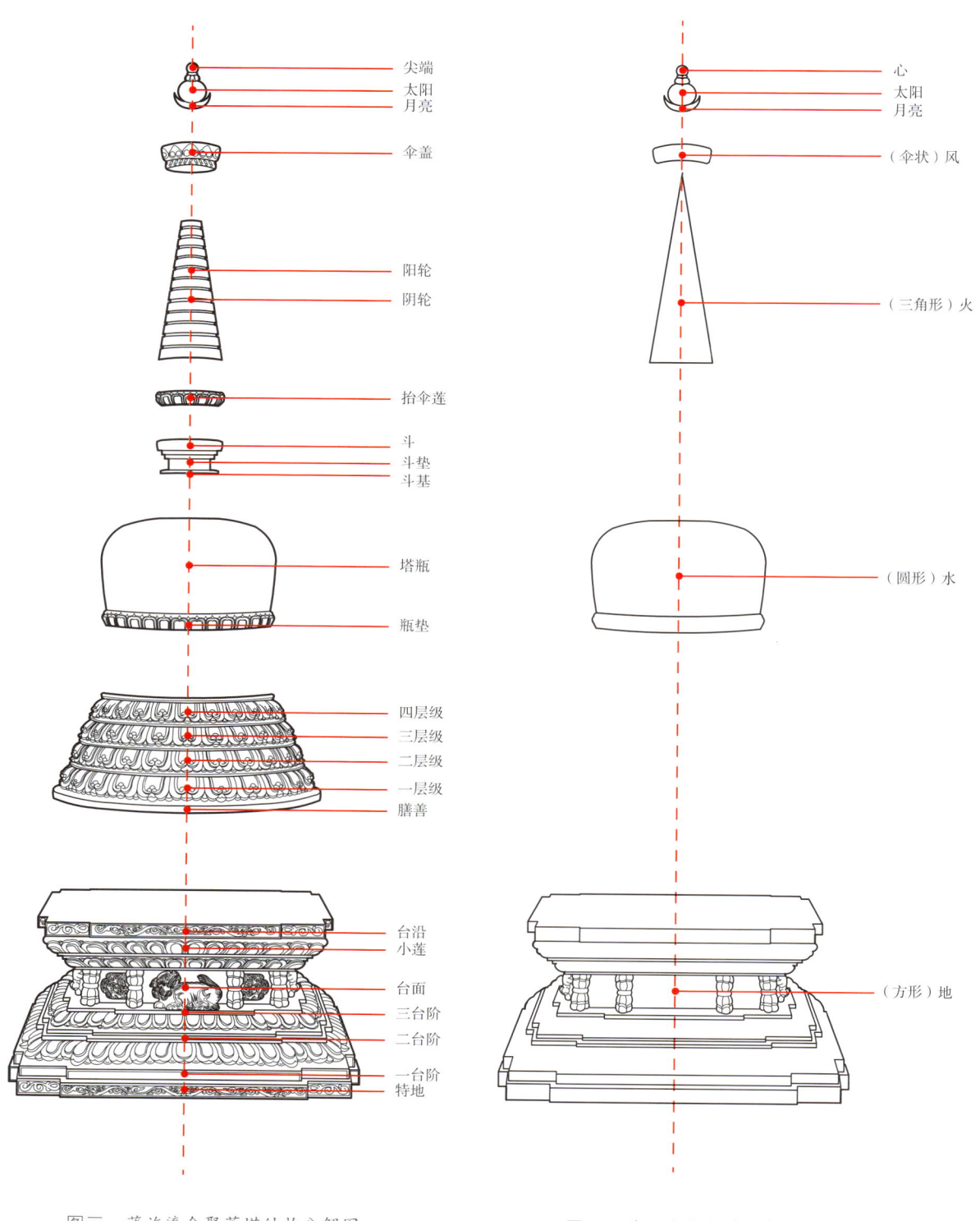

图三　藏族鎏金聚莲塔结构分解图

图四　藏族鎏金聚莲塔象征意义分析图

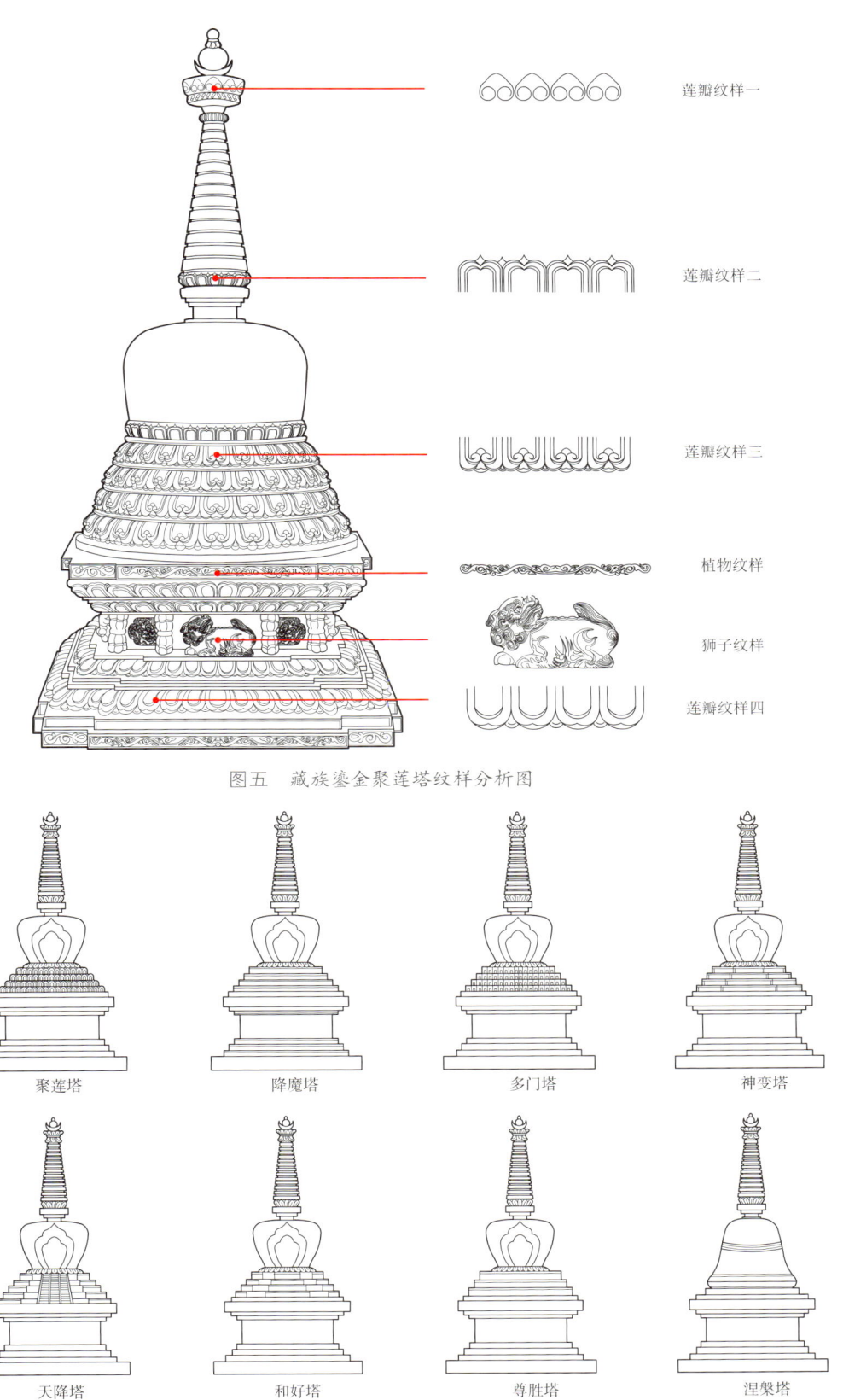

图五 藏族鎏金聚莲塔纹样分析图

图六 藏族八大胜地如来塔

图七　藏族手托塔的三种变体形式

藏族珊瑚曼陀罗

图一　藏族珊瑚曼陀罗主图

曼陀罗在藏语中称为"锦廊",既象征宇宙世界结构的本源,也象征变化多样的本尊神聚集居处的模型缩影,是金刚乘道十大主要修持之一。

供养曼陀罗起源于古代佛教密宗的修法活动,当时的信众为了防止"魔众"的入侵,修密法时会在修法场地建起一座圆形或方形的土坛并在其上修法,以在坛上画像的方式邀请过去、现在、未来诸佛亲临作证,后世曼陀罗的基本框架即由此而来并演变出多种形式和类别。本案例高21.5厘米,底座宽16.5厘米,为17—18世纪的传统宗教祭祀法器,其基座与顶层法轮均为银质,基座上錾刻有吉祥图案,其余四层均由红珊瑚和珍珠串制而成,为中空环状,每层依次向上收敛,其中布满五谷和各色宝石等,最终呈塔形。修供曼陀罗时有多种修行方法,较为常见的为修法者一边诵念,一边往曼陀罗上堆各色石子、贝壳、碎玛瑙、松石、珍珠或五谷，底层堆满后依次向上堆满各层，从而积聚福德与智慧。

曼陀罗象征整个宇宙，供修法者观想、供养，是密宗迅速积聚福德与智慧的巧妙方法，是表示供奉的最高礼仪。

图片来源
图一　许边疆　摄影
图二至图八　龚滢　制图

参考文献
次旦格列.藏传佛教的法器与供器——西藏博物馆藏品介绍.中国西藏,2002(3):37—38.
罗伯特·比尔.藏传佛教象征符号与器物图解.向红笳,译.北京:中国藏学出版社,2007：90.
广东省博物馆,西藏博物馆.雪域瑰宝——西藏文物展.广州:岭南美术出版社,2012:65.

图二　藏族珊瑚曼陀罗尺寸图（单位：cm）

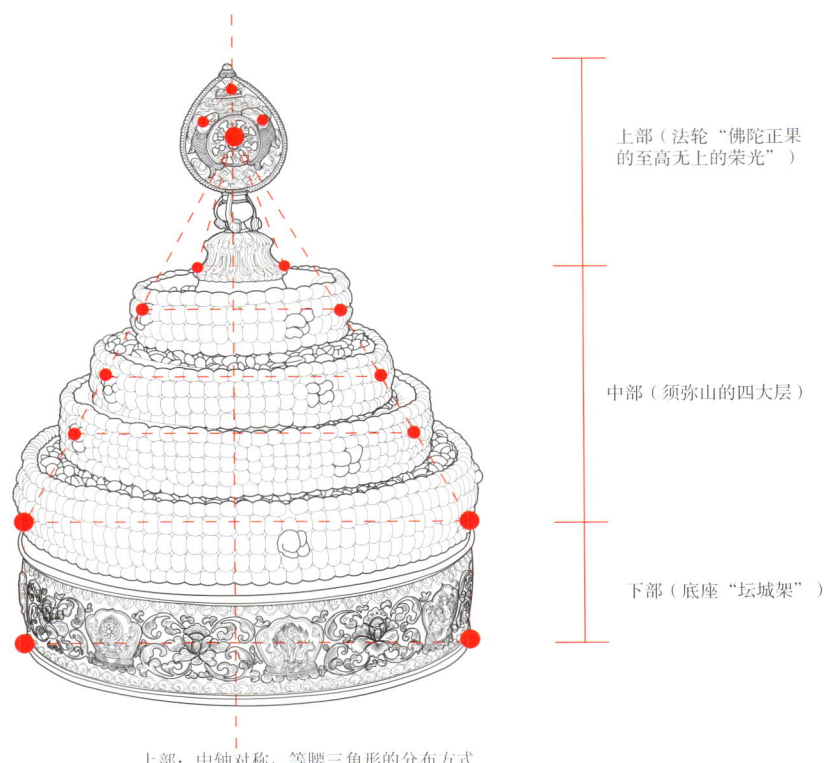

上部：中轴对称，等腰三角形的分布方式
中部：中轴对称，等腰梯形的分布方式
下部：中轴对称，线形的分布方式

图三　藏族珊瑚曼陀罗结构比例分析图

图四　藏族珊瑚曼陀罗色彩与材质分析图

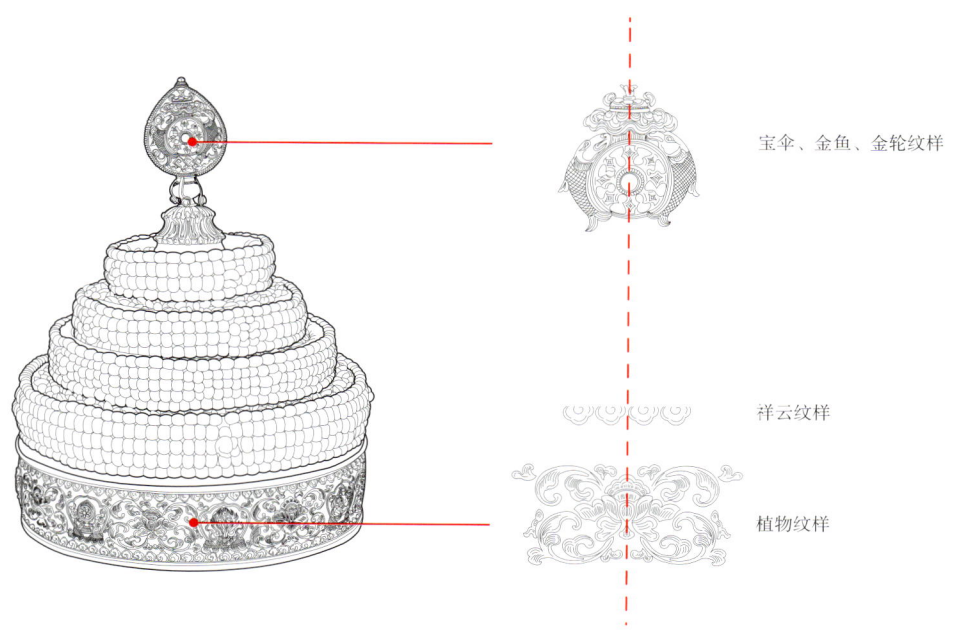

图五 藏族珊瑚曼陀罗纹样分析图

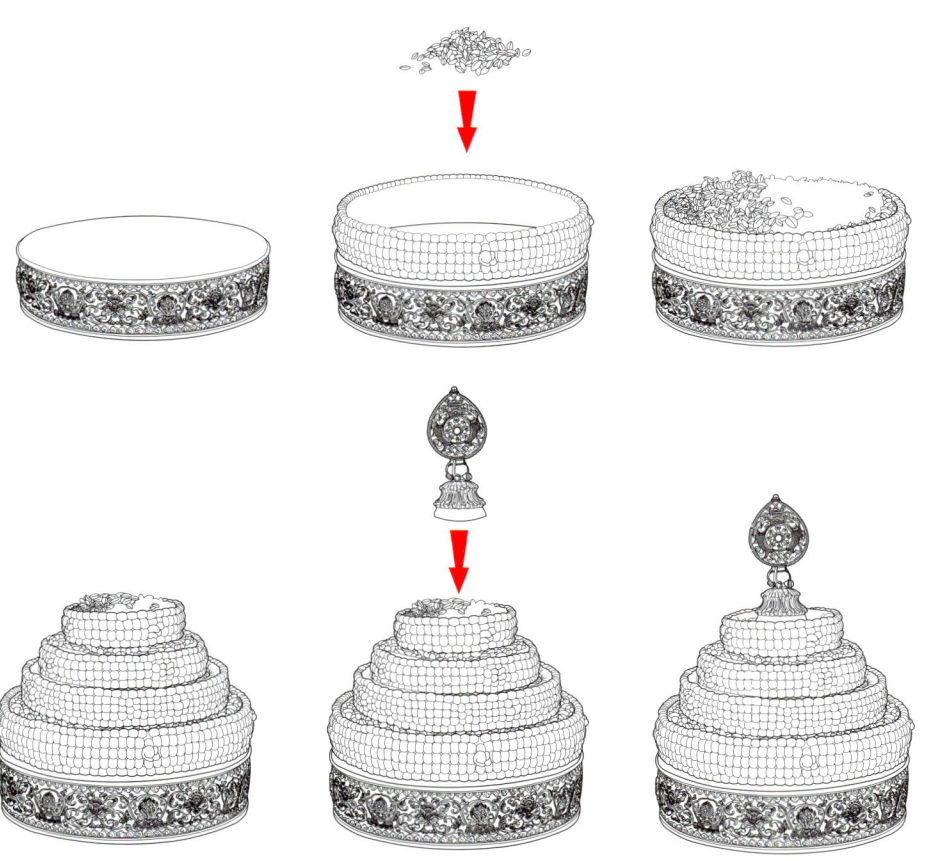

图六 藏族修供曼陀罗堆叠顺序示意图

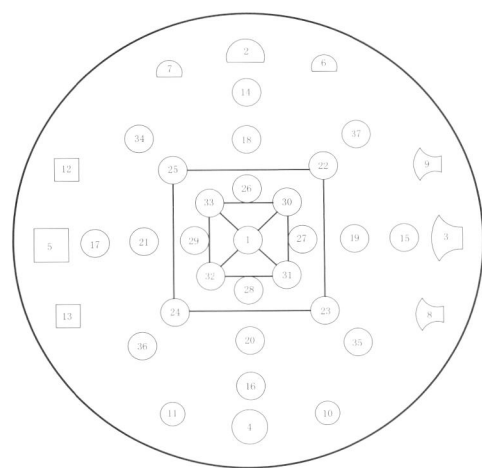
修三十七堆谷物曼陀罗的数字顺序

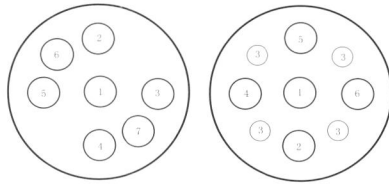
修七堆谷物曼陀罗和六堆谷物曼陀罗的数字顺序

1.代表须弥山
2—5.代表四大部洲
6—13.代表八小部洲
14—17.代表四大部洲的四财
18—25.代表转轮王七政宝和金宝瓶
26—33.代表八大供养天女
34—37.代表太阳、月亮、宝伞和胜利幢

1.代表须弥山
2—5.代表四大部洲
6.代表太阳（东北）
7.代表月亮（西南）

1.敬献大师
2.敬献本尊神
3.敬献护法神
4.敬献佛
5.敬献法
6.敬献僧

图七　藏族修供曼陀罗谷物堆顺序示意图

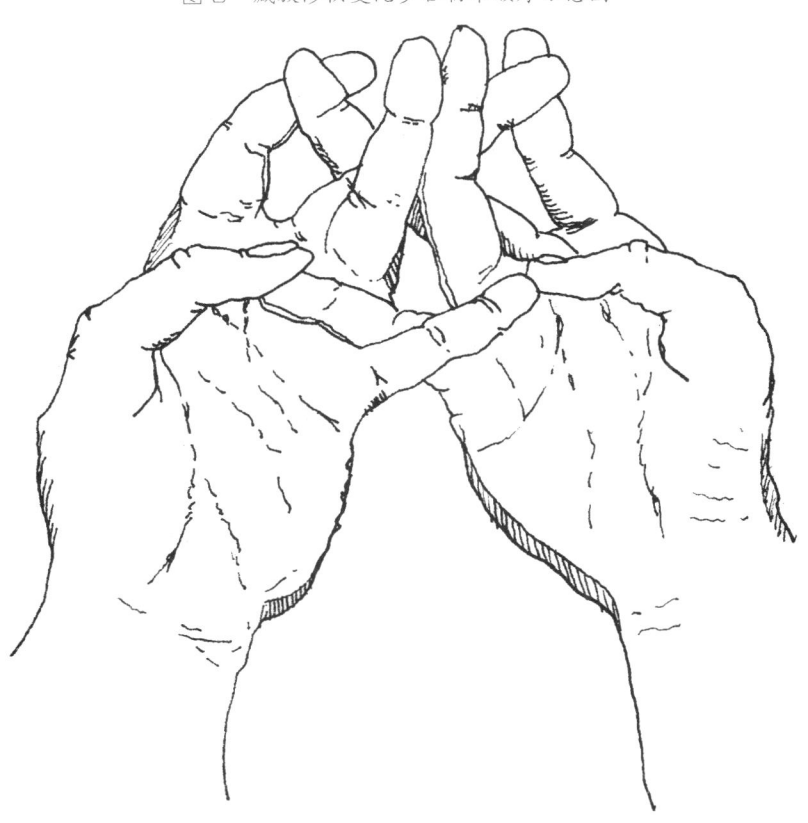

图八　藏族修供曼陀罗手印示意图

藏族银质香炉

图一 藏族银质香炉主图

香炉、焚香或盛满香料的海螺在藏传佛教中象征着味觉,常被画成五妙欲之一。

香炉为烧香和煨桑器物,煨桑是藏族祭天地诸神的仪式,是藏族宗教祭祀中的重要内容之一。煨桑通常使用扁柏、小叶杜鹃等置于香炉中焚烧,燃起的桑烟令人有舒适之感。藏区香炉可分为两类:一类为室内用香炉,多为银质、铜质或木质,其形式多样,有方形盒状或三足青铜瓶状,上端有可用于悬挂的链子;另一类为户外使用,多在寺庙的屋顶或庙门附近，形制巨大与佛塔相似，用混有白粉水的泥土砌成。本案例为18—19世纪的银质香炉，高22厘米，底座宽8厘米，由炉身、炉盖与提链三部分组成。炉盖饰有镂空花草纹，以便香气飘出，3只手柄上錾刻龙纹，两端分别镶嵌于炉口和炉身，炉身刻有一周如意纹，圈足则饰有垂莲纹。该香炉的主要纹样均有鎏金，造型雍容华贵。此类香炉通常在重大的庆典法事上使用，由专人手提。

香炉作为手持供器，是罗汉阿詹伽的标识，也是焚香天女的器物。

图片来源
图一　许边疆　摄影
图二至图六　袁丹　制图

参考文献
广东省博物馆,西藏博物馆.雪域瑰宝——西藏文物展.广州:岭南美术出版社,2012:75.
罗伯特·比尔.藏传佛教象征符号与器物图解.向红笳,译.北京:中国藏学出版社,2007:36+206.

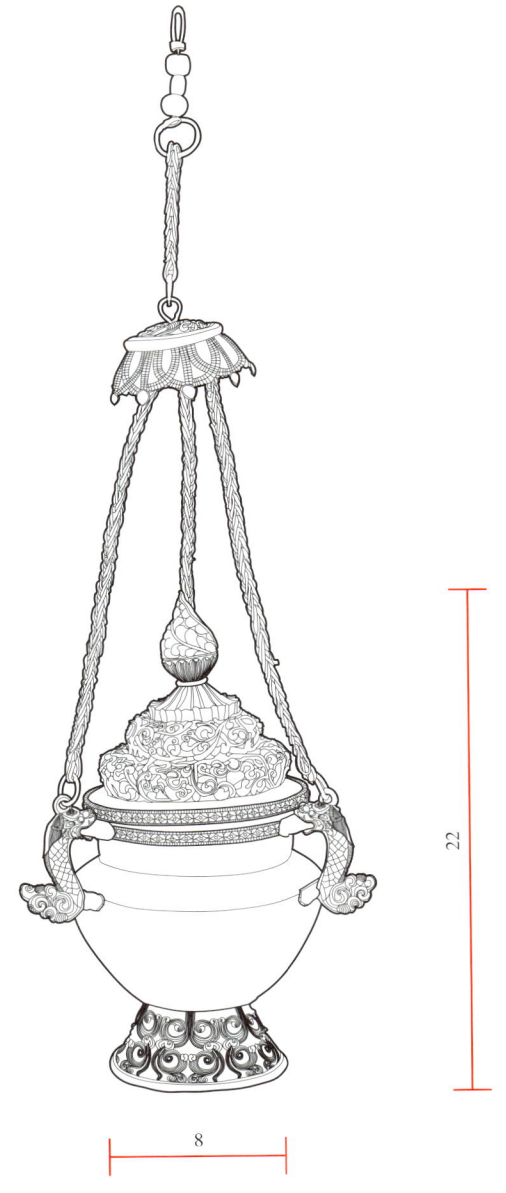

图二　藏族银质香炉尺寸图（单位：cm）

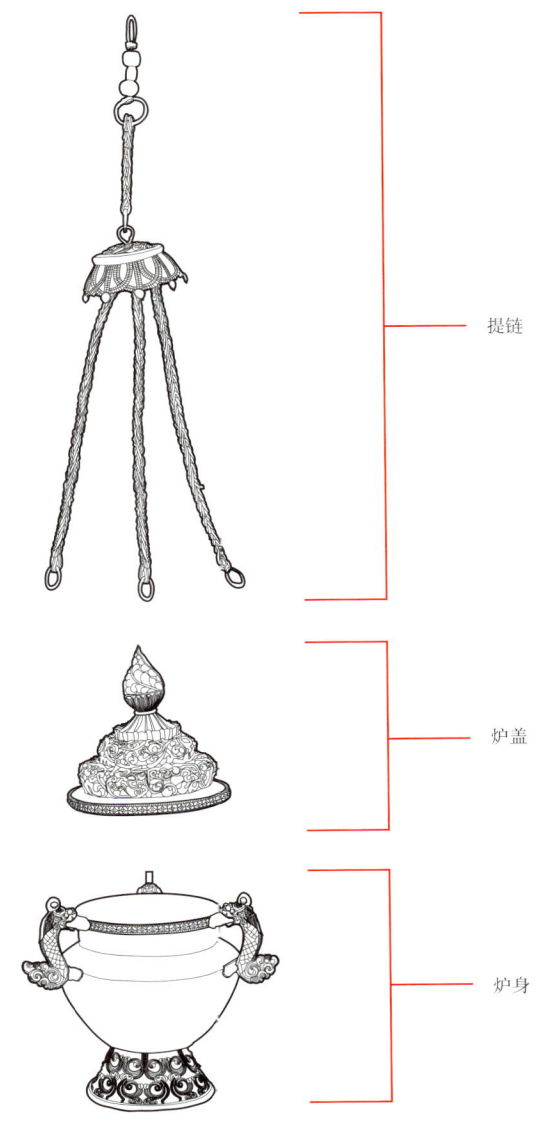

图三　藏族银质香炉结构分解图

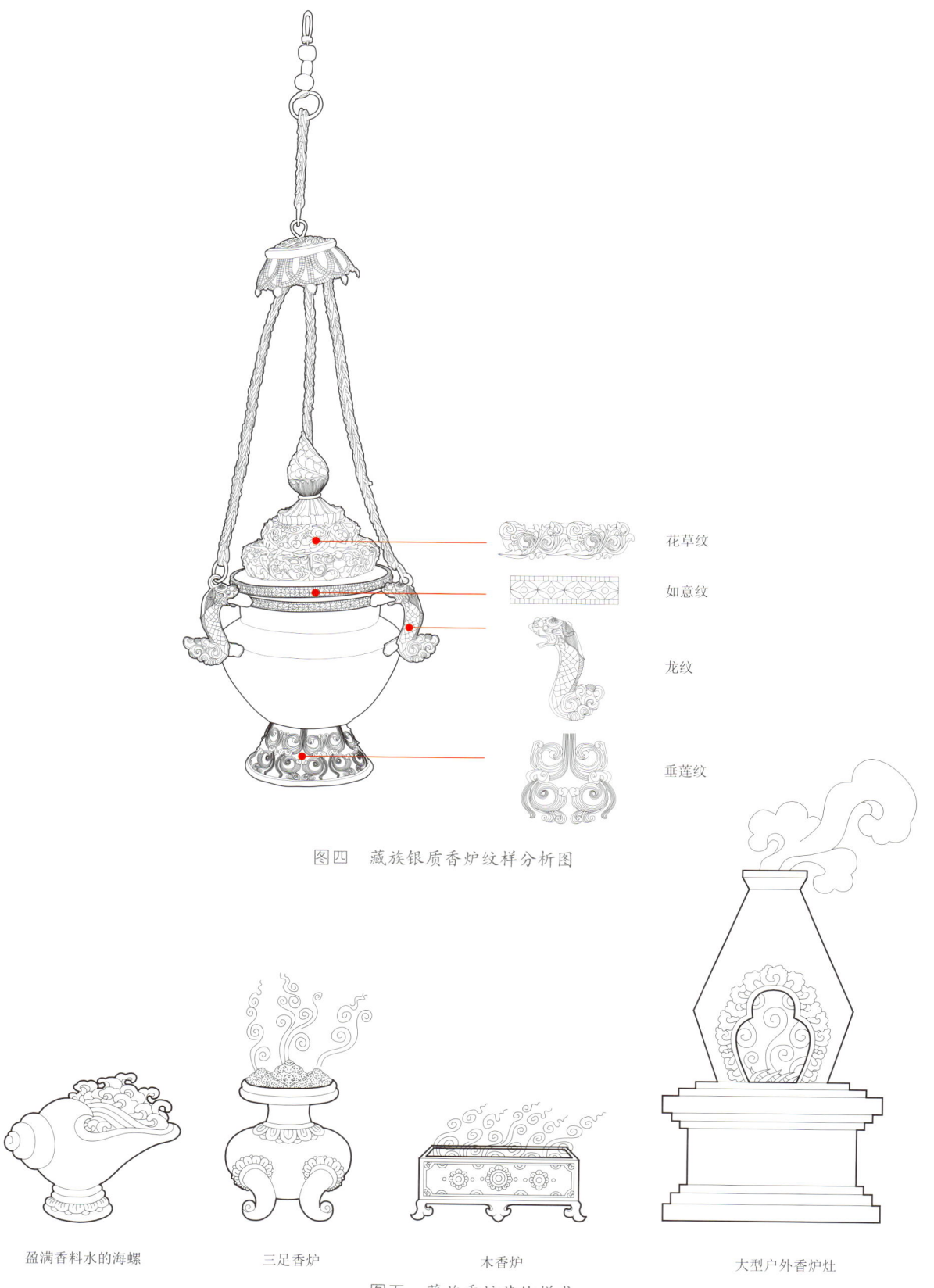

图四 藏族银质香炉纹样分析图

花草纹
如意纹
龙纹
垂莲纹

盈满香料水的海螺　　三足香炉　　木香炉　　大型户外香炉灶

图五 藏族香炉其他样式

图六 藏族银质香炉使用情境图

第七章 藏族传统民俗和宗教

藏族嘎乌

图一　藏族嘎乌主图

嘎乌又称"嘎乌盒"，是藏族民众随身佩戴的护身符，具有祈佛保佑、护身辟邪、减小业障、增加修行的作用。通常使用银或铜等金属制成盒状，内置泥塑或金属质佛像、经文、舍利子及佛画等具有佛教意义的物品。嘎乌的形状有方形、圆形和菱形等，尺寸大小各异。男子多用方形，佩戴于左胸前，而女子多用圆形或菱形，挂于颈部或胸前。

嘎乌的雕饰主要集中于盒面部分，通常使用莲花、火焰、八宝等纹样，镶嵌珊瑚、松石、珍珠等宝石作为装饰。本案例为清代镀金铜质嘎乌，总高为30厘米，宽24厘米，厚度为15厘米，现收藏于青海藏文化博物院。盒面图案由上、中、下三部分构成，呈中轴对称分布。其中，上部纹样采用等腰三角形的分布方式，以火焰纹、龙纹、云纹为装饰图案；中部图形主要选择矩形的四角及其宽边的中点为构图位置，以动物、人、佛为装饰纹样；而下部则是运用线形的方式，以狮子、老虎、昆仑山为装饰图案，整体造型构图严谨。此外，其珠宝的镶嵌位置与图案构成特点相似，主要集中在镂空部分的轮廓四周、盒面的上部以及上、中、下部的交界线处。

嘎乌在藏族民众的生活中占有重要的地位，是一种宗教文化载体，承载着藏族文化、艺术、宗教、历史等多元价值。

图片来源
　图一　刘佳　摄影
　图二至图六　彭绮梦　制图
参考文献
张世文,楞本才让·二毛,夏吉·扎曲.藏族传统手工宝典.拉萨:西藏人民出版社,2011:281.

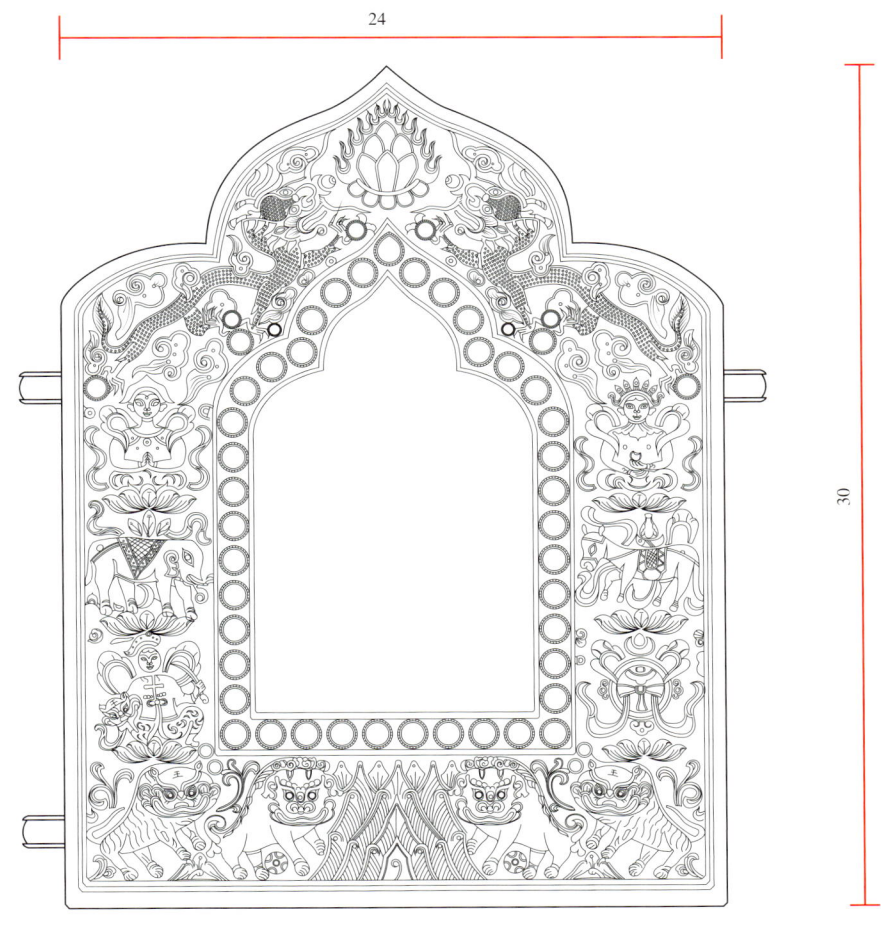

图二　藏族嘎乌尺寸图（单位：cm）

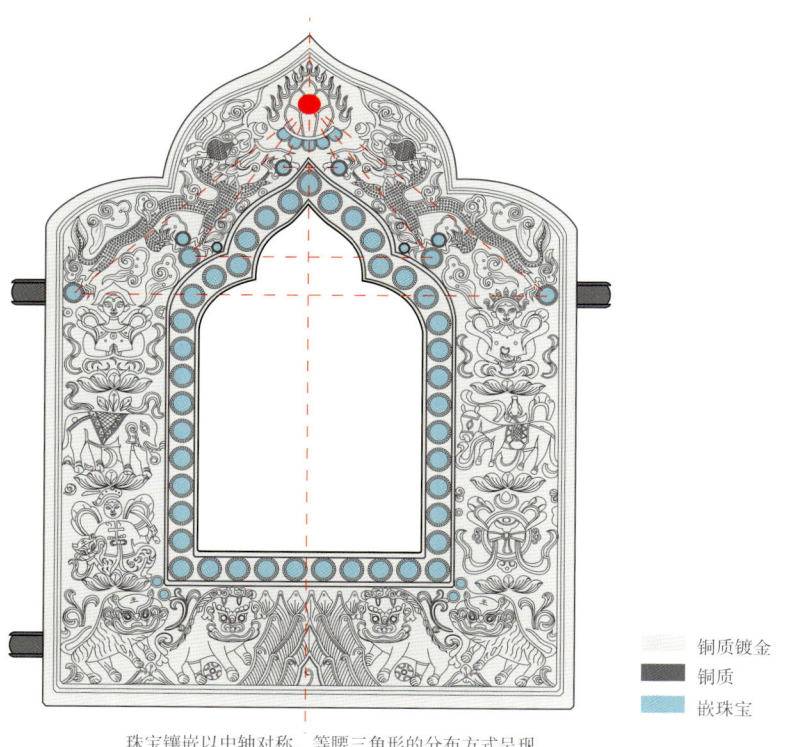

珠宝镶嵌以中轴对称、等腰三角形的分布方式呈现

图三 藏族嘎乌材质分析图

铜质镀金
铜质
嵌珠宝

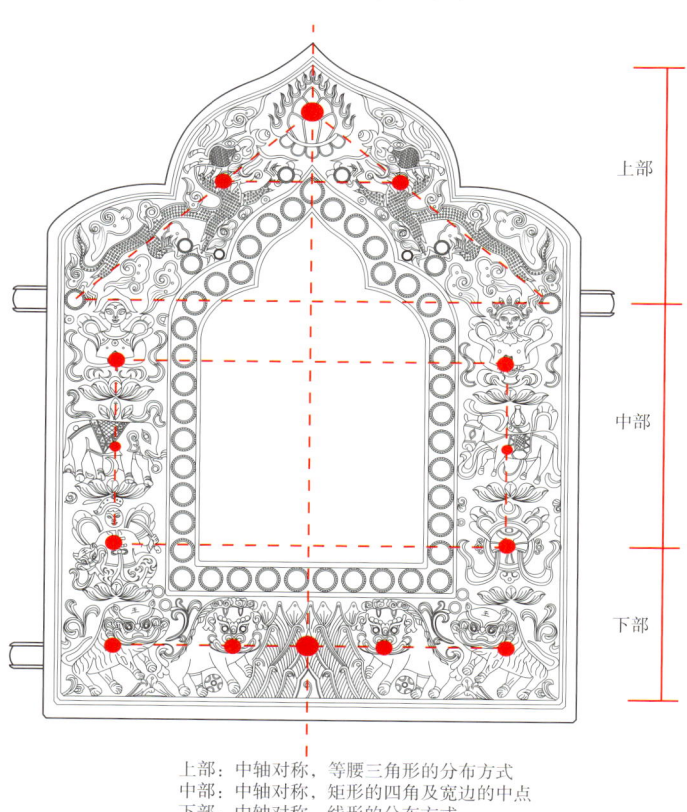

上部：中轴对称、等腰三角形的分布方式
中部：中轴对称、矩形的四角及宽边的中点
下部：中轴对称、线形的分布方式

图四 藏族嘎乌装饰纹样布局图

图五　藏族嘎乌开启操作图

图六　藏族嘎乌佩戴效果图

藏族铁棒喇嘛服及铁棒

图一　藏族铁棒喇嘛服及铁棒主图

在藏传佛教中铁棒喇嘛是僧职称谓，藏语中又称"格贵"，主要掌管各个寺院或僧众的名册和纪律，在寺庙或法会上维持秩序，是负责维持僧团清规戒律的寺院执事，常随身携带铁棒，故得名，亦称为"纠察僧官""掌堂师"。铁棒喇嘛任期多为两年，有个别地方一年一任。

藏传佛教僧服的形制十分严谨，有"比丘十三资具"之分。本案例为格鲁教派铁棒喇嘛服。头戴格鲁教派典型的黄色法帽——卓孜玛，状似鸡冠；身穿坎肩，藏语称"堆嘎"，此为藏区特有僧服，在领及襟边处拼缀其他色料的锦缎（亦有同一色系），且肩和袖缘处镶蓝色绲边；坎肩外着朗架，用黄色布条缝制而成，藏语称"仍热"；下身为红色夏木特；外有披单，藏语称"森"，用状似法轮的扣锁相连；最外为百褶红色披风，藏语称"达喀木"，僧侣们在出席佛法盛会时穿着，状似扇形，宽大厚重，背有"金刚"或织锦背饰。铁棒约半人高，中间为红底金饰的珊瑚松石嵌宝，两端为黑底金饰，上端有横向金属手柄，其上系有绳带方便拿握。

铁棒喇嘛服及铁棒威严神武，这种独特装束令信徒与僧众肃然起敬。

图片来源
图一　刘佳　摄影
图二至图七　袁丹　制图

参考文献
李玉琴.藏传佛教僧伽服饰释义.西藏研究,2008(1):86—95.

次仁白觉,达瓦次仁.藏传佛教僧服概述.西藏民俗,1995(4).

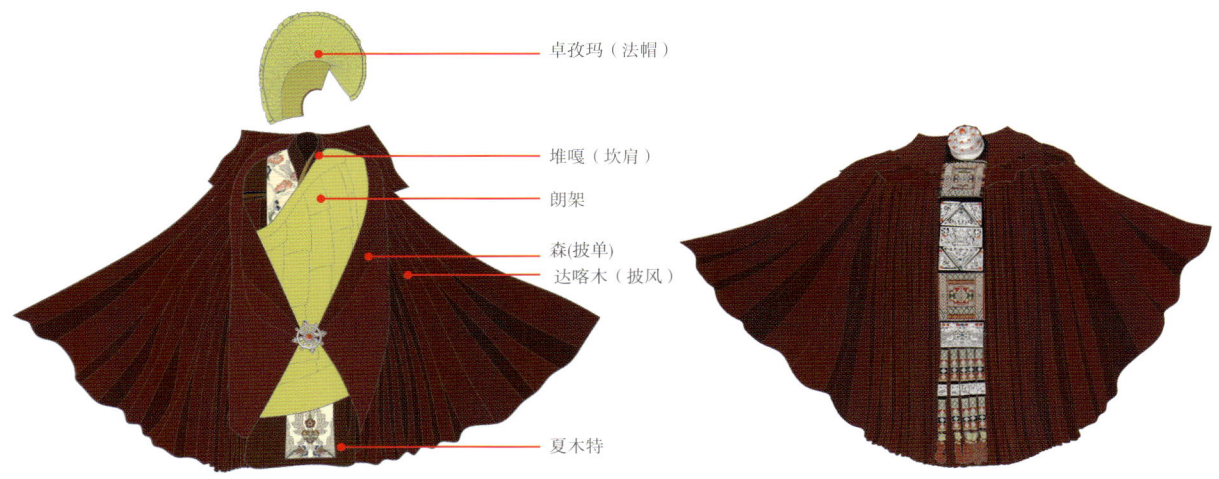

图二　藏族铁棒喇嘛服复原图

图三　藏族铁棒喇嘛服色彩分析图

金刚背饰

法轮扣锁

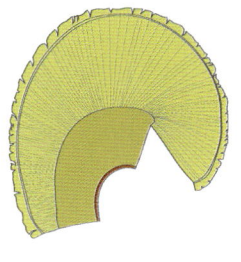
卓孜玛（法帽）

图四 藏族铁棒喇嘛服配饰

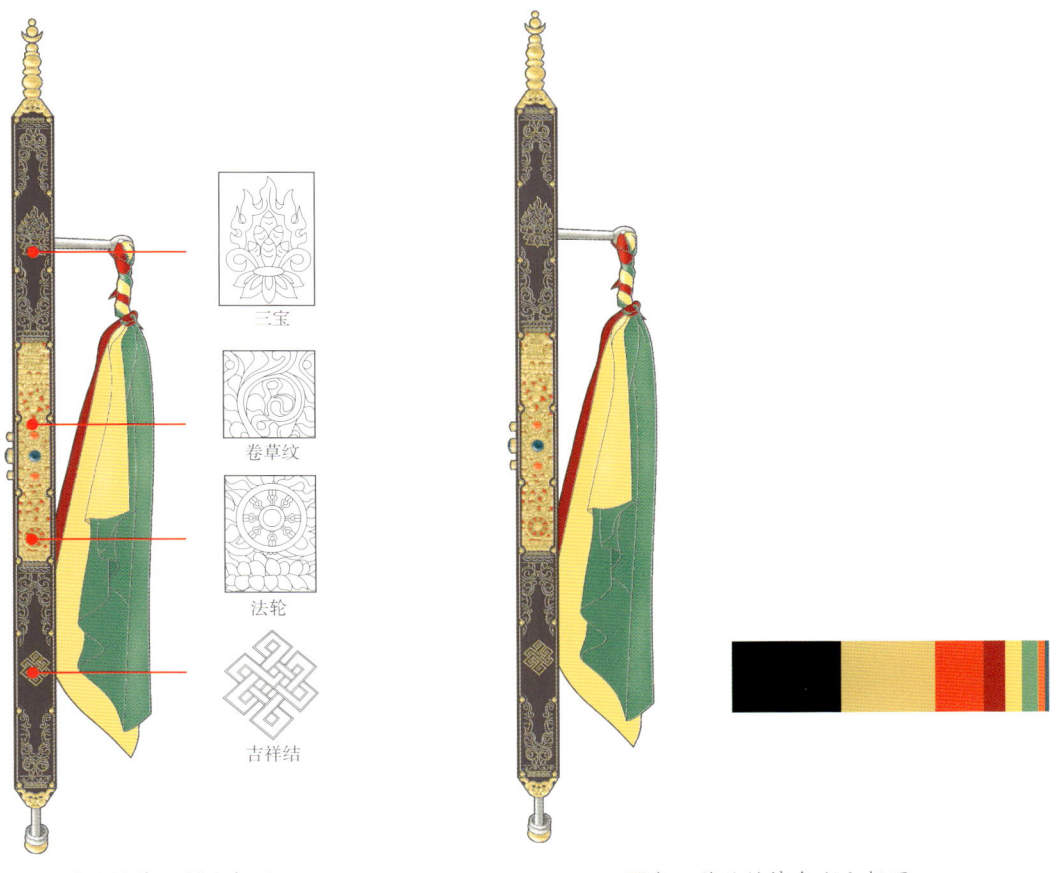

三宝

卷草纹

法轮

吉祥结

图五 藏族铁棒纹样分析图　　　　图六 藏族铁棒色彩分析图

第七章 藏族传统民俗和宗教

661

图七　藏族铁棒喇嘛服及铁棒使用情境图

藏族擦擦

图一 藏族擦擦主图

擦擦是梵语的音译，指一种小型脱模泥塑，于公元10世纪前后由印度北方传入我国。藏族信众将擦擦置于随身佩戴的护身佛龛（嘎乌）、寺庙、岩窟内，或玛尼堆前。藏传佛教制作与供奉擦擦的主要目的在于积善积德与消灾赐福。

擦擦的材质有泥质、彩陶、面塑、注塑及冶金等。因泥土可直接就地取材，所以以泥质擦擦最为普遍。模具是制作擦擦时主要的工具，多为铜质，也有铁、陶和木质。因模具的类别不同，在工艺上又可分为由单面模具制作的浮雕与由双面模具制作的圆雕。擦擦的制作流程主要为选择原料、清水调泥、挤压脱模、修整形态及晒干等。本案例为明代释尊与十六罗汉擦擦，构图以释尊为中心，中轴对称，通体可分为上中下三部分。上部呈现等腰三角形的分布方式；中部为本案例的视觉中心，是释尊与十六罗汉所在的区域，以矩形等距的对称分割方式排列；下部的佛像则为线形等距分割方式排列，整体造型浑厚端庄。另一案例为14—15世纪金刚萨埵擦擦，高19.5厘米，现收藏于西藏博物馆。这尊金刚萨埵像右手持金刚杵，左手握金刚铃，整体造型优美匀称，线条流畅，以红蓝双色彩绘为主，是擦擦中的上乘之作。

擦擦制作工艺相对简单，在民间具有极强的传播性，对藏传佛教的造像艺术具有特殊的意义，是传播其艺术风格的重要载体。

图片来源

图一　刘佳　摄影

图二、图四　彭绮梦、刘春羽　制图

图三、图六　彭绮梦　制图

图五　刘春羽　制图

参考文献

张建林.中国美术分类全集:中国藏传佛教雕塑全集（第4卷），北京:北京美术摄影出版社,2002:2—3.

张世文,楞本才让.二毛,夏吉·扎曲.藏族传统手工宝典.拉萨:西藏人民出版社,2011:39.

图二　藏族擦擦尺寸图（单位：cm）

图三　藏族金刚萨埵擦擦色彩分析图

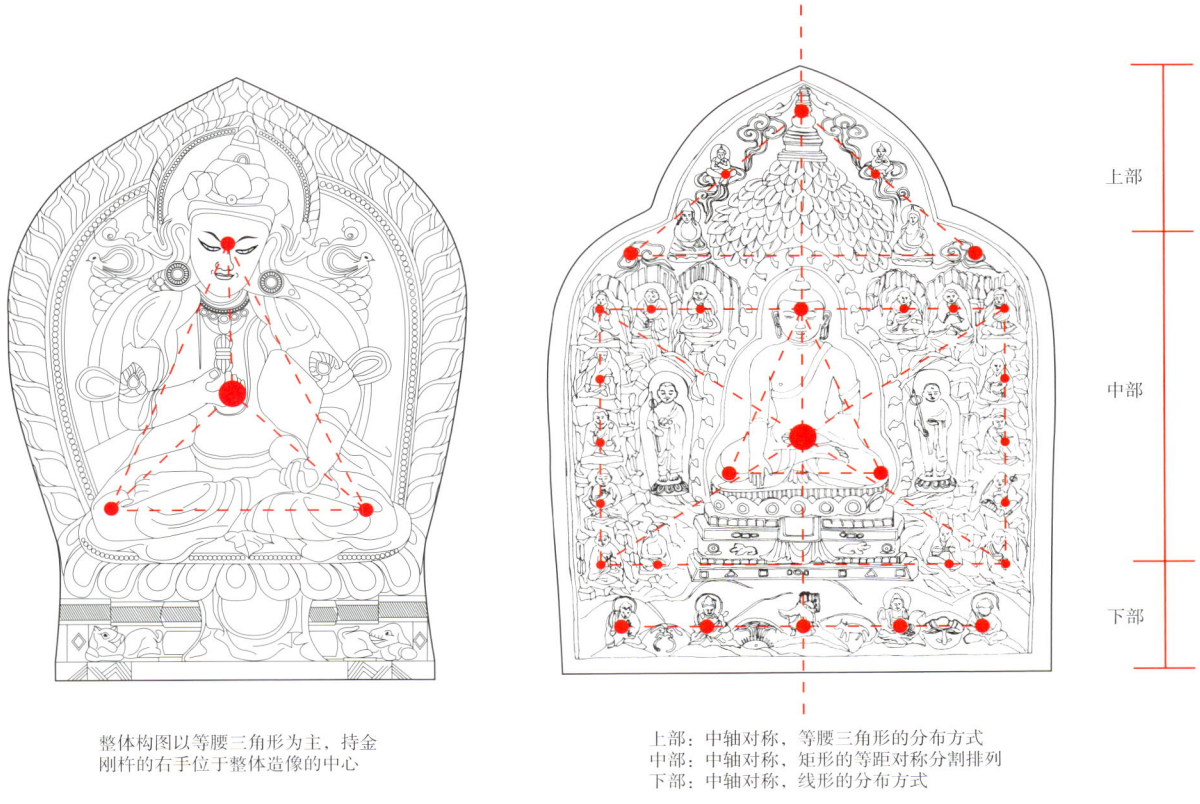

整体构图以等腰三角形为主，持金
刚杵的右手位于整体造像的中心

上部：中轴对称，等腰三角形的分布方式
中部：中轴对称，矩形的等距对称分割排列
下部：中轴对称，线形的分布方式

图四 藏族擦擦造像比例分析图

模具　　　　　　　　　　　　　　擦擦

图五 藏族释尊和十六罗汉擦擦模具及成品

第七章 藏族传统民俗和宗教

1.碾磨黄土

2.清水调泥，并置放于木板上

3.压入模具

4.脱出坯泥修整形状

图六 藏族擦擦制作流程图

藏族金奔巴瓶

图一 藏族金奔巴瓶主图

金奔巴瓶是清政府为防止蒙藏贵族操纵大活佛转世，于1792年特意颁赐给西藏地方政府用来抽签决定达赖、班禅及其他活佛转世灵童的用具。现存有两只，分别藏于北京雍和宫和拉萨大昭寺。

佛经记载，达赖、班禅圆寂后都要投胎转世，由转世灵童继任为下一代的达赖、班禅等活佛。寻找转世灵童时先借助卦象确定方向，然后组织喇嘛找寻。如果同时找到多位转世灵童，需用金奔巴瓶抽签（即金瓶掣签），以确定转世灵童人选。藏语中"奔巴"意为"瓶"，金奔巴即金质的瓶子。本案例通高35.5厘米，腹径21厘米，底径14.4厘米，重2850克。瓶口内插有签筒，筒内放置如意头象牙签5支。通体外包五色锦缎瓶衣，由莲瓣纹、如意斗纹、缠枝纹等图案组成，上盖、中腹、下足边缘都刻有勾连云朵纹。瓶盖和顶部镶有数颗红珊瑚和绿松石，腹部下部为藏族吉祥图案——朗久旺丹。

金奔巴瓶是金瓶掣签制度的主要器具，造型精美，工艺精湛。

图片来源
图一 许边疆 摄影
图二至图六 刘政通 制图

参考文献
董青.金本巴瓶.文史知识,1999(6):123.
廖祖桂,陈庆英,周炜.清朝金瓶掣签制度及其历史意义.中国藏学,1995(3):38—46.

图二 藏族金奔巴瓶尺寸图（单位：cm）　　图三 藏族金奔巴瓶结构分解图

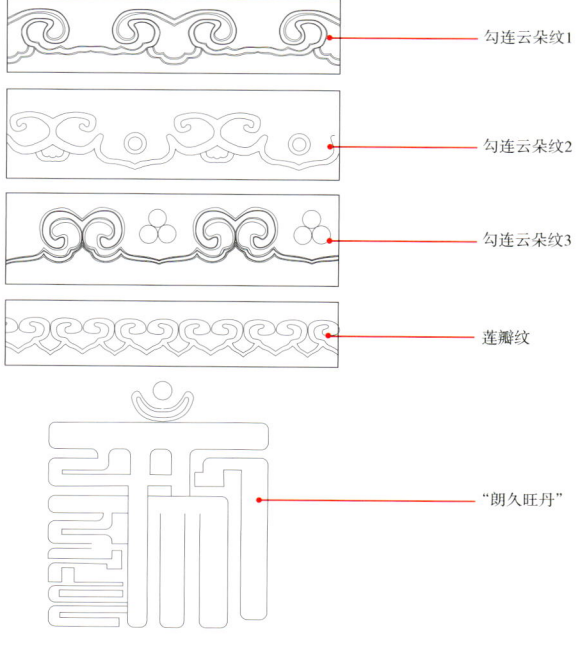

图四 藏族金奔巴瓶纹样分析图

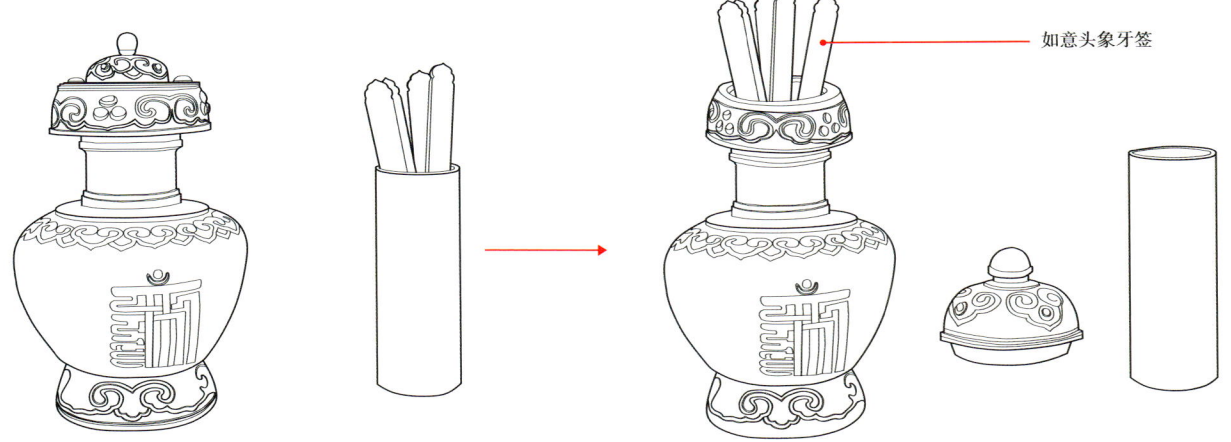

图五　藏族金奔巴瓶操作示意图

图六　藏族金奔巴瓶使用情境图

藏族羌姆面具

图一　藏族羌姆面具主图·莲花生三相

羌姆面具属于藏族宗教面具，是羌姆表演的重要道具。羌姆即"神舞""跳神"之意，是在藏区宗教寺庙中进行的祭祀性仪式表演，因此羌姆面具多被塑造成神祇的形象。

羌姆面具种类多样，按照其造型的差异，可大致分为凶相面具、善相面具和动物面具三类，尤以凶相面具中的各种护法神形象最为生动传神。莲花生是其中最著名的护法神，它在不同背景下幻化出的莲花生八相出现在藏传佛教各寺庙的羌姆跳演中。羌姆面具中的凶相造型威猛、狰狞，给人一种恐怖、神秘之感。它们造型夸张，大多头戴骷髅，眉似火焰，咧口露齿，卷舌外伸，装饰有名贵的绿松石、红珊瑚及珍珠等，华丽精致。羌姆面具色彩鲜艳、浓重，用色多为蓝、红、黄、白、黑和绿等原色，具有较强的象征性，依据其形象的地位与权力的不同，颜色也有一定的区别。如蓝色代表正义与威猛，多出现在怒相造型中。羌姆面具制作工艺讲究，质地种类丰富，以贴布脱胎面具最为常见。贴布脱胎面具制作的主要材料是黏土、布料、颜料等。在制作时，艺人有其自制的一套"谷支"（即刻刀），其由长短、粗细不同的硬杂木削制而成。贴布脱胎面具需经三次成形：第一次成形为胎模成形，包括备泥、成形和阴干三道工序；第二次成形是贴布白坯，分为贴布、脱模、晾晒与修剪打磨四道工序；第三次成形则是对前面的白坯进行安装附件和着色彩绘工作，直至完成一个面具的制作。

羌姆面具是藏族宗教面具中的一个重要类别，兼具审美及文化价值，是藏族地区宗教文化的重要物质载体。

图片来源

图一至图六 巩聪 制图

图七 刘佳 摄影

参考文献

罗布江村,赵心愚,杨嘉铭.世界屋脊的面具文化.成都:四川民族出版社,2008:64—75+100—104.

多吉项毛.热贡"羌姆"面具艺术浅识——以热贡隆务寺为例.西藏艺术研究,2012(10):46—51.

康·格桑益希.藏传佛教寺院"羌姆"神舞面具艺术探秘.宗教学研究,2005(3):71—77.

隋莹莹."羌姆"面具艺术的文化研究.艺术探索,2009(10):43—44.

张虎生.西藏文化中面具艺术的色彩象征.云南艺术学院学报,2007(12):40—46.

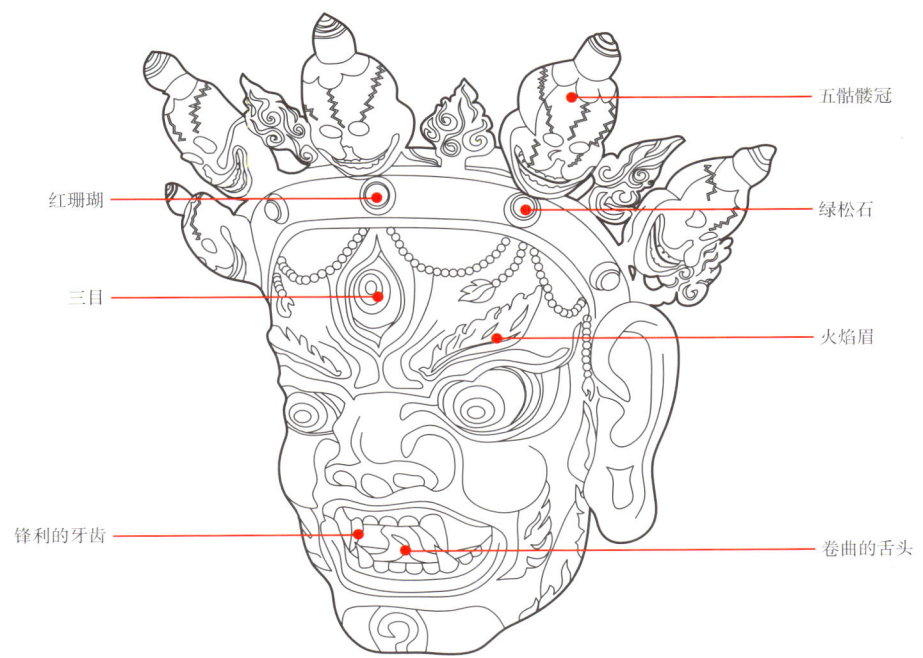

图二 藏族羌姆面具结构名称图·怒相

图三 藏族羌姆面具·动物

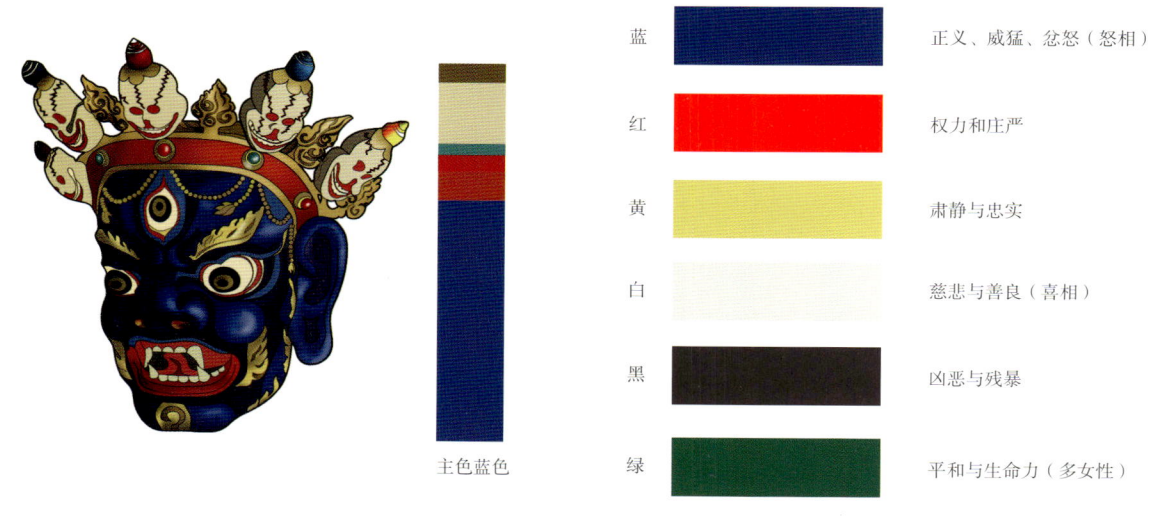

图四　藏族羌姆面具色彩分析图

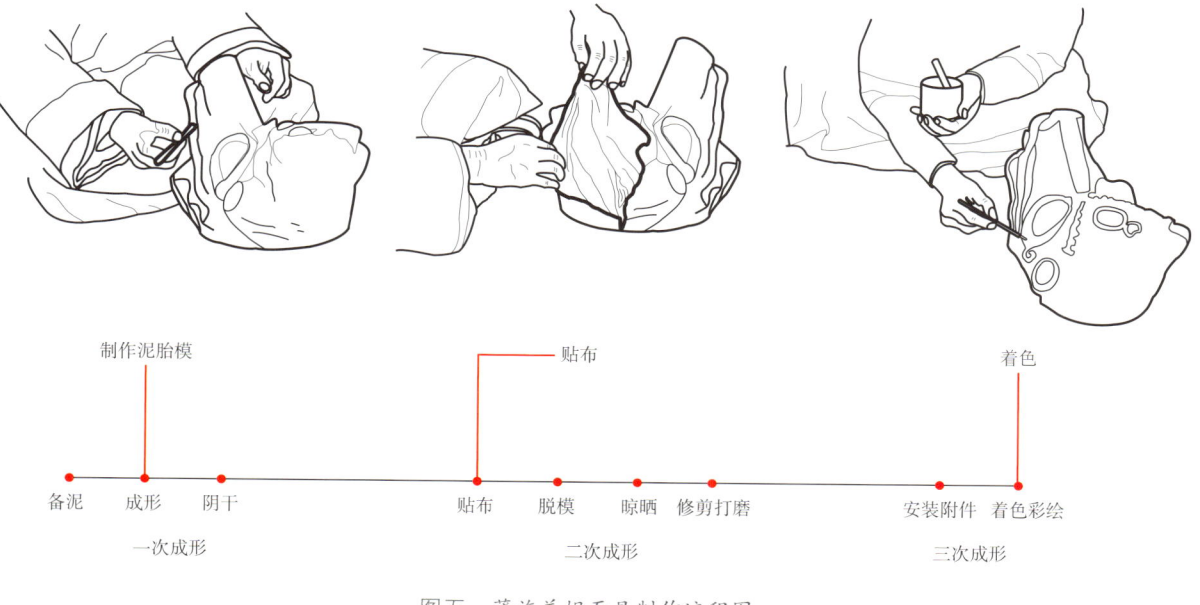

图五　藏族羌姆面具制作流程图

图六　藏族羌姆面具制作工具

图七　藏族羌姆面具佩戴效果图

第七章　藏族传统民俗和宗教

藏族夹经板

图一 藏族夹经板主图

夹经板,又称"封经板"或"护经板",其多以木材制成,整体由上下两块夹板组成,用来夹护散页经书并使其固定成册。

本案例为释迦牟尼及八大随佛弟子夹经板,制成于公元11世纪。此夹经板由两块略大于经书尺寸的金刚木制成,长71.5厘米、宽28厘米、厚3厘米,颜色为蜡黑。板上雕刻重要的佛教题材图案——释迦牟尼及八大随佛弟子。图案中佛陀居中,面颊饱满,躯干挺拔,全跏趺坐于莲座之上,八弟子呈向心式自然倾斜,造型丰腴修长,全跏趺或半跏趺坐于莲座之上。除佛陀等图样外,夹板四周边缘还刻有连珠纹、忍冬纹、凤鸟及金刚等吉祥图案,寓意平安吉祥。在艺术形式上,此经板运用高浮雕刻制,构图均衡优美。夹经板的使用最早源于印度书籍的装帧形式——梵夹装,即将写满文字的贝多树叶整齐罗列后放于两块夹板之间,整体打孔后穿绳捆绑成册。藏式夹经板在使用时,将刻有图案的夹板置于封面,另一块则放置在经书底部。夹经板夹护经书后,用皮绳或丝质经索缠绕捆扎并用独特的金属扣固定,以保护经书使其不易破损,且方便携带、传播,同时夹经板上的装饰图样对经书也起到一定的装饰作用。

作为藏族重要的佛教用品,夹经板简洁的装帧形式兼具功能性和装饰性,是藏传佛教文化和藏民智慧的充分体现。

图片来源
图一至图六 宋莉娜 制图
图七 许边疆 摄影

参考文献
群则嘉.宋代"释迦牟尼及八大随佛弟子"护经板.中国西藏,2006(5):32—33.

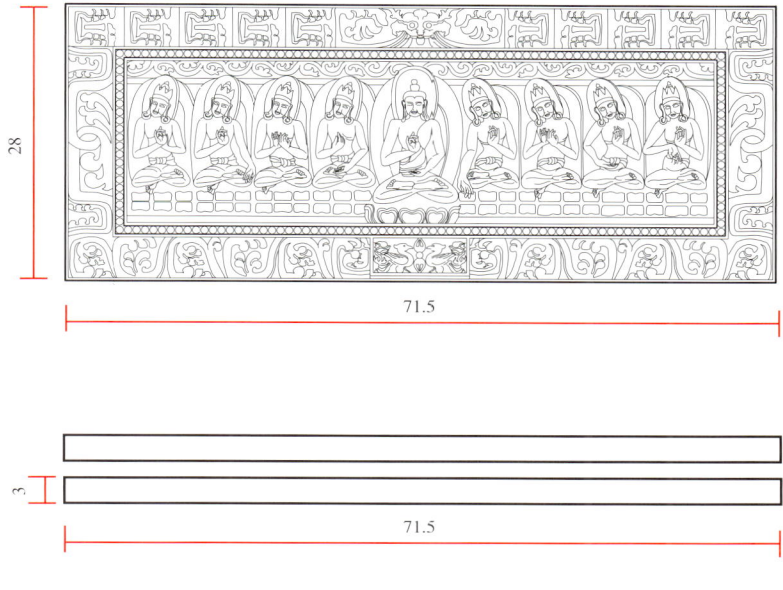

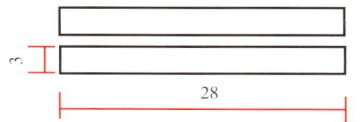

图二 藏族夹经板尺寸图（单位：cm）

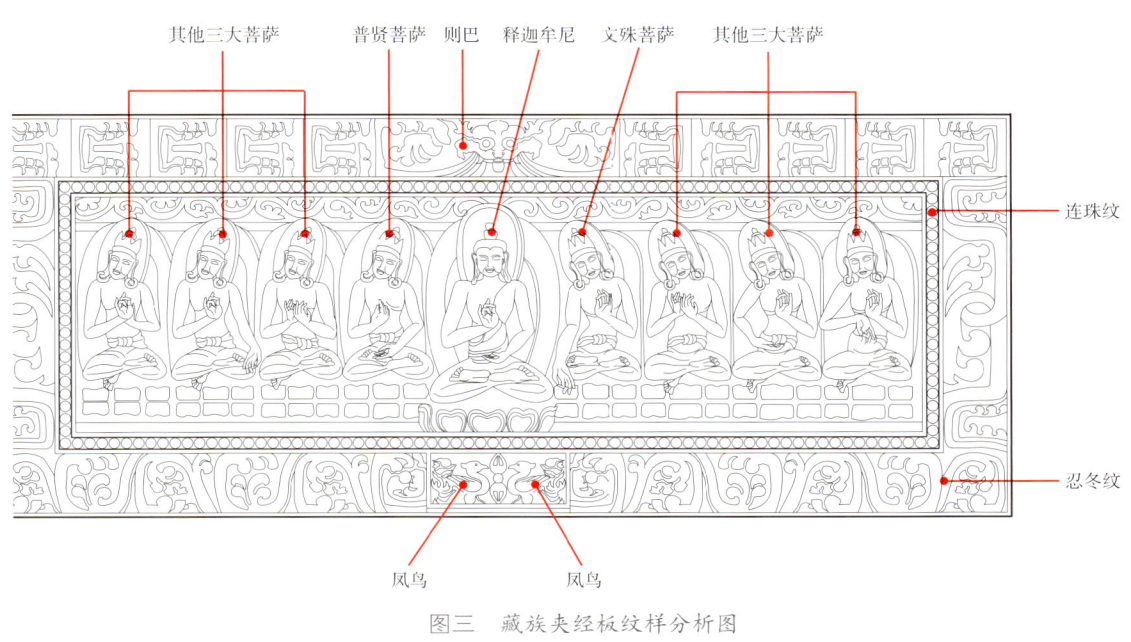

图三 藏族夹经板纹样分析图

部分八瑞物和吉祥八宝图

莲花纹

双龙纹

缠枝莲花纹

图四 藏族夹经板其他纹样图

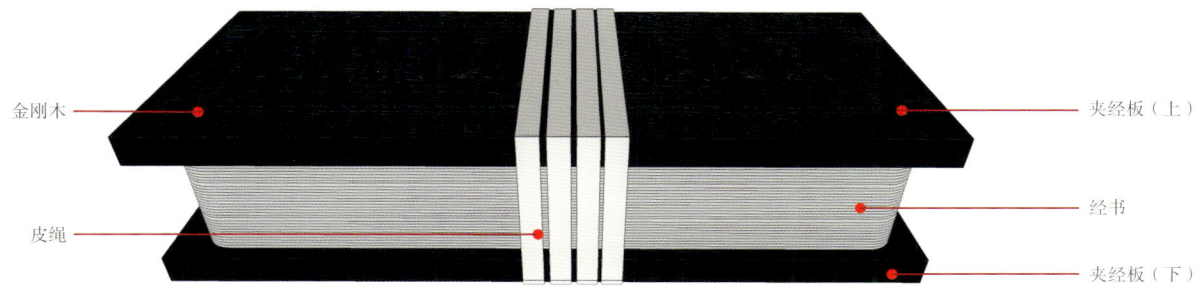

图五　藏族夹经板结构名称、材质分析图

图六　藏族夹经板使用示意图

图七　藏族珐琅夹经板（18—19世纪）

堆龙德庆县藏族婚礼

图一 堆龙德庆县藏族婚礼主图

婚俗是藏族民俗文化的重要组成部分，其中蕴含着强烈的藏传佛教思想。拉萨地区传统婚礼基本在歌声中进行，婚礼一般举行五六天，长的甚至要十几天，但最少三天。

本案例为拉萨堆龙德庆县成家在男方家族的婚礼。结婚前夕，男方家族组成一支迎亲队伍，由旗幡者手举驱邪迎祥的斯巴霍，率领迎亲队前往女方家族。斯巴霍为轮回唐卡，画面上方中央有文殊菩萨，左右分别为四臂观音与金刚手，唐卡中央画有罗睺，其内环为十二生肖图，图中心为八卦与九宫图。婚礼第一天，用白石灰在男女方家门前地上绘制八宝吉祥图案。新娘出嫁前，先由喇嘛祈求家神允许出嫁，继而由近亲代表赞美一番后，把一支由五色哈达编织成的彩箭（藏语称"达达"）插在新娘的衣领里，象征着消灾纳祥。新娘离家时，新娘母亲右手握彩箭，左手端糌粑，目送女儿远去。新娘随迎亲队、送亲队抵达男方家后，在颂歌者（藏语称"相钦"）的下马歌声中踩着下马石下马，下马石由装满青稞的毛织袋垒成，上方用青稞粒摆成雍仲"卍"符号，象征五谷丰登，预示新娘将带来吉祥与幸福。唱颂完赞门歌后，新郎与新娘并排就座，与双方亲属围坐会餐。参加婚礼的亲友们也一一献哈达、送礼，以示祝福贺喜。婚礼最后一天男方父母将一对新人引上屋顶，由喇嘛诵经祈求家神庇护新娘。祭神典礼是拉萨地区传统婚礼的最后一个环节。

堆龙德庆县藏族婚礼隆重且欢乐，蕴含了当地深厚的文化底蕴。

图片来源

图一至图九　张纪强　制图

参考文献

陈立明.藏族传统婚俗文化及其变迁.西藏大学学报,2002:38—43.

次仁央啦.传统与宗教相融合的萨迦地方旧婚俗.中国西藏,2013:86—89.

图二　堆龙德庆县藏族婚礼新房前绘制的吉祥八宝图

图三　堆龙德庆县藏族婚礼女方家敬酒女等待贵宾场景图

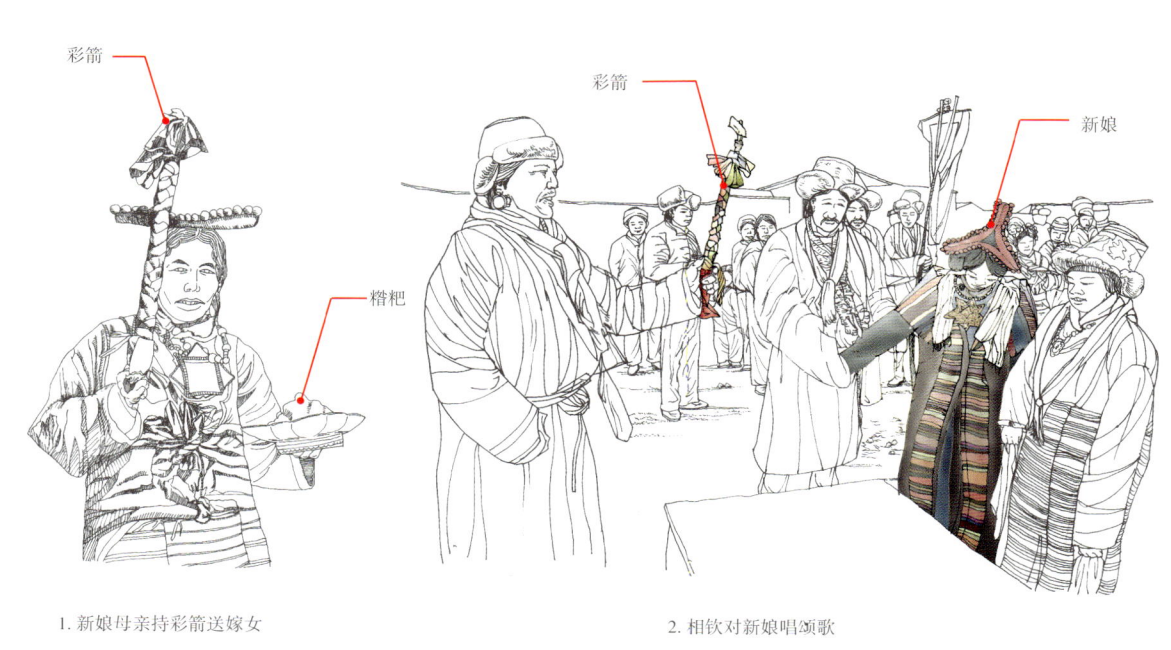

1. 新娘母亲持彩箭送嫁女　　　　2. 相钦对新娘唱颂歌

图四　堆龙德庆县藏族婚礼相钦对新娘唱颂歌场景图

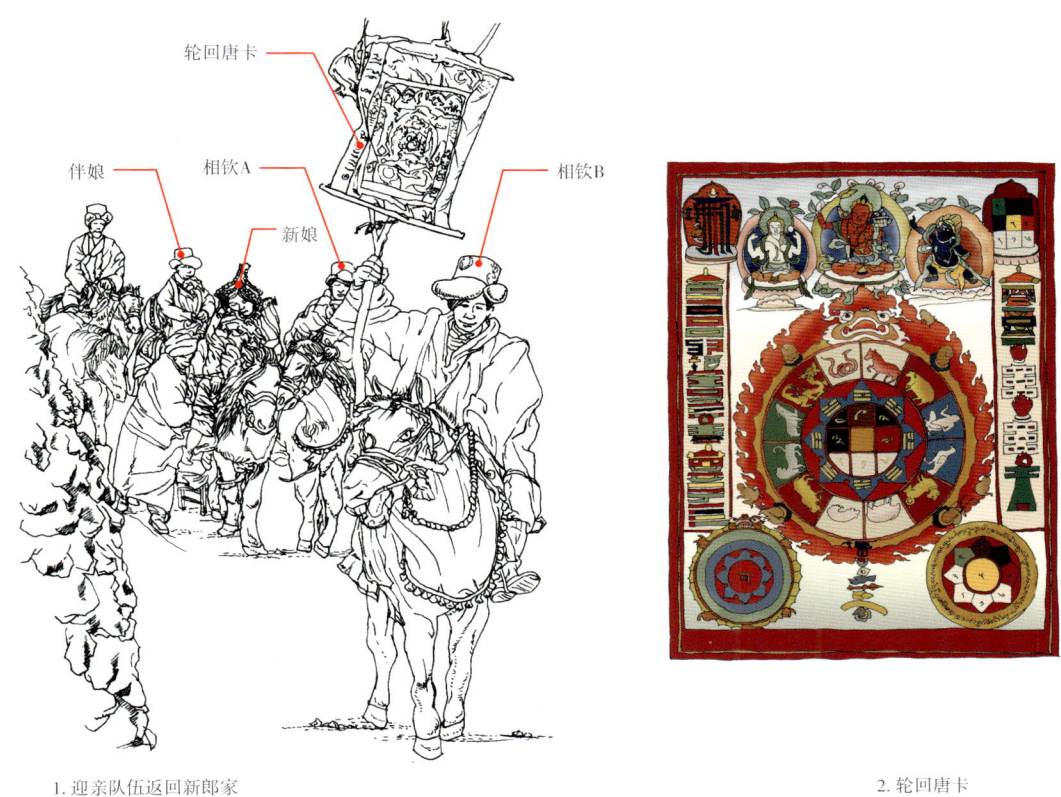

1. 迎亲队伍返回新郎家　　　　　　　　　　　　　　2. 轮回唐卡

图五　堆龙德庆县藏族婚礼迎亲队伍返回新郎家场景图

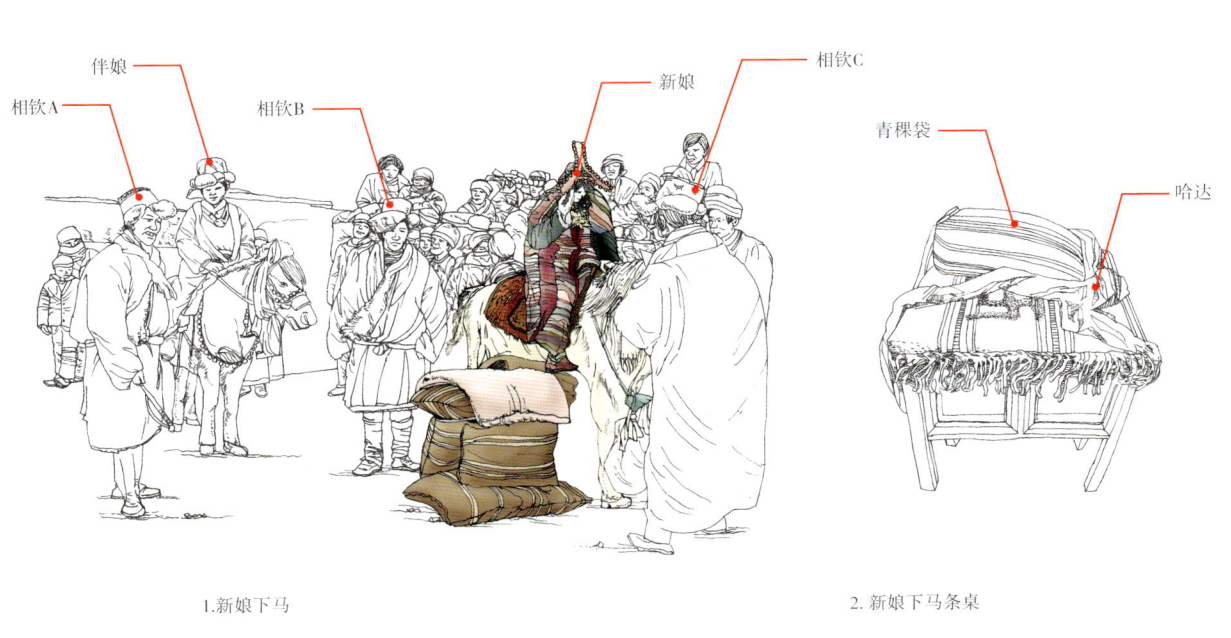

1. 新娘下马　　　　　　　　　　　　　　2. 新娘下马条桌

图六　堆龙德庆县藏族婚礼新娘下马场景图

1. 亲朋在去新郎家送贺礼的路上　　　　　　　　　　2. 亲朋赠送的贺礼

图七　堆龙德庆县藏族婚礼前往新郎家送贺礼的亲朋好友场景图

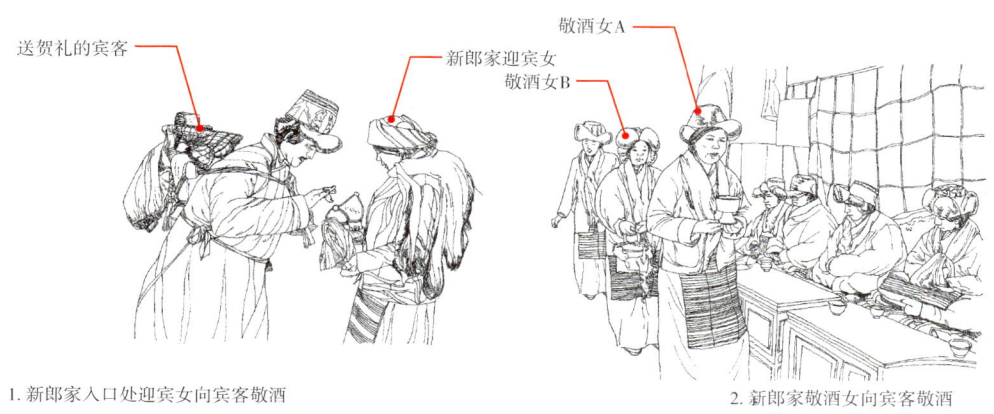

1. 新郎家入口处迎宾女向宾客敬酒　　　　　　　　　2. 新郎家敬酒女向宾客敬酒

图八　堆龙德庆县藏族婚礼男方家款待宾客敬酒场景图

图九　堆龙德庆县藏族婚礼祭神场景图

阿里普兰县藏族婚礼

图一　阿里普兰县藏族婚礼主图

阿里普兰县位于西藏自治区西南部，中、印、尼三国交界处。此地区婚礼场面宏大，以"对歌"形式为主，对歌持续7天之久。传统婚礼全村村民共同参与，男的对歌，女的敬酒，热闹非凡。

迎亲队（藏语称"相钦"）一般由近十名男子组成，他们身着红色衣袍（对歌结束前的装束），主婚人背有褡裢口袋，前口袋内装彩箭（迎新标志），后口袋内装干羊腿（以示辟邪纳福）。迎亲队在出发前，接受由礼宾妇女敬奉的吉祥多玛（敬神贡品），随后在乐师的乐鼓声中步行前往女方家。到达女方家后对歌正式开始。男、女方对歌者各排一行，分别位列对歌场的两侧。男方身着红袍，女方身着传统贵族服装。对歌时，两队之间垒放若干石头，少则10块，多者可达80块，迎亲队每对出一首歌可推倒一块石头，前进一步，直到将石头全部推倒。对歌结束后，迎亲队方可脱掉红袍，新娘被迎娶出门，经由一系列敬酒、唱赞美歌后新娘骑上白马。抵达新郎家后，新娘脚踏粮袋下马，新郎通过"拉弓欲射"的方式，效仿当地传说迎娶新娘。最后，主客和新婚夫妇登上楼顶，送亲代表取出附有新娘保护神的经旗，插在屋顶一角，新郎的父母拿起松耳石，将玉石簪插在新娘发间，以表新娘成为家庭的正式成员。仪式完成后,全体同声唱古歌,舞长刀,抛糌粑、青稞粒,道赞语,吉祥欢快的气氛一直持续至深夜。

阿里普兰县传统婚礼热烈隆重的场景将传统习俗与宗教仪式完美融合在一起,具有浓重的民族、地域特色。

图片来源

图一至图八　张纪强　制图

参考文献

刘志群.藏族婚俗文化——一支瑰丽多姿的奇葩.西藏艺术研究,1997(2):59—68.

陈立明.藏族传统婚俗文化及其变迁.西藏大学学报,2002(2):38—43.

许英国.藏族婚礼习俗和婚礼习俗歌.青海社会科学,1982(2):66—71.

图二　阿里普兰县藏族婚礼迎亲队伍前往女方家场景图

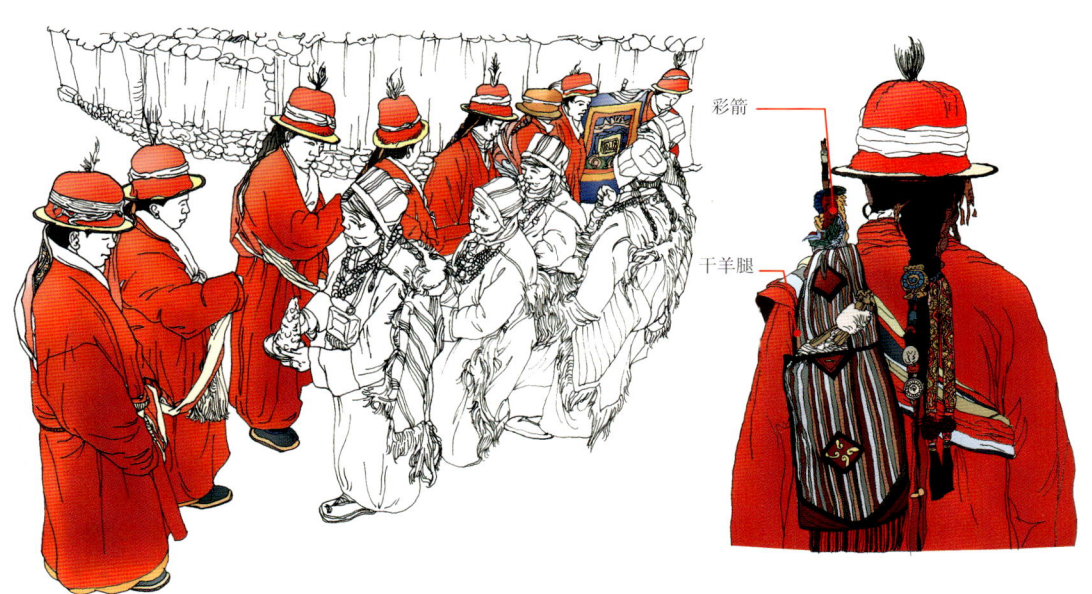

图三　阿里普兰县藏族婚礼迎宾女向迎亲队献多玛场景图

图四　阿里普兰县藏族婚礼迎接迎亲队伍的女方敬酒女与乐师

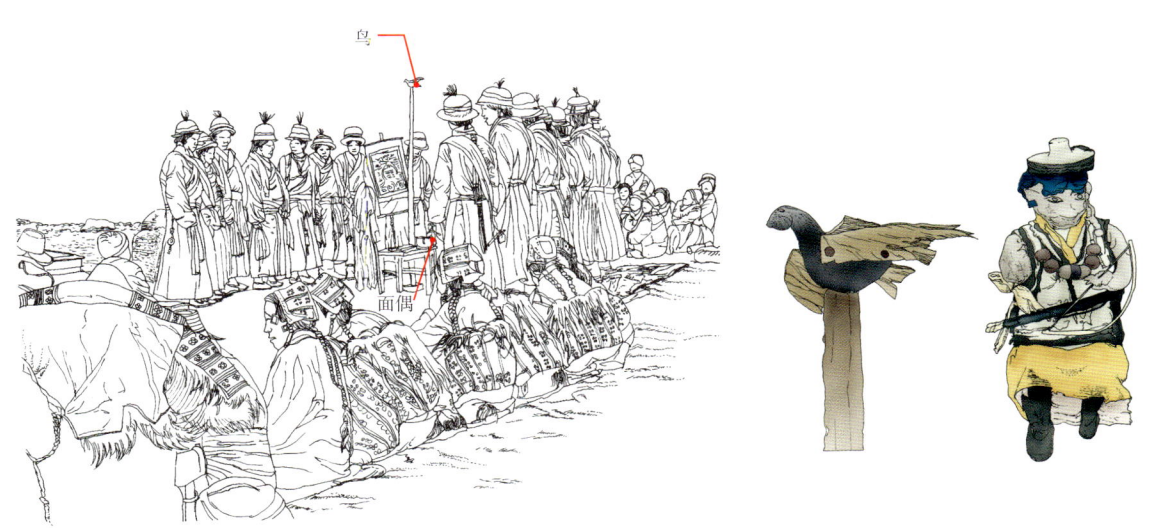

图五　阿里普兰县藏族婚礼对歌场景图

第七章　藏族传统民俗和宗教

685

图六　阿里普兰县藏族婚礼女方家眷敬茶场景图

1. 向新娘敬酒

2. 携新娘出家门

3. 新娘上马

图七　阿里普兰县藏族婚礼新娘出嫁场景图

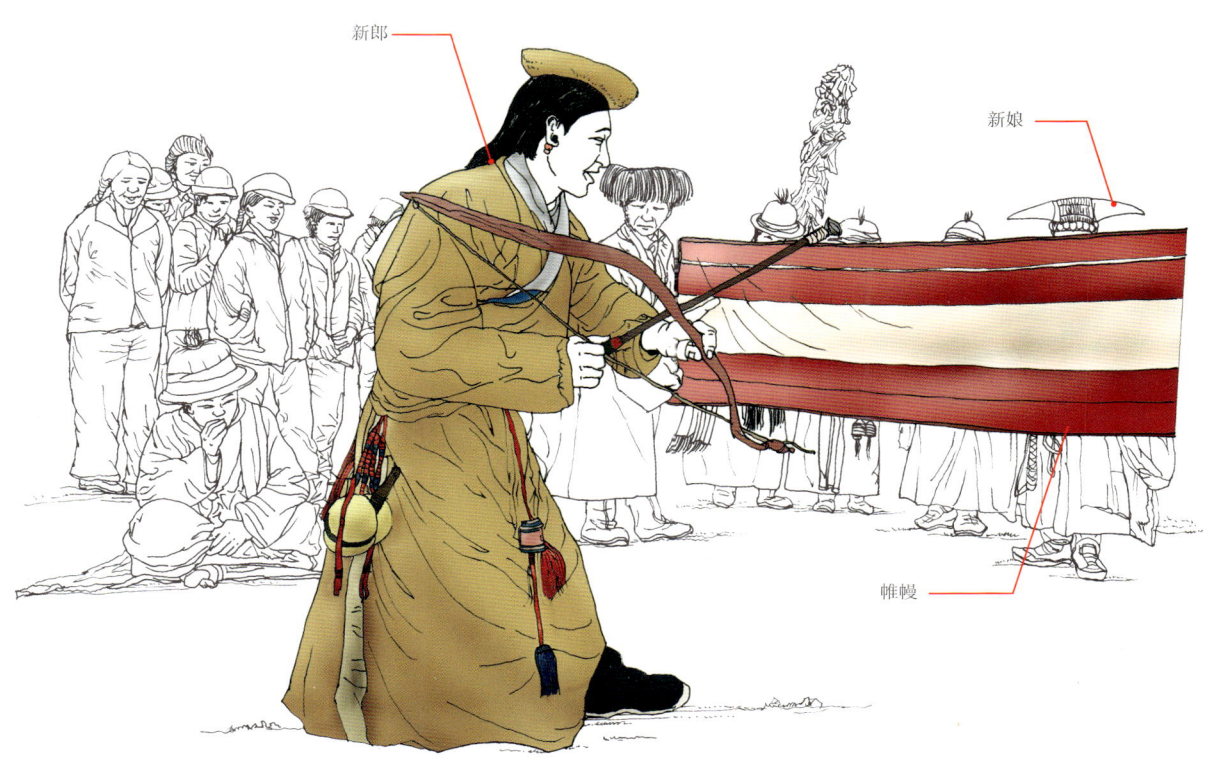

图八　阿里普兰县藏族婚礼新郎迎新娘场景图

藏历新年

图一　藏历新年主图

藏历新年从藏历正月初一开始，是藏族最隆重的节日。追溯至古代，藏历将麦熟或麦收时定为岁首，经过长期的生活生产实践及与中原文化的交流，逐渐演变成将藏历正月初一作为新年伊始。

从藏历十二月开始，藏民便开始为迎新做准备，每家每户开始种青稞，等正月初一时将青稞苗供奉于佛龛前以祈求丰收。同时，家家户户还要制作形式多样的"卡塞"（油炸果子）作为祭神贡品。"朝苏切玛"（五谷斗）是大年初一迎福的必备物品，将糌粑和麦粒装入刻有吉祥图案的木盒内，其上插入鸡冠花、酥油花制作的彩花牌及染色青稞。除夕当日，全家人用糌粑擦拭身体，将擦下来的脏东西与头发、指甲放在一处，晚上送鬼时一同送走。除夕夜的晚饭为"古突"（面疙瘩），饭后进行驱鬼仪式。年初一，每家女主人须早起到附近的神泉和圣河里打上第一桶水，后与家人一同聚集在神龛前祭佛并端来"朝苏切玛"，每人抓一点糌粑和麦粒，朝上空抛洒三次以表祭神，之后家人间互相祝福、喜迎新年。年初二，人们开始互相拜访、祝福新年，拜年时须捧着"朝苏切玛"、酒壶、酒碗等相互敬酒。正月初三，家家户户在屋顶"煨桑"，用以驱除污浊之气。随后要到郊野的神山上、圣水旁插经幡，祭祀山神和水神。从正月初四起，西藏便开始举行大型宗教性节日——传昭法会，初五举办启耕节。

藏历新年是藏民共同欢庆的传统节日，是一年一度的新春佳节。期间，藏民欢歌载舞、相互庆贺，到处都弥漫着祥和热闹的气氛。

图片来源
图一　罗小韵　摄影（Fotoe网）
图二、图三、图七　刘艺　制图
图四至图六、图八　毛彧男、刘艺　制图

参考文献
李春生.欢乐庆典·藏族年节.重庆:重庆出版社,2007:3—11.
廖东凡.节庆四季.北京:中国藏学出版社,2008:11—25.

图二　藏历新年制作"卡塞"场景图

图三　藏历新年使用糌粑擦拭身体场景图

图四　藏历新年"朝苏切玛"盛物组成图

图五 藏历新年敬"切玛"场景图

图六 藏历新年"煨桑"场景图

第七章 藏族传统民俗和宗教

图七　藏历新年祭祀后跳舞场景图

图八　藏历新年藏民敬酒祝福场景图

藏族展佛节

图一　藏族展佛节主图

藏历六月三十日是西藏自治区传统节日——雪顿节，其重要性仅次于藏历新年。最初，雪顿节是在夏季由当地民众准备酸奶并将其敬奉于解禁僧人的纯宗教节日。直至17世纪下半叶，雪顿节逐渐演变成以展佛为主并结合藏戏会演的重要节庆。其中，以哲蚌寺的展佛与罗布林卡的藏戏最为著名，当地民众又称这两者为"展佛节"（别称"晒佛节""瞻佛节"）及"藏戏节"。

展佛节作为雪顿节的序章，倍受藏族民众的瞩目。以哲蚌寺为例，在展佛节期间会举行展示巨幅释迦牟尼唐卡的盛大仪式。该幅唐卡为堆绣唐卡，至今约有500多年的历史，长约40米、宽约37米。平日，唐卡深藏于寺院内，信众只有在雪顿节期间才能一睹佛像光彩。展佛节首日，由喇嘛组成的锦幡仪仗队在前引导，被卷成长条形的唐卡由僧人与信众一同抬举、簇拥着缓缓地向拉萨西郊的根培乌孜山移动。将唐卡送达根培乌孜山的展佛地点后，仪仗队僧人们先登上展佛台顶端，在信众们的欢呼声中，将唐卡由展佛台底端向顶端逐步拉升。当清晨第一缕阳光照在巨幅释迦牟尼佛像上时，僧人吹奏法号，缓缓揭开黄色纱罩，释迦牟尼佛像便自下而上徐徐展现。期间，哈达不断地被抛出，表达了民众对佛的信奉及虔诚。

展佛节仅属于雪顿节的开端，但整个过程充分体现了藏传佛教法事活动规模宏大、场面壮观，同时也集中展示了藏族信众对宗教的敬仰与虔诚。

图片来源

图一　洛松尼玛　摄影
图二　杨伟昊　制图
图三、图四　赵理理　制图
图五　王晔　制图

参考文献

张鹰.节庆礼仪.上海:上海人民出版社,2009:199—202.
李春生.欢乐夹典·藏族年节.重庆:重庆出版社,2007:174.

图二　藏族展佛节抬运唐卡场景图

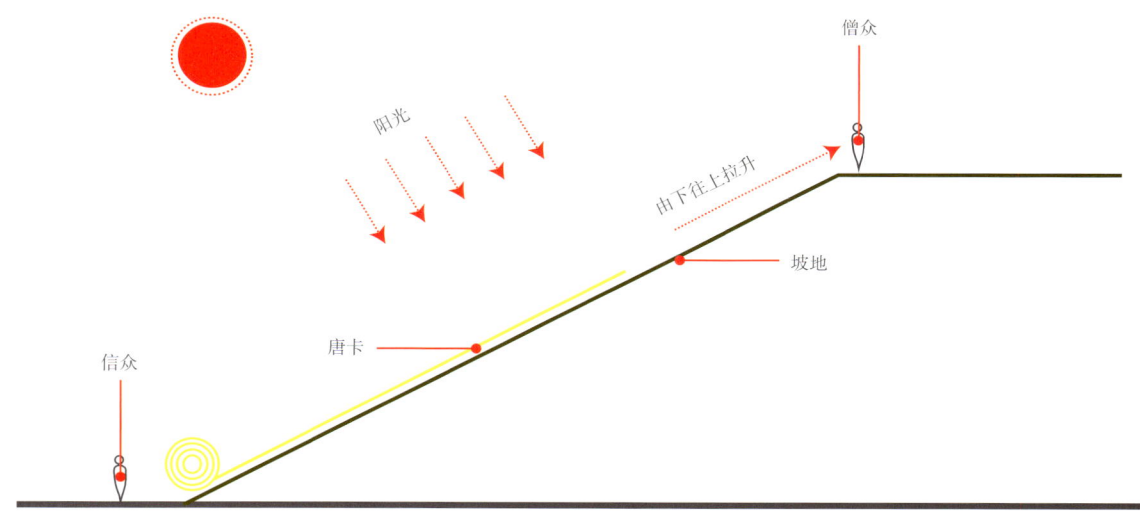

图三　藏族展佛节展佛选址及唐卡展开方式示意图

图四 藏族展佛节朝拜唐卡的僧众造型图

图五 藏族展佛节场景图

第七章 藏族传统民俗和宗教

695

拉萨藏戏节

图一　拉萨藏戏节主图

藏戏节是继展佛节后，西藏传统节日雪顿节的另一不可缺少的组成部分。藏戏最早由七姊妹演出，因此，在藏语中藏戏称"阿吉拉姆"，意为仙女姐妹。其中，"阿吉"意为大姐或女性，"拉姆"意为仙女。

藏戏起源于8世纪的藏族宗教法会，最初以驱鬼酬神为主，15世纪后从宗教仪式中分离，17世纪中叶形成了固定的雪顿节并开始演出藏戏。18世纪初罗布林卡建成后，每年的藏戏节主要在哲蚌寺与罗布林卡举行。藏戏一般为广场戏，少有舞台戏，演员化妆也较简洁，主要以戴面具为主，不排除施粉面、红脂，但无须准备复杂的脸谱造型。演出所用的乐器中，打击乐只使用"一鼓一钹"作为伴奏，演出中另有一位艺人使用快板为台下观众介绍剧情发展。演出内容一般可分为三部分：第一部分"顿"，是开场表演的序章部分，具有净场、驱鬼、迎神的作用；第二部分"雄"，主要表演正戏传奇；第三部分"扎西"，为祝福告别部分。如今在藏戏节中演出的剧目多涉及民间传说、佛教传说、历史故事等，主要有《文成公主》《朗萨雎蚌》《诺桑法王》《智美更登》《苏吉尼玛》等。

参加拉萨藏戏节的表演团体来自不同的地区，由于地域、语言、表演风格的差别，造就了藏戏丰富多样的艺术形式。

图片来源
  图一　山翁　摄影（微图网）
  图二至图四、图六、图七　周雅馨　制图
  图五　赵理理　制图

参考文献
李春生.欢乐庆典·藏族年节.重庆:重庆出版社,2007:60—75.
廖东凡.节庆四季.北京:中国藏学出版社,2007:70—80.

图二　拉萨藏戏节"一鼓一钹"演奏场景图

图三　拉萨藏戏节开场戏"顿"表演者造型图

图四 拉萨藏戏节开场戏"顿"表演场景图

图五 拉萨藏戏节《智美更登》正戏"雄"表演场景图

图六 拉萨藏戏节《文成公主》正戏"雄"表演场景图

图七 拉萨藏戏节"扎西"表演场景图

藏族望果节

图一　藏族望果节主图

望果节是藏族民众庆祝丰收的节日。"望果"是藏语的音译，"望"指田地，"果"指转圈，"望果"即为转庄稼地、转地头的意思。望果节主要流行于山南、拉萨和日喀则的农村地区，没有固定日期，一般在农作物黄熟之际举行，节日过后进入秋收阶段。

望果节的雏形出现于约2000年前的雅鲁藏布江中下游河谷地带的雅砻部落。部落首领布岱功杰受苯教教义的影响，规定农人在作物黄熟之际绕田转圈，以求得诸神庇佑和庄稼丰收。这种转田的习俗一直流传至今，演变为今日的望果节。西藏地区气候变化莫测，秋收时节多冰雹肆虐，农作物的收成受到多变天气的影响。农人认为冰雹来袭是雪山神、江河神及土地神的惩罚，为此，在秋收之前，举行一次祭神、酬神、娱神活动，博取神灵欢心以求得神灵保佑农作物顺利丰收。望果节主要包括4个环节。首先是第一天的娱神。全体村民身着节日盛装，带着饮食来到节日场地，请男女巫师作法预测今年庄稼能否丰收，祈求神灵保佑。第二天为全村列队进行转田活动。转田队伍以举着五色彩箭的男女巫师为首，随后是背着《大藏经》的僧人们，紧随其后的是吹奏乐器的乐队和举着唐卡的骑手，最后是村民代表。队列从村子出发，沿着田地缓缓行进，高唱"谐青"（一种古老的祈神歌曲），气氛热烈庄严。转田活动结束后进行赛马。骑手身着传统服装，骑着精心装扮的骏马，进行多样的比赛活动，如长跑、短跑、拾哈达、骑马射箭等。入夜后，村民一同围成圆圈，欢跳"果谐"（一种先快后慢、互相对歌的舞蹈），将节日气氛推向顶点。

望果节是藏族农区除藏历新年之外较为重要的传统节日，它承载着当地农民对农业丰收的渴望，同时也表现出他们对大自然的敬畏。

图片来源
图一　聂鸣　摄影（Fotoe网）
图二至图六　毛睿　制图

参考文献
白玉芬.藏族风俗文化.拉萨:西藏人民出版社,2007:11—12.
廖东凡.节庆四季.北京:中国藏学出版社,2007:58—63.

图二　藏族望果节僧人田头祭祀活动场景图

图三　藏族望果节参加节日活动的民众造型图

图四　藏族望果节转田活动场景图

图五　藏族望果节转田活动中煨桑仪式场景图

图六　藏族望果节参加赛马的骑手造型图

藏北赛马会

图一　藏北赛马会主图

赛马会是藏族一年一度的盛会，各地区赛马会的时间一般定于藏历六、七、八月，为期五至十天不等。赛马会中规模最大、名声最响的要数藏北赛马会，该地区赛马会在每年藏历六月举行。

藏族地区牧民爱马且热衷于赛马，经济实力较好的牧民都会饲养用于参赛的马匹。赛场一般选在地势平坦的草地之上，比赛前，牧民们会身着节日盛装，带着青稞酒、风干牛肉、酸奶等食物，在赛场附近选择具有良好观赛视野的地点搭盖帐篷。赛马前需请僧众举行仪式，祈求风调雨顺、牧业丰收。从前，藏北地区的赛马会以部落为单位举行，现以县、区、乡为单位举行，各单位选出当地最好的骑手与马匹参赛。赛马项目分长跑、小跑、骑射、马上技巧几个方面。参加长跑的骑手以没有摔下马背且完成整个赛程用时最短者为胜，小跑主要比赛马匹的步伐与走姿。马上射击、射箭、捡哈达、跳跃等技艺比赛也异彩纷呈。除赛马外，抱石头比赛也是赛马会上一项古老的竞技，是力量、勇气与技巧的较量。每天的比赛结束之后都设有文艺活动，文艺活动分成表演性质和自娱性质两种类型。赛马会期间除上述文体活动之外，人们也会进行物资、商贸交流。

藏北赛马会是除了藏历新年之外藏北牧民较看重的节日，其规模盛大且充满激情，是藏区民众每年期待的盛会。

图片来源

图一　芦风　摄影（Fotoe网）

图二至图六　刘艺　制图

参考文献

李春生.欢乐庆典·藏族年节.重庆:重庆出版社，2007:3—11.

廖东凡.节庆四季.北京:中国藏学出版社,2008.

图二　藏北赛马会赛前仪式场景图

图三 藏北赛马会骑手赛前准备场景图

图四 藏北赛马会射箭比赛场景图

图五　藏北赛马会马上技巧比赛场景图

图六　藏北赛马会抱石头比赛场景图

藏族传昭法会

图一 藏族传昭法会主图

传昭法会，藏语称"莫朗钦波"，于藏历正月初三到二十五日举行，届时拉萨的僧人齐聚大昭寺，举行丰富多彩的宗教活动。传昭法会起源于明永乐七年（1409），最初是由藏传佛教格鲁派祖师宗喀巴倡导，为了纪念释迦牟尼而举行，五世达赖执政之后法会规模得到扩大。

传昭法会的主要活动是诵经和辩经。传召期间，每天有6次经会。清早的"晓左芒恰"是在大昭寺里进行集体诵经祈祷；之后来到大昭寺南侧的"松曲热"广场，进行由甘丹寺法台主持的辩经活动，目的是考取藏传佛教格鲁派的最高学位"格西"；接下来进行午祷，藏语称"贡则芒恰"； 午祷结束后继续进行辩经，称为"干木措"；黄昏前的诵经称"广甲措"。早晨、中午和黄昏的经会提供酥油茶和肉粥，称为"湿经"，其余各次无饮食提供，称为"干经"。天黑后还有辩经会"唐加"，这是层次更高的经学辩论，僧侣自愿参加。藏历正月十五日传昭法会进入高潮，夜幕降临后举办纪念一代宗师宗喀巴的酥油彩塑灯会。寺院匠师将彩色酥油调和面粉在牛皮上塑出神话人物、吉祥图案、宗教故事和花草鸟兽，再张挂于八廊街搭好的木架上。当数千盏酥油灯一起点亮时，酥油彩塑呈现出美轮美奂的风采，僧俗民众成群结队地游览观赏、比赛歌舞，直至天明。藏历正月二十五日，传昭法会接近尾声，僧人们将大昭寺的弥勒佛像抬出，在高僧的引导和锦幡仪仗的簇拥下绕八廓街缓缓巡行一周，意为佛光普照雪域高原，此时众人向佛像抛掷哈达，祈求吉祥。传昭法会最后的节目为群众性体育比赛，如赛马、摔跤、抱石头和射箭等。

藏历正月举行的传昭法会是拉萨地区重要的宗教节日，节日期间拉萨城中宗教气氛浓厚，僧人交流佛法、群众欢度节日，体现出藏传佛教在拉萨地区的重要地位和影响力。

图片来源
图一　谢光　摄影（Fotoe网）
图二至图七　毛睿　制图

参考文献
廖东凡.节庆四季.北京:中国藏学出版社,2007:92—106.
张鹰.节庆礼仪.上海:上海人民出版社,2009:203—223.

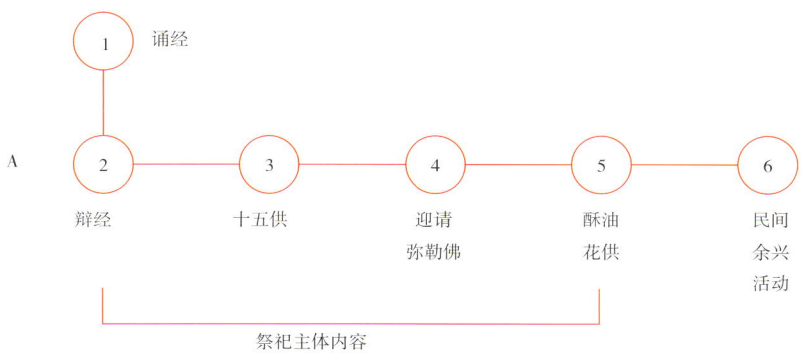

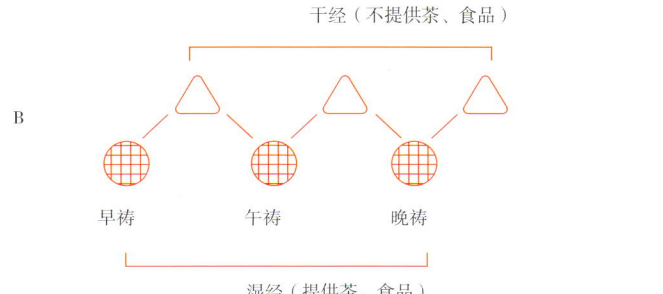

A.大法会全程活动流程图

B.诵经环节每日时序图

图二　藏族传昭法会流程图

图三 藏族传昭法会诵经场景图

图四 藏族传昭法会辩经场景图

图五　藏族传昭法会高僧诵经场景图

图六　藏族传昭法会迎请弥勒佛的高僧及锦幡仪仗场景图

图七　藏族传昭法会护卫弥勒佛场景图

藏族燃灯节

图一　藏族燃灯节主图

1419年藏历十月二十五日是藏传佛教格鲁派（黄教）创始人宗喀巴圆寂成佛的日子，为纪念大师将这一日定为燃灯节，藏语音译"噶登安曲"。燃灯节当日该派的各大小寺庙和各村寨牧民在寺院的神坛上、台阶上，家中的经堂里和屋顶上点燃酥油灯，昼夜不灭，祈愿大师赐予聪慧、平安、吉祥、幸福。

燃灯节数日前，藏传佛教的信徒们便开始制作酥油灯，大昭寺的喇嘛们每人至少需制作30盏以上。藏族信众认为单数有吉祥之意，故灯盏的数量都为单数。本案例以大昭寺燃灯节为例，节日清晨，寺内各经堂、佛殿全部对信众开放，各佛像前也都换置了新贡品。当晚8点整，伴随着法号、法螺等法器声响起，僧侣与信众们手提酥油灯，拎着糌粑盒、柏枝和藏香在道路两侧，佛塔周围，殿堂屋顶，窗台，室内佛堂、佛龛、供桌等以及凡能点灯的台阶上点燃提前放置好的酥油灯。经堂、佛殿等高大建筑物的屋顶

第七章　藏族传统民俗和宗教

四周均为排列整齐的酥油供灯,场面肃穆、庄重。

燃灯节是一个宗教性节日,僧俗信众通过点燃长明的酥油灯来表达对宗喀巴大师的尊崇,并以此颂扬佛法如光明火炬。

图片来源

图一　常均、董英伟　摄影(Fotoe网)
图二至图六　赵理理、周雅馨　制图

参考文献

张鹰.节庆礼仪.上海:上海人民出版社,2009:238—240.
李春生.欢乐庆典·藏族年节.重庆:重庆出版社,2007:148—155.

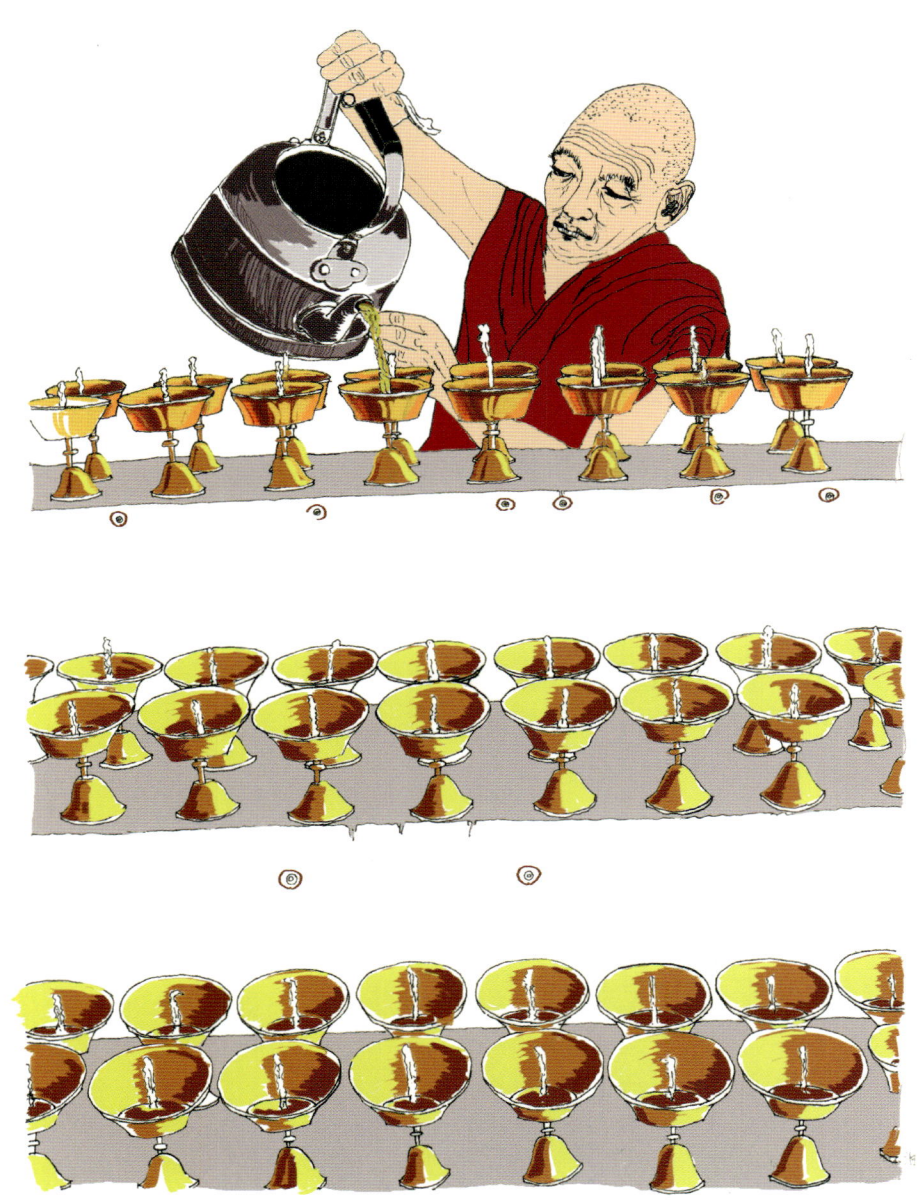

图二　藏族燃灯节僧人注油场景图

图三 藏族燃灯节点灯仪式前准备法器场景图

图四 藏族燃灯节点灯仪式吹奏长号场景图

图五　藏族燃灯节僧众点灯场景图

图六 大昭寺燃灯节场景图

藏族僧侣造型

图一　藏族僧侣造型主图·格鲁派比丘

藏族僧侣是指藏传佛教的修道人员，包括宁玛派、噶当派、萨迦派、噶举派、格鲁派等派别在内的所有僧徒。藏族传统僧侣的造型特征主要体现在僧帽、服装及配饰等方面。

僧侣穿的服饰一般分为三层，由内而外分别为：内层上身穿布衫或大襟坎肩，下身穿内裙；中间层上身穿大襟短衣，下身则是肥而长的系腰外裙；最外层披挂袈裟。由于历史原因，藏传佛教内部形成了一些分支流派，而各教派僧侣的造型特征亦有所不同。比如，宁玛派僧侣穿红色僧服，戴红僧帽；噶举派僧侣在平日的宗教活动中戴鸡冠帽，而在重大仪式时则戴"夏查"，帽子形似孔雀开屏；格鲁派则戴黄色鸡冠僧帽。在日常生活中僧人们的造型特征差异并不大，有的差异仅源于教派间细微的着装方法、色彩搭配等。藏传佛教僧侣还会在身上佩戴一些附属品。念珠是藏传佛教僧侣诵经、做法事时的重要法器，僧侣喜欢将其佩挂在脖子上或缠在手腕上。还有些僧侣腰间系有漱口瓶或净水袋"恰布鲁"，佩戴呈圆形或方形佛盒"尕欧"。

总的来说，藏传佛教僧侣造型庄重朴素，各教派之间的造型和而不同，反映出各教派的佛教教理观，不仅继承并传达了佛教的内在精神，而且有机地融合了藏族地域文化特征与藏传佛教意识形态，体现出浓郁的民族特色和地域特色。

图片来源
图一至图五　褚宏枫　制图
图六　洛松尼玛　摄影

参考文献
次仁白觉,达瓦次仁.藏传佛教僧服概述.西藏民俗,1995(4):28—32.
李玉琴.藏传佛教僧伽服饰释义.西藏研究,2008(1):86—95.

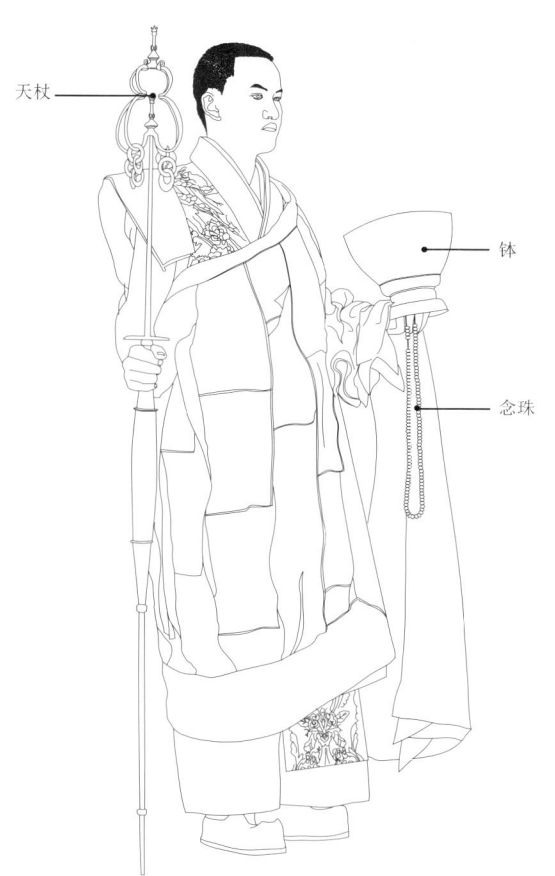

图二　格鲁派比丘造型分析图

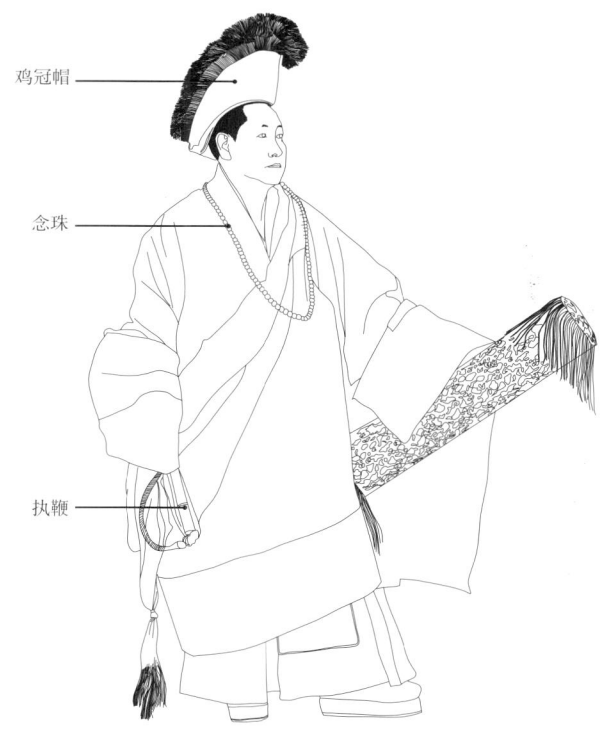

图三　执事僧侣造型分析图

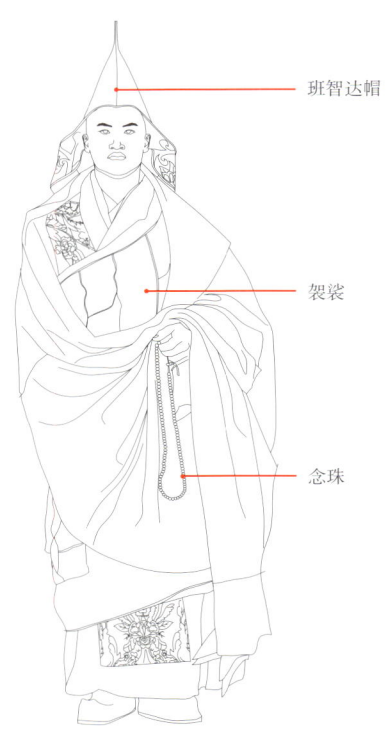

图四　格鲁派僧侣造型分析图1

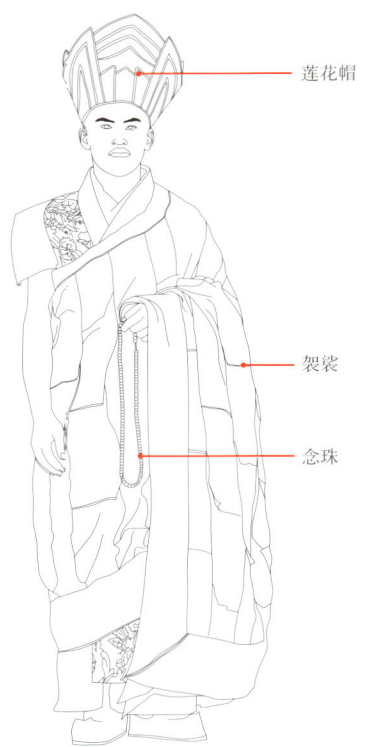

图五　格鲁派僧侣造型分析图2

图六　藏族展佛节仪式中的喇嘛

藏族信众造型

图一　藏族信众造型主图

藏族信众是指藏传佛教的信仰者。在藏族聚居区，佛教拥有广泛而虔诚的信徒，佛教教义家喻户晓。信徒不分男女老幼，他们都会参与各种宗教活动。

部分信众受到教育背景限制，没有能力阅读佛教经书，所以他们大多通过朝圣、转经、念诵六字真言等来完成心愿，这种最为简易可行的宗教活动成为藏传佛教信众生命中的重要组成部分。藏族传统信众中的一些人，特别是老人，因不能诵念经文，则以摇转转经筒的方式代替诵经。他们手持经轮不停地转动，成为藏族信众重要的特征。朝佛、磕头、烧香、还愿等都是藏族信众表达其宗教情感的重要方式，其中磕长头是一项重要的宗教活动，一些藏传佛教信众不远万里一路匍匐前行，前往心中的圣城拉萨，以实现信仰、祈福避灾。在通往拉萨的大道上，有许多一路不断磕头的朝圣者，他们大都穿着藏袍，后背背有帐篷、衣被、餐具等简单的生活必需品，双手握着或套着厚厚的木板，着护膝，前身挂一毛皮衣物，沿着道路，口诵六字真言，表情庄重，三步一磕，步步趋向拉萨。

藏族信众着传统藏服，造型简单、朴素，形象淳朴，他们有着虔诚的宗教信仰，成为藏传佛教文化的重要组成部分，也是藏族传统宗教文化的重要传播群体。

图片来源

图一　刘佳　制图
图二、图四　褚宏枫　制图
图三　刘佳　摄影、褚宏枫　制图
图五　刘佳　摄影

参考文献

张鹰.人文西藏——生活习俗.上海:上海人民出版社,2009.

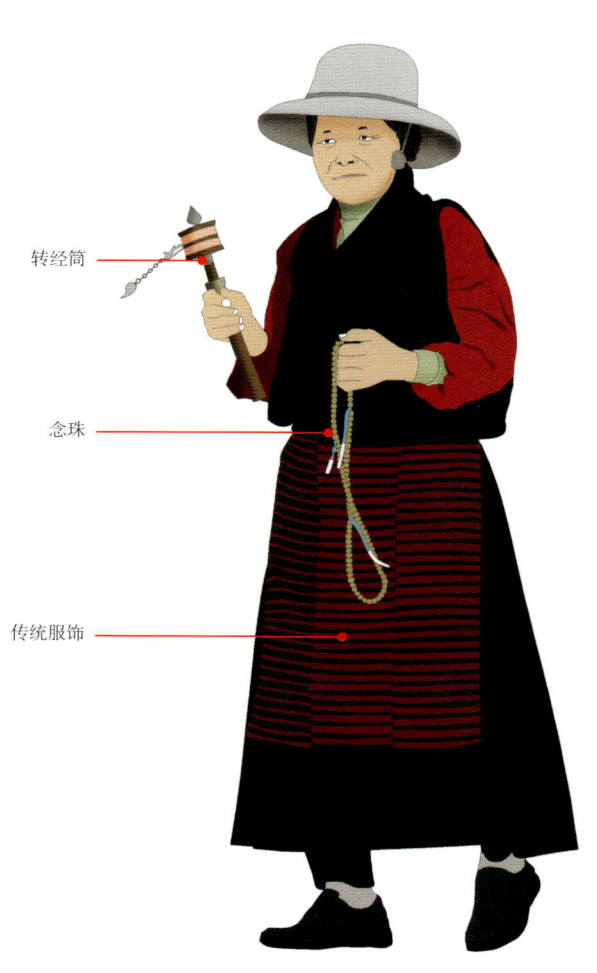

图二　藏族手持念珠及转经筒的信众造型

图三　藏族朝拜中的信众造型

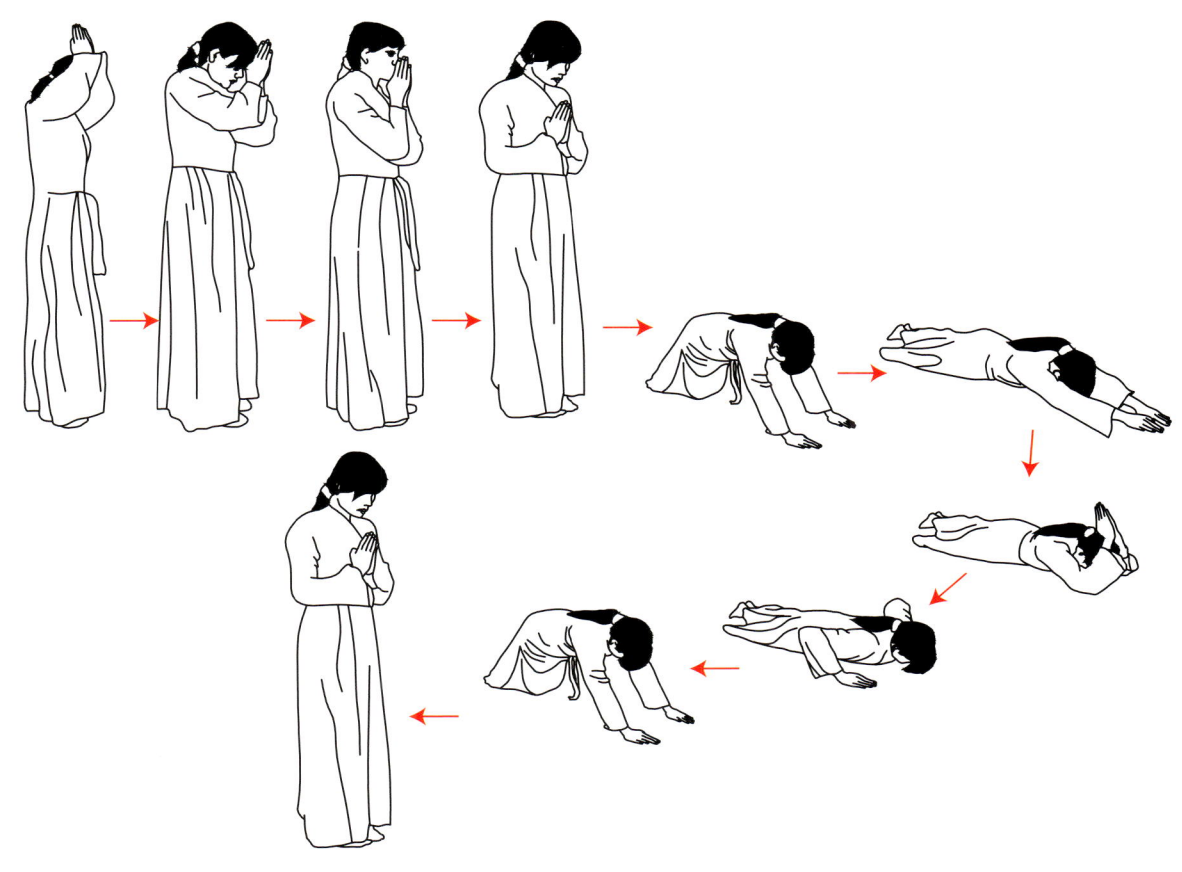

图四 藏族信众磕长头动作分解图

图五 藏族信众朝拜场景图

藏族释迦牟尼造像

图一　藏族释迦牟尼造像主图

　　释迦牟尼为佛教的创始人,本名乔达摩·悉达多,释迦意为"能",是种族名,牟尼意为"仁""儒""忍""寂",释迦牟尼就是"能仁""能儒""能忍""能寂",也有"释迦族圣人"之意。在藏传佛教寺院,释迦牟尼造像作为释迦牟尼的象征,是信徒观修佛法、参拜、供奉的直接对象。

　　释迦牟尼造像面相慈祥、端庄,表情平和、宁静,兼具"三十二相"和"八十种好"。释迦牟尼造像头顶形式有肉髻、螺髻或波状髻,眉间有白毫,双耳下垂至肩;手印有与愿印、无畏印、触地印、说法印和禅定印五种形式;有坐佛、立佛和卧佛三种佛姿;着装有袒右肩式袈裟、褒衣博带式大衣或犍陀罗式通肩大衣。释迦牟尼造像形象包括说法像、成道像、涅槃像及旃檀佛像等。

说法像也称"初转法轮像",是年代最早的佛像式样,造像特征为螺发佛装,左手握着衣角或结,右手施无畏印。成道像的释迦牟尼跏趺坐在莲座上,左手捧钵盂或者垂放在左脚上。涅槃像的释迦牟尼神态安详,双目微闭,面带微笑,侧身而卧,左手自然地放在身体上,右手支颐,双脚伸直并拢,衣纹线条圆滑流畅。旃檀佛像是一种立佛像,身着无领通肩式的袈裟,衣纹呈"U"字形,双手施无畏印和与愿印。

佛陀释迦牟尼造像艺术一方面凝聚了藏传佛像的精华,展现了西藏造像艺术的地域特色;另一方面也体现了西藏造像艺术与其他佛教地域之间造像艺术的密切联系。释迦牟尼造像艺术蕴含了丰富的历史文化信息,对藏传佛教造像的研究具有重要的意义。

图片来源
图一　杨兴斌　摄影(Fotoe网)
图二、图三、图五　褚宏枫　制图
图四、图七　刘佳　制图
图六　杨生　摄影(Fotoe网)

参考文献
苗欣宇,梁璐璐.传世唐卡.北京:中国画报出版社,2010.

图二　藏族释迦牟尼坐像造型分析图

图三　藏族释迦牟尼坐像比例分析图

图四　藏族释迦牟尼立像造型分析图（单位：cm）

图五　藏族释迦牟尼旃檀佛像造型分析图

图六 藏族释迦牟尼雕塑坐像

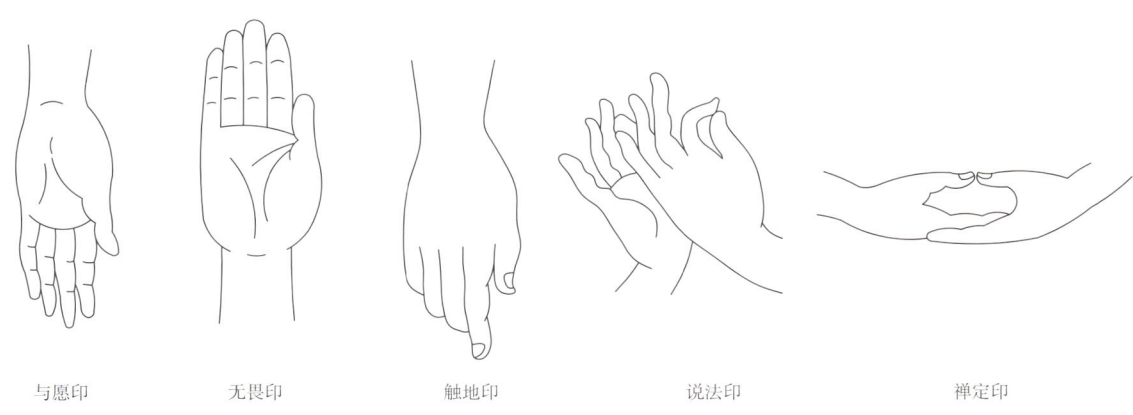

与愿印　　　无畏印　　　触地印　　　说法印　　　禅定印

图七 藏族释迦牟尼五种手印

第七章　藏族传统民俗和宗教

藏族阿弥陀佛造像

图一　藏族阿弥陀佛造像主图

阿弥陀佛，又名"无量光佛""无量寿佛"，是西方极乐世界的教主。从梵文意义上看，阿弥陀佛有"无量光"和"无量寿"两种意思。在藏传佛教中，无量光佛和无量寿佛被分别当作两尊佛像供奉。藏传佛教认为，无量光佛是原生的，是阿弥陀佛的法身，无量寿佛是阿弥陀佛的报身，以菩萨形象示人。一般信众认为，无量光佛代表智慧，无量寿佛代表延寿福乐。在喇嘛庙中，无量寿佛的供奉较为普遍。

阿弥陀佛造像是藏传佛教造像中数量最多者之一，其特征分为无量寿佛和无量光佛两种身形，每种身形各自独立存在并依据不同神话表现。从形式上看，造像样式分为如来像和菩萨像两种。在艺术造型上两尊佛像有许多相似之处，譬如头顶螺发，顶树高髻，上身袒露，呈现橘红或土红色，身着菩萨装束，身上装饰繁多，都采用结跏趺坐。不同体现在一些细微之处：在两尊佛各自的持物方面，无量光佛作禅定印——两手上下相叠，两手心中是直立的金刚杵；无量寿佛也是结禅定印，但是手心中持宝瓶，瓶口有吉祥花卉。

阿弥陀佛形象端庄、表情祥和，是藏传佛教造像的重要组成部分，充分体现了藏传佛教造像的艺术成就。

图片来源
图一　许旭芒　摄影（Fotoe网）
图二　刘筱林　摄影（Fotoe网）
图三至图六　褚宏枫　制图

参考文献
苗欣宇,梁璐璐.传世唐卡.北京:中国画报出版社,2010.

图二　藏族鎏金铜无量光佛

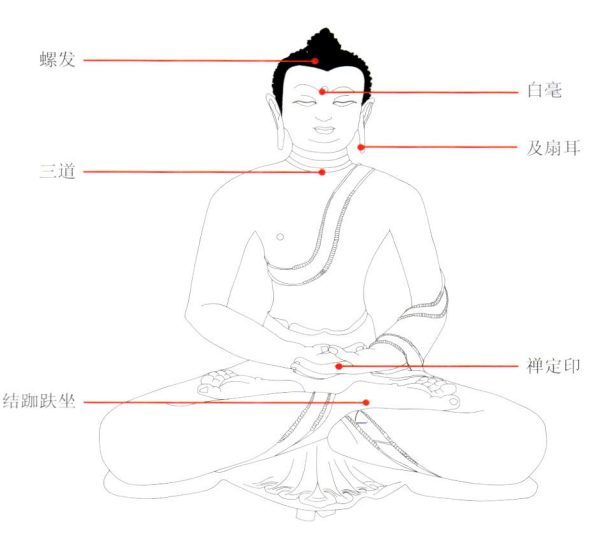

图三　藏族无量光佛造型分析图1

第七章　藏族传统民俗和宗教

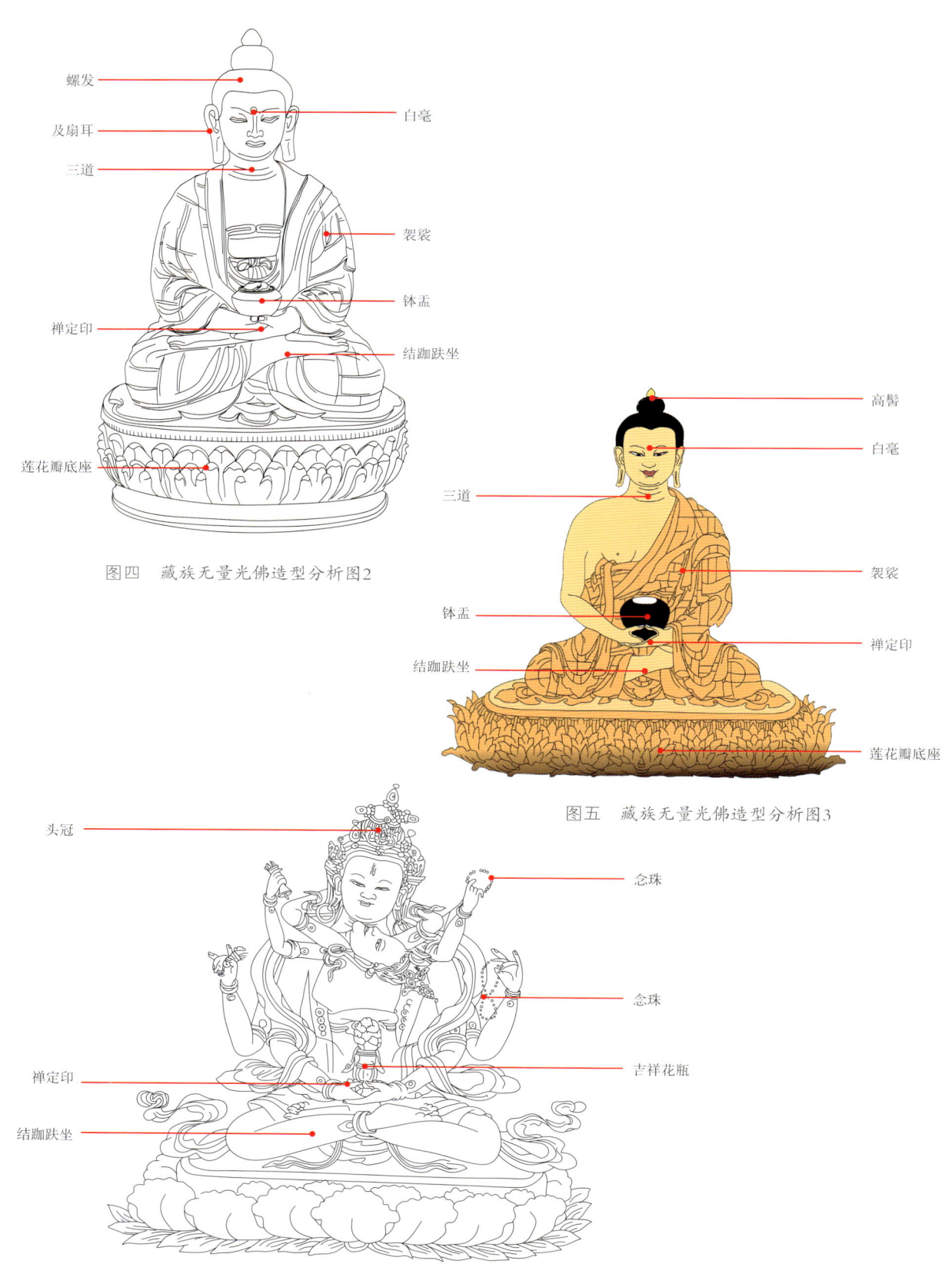

图四　藏族无量光佛造型分析图2

图五　藏族无量光佛造型分析图3

图六　藏族无量寿佛造型分析图

藏族药师佛造像

图一　藏族药师佛造像主图

药师佛是梵文"药师琉璃光如来"的简称，又称"大医王佛""医王善逝""十二愿王"，是东方净琉璃世界的教主。在藏传佛教中，东方净琉璃世界由光胜、妙宝、圆满香积、无忧、法幢、善住法海和净琉璃7个世界组成，相应地住着不同的佛，所以出现了"药师七佛"的组合方式。另外，也有将开示佛陀释迦牟尼加入形成"药师八佛"的说法。所以，一般药师佛形象多以组合形式出现。

本案例为合金药师佛坐像，高19厘米，底座宽12厘米，铸造于18—19世纪。此尊药师佛双耳垂肩，蓝发高结，面相慈善，仪态庄严；身穿三法衣，袒胸露右臂，右手胸前施说法印，左手结禅定印，双腿结金刚跏趺坐于莲花宝座中央，属药师佛当中的无忧最胜吉祥如来。其背面为连体镂空雕刻的祥云纹和背光，下方的方形宝座以垂落丝带和镂空四叶花纹作装饰，其整体做工十分精细考究，属于比较典型的雪堆白造像。

药师佛造像有雕塑、绘画等多种表现形式，造型多稳重端庄，又不失和蔼慈祥。药师七佛各有大愿，藏传佛教认为如果虔诚信仰，他们会帮助消除众生苦难，克服各种困难，尤其在祈求健康、破除疾病中发挥着重要的作用。

图片来源
  图一 刘佳 摄影
  图二至图六 潘馨兰 制图

参考文献
苗欣雨,梁璐璐.传世唐卡.北京:中国画报出版社,2010.
广东省博物馆,西藏博物馆.雪域瑰宝——西藏文物展.广州:岭南人民出版社,2012.

图二 藏族合金药师佛坐像尺寸图（单位：cm）

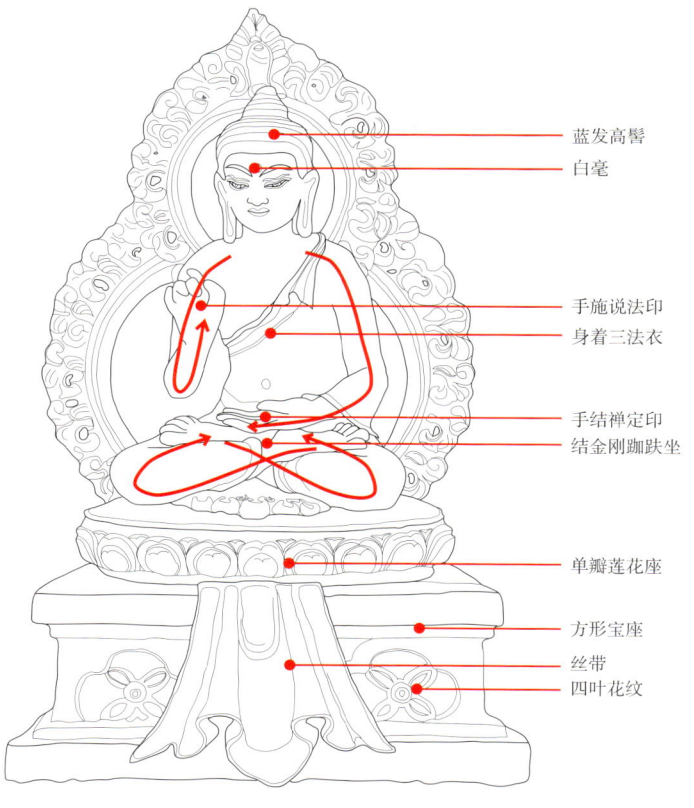

图三 藏族合金药师佛坐像造型分析图

图四 藏族合金药师佛坐像色彩分析图

图五 藏族药师佛唐卡造型分析图

图六 藏族药师佛唐卡色彩分析图

藏族大日如来造像

图一　藏族大日如来造像主图

大日如来，梵文音译作"摩诃毗卢遮那"。"摩诃"意为"大"，"毗卢遮那"是"日"的别名，也常简称"毗卢遮那佛"，是密宗金刚界五方佛之首。

密宗所有佛和菩萨皆自大日如来所出，无论在金刚界还是胎藏界的曼荼罗中，大日如来都是居于中央位置，他统率着全部佛和菩萨，是理德与智德的集中体现。本案例为合金大日如来像，高24.7厘米，铸造于12—13世纪，属印度造像艺术。造像整体材质呈褐色，没有镀金和泥金现象。此如来面相较为消瘦，戴三叶冠，双手前胸施无上菩提印，双腿结金刚跏趺坐于巨大莲花上托的双莲座上，衬托出如来的威严气势，构思巧妙、造型别致、线条流畅、做工精美。另有一种特殊的大日如来形象，即四面大日如来，属于密宗瑜伽部的形象。他的典型特征是四面二臂，四面象征着他可同时向四方佛演说佛法。肤白色，发髻高耸，雍容华贵，身着宝冠天衣，佩戴珍宝璎珞，坐在象征着方便与智慧的莲花和月轮托起的宝座上。双手结法界定印，此为密教胎藏界曼荼罗大日如来所结之印，又作"大日定印"。捧法轮于脐间，象征演说佛法永不止息。

大日如来是佛教密宗世界的本尊，其造型端庄、表情温和。大日如来象征着光明理智，他的慈悲行为广泽众生，是佛教信众心中永远不灭的光明。

图片来源

图一　刘佳　摄影

图二至图六　潘馨兰　制图

参考文献

苗欣雨,梁璐璐.传世唐卡.北京:中国画报出版社,2010.

广东省博物馆,西藏博物馆.雪域瑰宝——西藏文物展.广州:岭南人民出版社,2012:22.

图二　藏族合金大日如来像尺寸图（单位：cm）

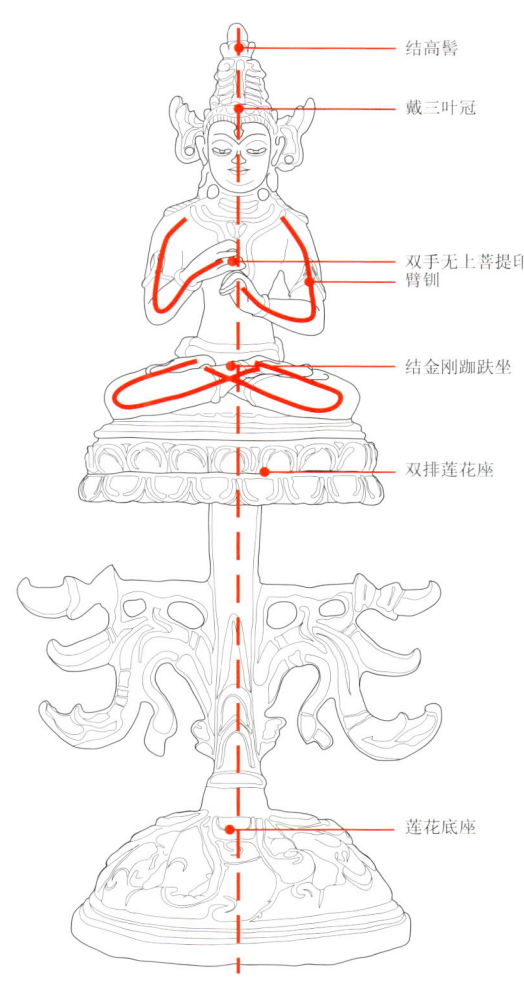

图三　藏族合金大日如来像造型分析图

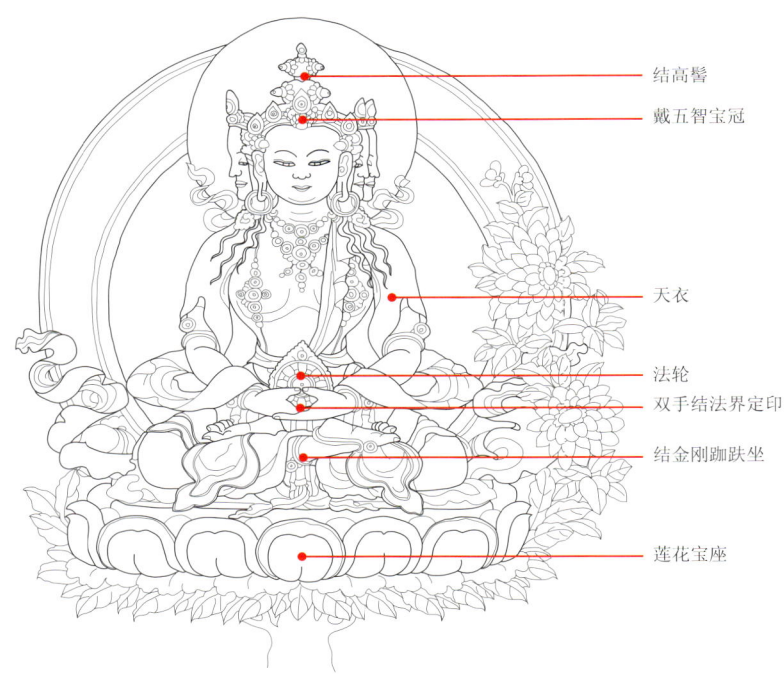

图四　藏族四面大日如来像造型分析图

图五　藏族四面大日如来像动势分析图

图六 藏族四面大日如来像色彩分析图

第七章 藏族传统民俗和宗教

藏族不动如来造像

图一　藏族不动如来造像主图

不动如来是五方佛中的东方佛，是妙喜世界的教主，代表大圆镜智，也叫"阿閦佛"。阿意为"无"，閦意为"动""嗔怒"，解释为"无嗔怒"，这是佛门修行的基础。

本案例为鎏金铜不动如来像，铸造于18—19世纪。此尊不动如来像表情温和安详，右手施触地印，左手结禅定印、掌中竖立金刚杵，代表其智慧无坚不摧。双腿结金刚跏趺坐于双狮莲花座上，下方的方形宝座正面中央为一尊财神像，两边各有一头大象。大象被认为是体力最好的动物，在这里象征最大的烦恼，而不动如来可以将其征服。其整体造型左右对称，散发着威严的气势，属典型的西藏本土造像工艺。另一尊合金不动如来像面相端庄、安详，发蓝色，身金色，戴五叶冠，佩戴耳环、项链、臂钏、手镯等饰物。右手膝前结触地印，左手施禅定印，结金刚跏趺坐于双排莲座上，左右的雕花装饰丰富了造像的层次。该造像属于13世纪前后西藏噶当派时期盛行的造像艺术，虽然年代久远，但胎体色泽完好，色彩的加入使得人物更加生动。

不动如来造像多为坐像，触地印和禅定印为其主要特征，造型端庄、表情温和。

藏族信众向不动如来祈祷，希望得到他的加持，在面对困境的时候能够不起嗔恨心。

图片来源

图一　刘佳　摄影

图二、图四、图五　潘馨兰　制图

图三　许边疆　摄影

参考文献

苗欣雨,梁璐璐.传世唐卡.北京:中国画报出版社,2010:114.

广东省博物馆,西藏博物馆.雪域瑰宝——西藏文物展.广州:岭南美术出版社,2012:23.

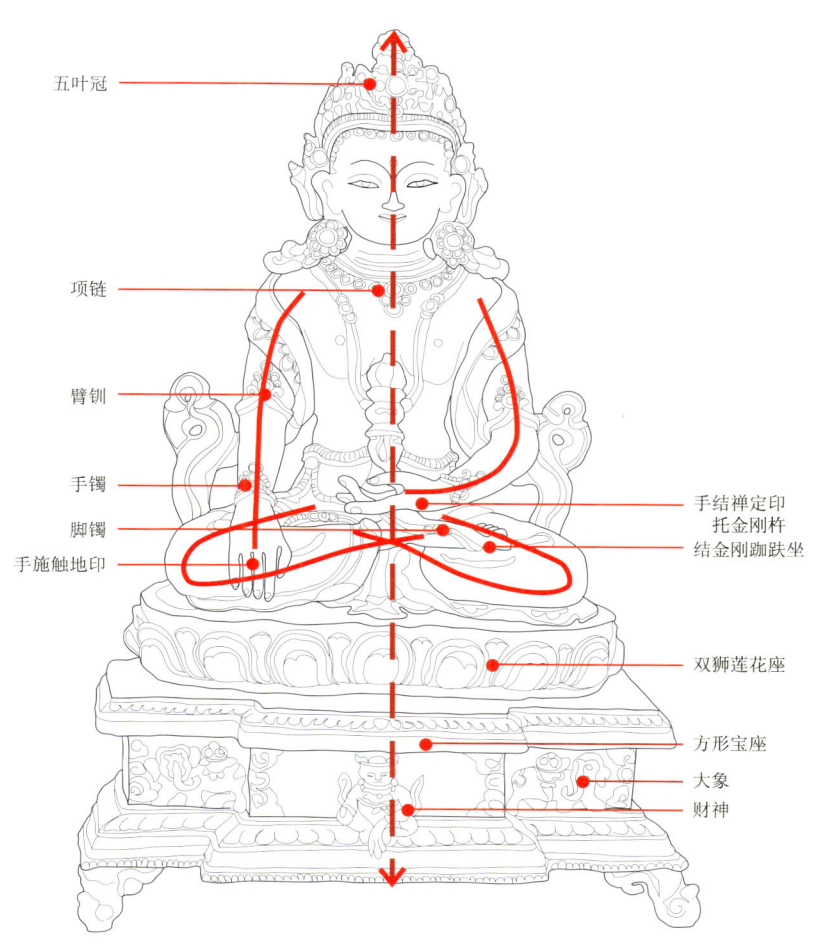

图二　藏族鎏金铜不动如来像造型分析图

图三　藏族合金不动如来像

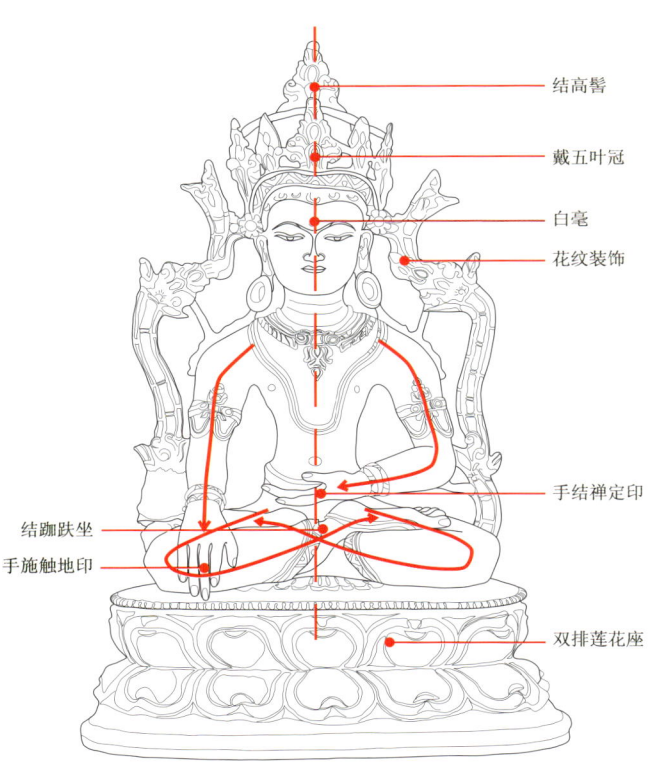

图四　藏族合金不动如来像造型分析图　　　　　图五　藏族合金不动如来像色彩分析图

藏族观世音菩萨造像

图一　藏族观世音菩萨造像主图

观世音菩萨，又名"观自在菩萨""光世音菩萨"，意为"观察世间声音"的菩萨。与汉地不同，藏传佛教中圣观音形象为男性，女性形象比较少。

本案例为鎏金铜观世音菩萨坐像，铸造于14—15世纪，是观世音菩萨的标准像，也称"圣观音像"。其面容慈祥、体态端庄，左手施说法印，右手施与愿印、持宝瓶，半跏趺坐于莲花宝座上。头戴佛冠，一尊佛像立于其中；身着天衣重裙，有飘带和璎珞装饰。在藏传佛教中，圣观音除了一面二臂像，还有一种常见的形象为一面四臂像。一面四臂观音为左右对称构图，体态庄严稳重，结高髻，戴五佛冠。他的主体双手合掌，右边第二手持念珠，左边第二手持莲花，有项链、手镯、脚镯、臂钏作装饰。还有一种三面八臂观音，面容兼具寂静、愉悦与凶忿相。八只手臂各具形态，施手印、持法器、托宝瓶，整体形象灵活动感，又不失稳重端庄。

藏民对观世音菩萨的喜爱与崇拜，从佛教传入西藏开始一直延续至今，他们认为观世音菩萨是受佛陀的委派来保护藏民、保护雪域高原的，是西藏的守护神，对其不仅仅是宗教意义上的礼敬，也蕴含着对家乡历史和民族起源的深厚感情。

图片来源
图一　刘佳　摄影
图二至图五　潘馨兰　制图

参考文献
苗欣雨,梁璐璐.传世唐卡.北京:中国画报出版社,2010.

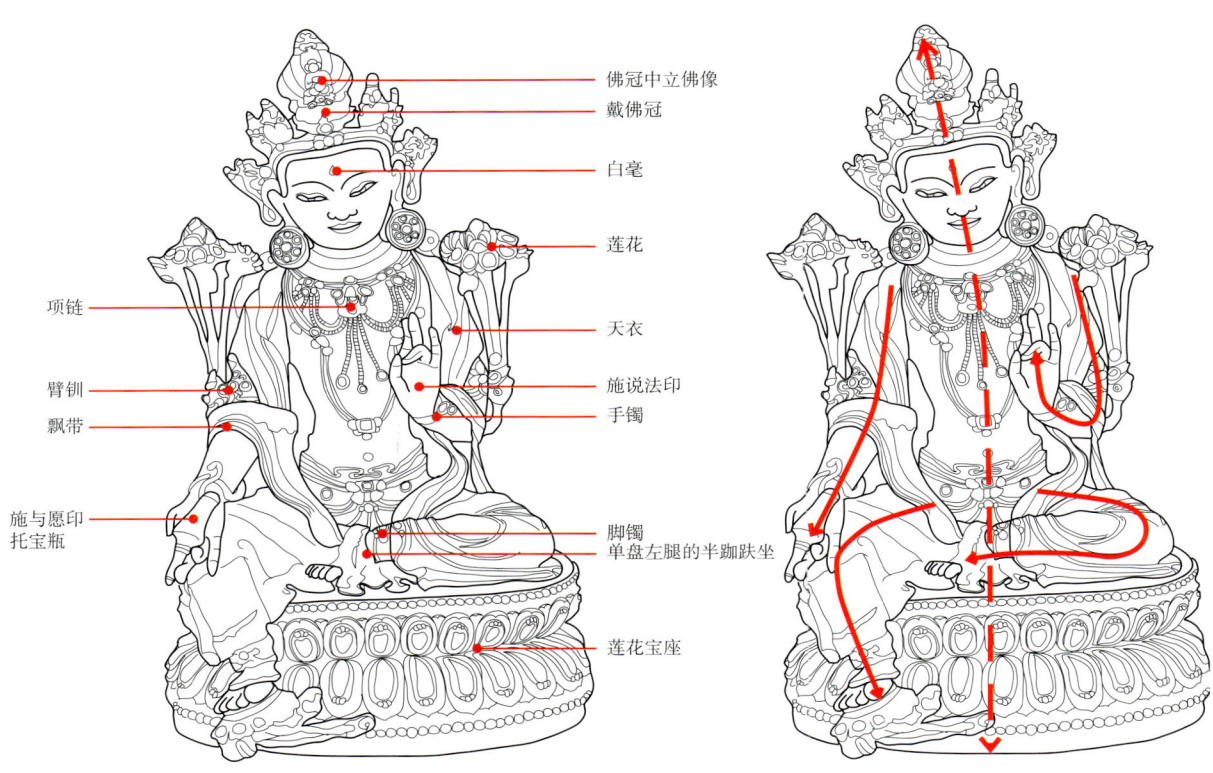

图二　藏族观世音菩萨坐像造型分析图

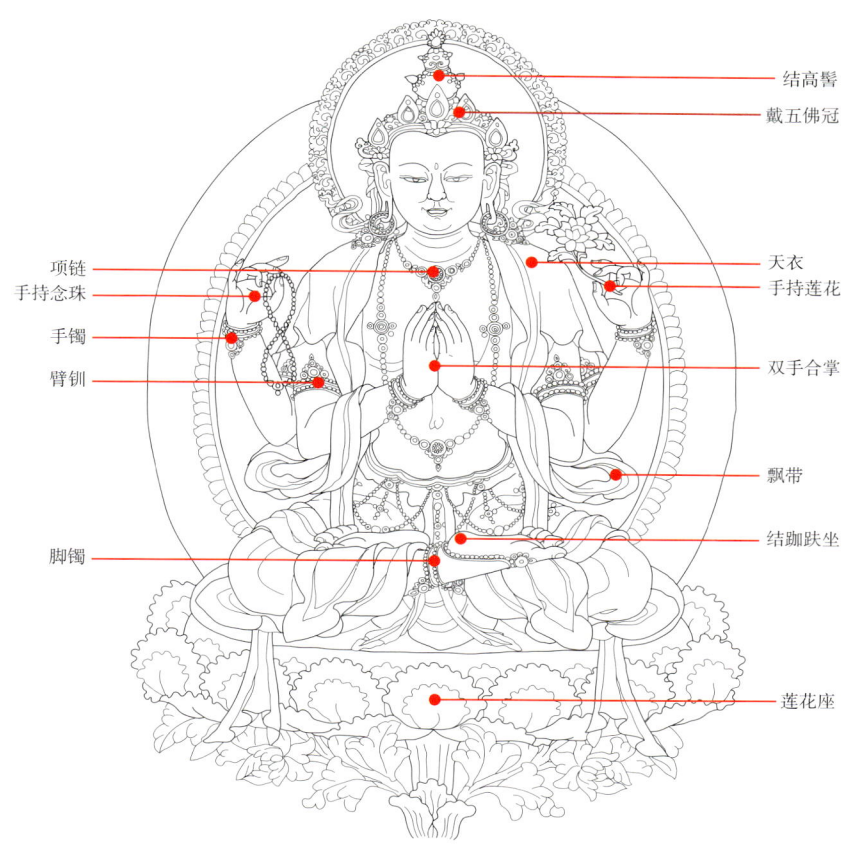

图三　藏族一面四臂观世音菩萨像造型分析图

图四　藏族一面四臂观世音菩萨像色彩分析图

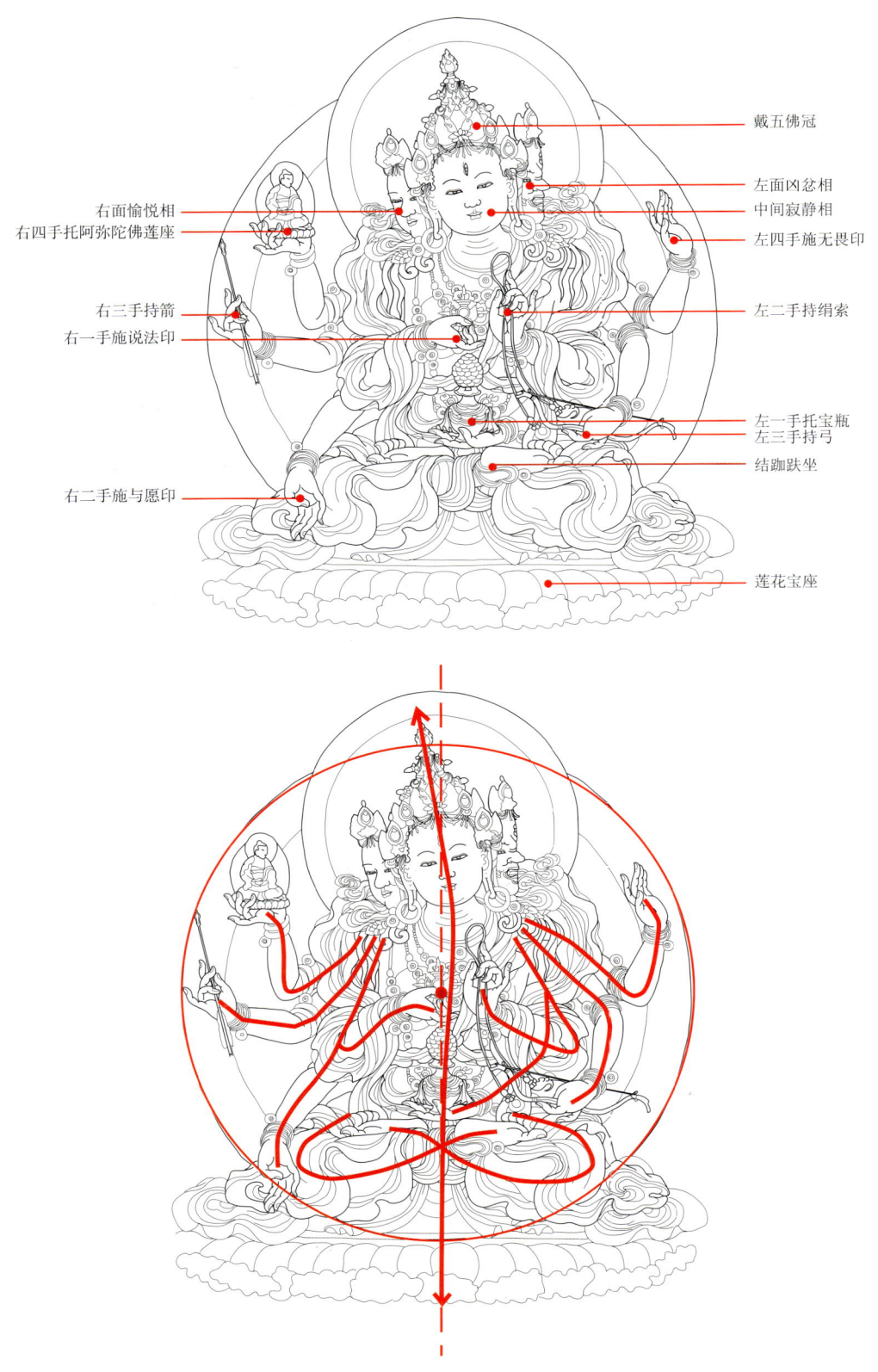

图五　藏族三面八臂观世音菩萨像造型分析图

藏族莲花生造像

图一　藏族莲花生造像主图

　　莲花生又称"乌金大师"，古印度高僧，是西藏密宗宁玛派（俗称"红教"）的祖师。8世纪后期莲花生将佛教密宗传入西藏，藏传佛教尊称他为"洛本仁波切"（轨范师宝）、"古汝仁波切"（师尊宝）、"乌金仁波切"（乌仗那宝），以神通、咒术名闻一时。

　　莲花生造像多为一面、双臂、双腿造型，此外还有忿怒像、双身像。莲花生坐在虚空中，空中充满彩虹光，双腿结跏趺坐，头戴红色有檐的帽子。右手持五股金刚杵置于胸前，象征他成就了四灌顶中第一项瓶灌顶的一切功德特质。左手拿盛满甘露的骷髅碗，置于膝盖上，此颅器具有一切功德，颅器象征第二灌，也就是秘密灌顶的成就。颅器上有无死宝瓶，象征莲花生已达到无死持明者的境界，宝瓶上是如意树的树枝。左臂手腕处夹一根三叉戟"卡杖嘎"靠在左肩，象征第三种智慧灌顶的成就，三叉戟下面，从上到下排列着一干头颅、一腐化中的头颅以及一个刚斩断的新头颅，象征三世及三身。下面还有一长寿瓶、一对交叉的金刚杵、一个挂上丝巾的颅鼓。莲花生肤色白里透红，双眉微蹙，双眼张大、直视虚空，嘴角有两绺上翘的胡须，具有印度人的面貌特征，表情威严，嘴角却略带笑意，象征他身上融合了祥和及忿怒两面。

莲花生是佛教史上的一位神奇人物，在藏族民间受到广泛爱戴和崇拜，许多人家都供有莲花生像，相信可免受邪魔侵扰。莲花生也是藏传佛教密宗艺术中的一个重要题材，被广泛应用于唐卡、雕刻以及造像等艺术门类中。

图片来源
图一　东篱　摄影（微图网）
图二、图三　马燕　制图
图四　刘佳　摄影
图五　潘馨兰　制图

参考文献
马书田.中国密宗神.北京:团结出版社,2008:138.

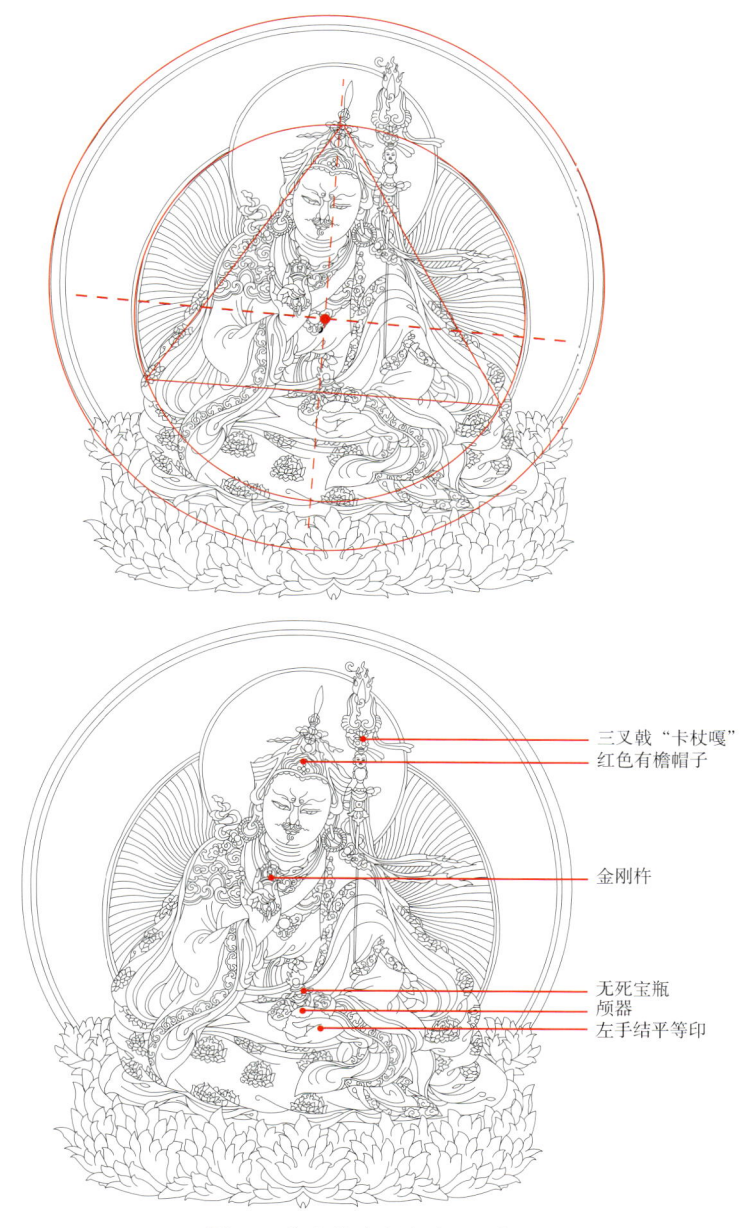

图二　藏族莲花生像造型分析图

图三　藏族莲花生像色彩分析图　　　　图四　藏族莲花生及两妃像

图五　藏族莲花生剪贴唐卡色彩分析图

第七章　藏族传统民俗和宗教

747

藏族宗喀巴造像

图一 藏族宗喀巴造像主图

宗喀巴，法名罗桑扎巴，意为"智慧"。他一生云游西藏各地，跟随众多知名上师学经求法、著书立说，倡导先显后密、显密并重，倡导僧人敬重戒律，在学问修持各方面都具有很高的造诣。宗喀巴大师戴黄色尖顶僧帽，是藏传佛教格鲁派（黄教）的创始人。

本案例为宗喀巴大师唐卡，创作于18—19世纪，长132厘米，宽90厘米。唐卡中宗喀巴大师头戴黄色通人冠，目光柔和，面带微笑。主尊身着三衣，双手在胸前结转法轮印，并各拈一支莲花，左肩花上置般若经，右肩花上托利剑，象征智慧神文殊菩萨之化身。双腿结金刚跏趺坐于莲座月亮垫之上。头后是绿色圆形头光，身后是圆形身光，饰卷云宝珠纹，外饰祥云。宗喀巴右上角为四臂观音，头顶为弥勒菩萨和两位上师，左上角为文殊菩萨；莲花座左右为克珠杰、洁嚓杰两大弟子，其下层为阎罗王、大黑天、吉祥天母三大护法神。整幅唐卡以宗喀巴为中心，构图严谨，色彩鲜明。

宗喀巴大师是格鲁派的鼻祖，深受藏民爱戴，藏语系统的佛教徒大多崇奉他为教主。他也是藏传佛教艺术中以上师题材进行创作的典型人物代表。

图片来源
图一　许边疆　摄影
图二、图三　刘佳　制图
图四、图六　马燕　制图
图五　东篱　摄影（微图网）

参考文献
广东省博物馆,西藏博物馆.雪域瑰宝——西藏文物展.广州:岭南美术出版社,2012:101.

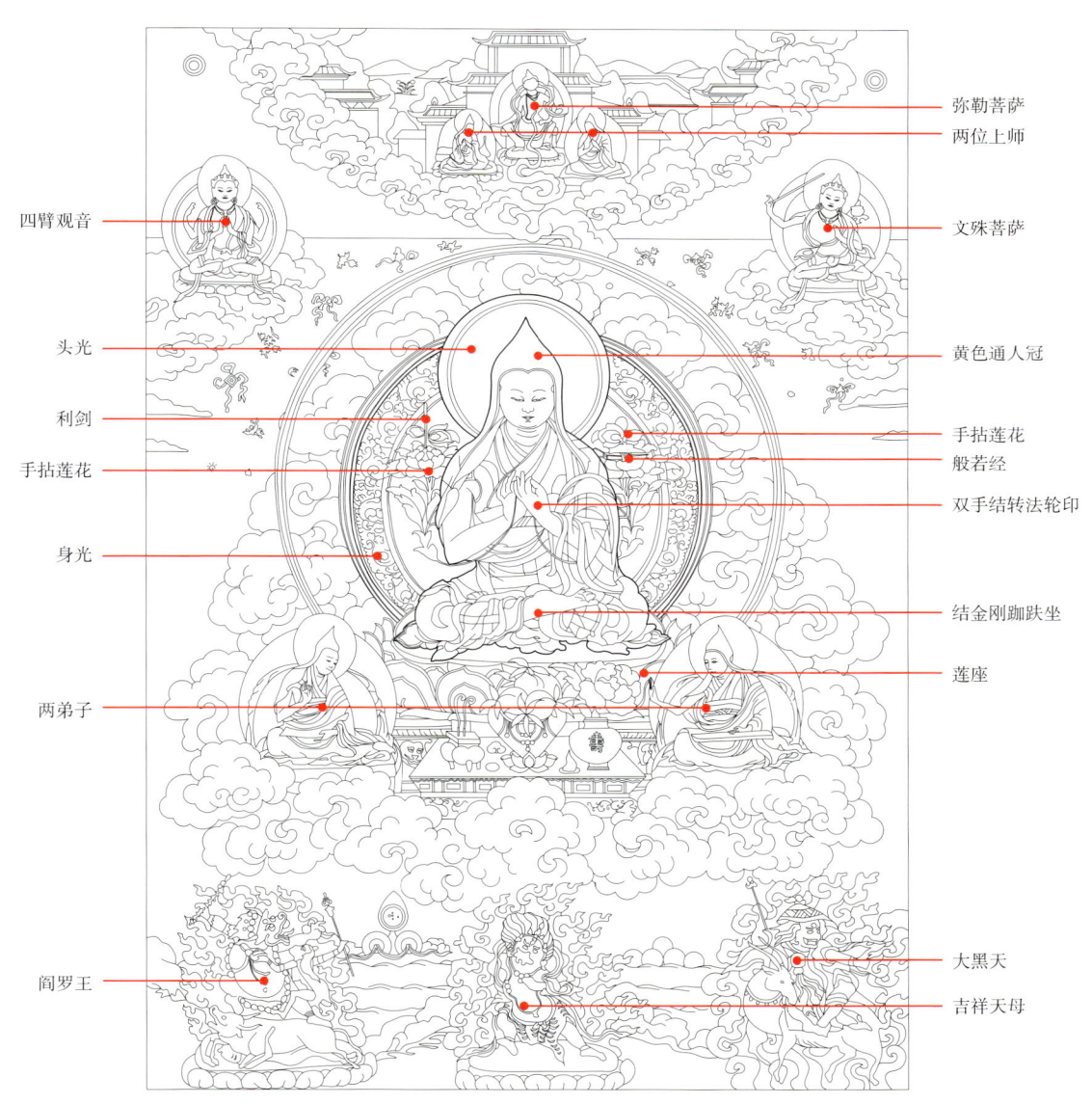

图二　藏族宗喀巴大师唐卡构成分析图

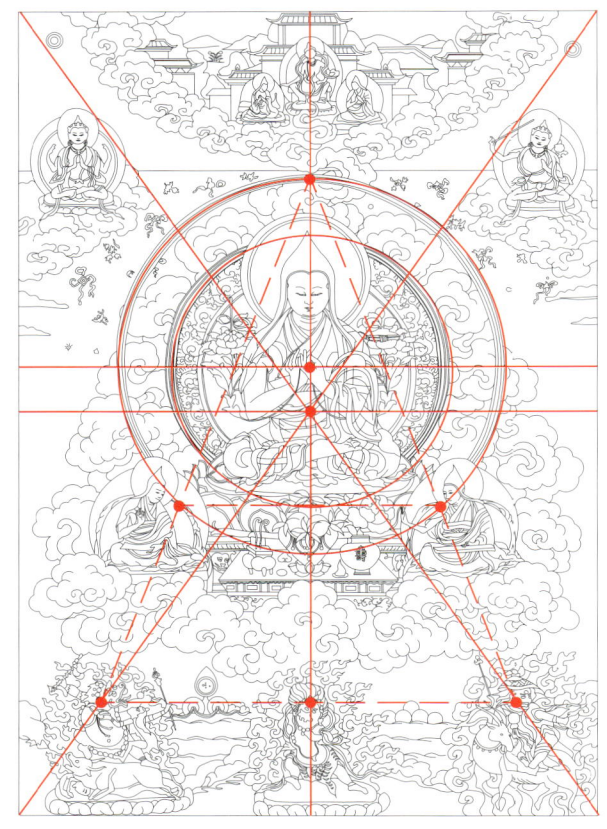

图三　藏族宗喀巴大师唐卡造型分析图

图四　藏族宗喀巴大师唐卡局部色彩分析图

图五　藏族鎏金铜宗喀巴大师像

图六　藏族宗喀巴师徒三尊剪贴唐卡

第七章　藏族传统民俗和宗教

藏族密集金刚造像

图一　藏族密集金刚造像主图

密集金刚，又称"密聚金刚""集密金刚"，意为"秘密的结合"或"秘密的集合体"。密集金刚与喜金刚、时轮金刚、胜乐金刚、大威德金刚合称为"藏密格鲁派五大本尊"。

在藏密五大金刚中，密集金刚造像具有显著特征，最易辨识。主尊通身深蓝色，象征佛教最高谛理；结跏趺坐于莲花座上；有三面，中为蓝色，右为红色，左为白色，表示慈悲和降魔两大功德；每面有三只眼；头顶有双金刚，作为两法完成的象征；头冠为五瓣冠，象征五佛或五菩萨。密集金刚六只手臂各持有法器，胸前两手持金刚杵和金刚铃，象征方法与智慧双成；居上右手持法轮，象征佛法不衰，左手拿宝珠，象征所求成就；居下左手拿匕首，象征割断一切无明，右手执莲花，象征圣洁清静。明妃身色一般也为蓝色，也有三头六臂。本案例密集金刚由主尊佛和明妃双身像组成，象征智慧与方便的结合。主尊头冠整体镀金，冠叶中央饰有红宝石、周围镶嵌绿松石。明妃最上面的两只手环抱主尊颈部，其余四手持法器。明妃的帔帛、围裙上錾刻精美花纹。主尊与明妃的手镯、臂钏、璎珞均饰绿松石。

整个造像颜色呈金色，搭配蓝色、绿色、红色宝石，色彩鲜明，尽显雍容华贵。

密集金刚是藏传佛教密宗艺术中的一个重要题材，是修行者在修行过程中观想的对象。这种讲究装饰艺术的造像特色，是藏族传统审美价值取向在民族造像艺术风格中的具体体现，具有浓郁的宗教文化特色和地域特色。

图片来源

图一　赵连山　摄影（微图网）
图二至图五　马燕　制图
图六　刘佳　摄影

参考文献

广东省博物馆,西藏博物馆.雪域瑰宝——西藏文物展.广州:岭南美术出版社,2012:35.

图二　藏族鎏金铜密集金刚像尺寸图（单位：cm）

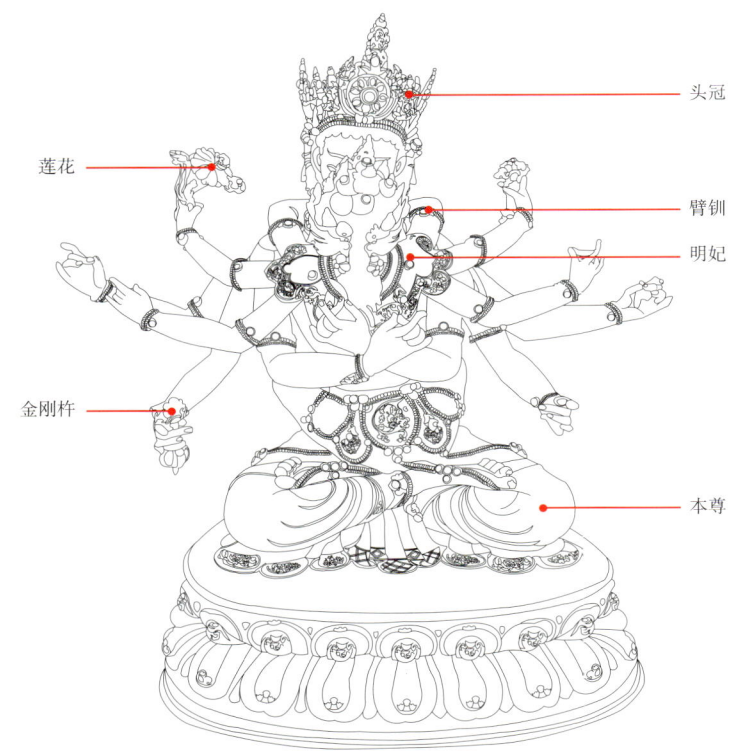

图三　藏族鎏金铜密集金刚像造型分析图

图四　藏族鎏金铜密集金刚像色彩分析图

图五　藏族鎏金铜密集金刚像侧面局部色彩分析图

图六　藏族密集金刚泥塑

第七章　藏族传统民俗和宗教

藏族大黑天造像

图一　藏族大黑天造像主图

大黑天可意译为"大时""大黑""大黑神"或"大黑天神"，也可音译为"玛哈嘎拉""莫诃哥罗""摩诃迦罗"等，又译为"救怙主"，藏语称"贡保"，藏传佛教认为大黑天是大日如来降魔时呈现出的忿怒相。

大黑天常见的形象有二臂像、四臂像和六臂像。二臂大黑天，双腿呈站立姿态，身体呈青黑色，三目圆睁，鬃毛竖立，头戴五骷髅冠。二臂置于胸前，左手托骷髅碗，右手执钺刀，双臂间横置一根短棒。四臂大黑天造型与二臂大黑天主体相似，不同之处在于脖子上挂一串人头，有虎皮围腰。除胸前两臂外的另外两臂，分别置于两边，左手举三叉戟，右手拿宝剑。案例中的四臂大黑天为较少见的双头造像。六臂大黑天是最常见和圆满的形象。基础形象与二臂、四臂基本相同,但头顶、脖子、手腕和踝骨都缠绕着许多蛇,增添了忿怒、恐怖的气息。主尊身后有火焰背光。六臂之中间双臂置于胸前,左手持人骨碗,右手执月形刀。另外四臂,上面双臂右手拿人骨念珠,左手拿三叉戟,同时两手还撑开一张象皮,表示驱逐无明。下面左手拿索,一端是钩子,一端是金刚杵,表示勾缚一切妖魔;右手拿手鼓,以勾召女妖,将其制伏。造像为站立姿势,右腿屈,左腿伸,两足踩在象头天神的胸和腿上。

大黑天造像整体富有动感,构图饱满,体态厚重,是藏传佛教的重要造像之一。他具有战神、厨房神、福德神、冢间神四种性格,颇受密教崇奉,他不仅是护法神,也是密宗修法所依止的重要本尊。

图片来源
图一 沙忆 摄影(Fotoe网)
图二至图六 须博 制图

参考文献
广东省博物馆,西藏博物馆.雪域瑰宝——西藏文物展.广州:岭南美术出版社,2012:38.

图二 藏族合金四臂大黑天像尺寸图(单位:cm)

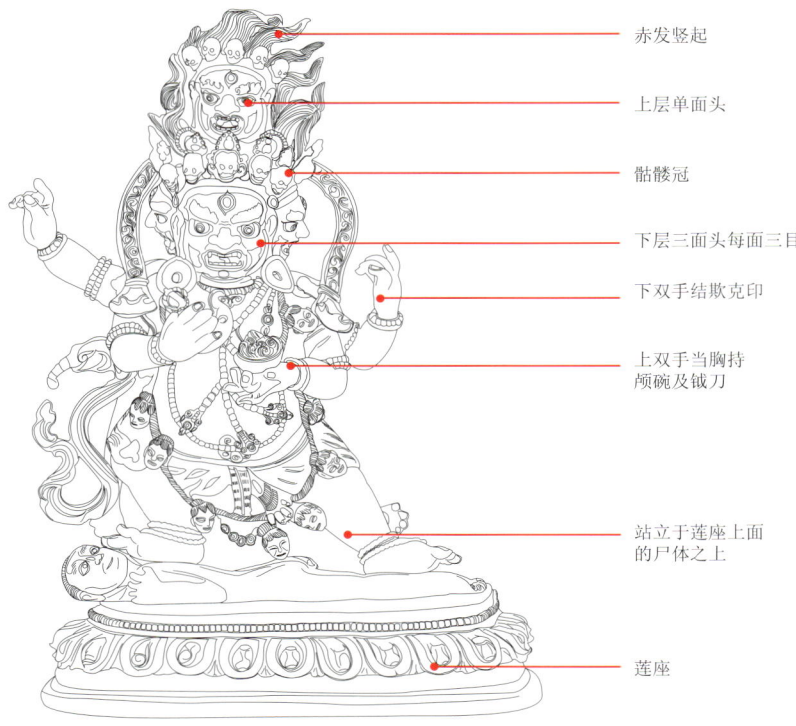

图三　藏族合金四臂大黑天像造型分析图

图四　藏族合金四臂大黑天像色彩分析图

图五 藏族大黑天布本彩绘局部色彩分析图

图六 藏族六臂大黑天造型分析图

第七章 藏族传统民俗和宗教

藏族四大天王造像

图一　藏族四大天王造像主图·多闻天王

四大天王俗称"四大金刚"，又称"护世四天王"，是佛教的护法神。四大天王是佛教二十诸天中的四位天神，分别是东方持国天王、南方增长天王、西方广目天王和北方多闻天王。四大天王的塑像，通常分列在佛寺第一重殿的两侧，天王殿因此得名。

东方持国天王，名"多罗吒"。"持国"意为慈悲为怀，护持国土，保佑众生。居须弥山黄金埵，身为白色，穿甲胄，手持琵琶，为主乐神，用法音使众生皈依，负责守护东胜神洲。南方增长天王，名"毗琉璃"。"增长"意为能传令众生，增长善根，护持佛法。居须弥山琉璃埵，身为青色，穿甲胄，手握宝剑，以保护佛法不受侵犯，负责守护南赡部洲。西方广目天王，名"毗留博叉"。"广目"意为能以净天眼随时观察世界，护持人民。居须弥山白银埵，身为红色，穿甲胄，为群龙领袖，手缠一龙（也有的作赤索），负责守护西牛贺洲。北方多闻天王，名"毗沙门"。"多闻"寓意福、德之名闻于四方。居须弥山水晶埵，身为绿色，穿甲胄，手持宝伞，用以制服魔众，护持众生财富。

无论是藏族绘画还是雕塑艺术中的四大天王，造型均丰厚饱满、富有动感，表情威严，他们各持法器，护佑众生，是藏族传统造像中经常出现的形象。

图片来源

图一　沙忆　摄影（Fotoe网）

图二至图六　须博　制图

参考文献

广东省博物馆,西藏博物馆.雪域瑰宝——西藏文物展.广州:岭南美术出版社,2012:47.

马书田.中国密宗神.北京:团结出版社,2008.

图二　藏族鎏金铜北方多闻天王尺寸图（单位：cm）

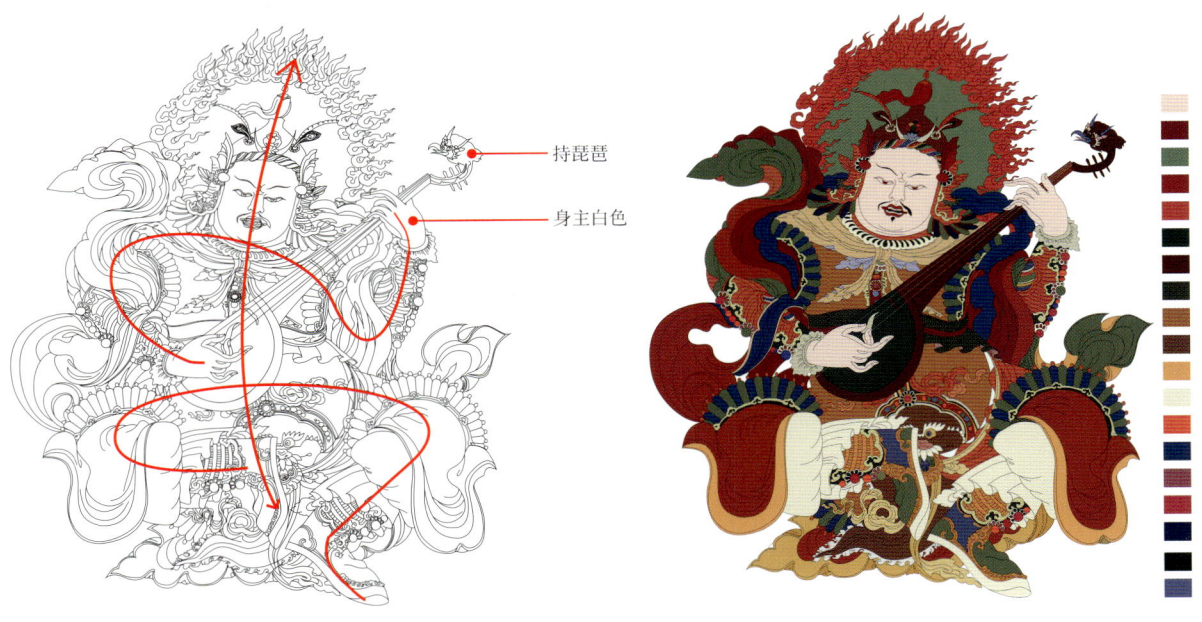

图三　藏族东方持国天王人物造型及色彩分析图

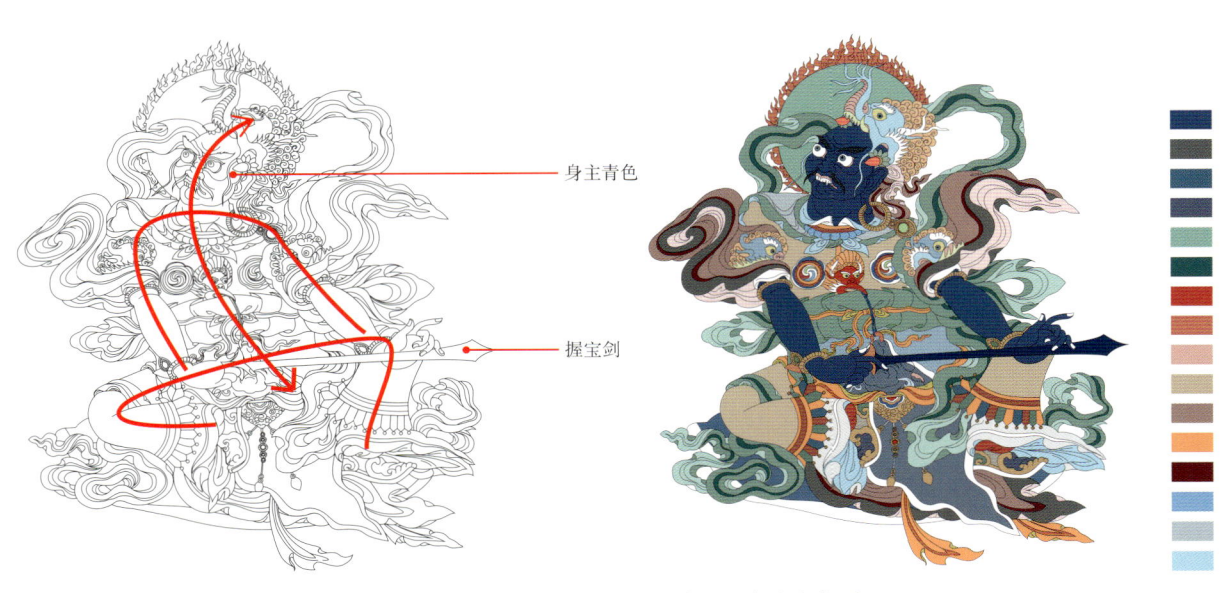

图四　藏族南方增长天王人物造型及色彩分析图

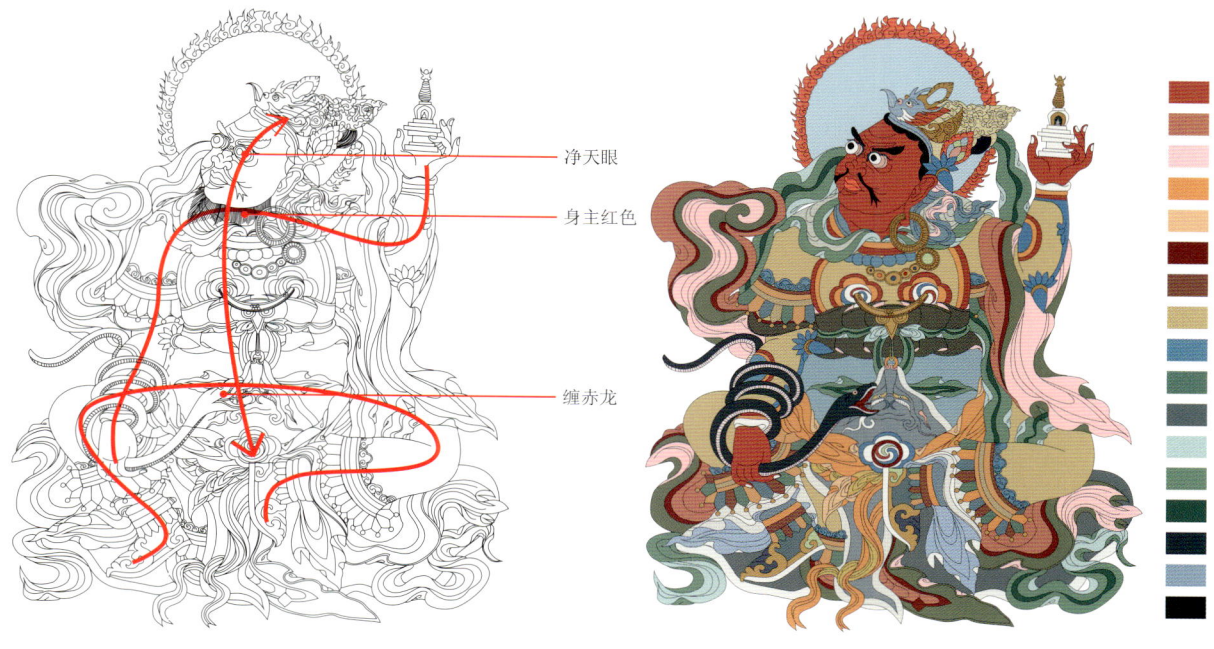

图五　藏族西方广目天王人物造型及色彩分析图

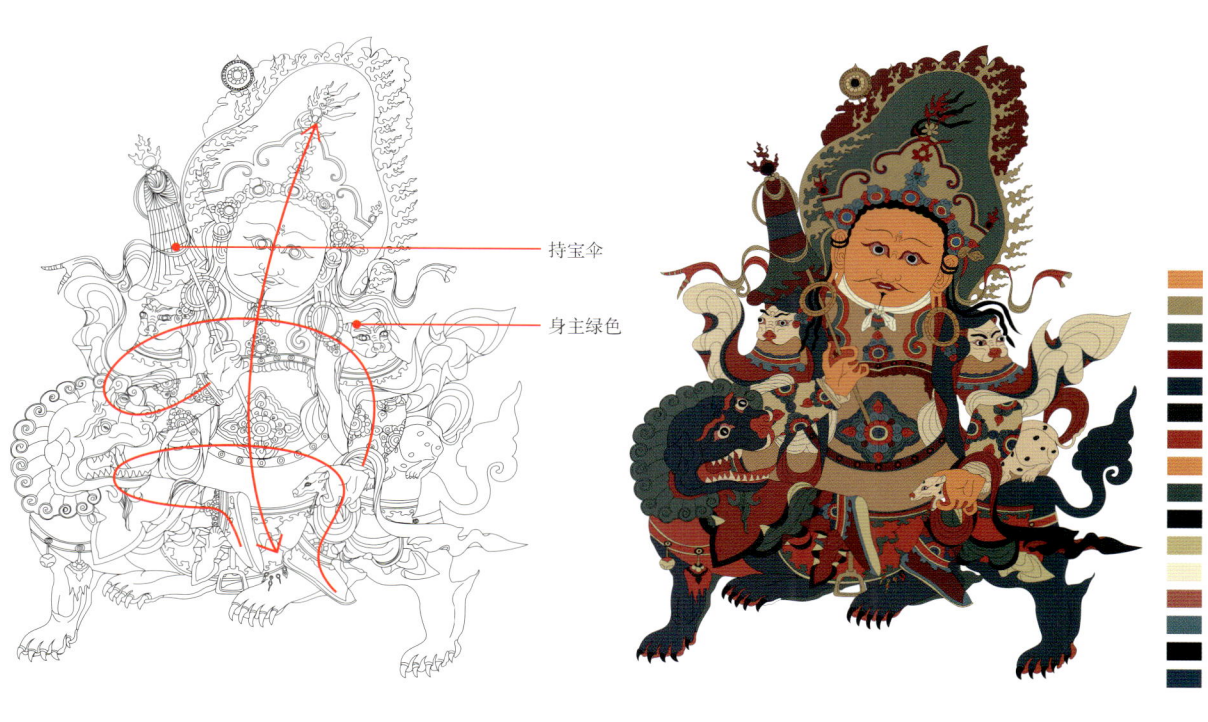

图六　藏族北方多闻天王人物造型及色彩分析图

藏族度母造像

图一　藏族度母造像主图

度母，又称"多罗母""多罗菩萨""救八难度母"，共有二十一尊，皆是观世音菩萨的化身，也被称为"多罗观音"。她能使人们远离一切灾难，消除由疾病造成的畏惧和痛苦，增长福寿。

度母传说是观音菩萨所化救苦救难本尊，因不忍再视受苦众生，从双眼中流出泪水，并幻化成莲花，出现了"至尊救度佛母"（绿度母），故也称为"眼观音"。继而又出现了不同身色的二十一尊度母，有白、红、蓝、黄、绿、黑等六色。二十一度母对众生利益甚多，功德甚大，其中最为重要的是绿度母和白度母。绿度母为绿色，表佛的事业部之色；白度母为白色，表度母之身。两位度母都属一面二臂，头戴五佛宝冠，身材纤细，美貌绝伦，周身放射出虹光，身佩各种璎珞珠宝，着各色天衣，下身着裙，其形象华贵美丽，慈祥庄严。两度母均坐于莲花座上，左手当胸持乌巴拉花，右手膝前施与愿印。不同之处主要在于绿度母是左腿单盘着坐下，右腿向下舒展踏在一朵莲花上；而白度母则是跏趺坐于盛开的莲座上。另一个显著不同为绿度母脸生两眼，更显她的慈悲心肠；白度母双手和双足各生一眼，脸上有三眼，因而又被称为"七眼佛母"。

二十一度母，藏语称"卓玛聂久"，是拯救和渡脱苦难众生的藏传佛教诸宗派崇奉的女性本尊群。在不同众生面前，度母示现的身色、形象、功德等不尽相同。因此，二十一度母受藏族地区百姓的普遍敬拜。

图片来源
图一　沙忆　摄影（Fotoe网）
图二至图七　须博　制图

参考文献
马书田.中国密宗神.北京:团结出版社,2008:70—74.

图二　藏族合金绿度母像尺寸图（单位：cm）

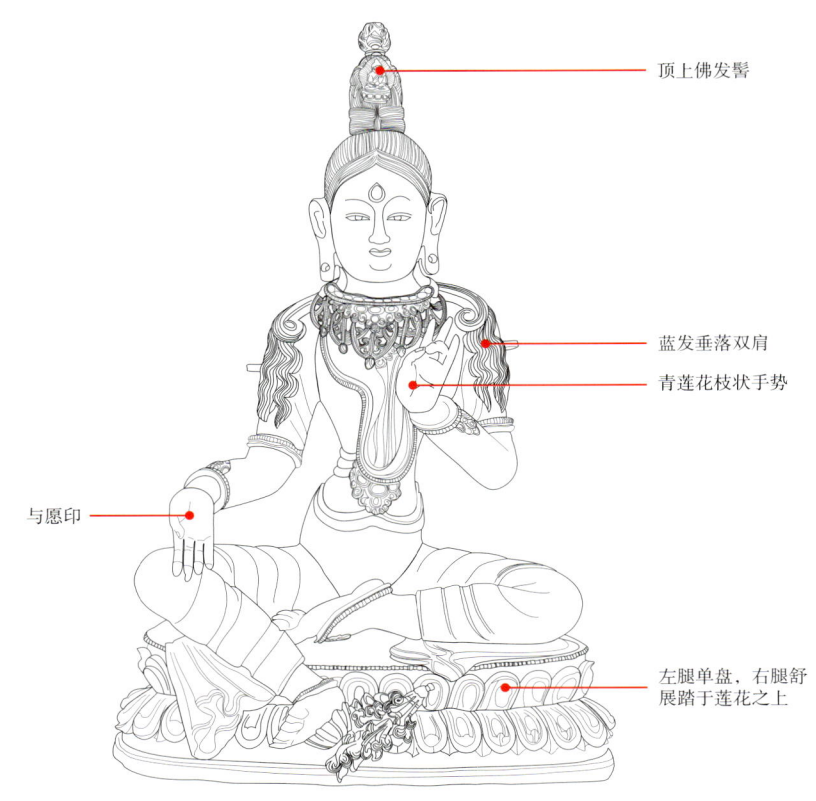

图三 藏族合金绿度母像造型分析图

图四 藏族白度母唐卡局部造型分析图

图五　藏族白度母唐卡局部动态分析图

图六　藏族白度母唐卡局部色彩分析图

第七章　藏族传统民俗和宗教

图七　藏族绿度母唐卡局部色彩分析图

藏族供养天女造像

图一　藏族供养天女造像主图

供养天女是专门向各位神灵奉献贡品的天女。佛教中常见的有八大供养天女和十大供养天女两种组合，每位供养天女以最优美、最礼貌的姿态把供灯、净水、香粉、鲜花等不同的供品奉献给诸佛、菩萨。

供养天女的衣着大多为红色、黄色、白色、蓝色、青色，手中多持鲜花、铜钹、香条、美食、丝绸等供品，此五供象征着色、声、香、味、触五妙欲，符合佛家的五蕴学说。此外，供养天女手中也常奉金轮、胜利幢、宝瓶等法器。本案例为鎏金铜持花供养天女像，造于19—20世纪，高50厘米，底座宽24.2厘米。该尊供养天女头戴花冠，耳边缯带飘扬，目光温柔，表情祥和，上身袒露，下身着裙，身上佩戴许多珠宝饰物，右手奉鲜花，左手当胸，立于莲花座之上，整体造型自然、放松、优雅。另一案例为八大供养天女剪贴唐卡的其中三尊供养天女，她们手持宝瓶、鲜花、美食、金轮、胜利幢等，脚踏莲花底座，面容慈祥，造型生动，色彩艳丽。

供养天女造像多注重人物优雅身段的塑造，以及丰盈袒裸肢体的精确描绘，在动势中求得稳定。其造型既不失神佛造像之庄重，又使供养天女形象具有自然生动的优美体态，大大增强了造像艺术的艺术感染力。

图片来源

图一　刘佳　摄影
图二至图五　曹莉莉　制图

参考文献

广东省博物馆,西藏博物馆.雪域瑰宝——西藏文物展.广州:岭南美术出版社,2012:51.

苗欣宇,梁璐璐.传世唐卡——唐卡中的西藏历史与艺术.北京:中国画报出版社,2010:208.

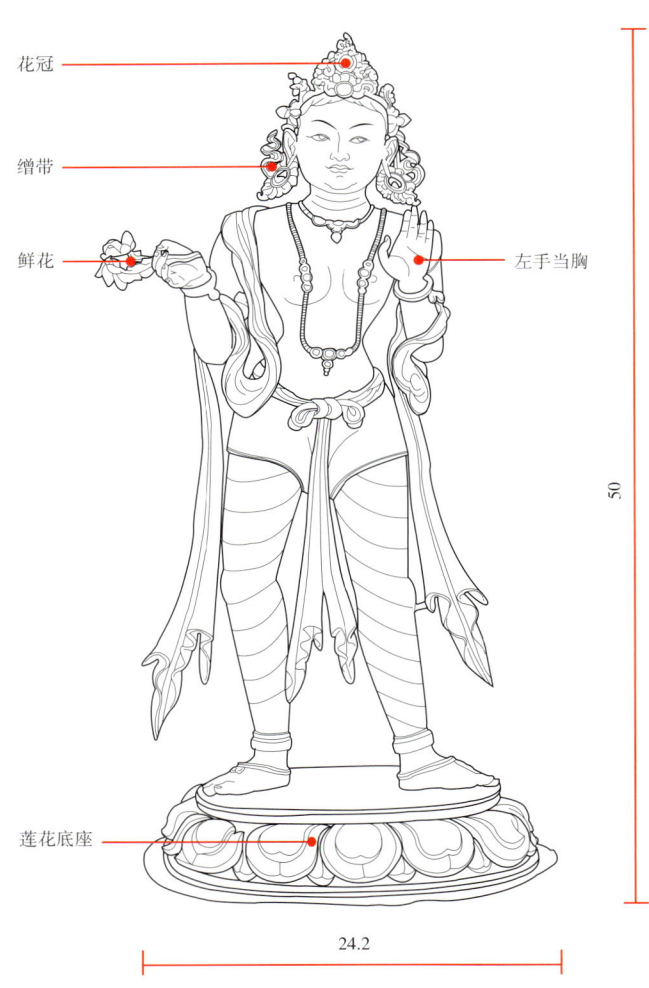

图二　藏族鎏金铜持花供养天女像尺寸图（单位：cm）

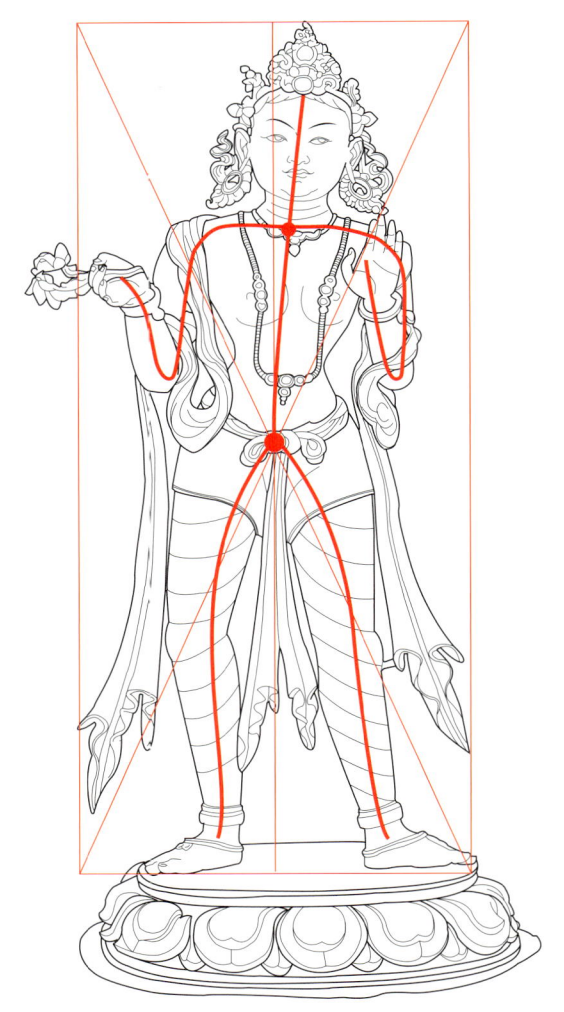

图三　藏族鎏金铜持花供养天女像造型分析图

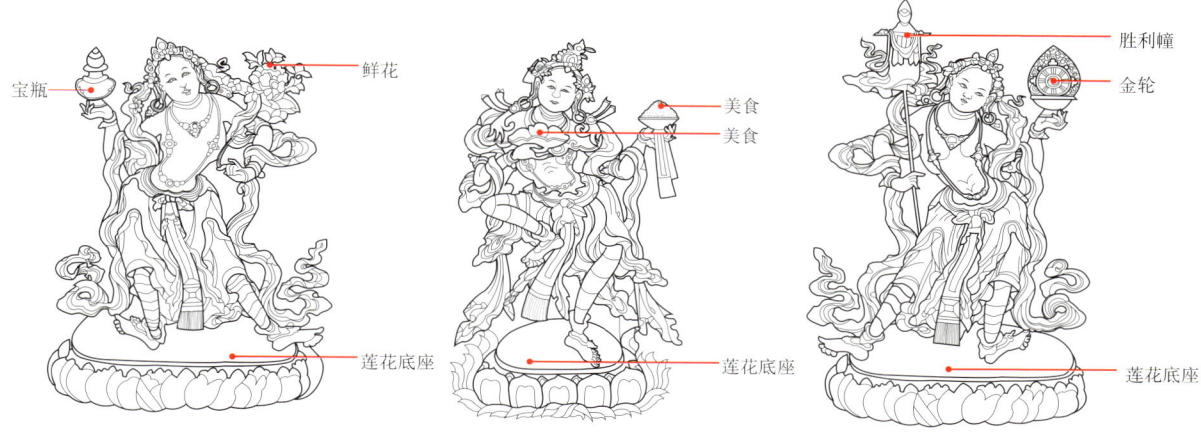

图四 藏族剪贴唐卡供养天女造型分析图

图五 藏族剪贴唐卡供养天女色彩分析图

第七章 藏族传统民俗和宗教

771

藏族空行母造像

图一 藏族空行母造像主图

空行母是藏传佛教密宗中的女性菩萨形象，属于护法类女神，常伴随在佛菩萨周围，代表着智慧、真理和力量。空行母的形象通常表现为单腿站立，脚下踩踏仰卧的外道凶神，左手高举嘎巴拉碗（即颅碗），右臂向下斜伸，手持钺刀，全身基本裸露，呈忿怒相，体形怪异狂放。在色彩上，空行母全身大多施以红色，以此表现神佛的威严之容、宏伟之势、震慑之威和热烈之情。

本案例为合金金刚空行母造像，成于13—14世纪，高24.8厘米，底座宽11厘米。其赤色怒发竖起，佩戴串珠骷髅冠，三目圆睁；右手高举金刚杵，左手当胸，托举象征生命无常的颅碗；身挂人头璎珞，佩戴项链、手镯、臂钏等饰品；右腿弯，左脚踩踏外道徒，以示其威猛。圆形莲座上下边沿圈饰串珠纹，莲瓣与落地连珠錾刻简单装饰纹。该造像为一次性铸造而成，胎体比较厚重，材质精良，做工精美，特征鲜明，属于西藏造像艺术中的典型作品。

由于佛与菩萨严格复杂的量度规定，使得此类造像更显珍贵、更具魅力、更富于民族地域特色。空行母造像，无论从造型的完美塑造上，还是从内在宗教精神力量的传达上，都深刻地传递出高原民族丰富多彩的情感世界和深厚的宗教文化底蕴。

图片来源

图一　刘佳　摄影

图二至图五　曹莉莉　制图

参考文献

张苏.唐卡艺术.成都:四川美术出版社,1992:104.

苗欣宇,梁璐璐.传世唐卡——唐卡中的佛教神明与传奇.北京:中国画报出版社,2010:203—206.

广东省博物馆,西藏博物馆.雪域瑰宝——西藏文物展.广州:岭南美术出版社,2012:26.

图二　藏族合金金刚空行母像尺寸图（单位：cm）

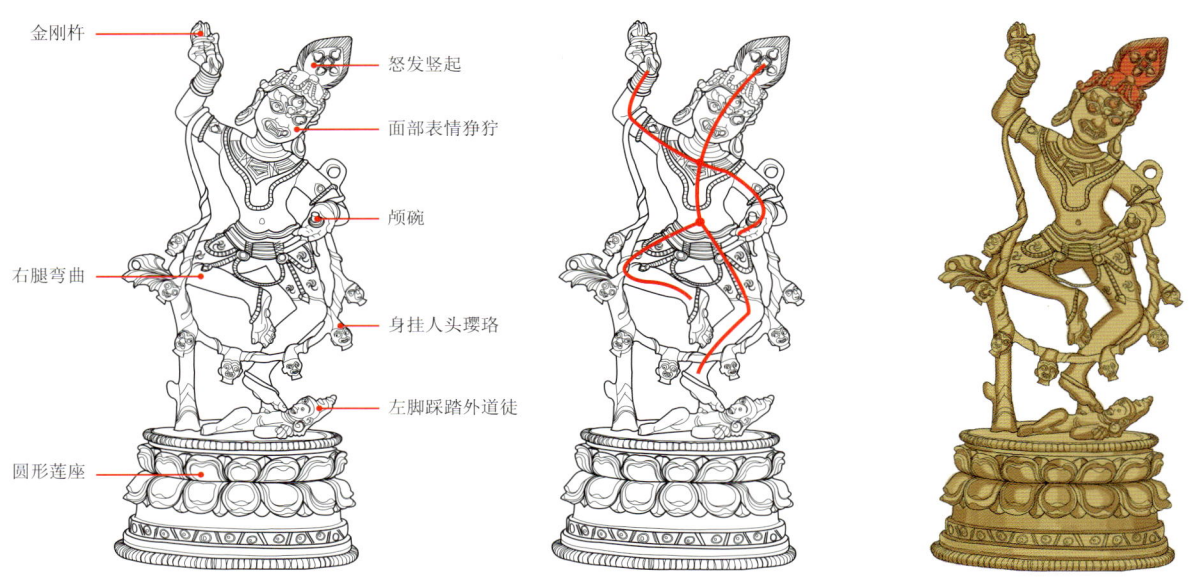

图三　藏族合金金刚空行母像造型分析图

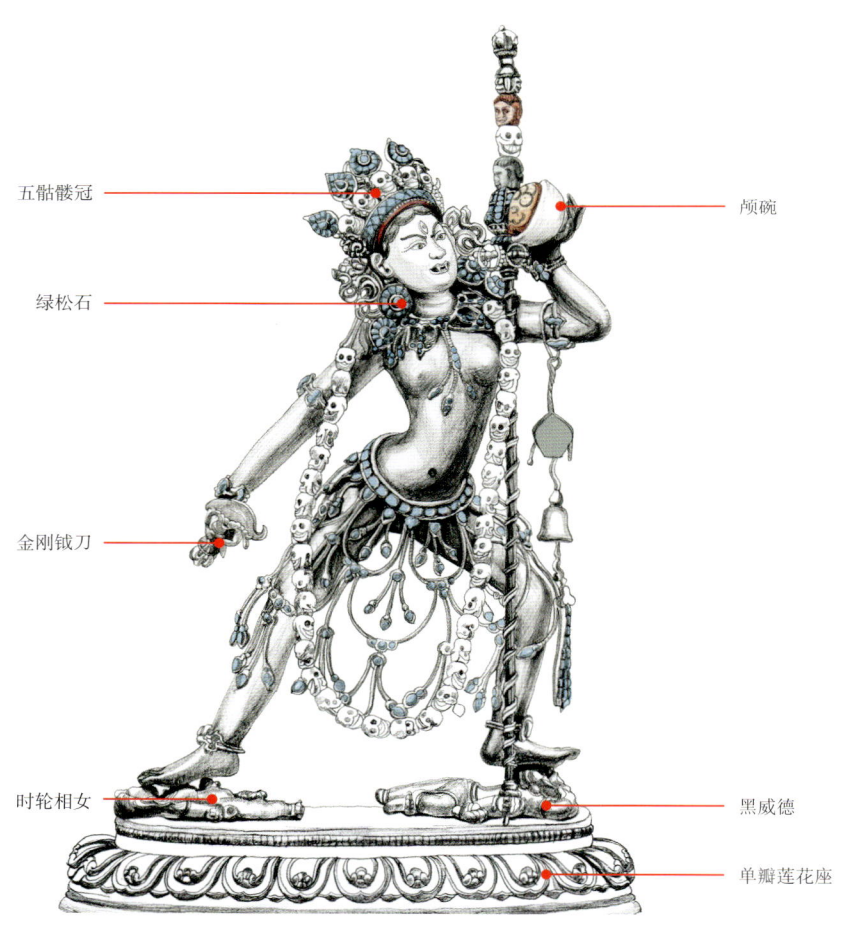

图四　藏族鎏金铜空行母像造型分析图

图五 藏族那若空行母像造型分析图

声 明

本书编写时收入的个别图片，因条件所限，未能同相关著作权人取得联系，获得授权，敬请谅解。请相关著作权人及时与编者联系，以便奉上稿酬。谢谢！